AF825186

Die Bestimmungen

über die

Tagegelder, Reise- und Umzugskosten

der

Preußischen Staatsbeamten.

Nebst einem Anhange:

Die Rangverhältnisse der Staatsbeamten.

Unter Berücksichtigung der Gesetzesmaterialien
sowie aller bis auf die neueste Zeit ergangenen Verwaltungsvorschriften
bearbeitet und herausgegeben

von

L. Waterstradt,
Geheimer Rechnungsrevisor bei der Ober-Rechnungskammer.

Berlin 1903.
Verlag von H. W. Müller.
(W.) Potsdamerstraße 121 k.

Vorwort.

Die Bestimmungen über die den Preußischen Staatsbeamten bei Ausführung von Dienstreisen und bei Versetzungen zu gewährenden Tagegelder, Reise- und Umzugskosten sind seit dem Erscheinen der grundlegenden Gesetze vom 24. März 1873 bezw. 24. Februar 1877 wiederholt, theils infolge anderweiter Organisation der Behörden, theils aus Anlaß der veränderten Zeitverhältnisse abgeändert und ergänzt worden.

Außer den allgemeinen, für den gesammten Staatsbereich gültigen Ausführungsbestimmungen sind für die verschiedenen Verwaltungen mit Rücksicht auf die in einzelnen Dienstzweigen bestehenden Eigenthümlichkeiten und die den Beamten bei ihren Dienstreisen zu gute kommenden besonderen Einrichtungen und Erleichterungen eine Menge von Sondervorschriften, Entscheidungen und erläuternden Bestimmungen ergangen, deren Kenntniß für die sachgemäße Behandlung einschlägiger Dienstsachen unerläßlich ist.

Der Verfasser hat es unternommen, in dem vorliegenden Werke eine ausführliche, zuverlässige Zusammenstellung der wesentlichsten, gegenwärtig auf diesem Gebiete innerhalb der gesammten Staatsverwaltung gültigen gesetzlichen und Verwaltungsvorschriften zu geben. Außer den in den amtlichen Blättern der verschiedenen Verwaltungen veröffentlichten Bestimmungen, Erkenntnissen des Reichsgerichts 2c. sind bisher nicht veröffentlichte Runderlasse und Sonderentscheidungen in größerer Anzahl mit Genehmigung der betreffenden Herren Ressortminister aufgenommen, auch ist die vorhandene Literatur nicht unbenutzt geblieben. Ferner ist der Verfasser nach Kräften bemüht gewesen, die große Fülle des vorhandenen Stoffes durch zweckentsprechende Gliederung übersichtlich darzustellen, um so ein Handbuch zu bieten, vermöge dessen sich jeder Betheiligte leicht und schnell in dem umfangreichen Material zurechtzufinden vermag.

Die Arbeit soll in erster Linie den Behörden und Beamten ein praktisches Nachschlagebuch liefern und dürfte um so willkommener sein, als sie besonders die zum Theil recht eingreifenden Bestimmungen des letzten Jahrzehnts eingehend berücksichtigt; sie dürfte sich aber auch, da sie über die behandelten Gegenstände ein völlig in sich abgeschlossenes Bild giebt, den in der Ausbildung begriffenen jüngeren Beamten als ein Hülfsmittel bei der Vorbereitung zu den Prüfungen bewähren. Um die Brauchbarkeit des Werkes noch zu erhöhen, sind die wichtigeren Stellen in dem Wortlaute der Bestimmungen durch fetten Druck hervorgehoben.

Da für die Bemessung der Vergütungssätze der Dienstrang der Beamten maßgebend ist, erschien es zweckdienlich, dem Werke die die Rangverhältnisse behandelnden Vorschriften in einem Anhange beizufügen.

Die zahlreichen Verweisungen unter und in dem Text, die tabellarische Uebersicht der den einzelnen Beamten zustehenden Sätze an Reise- und Umzugsentschädigungen und das ausführliche Sachregister am Ende des Werkes werden die Benutzung desselben erleichtern.

Potsdam, im Dezember 1902.

Der Verfasser.

Inhaltsverzeichniß.

I. Theil.

Tagegelder und Reisekosten.

I. Abschnitt.

Seite

A. Einleitung 1

B. Gesetz, betreffend die Tagegelder und Reisekosten der Staatsbeamten, vom 24. März 1873, nebst den dasselbe abändernden und ergänzenden Bestimmungen sowie allgemeinen Erläuterungen 4

C. Aufstellung der Kostenrechnungen 39

II. Abschnitt.

Zusammenstellung der für die einzelnen Verwaltungszweige ergangenen wichtigsten Ausführungs- und erläuternden Vorschriften.

I. Staatsministerium.

Ansiedelungskommission für Westpreußen und Posen 42

Reiseentschädigungen der bei der Ansiedelungskommission in Posen beschäftigten Vermessungsbeamten, Zeichner, Hülfszeichner, Meliorationstechniker und Wiesenbaumeister (Meliorationsbauwarte) 43

II. Finanzministerium.

a, Verwaltung der direkten Steuern.

Auszug aus der Geschäftsanweisung für die Katasterkontroleure 44

Reglement für die öffentlich anzustellenden Land-(Feld-)messer [Bezahlung der Land-(Feld)-messerarbeiten] 58

Tagegelder und Reisekosten der in Angelegenheiten der direkten Staatssteuern berufenen Kommissions- und Ausschußmitglieder 64

desgl. der Mitglieder von Schätzungsausschüssen 66

b, Verwaltung der indirekten Steuern.

Allgemeine Bestimmungen 66

Entschädigungen für Unterhaltung eigener Dienstpferde 2c., für Reisen innerhalb des Dienstbezirks, für amtliche Begleitungen und Bewachungen und für außerordentliche Dienstleistungen 73

Vorbemerkungen 73

Pferdegelder und Pferdezuschußgelder 74

Fuhrkostenentschädigungen 76

Reisegeldzuschüsse 77

Vergütungen für außergewöhnliche Dienstleistungen 88

Seite

III. Ministerium der geistlichen, Unterrichts- und Medizinalangelegenheiten.
a, Geistliche und Unterrichts-Verwaltung 91
b, Medizinalangelegenheiten.
Kreisärzte 93
Aerztliche Standesvertretung 96
Aerztliche Ehrengerichte, das Umlagerecht und die Kosten der Aerztekammern 96
IV. Ministerium für Handel und Gewerbe.
a, Aichungsbehörden 97
b, Gewerbliches Unterrichtswesen.
Prüfungskommissionen für Seeschiffer 100
" " Seedampfschiffsmaschinisten 101
" " Elbschiffer 103
" " Schornsteinfeger 103
Fachschulen 104
c, Seeämter 106
V. Ministerium des Innern.
a, Oberpräsidien, Regierungen, landräthliche Behörden und Aemter 107
b, Versicherungswesen 117
c, Polizeiverwaltung 117
d, Strafanstaltsverwaltung 119
e, Landgendarmerie 121
VI. Justizministerium. . . . .
a, Reisen in Staatsdienstangelegenheiten 130
b, " " gerichtlichen Angelegenheiten 132
Kommissionsgebühren 141
Vertrauensmänner, Schöffen und Geschworene 141
VII. Ministerium für Landwirthschaft, Domänen und Forsten.
a, Landwirthschaftliche Angelegenheiten.
Tagegelder, Reisekosten und Feldzulage in Auseinandersetzungssachen . . 142
Reiseentschädigungen der in der landwirthschaftlichen Verwaltung beschäftigten Zeichner, Hülfszeichner, Meliorationstechniker und Wiesenbaumeister (Meliorationsbauwarte) 144
b, Veterinärwesen 149
c, Förderung der Fischzucht 154
d, Landesmeliorationen 154
e, Gestütverwaltung 154
f, Forstverwaltung 156
VIII. Ministerium der öffentlichen Arbeiten.
a, Verwaltung der Staatseisenbahnen.
Allgemeine Bestimmungen 159
Besondere Bestimmungen (Erläuterungen zu dem Gesetz vom 24. März 1873/21. Juni 1897) 168
Tagegelder und Reisekosten der Staatseisenbahnbeamten 180
Bestimmungen über die Gewährung von Reiseentschädigungen an die bei der Staatseisenbahnverwaltung außerhalb des Staatsbeamtenverhältnisses beschäftigten mittleren technischen Hülfskräfte 195
Rechnungsbeläge über Reise- und Umzugsentschädigungen 197
Bezirkseisenbahnräthe und Landeseisenbahnrath 203
Pensionskasse für die Arbeiter der Preußisch-Hessischen Eisenbahngemeinschaft 203

Seite

b, Allgemeine Bauverwaltung.

Allgemeine Bestimmungen 209

Beköstigungs- und Uebernachtungsgelder 215

Spezialbaukassenrendanten 220

Staatliche Unfallversicherung 221

IX. Haus der Abgeordneten 222

X. Gesandtschaftliche Beamte 223

II. Theil.

Umzugskosten.

A. Einleitung 229

B. Gesetz, betreffend die Umzugskosten der Staatsbeamten, vom 24. Februar 1877, nebst Erläuterungen 231

C. Gesetz, betreffend die Gewährung von Umzugskosten an Regierungsbaumeister, vom 24. August 1896 257

D. Verordnung, betreffend die Umzugskosten von Beamten der Staatseisenbahnen, vom 26. Mai 1877, nebst Erläuterungen 258

E. Verordnung, betreffend die Umzugskosten der Mitglieder der Landgendarmerie, vom 27. Januar 1879 266

III. Theil.

Tabellarische Uebersicht der den Staatsbeamten bei Dienstreisen und Versetzungen zu gewährenden Sätze an Tagegeldern, Reise- und Umzugskosten 269

Anhang.

Die Rangverhältnisse der Staatsbeamten 305

Sachregister 318

Erläuterung der Abkürzungen.

AKO.	=	Allerhöchste Kabinetsorder.
ALR.	=	Allgemeines Landrecht für die Preußischen Staaten.
AVBl.	=	Armee=Verordnungsblatt.
Bd.	=	Band.
Bek.	=	Bekanntmachung.
BGB.	=	Bürgerliches Gesetzbuch vom 18. August 1896.
BGBl.	=	Bundesgesetzblatt.
CBl. d. AV.	=	Centralblatt der Abgaben= 2c. Gesetzgebung und Verwaltung.
CBl. d. BV.	=	Centralblatt der Bauverwaltung.
CBl. f. d. D. R.	=	Centralblatt für das Deutsche Reich.
CBl. f. d. UV.	=	Centralblatt für die Unterrichtsverwaltung.
d. E.	=	dieser Erläuterungen.
d. W.	=	dieses Werkes.
DA. d. BV.	=	Dienstanweisung für die Lokalbaubeamten der Staats=Hochbauverwaltung vom 1. Dezember 1898.
Dippe	=	Dippe, die Bestimmungen über Tagegelder, Reise= und Umzugskosten in Preußen und dem Deutschen Reich. Berlin 1880.
EVBl.	=	Eisenbahn=Verordnungsblatt.
Entscheid.	=	Entscheidung.
Erk.	=	Erkenntniß.
FinMin.	=	Finanzminister.
FO.	=	Finanzordnung der Preußischen Staatseisenbahnverwaltung.
GS.	=	Gesetzsammlung.
Herrfurth	=	Herrfurth, das gesammte Preußische Etats=, Kassen= und Rechnungswesen einschl. der Rechtsverhältnisse der Staatsbeamten. 3. Aufl. Berlin 1896.
Jahrb.	=	v. Kamptz, Jahrbücher für die Preußische Gesetzgebung, Rechtswissenschaft und Rechtsverwaltung (1814—1845).
JustMin.	=	Justizminister.
JMBl.	=	Justiz=Ministerialblatt für die Preußische Gesetzgebung und Rechtspflege.
Kriegsm.	=	Kriegsminister.
Min. d. Inn.	=	Minister des Innern.
Min. d. ö. Arb.	=	Minister der öffentlichen Arbeiten.
Min. d. geistl. 2c. A.	=	Minister der geistlichen, Unterrichts= und Medizinalangelegenheiten.
Min. f. H. u. G.	=	Minister für Handel und Gewerbe.
Min. f. L. 2c.	=	Minister für Landwirthschaft, Domänen und Forsten.
MinErl.	=	Ministerialerlaß.
MBl. f. d. i. V.	=	Ministerialblatt für die gesammte innere Verwaltung.
MBl. d. H. u. GV.	=	Ministerialblatt der Handels= und Gewerbeverwaltung.
MBl. f. MA.	=	Ministerialblatt für Medizinal= und medizinische Unterrichts=Angelegenheiten.
Mitthl.	=	Mittheilungen aus der Verwaltung der direkten Steuern im Preuß. Staate.
Müller	=	Müller, die Preußische Justizverwaltung. 5. Auflage. Berlin 1901.
ORK.	=	Ober=Rechnungskammer.
Pr. GKG.	=	Preußisches Gerichtskostengesetz vom 25. Juni 1895.
RA.	=	Deutscher Reichsanzeiger und Königlich Preußischer Staatsanzeiger.
Reichsger.	=	Reichsgericht.
RGBl.	=	Reichsgesetzblatt.
Schütze	=	Schütze, der Preußische Steuerbeamte. 8. Auflage. Leipzig 1895. Schütze=Keilwagen, Nachtrag zur 8. Auflage (1899).
StMB.	=	Staatsministerialbeschluß.
Sten. Ber.	=	Stenographische Berichte über die Verhandlungen des Abgeordnetenhauses.
Verf.	=	Verfügung.

I. Theil.

Bestimmungen,

betreffend die Gewährung von Tagegeldern und Reisekosten.

I. Abschnitt.

A. Einleitung.

Die allgemeinen Vorschriften, nach welchen die Vergütung der den Staatsbeamten bei Dienstreisen erwachsenden Kosten bis zum 1. April 1873 erfolgte, waren enthalten in

1, der Verordnung vom 28. Juni 1825 wegen Vergütung der Diäten und Reisekosten für kommissarische Geschäfte in Königlichen Dienstangelegenheiten (GS. S. 163);
2, dem Allerhöchsten Erlaß vom 10. Juni 1848 über die Tagegelder und Fuhrkosten bei Dienstreisen der Staatsbeamten (GS. S. 151).

Durch die Verordnung vom 23. September 1867 (GS. S. 1619 Nr. 6853) waren diese Vorschriften auch in die neuerworbenen Landestheile eingeführt. Neben diesen allgemeinen Vorschriften bestanden sowohl in den alten wie in den neuen Landestheilen für einzelne Klassen von Beamten und für einzelne Dienstgeschäfte noch besondere Vorschriften mit theilweise gesetzlichem Charakter. Namentlich sind hier die für die Justizbeamten erlassenen Gesetze vom 9. Mai 1851 (GS. S. 619), vom 9. Mai 1854 (GS. S. 273) und vom 11. März 1865 (GS. S. 129), sowie das für die Medizinalbeamten ergangene Gesetz vom 9. März 1872 (GS. S. 265) zu erwähnen.

Infolge der veränderten Zeitverhältnisse machte sich nach 1870 mehr und mehr das Bedürfniß nach einer Revision der älteren Vorschriften fühlbar. Die Königliche Staatsregierung entschloß sich deshalb, einem Antrage des Hauses der Abgeordneten (vergl. Sten. Ber. S. 1007, Sitzung vom 28. Februar 1872) folgend, im Herbst 1872 zur Einbringung eines bezüglichen Gesetzentwurfs. Die Prüfung des bestehenden Rechtszustandes ließ es als wünschenswerth erscheinen, die für die Entschädigung der Beamten bei Dienstreisen zu befolgenden Grundsätze, wie sie bis dahin in den oben unter 1 und 2 genannten Vorschriften enthalten waren, in **einer** gesetzlichen Anordnung zusammenzufassen. In diese Verordnung gleichzeitig die in besonderen Gesetzen und Reglements enthaltenen Vorschriften aufzunehmen, erschien bei der großen Mannigfaltigkeit der zu berücksichtigenden Verhältnisse nicht thunlich, im Interesse der Uebersichtlichkeit aber auch nicht wünschenswerth. Andererseits konnten aber diese Sondervorschriften auch nicht entbehrt werden. Die Revision derselben, für welche die Grundsätze des Gesetzentwurfs die Grundlage zu bilden hatten, blieb deshalb dem Verordnungswege vorbehalten.

Von welchen allgemeinen Gesichtspunkten der Gesetzentwurf ausging, erhellt aus dem nachstehend wörtlich wiedergegebenen Auszuge aus der Begründung:

„1, Der Entwurf hat es lediglich mit der Festsetzung der den Beamten bei Dienstreisen zu gewährenden **Vergütungen** zu thun. Die Nothwendigkeit oder Zulässigkeit dieser Reisen in ihren Voraussetzungen zu regeln, liegt eben so sehr außer der Aufgabe desselben, wie eine materielle Begriffsbestimmung von Dienstreisen überhaupt. Hierüber entscheiden die bestehenden Grundsätze des Verwaltungsrechts.

2, Der Entwurf bezieht sich nur auf die den **unmittelbaren Staatsbeamten** aus der **Staatskasse** zu gewährenden Vergütungen. Die Verpflichtung von Privatpersonen, der Staatskasse die Kosten zu ersetzen, oder die den Staatsbeamten zu gewährenden Vergütungen überhaupt zu tragen, ist nach den bestehenden Vorschriften zu beurtheilen.

Werden Personen, die nicht unmittelbare Staatsbeamte sind, mit Dienstgeschäften beauftragt, welche Reisen erfordern, so bleibt die Vergütung der Vereinbarung vorbehalten, soweit nicht besondere Vorschriften, wie z. B. der § 7 des Gesetzes vom 9. März 1872 [1]) bestehen. Letztere Vorschrift zu generalisiren, erschien beim Mangel eines allgemeinen Vergleichungs-Maßstabes nicht angängig.

3, Die Einzelbestimmungen des Entwurfs beruhen auf dem Prinzip:

daß dem Beamten die ihm durch eine Dienstreise nothwendig oder nützlicher Weise entstehenden Unkosten und baaren Auslagen erstattet werden müssen.

Dieses Prinzip ist für die Fixirung der Sätze maßgebend gewesen. Für nicht vorherzusehende Fälle ist die Erstattung der wirklichen Auslagen vorbehalten."

Die vorgeschlagene Erhöhung der Tagegeldersätze betrug gegenüber den bis dahin gewährten Sätzen durchschnittlich etwa 50 Prozent, während die Bemessung der Fuhrkostensätze unter Zugrundelegung der auf den Eisenbahnen und Dampfschiffen nach den bestehenden Tarifen zu entrichtenden Beförderungspreise bezw. für Landwege so ausreichend erfolgte, daß sie in der Regel auch für die Beschaffung von Fuhrwerk genügten.

Nach verfassungsmäßiger Genehmigung des Entwurfs trat derselbe als

Gesetz, betreffend die Tagegelder und Reisekosten der Staatsbeamten, vom 24. März 1873

mit dem 1. April 1873 in Kraft.

Durch dieses Gesetz wurden alle demselben entgegenstehenden älteren Bestimmungen, insbesondere die eingangs erwähnte Verordnung vom 28. Juni 1825 und der Allerhöchste Erlaß vom 10. Juni 1848 aufgehoben. Dagegen blieben diejenigen gesetzlichen und Verwaltungsvorschriften, welche **für einzelne Dienstzweige oder Dienstgeschäfte** bezüglich der den Beamten zu gewährenden Tagegelder und Reisekosten ergangen waren, vorläufig mit der Einschränkung in Kraft, daß die in dem neuen Gesetze vom 24. März 1873 bestimmten Sätze nicht überschritten werden durften.

Die erste Abänderung erfuhr letzteres Gesetz durch das

Gesetz, betreffend eine Abänderung des Gesetzes vom 24. März 1873 über die Tagegelder und Reisekosten der Staatsbeamten, vom 28. Juni 1875 (GS. S. 370)

---

[1]) GS. S. 265.

insofern, als

1, durch Artikel I die im § 1 unter Ziffer VII des Gesetzes vom 24. März 1873 aufgeführten „Beamten geringeren Grades und Unterbeamten" in

VII. Andere Beamte, welche nicht zu den Unterbeamten zu zählen sind, und

VIII. Unterbeamte

getrennt und für jede dieser beiden neugebildeten Klassen besondere Sätze festgestellt wurden;

2, nach Artikel II einer Königlichen Verordnung vorbehalten blieb

a, die in dem Gesetze vom 24. März 1873 bestimmten Sätze an Tagegeldern und Reisekosten und die jenem Gesetze zu Grunde liegenden Entfernungsmaße in die Reichsmarkrechnung, beziehentlich in das Metermaß zu übertragen und angemessen abzurunden,

b, die durch das Gesetz vom 24. März 1873 und durch den Artikel I dieses Gesetzes selbst für die verschiedenen Beamtenklassen bestimmten Sätze bis zur Höhe derjenigen Sätze umzuändern, welche für die entsprechenden Beamtenklassen in der auf Grund des § 18 des Reichsgesetzes vom 31. März 1873 (RGBl. S. 61) zu erlassenden Kaiserlichen Verordnung festgesetzt werden würden.

In Ausführung des Artikels II erging sodann

die Verordnung, betreffend die Tagegelder und die Reisekosten der Staatsbeamten, vom 15. April 1876 (GS. S. 107),

durch welche die §§ 1, 4, 6, 7 und 12 des Gesetzes vom 24. März 1873 bezw. der Artikel I (§§ 1 und 4) des Gesetzes vom 28. Juni 1875 im Sinne jenes Artikels abgeändert wurden.

Hinsichtlich der Tagegelder- und Reisekostensätze erfolgte die Umänderung bis zur Höhe derjenigen Sätze, welche für die entsprechenden Beamtenklassen in der Kaiserlichen Verordnung vom 21. Juni 1875 [1]) (RGBl. S. 249) festgesetzt waren. Hinsichtlich **des Anspruchs** auf die Tagegelder und Reisekosten trat durch die Bestimmung im Artikel I §§ 6, 7 und 12 (Schlußsatz) der erwähnten Verordnung gegen früher insofern eine Aenderung ein, als der Anspruch auf diese Bezüge bei Dienstgeschäften außerhalb des Wohnorts erst in einer Entfernung von 2 Kilometern oder weiter von letzterem anhob und daß bei Dienstreisen von nicht weniger als 2 Kilometern aber unter 8 Kilometern die Fuhrkosten für 8 Kilometer zu gewähren waren.

Endlich sind auf Grund des § 12 des Gesetzes vom 24. März 1873 für verschiedene Verwaltungszweige durch Allerhöchste Verordnungen Sondervorschriften erlassen, in welchen die Höhe der Tagegelder und Reisekosten für die einzelnen Beamtenklassen festgesetzt sowie diejenigen Fälle bestimmt sind, in denen Ermäßigungen dieser Bezüge mit Rücksicht auf die in einzelnen Verwaltungen den Beamten bei Ausführung von Dienstreisen zu Gute kommenden Einrichtungen und Erleichterungen ꝛc. einzutreten haben. —

Bei praktischer Handhabung der im Vorstehenden bezeichneten Bestimmungen stellte es sich allmählich mehr und mehr heraus, daß die Bemessung der Vergütungen, welche die Beamten **für die auf Eisenbahnen auszuführenden Dienstreisen** erhielten, in einem gewissen Mißverhältniß zu den wirklich erwachsenden Reisekosten insofern standen, als die an Fuhrkosten gewährten Ein-

---

[1]) Die Verordnung vom 21. Juni 1875 ist inzwischen aufgehoben und durch die Verordnung über die Tagegelder, die Fuhrkosten und die Umzugskosten der Reichsbeamten vom 25. Juni 1901 (RGBl. S. 241) ersetzt.

heitssätze nicht unerheblich über die den Eisenbahn-Personentarifen zu Grunde gelegten Einheitssätze hinausgingen.[1]) Andererseits hatte sich aber auch im Laufe der Jahrzehnte eine nicht unwesentliche, durch die allgemeine Steigerung der Lebenshaltung hervorgerufene Vertheuerung des Reisens fühlbar gemacht, welche eine mäßige Erhöhung der bisherigen Tagegeldersätze gerechtfertigt erscheinen ließ. Die Königliche Staatsregierung legte deshalb im Frühjahr 1897 dem Landtage einen auf entsprechende Abänderung der bisherigen Vorschriften gerichteten Gesetzentwurf vor. Bei der Berathung desselben im Abgeordnetenhause wurde u. A. der Meinung Ausdruck gegeben, daß es zweckmäßiger sein würde, von der Fixirung bestimmter Sätze für Reisekosten und Tagegelder überhaupt abzusehen und den Beamten einfach zu überlassen, ihre Auslagen zu liquidiren; im allgemeinen wurde es aber im Hinblick auf die bei diesem Verfahren nothwendiger Weise eintretende umfangreiche Vermehrung des Schreibwerks und sonstige, durch die nothwendige Kontrole ꝛc. eintretende Schwierigkeiten doch für zweckmäßiger gehalten, das altbewährte System, welches in dem Gesetze vom 24. März 1873 niedergelegt war, beizubehalten, und auf der Basis der bisherigen Gesetzgebung nur die durch die veränderten Verhältnisse nothwendig gewordenen Aenderungen eintreten zu lassen (Sten. Ber., Sitzung vom 24. März 1897).

Der bei den Berathungen nur unwesentlich abgeänderte Entwurf ist demnächst als

„Gesetz, betreffend die Tagegelder und Reisekosten der Staatsbeamten, vom 21. Juni 1897"

am 1. Oktober 1897 in Kraft getreten.

Die nach Maßgabe dieses Gesetzes erforderlich gewordene anderweite Festsetzung der Reiseentschädigungen für die Beamten der einzelnen Verwaltungszweige ist durch entsprechende Allerhöchste Verordnungen erfolgt.

B. **Das Gesetz, betreffend die Tagegelder und die Reisekosten der Staatsbeamten, vom 24. März 1873** (GS. S. 122)

lautet unter Berücksichtigung der Aenderungen und Zusätze, die durch

a, das Gesetz, betreffend eine Abänderung des Gesetzes vom 24. März 1873 über die Tagegelder und Reisekosten der Staatsbeamten (GS. S. 122), vom 28. Juni 1875 (GS. S. 370),

b, die Verordnung, betreffend die Tagegelder und die Reisekosten der Staatsbeamten, vom 15. April 1876 (GS. S. 107),

c, das Gesetz, betreffend die Tagegelder und Reisekosten der Staatsbeamten, vom 21. Juni 1897 (GS. S. 193)

bestimmt sind, seit 1. Oktober 1897 wie folgt:

§ 1.

(Gesetz vom 21. Juni 1897, Artikel I.)

Die Staatsbeamten erhalten bei Dienstreisen Tagegelder nach den folgenden Sätzen:

---

[1]) Vergl. Erläuterungen zu § 4 des Gesetzes vom 21. Juni 1897, S. 14/15 d. W.

I.	Aktive Staatsminister	35 Mk.
II.	Beamte der ersten Rangklasse	28 "
III.	Beamte der zweiten und dritten Rangklasse .	22 "
IV.	Beamte der vierten und fünften Rangklasse .	15 "
V.	Beamte, welche nicht zu obigen Klassen gehören, soweit sie bisher zu dem Tagegeldersatze von 9 Mark berechtigt waren	12 "
VI.	Subalternbeamte der Provinzial-, Kreis- und Lokalbehörden und andere Beamte gleichen Ranges	8 "
VII.	Andere Beamte, welche nicht zu den Unterbeamten zu zählen sind	6 "
VIII.	Unterbeamte	4 "

Erstreckt sich eine Dienstreise auf zwei Tage und wird sie innerhalb 24 Stunden beendet, so ist nur das Ein- und einhalbfache der Sätze unter I bis VIII zu liquidiren.

Wird die Dienstreise an ein und demselben Tage angetreten und beendet, so tritt eine Ermäßigung der Tagegelder bei I auf 27 Mark, bei II auf 21 Mark, bei III auf 17 Mark, bei IV auf 12 Mark, bei V auf 9 Mark, bei VI auf 6 Mark, bei VII auf 4,50 Mark und bei VIII auf 3 Mark ein.

A. Zum Gesetz vom 24. März 1873.

Aus der Begründung:

a, Die Tagegelder sind, von besonderen Bestimmungen abgesehen (§ 3), für die ganze Dauer der Dienstreise, d. h. der durch die Ausführung des Dienstgeschäfts bedingten Abwesenheit vom Wohnorte zu zahlen.

b, der im § 3 der Verordnung vom 28. Juni 1825 (GS. S. 163) bezw. der AKO. vom 29. April 1826 (Jahrb. Bd. 27 S. 239) festgesetzte Drittel-Abzug von den Tagegeldern **für die Gewährung freier Wohnung, Heizung und Licht in Königlichen Gebäuden** (sog. Kommissions-Wohnungen) ist in dem Gesetze vom 24. März 1873 nicht mehr vorgesehen, also beseitigt.

B. Zum Gesetz vom 21. Juni 1897.

a, Aus der Begründung:

(Voran geht die Begründung für die vorgeschlagene Herabsetzung der Vergütungen für auf Eisenbahnen auszuführende Dienstreisen — vergl. die Erläuterungen unter B 1 a zu § 4), dann folgt:

„Mit dieser Aenderung der bisherigen Sätze für Reisekostenvergütungen wird aber nothwendig eine Aenderung der Bestimmungen über die Tagegelder zu verbinden sein. Die nach dem Gesetze vom 24. März 1873 bezw. der Verordnung vom 15. April 1876 zu gewährenden Tagegeldersätze erscheinen im Hinblick auf die mit der allgemeinen Steigerung der Lebenshaltung verbunden gewesene Vertheuerung des Reisens, insbesondere die Erhöhung der Hôtelpreise &c. an sich, und namentlich in den Fällen als zu niedrig, wenn bei längerer Ausdehnung der Dienstreise wiederholte auswärtige Uebernachtungen erforderlich werden. Sind die Gesammtentschädigungen, die der Beamte bei seinen Dienstreisen erhält, schon bisher für solche Fälle knapp bemessen, so wird dies in Zukunft in noch höherem Grade der Fall sein, wo die Möglichkeit, Ersparnisse an den Reisekostenvergütungen zu machen, überhaupt nicht mehr oder doch nur in beschränktem Maße in Betracht kommen kann. Es wird daher in dem Gesetzentwurf eine mäßige Erhöhung der bisherigen Sätze für die bezeichneten Beamtenklassen vorgeschlagen.

Diese erhöhten Sätze würden jedoch über das Bedürfniß in solchen Fällen hinausgehen, in denen die Reise an einem Tage angetreten und beendet, also nur ein größerer oder geringerer Theil eines und desselben Kalendertages auf die Reise verwendet wird, eine auswärtige Uebernachtung aber nicht in Frage kommt. An sich würde es zwar vielleicht gerechtfertigt sein, für solche Reisen, die innerhalb desselben Tages erledigt werden, die Tagegelder nach der nothwendigen Dauer der Reise abzustufen, und für solche Fälle, in denen bei ganz kurzer Abwesenheit vom Wohnort Zehrungskosten 2c. garnicht erwachsen, stärkere Ermäßigungen der normalen Sätze eintreten zu lassen. Solche Differenzirungen sind aber im Wege allgemeiner gesetzlicher Vorschriften schwer in befriedigender Weise zu treffen. Der Gesetzentwurf beschränkt sich deshalb darauf, für alle Fälle, in denen die Reise an demselben Tage angetreten und beendigt wird, die gleichen Ermäßigungen in Aussicht zu nehmen, und bemißt dieselben auf etwa $^1/_4$ der normalen Sätze."

b, Aus dem Berichte der verstärkten Budgetkommission des Abgeordneten-Hauses (Sten. Ber., Sitzung vom 19. Mai 1897):

„Ferner hat die Kommission einen Antrag angenommen, der sich dahin richtet, bei Dienstreisen, die an einem Tage angetreten sind und am anderen Tage vollendet werden, im ganzen aber nicht mehr als 24 Stunden Zeit in Anspruch nehmen, auf niedrigere Tagegelder zu fixiren. Sie finden das in § 1 Abs. 2, welcher bestimmt:

Erstreckt sich eine Dienstreise auf zwei Tage und wird sie innerhalb 24 Stunden beendet, so ist nur das Ein- und einhalbfache der Sätze unter I bis VIII zu liquidiren.

Auch diese Maßregel ist dazu bestimmt, den thatsächlichen Auslagen der Beamten möglichst gerecht zu werden."

C. Allgemeine Erläuterungen:

1, Die Ausführung von Dienstreisen und Kommandirungen sowie von Umzügen infolge von Versetzungen ist auf das im dienstlichen Interesse unbedingt gebotene Maß zu beschränken (Vorschriften zur Aufstellung des Etatsentwurfs für die Eisenbahnverwaltung, vom 15. April 1896).

2, Bei denjenigen Ministerien, Regierungen und sonstigen Behörden, bei welchen jährlich gewöhnliche Dienstreisen vorkommen, soll für diese jährlich ein Plan gemacht, und dabei darauf Rücksicht genommen werden, daß nicht im Laufe eines Jahres ohne Noth mehrmalige Reisen bei einem und demselben Verwaltungszweige nach der nämlichen Gegend stattfinden. (§ 16 der Instruktion für die Ober-Rechnungskammer, vom 18. Dezember 1824.)

3, Der Anspruch der Staatsbeamten auf Tagegelder und Reisekosten ist nach dem Dienstrange [1]) abgestuft. Bei Aufstellung und Prüfung der Liquidationen bedarf es deshalb zunächst der Feststellung des Dienstranges nach den hierüber gegebenen Bestimmungen. Dabei sind die besonderen Vorschriften des § 10 des Gesetzes vom 24. März 1873 zu beachten. Soweit danach der Dienstrang eines Beamten nicht feststeht, ist die Entscheidung über die demselben nach Maßgabe des Gesetzes zu gewährenden Sätze, d. h. die Bestimmung darüber, welcher der im § 1 aufgeführten Klassen derselbe — selbstverständlich nicht behufs Feststellung eines bestimmten Dienstranges, sondern lediglich behufs Festsetzung der Tagegelder- und Reisekostensätze — zuzuzählen ist, dem Verwaltungschef in Gemeinschaft mit dem Finanzminister vorbehalten (MinErl. vom 28. August 1873 Ziffer 1, MBl. f. d. i. V. S. 253).

4, Die Bestimmung im Schlußsatze des § 10 des Gesetzes vom 24. März 1873 gewährt nicht die Ermächtigung, einem einzelnen Beamten für die mit einem Kommissorium verbundenen Dienstreisen **höhere** Tagegelder und Reisekosten zu bewilligen, als ihm nach § 1 dieses Gesetzes zustehen. Dem eine Stelle kommissarisch verwaltenden Beamten dürfen demnach für die aus Anlaß dieses Kommissoriums ausgeführten Dienstreisen Tagegelder und Reisekosten nur in der Höhe gewährt werden, wie sie den Beamten **seiner Dienstkategorie** zustehen (Erl. des Min. d. geistl. 2c. A. vom 18. Mai 1874, MBl. f. d. i. V. S. 166 und des Min. f. L. 2c. vom 1. November 1879, MBl. f. d. i. V. 1880 S. 22).

5, Das Tagegeld wird auf die zur Zurücklegung der Reise wirklich verwendeten Tage (Reisetage) gewährt. Der Tag der Abreise sowie der Tag der Ankunft am Bestimmungsorte werden als Reisetage gerechnet. Alle Reisen sind je nach den vorhandenen Kommunikationsmitteln ohne Unterbrechung zurückzulegen. Unterbrechungen, welche durch Krankheit oder andere dringende Umstände nothwendig werden und auf die Zahl der Reisetage von Einfluß sind, müssen in den Liquidationen gehörig erläutert werden (MinErl. vom 6. Januar 1863, MBl. f. d. i. V. S. 60 und vom 28. März 1867, MBl. f. d. i. V. S. 181).

6, Die Reise des Gymnasial-Oberlehrers N. von C. nach W. zum Antritt seiner neuen Stelle kann im Sinne der bezüglichen Vorschriften als eine Dienstreise nicht angesehen werden. Denn erst **mit dem Antritt der Stelle**, nicht mit der Berufung für dieselbe, ist der p. N. unmittelbarer Staatsdiener geworden. Bei der ersten Berufung oder Anstellung im unmittelbaren Staatsdienst hat grundsätzlich jeder Beamte, wenn etwas anderes nicht vorher ausdrücklich vereinbart worden ist, auf eigene Kosten nach dem Amtsort sich zu begeben (MinErl. vom 4. Januar 1873, MBl. f. d. i. V. S. 50).

7, Die Zahlung doppelter Reisekosten für dieselbe Reise und doppelter Tagegelder für denselben Tag aus öffentlichen Fonds ist unzulässig und zwar auch dann, wenn an demselben Tage verschiedene Amtsgeschäfte ausgeführt sind.

An diesem Grundsatze ist auch in dem Falle festzuhalten, wenn die Zahlung von Reisekosten und Tagegeldern für das eine Amtsgeschäft aus Staatsfonds, für das andere aus Provinzialfonds zu erfolgen hat [2]) (MinErl. vom 20. Februar 1878, MBl. f. d. i. V. S. 46).

---

[1]) Vergl. hierzu den Anhang am Schlusse d. W.

[2]) Siehe hierzu jedoch den Erl. d. JustMin. v. 17. Januar 1901, JMBl. S. 14 (Abschnitt II Abthl. VI d. W., Sondervorschriften d. JustMin., Erläuterungen zu § 4 der Verordnung vom 24. Dezember 1873).

8, Für die Ausführung des mit dem 1. Oktober d. Js. in Kraft tretenden Gesetzes, betreffend die Tagegelder und Reisekosten der Staatsbeamten vom 21. Juni 1897 (GS. S. 193) wird Folgendes bestimmt:

1, Die Bestimmungen in den Artikeln I und II des Gesetzes finden entsprechende Anwendung auf die gemäß der §§ 3 und 4 des Gesetzes vom 24. Februar 1877 (GS. S. 15), betreffend die Umzugskosten der Staatsbeamten, bei Versetzungen zu gewährenden Tagegelder und Reisekosten.

2, Für Dienst- und Versetzungsreisen, die vor dem 1. Oktober d. Js. begonnen und an diesem Tage oder später beendigt worden sind, bezw. beendigt werden, sind die Tagegelder und Reisekosten nach den bisherigen Bestimmungen zu gewähren.

3, In den Liquidationen, mit deren Vollziehung die Liquidanten die Verantwortlichkeit für die Richtigkeit der thatsächlichen Angaben übernehmen, ist bei mehrtägigen [1]) Reisen behufs Feststellung der Tagegelder der Beginn und die Beendigung der Dienst- oder Versetzungsreise nach Tag und Stunde genau anzugeben.

4, Bei Reisen, die mit der Eisenbahn, der Post oder mit dem Dampfschiff begonnen oder beendigt werden, ist vorbehaltlich der Bestimmung unter Ziffer 5 Abs. 2, für die Hin- und Rückreise die fahrplanmäßige Abgangs- und Ankunftszeit an den Eisenbahn- und Poststationen oder Anlegeplätzen maßgebend. Verspätungen kommen nur insoweit in Betracht, als sie besonders nachgewiesen werden.

5, Bei Reisen, die nicht mit der Eisenbahn, der Post oder dem Dampfschiff ausgeführt werden, gilt als Zeitpunkt für den Beginn oder die Beendigung die Stunde des Verlassens und des Wiederbetretens der Wohnung.

Dasselbe gilt, wenn die Entfernung zwischen der Ortsgrenze des Wohnortes und dem zugehörigen Bahnhof oder Anlegeplatz mehr als 2 Kilometer beträgt.

6, Bezüglich des Antritts der Reise, der Benutzung der verschiedenen Transportmittel, der Reiseunterbrechungen ꝛc. ist nach den Vorschriften des durch Cirkularverfügung vom 29. November 1895 mitgetheilten Staatsministerial-Beschlusses vom 30. Oktober 1895 (MBl. f. d. i. V. S. 259) [2]) zu verfahren. Dabei wird bemerkt, daß die nach Nr. 3 des Beschlusses den Beamten obliegende Verpflichtung zur Benutzung von Schnell- und Durchgangs-(D)Zügen nach Herabsetzung der seitherigen Kilometergelder sich auf diejenigen Beamten zu erstrecken hat, welche für das Kilometer künftig 7 Pfg. oder mehr zu beanspruchen haben.

7, Darüber, unter welchen Umständen von den Beamten bei ihren Dienstreisen Kleinbahnen zu benutzen, und welche Reisekostenvergütungen in solchen Fällen zu gewähren sind (Artikel I § 4 Nr. III des Gesetzes), ergeht besondere Verfügung.[3])

8, Nach Artikel V des Gesetzes ermäßigen sich die Tagegelder- und Reisekostensätze, welche in den vor Erlaß desselben für einzelne Dienstzweige oder Dienstgeschäfte ergangenen besonderen gesetzlichen oder sonstigen Vorschriften über Dienstreisen der Beamten festgesetzt sind, soweit sie die

---

[1]) Auch bei eintägigen Reisen. Siehe MinErl. vom 16. Mai 1898, Ziffer 12 d. E.

[2]) Vergl. Ziffer 3 zu § 4 des Gesetzes.

[3]) Siehe hierzu den StMB. vom 25. Oktober 1898 nebst Ausführungsbestimmungen, Erläuterungen C. Ziffer 6 und 7 zu § 4 des Gesetzes.

im Artikel I des Gesetzes bestimmten Sätze überschreiten, auf den Betrag dieser letzteren.

Im übrigen bleiben die betreffenden bisher ergangenen Sonderbestimmungen in Kraft (Runderlaß der Min. der Fin. und des Inn. vom 1. September 1897, MBl. f. d. i. V. S. 148, CBl. d. AV. S. 359; siehe auch den Erlaß d. JustMin. vom 11. September 1897, JMBl. S. 235).

9, Bei der Beförderung von Beamten sind, auch wenn die Bestallung oder Beförderungsverfügung rückdatirt ist, die höheren Bezüge an Reisekosten und Tagegeldern erst von dem Tage ab zu gewähren, an welchem die Bestallung oder Beförderungsverfügung dem Beamten ausgehändigt wird (MinErl. vom 30. Juni 1898, MBl. f. d. i. V. S. 132 und CBl. d. AV. S. 363, vom 29. September 1898, MBl. f. d. i. V. S. 202 und vom 15. Juli 1898, EVBl. S. 192).

10, Die Gänge eines Beamten zwischen seinem Wohnorte und seiner regelmäßigen Dienststätte sind auch dann nicht als Dienstreisen anzusehen, wenn diese Stätte 2 Kilometer oder mehr von der Grenze des Wohnortes entfernt liegt (StMB. vom 17. Mai 1899, MBl. f. d. i. V. S. 85; EVBl. S. 192).

11, Mit der dortigen Auffassung, daß einem Beamten, welcher vorübergehend außerhalb seines Wohnortes beschäftigt wird, für die Reise nach dem Orte der auswärtigen Beschäftigung auch dann die vollen Tagegelder gemäß § 1 Abs. 1 des Gesetzes vom 21. Juni 1897 zu zahlen sind, wenn diese Reise innerhalb eines Kalendertages zurückgelegt wird, bin ich einverstanden, weil eine die Anwendung der ermäßigten Sätze des Abs. 3 daselbst begründende Beendigung der Dienstreise nicht schon durch das Eintreffen am Orte der auswärtigen Beschäftigung, sondern erst durch die Rückkehr nach dem Wohnorte herbeigeführt wird (Erl. d. FinMin. vom 15. Mai 1898, CBl. d. AV. S. 244).

12, Zur Beseitigung von Zweifeln wird im Einvernehmen mit der Königl. Ober-Rechnungskammer bestimmt, daß die unter Nr. 3 des Runderlasses vom 1. September v. Js.[1]) gegebene Vorschrift, wonach in den Liquidationen über Tagegelder und Reisekosten der Staatsbeamten die Stunde des Beginns und der Beendigung der Dienst- oder Versetzungsreise genau anzugeben ist, nicht nur für zweitägige Reisen, sondern in Rücksicht auf die in dem Staatsministerialbeschlusse vom 30. Oktober 1895 wegen des Antritts der Reise, der Weiter- und Rückreise getroffenen Bestimmungen auch für eintägige und drei- oder mehrtägige Reisen zu gelten hat (Erl. d. FinMin. vom 16. Mai 1898, CBl. d. AV. S. 265).

13, Die Auffassung, daß jede Dienstreise sich einheitlich auf die ganze Dauer des Reiseauftrages erstrecke und deshalb für die Berechnung der Tagegelder und Reisekosten nur die genehmigte, nicht die wirklich gebrauchte Reisezeit maßgebend sei, ist unzutreffend.

Der sogenannte „Reiseauftrag" enthält nur die Bezeichnung der zu erledigenden **Dienstgeschäfte.** Die **Art der Ausführung** der Dienstreise im einzelnen wird dem Beamten nicht vorgeschrieben, sondern hat sich lediglich nach den bestehenden allgemeinen Bestimmungen zu richten.

Es gilt hierbei vor allem der Grundsatz, daß Dienstreisen, von besonderen Verhältnissen abgesehen, stets so auszuführen sind, wie sie sich nach den

---

[1]) Siehe Ziffer 8 d. E.

dafür zu zahlenden Entschädigungen, und zwar Tagegelder und Reisekosten zusammengenommen, für die Staatskasse am billigsten stellen.

Ist es hiernach bei Reiseaufträgen, die an einem Tage nicht erledigt werden können, für die Staatskasse vortheilhafter und mit dem Zwecke der Dienstreise vereinbar, so hat der Beamte für dienstfreie Zwischenräume, z. B. über Nacht, Sonntags ꝛc. nach seinem Wohnorte zurückzukehren. Er kann in diesem Falle nicht verlangen, daß bei der Berechnung der Tagegelder auch die an dem Wohnorte zugebrachten Zwischenzeiten mit berücksichtigt werden, er muß sich vielmehr, wenn beispielsweise am Wohnorte übernachtet werden konnte, für die einzelnen Tage mit den ermäßigten Tagegeldern nach § 1 Abs. 3 des Gesetzes vom 21. Juni 1897 begnügen. Dafür hat er aber Anspruch auf Reisekosten für die jedesmalige Hin- und Rückreise. Ist dagegen die zwischenzeitliche Rückkehr nach dem Wohnorte dienstlich unzweckmäßig oder aus anderen Gründen unausführbar, oder wegen der Höhe der damit verbundenen Reisekosten für die Staatskasse theurer, als das Verbleiben außerhalb des Wohnortes, so muß die Dienstreise ohne Unterbrechung ausgeführt und dementsprechend auch in der Reisekostenberechnung angesetzt werden. In diesem Falle hat der Beamte neben den Reisekosten für die **einmalige** Hin- und Rückreise natürlich Anspruch auf Tagegelder für die **ganze Dauer** der Dienstreise.

Unterbrechungen von Dienstreisen aus lediglich **privaten** Gründen sind in der Regel nur mit Genehmigung der vorgesetzten Dienstbehörde statthaft. Werden derartige Unterbrechungen allgemein oder im einzelnen Falle zugelassen, so verliert der Beamte für die Dauer der Unterbrechung den Anspruch auf Tagegelder, dergestalt, daß die Zwischenzeiten, während deren der Beamte sich thatsächlich nicht auf der „Dienstreise“ befunden hat, als solche auch in der Liquidation nicht anzusetzen sind und bei der Berechnung der Tagegelder ebenso ausscheiden, wie die bei **dienstlicher** Unterbrechung der Reise am Wohnorte zugebrachten Zwischenzeiten. Auch hat der Beamte in diesem Falle keinen Anspruch auf Reisekosten für die Zwischenreisen, weil diese lediglich als Privatreisen vom Orte der auswärtigen Dienstthätigkeit aus anzusehen sind und deshalb die Aufwendung von Kosten aus der Staatskasse nicht zu begründen vermögen (Erl. des FinMin. vom 28. Februar 1898, CBl. d. AB. S. 152).

14, Im Sinne der vorstehend unter 13 abgedruckten Bestimmungen spricht sich auch der Erlaß des Finanzministers vom 30. April 1900 (CBl. d. AB. S. 251) aus. In diesem ist noch besonders darauf hingewiesen, daß es Sache der die Dienstaufsicht führenden Beamten ist, darauf zu halten, daß der Reiseauftrag in zweckmäßigster Weise ausgeführt wird und nicht zum Nachtheil des staatlichen Interesses Zeit und Kräfte der Beamten auf private Zwischenreisen verwendet werden.

15, Tagegelder und Reisekosten, welche unrechtmäßiger Weise aus der Staatskasse erhoben sind, können im Wege der administrativen Zwangsvollstreckung wieder eingezogen werden (Erk. des Reichsger. vom 23. Januar 1893, JMBl. S. 142).

16, Das Tagegeld wird auf die zur Zurücklegung der Reise wirklich verwendeten Tage gewährt. Der Tag der Abreise sowie der Tag der Ankunft am Bestimmungsorte werden als Reisetage gerechnet (Bek. des Kriegsmin. vom 6. Januar 1863, MBl. f. d. i. V. S. 60).

17, Die Tagegelder werden nicht als Remuneration für geleistete Arbeiten betrachtet, sondern nehmen die Natur einer Vergütung für den Mehraufwand auf der Reise an, welche dem betreffenden Beamten auch in Krankheitsfällen nicht entzogen werden darf. Es muß indeß der Behörde bei Festsetzung der Diätenliquidation vorbehalten bleiben, zu prüfen, ob nach der Erkrankung nicht die sofortige Rückkehr ausführbar und zweckmäßiger gewesen wäre, als das Abwarten der Herstellung an dem fremden Orte. Die Tagegelder und Reisekosten für die fruchtlos verstrichenen Tage müssen aber den allgemeinen Fonds zur Last fallen, und können von etwa zur Erstattung verpflichteten Dritten nicht wieder eingefordert werden (Schr. d. Min. d. Inn. vom 12. Februar 1841, MBl. f. d. i. V. 1844 S. 229).

18, Tagegelder und Reisekosten (auch Reisekostenbauschsummen) gehören nicht zum steuerpflichtigen Einkommen der Beamten (Art. 22 der Ausführ. Anweisung vom 5. August 1891 zum Einkommensteuergesetz vom 24. Juni 1891).

19, Dienstaufwandsentschädigungen, Reisekostenbauschsummen und andere Dienstbezüge, welche lediglich als Ersatz baarer Auslagen anzusehen sind, unterliegen der Gemeindebesteuerung nicht (Anh. S. 23 z. DA. d. VB.).

20, Dienstaufwandsentschädigungen und Reisekostenbauschsummen sind weder der Pfändung unterworfen, noch bei der Ermittelung, ob und zu welchem Betrage das Diensteinkommen der Pfändung unterliegt, zu berechnen (Civilprozeßordnung vom 30. Januar 1877 in der vom 1. Januar 1900 ab geltenden Fassung, RGBl. 1898 S. 573, § 850 letzter Absatz; Anh. S. 24 z. DA. d. VB.).

21, Pensionirten Civil- oder Militärbeamten können die Reisekosten gewährt werden, wenn sie mit dem Zeitpunkte, an welchem sie in den Ruhestand übertreten, sofort in eine remuneratorisch besoldete Stelle übernommen werden. Liegt aber zwischen dem Zeitpunkt ihrer Pensionirung und ihrer Wiederbeschäftigung eine dienstlose Zwischenzeit, so haben sie keinen Anspruch auf Entschädigung für die aus Anlaß ihrer Wiedereinberufung auszuführende Reise (Erl. d. FinMin. vom 24. Juni 1871 Abs. 3, MBl. f. d. i. V. S. 243).

§ 2.

(Gesetz vom 24. März 1873.)

Erfordert eine Dienstreise einen außergewöhnlichen Kostenaufwand, so kann der Tagegeldersatz (§ 1) von dem Verwaltungschef angemessen erhöht werden.

1, Aus der Begründung:
Schon die AKO. vom 13. September 1852 hat dem Verwaltungschef für die **mit besonderem Aufwande oder Repräsentation** verbundenen Reisen eine angemessene Erhöhung vorbehalten. Die Bestimmung scheint namentlich für Reisen in das Ausland erforderlich.

2, Vergl. den Abschnitt A der dem Staatsministerial-Beschluß vom 13. Mai 1884 beigefügten Grundsätze (S. C Ziff. 1 zu § 4 d. Ges., S. 15 d. W.).

§ 3.

(Gesetz vom 24. März 1873.)

Etatsmäßig angestellte Beamte, welche vorübergehend außerhalb ihres Wohnortes bei einer Behörde beschäftigt werden, erhalten für die Dauer dieser Beschäftigung neben ihrer Besoldung die im § 1 festgesetzten Tagegelder.

Nicht etatsmäßig angestellte Beamte haben im gleichen Falle auf die im § 1 festgesetzten Tagegelder nur für die Dauer der Hin- und Rückreise Anspruch. Für die Dauer der Beschäftigung werden die denselben zu gewährenden Tagegelder durch die vorgesetzte Behörde bestimmt.

1, Etatsmäßig angestellte Beamte, welche vorübergehend bei einer Behörde außerhalb ihres Wohnortes beschäftigt werden, haben Anspruch auf die im § 1 festgestellten Tagegelder. Durch diese Vorschrift, welche sich auf die Zeit der eigentlichen Dienstreise überhaupt nicht bezieht, ist indessen nicht ausgeschlossen, daß unter Umständen und in Berücksichtigung des wirklichen Bedürfnisses, namentlich bei Kommissorien von längerer Dauer, sofern die gesetzlichen Tagegelder neben der Besoldung für die ganze Zeit der Beschäftigung eine verhälnißmäßig zu hohe Vergütung bilden würden, mit dem Einverständniß der betreffenden Beamten ein niedrigerer Tagegeldersatz gewährt werden kann. Dieses Einverständnisses hat sich die den Auftrag ertheilende Behörde in Fällen der gedachten Art in geeigneter Weise zu vergewissern, weil dem Beamten die unbedingte Pflicht zur Uebernahme des Auftrages gegen Gewährung niedrigerer Tagegelder nicht obliegt. Zu diesem Zweck ist in jedem Falle darauf zu halten, daß dem Beamten mit der Aufforderung zur Uebernahme des Auftrages der Betrag der von demselben zu beziehenden Vergütung mitgetheilt wird (MinErl. vom 28. August 1873, MBl. f. d. i. V. S. 253).

2, Beamte, welche für eine vorübergehende Beschäftigung außerhalb ihres Wohnortes die vollen, ihnen gesetzlich bei Dienstreisen zustehenden Tagegelder beziehen, erhalten daneben bei Vornahme von Dienstreisen keine Tagegelder. Beamte, welche für eine derartige Beschäftigung ermäßigte, hinter dem ihnen bei Dienstreisen zuständigen Tagegeldersatze zurückbleibende Tagegelder oder Bauschvergütungen beziehen, erhalten daneben bei Vornahme von Dienstreisen die ihnen nach Art der betreffenden Dienstreise gesetzlich oder verordnungsmäßig zustehenden Tagegelder unverkürzt (StMB. vom 9. Juli 1898, MBl. f. d. i. V. S. 195, CBl. d. AV. S. 411, EVBl. 1899 S. 31).

3, Wenn Wartegeldempfänger außerhalb ihres Wohnortes vorübergehend mit Stellvertretungen, mit zeitweiser Verwaltung erledigter Stellen oder mit extraordinären Hilfsleistungen beauftragt werden, können ihnen die gesetzlichen Tagegelder neben dem Wartegelde bewilligt werden. Bei Kommissorien von voraussichtlich längerer Dauer muß die in Form von Diäten zu bewilligende Remuneration besonders bestimmt und dem Wartegeldempfänger vor Antritt des Auftrages bekannt gemacht werden (Verf. d. Gen.Steuerdirektors vom 17. März 1849, MBl. f. d. i. V. S. 40).

4, Wird ein Anwärter zur Wahrnehmung einer erledigten Stelle mit der Aussicht auf deren definitive Verleihung oder überhaupt auf Beibehaltung im Dienste, sei es gegen Gehalt oder Diäten **auf Probe** einberufen, so sind demselben für diese — der ersten Anstellung in der in Rede stehenden Beziehung gleich zu achtende — Einberufung weder Reisediäten noch Fuhrkosten zu gewähren (Erl. d. FinMin. vom 27. Juni 1854, CBl. d. AV. S. 249).

5, Sobald Personen, mögen sie bereits im Reichs- oder Kommunal- rc. -Dienst etatsmäßig angestellt oder diätarisch beschäftigt sein, oder zu den aktiven oder civilversorgungsberechtigten Militärpersonen gehören, oder endlich sich in Privatstellungen befinden, zum Zweck einer nur **vorübergehenden** Dienstleistung, sei es in einer erledigten etatsmäßigen Stelle ohne Aussicht auf deren definitive Verleihung oder als Hilfsbeamte von außerhalb herangezogen oder von ihrem Wohnorte nach einem anderen Orte entsendet werden, erlangen dieselben dadurch die Eigenschaft nicht etatsmäßiger Preußischer Beamten und haben als solche für die betreffenden Reisen aus § 3 Abs. 2 des Gesetzes vom 24. März 1873 Anspruch auf die bestimmungsmäßigen Tagegelder und Reisekosten [1]) (Erl. d. FinMin. vom 8. Oktober 1879, MBl. f. d. i. V. 1880 S. 4; siehe auch Erl. d. FinMin. vom 27. Juni 1854 Abs. 3, CBl. d. AV. S. 249).

§ 4.

(Gesetz vom 21. Juni 1897, Artikel I.)

An Reisekosten, einschließlich der Kosten der Gepäckbeförderung erhalten:

I. bei Dienstreisen, welche auf Eisenbahnen oder Dampfschiffen gemacht werden können:

1, die im § 1 unter I bis IV bezeichneten Beamten für das Kilometer 9 Pfennig und für jeden Zu- und Abgang 3 Mark.

Hat einer dieser Beamten einen Diener auf die Reise mitgenommen, so kann er für denselben 5 Pfennig für das Kilometer beanspruchen;

2, die im § 1 unter V und VI genannten Beamten für das Kilometer 7 Pfennig und für jeden Zu- und Abgang 2 Mark;

3, die im § 1 unter VII und VIII genannten Beamten für das Kilometer 5 Pfennig und für jeden Zu- und Abgang 1 Mark;

II. bei Dienstreisen, welche nicht auf Eisenbahnen, Kleinbahnen oder Dampfschiffen zurückgelegt werden können:

1, die im § 1 unter I bis IV genannten Beamten 60 Pfg.
2, die im § 1 unter V und VI genannten Beamten 40 „
3, die im § 1 unter VII und VIII genannten Beamten 30 „
für das Kilometer.

III. Die Bestimmung darüber, unter welchen Umständen von den Beamten bei ihren Dienstreisen Kleinbahnen zu benutzen,

---

[1]) Jetzt gemäß § 1 und 4 des Gesetzes vom 21. Juni 1897.

und welche Reisekostenvergütungen in solchen Fällen zu gewähren sind, erfolgt durch das Staatsministerium.[1])

Haben erweislich höhere Reisekosten, als die unter I bis III festgesetzten aufgewendet werden müssen, so werden diese erstattet.

A. Zum Gesetz vom 24. März 1873.

Aus der Begründung:

Die Sätze unter I sind für Reisen auf Eisenbahnen und Dampfschiffen nach den bestehenden Tarifen vollkommen ausreichend und die Sätze unter II genügen in der Regel für die Beschaffung von Fuhrwerk bei Landreisen.

Entstehen nothwendige Mehrkosten, so giebt der Schlußsatz die Möglichkeit der Erstattung.

Ob eine Reise mit der Eisenbahn zurückgelegt werden konnte, hängt nicht von dem Bestehen einer Eisenbahn zwischen den betreffenden Orten allein ab, sondern ist auch nach dem Zweck der Reise und den Umständen des besonderen Falles zu beurtheilen.

Die Mehrkosten werden der Regel nach durch Vorlegung der Quittungen, eventuell durch pflichtmäßige Versicherung der Beamten nachzuweisen sein.

B. Zum Gesetz vom 21. Juni 1897.

1, Aus der Begründung:

a, im allgemeinen: Die gleichmäßig im Reiche wie in Preußen geltenden Bestimmungen über die Vergütungen, welche den Beamten für die auf den Eisenbahnen auszuführenden Dienstreisen zu gewähren sind, stehen seit längerer Zeit in einem gewissen Mißverhältniß zu den wirklich erwachsenden Reisekosten. Es ist daher eine Aenderung dieser Bestimmungen wiederholt in den Verhandlungen des Reichstages und des Landtages gefordert worden.

Bei der Aenderung dieser Vorschriften war davon auszugehen, daß den Beamten volle Entschädigung für die aufzuwendenden Beförderungskosten zu gewähren ist, und daß ihnen andererseits ein erheblicher Ueberschuß über ihre Auslagen hinaus nicht verbleiben darf. Ein solcher erwächst ihnen jetzt aber aus den z. Zt. geltenden Entschädigungssätzen für das Kilometer von 13, 10 und 7 Pf., welche die für die Beförderung zu entrichtenden Fahrpreise immer, sei es mehr, sei es weniger, überschreiten. Diese Sätze sind zu ermäßigen. Bei Festsetzung anderweiter, den wirklichen Beförderungskosten sich möglichst annähernden Entschädigungsbeträge kann jedoch keine Rücksicht darauf genommen werden, daß die Beförderungskosten sich verschieden stellen, je nachdem der Beamte Schnell- oder Personenzüge benutzt, oder ob er von den seitens der Eisenbahnverwaltung für gewisse Fälle gewährten Fahrpreisermäßigungen (Rückfahrkarten, Rundreisebillets u. dergl.) Gebrauch macht oder nicht. Denn die Entschließungen des Beamten stehen in dieser Beziehung nicht immer in seinem Belieben, sind vielmehr von dem Zweck der Dienstreise vielfach abhängig. Es ist ihm deshalb allgemein ein Satz zuzugestehen, der zur Deckung der Fahrkosten auch dann ausreicht, wenn die Reisen mit dem verhältnißmäßig größten

[1]) Siehe StMBl. vom 25. Oktober 1898, C Ziffer 6 d. E.

Aufwand an Reisekosten, also mit Schnellzügen unter Verwendung von einfachen Fahrkarten ausgeführt werden müssen. Dies führt, da die Schnellzugpreise der deutschen Eisenbahnen im Höchstbetrage auf der Grundlage von 9,10, 6,67 und 4,67 Pf. berechnet sind und daneben eine Entschädigung für etwaige besondere Ausgaben, für Gepäckbeförderung rc. gewährt werden muß, zur Annahme von Entschädigungssätzen von 10, 8 und 6 Pf. für das Kilometer. Der Gesetzentwurf schlägt demgemäß eine entsprechende Ermäßigung der geltenden Sätze vor.

b, Zu Artikel I § 4 No. III: Die Bestimmung im § 4 Nr. I bezieht sich nur auf Eisenbahnen im engeren Sinne, nicht also auf Kleinbahnen, die als Eisenbahnen nach dem Gesetze über die Eisenbahnunternehmungen vom 3. November 1838 bezw. Artikel 4 Nr. 8 und Artikel 41 ff. der Reichsverfassung nicht anzusehen sind. Bei der obwaltenden Verschiedenartigkeit in der Betriebsweise der Kleinbahnen lassen sich allgemeine Bestimmungen über die Verpflichtung der Beamten zur Benutzung dieser Verkehrsmittel bei ihren Dienstreisen und die eventuell zu gewährenden Reisekostenvergütungen auf gesetzlichem Wege schwer treffen. Die Benutzbarkeit der Kleinbahnen wird vielfach von dem Zweck der einzelnen Dienstreisen einerseits und der Art des Betriebes der Bahnen andererseits abhängig gemacht werden müssen. Da auch die Entwickelung des Kleinbahnwesens z. Zt. noch in den ersten Anfängen steht, empfiehlt es sich, die Regelung dieser Frage vorläufig dem Staatsministerium zu überlassen.

2. Aus dem Berichte der verstärkten Budgetkommission des Abgeordnetenhauses (Sten. Ber., Sitzung vom 19. Mai 1897): Die Kommission schlägt vor, die Reisekostensätze etwas herunterzusetzen. Es ist gegenüber der Regierungsvorlage eine Herabsetzung bei der Abtheilung 1 auf 9 Pf., bei der 2. Abtheilung auf 7, bei der 3. auf 5 Pf. gemacht worden und diese wird im allgemeinen genügen, um die thatsächlich aufgewendeten Kosten zu entschädigen. Nur in einzelnen Fällen kann es vorkommen, daß diejenigen Beamten, denen das Recht zusteht, in der ersten Klasse zu fahren, nicht ganz mit den 9 Pf. auskommen. Dagegen ist, da keine Rücksicht darauf genommen ist, daß die Beamten auch auf Retourbillets fahren können, dadurch die Möglichkeit geschaffen, einen Ausgleich zu finden, und da es sich hier doch immerhin um Beamte der höheren Rangklasse handelt, so hat man geglaubt, das Risiko hier mit einsetzen zu können. Im allgemeinen entsprechen die aufgestellten Sätze den Kosten, wie sie auf der Eisenbahn oder den Dampfern thatsächlich erwachsen.

C. Allgemeine Erläuterungen:

1, Staatsministerialbeschluß vom 13. Mai 1884, betreffend Grundsätze über Berechnung der Reise- und Umzugskostenvergütungen der Staatsbeamten. (MBl. f. d. i. V. S. 107, EVBl. S. 307, JMBl. S. 104.)

Das Königliche Staatsministerium hat beschlossen, daß die Bestimmungen, welche in der anliegenden „Zusammenstellung einiger Grundsätze, nach welchen bei Berechnung der Reise- und Umzugskosten der Reichsbeamten zu verfahren ist“, enthalten sind, in Rücksicht auf die Gleichartigkeit der in Betracht kommenden Preußischen und reichsgesetzlichen Vorschriften und zur Herbeiführung eines gleichmäßigen Verfahrens zwischen den Reichsverwaltungen und den Preußischen Ressorts für die Berechnung der Reisekosten der Preußischen Staatsbeamten nach § 6 der Verordnung vom 15. April 1876 (GS. S. 107) und der Umzugskosten bei Versetzungen nach dem Gesetze vom 24. Februar 1877 (GS. S. 15) in gleichmäßiger Weise zur Anwendung zu bringen sind.

Anlage zu dem Staatsministerialbeschluß vom 13. Mai 1884.

Zusammenstellung einiger Grundsätze, nach welchen bei Berechnung der Reise- und Umzugskosten der Reichsbeamten zu verfahren ist (Armee-Verordnungsblatt für 1881 S. 134, Post-Amtsblatt für 1881 S. 389).

A.

Bewegt sich die Dienstreise eines Beamten, welchem für die Zeit seines Aufenthalts im Auslande höhere Tagegelder als für das Inland bewilligt sind, an einem Tage innerhalb und außerhalb des Reichsgebiets, so wird für den Tag des Uebergangs in das Ausland der höhere, für den Tag der Rückkehr in das Inland der niedrigere Tagegeldersatz gewährt.

B.

1, Bei Geschäften außerhalb des Wohnorts, der Garnison u. s. w. (§ 6 der Verordnung vom 21. Juni 1875,[1]) RGBl. S. 249, § 7 der Verordnung vom 23. April 1879, RGBl. S. 127, §§ 3 bis 5 der Verordnung vom 20. Mai 1880, RGBl. S. 113) wird die dienstlich zurückgelegte Wegestrecke von der Ortsgrenze ab berechnet.

Anmerkung: Zu vergleichen § 6 des Preußischen Gesetzes vom 24. März 1873 (GS. S. 122) in der Fassung der Verordnung vom 15. April 1876 (GS. S. 107).

2, Als Endpunkt der dienstlich zurückgelegten Wegestrecke gilt die Mitte des Bestimmungsortes oder, falls die Dienstreise mittelst Eisenbahn oder Dampfschiffs gemacht werden kann, der betreffende Bahnhof oder Anlegeplatz, vorbehaltlich der Bestimmung zu D. Handelt es sich um die Erledigung eines Dienstgeschäftes an einer bestimmten Stelle außerhalb eines Ortes, so ist diese Stelle als Endpunkt der Dienstreise anzunehmen.

3, Als Ort gilt der hauptsächlich von Gebäuden oder eingefriedigten Grundstücken eingenommene Theil eines Gemeindebezirks, so daß die Ortsgrenze ohne Rücksicht auf vereinzelte Ausbauten oder Anlagen durch die Außenlinie jenes Bezirkstheiles gebildet wird.

Besteht ein Gemeindebezirk (Garnisonverband) aus mehreren Ortschaften, so ist als Ort im Sinne dieser Bestimmung nicht die einzelne Ortschaft, sondern der Gemeindebezirk (Garnisonverband) anzusehen.

Anmerkung: Diese Bestimmung ist durch den nachfolgenden

Beschluß

des Königlichen Staatsministeriums vom 12. August 1896 (MBl. f. d. i. V. S. 188, EVBl. S. 273, JMBl. S. 359, CBl. d. UV. S. 601) wie folgt abgeändert worden:

„Das Königliche Staatsministerium hat beschlossen, die Bestimmung unter B 3 der durch den Staatsministerialbeschluß vom 13. Mai 1884 für die Be-

---

[1]) Vergl. die Anmerkung auf S. 3 d. W.

rechnung der Reisekosten der Preußischen Staatsbeamten als maßgebend erklärten „Zusammenstellung einiger Grundsätze, nach welchen bei Berechnung der Reise- und Umzugskosten der Reichsbeamten zu verfahren ist," durch folgende zu ersetzen:

a, Als Ort im Sinne der vorstehenden Bestimmungen gilt der hauptsächlich von Gebäuden oder eingefriedigten Grundstücken eingenommene Theil eines Gemeinde-(Guts-)Bezirks, so daß die Ortsgrenze ohne Rücksicht auf vereinzelte Ausbauten oder Anlagen durch die Außenlinie jenes Bezirkstheiles gebildet wird. Derartig räumlich zusammenhängende, demselben Gemeinde-(Guts-) Bezirke angehörende Komplexe von Gebäuden und eingefriedigten Grundstücken gelten auch dann als ein einziger Ort, wenn etwa für einzelne Theile besondere Ortsbezeichnungen üblich sind.

b, Sind in einem Gemeinde-(Guts-)Bezirke mehrere, getrennt von einander liegende, geschlossene Ortschaften vorhanden, so ist jede solche Ortschaft für sich als Ort in dem vorbezeichneten Sinne anzusehen.[1]) Als Anfangspunkt der Reise gilt in diesen Fällen die Grenze der Ortschaft, worin der Beamte seinen dienstlichen Wohnsitz hat, als Endpunkt die Mitte des Ortes, in dem das Dienstgeschäft verrichtet wird.

c, Für Gemeinde-(Guts-)Bezirke, in denen ein durch die geschlossene Lage der Wohnstellen gekennzeichneter Ortschaftsbering überhaupt nicht vorhanden ist, gilt als Anfangspunkt der Reise das Wohngehöft der Beamten, als Endpunkt stets die Stelle, wo das Dienstgeschäft verrichtet wird.

d, Hat der Beamte seinen dienstlichen Wohnsitz in einem Gemeinde-(Guts-)Bezirk mit einer oder mehreren Ortschaften außerhalb eines geschlossenen Ortsringes isolirt auf dem Lande, so ist das Wohngehöft als Ausgangspunkt der Reise anzusehen."

4, Für die Feststellung der Entfernungen sind die Angaben des Kursbuches der Reichspostverwaltung, eventuell der amtlichen Postkarten maßgebend. Fehlen solche Angaben, oder handelt es sich um die Entscheidung der Frage, ob ein Beamter die für den Anspruch auf Vergütung von Reisekosten maßgebende Entfernung von der Grenze seines Wohnorts u. s. w. hat zurücklegen müssen, so sind zur Feststellung der Entfernungen Bescheinigungen sachkundiger Behörden und bezüglich der im Auslande gemachten Dienstreisen Bescheinigungen der Kaiserlichen Gesandtschaften oder Konsulate beizubringen.

C.

1, Bei Dienstreisen, welche mittelst Eisenbahn oder Dampfschiffs gemacht werden können, kommt die Gebühr für Zu- und Abgang in der Regel nur einmal zum Ansatz.

2, Ein mehrfacher Ansatz dieser Gebühr findet statt:

a, wenn an Zwischenorten übernachtet werden muß;

b, wenn die Eisenbahn oder das Dampfschiff an Zwischenorten Dienstgeschäfte halber verlassen werden muß;

c, wenn an einem Zwischenorte ein Bahnhof oder Anlegeplatz verlassen und die Reise von einem anderen Bahnhof oder Anlegeplatz aus, welcher mit dem ersteren nicht in unmittelbarem Zusammenhange steht, fortgesetzt werden muß, sofern der Uebergang von dem einen zum anderen Bahnhofe nicht mittelst durchgehender oder unmittelbar

---

[1]) Siehe hierzu den MinErl. vom 23. März 1899 und den StMB. vom 16. November 1899, Ziffer 8 und 9 der Erläuterungen zu § 5, S. 29/30 d. W.

anschließender Züge über eine Verbindungsbahn erfolgt. Der mehrfache Ansatz der Gebühr ist ausgeschlossen, wenn an einem Zwischenorte ein Uebergang von einer Bahn auf die andere oder von einem Dampfschiff auf das andere stattfindet, ohne daß dazu der Bahnhof oder Anlegeplatz zu verlassen ist. Die mit Uebergängen der letzteren Art etwa verbundenen Kosten werden ausschließlich den mit Freikarten reisenden Beamten der Eisenbahnverwaltungen auf Grund spezieller Angaben erstattet, deren Belegung nicht erforderlich ist.

Eine alphabetisch geordnete Nachweisung derjenigen Orte Deutschlands, an welchen mehrere räumlich von einander getrennte Personenbahnhöfe oder Anlegeplätze von Dampfschiffen sich befinden, wird unter Angabe der zwischen den einzelnen Bahnhöfen vorhandenen, für den Personenverkehr benutzbaren Verbindungsbahnen durch das Kursbuch der Reichspostverwaltung veröffentlicht.

3, Beamte, welche bei Unterbrechung einer zum Zwecke der Bereisung einer Bahnlinie, zur Besichtigung oder Revision von Betriebsanlagen 2c. unternommenen Dienstreise oder am Endpunkte einer solchen den betreffenden Bahnhof oder das Bahngebiet Dienstgeschäfte halber zu verlassen nicht genöthigt sind, haben keinen Anspruch auf die Zu- und Abgangsgebühr. Den mit Eisenbahnfreikarten reisenden Beamten werden in solchen Fällen die baaren Nebenkosten nach Maßgabe der Bestimmungen unter Ziffer 2c erstattet.

4, Die Gebühr für Zu- und Abgang wird je zur Hälfte nicht gewährt, wenn die Beförderung des Beamten nach oder von dem Bahnhof oder Anlegeplatz seitens einer Reichsverwaltung durch Gestellung eines Fuhrwerks erfolgt.

D.

1, Neben der Gebühr für Zu- und Abgang werden die sonstigen verordnungsmäßigen Fuhrkosten gewährt, wenn die Entfernung zwischen der Ortsgrenze des Anfangs- oder Endpunkts der Reise und dem Bahnhof oder Anlegeplatz 2 km oder mehr beträgt.

Hat während einer Reise ein Wechsel zwischen der Beförderung mittelst Eisenbahn oder Dampfschiffs und einer anderen Beförderungsart einzutreten, so sind die Fuhrkosten für die Wegestrecke zwischen dem nach bezw. vor Uebergang auf die Eisenbahn oder das Dampfschiff zunächst bezw. zuletzt zu berührenden Orte und dem Bahnhofe oder Anlegeplatze nur dann zu vergüten, wenn die Entfernung 2 km oder mehr beträgt.

2, In den Fällen zu 1 sind für den Begriff des Orts und der Ortsgrenze die Bestimmungen zu B 3, für die Feststellung der Entfernungen die Angaben des Kursbuchs der Reichs-Postverwaltung maßgebend. Fehlen letztere, so sind sie durch Bescheinigungen sachkundiger Behörden und für das Ausland durch Bescheinigungen der Kaiserlichen Gesandtschaften oder Konsulate zu ersetzen.

E.

1, Umzugskosten sind nur dann zu vergüten, wenn der Ort, von welchem, und der Ort, nach welchem die Versetzung stattfindet, zu verschiedenen Gemeindebezirken (Garnisonverbänden) gehören.

2, Im Sinne des § 13 der Verordnung vom 21. Juni 1875 [1]) ist als kürzeste fahrbare Straßenverbindung der kürzeste fahrbare Landweg anzusehen.

Anmerkung: Zu vergleichen § 2 des Preußischen Gesetzes vom 24. Februar 1877 (GS. S. 15).

Wenn jedoch der Ort, von welchem, und der Ort, nach welchem die Versetzung des Beamten stattfindet, durch ununterbrochenen Schienenweg oder durch eine ununterbrochene, zur Beförderung von Gütern benutzbare Wasserstraße in kürzerer Entfernung als auf dem Landwege verbunden sind, so gilt die kürzeste derartige Verbindung als kürzeste fahrbare Straßenverbindung.

Behufs Ermittelung der maßgebenden kürzesten fahrbaren Straßenverbindung sind die 2 km oder mehr betragenden Entfernungen zwischen dem Anfangs- oder Endort des Umzugs und dem zugehörigen gleichnamigen Bahnhof als Schienenweg, solche Theilstrecken, auf welchen beladene Wagen mittelst Schiffs, Trajekts, Fähre ꝛc. zu Wasser befördert werden, als fahrbarer Landweg in Anrechnung zu bringen.

2, Staatsministerialbeschluß vom 17. April 1889 (MBl. f. d. i. V. S. 88, EVBl. S. 210, JMBl. S. 137). Die laut Staatsministerialbeschluß vom 13. Mai 1884 in der Preußischen Staatsverwaltung zur Anwendung gelangenden Grundsätze für die Berechnung der Reise- und Umzugskosten werden hierdurch dahin **ergänzt**, daß bei Dienstreisen der Beamten in allen denjenigen Fällen, in welchen die Entfernung von der Ortsgrenze des Abgangsortes bis zur Mitte des Bestimmungsortes in der einen Richtung 2 km oder mehr, in der anderen weniger als 2 km beträgt, die Gewährung von Tagegeldern und Reisekosten nicht stattzufinden, sondern nur die Erstattung der verauslagten Fuhrkosten zu erfolgen hat.

3, Staatsministerialbeschluß vom 30. Oktober 1895 (MBl. f. d. i. V. S. 259, EVBl. S. 717, CBl. f. d. UV. S. 765, CBl. d. AV. 1896 S. 3, JMBl. S. 413). Die nach den Staatsministerialbeschlüssen vom 13. Mai 1884 und 17. April 1889 in der Preußischen Staatsverwaltung zur Anwendung gelangenden Grundsätze für die Berechnung der Reise- und Umzugskosten werden hierdurch folgendermaßen **ergänzt**:

1, Dienstreisen sind, **sofern die Zahl der Reisetage dadurch beeinflußt** werden sollte und wenn nicht besondere **dienstliche** — eventuell in der Liquidation kurz zu erläuternde — Umstände oder die fahrplanmäßige Abfahrtszeit der Eisenbahnzüge oder Dampfschiffe ein Anderes bedingen, in den Morgenstunden, d. h. in den Monaten April bis September von 6 Uhr und in den Monaten Oktober bis März von 7 Uhr morgens ab, anzutreten. [2])

Bei Benutzung von Eisenbahnen, Dampfschiffen oder Postverbindungen ist als Zeitpunkt des Antritts der Reise der fahrplanmäßige Abgang der Züge ꝛc. anzusehen.

2, Soweit die vorhandenen Verkehrsmittel es ermöglichen, sind Dienstreisen ohne andere, als die zur Erledigung der Dienstgeschäfte erforderlichen Unterbrechungen zurückzulegen.

Unterbrechungen behufs Uebernachtens sind bei Reisen, deren Zweck eine außergewöhnliche Beschleunigung nicht bedingt, unter der Voraus-

[1]) Vgl. die Anm. auf S. 3 d. W.
[2]) Siehe hierzu den unter Ziffer 4 abgedruckten MinErl. vom 30. Juni 1899.

setzung durchgehender Züge im allgemeinen erst nach Zurücklegung einer Eisenbahnstrecke von 500 km gestattet. Für Reisen auf Landwegen ermäßigt sich diese Entfernung unter normalen Verhältnissen auf $112\frac{1}{2}$ km und für Reisen auf Dampfschiffen auf 375 km. [1])

Unterbrechungen, welche durch Krankheit oder andere besondere Umstände nothwendig werden und **auf die Zahl der Reise- und Aufenthaltstage von Einfluß sind,** müssen erläutert werden.

3, Beamte, welche für die mittelst der Eisenbahn zurückzulegenden Dienstreisen an Fuhrkosten 10 Pf. [2]) oder mehr für das Kilometer zu beanspruchen haben, sind zur Benutzung von Schnell- und Durchgangs-(D) Zügen verpflichtet, wenn dadurch eine Abkürzung der Reisedauer ermöglicht wird oder Unterbrechungen der Reise vermieden werden.

4, Die Weiter- bezw. Rückreise, namentlich bei kürzeren Touren ist — von denjenigen Beamten, welche für Reisen auf Landwegen 60 Pf. für das Kilometer als Fuhrkosten erhalten, unter Umständen selbst mit Benutzung von Extrapost — nach beendetem Dienstgeschäft möglichst noch an demselben Tage anzutreten.

Haben die Dienstgeschäfte bezw. die Hinreise und die Dienstgeschäfte 7 Stunden und darüber in Anspruch genommen, so werden unter kürzeren Touren solche Entfernungen verstanden, welche mit der Post, der Eisenbahn oder dem Dampfschiff in höchstens 2 Stunden zurückgelegt werden können.

5, Die Berechnung der Reisekosten erfolgt ohne Rücksicht darauf, welchen Weg der Reisende thatsächlich eingeschlagen und welches Beförderungsmittel er benutzt hat, nach demjenigen Wege, welcher sich für die Staatskasse als der mindestkostspielige darstellt und nach dem Zweck der Reise und den Umständen des besonderen Falles von dem Beamten auch wirklich hätte benutzt werden können.

6, Ausnahmen von vorstehenden Bestimmungen (1—5) können nach der Entscheidung der die Richtigkeit der Reisekostenliquidationen bescheinigenden Beamten dann zugelassen werden, wenn die Anwendung derselben zu besonderen Härten führen würde.

4, Die Bestimmung unter Ziffer 1 des Staatsministerialbeschlusses vom 30. Oktober 1895 will zum Ausdruck bringen, daß Dienstreisen, sofern die Zahl der Reisetage hierdurch beeinflußt wird, mit der frühesten zur Verfügung stehenden Reisegelegenheit angetreten werden sollen. Dabei ist dem Grundsatz, daß die Nachtzeit im allgemeinen für Dienstreisen nicht in Anspruch genommen werden soll, insofern Rechnung getragen, als der Begriff der Morgenstunden, während deren die Dienstreisen angetreten werden sollen, auf die Zeit von 6 Uhr im Sommer und 7 Uhr im Winter näher bestimmt ist. Der Vorbehalt „sofern nicht die Abfahrtszeit der Eisenbahnzüge oder Dampfschiffe ein Anderes bedingen" bezieht sich sowohl auf den Fall eines früheren Abganges als 6 und 7 Uhr morgens, als auch auf den Fall, daß die Abfahrt überhaupt nicht in den Morgenstunden, sondern in den Mittags- oder Nachmittagsstunden stattfindet. Es besteht indessen nicht die Ansicht, daß, wenn mehrere Reisegelegenheiten zur Verfügung stehen, der Beamte lediglich im Interesse einer Herabminderung der Reisekosten verpflichtet werden sollte, eine im Sommer **vor** 6 und im

---

[1]) Siehe MinErl. vom 7. Mai 1898, Ziffer 5 d. E.

[2]) Jetzt 7 Pf. (vergl. Nr. 6 des MinErl. vom 1. September 1897, S. 8 d. W.).

Winter **vor** 7 Uhr morgens abgehende Reisegelegenheit zu benutzen. Vielmehr wird letztere Verpflichtung nur dann Platz greifen, wenn die betreffende Reisegelegenheit die einzige ist, die zweckmäßigerweise benutzt werden kann oder wenn besondere dienstliche Interessen für die Benutzung gerade dieser Reisegelegenheit sprechen.

Im übrigen soll durch diese Bestimmungen den Beamten nicht ein unbedingtes Recht gewährt, sondern nur eine allgemeine Norm gegeben werden, wonach regelmäßig zu verfahren ist.

Es wird daher im **einzelnen** Falle, namentlich wenn Eisenbahnzüge oder Dampfschiffe kurze Zeit im Sommer vor 6 und im Winter vor 7 Uhr abgehen, der die Dienstreise **anordnenden Behörde** unbenommen sein, die Benutzung dieser Reisegelegenheit vorzuschreiben.

Für die Reisen der Theilnehmer an den Sitzungen des Seeamts in E. von L. dorthin wollen Sie an der Hand dieser **im Einvernehmen mit dem Herrn Finanzminister** gegebenen Auslegung der Bestimmungen nach Prüfung der einschlägigen Verhältnisse die nöthigen Anordnungen treffen (Erl. des Min. f. H. u. G. vom 30. Juni 1899 A. 2235).

5, Die hinsichtlich der Reiseunterbrechungen unter Ziffer 2 Abs. 2 des Staatsministerialbeschlusses vom 30. Oktober 1895 getroffene Bestimmung ist nicht dahin aufzufassen, daß bei einer Reise eine Unterbrechung in jedem Falle eintreten darf, sobald eine der genannten Entfernungen (500 bezw. 112½ und 375 km) zurückgelegt worden ist; die letzteren stellen vielmehr nur das Mindestmaß der an einem Tage zurückzulegenden Strecke dar. Inwieweit daher bei Dienstreisen von längerer Dauer Unterbrechungen zum Zwecke der Uebernachtung nach Zurücklegung einer der genannten Entfernungen als zulässig zu erachten sind, hängt von den näheren Umständen des einzelnen Falles, insbesondere von der Länge des überhaupt zurückzulegenden Weges, von dem Zeitpunkt des Antritts und von der Zeitdauer der Reise, von der Art der zu benutzenden Beförderungsmittel und den Anschlüssen ab. Jedenfalls ist bei Entscheidung der Frage, für wieviel **Reisetage** die Entschädigungen zu gewähren sind, auch dem berechtigten Interesse der Staatskasse wesentlich Rechnung zu tragen (Erl. d. Min. d. ö. Arb. vom 7. Mai 1898, V. B. 6181, FO. XII S. 35 Ziffer 7 Abs. 2).

6, Staatsministerialbeschluß vom 25. Oktober 1898 (MBl. f. d. i. V. 1899 S. 22, EVBl. 1899 S. 26, JMBl. 1899 S. 4).

Das Königliche Staatsministerium hat in Ausführung des Artikels I § 4 Nr. III des Gesetzes vom 21. Juni 1897, betreffend die Tagegelder und Reisekosten der Staatsbeamten (GS. S. 193) Folgendes beschlossen:

Die Staatsbeamten sind verpflichtet, bei ihren Dienstreisen vorhandene **Kleinbahnen**, welche zur Personenbeförderung dienen, zu benutzen, und erhalten dafür dieselben Entschädigungen, wie für Reisen auf Eisenbahnen oder Dampfschiffen, mit der Ausnahme, daß bei Reisen, welche ausschließlich auf Kleinbahnen oder theils auf Kleinbahnen, theils auf Landwegen zurückzulegen sind, Zu- und Abgangsgebühr nicht gewährt wird. Jedoch können in den bezeichneten beiden Fällen die durch Zu- und Abgang nachweislich entstandenen besonderen Ausgaben ohne Rücksicht auf die Höhe der insgesammt aufgewendeten Reisekosten zur Erstattung liquidirt werden. Bei Reisen, welche theils auf Kleinbahnen, theils auf Eisenbahnen oder Dampfschiffen zurückzulegen sind, wird die auf der Kleinbahn zurückgelegte Reisestrecke hinsichtlich der Gewährung von Zu- und Abgangsgebühren ebenso behandelt, als ob sie auf einer Eisenbahn zurückgelegt wäre.

Ist für eine Reise, welche mit einer Kleinbahn hätte zurückgelegt werden können, ein Landfuhrwerk, eine Eisenbahn oder ein Dampfschiff benutzt worden, so ist die hierfür zuständige Entschädigung dann zu gewähren, wenn die Benutzung der Kleinbahn im Interesse einer angemessenen Erledigung der Reise ungeeignet gewesen ist. Der liquidirende Beamte hat in diesem Falle in der Reisekostenliquidation die Gründe der Nichtbenutzung der Kleinbahn anzugeben und deren Richtigkeit zu versichern. Einer besonderen Bescheinigung der festsetzenden Behörde über die Gründe der Nichtbenutzung der Kleinbahn bedarf es nicht, vielmehr ist diese Bescheinigung als in der vorgeschriebenen allgemeinen Bescheinigung der Richtigkeit mit enthalten anzusehen.

7, Ausführungsbestimmungen zu dem vorstehenden Staatsministerialbeschlusse.

Nach Artikel I § 4 Nr. III des Gesetzes, betreffend die Tagegelder und Reisekosten der Staatsbeamten vom 21. Juni 1897 (GS. S. 193) erfolgt die Bestimmung darüber, unter welchen Umständen von den Beamten bei ihren Dienstreisen Kleinbahnen zu benutzen und welche Reisekostenvergütungen in solchen Fällen zu gewähren sind, durch das Staatsministerium.

In Ausführung dieser Gesetzesvorschrift hat das Königliche Staatsministerium den anliegenden Beschluß vom 25. Oktober 1898 [1]) gefaßt, bei dessen Anwendung Folgendes zu beachten ist:

1, Unter Kleinbahnen im Sinne des Beschlusses sind diejenigen Schienenverbindungen zu verstehen, welche nach dem Gesetze über Kleinbahnen und Privatanschlußbahnen vom 28. Juli 1892 (GS. S. 225) als Kleinbahnen gelten. Auf außerpreußische Schienenverbindungen, für welche die im § 1 dieses Gesetzes, insbesondere im Absatz 2 daselbst angeführten Merkmale zutreffen, findet der Beschluß entsprechende Anwendung. Ergeben sich im Einzelfalle Zweifel, ob eine außerpreußische Schienenverbindung als Eisenbahn oder als Kleinbahn anzusehen ist, so ist dieserhalb hierher zu berichten.

2, Da bei Dienstreisen, welche ausschließlich auf Kleinbahnen oder auf Kleinbahnen in Verbindung mit Landwegstrecken zurückgelegt werden, in der Mehrzahl der Fälle besondere Kosten für Zu- und Abgang nicht entstehen, so ist bei derartigen Reisen von der Gewährung einer besonderen Zu- und Abgangsgebühr Abstand genommen worden. Dagegen dürfen die besonderen Auslagen, welche in einzelnen Fällen durch den Zu- und Abgang etwa erwachsen, bis zur Höhe der gesetzlichen Zu- und Abgangsgebühr besonders in Rechnung gestellt werden, ohne daß, — wie dies bei Anwendung des Art. I § 4 letzter Absatz des Gesetzes vom 21. Juni 1897 erforderlich wäre — der Nachweis erbracht wird, daß die thatsächlichen Reisekosten **im ganzen** den Betrag der zuständigen Reisekosten übersteigen.

Abgesehen von dieser Sonderbestimmung finden hinsichtlich der Höhe und Berechnung der Entschädigungen für die Benutzung der Kleinbahnen dieselben gesetzlichen und Verwaltungsvorschriften Anwendung, welche hinsichtlich der Entschädigungen für Benutzung von Eisenbahnen gelten.

---

[1]) Siehe Ziffer 6 d. E.

3, Der letzte Absatz des Staatsministerialbeschlusses enthält eine Einschränkung oder Ergänzung der Bestimmung unter Ziffer 5 des Staatsministerialbeschlusses vom 30. Oktober 1895 [1]) (EVBl. S. 717, MBl. f. d. i. V. S. 259) in Bezug auf die mittels Kleinbahnen zurückzulegenden Dienstreisen. Nach dieser Bestimmung erfolgt die Berechnung der Reisekosten ohne Rücksicht darauf, welchen Weg der Reisende thatsächlich eingeschlagen und welches Beförderungsmittel er benutzt hat, nach demjenigen Wege, welcher sich für die Staatskasse als der mindestkostspielige darstellt und nach dem Zweck der Reise und den Umständen des besonderen Falles von dem Beamten auch wirklich hätte benutzt werden können.

Der vorliegende Staatsministerialbeschluß gestattet nun eine Ausnahme von dieser Regel zu machen, wenn die Benutzung einer Kleinbahn zwar an und für sich möglich, aber für eine angemessene Erledigung der Dienstreise ungeeignet gewesen ist. In diesem Falle dürfen die Entschädigungen für Benutzung der Eisenbahn, des Dampfschiffes oder Landweges gewährt werden, falls der Beamte thatsächlich nicht die Kleinbahn, sondern eines jener anderen Beförderungsmittel benutzt hat. Von dieser Bestimmung wird insbesondere Gebrauch zu machen sein, wenn durch die Benutzung eines anderen Beförderungsmittels als der Kleinbahn eine erhebliche, im dienstlichen Interesse liegende Zeitersparniß erzielt oder eine zweckmäßigere Zeiteintheilung hinsichtlich der zu erledigenden auswärtigen Dienstgeschäfte ermöglicht wird oder wenn die Kleinbahn sich zur Beförderung des von dem Beamten mitzuführenden Gepäcks nicht eignet. Ferner betrifft die in Rede stehende Vorschrift auch solche Fälle, in welchen mit Rücksicht auf die dienstliche und gesellschaftliche Stellung des reisenden Beamten die in Frage kommende Kleinbahn als ein angemessenes Beförderungsmittel nicht zu erachten ist. Im allgemeinen ist zwar davon auszugehen, daß die vorhandenen Kleinbahnen den Ansprüchen genügen, welche an eine von den Staatsbeamten auf Dienstreisen zu benutzende Verkehrsanstalt zu stellen sind, und es ist daher davon abgesehen worden, etwa gewisse Arten von Kleinbahnen von der Benutzung bei Dienstreisen seitens der Staatsbeamten im allgemeinen oder seitens der Beamten der höheren Rangklassen auszuschließen; es können jedoch Fälle eintreten, wo obige Voraussetzung nicht zutrifft und der reisende Beamte mit Rücksicht auf seine Stellung genöthigt ist, statt einer vorhandenen Kleinbahn ein anderes Beförderungsmittel zu benutzen. Ob letzteres anzunehmen ist, hängt von den besonderen Umständen des Falles ab, wobei neben der persönlichen Stellung des Beamten die herrschende örtliche Verkehrssitte, der besondere Zweck der Dienstreise, unter Umständen, z. B. bei gewissen Vorortbahnen, auch die Tageszeit, zu welcher die Reise zu unternehmen ist, in Betracht kommen. Als Regel ist festzuhalten, daß Kleinbahnen, welche mehrere Wagenklassen führen, in keinem Falle aus Gründen, welche die persönliche Stellung des Beamten betreffen, als ungeeignet zur Benutzung anzusehen sind. Auch im übrigen ist von der in Rede stehenden Vorschrift nur aus dringenden Gründen und nach gewissenhafter Prüfung Gebrauch zu machen.

---

[1]) S. 20 d. W.

Hierfür sind diejenigen Dienststellen, denen die Bescheinigung der Richtigkeit der Reisekostenrechnungen obliegt, verantwortlich. Denselben steht die Entscheidung darüber zu, ob im einzelnen Falle die Voraussetzungen vorgelegen haben, unter denen die Nichtbenutzung einer in Frage kommenden Kleinbahn gerechtfertigt erschien. Verneinenden Falls ist die Reisekostenrechnung unter Zugrundelegung der für Benutzung der Kleinbahn zuständigen Entschädigungssätze anderweitig festzustellen.

4, In den Reisekostenrechnungen sind benutzte Kleinbahnen als solche ersichtlich zu machen.

5, Der Staatsministerialbeschluß findet auf alle Dienstreisen Anwendung, welche an einem späteren Tage als dem 31. Dezember 1898 angetreten sind (Erlaß der Min. des Inn. und der Fin. vom 25. Dezember 1898, MBl. f. d. i. V. 1899 S. 20; Erl. des Min. d. ö. Arb. vom 7. Februar 1899, EVBl. S. 24; Erl. des JustMin. vom 3. Januar 1899, JMBl. S. 4).

8, Das Gesetz vom 21. Juni 1897 (GS. S. 193) hat nicht beabsichtigt, neben den im § 4 des Gesetzes, betreffend die Tagegelder und Reisekosten der Staatsbeamten vom 24. März 1873 (GS. S. 122) aufgeführten eine neue Unterart von Transportmitteln für die Reisekostenberechnung in Gestalt der Kleinbahnen einzuführen. Im Sinne des Runderlasses vom 21. März 1865 (MBl. f. d. i. V. S. 79)[1]) sind daher die auf Kleinbahnen zurückgelegten Strecken als Eisenbahnreisen zu behandeln und mit diesen gemeinschaftlich abzurunden. Der Umstand, daß in dem Liquidationsformular eine besondere Unterspalte für Kleinbahnstrecken vorgesehen ist, ist hierauf einflußlos (Erlasse der Min. des Inn. und der Fin. vom 6. Oktober 1899, MBl. f. d. i. V. 1900 S. 190, des Min. d. ö. Arb. vom 15. Dezember 1899, EVBl. 1899 S. 423 und des JustMin. vom 16. Januar 1900, JMBl. S. 21).

9, Es ist nicht für zulässig zu erachten, allgemein zu bestimmen, daß bei Dienstreisen die Liquidirung der Reisekosten nach der Landwegtaxe auch für die Rückreise in allen Fällen geschehen könne, in denen die Hinreise, statt auf der Eisenbahn, aus dienstlichen Gründen auf dem Landwege hat ausgeführt werden müssen.

Die Frage, ob eine Dienstreise auf der Eisenbahn zurückzulegen war, hängt nicht allein von dem Bestehen einer Eisenbahn zwischen den betreffenden Orten ab, sondern sie ist nach dem Zwecke der Reise und den Umständen des besonderen Falles zu beurtheilen.

Ebensowenig kann die gedachte Frage hinsichtlich einer Rückreise allein von der Thatsache abhängig gemacht werden, ob die Hinreise auf der Eisenbahn zurückgelegt worden ist; denn der Zweck und die Umstände des besonderen Falles können für die Hin- und für die Rückreise verschieden sein. Die Beantwortung jener Frage hat vielmehr für jede einzelne Hinreise und für jede einzelne Rückreise besonders zu geschehen und es muß die Nothwendigkeit einer jeden, die billigste Reisekostenvergütung übersteigenden Ausgabe durch die Rechnung nachgewiesen werden (Erl. des Min. d. Inn. vom 31. Mai 1881, MBl. f. d. i. V. S. 163). In gleicher Weise spricht sich der Erlaß des JustMin. v. 7. Dezember 1875 I. 4581 (Müller, S. 775) aus.

---

[1]) Siehe Erläuterung Ziffer 6 zu § 5, S. 29 d. W.

10, Die Zu- und Abgangs-Entschädigung ist nicht einmal für das **Zugehen** zur Eisenbahn bezw. zum Dampfschiffe und ein zweites mal für das **Abgehen** von denselben zu gewähren, sondern die im § 4 des Gesetzes vorgesehenen Sätze bilden die Gesammtentschädigung für den Zu- **und** Abgang (Erl. der Min. d. Fin. u. d. Inn. vom 12. August 1848, MBl. f. d. i. V. S. 253, CBl. d. AV. S. 117).

11, Die Reisekosten bilden die Entschädigung für sämmtliche Kosten, welche durch die Beförderung des Beamten und seines Gepäcks, auch der Akten entstehen. Für vorkommende baare Auslagen an Chaussee-, Brücken- und Dammgeldern rc. wird kein besonderer Ersatz geleistet. Haben jedoch für eine Dienstreise erweislich höhere Fuhrkosten aufgewendet werden müssen, so wird der Mehrbetrag erstattet (Erl. des Generaldirektors der Steuern vom 15. September 1848, MBl. f. d. i. V. 1849 S. 160; siehe auch Entscheidung der ORK., EVBl. 1883 S. 15).

12, Werden von den zur Mitnahme eines Dieners berechtigten Beamten Reisekosten für einen solchen in Rechnung gestellt, so ist in der Kostenrechnung ausdrücklich zu vermerken, daß der Diener die Reise wirklich ausgeführt hat (FO. III § 8 Ziffer 10).

13, Die Vorschrift, nach welcher den Beamten der ersten fünf Rangklassen bei Mitnahme eines Dieners die Reisekosten für diesen ersetzt werden können, findet keine Anwendung bei Mitnahme **weiblicher** Bedienung (Erl. des Generaldirektors der Steuern vom 16. Juli 1851, MBl. f. d. i. V. S. 247, CBl. d. AV. S. 315).

14, Den Staatsbeamten ist die Annahme ihnen angebotener Berechtigungskarten zur freien Fahrt auf Privateisenbahnen grundsätzlich untersagt (MinErl. vom 17. Oktober 1874, MBl. f. d. i. V. S. 252).[1]

15, Zur Herbeiführung eines gleichmäßigen Verfahrens bei Berechnung der Reisekosten der Staatsbeamten wird bestimmt, daß für den Uebergang zwischen dem Potsdamer Hauptbahnhof und dem Potsdamer Bahnhof der Wannsee- und Ringbahn in Berlin, sowie zwischen dem Bahnhof Groß-Görschenstraße und dem Ringbahnhof Schöneberg die Zu- und Abgangsgebühr nicht zu gewähren ist (Erl. der Min. d. Inn. u. d. Fin. vom 10. November 1897, MBl. f. d. i. V. S. 216 und des Min. d. ö. Arb. v. 18. November 1897, EVBl. S. 382).

16, Verordnung, betreffend die Reisekosten der Beamten bei der Revision von Eisenbahnstrecken und in Strombefahrungs-Angelegenheiten. Vom 7. Januar 1876 (GS. S. 31).

Einziger Paragraph.

Für Dienstreisen behufs Revision von Eisenbahnstrecken, sowie für Dienstreisen in Strombefahrungs-Angelegenheiten, sei es auf Dampfschiffen oder anderen Wasserfahrzeugen, werden, sofern das Transportmittel dem Beamten kostenfrei gestellt wird, an Reisekosten nur die Entschädigungen für Zu- und Abgang gezahlt, welche dem Beamten gemäß § 4 ad I des Gesetzes vom 24. März 1873 (GS. S. 122) bei den auf Eisenbahnen oder Dampfschiffen zurückgelegten Dienstreisen zustehen.

17, Bei der Berechnung der gesetzlichen Reisekosten für Dienstreisen, welche mit Zollkreuzern oder Zollbooten oder mit anderen aus Staats- oder öffentlichen Fonds unterhaltenen Wasserfahrzeugen ausgeführt werden, hat in der Regel nur ein **einmaliger** Ansatz der Gebühr für Zu- und Abgang

[1]) Siehe hierzu Ziffer 3 zu Art. II des Gesetzes, S. 27 d. W.

stattzufinden. Die Berechnung weiterer Zu- und Abgänge bei dem Verlassen des Fahrzeuges während der Reise behufs Vornahme örtlicher Besichtigungen ist in jedem Falle zu begründen und hat zur Voraussetzung, daß hierbei thatsächliche Kosten, z. B. durch das Anbooten, die Gepäckbeförderung u. dergl. entstanden sind. Bei dem Verlassen des Fahrzeuges zum Zwecke der Uebernachtung oder bei einem Wechsel des Transportmittels sind die Beamten jedoch zum Ansatze der Gebühr ohne weiteres berechtigt (Erl. d. FinMin. v. 23. September 1896, CBl. d. AB. S. 591).

18, Die Entscheidung der Königlichen Ober-Rechnungskammer, daß bei Berechnung der gesetzlichen Reisekosten für Dienstreisen, welche auf Wasserfahrzeugen ausgeführt werden, die Gebühr für Zu- und Abgang an einem Tage in der Regel nur einmal anzusetzen (vergl. Anlage zum Staatsministerialbeschluß vom 13. Mai 1884 unter C. 1, MBl. f. d. i. V. S. 108)[1]) und der weitere Ansatz bei wiederholtem Verlassen des Fahrzeuges in jedem Falle zu begründen ist, entspricht den hier beobachteten Grundsätzen. Insbesondere bei Strombefahrungen erscheint es mit dem oben angezogenen Grundsatz nicht vereinbar, den Beamten auch in Fällen, wo ihnen baare Auslagen überhaupt nicht erwachsen, für jedes Verlassen des Fahrzeuges die Gebühr für einen Zu- und Abgang zu gewähren.

Es würden sonst ganz unnatürlich hohe Reisekostenrechnungen auflaufen. Falls daher für Zu- und Abgänge ein mehrfacher Ansatz stattfindet, so bedarf es in den Rechnungen der Angabe, daß und inwiefern besondere Unkosten, z. B. durch Gepäckbeförderung bezw. Aufbewahrung, durch An- und Abbooten ꝛc. entstanden sind.

Was die Frage der Berechnung der Zu- und Abgänge bei Benutzung der Eisenbahn anbetrifft, so wird ebenfalls nach dem Vorstehenden zu verfahren sein, da auch in diesem Falle die Gewährung einer Entschädigung, wenn Kosten nicht entstanden sind, keine innere Berechtigung hat.

Wird dem Beamten bei Dienstreisen das Beförderungsmittel kostenfrei gestellt, so ist er zu dessen Benutzung verpflichtet, ohne Rücksicht darauf, ob die Gestellung unmittelbar vom Staate oder — wie z. B. bei landespolizeilichen Abnahmen, — seitens der betheiligten Privatbahngesellschaft erfolgt, und darf an Reisekosten nur die Gebühr für Zu- und Abgang liquidiren (MinErl. vom 14. Dezember 1898, MBl. f. d. i. V. 1899 S. 12).

19, Bei Auslegung der Bestimmung, nach welcher in besonderen Fällen erweislich aufgewendete größere als die regulativmäßigen Fuhrkosten vergütet werden sollen, wird von der Königlichen Ober-Rechnungskammer, im Einverständniß mit den Herren Ministern des Innern und der Finanzen, der Grundsatz festgehalten:

daß, wenn bei einer Dienstreise, besonderer Umstände halber, für einzelne Strecken die wirklichen Kosten höher sind, als die regulativmäßige Entschädigung, dem Reisenden nicht der Mehraufwand für diese Strecken besonders, sondern erst dasjenige zu vergüten ist, was demselben **über** die für **die ganze**, behufs Ausrichtung kommissarischer Aufträge an mehreren Orten, vom Verlassen seines Wohnortes bis zur Rückkehr in denselben, gemachte Reise nach den regulativmäßigen Sätzen zu empfangende Entschädigung als Mehrausgabe erwachsen ist, und daß hierbei in solchen Fällen, wo die wirklichen Kosten der ganzen Reise

[1]) Siehe S. 17 d. W.

durch Empfangsbescheinigungen nicht nachgewiesen werden können, ausnahmsweise die pflichtmäßige Versicherung des Reisenden für genügend angenommen werden soll (Erl. d. Min. f. L. ꝛc. vom 15. August 1854, MBl. f. d. i. V. S. 175).

Artikel II des Gesetzes vom 21. Juni 1897.

Soweit Beamte nach Maßgabe der für das betreffende Ressort bestehenden Bestimmungen Dienstreisen mit unentgeltlich gestellten Verkehrsmitteln ausführen, haben dieselben an Reisekosten nur die bestimmungsmäßigen Entschädigungen für Zu- und Abgang zu beanspruchen.

1, Begründung: Diese an sich selbstverständliche, der Bestimmung im § 4 der Königlichen Verordnung vom 30. Oktober 1876 [1]) (GS. S. 451), betreffend die Tagegelder und Reisekosten der Beamten der Staatseisenbahnen und der unter der Verwaltung des Staats stehenden Privatbahnen, entsprechende Vorschrift ist aufgenommen, um behufs Ausschließung etwaiger widersprechender Ansprüche der Beamten die Befugniß der Verwaltung außer Zweifel zu stellen, an Stelle der gesetzlichen Reisekostenvergütung die Berechtigung zur freien Fahrt zu gewähren.

2, Nach einem Beschlusse des Königlichen Staatsministeriums vom 29. November 1862 dürfen Offiziere und Beamte, wenn sie auf Eisenbahnen mit Extrazügen, welche aus Staats- oder öffentlichen Fonds bezahlt werden, bei Dienstreisen frei befördert worden sind, oder mit Benutzung von Freikarten Dienstreisen auf Eisenbahnen zurückgelegt haben, für die solchergestalt zurückgelegten Strecken neben den Tagegeldern nur die bestimmungsmäßige Entschädigung für Nebenkosten bei dem Zu- und Abgehen, nicht aber auch Kilometergelder beanspruchen.

Hiervon ausgenommen sind jedoch diejenigen Fälle, in welchen die Extrazüge aus dem **Königlichen Kronfideikommißfonds** bezahlt werden, indem nach einer Allerhöchsten Ordre vom 2. Mai 1861 den Offizieren, Militär- und Civilbeamten, denen von Seiner Majestät dem Könige die Erlaubniß ertheilt wird, auf diesen Extrazügen ihre Dienstreise theilweise oder ganz zurückzulegen, gestattet sein soll, neben den Tagegeldern auch die bestimmungsmäßigen Kilometergelder zu liquidiren (Erl. des Generaldirektors der Steuern vom 6. Januar 1863, CBl. d. AV. S. 98; siehe auch den Erl. d. Min. d. ö. Arb. v. 15. Juli 1882, CBl. d. AV. S. 317).

3, Nach dem Ministerialerlasse vom 17. Oktober 1874, MBl. f. d. i. V. S. 252 — vergl. Erläuterung Ziffer 14 zu § 4) ist den Staatsbeamten die Annahme von Freikarten, welche ihnen von Privateisenbahnverwaltungen zur Verfügung gestellt werden, untersagt.

Die Staats**eisenbahn**beamten, welchen Freikarten oder Freischeine für fremde Eisenbahnen zur Benutzung **überwiesen** werden (d. h. durch die eigene Verwaltung) sind jedoch verpflichtet, dieselben bei Dienstreisen zu benutzen. Sie erhalten in solchen Fällen nur die Entschädigung für Zu-

---

[1]) Die Verordnung vom 30. Oktober 1876 ist aufgehoben und durch diejenige vom 12. Oktober 1897 (GS. S. 415) ersetzt. Siehe Abschnitt II Abthl. VIII d. W.

und Abgang (§ 2 der Allerh. Verordnung vom 12. Oktober 1897, GS. S. 415).[1])

§ 5.

(Gesetz vom 24. März 1873.)

Die Reisekosten werden für die Hin- und Rückreise besonders berechnet. Hat jedoch ein Beamter Dienstgeschäfte an verschiedenen Orten unmittelbar nach einander ausgerichtet, so ist der von Ort zu Ort wirklich zurückgelegte Weg ungetheilt der Berechnung der Reisekosten zu Grunde zu legen.

1, Bei Ausführung einer einfachen Hin- und Rückreise ist die für den Anspruch auf Gewährung von Reisekosten maßgebende Wegestrecke der Hinreise auch der Berechnung der Reisekosten für die Rückreise zu Grunde zu legen (MinErl. vom 30. März 1885, EVBl. S. 80).

2, Es wird der Ansicht der Königlichen Ober-Rechnungskammer zugestimmt, wonach die behufs Berechnung der Reisekosten für die Hinreise getroffene Entfernungsfeststellung auch für die Rückreise maßgebend ist, sofern es feststeht, daß eine zum Bezuge von Tagegeldern und Reisekosten berechtigende Entfernung von mindestens 2 km in **beiden** Richtungen zurückgelegt ist.

Beträgt die Entfernung in der einen Richtung 2 km oder mehr, in der anderen weniger als 2 km, so ist der Staatsministerialbeschluß vom 17. April 1889 [2]) maßgebend (Erl. d. FinMin. v. 22. November 1898 II. 11931; Mitth. Heft 39 S. 85).

3, Für die Ermittelung des billigsten Reiseweges sind, falls auch Reisekosten in Betracht kommen, die Tagegelder und die Reisekosten zusammen zu rechnen. Die Zahl der Reisetage ist hierbei nach der im amtlichen Reichskursbuche zur Benutzung der Beförderungsmittel angegebenen Zeitdauer zu bemessen (MinErl. v. 15. Januar 1869, MBl. f. d. i. V. S. 88, FD. XII S. 36 Ziffer 10; siehe auch Staatsministerialbeschluß vom 30. Oktober 1895, Ziffer 5, S. 19 d. W.).

4, Dienstreisen müssen in allen Fällen, wo sie als Rundreisen abgemacht werden können, als solche ausgeführt werden und dürfen nicht als Einzelreisen liquidirt werden (MinErl. vom 21. Dezember 1875, MBl. f. d. i. V. 1876 S. 4).

5, Der Ansicht, welche von der Königl. Ober-Rechnungskammer dahin ausgesprochen ist, daß bei Berechnung der Reisekosten für die von D. über S. nach N. und zurück bewirkten Dienstreisen die Entfernungen sowohl für die Hinreise, wie für die Rückreise besonders abzurunden waren, wird beigetreten, weil bei den bezüglichen auswärtigen Dienstleistungen der Beamten eine Hin- und eine Rückreise erkennbar ist, somit die Voraussetzung, unter der nach dem Schlußsatze der Verfügung vom 19. Februar 1867 III. 1792 (CBl. d. AV. S. 70) und dem ihr zu Grunde liegenden Staatsministerialbeschlusse nur eine einmalige Abrundung für die ganze Reise stattzufinden hat, nicht zutrifft.

---

[1]) Siehe Abschnitt II Abthl. VIII d. W.
[2]) Abgedruckt unter Ziffer 2 auf S. 19 d. W.

Daß die Beamten nicht nur am Endpunkte der Reise, sondern noch an einem anderen auf dem Reisewege liegenden Orte Dienstgeschäfte verrichtet haben, kann die entgegengesetzte Auffassung nicht begründen (Erl. d. FinMin. vom 6. Juli 1897, III. 4726/I, 7521, Schütze-Keilwagen S. 97).

6, Bei einer theils auf Eisenbahnen oder Dampfschiffen, theils mit anderen Beförderungsmitteln zurückgelegten Dienstreise sind die danach zu unterscheidenden Wegestrecken **für sich und besonders** zu berechnen. Beträgt dabei die eine der betreffenden Strecken weniger als 8 km, so ist dieselbe, sobald sie nur über 2 km hinausgeht, für volle 8 km zu rechnen (MinErl. vom 21. März 1865, MBl. f. d. i. V. S. 79, Allgem. Verf. des JustMin. vom 1. März 1865, JMBl. S. 58).

7, Bei Berechnung der Reisekosten nach dem Gesetze vom 24. März 1873 — insbesondere auch in dem Falle des § 6 das. — sind die Entfernungen, soweit dieselben nicht nach dem Reichskursbuche festgestellt werden können, von der Grenze des Wohnorts aus zu berechnen.

Von welchem bestimmten Endpunkte ab die Grenze des Wohnorts im Sinne des § 6 des Gesetzes zu bestimmen ist, ob insbesondere unter Wohnort der Komplex der Wohnstätten eines Ortes oder der ganze Gemeindebezirk zu verstehen, ob als seine Grenze das dem Reiseziel zunächst belegene Thor oder das letzte vor demselben belegene Wohnhaus zu betrachten ist, kann im allgemeinen nicht entschieden werden, da die Beantwortung dieser Frage zu sehr von den Besonderheiten des einzelnen Falles abhängt und sich je nach der Natur der lokalen Verhältnisse verschiedenartig gestalten kann. In der Regel wird indeß schon der eingangs erwähnte allgemeine Grundsatz zur Erledigung entstehender Zweifel ausreichen (MinErl. vom 5. März 1876, MBl. f. d. i. V. S. 67).

8, Bei Entscheidung der Frage, ob einzelne bebaute Theile eines Gemeindebezirks als geschlossene Ortschaften anzusehen sind, ist davon auszugehen, daß nicht jede Unterbrechung des baulichen Zusammenhanges mehrerer Ortstheile genügt, um jeden derselben als besonderen Ort gelten zu lassen. So liegt eine Trennung in mehrere Orte nicht vor, wenn mehrere bebaute Ortstheile durch eingefriedigte Grundstücke, z. B. durch Friedhöfe, öffentliche Gärten oder Bahnhofsanlagen verbunden sind. Ferner wird eine Trennung in verschiedene Orte nicht bewirkt durch Unterbrechungen in der Bebauung, die durch die natürliche örtliche Beschaffenheit ohne weiteres bedingt sind, z. B. durch einen Flußlauf oder ein sonstiges Gewässer. Ebensowenig ist eine Trennung in verschiedene Orte anzunehmen, wenn der bauliche Zusammenhang der einzelnen Ortstheile durch künstliche, die Bebauung hindernde Anlagen unterbrochen ist, z. B. durch Festungswerke, Exerzierplätze, Promenaden, Hafenanlagen rc. Auch wird eine Trennung in verschiedene Orte nicht lediglich dadurch bewirkt, daß der bauliche Zusammenhang infolge gesetzlicher oder polizeilicher Baubeschränkungen an bestimmten Punkten unterbrochen ist. Insbesondere können die verschiedenen Ortstheile einer Festung nicht lediglich deswegen als verschiedene Orte behandelt werden, weil infolge der Rayonbeschränkungen jenseits der inneren Festungswerke ein Geländestreifen von der regelmäßigen Bebauung ausgeschlossen ist. Es ist vielmehr in einem solchen Falle zu prüfen, ob die verschiedenen Ortstheile auch, abgesehen von diesen gesetzlich vorgeschriebenen Unterbrechungen der Bebauung, nach ihrer Lage und ihren Verkehrsverhältnissen als getrennt von einander liegende geschlossene Ortschaften oder als Ausbauten erscheinen. So sind beispielsweise die zu Magdeburg gehörigen Vororte Buckau, Friedrichstadt, Neustadt, Sudenburg und Wilhelmstadt, sowie die auf dem linken Rheinufer gelegenen, an den Festungsrayon sich unmittelbar anschließenden Vororte der Stadt Cöln nicht als geschlossene Ortschaften, sondern als zu Magdeburg bezw. Cöln gehörig anzusehen (Min.Erl. vom 23. März 1899, CVBl. S. 168 und FO. XII S. 45 Ziff. 30 Abs. 2).

9, Eine Trennung des Ortes in mehrere Ortschaften im Sinne der Vorschrift unter b des Staatsministerialbeschlusses vom 12. August 1896 liegt nicht schon deshalb vor, weil der bauliche Zusammenhang mehrerer Ortstheile durch öffentliche Anlagen, Gewässer, Festungswerke oder infolge von Rayonbeschränkungen und sonstigen gesetzlichen oder polizeilichen Baubeschränkungen unterbrochen wird.

Demnach ist als Ortsgrenze der Stadt Cöln auf dem linken Rheinufer nicht die Umwallung, sondern die äußere Bebauungsgrenze der an den Festungsrayon sich unmittelbar anschließenden Vororte anzunehmen. Auf dem rechten Rheinufer ist der Ortsbezirk Deutz innerhalb der Umwallung als zum Hauptorte Cöln gehörig anzusehen, und als Ortsgrenze der Stadt Cöln auf diesem Rheinufer gilt die Außenlinie der Umwallung von Deutz.

Die übrigen bebauten Theile des rechtsrheinischen städtischen Gemeindebezirks sind als besondere Orte oder Ausbauten im Sinne des gedachten Staatsministerialbeschlusses anzusehen, da sie weder im baulichen Zusammenhange mit einander stehen, noch einen gemeinsamen Bebauungsplan haben, auch mit dem Hauptorte Cöln nicht in demselben Maße ein gemeinsames Verkehrsgebiet, wie die linksrheinischen Vororte, bilden (StMB. vom 16. November 1899, CVBl. S. 412, CBl. d. BV. 1900 S. 61).

10, Bei Ausführung des Gesetzes über die Tagegelder und Reisekosten der Staatsbeamten ist in Zukunft als Ortsmitte von Elberfeld das dortige Reichsbankgebäude anzusehen, und es sind somit für die dienstliche Zurücklegung der Wegestrecke zwischen Elberfeld und Barmen die gesetzlichen Tagegelder und Reisekosten nicht zu gewähren, dagegen auf Grund des Staatsministerialbeschlusses vom 17. April 1889 die verauslagten Fuhrkosten zu erstatten (Schreiben des FinMin. vom 22. Februar 1898 I. 285, II. 1491, III. 2568, Schütze-Keilwagen S. 97).

11, Zur Herbeiführung einer gleichmäßigen Berechnung der Reisekosten für Dienstreisen von und nach Berlin wird hiermit bestimmt, daß fortan bei denjenigen Dienstreisen, welche auf der Berliner Stadtbahn angetreten oder beendigt werden müssen (d. h. von bezw. nach einem dem Reiseziel bezw. dem Abgangsorte näher gelegenen Berliner Bahnhofe nicht ausgeführt werden können) und zwar bei Reisen nach bezw. aus dem Westen der Bahnhof Friedrichstraße, bei Reisen nach bezw. aus dem Osten der Schlesische Bahnhof als Anfangs- und Endpunkt der Reise anzusehen ist (MinErl. vom 13. April 1891, MBl. f. d. i. V. S. 64, CBl. d. AV. S. 100).

12, Bei der Liquidation von Reisekosten ꝛc. für Dienstreisen der Staatsbeamten von Berlin nach Charlottenburg ist der Stadtbahnhof Thiergarten als der dem Mittelpunkte von Charlottenburg zunächst belegene Theil der Berliner Ortsgrenze und der Kreuzungspunkt der Berliner- und Hardenberg-Straße (das sogenannte „Knie") als der Mittelpunkt von Charlottenburg anzusehen. Demgemäß sind, da die Entfernung vom Stadtbahnhofe Thiergarten nach dem „Knie" weniger als 2 Kilometer beträgt, Reisekosten und Tagegelder für derartige Dienstreisen fernerhin nicht zu bewilligen, vielmehr nur die baaren Auslagen für Fuhrwerk zu erstatten (MinErl. vom 25. Februar 1892, CBl. f. d. UV. S. 498 und vom 1. Februar 1892, EVBl. S. 25).

13, Bei Reisen von und nach Berlin auf der Stettiner- und der Nordbahn hat als Anfangs- oder Endpunkt der Reise allgemein der Stettiner- oder der Nordbahnhof, nicht aber der Bahnhof Gesundbrunnen zu gelten (Erl. der Min. d. Inn. u. d. Fin. vom 10. November 1897, MBl. f. d. i. V. S. 216 und des Min. d. ö. Arb. vom 18. November 1897, EVBl. S. 382).

14, Die Bescheinigungen über die aus dem amtlichen Reichskursbuche oder den amtlichen Postkarten nicht ersichtlichen Ortsentfernungen, deren die Heeresverwaltung als Rechnungsbeläge zu den Zahlungen von Tagegeldern und Reisekosten bedarf, sind hinfort in der Regel

1, in den Fällen, in denen der Anfangs- und der Endpunkt der festzustellenden Entfernung in dem Amtsbezirke desselben Katasteramts liegen, durch das betreffende Katasteramt,

2, in den Fällen, in denen die Entfernung über den Bezirk eines Katasteramts hinausgeht, durch das Katasterbureau der Königlichen Regierung ohne Mitwirkung der Landrathsämter auszustellen.

Die Militärbehörden sind angewiesen, demgemäß die bezüglichen Ersuchen unmittelbar an die Katasterämter bezw. die Königlichen Regierungen zu richten. Etwaige Ersuchen, die an die hiernach nicht zuständige Stelle gerichtet werden, sind an diese weiter zu befördern.

Die Katasterämter bezw. das Katasterbureau der Königlichen Regierung haben der Ermittelung der Entfernungen die gedruckten Karten der Königlichen Landesaufnahme, die etwa vorhandenen amtlichen Entfernungstafeln und Karten, sowie die Katasterkarten, in geeigneten Fällen auch andere geeignete Karten zum Grunde zu legen, überhaupt die zugänglichen besten Hilfsmittel zu benutzen.

Bezüglich dessen, welcher Punkt als Anfangs- und Endpunkt der Reise anzusehen ist, sind die in der Anlage zum Staatsministerialbeschlusse vom 13. Mai 1884 (MinBl. f. d. i. V. S. 107) zusammengestellten Grundsätze für die Berechnung der Reise- und Umzugskosten der Reichsbeamten zu beachten. Die Entfernungsbescheinigungen sind nicht von den Katasterämtern, sondern von dem Katasterbureau der Regierung auszustellen, solange und soweit die Katasterämter des Regierungsbezirks sich nicht im Besitze der erforderlichen Katasterkarten befinden (Erlaß der Min. des Inn. und der Fin. vom 22. April 1893, MinBl. f. d. i. V. S. 127 und des Min. d. ö. Arb. vom 25. Juli 1893, EVBl. S. 268).

§ 6.

(Verordnung vom 15. April 1876.)

Für Geschäfte am Wohnorte des Beamten werden weder Tagegelder noch Reisekosten gezahlt; dasselbe gilt von Geschäften außerhalb des Wohnorts in geringerer Entfernung als 2 Kilometer von demselben. War der Beamte durch außergewöhnliche Umstände genöthigt, sich eines Fuhrwerks zu bedienen, oder waren sonstige nothwendige Unkosten, wie Brücken- oder Fährgeld aufzuwenden, so sind die Auslagen zu erstatten.

Für einzelne Ortschaften kann durch den Verwaltungschef in Gemeinschaft mit dem Finanzminister bestimmt werden, daß den Beamten bei den außerhalb des Dienstgebäudes vorzunehmenden Geschäften die verauslagten Fuhrkosten zu erstatten sind.

1, Ein Beamter, welcher im allgemeinen verbunden ist, die ihm ertheilten Aufträge an seinem Wohnorte unentgeltlich auszuführen, kann auch dann Diäten nicht liquidiren, wenn die Arbeit, welche er an seinem Wohnorte verrichtet, zur vollständigen Ausführung eines ihm ertheilten auswärtigen Auftrages gehört (MinErl. vom 30. Oktober 1841, MBl. f. d. i. V. S. 313).

2, Ein Anspruch auf Reiseentschädigung besteht nur, wenn bei einer Dienstreise die Entfernung vom Wohnort bis zum Reiseziel mindestens 2 km beträgt. Dadurch, daß der hin und zurück gemachte Weg zusammengenommen volle 2 km oder mehr beträgt, wird der Anspruch auf die Reiseentschädigung nicht begründet (Erl. der Min. der Fin., der geistl. 2c. A. und des Inn. vom 4. Januar 1849, MBl. f. d. i. V. S. 6).

§ 7.

(Verordnung vom 15. April 1876.)

Bei Berechnung der Entfernungen wird jedes angefangene Kilometer für ein volles Kilometer gerechnet.

Bei Reisen von nicht weniger als 2 Kilometer, aber unter 8 Kilometer, sind die Fuhrkosten für 8 Kilometer zu gewähren.

Vergl. hierzu die Anmerkung 6 zu § 5.

§ 8.

(Gesetz vom 24. März 1873.)

Beamte, welche zum Zweck von Reisen innerhalb ihres Amtsbezirks neben oder in ihrem Einkommen eine Bauschsumme für Reisekosten oder Unterhaltung von Fuhrwerk oder Pferden beziehen, erhalten Tagegelder und Reisekosten nach Maßgabe dieses Gesetzes nur dann, wenn sie Dienstgeschäfte außerhalb ihres Amtsbezirks ausgeführt haben.

Werden Beamte, welche eine solche Bauschsumme beziehen, wegen Urlaubs- oder sonstiger Verhinderung vertreten, so haben dieselben ihre Stellvertreter angemessen zu entschädigen. Diese Entschädigung und die unter besonderen Umständen zulässigen Ausnahmen bestimmt die vorgesetzte Behörde.

1, Aus der Begründung:

Daß diejenigen Beamten, denen ein bestimmter Dienstbezirk mit der Verpflichtung überwiesen ist, alle innerhalb desselben vorkommenden Geschäfte ihres Amtes ohne Anspruch auf eine besondere Vergütung für die einzelnen Dienstreisen zu erledigen, ein Anspruch auf Tagegelder und Reisekosten nicht zusteht, bedarf keiner ausdrücklichen Bestimmung.

Müssen diese und die mit einem Reisefixum angestellten Beamten eine Dienstreise nach außerhalb ihres Amtsbezirks unternehmen, **so beginnt die Reise von ihrem Wohnorte ab**, wie bei anderen Beamten.

2, Es wird für zulässig erachtet, den als Kommissarien der Regierung fungirenden Landräthen für die innerhalb ihres Kreises wahrzunehmenden Termine bei Enteignungsverhandlungen für Eisenbahnbauten, für Bergbauzwecke sowie auch für sonstige Bauten die bestimmungsmäßigen Diäten und Reisekosten zu gewähren, wenn die Enteignung zu Gunsten von Privatunternehmern stattfindet. Die Gewährung von Diäten und Reisekosten ist dagegen ausgeschlossen, wenn der Staat selbst oder die Kreiskorporation, welcher der Landrath vorsteht, der Unternehmer ist.

In gleicher Weise sind auch den mit einer Reisekostenbauschsumme ausgestatteten Baubeamten die bestimmungsmäßigen Diäten und Reisekosten für Rechnung der Bauunternehmer zu gewähren, wenn dieselben zum Zwecke von Straßen- und Wasser-, namentlich Kanal-Bauten, deren Unternehmer Privatpersonen, Aktiengesellschaften, Gemeinden oder Kreiskorporationen sind, Enteignungstermine wahrnehmen (MinErl. vom 14. September 1872, MBl. f. d. i. V. S. 256).[1])

3, Die Auffassung, wonach Beamten, welche zum Zwecke von Reisen innerhalb ihres Amtsbezirks eine Bauschsumme für Reisekosten oder Unterhaltung von Fuhrwerk oder Pferden beziehen, bei Dienstreisen, die über die Grenzen ihres Amtsbezirks hinausgehen, unter Umständen nur für die außerhalb des Amtsbezirks zurückgelegte Wegestrecke Tagegelder und Reisekosten zu gewähren seien, kann nicht als zutreffend erachtet werden.

Sofern die Ausdehnung einer solchen Reise über den Amtsbezirk hinaus als im dienstlichen Interesse nothwendig anzuerkennen und von der vorgesetzten Behörde als solche bescheinigt ist und dabei der Beamte von seinem **Wohnorte** aus mindestens 2 km zurückgelegt hat, sind grundsätzlich dem Beamten die gesetzlichen Tagegelder und Reisekosten für die **ganze** Wegestrecke von seinem Wohnorte nach dem Reiseziel und zurück zu bewilligen, ohne Rücksicht darauf, ob die Ausdehnung der Reise über den Amtsbezirk hinaus von vorne herein in Aussicht genommen war oder sich erst bei Ausführung der bezüglichen Dienstgeschäfte als nothwendig herausgestellt hat und ohne Rücksicht auf die Länge der außerhalb des Amtsbezirks zurückgelegten Wegestrecke. In dem Falle, daß ein Beamter bei Gelegenheit einer solchen Reise andere Dienstgeschäfte innerhalb seines Amtsbezirks abmacht, ist die auf die Erledigung dieser Geschäfte verwendete Zeit und ein zum Zwecke derselben etwa gemachter Umweg bei der Festsetzung der vorerwähnten Vergütung selbstverständlich nicht anzurechnen (MinErl. vom 11. Januar 1882, MinBl. f. d. i V. S. 44).

4, Wenn ein Beamter, welcher zum Zwecke von Reisen innerhalb seines Amtsbezirks eine Bauschsumme für Reisekosten oder Unterhaltung von Fuhrwerk oder Pferden bezieht, bei Erledigung von Dienstgeschäften an der Grenze seines Amtsbezirks ohne zwingende Gründe die Reise über die Grenze ausdehnt oder letztere **nur** bei dem Begehen bezw. Bereisen der-

---

[1]) Der Erlaß vom 14. September 1872 ist vollständig abgedruckt bei Abschnitt II d. W. Abthl. VIII^{b} Ziffer 6.

selben überschreitet, dürfen ihm für die Reise Tagegelder und Reisekosten nicht gewährt werden (Erl. des Min. des Inn. vom 24. Januar 1884, MBl. f. d. i. V. S. 8).

5, Durch mehrfach bei mir eingegangene Anfragen und Beschwerden sehe ich mich veranlaßt, in Bezug auf die Stellvertretung solcher Beamten meines Ressorts, welche Aversional-Entschädigungen für Fuhrkosten und Büreaubedürfnisse beziehen, allgemein Folgendes festzusetzen:

Halten dergleichen Beamte sich eigene Equipage, und stellen sie dieselbe dem Stellvertreter zur Disposition, so muß dieser sich damit begnügen. Haben sie aber keine eigene Equipage, so ist der Stellvertreter nicht verpflichtet, das etwa ein für allemal gemiethete Fuhrwerk oder einen sonstigen Naturalersatz anzunehmen, sondern berechtigt, für den Zeitraum der Stellvertretung die Auszahlung eines verhältnißmäßigen Theiles der Aversional-Entschädigung zu verlangen. Auch für den Fall, daß Beamte, welche eine eigene Equipage haben, dieselbe dem Stellvertreter nicht zur Disposition stellen wollen, bezieht letzterer einen verhältnißmäßigen Theil der Entschädigung und muß sich damit begnügen ꝛc. (Erl. des Min. des Inn. vom 14. Dezember 1850, MinBl. f. d. i. V. S. 367).

Artikel III des Gesetzes vom 21. Juni 1897.

Für Beamte, welche durch die Art ihrer Dienstgeschäfte zu häufigen Dienstreisen innerhalb bestimmter Amtsbezirke oder zu regelmäßig wiederkehrenden Dienstreisen zwischen bestimmten Orten genöthigt werden, können an Stelle der nach den §§ 1 und 4 des Gesetzes vom 24. März 1873 beziehungsweise Artikel I dieses Gesetzes zu berechnenden Vergütungen nach Bestimmung des Verwaltungschefs und des Finanzministers Bauschvergütungen festgesetzt werden.

1, Begründung:

Eine Ermäßigung der für Einzelreisen nach den normalen Sätzen zu gewährenden Vergütungen erscheint in weitem Umfange geboten, wenn von den Beamten gewisse Reisen, meistens auf kürzere Entfernungen, **häufig** bezw. **regelmäßig** auszuführen sind, die im allgemeinen keinen oder nur einen geringen Aufwand an Zehrungskosten ꝛc. verursachen. Dem bestehenden Bedürfniß ist bisher dadurch Rechnung getragen worden, daß auf Grund älterer, in dem Gesetz vom 24. März 1873 in Kraft gelassenen gesetzlichen Bestimmungen und Verwaltungsvorschriften bezw. gemäß der Bestimmung im § 12 Abs. 2 des Gesetzes vom 24. März 1873 bezw. Art. I § 12 der Verordnung vom 15. April 1876 (GS. S. 107) durch Königliche Verordnung ermäßigte Sätze für die einzelnen Reisen oder Aversional-Vergütungen für alle in bestimmten Perioden auszuführenden Reisen vorgeschrieben worden sind, bezw. eine Abgeltung des den Beamten durch dienstliche Beschäftigung außerhalb des Wohnortes erwachsenden Aufwandes nach anderweiten Grundsätzen angeordnet worden ist. Von dieser Befugniß des Gesetzes hat ein ausgiebiger Gebrauch gemacht werden müssen.

Der Weg der Königlichen Verordnung ist jedoch für die verfolgten Zwecke etwas weitläufig und der Art der zu ordnenden Verhältnisse von oft untergeordneter Bedeutung nicht immer angemessen. Es erscheint daher angezeigt, einen einfacheren Weg für die Herbeiführung eines Theiles der in Frage kommenden Aenderungen, wie vorgeschlagen, zu eröffnen.

Unter Bauschvergütungen, deren Festsetzung dem Verwaltungswege vorbehalten werden soll, versteht der Gesetzentwurf sowohl die Abgeltung der Unkosten **einzelner** Reisen durch Gewährung eines die Entschädigung für Reisekosten und Tagegelder in einer Summe zusammenfassenden Betrages, wie die Abfindung der Beamten für **alle** in längeren Perioden auszuführenden Dienstreisen in einer Summe.

Im übrigen bewendet es, was die Befugniß anlangt, die Dienstreisevergütungen für einzelne Dienstzweige oder Dienstgeschäfte in Abweichung von den Grundsätzen des Gesetzes zu normiren, bei den Bestimmungen im § 12 des Gesetzes vom 24. März 1873 bezw. des Art. I § 12 der Verordnung vom 15. April 1876.

2, Die Reisekosten-Bauschsummen werden den Beamten einerseits im Interesse einer Kostenersparniß für die Staatskasse und andererseits zur Verminderung des Schreibwerks in Monats- oder Jahresbeträgen bewilligt. An diese Bewilligung wird aber weder ausdrücklich noch stillschweigend die Bedingung eines speziellen Nachweises geknüpft, am allerwenigsten aber von den Beamten verlangt, daß sie täglich Dienstreisen unternehmen und einen dem durchschnittlichen Betrage der Reisekosten-Bauschsumme entsprechenden Betrag auch täglich verausgaben (Erl. des Min. d. ö. Arb. v. 24. Mai 1897, III. 2816).

3, Die Provinzialbehörden sind zur selbständigen Festsetzung von Reisekosten-Bauschsummen für Regierungs-Baumeister und -Bauführer auch dann nicht berechtigt, wenn die Mittel hierfür in den Kostenanschlägen vorgesehen sind (Erl. des Min. d. ö. Arb. v. 29. September 1897, III. 14245 II, Anhang S. 299 zur DA. d. BB.).

4, Aus dem vorgetragenen Einzelfalle haben wir Veranlassung genommen, mit der Königlichen Ober-Rechnungskammer wegen grundsätzlicher Regelung der Angelegenheit in Verbindung zu treten. Nachdem ein Einverständniß erzielt worden ist, bestimmen wir, daß fortan Reisekosten-Bauschsummen für die Tage antheilig nicht zu kürzen sind, für die eine Berechnung der gesetzlichen Reisekosten erfolgt (Erl. der Min. d. ö. Arb. und d. Fin. v. 29. November 1901, CBl. d. BV. S. 605, MBl. f. d. i. V. S. 263, Erl. d. Min. d. ö. Arb. v. 6. Januar 1902, EVBl. S. 16).

§ 9.

(Gesetz vom 24. März 1873.)

Für Dienstreisen von Beamten, welche sich im Vorbereitungsdienst befinden, werden Tagegelder und Reisekosten dann nicht gewährt, wenn die Reisen lediglich zum Zwecke der Ausbildung dieser Beamten erfolgen. Ob letzteres der Fall ist, entscheidet die vorgesetzte Dienstbehörde.

Anm. Siehe hierzu die Erläuterungen Abschnitt II Abthl. V Ziffer 4, 5 und 6.

§ 10.

(Gesetz vom 28. Juni 1875.)

Ist der persönliche Rang eines Beamten ein höherer, als der mit dem Amt verbundene, so ist der letztere für die Feststellung der Tagegelder- und Reisekostensätze maßgebend. Beamte, welche im Range zwischen zwei Klassen stehen, erhalten die für die niedrigere Klasse bestimmten Sätze. Für Beamte, denen ein bestimmter Rang nicht verliehen ist, entscheidet der Verwaltungschef in Gemeinschaft mit dem Finanzminister über die denselben nach Maßgabe dieses Gesetzes zu gewährenden Sätze. In gleicher Weise erfolgt die Entscheidung darüber, welche Beamte zu den im § 1 unter VII und VIII genannten zu zählen sind.

1, Die im ersten Absatze des § 10 aufgestellte Vorschrift bezieht sich nur auf solche Beamte, welche eine mit einem bestimmten Range verbundene Amtsstelle dauernd inne haben. Verwaltet indeß ein Beamter nur eine Stelle und wird er zu einer Reise genöthigt, so erhält er die Reisekosten nach seiner sonstigen dienstlichen Stelle (Dippe, Tagegelder S. 40, Müller S. 758).

2, Es ist daran festzuhalten, daß, wenn einem Beamten ein höherer Charakter oder Titel beigelegt worden, als mit seinem Amte verbunden ist, demselben daraus allein ein Anspruch auf höhere Diäten oder Reisekosten, als ihm nach seiner **Dienststellung** gebühren, nicht zusteht, daß aber solchem Beamten, wenn ihm ein selbständiger, nicht aus seiner Amtsstellung hervorgehender Auftrag ertheilt wird [1]), die damit verbundenen höheren Diäten und Reisekosten zu gewähren sind (Bek. des Kriegsmin. v. 11. August 1870, MBl. f. d. i. V. S. 223; siehe auch AKO. v. 10. Juli 1832 und MinErl. v. 2. September 1832, Annalen Bd. 16 S. 583).

§ 11.

(Gesetz vom 24. März 1873.)

Dieses Gesetz tritt mit dem 1. April 1873 in Kraft.

Alle demselben entgegenstehenden Bestimmungen sind aufgehoben, insbesondere die Verordnung vom 28. Juni 1825 wegen Vergütung der Diäten und Reisekosten für kommissarische Geschäfte in Königlichen Dienstangelegenheiten (GS. S. 163) und der Erlaß vom 10. Juni 1848 über die Tagegelder und Fuhrkosten bei Dienstreisen der Staatsbeamten (GS. S. 151).

Wo in besonderen Vorschriften auf die hiernach aufgehobenen Bestimmungen Bezug genommen wird, treten die entsprechenden Bestimmungen dieses Gesetzes an deren Stelle.

---

[1]) Als ein solcher selbständiger Auftrag ist es beispielsweise anzusehen, wenn ein mit dem Rathstitel begnadigter Rendant Anweisung erhält, die Defekte eines anderen Rendanten festzustellen (Erl. d. JustMin. vom 18. April 1833, v. Kamptz, Jahrb. Bd. 41 S. 521 und AKO. vom 12. Mai 1836, Jahrb. Bd. 47 S. 581).

Artikel IV des Gesetzes vom 21. Juni 1897.

Für die Ansprüche der Beamten auf Grund der gesetzlichen Bestimmungen über die Reisekosten und Tagegelder der Staatsbeamten sind die Ausführungsvorschriften maßgebend, die vom Staatsministerium oder, soweit gesetzlich die Zuständigkeit der Verwaltungschefs bezw. des Finanzministers begründet ist, von diesen getroffen werden.

1, Begründung:
Zur Ausführung, sowohl der bisherigen, wie der durch das vorgelegte Gesetz zu treffenden Vorschriften über die Reisekosten und Tagegelder der Staatsbeamten bedarf es vielfach näherer Bestimmungen, insbesondere hinsichtlich der Kriterien für den Begriff der Dienstreise, der Art der Ausführung derselben, namentlich der auf die Dienstreisen zu verwendenden Zeit, der Wahl der Reisewege, der Berechnung der für die Ansprüche der Beamten maßgebenden Entfernungen, der Bestimmung des Anfangs- und Endpunktes der Dienstreise und für manche andere Fragen. Diese Punkte durch gesetzliche Bestimmungen zu ordnen, ist nicht wohl angängig, weil eine eingehende Kasuistik nicht zu vermeiden wäre und ein Wechsel der Verhältnisse häufige Aenderungen der getroffenen Bestimmungen nothwendig machen würde. Es erscheint daher zweckmäßig, das Staatsministerium, insoweit nicht eine anderweite Zuständigkeit der Verwaltungsbehörden bereits gesetzlich begründet ist, zu ermächtigen, maßgebende Bestimmungen für die Anwendung der gesetzlichen Vorschriften, wo erforderlich, zu erlassen.

2, Aus der Erklärung des Herrn Finanzministers in der Sitzung des Hauses der Abgeordneten vom 24. März 1897:
Eine Reihe kleinerer Bestimmungen sind aus der Erfahrung in der Handhabung des Gesetzes hervorgegangen. Namentlich wollen wir eine Reihe von Streitfragen, welche einzelnen Beamten gegenüber entstanden sind — beispielsweise die Frage: was ist der Anfangs-, was ist der Bestimmungsort? und viele andere Fälle — durch die Bestimmung, daß diese auftauchenden Spezialfragen durch das Staatsministerium endgültig für die Beamten entschieden werden, dem Prozeßwege entziehen.

§ 12.

(Verordnung vom 15. April 1876.)

Die gesetzlichen und Verwaltungsvorschriften, welche für einzelne Dienstzweige oder Dienstgeschäfte bezüglich der den Beamten aus der Staatskasse zu gewährenden Tagegelder und Reisekosten ergangen sind, bleiben vorläufig in Kraft. Eine Abänderung derselben kann im Wege Königlicher Verordnung erfolgen.

Die in den vorstehenden §§ 1 und 4 bestimmten Sätze dürfen jedoch nicht überschritten werden.

Unter gleicher Beschränkung kann die Gewährung von Tagegeldern und Reisekosten für einzelne Dienstzweige oder Dienstgeschäfte auch fernerhin im Wege Königlicher Verordnung besonders geregelt werden.

Desgleichen können die Sätze von Tagegeldern und Reisekosten, welche den in Angelegenheiten der direkten Staatssteuern berufenen Kommissionsmitgliedern und Abgeordneten zu gewähren sind, im Wege der Königlichen Verordnung geändert oder neu bestimmt werden.

Die Bestimmung in den vorstehenden §§ 6 und 7, wonach die Entfernung von 2 beziehungsweise 8 Kilometern für die Berechtigung auf Tagegelder und Reisekosten, sowie deren Berechnung maßgebend ist, findet auch auf die vorerwähnten besonderen Vorschriften entsprechende Anwendung.

Das entscheidende Merkmal dafür, ob eine Vorschrift noch fortbesteht, wird im allgemeinen **das** sein, daß dieselbe mit Rücksicht auf die besonderen Verhältnisse des betreffenden Dienstzweiges erlassen ist und nicht **blos** dazu gedient hat, die etwaigen Lücken der Verordnungen von 1825 und 1848 zu ergänzen (Erl. der Min. d. Inn. u. d. Fin. vom 28. August 1873, MBl. f. d. i. V. S. 253).

Artikel V des Gesetzes vom 21. Juni 1897.

Die Bestimmungen im § 12 des Gesetzes vom 24. März 1873 in der Fassung der Verordnung vom 15. April 1876 (GS. S. 107) finden auf die vor Erlaß des gegenwärtigen Gesetzes ergangenen gesetzlichen oder sonstigen Vorschriften, welche für einzelne Dienstzweige oder Dienstgeschäfte bezüglich der den Beamten aus der Staatskasse zu gewährenden Tagegelder und Reisekosten ergangen sind, mit der Maßgabe Anwendung, daß die im Artikel I des gegenwärtigen Gesetzes bestimmten Sätze nicht überschritten werden dürfen.

Die Bestimmungen im Artikel I §§ 1 und 4 Nr. I und II des gegenwärtigen Gesetzes finden jedoch auf diejenigen Beamten, welche unter den § 2 des Gesetzes, betreffend die den Medizinalbeamten für die Besorgung gerichtsärztlicher, medizinal- oder sanitätspolizeilicher Geschäfte zu gewährenden Vergütungen, vom 9. März 1872 (GS. S. 265) fallen, so lange keine Anwendung, als die Besoldungsverhältnisse derselben nicht anderweitig geregelt sein werden.[1])

[1]) Die Kreisphysikats- und Kreiswundarztstellen sind durch § 14 des Gesetzes vom 16. September 1899 (GS. S. 172) aufgehoben; es fungirt nunmehr gemäß § 1 a. a. O. als staatlicher Gesundheitsbeamter des Kreises der Kreisarzt. Im Anschluß an die Vorschriften dieses Gesetzes sind vom 1. April 1901 ab die Besoldungen der Kreisärzte neu geregelt; es hat daher mit diesem Zeitpunkte der im Art. V des Gesetzes vom 21. Juni 1897 gemachte Vorbehalt hinsichtlich der Kreisärzte seine Erledigung gefunden, so daß diese nunmehr bei Dienstreisen in medizinal- und sanitätspolizeilichen Angelegenheiten Tagegelder und Reisekosten nach den für die Staatsbeamten geltenden allgemeinen Bestimmungen erhalten (siehe Abschnitt II Abthl. III^{b} d. W.). Der erwähnte Vorbehalt findet somit gegenwärtig nur noch bezüglich der beamteten Thierärzte Anwendung.

Begründung:

Durch Abs. 1 des Art. V wird beabsichtigt, bezüglich der vor Erlaß des jetzt vorgeschlagenen Gesetzes ergangenen gesetzlichen oder sonstigen Vorschriften, durch welche für einzelne Dienstzweige oder Dienstgeschäfte bezüglich der den Beamten zu gewährenden Tagegelder und Reisekosten besondere Bestimmungen getroffen sind, denselben Rechtszustand zu begründen bezw. aufrecht zu erhalten, wie er durch das Gesetz vom 24. März 1873 für die zurückliegende Zeit geschaffen wurde, und die sinngemäße Anwendung des § 12 des Gesetzes vom 24. März 1873 in der Fassung der Verordnung vom 15. April 1876 auf die durch den vorliegenden Gesetzentwurf vorgesehenen Entschädigungssätze herbeizuführen.

Die Anwendung der Bestimmungen des gegenwärtigen Gesetzes auf die Beamten, für welche in Bezug auf ihre Dienstreisevergütungen durch den § 2 des Gesetzes, betreffend die den Medizinalbeamten für die Besorgung gerichtsärztlicher, medizinal- oder sanitätspolizeilicher Geschäfte zu gewährenden Vergütungen vom 9. März 1872 besondere Bestimmungen getroffen sind, d. h. die Kreisphysiker, Kreiswundärzte und die Departements- und Kreisthierärzte, würde zu Härten führen. Denn diese Beamten erhalten einerseits bei der gegenwärtig erfolgenden Gehaltsaufbesserung keine Erhöhung ihrer Besoldungen, andererseits sind sie darauf angewiesen, für ihre verhältnißmäßig niedrigen sonstigen Diensteinnahmen einen Ausgleich in den Ersparnissen zu finden, die sie bei den mehr oder weniger zahlreichen Dienstreisen, zu denen ihr Amt Gelegenheit bietet, an den Reisevergütungen bisher machen konnten und im allgemeinen in nicht unerheblichem Umfange machen. Ihnen diese Bezüge zu verkürzen, erscheint nicht angezeigt, so lange eine anderweite Ordnung ihrer Besoldungsverhältnisse, die wegen der in Betracht kommenden besonderen Verhältnisse Schwierigkeiten bereitet, nicht möglich ist. Es wird daher vorgeschlagen, für diese Beamten durch das neue Gesetz an den bestehenden Verhältnissen bis zur anderweiten Regelung ihrer Besoldungen nichts zu ändern. Ihnen bleiben daher einstweilen die Vortheile, die sich für sie aus der Bestimmung im § 12 Abs. 1 des Gesetzes vom 24. März 1873 bezw. des Artikels I § 12 Abs. 1 und 2 der Verordnung vom 15. April 1876 ergeben, gewahrt.[1])

C. Aufstellung der Kostenrechnungen.

1, Den Zahlungsanweisungen über Reisekosten und Tagegelder müssen Liquidationen beigefügt werden,

welche den Zweck und die Tage der Reise, sowie des Aufenthalts, nicht minder die zurückgelegte Meilenzahl [2]) enthalten.

In den dazu geeigneten Fällen sind die besorgten Geschäfte in den Liquidationen kurz zu bemerken.

Die Richtigkeit der Angaben in den Liquidationen muß stets von dem Vorgesetzten bescheinigt sein (§ 16 der Instruktion für die Ober-Rechnungskammer vom 18. Dezember 1824).

2, Die Liquidationen über Reisekosten und Tagegelder für Dienstreisen sind von der zuständigen Behörde mit der **Bescheinigung der Richtigkeit** zu versehen, welche das Anerkenntniß der Nothwendigkeit der Reise, der ge-

[1]) Siehe Anmerkung S. 38.

[2]) Jetzt die Anzahl der zurückgelegten Kilometer.

schehenen Ausführung der Geschäfte, sowie der Angemessenheit der zu den letzteren verwendeten Zeitdauer und der Richtigkeit der angegebenen Dauer überhaupt in sich begreift (Erl. der ORK. vom 30. Januar 1883, MBl. f. d. i. V. S. 21; EVBl. S. 55; CBl. d. AV. S. 46).

3, An die Stelle des durch unseren Erlaß vom 31. März 1851 vorgeschriebenen Formulars zu den Liquidationen der Reisekosten und Tagegelder der Staatsbeamten für Dienstreisen soll mit Rücksicht auf das Gesetz vom 21. Juni 1897 (GS. S. 193) und den Beschluß des Königlichen Staatsministeriums über die Benutzung der Kleinbahnen vom 25. Oktober 1898 als Rechnungs-Justifikatorium das hier beigefügte Formular treten.

Bei der Mannigfaltigkeit der in den einzelnen Staatsverwaltungszweigen obwaltenden Verhältnisse erscheint die Anwendung eines einheitlichen Schemas für alle Verwaltungszweige kaum durchführbar. Schon jetzt sind in einigen Verwaltungen, wie in der Eisenbahn- und in der Justizverwaltung mehrfache Formulare im Gebrauch, und auch anderweit können Abweichungen von dem gewöhnlichen Formular sich als zweckmäßig ergeben.

Im Einverständniß mit dem Herrn Finanzminister wird deshalb die Einführung des neuen Formulars für alle Verwaltungszweige nur mit der aus dem Angeführten sich ergebenden Einschränkung angeordnet. Demnach ersuchen wir, das Formular bei den Dienststellen des dortigen Ressorts in den dem Gesetze vom 21. Juni 1897 unterliegenden Fällen anwenden, bezw. soweit Aenderungen durch die Verhältnisse geboten sind, thunlichst als Anhalt dienen zu lassen (Schreiben der ORK. an sämmtliche Herren Ressortminister vom 1. Mai 1899 Nr. 4994).

(Vorderseite.)

Liquidation

über Reisekosten und Tagegelder für die nachbezeichnete, auf Grund der Verfügung de
vom von dem Unterzeichneten ausgeführte Dienstreise.

Zeit der Ausführung		Stunde. a, des Beginns, b, der Beendigung der Reise	Zahl der Tage		Zahl der Zeitabschnitte bis zu 24 Stunden mit dem 1½ fachen Satze [2])	Reiseweg und Angabe der dienstlichen Verrichtungen	Kilometer			Zu- und Abgang, wenn Eisenbahn oder Dampfschiff, bezw. in Verbindung mit Kleinbahn benutzt ist [3])
Monat	Tag		mit vollen Tagegeldern	mit ermäßigten Tagegeldern [1])			Eisenbahn oder Dampfschiff	Kleinbahn	Landweg	

Anmerkung:

[1]) wenn die Dienstreise an einem und demselben Tage angetreten und beendet wird. Ges. v. 21. Juni 1897 Art. I § 1 Abs. 3.

[2]) wenn eine Dienstreise sich auf 2 Tage erstreckt und innerhalb 24 Stunden beendet wird. a. a. O. § 1 Abs 2.

[3]) Hier ist die auf der Kleinbahn zurückgelegte Reisestrecke nur bei solchen Reisen zu berücksichtigen, welche theils auf Kleinbahnen, theils auf Eisenbahnen oder Dampfschiffen zurückzulegen sind. Staatsmin.Beschluß v. 25. Oktober 1898.

(Rückseite.)

Berechnung der Reisekosten und Tagegelder:

	Geldbetrag Mk.	Pf.
A. Reisekosten für		
... km Eisenbahn und Dampfschiff, für jedes km ...		
... „ Kleinbahn, ... „ „ „ ...		
... „ Landweg, ... „ „ „ ...		
Zu- und Abgänge, für jeden . . . . . Mk. ...		
Auslagen bei Benutzung der Kleinbahn [1]) . . . . . nachgewiesen durch		
Für die Mitnahme eines Dieners auf ... km, für jedes Kilometer 5 Pf. [2])		
B. Tagegelder,		
volle, für ... Tage, je ... Mk.		
ermäßigte, für ... Tage, je ... Mk.		
$1^1/_2$ fache für ... mal 24 Stunden, je ... Mk.		
Zusammen:		

[3])

[4])

N., den

(Name und Dienststellung des Liquidanten).

Nach den Entfernungen, den Sätzen und rechnerisch geprüft und richtig befunden (berichtigt).

N., den

(Name und Dienststellung des Rechnungsbeamten).

Die Richtigkeit wird bescheinigt.

Die p. Kasse wird angewiesen, den vorstehenden Betrag mit ... Mk. ... Pf. in Worten . . . . .

zu zahlen und bei Kap. ... Tit. ... des Etats zu verrechnen.

An die p. Kasse.

N., den

(Behörde, Unterschrift).

Quittung.

Obige . . . . .

empfangen zu haben, bescheinigt

N., den

(Unterschrift).

Anmerkung:

[1]) bei Reisen, welche ausschließlich auf Kleinbahnen oder theils auf Kleinbahnen, theils auf Landwegen zurückzulegen sind, bis zur Höhe der gesetzlichen Zu- und Abgangsgebühr. Staatsmin.Beschl. v. 25. Oktober 1898, MinErl. v. 25. Dezember 1898, FM. I 17038².

[2]) die im Art. I § 1 unter I bis IV des Ges. v. 21. Juni 1897 bezeichneten Beamten bei Reisen auf Eisenbahnen, Dampfschiffen oder Kleinbahnen. § 4 I. 1 das. und Staatsmin.Beschl. v. 25. Oktober 1898.

[3]) Begründung der Nichtbenutzung der Kleinbahn. Staatsmin.Beschl. v. 25. Oktober 1898.

[4]) Amtliche Versicherung, daß ein Diener mitgenommen ist.

II. Abschnitt.

Zusammenstellung

der

für die einzelnen Staatsverwaltungszweige ergangenen wichtigsten Ausführungs- und erläuternden Vorschriften über die Gewährung von Tagegeldern und Reisekosten.

I. Staatsministerium.

Ansiedelungskommission für Westpreußen und Posen.

1, Verordnung, betreffend die Kommission für deutsche Ansiedelungen in den Provinzen Westpreußen und Posen. Vom 21. Juni 1886 (GS. S. 159).

Wir Wilhelm, von Gottes Gnaden König von Preußen 2c. verordnen auf Grund des § 12 des Gesetzes vom 26. April d. J., betreffend die Beförderung deutscher Ansiedelungen in den Provinzen Westpreußen und Posen, auf den Antrag des Staatsministeriums, was folgt.

§ 1. Die zur Ausführung des Gesetzes berufene Kommission führt die Benennung:

„Ansiedelungskommission für Westpreußen und Posen"

und besteht:

1, aus den Oberpräsidenten der Provinzen Westpreußen und Posen;
2, aus je einem Kommissarius Unseres Ministerpräsidenten und Unserer Minister für Landwirthschaft, Domänen und Forsten, des Innern, der Finanzen und der geistlichen, Unterrichts- und Medizinal-Angelegenheiten;
3, aus den von uns auf je drei Jahre ernannten sonstigen Mitgliedern 2c.

§ 2. 2c. Die nicht im Hauptamt angestellten Mitglieder der Kommission bekleiden ein Ehrenamt, für welches eine Besoldung oder Remuneration nicht gewährt wird.

Für etwaige Reisen werden den Mitgliedern der Kommission, sofern sie unmittelbare Staatsbeamte sind, nach den für letztere bestehenden Vorschriften, den sonstigen Mitgliedern der Kommission nach den Bestimmungen des Gesetzes vom 24. Juli 1876 (GS. S. 345), betreffend die Reisekosten und Diäten der Mitglieder des Hauses der Abgeordneten [1]), Tagegelder und Reisekosten gewährt.

---

[1]) Siehe Abthl. IX dieses Abschnitts.

2. **Verordnung, betreffend die Reiseentschädigungen der bei der Ansiedelungskommission in Posen beschäftigten Vermessungsbeamten, Zeichner, Hülfszeichner, Meliorationstechniker und Wiesenbaumeister[1]) bei Dienstgeschäften in Ansiedelungssachen.** Vom 13. April 1898 (GS. S. 64).

Wir Wilhelm, von Gottes Gnaden König von Preußen rc. verordnen auf Grund des § 12 des Gesetzes vom 24. März 1873 (GS. S. 122) und des Artikels I § 12 der Verordnung vom 15. April 1876 (GS. S. 107) sowie des Artikels V des Gesetzes vom 21. Juni 1897 (GS. S. 193), betreffend die Tagegelder und Reisekosten der Staatsbeamten, was folgt:

Artikel I. Die bei der Ansiedelungskommission für die Provinzen Westpreußen und Posen dauernd und ausschließlich beschäftigten Vermessungsbeamten, Zeichner, Hülfszeichner, Meliorationstechniker und Wiesenbaumeister erhalten, wenn sie **in Ansiedelungssachen** Geschäfte außerhalb ihres Wohnortes in einer Entfernung von nicht weniger als 2 Kilometern verrichten, für jeden Kalendertag, welchen sie behufs Erledigung der Geschäfte ganz oder theilweise auswärts zubringen müssen, Reise- bezw. Feldzulagen nach den folgenden Sätzen:

1. bei Abwesenheit von nicht mehr als eintägiger Dauer:
   Vermessungsbeamte . . . . 5 Mark,
   Zeichner, Hülfszeichner, Meliorationstechniker und Wiesenbaumeister . . . . 4 „
2. bei mehrtägiger Abwesenheit und dadurch bedingter Uebernachtung außerhalb des Wohnortes:
   Vermessungsbeamte . . . . 7 Mark 50 Pf.,
   Zeichner, Hülfszeichner, Meliorationstechniker und Wiesenbaumeister . . . . 5 „ — „

für jeden Tag, worin die Entschädigung für die Zurücklegung des Weges zwischen Nachtquartier und Arbeitsstelle mitenthalten ist.

Artikel II. Die Zeichner, Hülfszeichner, Meliorationstechniker und Wiesenbaumeister der Ansiedelungskommission erhalten bei Dienstreisen **in Ansiedelungssachen**, wenn bezw. soweit die Reise nicht auf Eisenbahnen, Kleinbahnen oder Dampfschiffen zurückzulegen ist, an Reisekosten einschließlich der Auslagen für Chaussee-, Brücken- und Fährgelder sowie für Fortschaffung der Karten und Instrumente für das Kilometer 25 Pfennig.

Artikel III. Diese Verordnung tritt mit dem 1. Oktober 1897 in Kraft. Soweit sie nicht andere Bestimmungen enthält, finden auf die in Ansiedelungssachen ausgeführten Reisen der in den Artikeln I und II genannten Beamten die Vorschriften des Gesetzes vom 21. Juni 1897 Anwendung.

Urkundlich rc.

[1]) Die bisherigen Wiesenbaumeister führen jetzt die Amtsbezeichnung „Meliorationsbauwart“ (vergl. Staatshaushaltsetat für 1901, Spezialetat der landwirthschaftlichen Verwaltung, Erläuterung zu Kap. 106 Titel 2).

II. Finanzministerium.

a, Verwaltung der direkten Steuern.

Verwaltung des Grund- und Gebäudesteuer-Katasters.

1, Auszug aus der Geschäftsanweisung vom 21. Februar 1896 für die Katasterkontroleure. [Katasteranweisung V.]

§ 22. An Diensteinkommen bezieht der Katasterkontroleur aus der Staatskasse:

1, 2c. (persönliche Bezüge: Gehalt 2c.);

2, an jederzeit widerruflichen sächlichen Bezügen zur Bestreitung der mit seiner Amtsverwaltung nothwendig verbundenen Auslagen:

a, eine feste Amtskostenentschädigung (§ 26),

b, Reisekostenzuschüsse für auswärtige Amtsgeschäfte (§§ 27—29),

c, Tagelohnvergütungen für die mit den Feldarbeiten verbundenen Ausgaben für Handarbeitsleistungen, Botengänge und Kahnmiethen (§§ 31—33),

d, ausnahmsweise Tagegelder und Reisekosten für auswärtige Amtsgeschäfte in den besonders bestimmten Fällen (§§ 35, 36).

Außerdem werden dem Katasterkontroleur als Ersatz für Geschäftsauslagen und für persönliche Mühewaltung aus der Staatskasse jederzeit widerruflich gezahlt:

3, Vergütungen für die in § 16 Nr. 2, §§ 18, 19 bezeichneten besonderen Aufträge (§§ 37, 38).

Anmerkung: Es handelt sich hier um Aufträge, die dem Katasterkontroleur von der Regierung mit Rücksicht auf seine technische Befähigung ertheilt werden. Nach §§ 18 und 19 gehören dazu u. a. die Arbeiten zur Aufstellung landschaftlicher Taxen, die Anlegung und Fortführung der Kataster und Karten von Deich-, Meliorations- oder ähnlichen Genossenschaften, die Situationsmessungen für Bauentwürfe, die Schlußvermessungen neu angelegter Eisenbahnen, Chausseen, Kanäle, Deiche u. dgl. m.

§ 24. 1, Die sächlichen Bezüge unter Nr. 2 a, b, c, d im § 22 ergänzen sich gegenseitig. Aus ihrem Gesammtbetrage zusammengenommen mit dem als Ersatz für Geschäftsauslagen dienenden Theile der Vergütungen unter Nr. 3 im § 22 hat der Katasterkontroleur alle mit dem Betriebe seiner Amtsverwaltung verbundenen Auslagen für Arbeitshülfe und sonstige Aufwendungen zu bestreiten, insoweit nicht — wie z. B. wegen der Lieferung von Amtsgeräthen, von Geschäftsformularen und Zeichenleinwand u. dgl. m. — Ausnahmen ausdrücklich vorgesehen sind, dergestalt, daß er daneben weitere besondere Entschädigungen nicht zu beanspruchen hat.

2, 2c.

§ 25. 1, Falls der Katasterkontroleur in seinen Amtsgeschäften durch einen anderen Beamten vertreten wird, hat er nach der von der Regierung für jeden solchen Fall zu treffenden Bestimmung die feste Amtskostenentschädigung (§ 22 Nr. 2 a) entweder für seinen Stellvertreter zur Bestreitung der Kosten der Amtsverwaltung zu verwenden oder diese Entschädigung ganz oder theilweise zur eigenen Bestreitung der Kosten dem Stellvertreter zu überlassen.

2, Wenn dem Katasterkontroleur eine Aushülfe in den Amtsgeschäften für Rechnung der Staatskasse gewährt wird, hat er dem Aushülfeleistenden aus seinen Bezügen alles zu gewähren, was daraus bestimmungsmäßig bestritten werden muß.

§ 26. 1, Die feste Amtskostenentschädigung (§ 22 Nr. 2a) unterliegt der Feststellung durch den Finanzminister. Sie kann jederzeit abgeändert werden.

2, Sie wird in monatlichen Raten im voraus gezahlt.

§ 27. 1, Der Reisekostenzuschuß (§ 22 Nr. 2b) beträgt für den vom Katasterkontroleur **persönlich** auf die bezüglichen Geschäfte verwendeten Kalendertag

a, 13 Mark, wenn auf den Tag eine vom Katasterkontroleur nothwendig und wirklich außerhalb seines Wohnortes zugebrachte Nacht folgt,

b, 10 Mark, wenn solches nicht der Fall ist.

2, Er wird mit den im § 28 bezeichneten Ausnahmen für jeden Kalendertag gewährt, an dem der Katasterkontroleur Geschäfte der im § 15 unter Nr. 1 bis 4, im § 16 unter Nr. 1 und im § 17 unter Nr. 1 und 2 bezw. 6 bezeichneten Art in nicht weniger als 2 Kilometer Entfernung von seinem Wohnorte nothwendig verrichten muß.

3, Mit der gleichen Beschränkung kann der Reisekostenzuschuß auch gezahlt werden

a, für Kalendertage, an denen die Witterung das Arbeiten im Felde verhindert,

b, für die zwischen den Arbeitstagen liegenden Sonn- und Festtage, mit Ausschluß der Fälle, in denen ein Sonn- und ein Festtag oder mehrere Festtage unmittelbar auf einander folgen,

insoweit diese Tage von dem Katasterkontroleur außerhalb seines Wohnortes haben zugebracht werden müssen und wirklich zugebracht worden sind.

Anmerkung: Die in Ziffer 2 erwähnten Paragraphen lauten, soweit sie hier in Betracht kommen, wie folgt:

§ 15. Die Amtsgeschäfte des Katasterkontroleurs umfassen namentlich:

1, die Veranlagung der Grund- und Gebäudesteuer, sowie die Fortführung und Verwaltung der Grund- und Gebäudesteuerkataster,

2, die Beschaffung von Vorarbeiten für die Veranlagung der Ergänzungssteuer,

3, die Vertheilung der Renten und die sonstige Mitwirkung bei der Verwaltung der Renten, wo solche stattfindet,

4, alle mit den vorgedachten Geschäften in näherer oder entfernterer Beziehung stehenden Aufträge der Regierung.

§ 16. Nach der Art der dafür zu gewährenden Vergütungen zerfallen die Amtsgeschäfte des Katasterkontroleurs in

1, **katasteramtliche Geschäfte** im engeren Sinne (§ 15 Nr. 1 bis 4).

2 bis 4 2c.

§ 17. Zu den **katasteramtlichen Geschäften** im engeren Sinne (§ 16 Nr. 1) gehören außer den aus den Bestimmungen unter Nr. 1 bis 4 im § 15 von selbst folgenden Obliegenheiten insbesondere auch:

1, bei den sogenannten Fortschreibungsvermessungen (einschließlich der Aufmessung trigonometrischer Punkte und der Mitwirkung bei Erwerbung der Marksteinschutzflächen nach Maßgabe der Anweisung vom 20. Juli 1878 und dem Nachtrag dazu vom 9. Dezember 1890, sowie der Verfügung vom 8. Juli 1890):

a, die zu deren sachgemäßer Ausführung gehörenden Arbeiten aller Art, einschließlich der Bearbeitung der Theilungsentwürfe und der Sonderung von Grundstücken, gleichviel ob seitens der betheiligten Grundeigenthümer die vollständige Ausführung dem Katasterkontroleur übertragen ist oder von anderen Land-(Feld-)messern hergestellte Vermessungsschriften mit dem Antrage beigebracht worden sind, danach die noch fehlenden Arbeiten auszuführen;

nicht minder die Uebernahme der Ergebnisse von Auseinandersetzungen in das Kataster (soweit solche durch den Katasterkontroleur stattfindet);

b, alle weiteren Leistungen, die in Verbindung mit den Fortschreibungsvermessungsarbeiten (zu a) auf den Antrag der Betheiligten ausgeführt werden, wie beispielsweise die Erstreckung der Vermessung auf Gegenstände, die nicht zur Berichtigung des Katasters gehören u. dgl. m.

2, die außer Verbindung mit Fortschreibungsvermessungen besonders zu bewirkende Feststellung von Eigenthumsgrenzen, die der Katasterkontroleur, soweit es seine sonstigen Dienstgeschäfte gestatten, auf Antrag der Grundeigenthümer auszuführen verpflichtet ist, falls

a, in den für die Grundsteuerveranlagung benutzten oder hergestellten Karten und Akten (Gemeinheitstheilungs-, Separations-, Grundstückszusammenlegungs- ꝛc. Karten, Rezessen, Gemarkungsakten, Vermessungsrissen u. dgl.) oder in den im Verlaufe der Fortschreibungen entstandenen Ergänzungsakten und Feldbüchern ausreichende Vermessungsunterlagen vorhanden sind, um danach die zweifelhaft gewordenen Grenzstrecken in zuverlässiger Weise bestimmen und solchergestalt den in den Katasterbüchern und Karten (und danach in den Grundbüchern) nachgewiesenen Besitzstand im Felde wieder herstellen zu können, und

b, die Grenzwiederherstellung auf den Antrag einer öffentlichen Behörde erfolgt oder von allen dabei betheiligten Eigenthümern gemeinschaftlich beantragt, bezw. das Einverständniß des Fehlenden vorweg glaubhaft nachgewiesen ist;

3 bis 5 ꝛc.

6, im Regierungsbezirk Wiesbaden auch alle Leistungen der vorstehend unter Nr. 1 bis 4 gedachten Art, die von Katasterkontroleuren in ihrer gleichzeitigen Eigenschaft als Kreislandmesser ausgeführt werden.

§ 28. Der Reisekostenzuschuß wird nicht gewährt für solche Kalendertage:

1, die ausschließlich zu Geschäften innerhalb des Gemeindebezirks des Wohnorts verwendet worden sind, wobei unter Gemeindebezirk die Gesammtheit aller bebauten und unbebauten Grundstücke der Wohnortsgemeinde — jedoch ungerechnet die örtlich abgesondert davon liegenden (durch andere Gemeinde-(Guts-)bezirke als sogenannte Enklaven rings umschlossenen) Grundstücke — zu verstehen ist,

2, wofür nach § 6 der Verordnung vom 15. April 1876, betreffend die Tagegelder und die Reisekosten der Staatsbeamten (GS. S. 107) [1]), sowie nach den Staatsministerialbeschlüssen vom 13. Mai 1884 [2]), vom 17. April 1889 [3]) und vom 30. Oktober 1895 [4]) [5]) auch die Zahlung von Tagegeldern unzulässig sein würde,

3, an denen der Katasterkontroleur ausschließlich Erinnerungen der Regierung oder des Katasterinspektors wegen unvollständiger oder vorschriftswidriger Ausführung der von ihm selbst oder von seinen Privatgehülfen ausgeführten Vermessungsarbeiten örtlich erledigt hat,

4, an denen der Katasterkontroleur die örtliche Prüfung der von seinen Privatgehülfen ausgeführten auswärtigen Arbeiten vornimmt, falls aus

---

[1]) S. 31 d. W. [2]) S. 16 d. W. [3]) S. 19 d. W. [4]) S. 19 d. W [5]) und vom 12. August 1896 — S. 16 d. W. — (Erl. d. FinMin. vom 8. Februar 1897. II. 478. Schlußsatz — abgedruckt als Anmerkung zu diesem Paragraphen).

Anlaß der betreffenden Arbeit bereits nach § 29 ein Reisekostenzuschuß gewährt ist,

5, an denen der Katasterkontroleur nach 12 Uhr nachts von auswärtigen Geschäften nach seinem Wohnorte zurückgekehrt ist, aber auswärtige Geschäfte selbst nicht verrichtet hat,

6, an denen auswärtige Geschäfte ausgeführt sind, die mit der Erledigung anderer Geschäfte hätten verbunden werden können und müssen, gleichviel ob es sich um Geschäfte an verschiedenen Orten oder an verschiedenen Stellen desselben Ortes oder um verschiedene Geschäfte an derselben Stelle, wie namentlich um die Aufmessung neu entstandener oder veränderter Gebäude und deren Besichtigung behufs Veranlagung der Gebäudesteuer handelt,

7, wofür bei auswärtigen Geschäften Tagegelder zur Zahlung gelangen, oder

8, wofür der Katasterkontroleur bei den im § 16 unter Nr. 2, 3 oder 4 bezeichneten Geschäften ähnliche Vergütungen bezieht.

Die Regierung ist befugt, von der Vorschrift unter Nr. 3 Ausnahmen zuzulassen, wenn sie in den besonderen Umständen des Falles ihre ausreichende Rechtfertigung finden.

Anmerkung:

Zu Ziffer 1. Da St. Arnual nach Ueberweisung an das Katasteramt Saarbrücken zum Gemeindebezirke des Wohnortes des Katasterkontroleurs gehört, können für Geschäfte in St. Arnual gemäß der Bestimmung unter Nr. 1 im § 28 der Katasteranweisung V Reisekostenzuschüsse keinesfalls gezahlt werden. Der von der Königlichen Regierung angedeutete Zweifel, ob die genannte Bestimmung gegenüber dem Staatsministerialbeschlusse vom 12. August v. Js. noch aufrecht erhalten werden könne, ist unbegründet. Dieser Beschluß bezieht sich auf Tagegelder und Reisekosten der Staatsbeamten, während es sich im § 28 der Katasteranweisung V um Reisekostenzuschüsse handelt, die einen nach der Anzahl der auswärtigen Geschäftstage zu bemessenden Theil der Amtskostenentschädigung der Katasterkontroleure bilden und lediglich nach den hierfür ergangenen besonderen Bestimmungen zu berechnen sind. Unter Nr. 1 im § 28 a. a. O. ist der Gemeindebezirk der Wohnortsgemeinde mit der dort bezeichneten besonderen Einschränkung von der Gewährung von Reisekostenzuschüssen allgemein ausgeschlossen, weil die Vergütung für die mit örtlichen Geschäften in der Wohnortsgemeinde verbundenen Unkosten durch den in seinem Jahresbetrage festgesetzten Theil der Amtskostenentschädigung gewährt wird. Nur bei Geschäften **außerhalb der Wohnortsgemeinde** kann für die Beurtheilung der Zulässigkeit der Zahlung von Reisekostenzuschüssen der Staatsministerialbeschluß vom 12. August v. Js. aus dem Grunde in Betracht kommen, weil in dieser Beziehung unter Nr. 2 im § 28 der Katasteranweisung V die allgemeinen Vorschriften über Tagegelder und Reisekosten auch als maßgebend bezüglich der Reisekostenzuschüsse ausdrücklich bezeichnet worden sind. Den dort angegebenen Staatsministerialbeschlüssen vom 13. Mai 1884, vom 17. April 1889 und vom 30. Oktober 1895 ist nunmehr der nach Erlaß der Katasteranweisung V ergangene Staatsministerialbeschluß vom 12. August 1896 hinzugetreten (Erl. des FinMin. vom 8. Februar 1897, II. 478, Mittheil. Heft 36 S. 65 Ziffer 32).

§ 29. 1, Bei von der Regierung genehmigter selbständiger Verwendung eines Privatgehülfen zu auswärtigen Geschäften kann dem Katasterkontroleur unter sinnentsprechender Anwendung der Grundsätze in §§ 27, 28 ebenfalls ein Reisekostenzuschuß gezahlt werden.

2, Dieser Reisekostenzuschuß darf für den Kalendertag:

A, falls dem Privatgehülfen die Eigenschaft als Land-(Feld-)messer beiwohnt, über den Satz

a, von 11 Mark, wenn auf den Tag eine von dem Gehülfen nothwendig und wirklich außerhalb des Wohnorts des Katasterkontroleurs zugebrachte Nacht folgt,

b, von 8 Mark, wenn solches nicht der Fall ist,

B, falls dem Gehülfen die Eigenschaft als Land-(Feld-)messer nicht beiwohnt, über den Satz

a, von 7 Mark oder

b, von 5 Mark

nicht hinausgehen. Wo es angezeigt erscheint, sind geringere Sätze zu zahlen.

3, Für Privatgehülfen, die der Katasterkontroleur bei seinen auswärtigen Geschäften zur Mitwirkung heranzieht, wird ein Reisekostenzuschuß neben dem Zuschuß, den der Katasterkontroleur für seine eigene Person bezieht (§ 27) nicht gewährt.

§ 30. 1, Personen, die auf Kosten der Staatskasse von der Regierung mit der Vertretung des Katasterkontroleurs beauftragt oder ihm zur Aushülfe überwiesen werden, beziehen den Reisekostenzuschuß für Geschäfte außerhalb des Sitzes des Katasteramtes oder außerhalb des ihnen etwa angewiesenen besonderen Stationsortes unmittelbar aus der Staatskasse.

2, In diesem Falle wird der Reisekostenzuschuß unter sinnentsprechender Anwendung der Grundsätze der §§ 27, 28 bis auf weiteres bemessen:

a, für Katasterlandmesser und andere Landmesser nach den Sätzen im § 29 Nr. 2 A,

b, für Katasterzeichner und Hülfszeichner des Katasterbüreaus der Regierung nach den Sätzen im § 9 Nr. 3 der Beilage A zu § 8,

c, für Anwärter, die die Katasterzeichnerprüfung abgelegt haben, und für andere Personen nach den Sätzen in § 29 Nr. 2 B.

3, Werden in Vertretung eines Katasterkontroleurs die Amtsgeschäfte von einem anderen Katasterkontroleur mit versehen, so sind dem letzteren die Reisekostenzuschüsse so zu gewähren, als wenn er die auswärtigen Amtsgeschäfte innerhalb seines engeren Amtsbezirks verrichtet hätte.

Anmerkung zu 2b.

Die Beilage A zu § 8 der Geschäftsanweisung für die Katasterkontroleure enthält die Geschäftsanweisung für die bei den Katasterämtern angestellten Katasterzeichner. Letztere lautet im § 9:

1, Die Ausführung **auswärtiger** Geschäfte des Katasteramts verbleibt im allgemeinen dem Katasterkontroleur.

Ueber die hiervon zu machenden, durch die Rücksichten des Dienstes gebotenen Ausnahmen bestimmt die Regierung.

2, Die bei auswärtigen Geschäften nach den bestehenden Vorschriften zu gewährenden Reisekostenzuschüsse werden, soweit die Ausführung ausnahmsweise durch den Katasterzeichner erfolgt ist, an diesen aus der Staatskasse gezahlt.

Das Gleiche kann bezüglich der Tagelohnvergütung geschehen.

3, Der Reisekostenzuschuß beträgt bis auf weiteres:

a, 9 Mark für solche Kalendertage, worauf eine vom Katasterzeichner nothwendig und wirklich außerhalb seines Wohnortes zugebrachte Nacht folgt,

b, 6 Mark, wenn solches nicht der Fall ist.

Die Tagelohnvergütung ist nach demselben Satze zu berechnen, den der Katasterkontroleur bezieht.

Die Bestimmungen in den §§ 27 bis 33 der Katasteranweisung V [d. i. Geschäftsanweisung für die Katasterkontroleure D. V.] finden sinnentsprechende Anwendung.

4, Ob und in welchem Betrage bei diesen Geschäften dem Katasterzeichner aus der festen Amtskostenentschädigung des Katasterkontroleurs noch ein Beitrag zur Bestreitung der Zehrungs- und Reisekosten zu zahlen ist, wird durch die Regierung bestimmt.

5, 2c.

§ 31. 1, Die Tagelohnvergütung (§ 22 Nr. 2c) wird nach dem für die einzelnen Katasterämter durch den Finanzminister festgestellten durchschnittlichen Tagessatze gezahlt. Diese Feststellung kann jederzeit abgeändert werden.

2, Die Tagelohnvergütung wird für jeden Kalendertag gezahlt, an dem Amtsgeschäfte im Felde verrichtet worden sind, bei deren Ausführung Ausgaben für Handarbeitsleistungen, Botengänge oder Kahnmiethen nothwendig gemacht werden mußten, gleichviel ob die Geschäftsverrichtung innerhalb oder außerhalb des Wohnortes des Katasterkontroleurs erfolgt.

§ 32. Für Sonn- und Feiertage wird eine Tagelohnvergütung nicht gewährt. Das Gleiche gilt von solchen Kalendertagen, wofür nach den Vorschriften im § 28 unter Nr. 3, 4, 5, 6, 8 auch der Reisekostenzuschuß nicht zur Zahlung gelangt. Ausnahmen hiervon sind zulässig in Fällen des § 28 Nr. 8, wenn in der Vergütung für die an demselben Tage ausgeführten mit Tagelohnaufwendungen verbundenen Geschäfte eine Entschädigung für Tagelöhne nicht mit enthalten ist.

§ 33. 1, Der Katasterkontroleur ist gehalten, aus der Tagelohnvergütung die zur sachgemäßen örtlichen Ausführung der Geschäfte erforderlichen brauchbaren Arbeitskräfte in ausreichender Anzahl zu beschaffen. Wird diesem Erforderniß nicht genügt, so hat die Regierung den Tagessatz der Tagelohnvergütung (§ 31 Nr. 1) entsprechend zu ermäßigen.

2, Falls andererseits der Katasterkontroleur am Schlusse des Rechnungsjahres durch Vorlegung der Quittungen über die wirklich gezahlten Löhne den Nachweis führen kann, daß die für das ganze Jahr bezogenen Tagelohnvergütungen zur Deckung der wirklichen Zahlungen nicht ausreichen, so ist die Regierung ermächtigt, den Fehlbetrag nachschußweise an den Katasterkontroleur zahlen zu lassen, vorausgesetzt, daß eine wirthschaftliche Beschaffung, Verwendung und Bezahlung der Arbeiter stattgefunden hat.

3, Wegen der Tagelohnvergütungen bei etwa vorkommenden außergewöhnlichen Amtsgeschäften erheblichen Umfangs bleibt besondere Bestimmung vorbehalten.

§ 34. Den auf Kosten der Staatskasse von der Regierung mit der Vertretung des Katasterkontroleurs beauftragten oder ihm zur Aushülfe überwiesenen Personen (§ 30) wird die Tagelohnvergütung — ebenso wie dem bei dem Katasteramte angestellten Katasterzeichner — bis auf weiteres nach denselben Sätzen und nach denselben Grundsätzen wie dem Katasterkontroleur (§§ 31—33) aus der Staatskasse gezahlt.

§ 35. 1, Die Tagegelder und Reisekosten für Dienstreisen des Katasterkontroleurs (§ 22 Nr. 2d) werden nach den Sätzen unter V im § 1 sowie unter

I. 1 und II. 2 im § 4 der Verordnung vom 15. April 1876 (GS. S. 107)[1]) vergütet.

2, Sie finden jedoch, soweit nicht Abweichendes ausdrücklich bestimmt ist, nur bei Dienstreisen **außerhalb** des Amtsbezirks Anwendung, wozu auch die Dienstreisen zur Theilnahme an den **außerhalb** des Amtsbezirks abzuhaltenden Sitzungen der Gebäudesteuerveranlagungskommission oder des Schätzungsausschusses für die Ergänzungssteuer oder der Veranlagungskommission für die Einkommensteuer gehören.

3, Für Katasterkontroleure, denen als Wohnsitz ausnahmsweise ein außerhalb ihres Amtsbezirks liegender Ort angewiesen ist, gelten Dienstreisen zwischen dem Wohnsitz und Ortschaften des Amtsbezirks nicht als solche, die außerhalb des Amtsbezirks ausgeführt werden.

4, Ob und inwieweit dem Katasterkontroleur für Dienstreisen zur gleichzeitigen Wahrnehmung von Amtsgeschäften eines anderen Katasterkontroleurs Tagegelder und Reisekosten zu zahlen sind, wird in jedem einzelnen Falle besonders bestimmt. Vergl. § 30 Nr. 3.

§ 36. 1, Bei Dienstreisen des Katasterkontroleurs **innerhalb** seines Amtsbezirks findet die Vergütung in der Form von Tagegeldern und Reisekosten bei Ausführung der im § 16 unter Nr. 1 bezeichneten Geschäfte nur da statt, wo sie ausdrücklich nachgelassen ist.

2, Hierher gehören insbesondere die Dienstreisen:

a, zur örtlichen Besichtigung von Gebäuden behufs der auf Antrag und Kosten der Betheiligten im beschleunigten Verfahren zu bewirkenden Veranlagung der Gebäudesteuer (§ 31 der Katasteranweisung III),

b, zur örtlichen Untersuchung solcher Beschwerden über materielle Irrthümer im Kataster, deren Kosten den Beschwerdeführern zur Last fallen (§ 65 Nr. 2),

c, zu den auf Kosten der Betheiligten auszuführenden örtlichen Ermittelungen behufs der Rentenvertheilungen (§ 6 des Gesetzes vom 25. August 1876, GS. S. 405, § 6 des Gesetzes vom 4. Juli 1887, GS. S. 324, § 6 des Gesetzes vom 13. Juni 1888, GS. S. 243.)

3, Die Vergütung für die mit diesen Dienstreisen etwa verbundenen Auslagen für Handarbeitsleistungen, Botengänge und Kahnmiethen ist nach den gemäß § 31 festgesetzten Tagessätzen zu gewähren (vergl. § 41).

§ 37. 1, Die Vergütungen für besondere Aufträge (§ 16 Nr. 2, §§ 18, 19 und 22 Nr. 3) werden, sofern nicht durch allgemeine oder besondere Bestimmungen ein anderes angeordnet ist, oder sofern nicht nach Anhörung des Katasterkontroleurs zwischen der Regierung und dem Antragsteller besondere Vereinbarungen getroffen worden sind, nach Maßgabe der Vorschriften berechnet, die in dem Reglement für die öffentlich anzustellenden Land-(Feld-)messer bezüglich der im Auftrage von Staatsbehörden auszuführenden Vermessungsarbeiten erlassen worden sind.

2, Zu unmittelbaren Vereinbarungen irgend welcher Art zwischen dem Katasterkontroleur und den Betheiligten bedarf es eines für den vorliegenden Fall ertheilten ausdrücklichen Auftrages der Regierung.

Anmerkung zu Ziffer 1.

Bei Berechnung der Feld- oder Reisezulage findet, wenn die Arbeiten im Interesse der Staats- oder Reichsverwaltung ausgeführt werden, die Bestimmung im zweiten

---

[1]) Jetzt nach § 1 Ziffer V bezw. § 4 Ziffer I. 2 und II. 2 des Gesetzes vom 21. Juni 1897 (GS. S. 193).

Absatze, in anderen Fällen die Bestimmung im ersten Absatze des § 41 der Abänderung vom 26. August 1885 zum Feldmesserreglement (GS. S. 319)[1]) Anwendung (Verf. des FinMin. vom 28. Mai 1886. II. 6302. Mittheil. Heft 20 S. 113).

§ 38. 1, Bei Ertheilung des Auftrages zur Ausführung sogenannter Schlußvermessungen neu angelegter Eisenbahnen, Chausseen, Kanäle, Deiche u. dgl. m. (§ 19) hat die Regierung die außer den eigentlichen Fortschreibungsvermessungsarbeiten auszuführenden besonderen Leistungen des Katasterkontroleurs im einzelnen zu bezeichnen.

2, Die hierfür nach § 37 zu gewährende Vergütung hat die Regierung nach Anhörung des Katasterkontroleurs, soweit thunlich, in der Form eines Bauschsatzes für das Kilometer der Länge der Eisenbahn, Chaussee rc. mit dem Antragsteller zu vereinbaren und danach im voraus festzustellen.

§ 39. 1, Der Katasterkontroleur selbst und seine Privatgehülfen, sowie der Katasterzeichner und die von der Regierung auf Staatskosten zur Aushülfe überwiesenen Personen haben, ein jeder besonders und getrennt nach Kalendermonaten, über alle solche von ihnen verrichteten Geschäfte ein Tagebuch nach dem anliegenden Muster I zu führen, wofür dem Katasterkontroleur oder dem Katasterzeichner rc. besondere Vergütungen nach § 22 Nr. 2 b, c, d und Nr. 3 zustehen. Imgleichen sind darin nachzuweisen die mit Nebenämtern (§ 16 Nr. 3) verbundenen auswärtigen Geschäfte, sowie die Wahrnehmung gerichtlicher Termine als Sachverständiger oder als Zeuge (§ 16 Nr. 4).

2, Die Regierung kann anordnen, daß auch andere Amtsgeschäfte in dem Tagebuche nachgewiesen werden, falls solches aus besonderen Gründen, z. B. wegen mangelhafter Amtsführung des Katasterkontroleurs, erforderlich erscheint.

3, Personen, die Auftragsdiäten aus der Staatskasse beziehen, haben in dem Tagebuche alle von ihnen verrichteten Geschäfte, jedoch in möglichst kurzer Wortfassung, summarisch nachzuweisen.

4, Am Monatsschlusse hat der Tagebuchführer das Tagebuch unterschriftlich zu vollziehen und der Katasterkontroleur hat alle Tagebücher dahin amtlich zu bescheinigen, daß sie richtig, vollständig und vorschriftsmäßig geführt worden seien.

§ 40. 1, Auf Grund des Tagebuches (§ 39) hat der Katasterkontroleur die Rechnung über die ihm zustehenden Reisekostenzuschüsse und Tagelohnvergütungen (§§ 27 bis 29 und 31 bis 33) nach dem anliegenden Muster II aufzustellen.

Sind ausnahmsweise dem Katasterkontroleur für auswärtige Geschäfte eines Privatgehülfen Reisekostenzuschüsse zu zahlen (§ 29), so hat er hierüber eine besondere Rechnung aufzustellen.

2, Die gleichen Rechnungen des Katasterzeichners oder der von der Regierung auf Kosten der Staatskasse dem Katasterkontroleur zur Aushülfe überwiesenen Personen sind vom Katasterkontroleur mit dem unterschriftlich zu vollziehenden Vermerk „Die Richtigkeit bescheinigt“ zu versehen.

3, Die Rechnungen hat der Katasterkontroleur in doppelter Ausfertigung an die Regierung in den festgesetzten Zeitfristen unter Beifügung aller darauf

[1]) Seite 59 d. W.

bezüglichen Tagebücher, sowie der Feldbücher und Verhandlungen über die ausgeführten Vermessungen einzureichen. Die Zeitfristen sind so zu bestimmen, daß einerseits dem Katasterkontroleur die zum Betriebe seiner Amtsgeschäfte erforderlichen Geldmittel rechtzeitig zugeführt werden, andererseits behufs Vermeidung von Geschäftsüberhäufungen bei der Regierung die Einreichung der Rechnungen seitens aller Katasterkontroleure des Regierungsbezirks nicht gleichzeitig erfolgt.

4, Die Regierung hat die Rechnungen nach den Tagebüchern und sonstigen Hülfsmitteln zu prüfen, wo sich ein unwirthschaftlicher Geschäftsbetrieb bemerkbar macht, zu ermäßigen, danach festzustellen und auf ihre Hauptkasse zur Zahlung anzuweisen.

5, Die Tagebücher verbleiben bei den Akten der Regierung. In Bezug auf die Dauer ihrer Aufbewahrung sind die Tagebücher wie Rechnungsbeläge zu behandeln, die dem Reglement vom 7. Mai 1844 unterliegen.

Anmerkung zu Ziffer 4:

Die gezahlten Beträge werden von der Regierungshauptkasse in der Rechnung von den direkten Steuern unter Tit. 20 in der Unterabtheilung „Nr. 2. Zu Reisekostenzuschüssen und Tagelohnvergütungen" verausgabt.

§ 41. Die Rechnungen über Tagegelder und Reisekosten (§§ 35, 36) nebst den zugehörigen Tagelohnvergütungen (§ 36 Nr. 3) sind unter Beachtung der Vorschriften im § 40 nach dem beiliegenden Muster III aufzustellen, von der Regierung festzustellen und zur Zahlung anzuweisen.

Anmerkung:

1, Das Muster befindet sich mit dem für die übrigen Staatsverwaltungen gegebenen in Uebereinstimmung, weshalb von dem Abdruck desselben hier abgesehen ist.

2, Die gezahlten Beträge werden in den Fällen des § 35, wenn nichts anderes bestimmt ist, von der Regierungshauptkasse in der Rechnung von den direkten Steuern unter Tit. 23 „Zu Diäten und Fuhrkosten, Versetzungs- und Vertretungskosten" in der Unterabtheilung „Nr. 1 für die Katasterverwaltung" verausgabt.

In den Fällen des § 36 werden sie durch die Königlichen Kassen von den zur Tragung Verpflichteten eingezogen und den Empfangsberechtigten ausgezahlt.

§ 42. 1, Die Kostenrechnungen über besondere Aufträge (§ 16 Nr. 2, §§ 18, 19, 37, 38) sind vom Katasterkontroleur in doppelter Ausfertigung aufzustellen und ausnahmslos von der Regierung festzusetzen.

2, Soweit die festgesetzten Beträge aus Mitteln einer Verwaltung des **Preußischen Staates** zahlbar sind, veranlaßt die Regierung deren Auszahlung an den Katasterkontroleur aus den betreffenden Staatsfonds.

3, In allen anderen Fällen veranlaßt sie die Einziehung der festgestellten Beträge durch eine Königliche Kasse und ihre Vereinnahmung zur Staatskasse, endlich, falls nicht der Fall unter Nr. 5 im § 20 vorliegt, die Wiederverausgabung der eingegangenen Beträge an den Katasterkontroleur.

4, In den Fällen unter Nr. 3 darf die Ausgabe die Einnahme nicht übersteigen. Die Ausgabe muß mit der Einnahme in derselben Jahresrechnung nachgewiesen werden.

Anmerkung:

Zu Ziffer 3: Auszug aus § 20.

1, Der Ausführung der in den §§ 18 und 19 bezeichneten Geschäfte durch den Katasterkontroleur muß **in jedem einzelnen Falle der ausdrückliche Auftrag** der Regierung **vorausgehen.**

2—4 2c.

5, Für Geschäfte, die der Katasterkontroleur den vorstehenden Vorschriften zuwider ohne Auftrag der Regierung begonnen oder ausgeführt hat, wird ihm eine Vergütung nicht gewährt, selbst wenn diese gemäß § 42 Nr. 3 von den Betheiligten zur Staatskasse eingezogen wird.

Zu Ziffer 4: Die Vereinnahmung der unter Ziffer 3 bezeichneten Beträge erfolgt durch die Regierungshauptkasse in der Rechnung von den direkten Steuern unter dem Einnahmetitel 7 „Für Nebenbeschäftigungen der Katasterbeamten".

Die Verausgabung wird in derselben Rechnung und durch dieselbe Kasse unter dem Ausgabetitel 21 „Vergütungen für Nebenbeschäftigungen der Katasterbeamten" bewirkt.

Die festgestellten Kostenrechnungen dienen als Einnahme- und Ausgabebeläge für die Regierungshauptkasse.

Muster I (zu § 39).

Katasterverwaltung.

Katasteramt . . . .

Tagebuch

des

. . . .

für den Monat . . . .

des Jahres . . . .

Bemerkungen:

1, Das Tagebuch muß alles enthalten, was zur ordnungsmäßigen Aufstellung der Rechnungen über Reisekostenzuschüsse und Tagelohnvergütungen 2c. erforderlich ist.

2, In den Spalten 2 und 4 bis 12 sind die auf die Geschäfte unter Nr. 2, 3, 4 im § 16 der Katasteranweisung V bezüglichen Angaben mit **rother** Tinte einzutragen.

3, Den auswärtigen Geschäften im Sinne der Spalten 2, 8 und 15 sind auch die Feldarbeiten im Gemeindebezirke des Wohnortes beizuzählen.

4, Die Bezeichnung der Tage in den Spalten 13 bis 17 ist durch Eintragung der Ziffer 1 kenntlich zu machen.

5, Die Eintragungen in den Spalten 5 bis 17 sind für den ganzen Monat aufzurechnen, wobei die Summen für die unter laufender Nummer 2 bezeichneten Geschäfte mit **rother** Tinte zu schreiben sind.

Jahr ......, Monat ....

Tag	Name der Gemarkung sowie Nummer des Kartenblatts (der Flur) und der Parzelle, worauf sich die auswärtigen Geschäfte beziehen	Kurze Angabe der Arbeiten und Reisen bei den Geschäften unter Nr. 1 im § 16 der Katasteranweisung V	Kurze Angabe der Arbeiten und Reisen bei den Geschäften unter Nr. 2, 3 und 4 im § 16 der Katasteranweisung V
1	2	3	4
			Summe ...

Zurückgelegte Kilometer auf			Arbeitszeit		Auslagen für Hülfsarbeiter bei den örtlichen Arbeiten				Bezeichnung der Tage, wofür gewährt wird					Bemerkungen, insbesondere Angabe der Witterung bei auswärtigen Arbeiten
					Anzahl der Personen		Betrag des gezahlten Lohnes 2c.		der Reisekostenzuschuß			eine anderweite Entschädigung		
Eisenbahnen oder Dampfschiffen	Landwegen	Reisezeit	auswärtige	häusliche	Bureaugehülfen 2c.	andere			ohne Uebernachtung auswärts	mit Uebernachtung auswärts	die Tagelohnvergütung	an Tagegeldern und Reisekosten	für Tagelöhne 2c.	
		Std.	Std.	Std.			Mark	Pf.						
5	6	7	8	9	10	11	12		13	14	15	16	17	18

Muster II (zu § 40).

Katasterverwaltung.

Katasteramt . . . . Rechnungsjahr . . . . .

Rechnung

über die dem . . . . zustehenden Reisekostenzuschüsse und Tagelohnvergütungen.

(Vorderseite.)

Der Ausführung der Reise zc. Monat	Tag	Stunde der Abreise vom Wohnort	Bezeichnung des Reiseziels und der Geschäfte	Entfernung: Eisenbahn oder Dampfschiff km	Entfernung: Landweg km	Stunde der Rückkehr in den Wohnort	Reisekostenzuschuß für Tage ohne Uebernachtung auswärts	Reisekostenzuschuß für Tage mit Uebernachtung auswärts	Tagelohnvergütung
1		2	3	4	5	6	7	8	9
			Bemerkung: Die Tage, wofür der Reisekostenzuschuß oder die Tagelohnvergütung zu zahlen ist, sind in Spalte 7, 8, 9 durch Eintragung der Ziffer 1 zu kennzeichnen. Die Eintragungen in Spalte 7, 8, 9 sind aufzurechnen.						

(Rückseite.)

Berechnung.

. . . ., den . . . ten 1	Betrag Mark	Betrag Pf.
1. Reisekostenzuschüsse:		
a, für . . . . Tage zum Satze von . . . . Mark	. . . . .	. . . .
b, für . . . . Tage zum Satze von . . . . Mark	. . . . .	. . . .
2. Tagelohnvergütungen:		
für . . . . Tage zum Satze von . . . . Mark	. . . . .	. . . .
Summe	. . . . .	. . . .

Der Katasterkontroleur.

. . . .

. . . ., den . . ten . . . . . 1 . . .

Die Richtigkeit wird bescheinigt.

Der Katasterinspektor

. . . .

. . . ., den . . ten . . . . . 1 . . .

Rechnungsmäßig geprüft und festgestellt auf . . . . . . Mark . . . . Pf. . .

. . . .

. . . .

Zahlungsanweisung. . . . ., den . . ten . . . . . 1 . . .

Den vorstehend berechneten Betrag von . . . . Mark . . . . Pf. hat die Königliche Regierungshauptkasse in . . . . an den . . . . auszuzahlen und in der Rechnung von den direkten Steuern unter Titel 20 Unterabtheilung Nr. 2 in Ausgabe nachzuweisen.

Königliche Regierung, Abtheilung für direkte Steuern, Domänen und Forsten.

Nr. . . . .

Quittung.

. . . ., den . . ten . . . . . 1 . . .

Vorstehenden Betrag von . . . . aus der Königlichen Regierungshauptkasse in . . . . empfangen zu haben, bescheinige ich durch diese Quittung.

. . . .

. . . ., den . . ten . . . . . 1 . . .

Zahlbar bei der Königl. . . . . Kasse in . . . .

Königliche Regierungshauptkasse.

2, Reglement für die öffentlich anzustellenden Land-(Feld-)messer. Vom 2. März 1871 (GS. S. 101) / 26. August 1885 (GS. S. 319).

Abschnitt I bis III
(kommen hier nicht in Betracht).

IV. Bezahlung der Land-(Feld-)messerarbeiten.

§ 36. Für die Bezahlung der Arbeiten der von den Auseinandersetzungsbehörden ausschließlich und dauernd beschäftigten Vermessungsbeamten, nicht minder für die Bezahlung der Vermessungsarbeiten im Bereiche der Verwaltung des Grund- und Gebäudesteuerkatasters sind die dafür bestehenden besonderen Vorschriften maßgebend.

Hinsichtlich der Gebühren des Landgeometers in Frankfurt a/M. verbleibt es bei der Verordnung, betreffend die Bildung der Feldgerichte rc., vom 10. März 1825 (Frankfurter Gesetz- und Statuten-Sammlung Band IV, S. 7 bis 27).

Im übrigen gelten für die Bezahlung der im Auftrage der Staatsbehörden angefertigten Land-(Feld-)messerarbeiten, sofern nicht besondere Entschädigungssätze von der zuständigen Behörde festgestellt oder von den Betheiligten vereinbart worden sind, nachstehende Bestimmungen:

§ 37. Die Bezahlung der Land-(Feld-)messerarbeiten soll in der Regel und mangels anderweiter Vereinbarung durch Diäten stattfinden. Insbesondere tritt die Bezahlung nach Gebührensätzen, außer in dem Falle der Vereinbarung nur insoweit ein, als für den einen oder anderen Zweig des Staatsdienstes diese Art der Bezahlung besonders vorgeschrieben werden sollte.

§ 38. Die Bezahlung durch Diäten setzt eine Arbeitsdauer von mindestens 8 Stunden täglich voraus.

Anmerkung: Siehe hierzu die Zusatzbestimmung vom 26. Februar 1894 (GS. S. 18). S. 61 d. W.

§ 39. Vermessungsrevisoren werden für die Geschäfte und Reisen, welche sie behufs Feststellung der Richtigkeit von Feldmesserarbeiten auszuführen haben, sowie für die ihnen übertragenen Rektifikationen als unrichtig erkannter Arbeiten nach denselben Bestimmungen bezahlt, welche nach Inhalt des gegenwärtigen Reglements für die übrigen Land-(Feld-)messer gelten.

§ 40. Für jeden Arbeits- und für jeden Reisetag, ohne Unterschied, ob an den letzteren auch gearbeitet worden ist, oder nicht, wird ein Diätensatz von 8 Mark gewährt.

Bei Arbeiten außerhalb des Wohnortes des Land-(Feld-)messers können die Diäten auch liquidirt werden:

1, für solche Tage, an denen die Witterung das Arbeiten im Felde verhindert,

2, für die zwischen den Arbeitstagen liegenden Sonn- und Festtage, mit Ausschluß derjenigen Fälle, in denen ein Sonn- und ein Festtag oder mehrere Festtage unmittelbar auf einander folgen, insoweit diese Tage von dem Land-(Feld-)messer außerhalb seines Wohnortes haben zugebracht werden müssen.

Dagegen darf neben den Diäten (für die volle Zahl der Kalendertage) mit den Ausnahmen, welche sich aus § 36 dieses Reglements ergeben, keine Bezahlung für Ueberstunden in Rechnung gestellt werden.

Anmerkung: Siehe hierzu die Zusatzbestimmung vom 26. Februar 1894 (GS. S. 18). S. 61 d. W.

§ 41. Außer den Diäten erhält der Land-(Feld-)messer für jeden Kalendertag, welchen er im Interesse der Arbeiten ganz oder theilweise und zwar in nicht weniger als zwei Kilometer Entfernung außerhalb seines Wohnortes zubringen mußte, eine Feld- oder Reisezulage von 4,50 Mark, bei mehrtägiger Abwesenheit und dadurch bedingter Uebernachtung außerhalb des Wohnorts von 6 Mark, worin die Entschädigung für die Zurücklegung des Weges zwischen Nachtquartier und Arbeitsstelle mit enthalten ist.

Die im Staatsdienste angestellten Land- (Feld-)messer, welche für ihr diesfälliges Amt eine volle Besoldung aus der Staatskasse beziehen, erhalten in beiden Fällen nur eine Feld- oder Reisezulage von 1,50 Mark neben den ihnen nach § 40 zustehenden Tagegeldern.

§ 42. Wenn den Land-(Feld-)messern die zu den Arbeiten auf dem Felde erforderlichen, brauchbaren und geübten Handarbeiter nicht gestellt werden, so können sie dieselben für Rechnung der Interessenten in der erforderlichen Zahl annehmen und denselben je nach der Schwierigkeit der Arbeit einen den ortsüblichen bis zu dreißig Prozent übersteigenden Tagelohn bewilligen. Die Anschaffungskosten der zu den Vermessungen und Nivellements erforderlichen Pfähle, Stangen rc., sowie baare Auslagen für Kahnmiethe, Botengänge rc. werden, sofern die Betheiligten ablehnen, ihrerseits Lieferungen und Leistungen dieser Art unmittelbar zu übernehmen, gegen quittirte Beläge vergütigt.

§ 43. Die Land- (Feld-)messer erhalten an Reisekosten, um sich von ihrem Wohnsitze, oder von ihrem derzeitigen Aufenthaltsorte an den Ort der Vermessung und zurück zu begeben, einschließlich der Entschädigung für die Fortschaffung des Gepäcks, der Karten und Instrumente

a, bei Reisen auf Eisenbahnen oder Dampfschiffen für das Kilometer 13 Pfennig [1]) und außerdem für jeden Zu- und Abgang nach und von der Eisenbahn je 3 Mark [1]),

b, bei Reisen, welche nicht auf Dampfschiffen oder Eisenbahnen zurückgelegt werden können, für das Kilometer 40 Pfennig.

Die Reisekosten werden für die Hin- und Rückreise besonders berechnet. Hat jedoch ein Land-(Feld-)messer Geschäfte an verschiedenen Orten nach einander ausgerichtet, so ist der von Ort zu Ort wirklich zurückgelegte Weg ungetheilt der Berechnung der Reisekosten zu Grunde zu legen. Für Geschäfte in geringerer Entfernung als 2 Kilometer vom Wohnsitze, bezw. Aufenthaltsorte, werden Reisekosten nicht gezahlt.

Bei Berechnung der Entfernungen wird jedes angefangene Kilometer für ein volles Kilometer gerechnet. Bei Reisen von nicht weniger als 2 Kilometer, aber unter 8 Kilometer, sind die Fuhrkosten für 8 Kilometer zu gewähren.

Haben erweislich höhere Reisekosten als vorstehend bestimmte aufgewendet werden müssen, so werden diese erstattet.

Anmerkung: Siehe hierzu die Zusatzbestimmung vom 26. Februar 1894 (GS. S. 18). S. 61 d. W.

---

[1]) Diese Sätze sind nicht geändert.

§ 44. Für das zu den Karten und Zeichnungen zu verwendende Zeichenpapier bester Qualität werden für 0,1 Quadratmeter 25 Pfennig, wenn dasselbe aber auf Kattun oder Leinwand aufgezogen ist, 50 Pfennig vergütet.

Andere Auslagen für Schreib- und Zeichenmaterialien können nicht liquidirt werden.

§ 45. Das Tagebuch, welches von dem Land-(Feld-)messer zu führen und jeden Abend pflichtmäßig zu vervollständigen ist, und die Feldbücher, Nivellementstabellen, die trigonometrischen, die Flächen- und Eintheilungs-Berechnungen müssen am Schlusse jedes Tages das Geleistete vollständig nachweisen.

Das Tagebuch ist den einzelnen Diäten-Liquidationen jedesmal beizufügen.

§ 46. Der Land-(Feld-)messer ist für die Richtigkeit der Angaben im Tagebuche, im Feldbuche und in den Berechnungen verantwortlich und hat für den Fall absichtlich unrichtiger Angaben die Einleitung des Verfahrens wegen Zurücknahme der Bestallung (§ 4) zu gewärtigen.

§ 47. Nach Vollendung seiner Arbeiten hat der Land-(Feld-)messer, sofern nicht bei Ertheilung des Auftrages andere Bestimmungen oder Vereinbarungen getroffen worden sind, folgende Gegenstände gehörig geordnet abzuliefern:

a, die nach § 12 aufgenommenen Verhandlungen und Erläuterungen, sowie die bei Ausführung des Geschäfts geführten Akten;

b, die sämmtlichen im § 13 bezeichneten Vermessungs- und Nivellements-Manuale (Feldbücher), desgleichen die Meßtischblätter, überhaupt alle Arbeiten, die zur Auftragung gedient haben, ebenso die etwaigen Berechnungen, die trigonometrischen Sätze, sowie die speziellen Flächenberechnungen, dieselben mögen nach Original- oder Zirkel-Maßen oder mit besonderen zur Flächenberechnung geeigneten Instrumenten bewirkt sein;

c, die Urschrift des Vermessungsregisters in der für die Auseinandersetzungsarbeiten erforderlichen Form, und eine Reinschrift derselben;

d, einen nach § 16 vorschriftsmäßig aufgetragenen und deutlich ohne Färbung zu großer Flächen gezeichneten Ur-(Brouillon-)Plan;

e, eine Kopie des Ur-(Brouillon-)Plans, als Reinkarte gezeichnet, ohne Eintragung der Stationslinien, jedoch mit Angabe und Eintheilung der gemessenen, oder trigonometrisch berechneten, Hauptlinien und Dreiecke.

Sowohl zum Ur-(Brouillon-)Plan, als zur Reinkarte muß Velinpapier guter Qualität genommen werden, welches auf feine Leinwand oder Kattun so lange Zeit vor dem Gebrauche sorgfältig aufzuziehen ist, daß ein nachtheiliges Verziehen nicht mehr stattfinden kann.

§ 48. Entstehen Zweifel über die Richtigkeit der von den Land-(Feld-)messern für die Ausführung von Aufträgen der Staatsbehörden aufgestellten Liquidationen der Diäten, Gebühren oder Auslagen, sei es, weil die angenommenen Sätze bestritten, oder weil die ungenügende Beschaffenheit der abzuliefernden Gegenstände oder ungenügende Leistungen in der verwendeten Zeit behauptet werden, so erfolgt die Festsetzung der Liquidation durch den Regierungspräsidenten (Regierung) oder die betreffende Auseinandersetzungsbehörde nach Einholung des Gutachtens eines Beamten, welcher die Land-(Feld-)messerprüfung bestanden hat. Dieser Beamte ist verpflichtet, die Arbeiten des Land-(Feld-)messers mit den Feldbüchern, Tagebüchern und Berechnungen genau zu vergleichen und sodann die etwa für nöthig erachteten Reduktionen gehörig zu begründen. Die Kosten dieser Revision trägt die extrahirende Behörde, unbeschadet ihres etwaigen Regresses an den Feldmesser, sofern die Liquidationen desselben in wesentlichen Punkten unrichtig befunden werden sollten.

§ 49. Gegen diese Festsetzung (§ 48) ist binnen sechs Wochen die Berufung zulässig, welche bei Arbeiten, die im Auftrage einer Auseinandersetzungsbehörde ausgeführt sind, an das Ministerium für Landwirthschaft, Domänen und Forsten, in allen anderen Fällen an das Ministerium der öffentlichen Arbeiten zu richten ist.

Die Entscheidung des Ministeriums ist endgültig.

Anmerkung: Hierzu sind ergangen:

a, Der Allerhöchste Erlaß vom 4. November 1887 (GS. 1888 S. 4)

„Auf den Bericht des Staatsministeriums vom 28. Oktober d. Js. genehmige Ich hierdurch die Ueberweisung der Feld-(Land-)messerangelegenheiten, soweit dieselben zur Zeit bei der Allgemeinen Bauverwaltung bearbeitet werden, an den Finanzminister. Mit der Ausführung dieses durch die Gesetz-Sammlung bekannt zu machenden Erlasses sind der Minister der öffentlichen Arbeiten und der Finanzminister beauftragt.

gez. Wilhelm."

b, Der Erlaß der Minister der öffentlichen Arbeiten, für Landwirthschaft, Domänen und Forsten und der Finanzen vom 22 Dezember 1887 (GS. 1888 S. 4)

„Nachdem durch Allerhöchsten Erlaß vom 4. November 1887 die Ueberweisung der Feld-(Land-)messerangelegenheiten, soweit dieselben zur Zeit bei der Allgemeinen Bauverwaltung bearbeitet werden, an den Finanzminister genehmigt worden ist, werden die nach den §§ 3, 34, 35 und 49 des Feldmesserreglements vom 2. März 1871/26. August 1885 bisher von dem Minister der öffentlichen Arbeiten ausgeübten Funktionen in Zukunft von dem Finanzminister wahrgenommen."

§ 50. Die obigen Bestimmungen über das Verfahren bei Prüfung und Festsetzung der Land-(Feld-)messerliquidationen (§§ 48, 49) für Aufträge, welche von Staatsbehörden ertheilt sind, greifen auch dann Platz, wenn andere, als die in diesem Reglement festgesetzten Diäten-, Reisekosten- und Entschädigungssätze zwischen den Behörden und den Land-(Feld-)messern vereinbart sein sollten, es sei denn, daß durch rechtsgültige Abmachung zwischen der betheiligten Behörde und dem Land-(Feld-)messer ein Sachverständiger, welchem die Festsetzung der Liquidationen mit Ausschluß der für den Streitfall getroffenen Bestimmungen dieses Reglements obliegen soll, ausdrücklich bestimmt worden wäre.

Berlin, den 26. August 1885.

Der Minister der öffentlichen Arbeiten.	Der Minister für Landwirthschaft, Domänen und Forsten.	Der Finanzminister.

3, Zusatzbestimmungen zu der Abänderung vom 26. August 1885 des Reglements für die öffentlich anzustellenden Land-(Feld-)messer (GS. für 1885 S. 319). Vom 26. Februar 1894 (GS. S. 18).

Die Bestimmungen in den §§ 38, 40 und 43 der Abänderung vom 26. August 1885 des Reglements für die öffentlich anzustellenden Land-(Feld-)messer (GS. für 1885 S. 319) werden ergänzt, wie folgt:

Erster Artikel.

Für solche Arbeiten am Wohnorte des Land-(Feld-)messers oder in weniger als zwei Kilometer Entfernung vom Wohnorte, die weniger als einen Arbeitstag von 8 Stunden umfassen, wird gewährt:

1, bei der Wahrnehmung gerichtlicher Termine als Sachverständiger die Vergütung nach Maßgabe der allgemeinen Vorschriften der Gebührenordnung für Zeugen und Sachverständige in den vor die ordentlichen Gerichte gehörenden Rechtssachen,

2, bei anderen Geschäften eine Vergütung von einer Mark für jede volle oder angefangene Arbeitsstunde.

Zweiter Artikel.

Die Landmesser erhalten die im § 43 zu a festgesetzte Vergütung von drei Mark auch für jeden Zu- und Abgang nach und von dem Dampfschiffe.

Berlin, den 26. Februar 1894.

Der Finanzminister. Der Minister für Landwirthschaft, Domänen und Forsten. Der Minister der öffentlichen Arbeiten.

Anmerkung: Ein in Fragen des Grundsteuerkatasters als Sachverständiger zugezogener Katasterbeamter darf als Staatsbeamter nach § 14 Ziffer 2 der Gebührenordnung vom 30. Juni 1878 nur dann liquidiren, wenn das von ihm erforderte Gutachten auf eine Auskunft gerichtet ist, die der Sachverständige auf Grund der von ihm verwalteten Karten und Register zu ertheilen hat. Handelt es sich aber um eine Auskunft, die auf einer nur technische Kenntnisse voraussetzenden Vermessung beruht und darum nicht unter den amtlichen Wirkungskreis des Katasterbeamten fällt, so ist der Sachverständige nicht aus Veranlassung seines Amtes zugezogen und findet in diesem Falle der § 14 a. a. O. keine Anwendung (Beschluß des Reichsger., 5. Civilsenat, vom 17. Oktober 1894, JMBl. 1895 S. 3).

4, Die nach § 41 des Feldmesserreglements vom 2. März 1871/26. August 1885 den Landmessern bei mehrtägiger Abwesenheit und dadurch bedingter Uebernachtung außerhalb des Wohnortes zustehende höhere Reisezulage von 6 Mk. ist denselben nur für diejenigen Kalendertage zu gewähren, **auf welche eine im Interesse des auszuführenden Geschäfts nothwendig und wirklich außerhalb seines Wohnortes zugebrachte Nacht folgt,** während der letzte Arbeits- oder Reisetag, an dem der Landmesser nach mehrtägiger Abwesenheit in seinen Wohnort zurückkehrt, nach dem niedrigeren Satze von 4 Mk. 50 Pfg. zu entschädigen bleibt (Erl. des FinMin. vom 28. Mai 1892, MinBl. f. d. i. V. S. 221).

5, 2c. Daß den Katasterkontroleuren für diejenigen Tage, an welchen sie der örtlichen Prüfung von Ergänzungsmessungen durch den Katasterinspektor beiwohnen, die Reisekostenzuschüsse zu gewähren sind, kann nach § 16 der allgemeinen Verfügung vom 15. März v. J.[1]) einem Zweifel nicht unterliegen, vorausgesetzt, daß die sonstigen Vorschriften des § 16[1]) a. a. O. die Zahlung des Zuschusses nicht ausschließen.

Dagegen kann den Katasterkontroleuren für solche Tage, an welchen sie die **örtliche** Prüfung der von ihren Privatgehülfen ausgeführten Vermessungen vornehmen, der Reisekostenzuschuß nicht gezahlt werden, wenn für die betreffende Arbeit bereits nach Nr. 1 in § 17[2]) a. a. O. der Reisekostenzuschuß gewährt worden ist (Erl. des FinMin. v. 28. November 1891, II. 9461).

6, Die Frage, ob und zu welchem Betrage dem Katasterkontroleur für die lediglich auf die Hinreise zum Geschäftsorte verwendeten Tage der Reisekostenzuschuß zu gewähren ist, ist nicht allgemein, sondern nach den Umständen des einzelnen Falles zu entscheiden.

[1]) Jetzt § 27 der Katasteranweisung V. [2]) Jetzt § 29 der Katasteranweisung V.

Der Katasterkontroleur ist verpflichtet, die ihm zum Betriebe seiner Amtsgeschäfte aus der Staatskasse gewährten Geldmittel **wirthschaftlich zu verwenden.** Demgemäß ist er allgemein den Reisekostenzuschuß nur insoweit zu fordern berechtigt, als die von ihm ausgeführten Geschäfte — die Benutzung des **zweckentsprechendsten** Beförderungsmittels zur Hin- und Rückreise vorausgesetzt — seine Abwesenheit vom Wohnorte bedingen. Wenn er daher, um Ersparnisse für sich zu machen, die Post, Eisenbahn oder eine andere Fahrgelegenheit mit bestimmter Abfahrtszeit benutzt, oder den Weg zu Fuß zurücklegt und lediglich aus diesem Grunde den Ort des auswärtigen Geschäfts so spät erreicht, daß er das letztere an demselben Tage nicht mehr verrichten konnte, während bei Annahme eines Fuhrwerks die Erledigung des eigentlichen Geschäfts an einem Tage hätte erfolgen können, wenn auch die Rückkehr nach dem Wohnorte erst nach 12 Uhr nachts möglich gewesen wäre, so wird ihm für den lediglich auf die Reise verwendeten Tag weder der Reisekostenzuschuß nach dem höheren Satze zu a im § 16 Ziffer 1 der allgemeinen Verfügung vom 15. März 1890 [1]), noch überhaupt ein Reisekostenzuschuß zu gewähren sein.

War dagegen die Zureise am Vortage **im Interesse des auszuführenden Geschäfts** nothwendig, wie anscheinend in dem von dem Katasterkontroleur N. zu X. in seiner Eingabe vom 6. d. Mts. angeführten Falle, wo er um $8^1/_2$ Uhr früh in einer von seinem Wohnorte weit entfernten Ortschaft anwesend sein mußte, um den von der Königlichen Regierung anberaumten Termin wahrzunehmen, so wird für den Vortag der für Tage, auf die eine nothwendig und wirklich außerhalb seines Wohnortes zugebrachte Nacht folgt, festgesetzte Reisekostenzuschuß nicht zu versagen sein (Erl. des FinMin. vom 6. September 1893, II. 11314).

7, zc. Dagegen kann die Genehmigung zu der erfolgten Zahlung eines Reisekostenzuschusses an den Katasterkontroleur N. für den 7. Juni 1893 und für den 19. Juli 1893 nicht ertheilt werden, weil — soweit ersichtlich — für beide Tage infolge der Ausführung einer geometrischen Nebenarbeit und der Wahrnehmung eines gerichtlichen Termins Tagegelder gezahlt worden sind und deshalb nach der Vorschrift unter Nr. 3 f im § 16 der allgemeinen Verfügung vom 15. März 1890 [2]) die Gewährung eines Reisekostenzuschusses überhaupt ausgeschlossen ist (MinErl. vom 25. Februar 1895, II. 2961).

8, Nach § 27 Nr. 1 und 2 der Katasteranweisung V ist dem Katasterkontroleur der Reisekostenzuschuß nur für Tage zu zahlen, an denen er die daselbst bezeichneten **Amtsgeschäfte** in nicht weniger als 2 Kilometer Entfernung von seinem Wohnorte nothwendig **verrichten** muß. Ergänzend hierzu ist unter § 28 Nr. 5 a. a. O. noch besonders hervorgehoben, daß die Zahlung des Reisekostenzuschusses nicht stattzufinden habe für Tage, an denen der Katasterkontroleur nach 12 Uhr nachts von auswärtigen Geschäften nach seinem Wohnorte zurückgekehrt ist, aber **auswärtige Geschäfte selbst nicht verrichtet** hat.

Hiernach kann es keinem Zweifel unterliegen, daß auch in dem von der Königlichen Regierung zur Sprache gebrachten Falle, wo ein Katasterkontroleur durch **Naturereignisse** verhindert gewesen ist, an dem Tage der Geschäftsverrichtung nach seinem Wohnorte zurückzukehren, hierzu viel-

[1]) Jetzt § 27 der Katasteranweisung V.
[2]) Jetzt § 28 Ziffer 8 der Katasteranweisung V.

mehr den folgenden Tag benutzen mußte, für den letzteren Tag der Reisekostenzuschuß **nicht** zu zahlen ist, weil er zu der **Geschäftsverrichtung** selbst nicht verwendet worden ist.

Ausnahmen für besonders geartete Fälle zuzulassen, erscheint unzulässig, weil hierdurch die Befolgung fester Grundsätze unmöglich gemacht werden würde.

Auf den von der Königlichen Regierung hervorgehobenen Umstand, daß der Katasterkontroleur durch äußere Umstände gezwungen gewesen sei, vermehrte Kosten aufzuwenden, kann es nicht ankommen, da die Reisekostenzuschüsse in Verbindung mit den sonstigen Bezügen der Katasterkontroleure für Geschäftsunkosten bestimmt sind, eine Gesammtentschädigung zu gewähren, die von den in einem Einzelfalle wirklich aufgewendeten Kosten nicht abhängt (MinErl. vom 4. Juni 1897, II. 4582).

9, Wenn die von einem Katasterkontroleur ausgeführten Geschäfte zu denjenigen gehören, deren Kosten durch die Reisekostenzuschüsse oder die feste Amtskostenentschädigung oder durch beides vergütet werden, so dürfen **weitere besondere** Vergütungen — beispielsweise baare Auslagen für einen Wagen — nicht gezahlt werden (MinErl. vom 5. April 1898, II. 1139).

10, rc. Für die Folge sind den mit der Verwaltung von Katasterämtern beauftragten Katasterlandmessern Auftragsdiäten nach der Verfügung vom 17. Dezember 1892, II. 16024 Nr. 5 zu d für solche Tage nicht zu bewilligen, für welche ihnen Reisekostenzuschüsse zustehen, gleichviel ob die Verwaltung von längerer oder kürzerer Dauer ist [1]) (MinErl. v. 5. November 1898, II. 11504).

11, Verordnung, betreffend die Tagegelder und Reisekosten der in Angelegenheiten der direkten Staatssteuern berufenen Kommissions- und Ausschußmitglieder. Vom 4. Juli 1892 (GS. S. 201).

Wir Wilhelm, von Gottes Gnaden König von Preußen rc. verordnen auf Grund des § 12 des Gesetzes, betreffend die Tagegelder und die Reisekosten der Staatsbeamten vom 24. März 1873 (GS. S. 122) / 15. April 1876 (GS. S. 107) und des Gesetzes vom 22. April 1892 (GS. S. 93), betreffend die Deklaration der Vorschriften § 72 Abs. 1 des Einkommensteuergesetzes v. 24. Juni 1891 (GS. S. 175) und § 51 Abs. 1 des Gewerbesteuergesetzes von demselben Tage (GS. S. 205), was folgt:

§ 1. An Tagegeldern erhalten:

a, Die Mitglieder der Einkommensteuer-Berufungskommissionen (§ 41 des Einkommensteuergesetzes vom 24. Juni 1891) 12 Mark;

b, die Mitglieder der Einkommensteuer-Veranlagungskommissionen (§ 34 a. a. O.), der Kommissionen zur Veranlagung der Gebäudesteuer (§ 9 des Gesetzes, betreffend die Einführung einer allgemeinen Gebäudesteuer, vom 21. Mai 1861, GS. S. 317, Artikel 3 Nr. 3 des Herzoglich Lauenburgischen Gesetzes vom 15. Februar 1875, Offizielles Wochenblatt 1875

---

[1]) Katasterlandmesser, die sich nicht in dauernden Hülfsarbeiterstellen befinden und mit der Ausführung von Fortschreibungsvermessungen gegen Gewährung von 2 Mk. tägliche Auftragsdiäten beschäftigt sind, beziehen diese Diäten auch für solche Tage, für welche ihnen Reisekostenzuschüsse gewährt werden.

S. 171) und der Steuerausschüsse für die Gewerbesteuerklassen I, II und III (§§ 10, 15 des Gewerbesteuergesetzes vom 24. Juni 1891) 9 Mark;

c, die Mitglieder der Steuerausschüsse für die Gewerbesteuerklasse IV (§ 15 des Gewerbesteuergesetzes vom 24. Juni 1891) 5 Mark;

d, die Mitglieder der Voreinschätzungskommissionen (§ 31 des Einkommensteuergesetzes vom 24. Juni 1891) 2 Mark 50 Pfennige.

§ 2. An Reisekosten erhalten:

I. bei Reisen, welche auf Eisenbahnen oder Dampfschiffen gemacht werden können:

1, die im § 1 unter a und b bezeichneten Personen 13 Pfennige für das Kilometer und 3 Mark für jeden Zu- und Abgang;

2, die im § 1 unter c bezeichneten Personen 10 Pfennige für das Kilometer und 2 Mark für jeden Zu- und Abgang;

3, die im § 1 unter d bezeichneten Personen 5 Pfennige für das Kilometer;

II. bei Reisen, welche nicht auf Eisenbahnen oder Dampfschiffen zurückgelegt werden können, für das Kilometer:

1, die im § 1 unter a bezeichneten Personen 60 Pfennige;

2, die im § 1 unter b und c bezeichneten Personen 40 Pfennige;

3, die im § 1 unter d bezeichneten Personen 10 Pfennige.

§ 3. Die Verordnung vom 20. Dezember 1876 (GS. 1877 S. 3) tritt, vorbehaltlich der Anwendung auf die etwa noch nach den Vorschriften des Gesetzes vom 1. Mai 1851 (GS. S. 193)/25. Mai 1873 (GS. S. 213) und des Gesetzes vom 19. Juli 1861 (GS. S. 697) zu erledigenden Fälle, außer Kraft.

Urkundlich 2c.

Anmerkungen:

1, § 72 Abs. 1 des Einkommensteuergesetzes vom 24. Juni 1891 lautet:

„Die Mitglieder der Kommissionen erhalten Reise- und Tagegelder nach Maßgabe der Verordnung, betreffend die Tagegelder und Reisekosten 2c., vom 20. Dezember 1876 (GS. 1877 S. 3)."

2, § 51 Abs. 1 des Gewerbesteuergesetzes vom 24. Juni 1891 lautet:

„Die Bestimmung des Artikels I, I^b und II der Verordnung, betreffend die Tagegelder und Reisekosten 2c., vom 20. Dezember 1876 (GS. 1877 S. 3) findet auf die Mitglieder der Steuerausschüsse entsprechende Anwendung."

3, Das Gesetz vom 22. April 1892 (GS. S. 93) lautet in seinem einzigen Paragraphen:

„Die Vorschriften § 72 Abs. 1 des Einkommensteuergesetzes vom 24. Juni 1891 (GS. S. 175) und § 51 Abs. 1 des Gewerbesteuergesetzes von demselben Tage (GS. S. 205) werden dahin deklarirt, daß die daselbst vorgesehenen Sätze der Tagegelder und Reisekosten im Wege der Königlichen Verordnung gemäß § 12 des Gesetzes, betreffend die Reisekosten und Tagegelder der Staatsbeamten, vom 24. März 1873 (GS. S. 122)/15. April 1876 (GS. S. 107) geändert oder neu bestimmt werden können.

4, Die unter 3 erwähnten Reisekosten und Tagegeldersätze sind unter Aufhebung der Verordnung vom 20. Dezember 1876 (GS. 1877 S. 3) durch die vorstehend abgedruckte Verordnung vom 4. Juli 1892 neu bestimmt worden.

5, Nach dem Vermerke bei Kapitel 6 Titel 16 des Staatshaushaltsetats (für die Veranlagung der Einkommensteuer und der Ergänzungssteuer) können aus den bei diesem Titel vorgesehenen Mitteln den ortsanwesenden Vorsitzenden und Mitgliedern der Voreinschätzungskommissionen in vereinigten Voreinschätzungsbezirken **Versäumnißgebühren** bis zur Höhe von 2 Mark 50 Pf. für den Sitzungstag, sowie den Mitgliedern der Schätzungsausschüsse angemessene Entschädigungen für ihre Versäumniß gewährt werden.

12, Verordnung, betreffend die Tagegelder und Reisekosten der Mitglieder von Schätzungsausschüssen. Vom 4. Februar 1894 (GS. S. 6).

Wir Wilhelm, von Gottes Gnaden König von Preußen rc. verordnen auf Grund des § 45 Abs. 4 des Ergänzungssteuergesetzes vom 14. Juli 1893 (GS. S. 134), was folgt:

Einziger Paragraph.

Die Mitglieder der Schätzungsausschüsse (§ 23 des Ergänzungssteuergesetzes vom 14. Juli 1893) erhalten Tagegelder und Reisekosten nach den gleichen Sätzen, welche in den §§ 1 und 2 der Verordnung vom 4. Juli 1892 (GS. S. 201) für die Mitglieder der Einkommensteuer-Veranlagungskommissionen bestimmt sind.

Urkundlich rc.

Anmerkung:

§ 45 Abs. 4 des Ergänzungssteuergesetzes vom 14. Juli 1893 lautet:

„Die Mitglieder der Kommissionen und Schätzungsausschüsse erhalten aus der Staatskasse Reisekosten und Tagegelder, deren Sätze im Wege der Königlichen Verordnung gemäß § 12 des Gesetzes, betreffend die Tagegelder und die Reisekosten der Staatsbeamten, vom 24. März 1873, GS. S. 122 (Artikel I der Verordnung vom 15. April 1876, GS. S. 107) bestimmt werden."

b, Verwaltung der indirekten Steuern.

1, Zur Ausführung des Gesetzes vom 24. März d. J., betreffend die Tagegelder und die Reisekosten der Staatsbeamten (GS. S. 122) werden bezüglich der Beamten der Verwaltung der indirekten Steuern die nachstehenden Bestimmungen ertheilt:

1, In Gemäßheit der Vorschriften in den §§ 1, 4 und 10 des Gesetzes werden die verschiedenen Kategorien der Beamten der Verwaltung der indirekten Steuern den einzelnen Abtheilungen des § 1 des Gesetzes, bezw. des § 4, für die Gewährung von Tagegeldern und Reisekosten bei Dienstreisen, folgendermaßen zugewiesen:

Es erhalten:

Tagegelder nach Abtheilung III § 1; Reisekosten nach § 4 I. 1 und II. 1:
die Provinzial-Steuer-Direktoren;

Tagegelder nach Abtheilung IV § 1; Reisekosten nach § 4 I. 1 und II. 1:
die Ober-Regierungsräthe,
die Regierungsräthe,
die Assessoren,
die Ober-Zoll- und Ober-Steuer-Inspektoren,
der Dirigent des Haupt-Stempelmagazins in Berlin,
die Hypothekenbewahrer in der Rheinprovinz [1], [2])

---

[1]) Gehören jetzt zur Justizverwaltung.

[2]) Nach Abtheilung IV § 1 bezw. § 4 I. 1 und II. 1 des Gesetzes vom 24. März 1873/21. Juni 1897 erhalten Tagegelder und Reisekosten auch die Büreauvorsteher für das

Tagegelder nach Abtheilung V § 1; Reisekosten nach § 4 I. 1 (jetzt I. 2) und II. 2:

der Kreuz-Zollinspektor in der Provinz Schleswig-Holstein [1]) und die Büreauvorsteher bei den Provinzial-Steuer-Direktionen, vorbehaltlich anderweiter definitiver Bestimmung in Betreff der vorbezeichneten Beamten [2]), ferner die Sekretäre bei den Provinzial-Steuer-Direktionen und Regierungsabtheilungen, sowie bei den Stempel- und Erbschaftssteuer-Fiskalaten. [3])

der Buchhalter und die Revisoren bei dem Haupt-Stempelmagazin in Berlin) [4], die Haupt-Zoll- und Haupt-Steuer-Amts-Rendanten, sowie der Rendant bei dem Stempelamte in Frankfurt a. M.,

Die Packhofsvorsteher und Oberrevisoren, die Haupt-Zoll- und Haupt-Steuer-Amts-Kontroleure,

die Ober-Grenz- und Ober-Steuer-Kontroleure;

Tagegelder nach Abtheilung VI § 1; Reisekosten nach § 4 I. 2 und II. 2:

die Büreauassistenten [5]) bei den Provinzial-Steuer-Direktionen und Regierungsabtheilungen, sowie bei den Stempel- und Erbschaftssteuer-Fiskalaten [3]),

die Kanzlisten bei den vorgenannten Behörden,

die Haupt-Zoll- und Haupt-Steuer-Amts-Assistenten,

der Büreaugehülfe des Kreuz-Zoll-Inspektors in der Provinz Schleswig-Holstein,

die Assistenten auf den Wacht- und Kreuzerschiffen,

die Einnehmer bei Neben-Zollämtern I. Klasse, Unter-Steuer- und Salz-Steuer-Aemtern,

die Einnehmer bei Neben-Zollämtern II. Klasse,

die Assistenten bei Neben-Zoll-, Unter-Steuer- und Salz-Steuer-Aemtern,

die Zoll- und Steuer-Empfänger,

die Thorkontroleure,

die Einnehmer bei Aemtern für Erhebung der Kommunikationsabgaben [6] [7]);

Rechnungswesen bei den Provinzial-Steuer-Direktionen (Erl. d. FinMin. vom 25. Mai 1874, CBl. d. AV. S. 157, siehe nachstehend unter Ziffer 2, S. 71 d. W.).

[1]) Der Kreuz-Zoll-Inspektor erhält nach dem MinErl. vom 16. Juni 1877 (CBl. d. AV. S. 158) die Umzugskosten nach Nr. IV im § 1 des Gesetzes vom 24. Februar 1877. Derselbe wird, da er übrigens mit den Ober-Zoll- und Ober-Steuer-Inspektoren zu ein und derselben Besoldungsklasse gehört, auch den Wohnungsgeldzuschuß nach Klasse III des Gesetzes vom 12. März 1873 erhält, demgemäß nunmehr auch die Tagegelder und Reisekosten nach § 1 Ziffer IV bezw. § 4 I. 1 und II. 1 des Gesetzes vom 24. März 1873/21. Juni 1897 zu erhalten haben.

[2]) Siehe Note 2 auf S. 66.

[3]) Jetzige amtliche Bezeichnung: „Stempel- und Erbschaftssteuer-Aemter".

[4]) Buchhalter und Revisoren giebt es beim Hauptstempelmagazin in Berlin nicht mehr. An deren Stelle sind ein Rendant, ein Kontroleur und Assistenten getreten (siehe Staatshaushaltsetat). Die beiden ersteren erhalten Tagegelder nach Klasse V, die letzteren nach VI im § 1 des Ges. vom 24. März 1873/21. Juni 1897 und die entsprechenden Reisekosten.

[5]) Seit dem 1. April 1896 sind die Stellen der Büreaubeamten bei den Provinzial-Steuer-Direktionen zu einer Beamtenklasse mit der Bezeichnung „Kalkulatoren, Sekretäre und Registratoren" vereinigt, die Stellen der Bureauassistenten demnach in Wegfall gekommen (Denkschrift zum Etat des FinMin. für 1896/97, Anlagen Bd. II Nr. 14, Beil. B).

[6]) Die Beamten zur Erhebung der Verkehrsabgaben gehören seit dem 1. April 1895 zur allgemeinen Bauverwaltung (Allerh. Erl. vom 31. Dezember 1894, GS. 1895 S. 43; Erl. der Min. f. H. u. G., der Fin. u. der ö. Arb. vom 30. März 1895, MBl. f. d. i. V. S. 127).

[7]) Zu Abtheilung VI gehören ferner noch Oberkontrole-Assistenten und Maschinisten auf Zollkreuzern und Wachtschiffen. Wegen der den Zollpraktikanten und Steuersupernumeraren für Dienstreisen zu gewährenden Tagegelder und Reisekosten siehe Ziffer 5 und 6 d. E. (S. 72 d. W.).

Tagegelder nach Abtheilung VII [1]) § 1; Reisekosten nach § 4. I 3 und II. 3:

die Grenz- und Steuer-Aufseher,
die Supernumerare, welche als kommissarische Grenzaufseher fungiren,
die Boten und Diener bei den Provinzialsteuer-Direktionen, den Regierungsabtheilungen, Stempel- und Erbschaftssteuer-Fiskalaten [2]) und bei dem Haupt-Stempelmagazin in Berlin,
die Chausseegelderheber,
die Erheber sonstiger Kommunikationsabgaben [3]),
die Ansagebeamten,
die Thorwärter,
die Amtsdiener bei Hauptämtern, Neben-Zoll- und Unter-Steuer-Aemtern,
die Schiffer und Matrosen auf Wacht- und Kreuzerschiffen. [4])

2, Bei vorübergehenden amtlichen Beschäftigungen der Beamten der Verwaltung der indirekten Steuern bei einer Behörde außerhalb ihres Wohnorts (worunter selbstverständlich auch die Vertretungen einzeln stationirter Aufsichtsbeamten u. dergl. einbegriffen sind) wird im § 3 des Gesetzes unterschieden, ob die kommittirten Beamten etatsmäßig angestellt sind oder nicht.

Die etatsmäßig angestellten Beamten haben, auch bei den im Probedienste oder zur Aushülfe angeordneten kommissarischen Beschäftigungen außerhalb ihres Wohnortes auf die im § 1 des Gesetzes festgestellten Tagegelder vom 1. April d. Js. ab Anspruch. Der den Auftrag ertheilenden Behörde bleibt jedoch auch fernerhin vorbehalten, nach Befinden der Umstände und in Berücksichtigung des wirklichen Bedürfnisses, insbesondere bei Kommissorien von längerer Dauer, den etatsmäßig angestellten Beamten mit deren Einverständniß eine niedrigere Vergütung zu bestimmen. Ein solches Einverständniß ist erzielt, wenn die besonders festgestellte Vergütung dem betreffenden Beamten mit der Aufforderung zur Uebernahme des Auftrages bekannt gemacht und der Auftrag von ihm übernommen ist. Diejenigen etatsmäßigen Beamten, denen ein amtlicher Auftrag außerhalb ihres Wohnortes vor dem 1. April d. Js. ohne Feststellung eines von dem reglementsmäßigen Satze abweichenden, besonderen Tagegeldersatzes ertheilt war, haben, wenn das Kommissorium über jenen Zeitpunkt hinaus fortgedauert hat, für die Tage vom 1. April d. Js. ab die erhöhten Tagegelder des gegenwärtigen Gesetzes zu erhalten.

Die außeretatsmäßigen Beamten in der Steuerverwaltung haben in dem im § 3 Absatz 1 des Gesetzes bezeichneten Falle einen Anspruch auf die ihnen sonst dem Dienstrange nach zustehenden Tagegelder des § 1 nur für die Dauer der Hin- und Rückreise zum, bezw. vom Orte ihrer vorübergehenden Beschäftigung. Bezüglich der ihnen während der

---

[1]) Nach Abtheilung VII liquidiren jetzt nur noch die Grenz- und Steuer-Aufseher (Vergl. Gesetz vom 28. Juni 1875, GS. S. 370 und Erl. d. FinMin. vom 31. Juli 1875, CBl. d. AV. S. 165, S. 71 d. W.); die übrigen obenstehend unter VII aufgeführten Beamten rangiren jetzt in Abtheilung VIII.
[2]) Siehe Anm. 3 auf S. 67 d. W.
[3]) desgl. 6 auf S. 67 d. W.
[4]) Außerdem jetzt auch noch Bootsführer, sowie Heizer auf Wacht- und Kreuzerschiffen.

Dauer des Kommissoriums selbst zu gewährenden Vergütungen bewendet es dagegen bei den bisher beobachteten Grundsätzen, wonach die vorgesetzte Behörde, welche den Auftrag ertheilt, in jedem einzelnen Falle die Vergütung entweder tageweise, oder auch in einer Bauschsumme, monatlich oder jährlich, zu bestimmen hat. Diese Vergütungen können von den Provinzial-Steuerbehörden nach Umständen bis zur Höhe desjenigen Satzes bewilligt werden, welcher dem betreffenden Beamten, falls er etatsmäßig angestellt wäre, nach seinem Dienstrange in Gemäßheit des § 1 des Gesetzes zustehen würde. Innerhalb dieser Grenze hat die Behörde die Vergütigung jedesmal nach den in Betracht kommenden Verhältnissen (der Theuerung des Ortes, der Art des Auftrages rc.) und unter Berücksichtigung der bisherigen Vorschriften zu bestimmen, wie solche namentlich bezüglich der Supernumerare, Hülfsschreiber, Hülfsaufseher rc. bestehen (§ 9 des Gesetzes).

Als Regel bleibt auch fernerhin zu beachten, daß bei Aufträgen von voraussichtlich längerer Zeitdauer dem kommittirten Beamten im ganzen nicht mehr an Einkommen aus der Staatskasse gewährt wird, als für die Kategorie der Stelle, welche er wahrzunehmen hat, an Minimalgehalt ausgesetzt ist. Die Vergütung, welche dem Beamten hiernach bewilligt wird, ist demselben stets bei Ertheilung des Auftrages bekannt zu machen.

3, Diejenigen Beamten, welche wie die Ober-Inspektoren, Ober-Kontroleure und reitenden Grenz- und Steuer-Aufseher zum Zwecke von Reisen innerhalb ihres Amtsbezirks neben ihrer eigentlichen Besoldung etatsmäßige Pferdegelder zur Unterhaltung ihrer Dienstequipage oder Dienstpferde beziehen oder welche, wenn sie vom Halten der letzteren entbunden sind, die auf Dienstreisen aufgewendeten Fuhrkosten bis zu einem bestimmten Jahresbetrage zur Erstattung liquidiren dürfen, erhalten bei Dienstreisen innerhalb ihres Bezirkes Tagegelder oder Entschädigungen für Uebernachtungen nur insoweit und nur in der Höhe, als dies nach den hierüber besonders ertheilten Vorschriften (vergl. Ziffer 4) gestattet ist.

Auf die Tagegelder und Reisekosten nach den Sätzen des Gesetzes vom 24. März d. Js. haben solche Beamte nur dann Anspruch, wenn sie Dienstgeschäfte außerhalb ihres Amtsbezirks auszuführen haben, wobei auch fernerhin diejenigen Vorschriften maßgebend bleiben, welche bezüglich der Bedingungen, unter denen diese Beamten Reisekosten (bezw. Pferdezuschußgelder) und Diäten überhaupt liquidiren dürfen, ergangen sind (Cirkularverfügung vom 5. Februar 1842, III. 27169[1]) rc.). Werden solche Beamte, welche Dienstequipage oder Dienstpferde gegen Bezug der etatsmäßigen Pferdegelder halten, wegen Urlaubs oder sonstiger Verhinderung vertreten, so müssen sie dem Vertreter zum Zwecke des Fortkommens auf Dienstreisen entweder ihre Dienstequipage bezw. ihre Dienstpferde unentgeltlich zur Verfügung stellen oder aber den Vertreter für die aufgewendeten Fuhrkosten aus den bezogenen Pferdegeldern angemessen entschädigen. Können sich die Beamten über die Höhe der Entschädigung nicht einigen, so entscheidet die Provinzial-Steuerbehörde. Soweit im übrigen aber der vertretene Beamte nach den bestehenden Bestimmungen berechtigt ist, bei Dienstreisen innerhalb

[1]) CBl. d. AB. S. 169, S. 75 d. W.

des Bezirkes Entschädigung für Uebernachtungen ꝛc. aus der Staatskasse zu liquidiren, tritt der Vertreter der Steuerverwaltung gegenüber in dessen Rechte.

Sind Beamte der beregten Art von der Verpflichtung zum Halten eigener Dienstequipage oder Dienstpferde entbunden und berechtigt, die Fuhrkosten auf Dienstreisen bis zu dem für die wahrgenommene Stelle festgestellten Jahresbetrage zu liquidiren, so hat auch der Vertreter, neben den ihm bewilligten Tagegeldern, während der Vertretung sowohl die dem vertretenen Beamten bestimmungsmäßig zustehenden **Reisediäten** aus der Staatskasse zu beziehen, als auch die auf die Reisen wirklich aufgewendeten Fuhrkosten in dem gleichen Umfange bei der Staatskasse zur Erstattung zu liquidiren.

4, Nach der Bestimmung im § 11 des Gesetzes sind vom 1. April 1873 ab die Verordnung wegen Vergütung der Diäten und Reisekosten ꝛc. vom 28. Juni 1825 (GS. S. 163) sowie der Erlaß vom 10. Juni 1848 über die Tagegelder und Fuhrkosten bei Dienstreisen der Staatsbeamten (GS. S. 151) und mit diesen beiden Verordnungen selbstverständlich alle dieselben ergänzenden Vorschriften und generellen Anordnungen außer Kraft getreten. Dagegen sind nach § 12 des Gesetzes alle besonderen Gesetze und alle allgemeinen Verwaltungsvorschriften, welche die Ansprüche auf Tagegelder und Reisekosten für einzelne Dienstzweige oder Dienstgeschäfte besonders regeln, vorläufig in Kraft geblieben. Zu denjenigen Sondervorschriften, welche hiernach auf dem Gebiete der Zoll- und Steuer-Gesetzgebung vorläufig in Geltung bleiben, gehören, abgesehen von den vorher unter Ziffer 2 und 3 erwähnten Verwaltungsgrundsätzen, beispielsweise:

a, die Bestimmungen, welche über die den Ober-Inspektoren und Bezirks-Ober-Kontroleuren bei Uebernachtungen auf Dienstreisen innerhalb ihres Bezirkes zu gewährenden Entschädigungen insbesondere in dem Erlasse vom 14. Mai 1845 (CBl. S. 159) bezw. vom 26. Dezember 1863 (CBl. für 1864 S. 18) sowie in dem Erlasse vom 19. September 1872, III. 14989 und in der dazu unterm 31. Mai d. Js. III. 7362 ergangenen Verfügung ertheilt sind;

b, die Bestimmungen über die Tagegelder- und Reisekostensätze für Schiffs- und Eisenbahnbegleitungen, für Schiffsbewachungen ꝛc., welche in dem Erlasse vom 12. April 1838 und später, bezw. in den besonderen Regulativen getroffen sind. Ferner die Vorschriften über die Tagegelder und Gebühren, welche von Eisenbahnverwaltungen, Kommunen, Gewerbetreibenden ꝛc. für die Gewährung von Ausnahmevergünstigungen von den allgemeinen durch die Zoll- und Steuergesetze bestimmten Beschränkungen, auf Grund von besonderen Vereinbarungen oder Regulativen (z. B. für Niederlagen, Privat-Theilungslägern, unversteuerte Niederlagen ꝛc.) zur Staatskasse erhoben werden ꝛc.

c, Nicht berührt werden endlich durch das Gesetz vom 24. März d. Js. die Bestimmungen in dem Reglement vom 11. April 1856 [1]) über die den Steuerbeamten vom Ober-Inspektor abwärts für Umzugskosten

[1]) Das Reglement vom 11. April 1856 ist aufgehoben (vergl. § 10 des Gesetzes vom 24. Februar 1877, betreffend die Umzugskosten der Staatsbeamten, GS. S. 15, Theil II d. W.). Die Steuerbeamten erhalten nunmehr bei Versetzungen Umzugskosten nach den Vorschriften dieses Gesetzes.

bei Versetzungen zu gewährende Vergütung (CBl. S. 109) bezw. des hierzu ergangenen Erlasses vom 11. August 1870 über die Umzugskosten der auf Probe in eine Etatsstelle eintretenden Beamten (CBl. S. 362), insoweit es sich um die **eigentlichen** Umzugskosten (die allgemeinen Kosten und die Transportkosten) handelt. (§§ 1—7 daselbst). Die Diäten und Fuhrkosten dagegen, welche den Beamten bei den Versetzungen **außer** den eigentlichen Umzugskosten nach den Bestimmungen im §§ 8 und 9 des Reglements noch **für ihre Person** zustehen, sind in Gemäßheit der Vorschrift im § 11 Absatz 3 des Gesetzes vom 1. April d. Js. ab nach den Bestimmungen des vorliegenden Gesetzes zu bemessen.

Die im § 9 Absatz 2 des Reglements vom 11. April 1856 in Bezug genommene Vorschrift im § 4 des Erlasses vom 10. Juni 1848 (GS. S. 151) ist als ein integrirender Theil der ersteren anzusehen, und demgemäß für die Anwendung desselben aufrecht erhalten. Demnach sind auch die nicht etatsmäßigen Beamten, wenn sie sich in dem bezüglichen Falle befinden, bei Versetzungen berechtigt, die persönlichen Reisekosten nach den Sätzen für Landwege zu liquidiren [1]) und zwar in Gemäßheit des § 11 Abs. 3 des Gesetzes vom 24. März d. Js. nach den im § 4 des letzteren bestimmten Sätzen 2c. (Erl. des FinMin. vom 31. Juli 1873, CBl. d. AV. S. 253).

2, Die Büreauvorsteher für das Rechnungswesen bei den Provinzial-Steuer-Direktionen, denen ein bestimmter Dienstrang nicht beigelegt ist, sind für die Gewährung der Tagegelder und der Reisekosten bei Dienstreisen den in der Abtheilung IV im § 1 bezw. unter I. 1 und II. 1 im § 4 des Gesetzes vom 24. März 1873 genannten Beamten beizuzählen (Erl. des FinMin. vom 25. Mai 1874, CBl. d. AV. S. 157, MinBl. f. d. i. V. S. 166).

3, Die Grenz- und Steuer-Aufseher in der Verwaltung der indirekten Steuern sind hinsichtlich des Anspruchs auf Tagegelder und Reisekosten zu den im Artikel I. § 1 unter VII des Gesetzes vom 28. Juni d. Js. genannten Beamten zu zählen. Die Grenz- und Steueraufseher erhalten daher von jetzt ab bei Dienstreisen die Tagegelder zu den im Artikel I § 1 unter VII des Gesetzes vom 28. Juni d. Js. bestimmten Sätzen und die Reisekosten in den unter I Ziffer 2 [2]) und II Ziffer 3 [2]) zum § 4 ebendaselbst angegebenen Beträgen. Den gleichen Anspruch haben die Steuer-Supernumerare, soweit sie überhaupt zum Bezuge von Tagegeldern und Reisekosten nach den dieserhalb bestehenden Bestimmungen berechtigt sind (Erl. des FinMin. vom 31. Juli 1875, CBl. d. AV. S. 165).

Anmerkung: Bezüglich der Steuer-Supernumerare ist diese Vorschrift abgeändert durch den MinErl. vom 25. Juni 1897 (s. nachstehend Nr. 6).

4, Für Reisen, welche Grenzaufsichtsbeamte anläßlich der Ergreifung von Fahnenflüchtigen zur Zeugnißablegung vor Militärgerichten 2c. ausführen, haben sie nach § 14 Ziffer 1 der Gebührenordnung für Zeugen und Sachverständige vom 30. Juni 1878 Anspruch auf Tagegelder und Reisekosten. Diese werden von den Militärbehörden gezahlt werden (Erl.

---

[1]) Die den außeretatsmäßigen verheiratheten Beamten bisher nachgelassene Begünstigung, bei Versetzungen die persönlichen Reisekosten und Tagegelder auch bei Benutzung von Eisenbahnen oder Dampfschiffen nach dem Landwege liquidiren zu dürfen, ist aufgehoben.

[2]) Jetzt § 4 I. 3 bezw. II. 3 des Gesetzes vom 21. Juni 1897.

des FinMin. vom 20. Mai 1896, Erl. des Min. d. Inn. vom 6. Mai 1896, MBl. f. d. i. V. S. 80).

5, Auszug aus den Bestimmungen über die Stellung und die Beschäftigung der Zollpraktikanten.[1]) Vom 24. Mai 1897, FinMin. III. 6206/I. 6288 (CBl. d. AV. S. 194 ff.).

2c.

4, Abs. 1 und 2 2c.

3, Werden die Zollpraktikanten vorübergehend außerhalb ihres Wohnortes verwendet, so sind ihnen während dessen neben der festen Vergütung Tagegelder von 3 bis 4 Mark zu bewilligen.[2]) Bei Festsetzung der Höhe der Tagegelder ist die voraussichtliche Dauer der Abwesenheit vom Wohnorte, sowie der Familienstand der Beamten zu berücksichtigen. Zur Vertretung von Aufsehern dürfen Zollpraktikanten, deren Beschäftigung in Aufseherstellen (Ziffer 2) abgeschlossen ist, nur in besonderen Ausnahmefällen abgeordnet werden, etwa wenn andere Vertreter nicht vorhanden sind und es sich um Aufträge von kurzer Dauer handelt.

5, Die Zollpraktikanten haben als außeretatsmäßige Beamte bei Versetzungen keinen Anspruch auf Umzugskosten. Es sind ihnen für Versetzungsreisen nur Tagegelder und Reisekosten zu zahlen, die ihnen nach denjenigen Sätzen zu gewähren sind, welche den Subalternbeamten der Provinzial-, Kreis- und Lokalbehörden nach Ziffer VI in den §§ 1 und 4 der Allerhöchsten Verordnung vom 15. April 1876 (GS. S. 107)[3]) zustehen.

6, Den Supernumeraren der Verwaltung der indirekten Steuern sind vom 1. Juli d. Js. ab ebenso, wie den Zollpraktikanten, in den Fällen, wo ihnen für Dienstreisen die gesetzlichen Tagegelder[2]) und Reisekosten zustehen, diese Bezüge nach denjenigen Sätzen zu gewähren, welche den Subalternbeamten der Provinzial-, Kreis- und Lokalbehörden nach Ziffer VI in den §§ 1 und 4 der Allerhöchsten Verordnung vom 15. April 1876[3]) zustehen (Erl. des FinMin. vom 25. Juni 1897, CBl. d. AV. S. 238).

7, Die Bestimmung bei Ziffer 4 Abs. 3 der Verfügung vom 24. Mai d. Js. III. 6206 (CBl. d. AV. S. 194), wonach den vorübergehend außerhalb ihres Wohnortes verwendeten Zollpraktikanten neben der festen Vergütung Tagegelder von 3 bis 4 Mark zu bewilligen sind, ist auch in denjenigen Fällen anzuwenden, in welchen eine derartige Verwendung schon während der Zeit der Beschäftigung in Aufseherstellen erfolgt.

Im Interesse der Ausbildung der in Aufseherstellen befindlichen Zollpraktikanten sind Abordnungen der bezeichneten Art nur dann vorzunehmen, wenn dies unumgänglich nothwendig ist (Erl. des FinMin. vom 1. Oktober 1897, CBl. d. AV. S. 406).

8, Die für den Wachtdienst in den Zuckerfabriken angenommenen Hülfsbeamten sind zu den im § 1 unter VII der Verordnung vom 15. April

---

[1]) D. s. die Steuer-Supernumerare der Verwaltung der indirekten Steuern, welche die zweite Prüfung bestanden haben.

[2]) Wegen der den Zollpraktikanten und Steuer-Supernumeraren zu gewährenden Reisegeldzuschüsse siehe den MinErl. vom 7. Januar 1898, S. 86 Ziffer 20 d. W.

[3]) Jetzt des Gesetzes vom 21. Juni 1897 (GS. S. 193).

1876 (GS. S. 107) genannten Beamten zu zählen (Erl. des FinMin. vom 23. Juli 1890, CBl. d. AV. S. 150).

9, Die für den Wachtdienst in Zuckerfabriken gegen Tagegeld angenommenen Personen sind nach der Verfügung vom 3. Juni 1896, III. 1452/I. 9930 auch dann nicht mehr allgemein als Beamte anzusehen, wenn sie in Zuckerfabriken mit ununterbrochenem Betriebe beschäftigt werden. Die in der Verfügung vom 23. Juli 1890 (CBl. S. 150) zu ihren Gunsten ausgesprochene Berechtigung zum Bezuge der Tagegelder nach § 1 Ziffer VII der Verordnung vom 15. April 1876 (jetzt § 1 Ziffer VII des Gesetzes vom 21. Juni 1897) bezieht sich nur auf diejenigen Hülfspersonen für den Wachtdienst in den Rübenzuckerfabriken, welche der Steuerverwaltung gegenüber die Eigenschaft unmittelbarer Staatsbeamten besitzen, nicht aber auf solche, die nur in einem privatrechtlichen Arbeitsverhältnisse zur beschäftigenden Behörde stehen und daher nicht ohne weiteres einen Anspruch auf die für Staatsbeamte durch das Gesetz vom 21. Juni 1897 bestimmten Tagegelder und Reisekosten haben.

Ich bin indessen damit einverstanden, daß Sie Personen dieser Art für die Reisen nach und von dem Orte ihrer Beschäftigung Tagegelder und Reisekosten nach den Sätzen für Unterbeamte zahlen lassen, wenn die Personen für die Dauer der Beschäftigung ihren ständigen Aufenthalt an den Beschäftigungsort verlegen und die Bewilligung der Vergütungen nothwendig oder dienstlich zweckmäßig ist.

Gegebenenfalls ist in der Berufungsverfügung diese besondere Bewilligung zum Ausdruck zu bringen (Erl. des FinMin. vom 15. Februar 1899, CBl. d. AV. S. 37).

Entschädigungen für Unterhaltung eigener Dienstpferde zc., für Reisen innerhalb des Dienstbezirks, für amtliche Begleitungen und Bewachungen und für außerordentliche Dienstleistungen.

Vorbemerkungen:

a, Für einen Theil der Ober-Zoll- und Ober-Steuer-Inspektoren, der Ober-Revisoren, der Ober-Grenz- und Ober-Steuer-Kontroleure und der Ober-Kontrole-Assistenten sowie für die berittenen Grenz- und Steueraufseher besteht die Verpflichtung, zur Ausführung der ihnen innerhalb ihres Amtsbezirks obliegenden Dienstreisen eigenes Dienstfuhrwerk bezw. eigene Dienstpferde zu halten. Als Entschädigung für die **Unterhaltung** des Fuhrwerks und der Pferde erhalten diese Beamten aus der Staatskasse eine als „Pferdegelder" bezeichnete Bauschsumme. Daneben beziehen sie, wenn sie unter Benutzung des Dienstfuhrwerks bezw. der Dienstpferde Reisen außerhalb ihres Bezirks ausführen und dort übernachten müssen, in Stelle von Reisekosten „Pferdezuschußgelder". Letztere dienen besonders auch zur Vergütung des Mehraufwandes, welcher den mit eigenen Dienstpferden reisenden Beamten durch stärkere Fütterung der Pferde und sonstige Ausgaben, z. B. zeitweise Annahme von Vorspann zc. erwächst.

b, Die zum Halten eigener Dienstpferde nicht verpflichteten oder von dieser Verpflichtung entbundenen Beamten erhalten, sofern nicht die betreffenden Wege von ihnen zu Fuß zurückzulegen sind, für die innerhalb ihres Amtsbezirks ausgeführten Dienstreisen die wirklich aufgewendeten Fuhrkosten (für Benutzung eines Miethfuhrwerks, der Eisenbahn, Post zc.) erstattet.

c, Als Entschädigung für die den Beamten aus Anlaß von Dienstreisen innerhalb ihres Amtsbezirks oder des ihnen zur Mitbeaufsichtigung überwiesenen benachbarten Dienstbezirks erwachsenden besonderen Aufwendungen für den persönlichen Unterhalt, die Beschaffung des Nachtquartiers rc. erhalten dieselben in Stelle von Tagegeldern „Reisegeldzuschüsse".

d, Für außergewöhnliche Dienstleistungen im Zollverkehr werden den betreffenden Beamten auf Kosten des Reichs besondere Vergütungen gewährt, deren Höhe durch den Beschluß des Bundesraths vom 4. Juli 1889 (CBl. d. AB. S. 298) festgesetzt ist.

Pferdegelder und Pferdezuschußgelder.

1, rc. Im allgemeinen haben die zum Halten von Dienstpferden verpflichteten Beamten für die Zeit, während welcher sie sich nicht im Besitze eigener Pferde befinden, die Pferdegelder nicht zu beziehen, sondern die Kosten der Bezirksbereisung innerhalb der Höhe der etatsmäßigen Pferdegelder zu liquidiren. Von dem Tage ab, wo der Beamte in den Besitz von Dienstpferden gelangt, erhält derselbe die etatsmäßigen Pferdegelder. Wenn ein Beamter im Laufe eines Monats, für welchen er die Pferdegelder bereits bezogen hat, ein Dienstpferd verliert, so sind die einmal empfangenen Pferdegelder nicht theilweise wieder einzuziehen, sondern ihm als Reiseaversum zu belassen und tritt die Einbehaltung der Pferdegelder erst von dem auf den Verlust des Pferdes folgenden Monat ab ein (Erl. des FinMin. vom 23. September 1870, CBl. d. AB. S. 363).

2, Auf den Bericht vom 19. v. Mts. erwidere ich Ew. rc., daß der nothwendige Verkauf eines Dienstpferdes wegen Unbrauchbarkeit desselben infolge dienstlicher Abnutzung dem im Erlaß vom 23. September 1870 (CBl. S. 363) in Betracht gezogenen Verluste eines Dienstpferdes gleich zu achten ist, und daß daher die dieserhalb in dem bezeichneten Erlaß getroffenen Bestimmungen auch auf Fälle der erstgedachten Art in Anwendung zu bringen sind.

Hiernach mögen dem Ober-Grenzkontroleur B die für den Monat April 1883 erhobenen Pferdegelder unverkürzt belassen werden (Erl. des FinMin. vom 1. April 1885, CBl. d. AB. S. 91).

3, Ew. rc. erwidere ich auf den Bericht vom 27. v. Mts., daß Beamte, welche zum Halten zweier Dienstpferde verpflichtet, aber auf kurze Zeit nur im Besitze **eines** Pferdes sind, die Pferdegelder für beide Pferde bis zur Wiederanschaffung des zweiten fortbeziehen dürfen, sofern sie die ihnen obliegenden Bezirksbereisungen in vollem Umfange ausführen.

Es ist aber in solchen Fällen streng darauf zu halten, daß die Anschaffung des zweiten Pferdes innerhalb der kürzesten, jedesmal nach den besonderen Verhältnissen festzusetzenden Frist erfolgt. Eine Vergütung der Ausgaben an Miethe für Stallung, Futtergelaß, Wagenraum rc. kann den zum Halten von Dienstpferden verpflichteten Beamten für die Zeit, während welcher sie nicht im Besitz von Dienstpferden und nicht in dem Genuß von Pferdeunterhaltungsgeldern gewesen sind, nicht gewährt werden (Erl. des FinMin. vom 11. August 1871, CBl. d. AB. S. 490, MBl. f. d. i. V. S. 334).

4, Infolge des Berichts vom 9. d. Mts. genehmige ich, daß den Beamten, welche infolge dienstlicher Anordnung ihre Dienstpferde im Laufe eines Monats abgeschafft haben, die Pferdegelder bis zum Schlusse des Monats belassen werden, falls sie die ihnen obliegenden Bezirksbereisungen bis zum Ablaufe des Monats auf eigene Kosten ausführen (Erl. des FinMin. vom 22. November 1895, CBl. d. AB. S. 404).

5, Behufs Herstellung eines gleichmäßigen, den Verhältnissen entsprechenden Verfahrens bei Anweisung der den Pferdegelder beziehenden Steuerbeamten bei kommissarischen Aufträgen zu gewährenden Vergütungen für das Fortkommen außerhalb ihres gewöhnlichen Geschäftskreises bestimme ich im Einverständnisse mit der Königl. Ober-Rechnungskammer und unter Berücksichtigung der infolge der Cirkularverfügung vom 15. Juni pr. abgegebenen Aeußerungen, daß für die Folge die Vergütung in den Fällen, in welchen sich dergleichen Beamte bei Ausrichtung kommissarischer Aufträge außerhalb ihres Bezirks ihrer Pferde zu bedienen haben, nur nach Tagen abgemessen und daß neben den regulativmäßigen Diäten

den Ober-Inspektoren	1 Thlr.	(3 Mk.)
„ Ober-Kontroleurs, welche erhöhte Pferdegelder beziehen und 2 Pferde halten	20 Sgr.	(2 Mk.)
„ übrigen Ober-Kontroleurs	15 „	(1,50 „)
„ Aufsehern	10 „	(1 „)

für jeden Tag gezahlt werden. Ist aber **auf ausdrückliche Anordnung der vorgesetzten Behörde** die Reise mit der gewöhnlichen Post oder mit **Schnell- oder mit Extrapost** zurückgelegt, so werden die **Reisekosten** nach dem Regulativ vom 28. Juni 1825 [1]) bewilligt.

Diäten und Zuschüsse zu den Pferdeunterhaltungsgeldern dürfen bei Dienstreisen, die an einem Tage beendet und bei welchen die Beamten nicht genöthigt gewesen sind, **außerhalb ihres Bezirks zu übernachten,** in der Regel nicht gezahlt, können aber bei länger dauernden Dienstreisen nach Maßgabe des § 5 in der allegirten Allerhöchsten Verordnung auch für den Tag der Abreise und den der Rückkehr, abgesehen von der Tageszeit, zum vollen Betrage vergütet werden.

Die vorstehenden Bestimmungen gelten auch bei Versetzungen [2]) der Beamten.

In den Fällen endlich, wo niedriger stehende Beamte zur Verwaltung vakanter höherer, das Halten von Pferden mit sich führender Stellen in der Absicht kommissarisch berufen werden, ihre Qualifikation zu den letzteren vor deren förmlicher Uebertragung an sie kennen zu lernen, ist diesen Beamten nicht allein die volle, zur Unterhaltung von Pferden für die höhere Stelle ausgesetzte Vergütung (die Pferdezuschußgelder aber nur für die Tage der Hin- und Rückreise nach und von dem kommissarischen Bestimmungsorte), sondern auch aus dem Gehalte der höheren Stelle ein angemessenes Fixum widerruflich zu überweisen (Erl. d. FinMin. vom 5. Februar 1842, CBl. d. AB. S. 169).

6, Unter Abänderung der Cirk.Verfügung vom 5. Februar 1842 (CBl. S. 169), nach welcher Zoll- und Steuerbeamte, welche Pferdegelder beziehen, Diäten und Zuschüsse zu den Pferdegeldern bei Dienstreisen außerhalb ihres Bezirks, die in **einem** Tage beendet und bei welchen die Beamten nicht genöthigt gewesen sind, außerhalb ihres Bezirks zu übernachten, in der Regel nicht gezahlt werden sollen, bestimme ich, daß den gedachten Beamten für Dienstreisen außerhalb ihres gewöhnlichen Geschäftskreises, auch wenn solche nur **einen** Tag erfordern, die reglementsmäßigen Diäten gezahlt werden dürfen 2c. (Erl. des FinMin. vom 13. Juni 1871, CBl. d. AB. S. 430).

---

[1]) Jetzt nach dem Gesetz vom 21. Juni 1897.

[2]) Aufgehoben durch § 4 Abs. 1 des Gesetzes vom 24. Februar 1877 (GS. S. 15, II. Theil Abth. B d. W.), nach welchem versetzte Beamte außer den Umzugkosten für ihre Person auch Tagegelder und Reisekosten zu erhalten haben.

Fuhrkostenentschädigungen.

1, Auf Ew. ꝛc. Bericht vom 10. August d. J. erkläre ich mich damit einverstanden, daß den vom Halten eigener Dienstpferde entbundenen Beamten des dortigen Verwaltungsbezirks, welche die für ihr Fortkommen auf Dienstreisen wirklich aufgewendeten Kosten zum Ersatz zu liquidiren haben, an dergleichen Kosten vergütet werden können: die Ausgaben für gemiethetes Fuhrwerk nebst dem ortsüblichen Trinkgelde für den Kutscher; die Ausgabe für das Postpassagierbillet und bei Eisenbahnfahrten für ein Billet 2. Klasse; das Passagiergeld auf Dampfschiffen; die Droschkengelder für die Fahrten zu und von der Eisenbahn, der Post oder dem Dampfschiff; die Trinkgelder für das Aufbewahren oder Tragen der Reiseeffekten und die Auslagen für Benutzung von Droschken und Omnibussen auf Wegestrecken, die nicht füglich zu Fuß zurückgelegt werden können.

Trinkgelder an Hausknechte beim Anhalten unterwegs oder Einkehren in Gasthäuser, ingleichen Zehrungs- und Uebernachtungskosten dürfen in die betreffenden Liquidationen nicht aufgenommen werden (Erl. des FinMin. vom 20. Oktober 1870, CBl. d. AV. für 1871 S. 2).

2, Auf Ew. ꝛc. Bericht vom 26. v. Mts. erwidere ich, daß den kommissarischen Verwaltern von Stellen, deren Inhaber zum Halten von Dienstpferden verpflichtet sind, in den Fällen, in denen ihnen die Dienstequipage oder das Dienstpferd des Stelleninhabers nicht zur Verfügung gestellt wird, in der Regel nur die für die zurückgelegten Dienstreisen nachweisbar aufgewendeten Fuhrkosten bis zur Höhe der etatsmäßigen Pferdegelder der Stelle, d. h. **desjenigen Betrages, welchen der etatsmäßige Stellenverwalter an Pferdegeldern beziehen würde,** zu erstatten sind. Die vollen etatsmäßigen Pferdegelder ohne besonderen Nachweis der Verwendung sind solchen kommissarischen Verwaltern nur ausnahmsweise in Fällen, in denen ein solches Verfahren durch die obwaltenden Umstände gerechtfertigt erscheint, zu zahlen, und ist dann in der diesfälligen Zahlungsanweisung auf die diese Bewilligung rechtfertigenden besonderen Umstände ausdrücklich hinzuweisen (Erl. des FinMin. vom 11. August 1871, CBl. d. AV. S. 489, MBl. f. d. i. V. S. 334).

3, Ew. ꝛc. ermächtige ich auf den Bericht vom 10. d. Mts. in denjenigen Fällen, wo die oberen Aufsichtsbeamten im Getränkesteuerdienst, welche ein eigenes Dienstfuhrwerk nicht halten, sich bei Zurücklegung der zur Abfertigung steuerpflichtigen inländischen Branntweins unternommenen Diensttouren eines Miethsfuhrwerks, in welchem sie die zu jenen Abfertigungen hinzuzuziehenden Aufseher unentgeltlich mitzubefördern verpflichtet gewesen wären, nicht bedient, sondern die Eisenbahn oder Post, oder, soweit es sich um derartige Dienstleistungen am Stationsorte und in dessen Nähe handelt, andere öffentliche Fahrgelegenheiten, wie Pferdebahnen, Omnibus ꝛc. benutzt haben, den sie begleitenden Aufsehern die denselben dadurch entstandenen Fuhrkosten ebenfalls zu erstatten, sofern die Aufwendung dieser Kosten zweckmäßig oder im dienstlichen Interesse nothwendig war.

Sollte der Fall vorkommen, daß die Aufseher zur Verausgabung derartiger Fuhrkosten von oberen Aufsichtsbeamten veranlaßt worden wären, ohne daß ein dienstliches Bedürfniß dazu vorgelegen hat, so würden die letzteren die entstandenen Kosten zu tragen haben (Erl. des FinMin. vom 20. November 1887 und vom 21. November 1896, CBl. d. AV. für 1896 S. 641).

4, Mit Bezug auf die Bestimmungen der Verfügung vom 20. November 1887 CBl. für 1896 S. 641) ermächtige ich Sie, den Fuß-Steueraufsehern Ihres Verwaltungsbezirks bei Dienstreisen zur Theilnahme an Branntweinabfertigungen die Benutzung öffentlicher Beförderungsmittel auf Staatskosten auch dann zu gestatten, wenn die Dienstreisen nicht in der Begleitung der oberen Aufsichtsbeamten ausgeführt werden. Von dieser Ermächtigung ist jedoch nur Gebrauch zu machen, wenn es sich um die Zurücklegung größerer Strecken handelt, für welche die Benutzung eines Beförderungsmittels im dienstlichen Interesse liegt, insbesondere wenn dadurch eine bessere Ausnutzung der Beamtenkräfte ermöglicht wird.

Die Strecken, auf welchen sich die Aufseher nöthigenfalls eines besonderen Beförderungsmittels bedienen dürfen, sind von Ihnen im voraus genau zu bestimmen. Die Art der Ausführung der einzelnen Dienstreise ist von dem betheiligten oberen Aufsichtsbeamten anzuordnen. Die auf der Fuhrkostenberechnung abzugebende Bescheinigung der Richtigkeit umfaßt auch die Versicherung, daß die Aufseher in dem von den oberen Aufsichtsbeamten etwa benutzten Dienst- oder Miethfuhrwerk aus dienstlichen Rücksichten nicht haben mitbefördert werden können (Erl. des FinMin. vom 31. Mai 1897, CBl. d. AV. S. 211).

5, Die Vorschrift des Erlasses vom 5. März 1880, III. 1586 (Anm. Abgedruckt im CBl. 1880 S. 201), wonach derjenige, welcher die Entsendung von Beamten zum Zwecke der Ueberwachung von Branntweindenaturirungen beantragt, zur Entrichtung von Reisekosten für die Beamten dann nicht verbunden sein soll, wenn er für eine schickliche Beförderung der Beamten von ihrem Wohnsitze nach dem Orte der Denaturirung und zurück selbst Sorge trägt, ist auch jetzt noch anwendbar (MinErl. vom 4. Juni 1888, CBl. d. AV. S. 174).

6, Auf Ew. rc. Bericht vom 15. Dezember v. Js. erkläre ich mich damit einverstanden, daß für die Abfertigung von Branntwein und für die Ueberwachung von Branntweindenaturirungen an Orten außerhalb des Wohnsitzes der dazu entsendeten Beamten, sofern nach den bestehenden Bestimmungen die betheiligten Brennereibesitzer, Gewerbetreibende oder Händler zur Entrichtung von Tagegeldern und Reisekosten für diese Dienstleistungen verpflichtet sein würden, in Zukunft außer den Tagegeldern die gesetzlichen Reisekosten nur in denjenigen Fällen zu erheben sind, in welchen solche den Beamten aus der Staatskasse gezahlt werden müssen. Wo dies nicht der Fall ist, sind die den betreffenden Beamten für ihre Beförderung etwa erwachsenden baaren Auslagen einzuziehen.

Auch ist denjenigen, welche Branntweinabfertigungen beantragen, gleichwie dies für Branntweindenaturirungen durch die Verfügungen vom 5. März 1880, III. 1586, CBl. S. 201, und vom 4. Juni 1888, III. 9478, CBl. S. 174, genehmigt worden ist, zu überlassen, statt Zahlung der Reise- und Fuhrkosten für die angemessene Beförderung der Beamten von ihrem Wohnsitze nach dem Orte der Abfertigung und zurück selbst Sorge zu tragen (MinErl. vom 14. Februar 1889, CBl. d. AV. S. 118).

Reisegeldzuschüsse.

1, Verordnung betreffend die **Tagegelder** von Beamten der Lokalverwaltung der Zölle und indirekten Steuern. Vom 22. April 1885 (GS. S. 125).

Wir Wilhelm, von Gottes Gnaden König von Preußen rc. verordnen auf Grund des § 12 der Verordnung vom 15. April 1876, betreffend die Tagegelder und Reisekosten der Staatsbeamten (GS. S. 107), was folgt:

Einziger Paragraph.

Den Beamten der Lokalverwaltung der Zölle und indirekten Steuern, denen für ihre amtliche Thätigkeit ein bestimmter Dienstbezirk überwiesen ist, können für Dienstleistungen in diesem Bezirke oder in dem ihnen zur Mitbeaufsichtigung überwiesenen benachbarten Bezirke, außerhalb ihres Wohnortes, Tagegelder bis zu den gesetzlich bestimmten Sätzen aus der Staatskasse dann gewährt werden, wenn diese Dienstleistungen das gewöhnliche Maß übersteigen, oder mit besonderen Anstrengungen verbunden sind, oder wenn durch dieselben die Beamten zu Uebernachtungen außerhalb ihres Wohnortes, bezw. bei Tage zu besonderen Auslagen für die Kosten des persönlichen Unterhalts genöthigt werden. In welchen einzelnen Fällen und in welcher Höhe die Tagegelder innerhalb der vorbezeichneten Grenzen zu zahlen sind, bestimmt der Finanzminister.

Im übrigen bewendet es bei der bisherigen Vorschrift, wonach den gedachten Beamten für Reisen und Dienstgeschäfte innerhalb der bezeichneten Bezirke ein Anspruch auf Tagegelder nach Maßgabe der Verordnung vom 15. April 1876, betreffend die Tagegelder und Reisekosten der Staatsbeamten, nicht zusteht.

Die gegenwärtige Verordnung tritt mit dem Tage ihrer Verkündigung für den Umfang der gesammten Monarchie in Wirksamkeit.

Urkundlich ꝛc.

2, Verordnung, betreffend die **Tagegelder und Reisekosten** von Beamten der Lokalverwaltung der Zölle und indirekten Steuern für amtliche Begleitungen und Bewachungen. Vom 9. August 1892 (GS. S. 240).

Wir Wilhelm, von Gottes Gnaden König von Preußen ꝛc. verordnen auf Grund des § 12 der Verordnung vom 15. April 1876, betreffend die Tagegelder und Reisekosten der Staatsbeamten (GS. S. 107), was folgt:

Einziger Paragraph.

Den Beamten der Lokalverwaltung der Zölle und indirekten Steuern können für amtliche Begleitungen und Bewachungen außerhalb ihres Wohnortes in einer Entfernung von 2 Kilometer und mehr Tagegelder und Reisekosten bis zu den gesetzlich bestimmten Sätzen aus der Staatskasse gewährt werden. In welchen Fällen und in welcher Höhe solche Entschädigungen zu zahlen sind, bestimmt der Finanzminister; **ein Anspruch auf Tagegelder und Reisekosten** nach Maßgabe der Verordnung vom 15. April 1876, betreffend die Tagegelder und Reisekosten der Staatsbeamten, steht den Beamten für die bezeichneten Dienstleistungen **nicht** zu.

Diese Verordnung tritt mit dem Tage ihrer Verkündigung für den Umfang der gesammten Monarchie in Wirksamkeit.

Urkundlich ꝛc.

3, Auf Grund der Verordnung vom 22. April 1885 (GS. S. 125) bestimme ich hiermit, daß den Beamten der Lokalverwaltung der Zölle und indirekten Steuern für Dienstreisen innerhalb des eigenen oder desjenigen benachbarten Dienstbezirks, welcher ihnen zur Mitbeaufsichtigung überwiesen ist, bei Fortfall der bisher dafür gewährten Entschädigungen (Reisediäten, Uebernachtungs- oder Tagegelder) vom 1. Januar 1891 ab **Reisegeldzuschüsse** nach folgenden Vorschriften gezahlt werden:

1, Es erhalten:

I. wenn die Dienstreise, einschließlich der Rückkehr mindestens 10, aber nicht über 24 Stunden dauert,

	sofern sie mit eigenen Dienstpferden reisen	sonst
	Mk.	Mk.
a, die Oberzoll- und Obersteuerinspektoren sowie der Kreuzzollinspektor	6,00	5,00
b, die Oberrevisoren	5,50	4,50
c, die Obergrenz- und Obersteuerkontroleure .	4,50	3,50
d, die Oberkontroleassistenten und anderen zum Bezuge der gesetzlichen Tagegelder von 6 Mk.[1]) berechtigten Beamten	3,00	2,00
e, die Grenz- und Steueraufseher, Supernumerare und Unterbeamten	1,50	1,00

II. wenn die Dienstreise länger als 24 Stunden dauert, für jeden auch nur angefangenen Zeitraum von 12 Stunden
die zu I aufgeführten Beamten die Hälfte der ebenda bezeichneten Sätze.

III. zusätzlich für jedes außerhalb des Wohnorts genommene Nachtquartier die Beamten

	sofern sie mit eigenen Dienstpferden reisen	sonst
	Mk.	Mk.
a, zu I a	4,00	3,00
b, „ I b	3,50	2,50
c, „ I c	3,00	2,00
d, „ I d	2,50	1,50
e, „ I e	1,50	1,00

Der Kreuzzollinspektor sowie der Oberzollinspektor und der Obergrenzkontroleur zu Altona erhalten für ein Nachtquartier an Bord eines Zollkreuzers nur die Hälfte der in der letzten Spalte verzeichneten Sätze.

2, Reisegeldzuschüsse werden nicht gewährt:

[1]) Jetzt 8 Mark (§ 1 VI des Gesetzes vom 21. Juni 1897).

a, für Geschäfte, welche in geringerer Entfernung als 2 Kilometer von dem amtlichen Wohnorte der Beamten ausgeführt werden;
b, an Grenzaufsichtsbeamte, wenn sie ausschließlich oder vorwiegend den ihnen im Interesse des Grenzschutzes obliegenden Patrouillen- und Postirungsdienst ausgeführt haben; sind dieselben jedoch aus Anlaß dieses Dienstes ausnahmsweise genöthigt gewesen, ein Nachtquartier außerhalb des Wohnorts zu nehmen, so erhalten sie dafür die entsprechenden Entschädigungen zu 1. III.
c, an Beamte, deren Beschäftigung gegen Tagegelder erfolgt; erreichen letztere jedoch nicht die gesetzliche Höhe, so sind die Reisegeldzuschüsse insoweit zu zahlen, als sie zusammen mit den gewährten Tagegeldern für die Reisetage die Höhe der gesetzlichen Tagegelder nicht übersteigen [1]);
d, für diejenigen Reisetage, für welche die Beamten die gesetzlichen Tagegelder zu beanspruchen haben, z. B. bei Reisen in gerichtlichen Untersuchungssachen oder bei Reisen über die Grenze der zu beaufsichtigenden Bezirke hinaus.

3, Die Reisegeldzuschüsse werden monatlich gezahlt. Die Anweisung hierzu erlassen in Betreff der Oberinspektoren und des Kreuzzollinspektors die Provinzialsteuerbehörden, hinsichtlich der übrigen Beamten die Hauptamtsdirigenten.

Die Berechnung der Reisegeldzuschüsse erfolgt nach dem beiliegenden Muster. [2]) Die Berechnungen der Oberinspektoren und des Kreuzzollinspektors sind von den Provinzialsteuerbehörden, diejenigen der Oberrevisoren und Oberkontroleure von den Hauptamtsdirigenten und diejenigen der übrigen Beamten von den Bezirksoberkontroleuren, oder wenn der Dienst unter der unmittelbaren Aufsicht des Hauptamtsdirigenten stattgefunden hat, von diesem mit der Bescheinigung der Richtigkeit zu versehen. Die Verrechnung der Reisegeldzuschüsse geschieht bei Kapitel 9 Titel 10³ des Etats.

4, Mit der Zuweisung von Dienstbezirken ist, soweit solche noch nicht erfolgt ist, überall da vorzugehen, wo Beamte regelmäßig oder doch häufiger außerhalb des amtlichen Wohnsitzes dienstlich thätig sein müssen.

5, Auf Dienstreisen, für welche Vergütungen nach Abschnitt B der durch Beschluß des Bundesraths vom 4. Juli 1889 — § 351 der Protokolle — genehmigten Bestimmungen gewährt werden, finden die gegenwärtigen Vorschriften keine Anwendung [3]) (Erl. des FinMin. vom 24. Dezember 1890, CBl. d. AB. für 1891 S. 2).

4, Auf den Bericht vom 9. d. Mts. erwidere ich Ew. ꝛc., daß in denjenigen Fällen, in denen Obergrenzkontroleure und berittene Grenzaufseher durch die Lage und Ausdehnung ihrer Bezirke oder durch besondere Umstände, wie die Rücksichtnahme auf die Ebbe- und Fluthverhältnisse bei Bereisung von Inseln oder Küstenstrichen **regelmäßig** genöthigt sind, innerhalb ihrer Dienstbezirke Nachtquartier zu nehmen, die bezügliche Dienstthätigkeit als Patrouillen- und Postirungsdienst im Sinne der Bestimmung unter Ziffer 2b der allgemeinen Verfügung vom 24. Dezember v. Js. III. 12638

---

[1]) Siehe hierzu den MinErl. vom 12. November 1898, CBl. d. AB. S. 429 (nachstehend unter Ziffer 22).
[2]) Abgeändert. Siehe Ziffer 6 d. E.
[3]) Siehe hierzu den MinErl. vom 31. Mai 1898, CBl. d. AB. S. 267 (nachstehend unter Ziffer 21).

nicht zu betrachten ist, und daß den Beamten danach für derartige Dienstleistungen die vollen Reisegeldzuschüsse nach Ziffer 1 der Verfügung zu gewähren sind.

Zur Vermeidung von Zweifeln wird es sich jedoch empfehlen, für jeden der wenigen dabei in Betracht kommenden Beamten nach sorgfältiger Prüfung des Bedürfnisses allgemein festzusetzen, auf welche Diensttouren diese Bestimmung Anwendung zu finden hat (Erl. des FinMin. vom 23. Januar 1891, CBl. d. AB. S. 22).

5, Die Bescheinigungen der Richtigkeit auf den Berechnungen der Reisegeldzuschüsse der **Oberinspektoren** und des **Kreuzzollinspektors** (Verfügung vom 24. Dezember 1890, III. 12638, Ziffer 3 Abs. 2) sind von den betreffenden Departementsräthen abzugeben (Erl. des FinMin. vom 28. März 1892, CBl. d. AB. S. 152).

6, Zur Vereinfachung des Geschäftsganges bestimme ich im Einverständniß mit der Königl. Ober-Rechnungskammer Folgendes:

1 bis 3 2c.

4, Die Berechnungen der Fuhrkosten und der Reisegeldzuschüsse sind künftig nach dem anliegenden Muster aufzustellen, welches die bisher getrennt aufzustellenden Berechnungen in einem Formular vereinigt.

Zur Herbeiführung der wünschenswerthen Gleichmäßigkeit bestimme ich hierbei unter Aufhebung der Verfügung vom 2. März 1891 [1]) III. 2709 (CBl. S. 46), daß die Vorschriften, welche unter Ziffer 4 und 5 der Verfügung vom 1. September 1897 (CBl. S. 359) [2]) für die Berechnung der Dauer der Dienstreisen bei der Feststellung der gesetzlichen Tagegelder und Reisekosten gegeben sind, künftig auch bei der Feststellung der Reisegeldzuschüsse anzuwenden sind. Dementsprechend ist künftig bei Reisen, welche mit der Eisenbahn, der Post oder mit dem Dampfschiff begonnen oder beendigt werden, soweit nicht die Bestimmung unter Ziffer 5 Abs. 2 der letztgenannten Verfügung in Betracht kommt, die fahrplanmäßige Abfahrts- und Ankunftszeit an den Eisenbahn- und Poststationen oder Anlegeplätzen, bei anderen Dienstreisen aber der Zeitpunkt des Verlassens und des Wiederbetretens **der Wohnung** als maßgebend anzusehen und in den Berechnungen anzusetzen. Der Zeitpunkt **des Ueberschreitens der Ortsgrenze** kommt hiernach künftig nicht mehr in Betracht.

Die bisher in der Bemerkungsspalte der Fuhrkostenberechnungen enthaltenen Angaben über die von Erstattungspflichtigen eingezogenen Beträge sind künftig an der in dem Muster dafür vorgesehenen Stelle — unmittelbar nach der Unterschrift des Forderungsberechtigten — zu machen.

Im übrigen bleiben die Vorschriften für die Aufstellung der Berechnungen unberührt (Erl. des FinMin. vom 17. Juni 1898, CBl. d. AB. S. 286).

---

[1]) Die Verfügung vom 2. März 1891 ist — weil aufgehoben — nicht abgedruckt. Dieselbe bestimmte, daß für die Berechnung der Dauer der auf Landwegen auszuführenden Dienstreisen der Zeitpunkt des Ueberschreitens der Ortsgrenze, bei Dienstreisen mit der Eisenbahn oder dem Dampfboote der Zeitpunkt der fahrplanmäßigen Abfahrt vom Bahnhofe oder von dem Anlegeplatze des Stationsortes, bezw. der Zeitpunkt der thatsächlichen Wiederankunft daselbst entscheidend sei.

[2]) Siehe S. 8 Ziffer 8 d. W.

Berechnung der Fuhrkosten und Reisegeldzuschüsse

des (Ober-Steuer-Kontroleurs N.) in N. für den Monat (Juli 1897).

Laufende Nr.	Dauer der Dienstreise von bis: Tag	Stunde V.	Stunde N.	Zahl der zurückgelegten Kilometer	Zahl der Tage*)	Zahl der Nachtquartiere	Reiseweg und Dienstgeschäfte	Geldbetrag der Fuhrkosten M	₰	Geldbetrag der Reisegeldzuschüsse M	₰	Art der Beförderung und Bemerkungen
							ꝛc. ꝛc.					
3	4	5^{10}	—	72	2	1	Nach N., N. und N. Brennereirevision, N. Ermittelungen in Stempelsteuersachen	—	—	12	—	Mit Dienstpferden
	5	—	6^{30}				Nachtquartier in N.					
							N.N. Brauereirevisionen und zurück					
2	5	6	—	43	1	—	Nach N., Brauereirevision, Nachvermessung von Maischbottichen, N. Stationsbesuch und zurück	10	—	3	50	Miethfuhrwerk Belag 1
	5	—	5½									
13	17	—	12^{10}	39	—	—	Nach N. Branntweinabnahme, N. Brennereirevision und zurück	7	50	—	—	Miethfuhrwerk Belag 2
	17	—	7									
					14½	2	Seite	145	—	54	75	

*) Den Tag zu 24 Stunden und überschießende Stunden, wenn sie mehr als 12 betragen, für einen vollen, wenn sie weniger betragen, für einen halben Tag gerechnet.

(Vierte Seite.)

Laufende Nr.	Dauer der Dienstreise von bis: Tag	Stunde V.	Stunde N.	Zahl der zurückgelegten Kilometer	Zahl der Tage*)	Zahl der Nachtquartiere	Reiseweg und Dienstgeschäfte	Geldbetrag der Fuhrkosten M	₰	Geldbetrag der Reisegeldzuschüsse M	₰	Art der Beförderung und Bemerkungen
					14½	2	Uebertrag	145	—	54	75	
							ꝛc. ꝛc.					
					14½	2	Zusammen	162	50	54	75	

Ich versichere pflichtmäßig, daß die angesetzten Fuhrkostenbeträge zu den angegebenen Zwecken von mir verausgabt worden sind.

(N.), den (1. August 1897).

N.

Ober-Steuer-Kontroleur.

Nach den Belägen, den Sätzen und rechnerisch geprüft und (richtig befunden).

N.

(Hauptamtsassistent).

Von Erstattungspflichtigen eingezogene Fuhrkosten und Gebühren

	M	₰	E.J. Nr.		M	₰	E.J. Nr.
Zu lfd. Nr. (4)				Zu lfd. Nr. . .			
" " " . .				" " " . .			
" " " . .				" " " . .			
" " " . .				" " " . .			

Die Richtigkeit bescheinigt
(N.), den (3. August 1897)
N.
(Ober-Zoll-Inspektor).

Zu zahlen.
(N.), den (3. August 1897).
Der (Ober-Zoll-Inspektor)
N.

Vorstehende (162) M (50) ₰ Fuhrkosten
und (54) „ (75) „ Reisegeldzuschüsse
zusammen (217) M (25) ₰
in Worten (Zweihundertundsiebenzehn Mark 25 Pfennige)
habe ich von dem Haupt-(Zoll-)Amte in (N.) erhalten.
(N.), den (4. August 1897).

N.

Ober-Steuer-Kontroleur.

7, Mit Bezug auf die Anordnung unter Ziffer 4 Abs. 2 der allgemeinen Verfügung vom 17. Juni v. Js. (CBl. S. 286 ff.) mache ich zur Beseitigung von Zweifeln darauf aufmerksam, daß bei den von den Beamten der Lokalverwaltung der Zölle und indirekten Steuern **nicht** mit der Eisenbahn, der Post oder dem Dampfschiffe ausgeführten Dienstreisen in den Fällen, in welchen zu Anfang oder zu Ende der Reise nach dem Verlassen bezw. vor dem Betreten der Wohnung noch Dienstgeschäfte am Wohnorte selbst verrichtet worden sind, nicht das Verlassen oder Wiederbetreten der Wohnung, sondern der Zeitpunkt der Beendigung bezw. des Beginns dieser Dienstgeschäfte am Wohnorte als maßgebend für die der Berechnung der Reisegeldzuschüsse zu Grunde zu legende Dauer der Reise anzusehen und in den Berechnungen anzusetzen ist (Erl. des FinMin. vom 6. Januar 1899, CBl. d. AB. S. 12).

8, Die Bestimmung im Schlußsatze der Ziffer 1 der Verfügung vom 24. Dezember 1890 bezieht sich nur auf die dort ganz bestimmt bezeichneten Fälle; im übrigen ist die Bewilligung der Entschädigung nicht davon abhängig, ob bei der Uebernachtung ein etwa vorhandenes Kommissionszimmer benutzt wird oder nicht (Erl. des FinMin. vom 13. März 1891, III. 3417, Schütze S. 469).

9, In Erwiderung ꝛc. stimme ich Ew. ꝛc. darin bei, daß den Vertretern solcher Beamten, die zum Bezuge von Uebernachtungsgeldern [1]) berechtigt sind, diese Entschädigung in dem Falle nicht gewährt werden darf, wenn sie am Orte des zu vertretenden Beamten stationirt sind und für die Dienstleistungen im auswärtigen Amtsbezirke des letzteren in einer Entfernung von mehr als 2 km vom Stationsorte die gesetzlichen Tagegelder beziehen. Es ist nicht ausgeschlossen, daß in einzelnen Fällen die gesetzlichen Tagegelder den gedachten Vertretern nicht zuzubilligen wären. Alsdann würde die Zahlung von Uebernachtungsgeldern bei dem Vorhandensein der für die Bewilligung derselben bestehenden Bedingungen einzutreten haben (Erl. des FinMin. vom 6. März 1884, III. 2445, Schütze S. 469).

10, Auf ꝛc. erwidere ich Ew. ꝛc., daß bei Stellvertretungen die nach der Verfügung vom 24. Dezember 1890 zu zahlenden Reisegeldzuschüsse nach dem persönlichen Range des Vertreters und nicht nach dem Range der vorübergehend wahrgenommenen Stelle zu bemessen sind, und daß hiernach auch bei der nach Ziffer 2c der genannten Verfügung vorzunehmenden Berechnung zu verfahren ist (Erl. des FinMin. vom 12. September 1891, III. 12415, Schütze S. 469).

11, Auf den Bericht vom 27. v. Mts. erwidere ich Ew. ꝛc., daß ich der von der Königl. Ober-Rechnungskammer ausgesprochenen Auffassung beitreten muß, wonach eine Dienstreise im Sinne der Bestimmungen unter Ziffer 1 der Verfügung vom 24. Dezember 1890 in der Regel mit dem jedesmaligen Wiedereintreffen des Beamten in seinem Wohnorte als abgeschlossen anzusehen und hinsichtlich der Reisegeldzuschüsse auch dann für sich zu beurtheilen ist, wenn unmittelbar nach der Rückkehr die Dienstgeschäfte außerhalb der Station wieder aufgenommen werden.

Ich will mich jedoch in Berücksichtigung der von Ihnen vorgetragenen Umstände damit einverstanden erklären, daß in denjenigen Fällen, in

---

[1]) An Stelle der Uebernachtungsgelder sind seit dem 1. Januar 1891 Reisegeldzuschüsse getreten (siehe MinErl. vom 24. Dezember 1890, Ziffer 3 d. E.).

welchen bei der Benutzung der Eisenbahn der Wohnort zwar berührt, die Fahrt jedoch ohne längeren, ein Verlassen des Bahnhofs gestattenden Aufenthalt fortgesetzt wird, ausnahmsweise keine Unterbrechung der Dienstreise anzunehmen ist, wenn die sofortige Fortsetzung der Reise aus dienstlichen Gründen nothwendig war und eine diesbezügliche Bescheinigung auf der Berechnung der Reisegeldzuschüsse von dem betreffenden Vorgesetzten abgegeben wird (Erl. des FinMin. vom 30. Mai 1893, CBl. d. AV. S. 199).

12, Mit Rücksicht auf die in Ew. 2c. Bericht vom 13. v. Mts. hervorgehobenen Unzuträglichkeiten bestimme ich unter Aufhebung der Verfügung vom 22. Juli v. Js. III. 8634 [1]), daß die Reisegeldzuschüsse, der ursprünglichen Absicht der Verfügung vom 24. Dezember 1890, III. 12638 entsprechend, nur als für die Dauer der betreffenden einzelnen Dienstreise gewährt anzusehen sind.

Eine Dienstreise gilt im allgemeinen mit der Rückkehr nach dem Stationsorte als abgeschlossen und zwar nach Maßgabe der Verfügung vom 30. Mai v. Js., III. 5472 [s. vorstehend unter Ziffer 11] in der Regel auch dann, wenn unmittelbar nach der Rückkehr die Dienstgeschäfte außerhalb der Station wieder aufgenommen werden.

Der zweite Absatz dieser Verfügung ist nur auf solche Fälle zu beziehen, in denen der erste Theil der Dienstreise weniger als 10 Stunden beträgt, an sich also noch nicht zur Gewährung von Reisegeldzuschüssen berechtigt. Eine gleiche Ausnahme auch für die übrigen Fälle festzusetzen, in denen der Beamte durch den vor der Rückkehr nach dem Stationsorte abgeleisteten Dienst bereits den Anspruch auf Reisegeldzuschüsse erworben hat, ist ausreichender Anlaß nicht gegeben.

Zur Vermeidung von Mißbräuchen wird von denjenigen Beamten, die bestimmungsmäßig mit der Prüfung und Bescheinigung der Reisekostenzuschuß-Berechnungen beauftragt sind, sorgfältig darüber zu wachen sein, daß die Beamten ihren Dienst ohne Rücksicht auf die ihnen etwa aus der Staatskasse zu gewährenden Entschädigungen zur Ausführung bringen. Sollte etwa bei einzelnen Beamten das Bestreben zu Tage treten, den Dienst unter Hintansetzung der dienstlichen Interessen nach der Höhe der ihnen zu bewilligenden Reisegeldzuschüsse einzurichten, so würde in nachdrücklicher Weise hiergegen einzuschreiten und die Ausführung des Dienstes bestimmt zu regeln sein 2c. (Erl. des FinMin. vom 25. Januar 1894, CBl. d. AV. S. 94).

13, Den Beamten, die für die Ausführung von Dienstreisen etatsmäßige Pferdegelder zum Halten eigener Dienstpferde beziehen, sind die Reisegeldzuschüsse nach den für Reisen mit Dienstpferden vorgesehenen höheren Sätzen der Verfügung vom 24. Dezember 1890 auch dann zu zahlen, wenn sie die Dienstreisen nicht mit ihren Dienstpferden ausgeführt, sondern sich auf eigene Kosten eines anderen Beförderungsmittels bedient haben (Erl. des FinMin. vom 12. Juli 1892, CBl. d. AV. S. 372).

Anmerkung: Dieser Erlaß ist durch den nachstehend abgedruckten Erlaß vom 14. Juni 1894 abgeändert.

14, Infolge der Verfügung vom 12. Juli 1892, III. 9114 haben sich Mißbräuche bei der Ausführung von Bezirksbereisungen herausgebildet. Ich

---

[1]) Abgedruckt im CBl. d. AV. 1893 S. 251; hier — weil aufgehoben — nicht aufgenommen.

bestimme daher, daß die Reisegeldzuschüsse nach den höheren Sätzen der Verfügung vom 24. Dezember 1890, III. 12638 fortan nur gezahlt werden dürfen, wenn die Beamten mit eigenen Dienstpferden gereist sind.

Stellvertreter, welche mit den Dienstpferden des von ihnen vertretenen Beamten reisen, haben ebenfalls Anspruch auf Zahlung der Reisegeldzuschüsse nach den höheren Sätzen. Auch können ausnahmsweise die mit Miethpferden zurückgelegten Dienstreisen in gleicher Weise behandelt werden, wenn die Beamten durch besondere unverschuldete Umstände (z. B. Krankheit der eigenen Dienstpferde) verhindert worden sind, sich der Dienstpferde zu bedienen und die Miethpferde zu ihrer ausschließlichen Verfügung gestanden haben. Daß diese Voraussetzungen vorgelegen haben, ist in solchen Fällen auf der Berechnung der Reisegeldzuschüsse ausdrücklich zu bescheinigen.

Findet auf Dienstreisen ein Wechsel in der Art der Beförderungsmittel statt, so sind die Reisegeldzuschüsse nach den höheren Sätzen nur für diejenigen bei der Berechnung in Betracht kommenden Zeiträume zu zahlen, während welcher die Beamten mit eigenen Dienstpferden oder unter den angegebenen Voraussetzungen mit Miethpferden gereist sind. Ein solcher Wechsel ist jedoch dann nicht anzunehmen, wenn Theilstrecken, während das Fuhrwerk zur Verfügung des Beamten bleibt, zu Fuß oder unter Benutzung eines anderen Beförderungsmittels zurückgelegt werden, um den Pferden die erforderliche Ruhe zu gewähren.

Wenn Beamte, welche zum Halten von Dienstpferden verpflichtet sind, unter besonderen Verhältnissen (z. B. Ueberschwemmungen, Schneeverwehungen, nothwendige Beschleunigung einer Dienstreise) genöthigt werden, sich unter Aufwendung von Kosten eines anderen Beförderungsmittels (Eisenbahn, Post und dergl.) zu bedienen, so kann die Bewilligung der höheren Reisegeldzuschußsätze oder unter Umständen die Erstattung der thatsächlich aufgewendeten Fuhrkosten bei mir beantragt werden ꝛc. (Erl. des FinMin. vom 14. Juni 1894, CBl. d. AV. S. 390).

15, Es entspricht der Absicht der Bestimmung im Absatz 3 der Verfügung vom 14. Juni 1894 (CBl. S. 390), daß bei einem Wechsel in der Art der Beförderungsmittel die Reisegeldzuschüsse für die bei der Berechnung in Betracht kommenden einzelnen Zeiträume ungetheilt nach den höheren oder nach den niederen Sätzen zu gewähren sind, je nachdem für diese Zeiträume die Voraussetzungen für die Gewährung der höheren Sätze vollständig vorliegen oder nicht. Die Reisegeldzuschüsse nach den höheren Sätzen sind hiernach nur für diejenigen Zeiträume zu bewilligen, für welche sie auch dann zu zahlen wären, wenn mit dem Wechsel des Beförderungsmittels die Dienstreise ihren Anfang oder ihr Ende erreicht haben würde. Die Auffassung der Ober-Rechnungskammer, daß eine Berechnung der Reisegeldzuschüsse nach den höheren und niederen Sätzen für einzelne Stunden innerhalb jener Zeiträume unzulässig sei, ist zutreffend (Erl. des FinMin. vom 31. Mai 1897, CBl. d. AV. S. 211).

16, Auf ꝛc. erwidere ich Ew. ꝛc., daß es gerechtfertigt ist, dem p. B. in E. für die am 20. und 21. Juni d. Js. unter Benutzung der ihm ertheilten Eisenbahn-Legitimationskarte zu freier Fahrt von N. nach M. und zurück ausgeführte Dienstreise die Reisegeldzuschüsse nach den für Reisen mit Dienstpferden vorgesehenen höheren Sätzen zu gewähren, da p. B. während der Dauer dieser Reise sein Dienstfuhrwerk in N. belassen und für dasselbe daher zweifellos auch an dem genannten Tage erhöhte Aufwendungen gehabt hat (Erl. des FinMin. vom 4. Oktober 1892, III. 12168, Schütze, S. 468).

17, Bei Rücksendung rc. erkläre ich mich damit einverstanden, daß die Reisegeldzuschüsse nach den für Reisen mit Dienstpferden vorgesehenen höheren Sätzen der Verfügung vom 24. Dezember 1890 auch dann zu zahlen sind, wenn Beamte, die entweder eigene Dienstpferde halten oder zur Ausführung von Dienstreisen sich eines auf Staatskosten angenommenen Miethfuhrwerks bedienen dürfen, zur Ausführung eigener Amtsgeschäfte das Dienstfuhrwerk eines anderen Beamten benutzen, ohne mit der Vertretung dieses Letzteren betraut zu sein (Erl. des FinMin. vom 9. Februar 1893, III. 1522, Schütze, S. 468).

18, Auf rc. erwidere ich Ew. rc., daß es nicht beabsichtigt ist, die für die Zuckerfabriken angestellten Abfertigungsbeamten von der Bewilligung der durch die Verfügung vom 24. Dezember 1890, III. 12638 gewährten Reisegeldzuschüsse auszuschließen. Vielmehr beziehen sich sowohl die bezeichnete Verfügung als auch die ihr zu Grunde liegende Verordnung vom 22. April 1885 (GS. S. 125) auf alle Beamte der Lokalverwaltung der Zölle und indirekten Steuern, denen für ihre amtliche Thätigkeit ein bestimmter Dienstbezirk überwiesen ist. Hiernach war es gerechtfertigt, dem Steueraufseher N. in N., dem nicht auf seinen Wunsch gestattet, sondern von Amtswegen aufgegeben ist, in der Stadt N. zu wohnen, für Dienstleistungen in der zu seinem Amtsbezirk gehörigen Zuckerfabrik M. Reisegeldzuschüsse zu gewähren, soweit auch die sonstigen Voraussetzungen der Zahlung im einzelnen Falle gegeben waren (Erl. des FinMin. vom 5. April 1892, III. 4523, Schütze S. 468).

19, rc. Für die Folge werden Ew. rc. ermächtigt, in ähnlichen Fällen, in welchen das dienstliche Interesse es erfordert, den Beamten der Lokalverwaltung der Zölle und indirekten Steuern für die Ausübung einer bestimmten Dienstthätigkeit außerhalb ihres Wohnortes vorübergehend einen bestimmten anderen Ort als Stationsort anzuweisen, Tagegelder nach Maßgabe der Vorschriften unter Ziffer 2 der allgemeinen Verfügung vom 31. Juli 1873, III. 11495[1]) auch dann zu bewilligen, wenn der vorübergehend angewiesene Stationsort innerhalb des Dienstbezirks der betreffenden Beamten liegt. In derartigen Fällen können neben den Tagegeldern, welche als Entschädigung für den mit der vorübergehenden Verlegung des Wohnsitzes verbundenen Mehraufwand anzusehen sind, für Dienstreisen von dem neuen Stationsorte aus Reisegeldzuschüsse gemäß der Vorschrift unter Ziffer 2c der Verfügung vom 24. Dezember 1890 insoweit gezahlt werden, als sie zusammen mit den Kommissionsdiäten die Höhe der gesetzlichen Tagegelder nicht übersteigen (Erl. des FinMin. vom 9. Juli 1893, CBl. d. AV. S. 231).

20, Im Anschluß an die Verfügung vom 11. August v. Js. (CBl. S. 301) bestimme ich, daß den Zollpraktikanten und Steuersupernumeraren die Reisegeldzuschüsse für solche Amtshandlungen, bei denen sie in der Eigenschaft als Aufseher betheiligt gewesen sind, nur nach den Sätzen für Aufseher zu gewähren sind (Erl. des FinMin. vom 7. Januar 1898, CBl. d. AV. S. 69).

21, Nach Ziffer 5 der Verfügung vom 24. Dezember 1890, III. 12638 finden die Vorschriften über die Gewährung von Reisegeldzuschüssen auf solche

[1]) Siehe S. 68 d. W.

Dienstreisen, für welche Vergütungen nach Abschnitt B der durch Beschluß des Bundesraths vom 4. Juli 1889 — § 351 der Protokolle (CBl. 1889 S. 298) — genehmigten Bestimmungen gewährt werden, keine Anwendung. Da bei der Berechnung der Reisegeldzuschüsse und der Vergütungen von verschiedenen Grundsätzen ausgegangen wird, so ergeben sich aus dieser Bestimmung Schwierigkeiten, wenn Bezirksbeamte innerhalb des Dienstbezirks in einer Entfernung von 2 km und mehr vom Stationsorte außergewöhnliche Dienstleistungen im Zollverkehr und den gewöhnlichen Dienst auf der nämlichen Reise nacheinander verrichten.

Um in solchen Fällen eine umständliche und unsichere Berechnung der den Beamten nach den verschiedenartigen Bestimmungen zustehenden Entschädigungen zu vermeiden, bestimme ich, daß die Vorschrift unter Ziffer 5 der Verfügung vom 24. Dezember 1890 nur auf solche Dienstreisen anzuwenden ist, welche ausschließlich die Vornahme außergewöhnlicher Dienstleistungen im Zollverkehr zum Gegenstande haben, oder bei denen doch der nebenher etwa verrichtete gewöhnliche Dienst nur von untergeordneter Bedeutung ist. In allen anderen Fällen sind lediglich Reisegeldzuschüsse zu gewähren, insbesondere also auch dann, wenn gelegentlich der den Hauptzweck der Dienstreise bildenden Wahrnehmung des gewöhnlichen Dienstes nebenher auch außergewöhnlicher Dienst im Zollverkehr verrichtet wird. Sollten sich bei der Beurtheilung einer Dienstreise in dieser Beziehung Zweifel ergeben, so ist zu berichten. Sofern hierbei außergewöhnliche Dienstleistungen im Zollverkehr von Ober-Kontroleuren ausgeführt werden, deren Stellen auf dem Zollverwaltungskostenetat stehen, sind die gezahlten Vergütungen der Zollgemeinschaft nur mit demjenigen Betrage aufzurechnen, welcher, nach Abrechnung der auf den gewöhnlichen Dienst etwa verwendeten Zeit, auf die wirkliche Dauer des außergewöhnlichen Dienstes (einschl. der Hin- und Rückreise) entfällt. Dagegen ist von der Aufrechnung von Vergütungen ganz abzusehen, wenn lediglich Reisegeldzuschüsse gezahlt worden sind. Es wird in diesem Falle angenommen werden können, daß die durch den Beschluß des Bundesraths vom 24. Mai 1895, § 344 der Protokolle — Verfügung vom 14. Juni 1895, III. 8565 — festgesetzten Bauschvergütungen für Reisekostenentschädigungen der Ober-Kontroleure auch für die in den Reisegeldzuschüssen etwa mit enthaltenen Entschädigungen für die außergewöhnlichen Dienstleistungen im Zollverkehr ausreichende Deckung gewähren. Sollten Fälle der letzteren Art bei einzelnen Stellen in größerem Umfange vorkommen, so ist darüber zu berichten, damit dann eventl. eine Erhöhung der Bauschvergütung in Erwägung gezogen werden kann.

Bei den Grenzaufsehern sind nach den bestehenden Bestimmungen sowohl die Vergütungen nach dem Bundesrathsbeschluß vom 4. Juli 1889 als auch die Reisegeldzuschüsse stets mit den wirklich gezahlten Beträgen aufzurechnen (Erl. des FinMin. vom 31. Mai 1898, CBl. d. AV. S. 267).

22, Die Bestimmung zu 2c des Erlasses vom 24. Dezember 1890, CBl. 1891 S. 2), wonach Reisegeldzuschüsse an Beamte, deren Beschäftigung gegen die vollen gesetzlichen Tagegelder stattfindet, nicht gewährt werden, und an Beamte, deren Beschäftigung gegen Tagegelder von geringerer als der gesetzlichen Höhe erfolgt, nur insoweit zu zahlen sind, als sie zusammen mit den ermäßigten Tagegeldern für die Reisetage die Höhe der gesetzlichen Tagegelder nicht übersteigen, beruht auf dem Grundsatze, daß Tagegelder im Sinne des Reisekostengesetzes für jeden Tag einer Dienstreise nur einmal zu gewähren sind.

Nachdem der Staatsministerialbeschluß vom 9. Juli 1898 diesen Grundsatz nur noch für diejenigen Fälle festgehalten, in welchen Beamte für die Dauer der kommissarischen Beschäftigung außerhalb ihres Wohnortes die vollen gesetzlichen Tagegelder beziehen, dagegen angeordnet hat, daß Beamte, welche für eine derartige Beschäftigung ermäßigte, hinter dem ihnen bei Dienstreisen zuständigen Tagegeldersatze zurückbleibende Tagegelder und Bauschvergütungen beziehen, daneben bei Vornahme von Dienstreisen die ihnen nach Art der betreffenden Dienstreise gesetzlich oder verordnungsmäßig zustehenden Tagegelder unverkürzt erhalten, gilt der zweite Theil der eingangs bezeichneten Bestimmung vom Tage des Inkrafttretens des Staatsministerialbeschlusses als aufgehoben. In gleicher Weise hat der Staatsministerialbeschluß auch Anwendung zu finden, wenn außerhalb ihres Wohnsitzes kommissarisch beschäftigte Beamte Dienstreisen ausführen, für welche Vergütungen nach Abschnitt B der durch Bundesrathsbeschluß vom 4. Juli 1889, § 351 der Protokolle, (CBl. 1889 S. 298) genehmigten Bestimmungen gewährt werden. Unberührt bleiben dagegen die Vergütungen der Beamten für außergewöhnliche Dienstleistungen am Stations- oder Beschäftigungsorte und in einer Entfernung von weniger als 2 km von demselben, sowie die vereinbarten Vergütungen der Hülfsbeamten, welche lediglich für bestimmte Dienstleistungen angenommen sind (Erl. des FinMin. vom 12. November 1898, CBl. d. AV. S. 429).

Vergütungen für außergewöhnliche Dienstleistungen.

1, **Bestimmungen über die auf Grund des § 10 des Vereinszollgesetzes[1]) für Rechnung des Reichs zu erhebenden Gebühren, sowie über die an Zollbeamte für außergewöhnliche Dienstleistungen auf Kosten des Reichs zu gewährenden besonderen Vergütungen.**

(Genehmigt durch Beschluß des Bundesraths vom 4. Juli 1889, § 351 der Protokolle.) CBl. d. AV. 1889 S. 298.

Die Erhebung von Gebühren im Zollverkehr, sowie die Gewährung besonderer Vergütungen an Zollbeamte für außergewöhnliche Dienstleistungen findet für Rechnung des Reichs nur insoweit statt, als es sich dabei um Amtshandlungen solcher Beamten handelt, deren Dienstbezüge von der Zollgemeinschaft erstattet werden (Ziffer 5 der Vorschriften für die Vergütung der Zollverwaltungskosten vom 30. Juni 1882).

A. Gebühren.

1—7 ꝛc. [Dieser Abschnitt kommt für das vorliegende Werk nicht in Betracht.]

B. Vergütungen der Beamten.[2])

8, Ein Anspruch auf die nach Abschnitt A zur Erhebung gelangenden Gebühren steht den Beamten nicht zu. Die Gewährung einer Vergütung für Reichsrechnung ist nicht davon abhängig, ob und in welcher Höhe für die betreffende Dienstleistung Gebühren erhoben werden.

9, Besondere Vergütungen können für Reichsrechnung gewährt werden:

---

[1]) Vom 1. Juli 1869 (BGBl. S. 317).

[2]) Siehe hierzu den Erlaß des FinMin. vom 12. November 1898 Abs. 3, CBl. d. AV. S. 429 (S. 87 Ziff. 22 d. W.).

a, für außergewöhnliche, nicht an der Amtsstelle auszuführende Dienstleistungen am Stationsorte und in einer Entfernung von weniger als 2 km von demselben, oder im Dienstbezirk, wenn die auf dieselben verwendete Zeit einschließlich der von den Beamten etwa auf anderweite Dienstgeschäfte verwendeten Zeit im Laufe des Tages die Dauer des gewöhnlichen Dienstes überschritten und jedenfalls mehr als 8 Stunden betragen hat;

b, für Dienstleistungen außerhalb des Stationsortes in einer Entfernung von 2 km und mehr von demselben oder außerhalb des Dienstbezirks.

10, I. In den Fällen zu 9a kann bewilligt werden:

Aufsehern und Beamten gleichen oder niederen Ranges für jede **über die Zeit ihres gewöhnlichen Dienstes hinausgehende,** auch nur angefangene Stunde eine Vergütung von 30 Pf.,

Beamten höheren Ranges das Doppelte.

Die hiernach zu berechnende Vergütung darf jedoch den Betrag der den Beamten nach den landesrechtlichen Bestimmungen zustehenden Tagegelder nicht übersteigen.

Die Bewilligung derselben Vergütungen ist zulässig, wenn Beamte vor oder nach Ableistung ihres gewöhnlichen, mindestens 8 Stunden währenden Tagesdienstes oder an Sonn- und Festtagen **gebührenpflichtige** Amtshandlungen **an der Amtsstelle** auszuführen haben.

Werden die Beamten mit Rücksicht auf den ihnen übertragenen außergewöhnlichen Dienst von einem Theil des gewöhnlichen Tagesdienstes entbunden, so erhalten sie für die entsprechende Zeit des außergewöhnlichen Dienstes keine Vergütung.

II. Für Dienstleistungen nach 9b dürfen, sofern es sich nicht um Begleitungsdienst handelt, die den Beamten nach den landesrechtlichen Bestimmungen zustehenden Tagegelder und Fuhrkosten dem Reich aufgerechnet werden. Die Fuhrkosten kommen in Wegfall, wenn der Gebührenpflichtige für die angemessene Beförderung der Beamten auf dem Hin- und Rückwege selbst Sorge trägt.

11, Handelt es sich in den Fällen der Ziffer 10 II um die Begleitung von Eisenbahnzügen, Schiffen und anderen Waarentransporten, so dürfen die dem Beamten für Reichsrechnung zu gewährenden Vergütungen, sofern die durch den Begleitungsdienst und die Rückkehr nach dem Stationsorte bedingte dienstliche Abwesenheit des Beamten von seiner Station länger als 2 Stunden gedauert hat, betragen bei einer Abwesenheit

bis	zu	4	Stunden	höchstens	0,50 Mk.
„	„	8	„	„	1,00 „
„	„	12	„	„	1,50 „
„	„	24	„	„	3,00 „

Für den zweiten und die folgenden Tage der Abwesenheit dürfen dieselben Vergütungen gewährt werden.

12, Die Sätze zu Ziffer 10 I und zu Ziffer 11 sind als Maximalsätze anzusehen. Innerhalb derselben erfolgt die Festsetzung der zu bewilligenden Vergütung durch die Direktivbehörden.

13, In Fällen außergewöhnlicher Dienstleistungen können den Beamten, auch wenn sie die in den Ziffern 10 und 11 bezeichneten Vergütungen nicht zu beziehen haben, die ihnen erwachsenen baaren Auslagen an Fuhrkosten auf Reichsrechnung erstattet werden, wenn die Benutzung von Beförderungsmitteln entweder allgemein oder im einzelnen Falle vom vorgesetzten Hauptamt genehmigt ist oder im Dienstinteresse geboten war und die Beamten neben oder in ihrem ständigen Diensteinkommen nicht eine Bauschsumme für Reisekosten oder Unterhaltung von Fuhrwerk oder Pferden beziehen.

14, Hülfsbeamte, welche lediglich für bestimmte, unter die Vorschriften zu Ziffer 9 bis 11 fallende außergewöhnliche Dienstleistungen angenommen sind, erhalten neben den ihnen ausgesetzten Diäten weitere Vergütungen der vorbezeichneten Art nur insoweit, als es sich um die Erstattung von aufgewendeten Fuhrkosten oder um Fälle der unter Ziffer 9a und 10 I vorgesehenen Art handelt.

15, Sämmtliche vorbezeichnete Vergütungen dürfen nur denjenigen Beamten gewährt werden, welche die betreffenden Dienstleistungen ausgeführt haben, auch wenn der gewöhnliche Tagesdienst von privativen Beamten wahrgenommen worden ist.

C. Allgemeine Bestimmungen.

·16 und 17 2c. (kommen hier nicht in Betracht).

2, Nach dem Beschlusse des Bundesraths vom 4. Juli d. Js., § 351 der Protokolle, treten am 1. Oktober 1889 die in x Exemplaren beifolgenden „Bestimmungen über die auf Grund des § 10 des Vereinszollgesetzes für Rechnung des Reichs zu erhebenden Gebühren, sowie über die an Zollbeamte für außergewöhnliche Dienstleistungen auf Kosten des Reichs zu gewährenden besonderen Vergütungen" in Wirksamkeit. Dieselben sind zur Ausführung von Ziffer 5 der Vorschriften für die Vergütung der Zollverwaltungskosten erlassen und regeln die Gebührenerhebung für außerordentliche Amtshandlungen solcher Beamten, deren Dienstbezüge von der Zollgemeinschaft erstattet werden.

Im Interesse des betheiligten Publikums bestimme ich hiermit zur Herbeiführung eines gleichmäßigen Verfahrens im Zollverkehr, daß vom 1. Oktober d. Js. ab die Vorschriften unter Ziffer 1 bis 15 der Anlage auch auf außerordentliche Dienstleistungen derjenigen Beamten analog angewendet werden, deren Dienstbezüge die Zollgemeinschaft nicht erstattet. Die Gebühren und Vergütungen für die von diesen Beamten auszuführenden Amtshandlungen sind für privative Rechnung Preußens zu vereinnahmen bezw. zu zahlen 2c.

Zur Beseitigung von Zweifeln bemerke ich noch Folgendes:

1—4 2c. (beziehen sich nur auf den Abschnitt A „Erhebung von Gebühren".)

5, Zu Ziffer 12 der Bestimmungen bemerke ich, daß die Zahlung der unter 10 I und 11 bezeichneten Maximalsätze die Regel zu bilden hat, von welcher nur unter besonderen Umständen abzuweichen ist 2c.

(Erl. des FinMin. vom 9. August 1889, CBl. d. AB. S. 310).

3, Da den Zollpraktikanten durch die Zubilligung des Tagegeldersatzes von 6 Mk.[1]) ein bestimmter Dienstrang nicht beigelegt worden ist, so sind die Vergütungen, welche diesen Beamten bei außergewöhnlichen Dienstleistungen im Zollverkehr oder bei der Kontrolirung der innern Steuern zu zahlen

---

[1]) Jetzt 8 Mark.

sind, sowie die Gebühren für derartige Dienstleistungen der bezeichneten Beamten lediglich nach der Art der Dienstthätigkeit zu bemessen, welche von ihnen im einzelnen Falle wahrgenommen wird. Versieht der Zollpraktikant bei der betreffenden Amtshandlung die Dienstgeschäfte eines Aufsehers, so sind, sofern es sich nicht um die Zahlung und Erhebung der gesetzlichen Tagegelder handelt, sowohl die Vergütungen, als auch die Gebühren nach den Sätzen für Aufseher, also mit 30 Pf. für die Stunde bis zum Höchstbetrage von 3 Mk. für den Kalendertag, zu berechnen, während das Doppelte dieser Sätze in Anwendung zu bringen ist, wenn der Zollpraktikant bei der einzelnen Amtshandlung die Dienstgeschäfte eines Assistenten oder eines Beamten von gleichem oder höherem Range wahrnimmt.

Nach denselben Grundsätzen ist künftig auch hinsichtlich der Steuersupernumerare zu verfahren, nachdem diesen Beamten der Tagegeldersatz von 6 Mk.[1]) gleichfalls zugebilligt worden ist (Erl. des FinMin. vom 11. August 1897, CBl. d. AV. S. 301).

4, Den Zoll- und Steuerbeamten ist künftig freie Fahrt auf den unter Staatsverwaltung stehenden Eisenbahnen nicht nur bei Reisen, die sie aus Anlaß der Umladung von unter Zollverschluß laufenden Eisenbahnwagen unternehmen (vergl. Erl. v. 15. Juli 1882, EVBl. S. 264), sondern für alle Dienstreisen zu gewähren, die von ihnen für Rechnung und im Interesse der Staatseisenbahnverwaltung ausgeführt werden ꝛc. (Erl. des Min. d. ö. Arb. v. 23. Mai 1898. EVBl. S. 166).

Abschrift zur Kenntnißnahme und weiteren Veranlassung. Ich weise hierbei darauf hin, daß nach den bestehenden Bestimmungen über die für außergewöhnliche Dienstleistungen der Zoll- und Steuerbeamten zu erhebenden Gebühren es den Gebührenpflichtigen allgemein gestattet ist, statt der Zahlung der Fuhrkosten für die angemessene Beförderung der Beamten selbst Sorge zu tragen (Erl. des FinMin. vom 4. Juni 1898, CBl. d. AV. S. 270).

III. Ministerium der geistlichen, Unterrichts- und Medizinalangelegenheiten.

a, Geistliche und Unterrichtsverwaltung.

1, **Superintendenten** erhalten bei Ausführung von Reisen in Staatsdienstangelegenheiten die im § 1 des Gesetzes vom 24. März 1873/21. Juni 1897 unter IV und im § 4 unter I. 1 und II. 1 vorgesehenen Sätze an Tagegeldern und Reisekosten (MinErl. vom 24. August 1877, MBl. f. d. i. V. S. 243).

2, Das Gesetz vom 24. März 1873, betreffend die Tagegelder und Reisekosten der Staatsbeamten, bezieht sich nur auf die den **unmittelbaren** Staatsbeamten aus der **Staatskasse** zu gewährenden Vergütungen. Es ist dies in der Begründung zu dem Gesetz, Einleitung ad 2, ausdrücklich ausgesprochen [2]) und dabei bemerkt worden, daß, wenn Personen, die nicht unmittelbare Staatsbeamte sind, mit Dienstgeschäften beauftragt werden,

---

[1]) Jetzt 8 Mk.
[2]) Siehe S. 2 Ziffer 2 d. W.

welche Reisen erfordern, die Vergütung der Vereinbarung vorbehalten bleibe, soweit nicht besondere Vorschriften bestehen.

In letzterer Beziehung bestimmt die Allerhöchste Ordre vom 6. Oktober 1837, daß den **Stellvertretern der Superintendenten**, wenn sie in dieser Eigenschaft Reisen zu machen haben, dieselben Diäten und Fuhrkosten gewährt werden können, welche dem Superintendenten selbst zustehen (MinErl. vom 20. April 1877, CBl. f. d. UV. S. 305).

3, Durch die Allerhöchste Ordre vom 25. September 1841 ist genehmigt worden, daß Geistlichen und Lehrern, wenn sie bei den Konsistorien, Provinzial-Schulkollegien und Regierungen zur Aushülfe oder zur Darlegung ihrer Qualifikation für die Verleihung einer Konsistorial- oder geistlichen und Schulrathsstelle versuchsweise beschäftigt werden, für die selbständige Ausrichtung kommissarischer, aus ihrer eigentlichen Amtsstellung nicht hervorgehender Aufträge die Tagegelder und Fuhrkosten nach den Sätzen der Räthe der 4. Rangklasse gewährt werden dürfen (MinErl. vom 20. April 1877, CBl. f. d. UV. S. 305).

4, Die den auswärtigen Mitgliedern der Prüfungskommissionen für Lehrer an Mittelschulen und für Rektoren, sowie für Lehrerinnen und Schulvorsteherinnen zu gewährenden Reisekosten und Tagegelder sind auf die Diäten- und Reisekostenfonds derjenigen Behörden zu übernehmen, deren Ressort das betreffende Mitglied angehört (MinErl. vom 24. August 1876, CBl. f. d. UV. S. 460).

5, Auf den Bericht vom 18. November v. Js. erwidere ich dem Königlichen Provinzial-Schulkollegium im Einverständniß mit dem Herrn Finanzminister, daß hinsichtlich der Gewährung von Tagegeldern und Reisekosten aus Staatsfonds die Vorsteher an Provinzial-Taubstummen-Anstalten den Beamten der Klasse V gleichzustellen und denselben daher nach Maßgabe der Verordnung vom 15. April 1876[1]), betreffend die Tagegelder und Reisekosten der Staatsbeamten, an Tagesdiäten 9 Mk., an Fuhrkosten pro km a, Landweg 40 Pf., b, Eisenbahn 13 Pf. und für Zu- und Abgang 3 Mk. zu gewähren sind.

Im vorliegenden Falle — Heranziehung von Vorstehern an Provinzial-Taubstummen-Anstalten zur staatlichen Prüfungskommission für Lehrer an Taubstummen-Anstalten in der dortigen Provinz — sind die Tagegelder und Reisekosten dieser Beamten aus dem Diäten- und Fuhrkostenfonds des Königlichen Provinzial-Schulkollegiums zu bestreiten (MinErl. vom 4. Januar 1894, CBl. f. d. UV. S. 265).

6, Auf den Antrag vom . . . bestimmen wir auf Grund des § 10 des Gesetzes vom 24. März 1873/28. Juni 1875 (GS. S. 122 bezw. 370), daß den Ortsschulinspektoren bei ihrer Vernehmung als Zeugen und Sachverständige gemäß § 14 der Gebührenordnung vom 30. Juni 1878 (RGBl. S. 173) Tagegelder und Reisekosten nach den Sätzen für Beamte der 5. Rangklasse zu gewähren sind (Erl. der Min. d. Fin. und der geistl. 2c. A. vom 21. Juni 1899, CBl. f. d. UV. S. 570; siehe auch Erl. des JustMin. vom 26. Juli 1899, JMBl. S. 243).

7, Der Herr Finanzminister hat sich auf Grund der Bestimmung im § 10 des Gesetzes vom 24. März 1873 (GS. S. 122) damit einverstanden erklärt, daß den wissenschaftlich gebildeten Gärtnern bezw. Garten-Inspektoren

---

[1]) Jetzt des Gesetzes vom 21. Juni 1897: Tagegelder 12 Mk.; Fuhrkosten a, 40 Pf.; b, 7 Pf.; Zu- und Abgang 2 Mk.

bei den botanischen Universitätsgärten ohne Rücksicht darauf, ob sie ein Lehramt bekleiden oder nicht, für Dienstreisen Tagegelder zum Satze von 9 Mk. (§ 1 Nr. V der Allerh. Verordnung vom 15. April 1876, GS. S. 107)[1]) und die entsprechenden Reisekostensätze gewährt werden (MinErl. vom 27. Januar 1892, CBl. f. d. UV. S. 375).

8, Auf den Bericht vom 21. Dezember v. Js. genehmige ich unter entsprechender Abänderung des Erlasses vom 20. April 1896 (CBl. S. 401), daß den noch nicht anstellungsfähigen, im Vorbereitungsdienste befindlichen Kandidaten des höheren Schulamts im Falle ihrer Verwendung zur Vertretung eines Lehrers an einer auswärtigen Anstalt für die Hin- und Rückreise Tagegelder und Reisekosten nach denjenigen Sätzen gewährt werden, welche den Beamten der Klasse VI nach den §§ 1 und 4 des Gesetzes vom 21. Juni 1897 zustehen.

Die Kosten sind auf die Kasse der Anstalt anzuweisen, bei welcher die Verwendung des Kandidaten zur Vertretung eines Lehrers stattgefunden hat. Einen in der Anstaltskasse hierdurch entstehenden Fehlbetrag würde ich bereit sein aus Centralfonds zu decken.

Uebrigens bemerke ich, daß diese Vergütungen nur aus Billigkeitsgründen gewährt werden. Ein Rechtsanspruch auf Tagegelder und Reisekosten nach Maßgabe der für die Dienstreisen von Staatsbeamten geltenden Bestimmungen steht den Kandidaten nicht zu (MinErl. vom 27. Februar 1899, CBl. f. d. UV. S. 363).

9, Im Einvernehmen mit dem Herrn Finanzminister trete ich dem Königl. Provinzial-Schulkollegium darin bei, daß die „fliegenden" Hülfslehrer bei der erstmaligen Zureise zu derjenigen **staatlichen** höheren Lehranstalt, bei welcher sie ständig zur Verfügung desselben stehen, Reisekosten und Tagegelder nicht zu beanspruchen haben; es sei denn, daß sie bereits an einer anderen **staatlichen** Anstalt remuneratorisch beschäftigt sind. In diesem Falle sind ihnen Reisekosten und Tagegelder nach denselben Sätzen zu gewähren, welche den etatsmäßigen wissenschaftlichen Hülfslehrern bei Dienstreisen zustehen. Das Gleiche gilt für Hin- und Rückfahrt bezüglich derjenigen Reisen, welche die „fliegenden" Hülfslehrer von ihrem Stationsorte aus an andere **staatliche** Anstalten auszuführen haben.

Die Reisekosten und Tagegelder der „fliegenden" Hülfslehrer sind in allen Fällen auf den Fonds Kap. 126 Tit. 3 anzuweisen.

Die Gewährung von Miethentschädigungen an die „fliegenden" Hülfslehrer ist nach §§ 3 und 4 des Umzugskostengesetzes unzulässig (Erl. d. Min. d. geistl. 2c. A. vom 18. Juli 1901, CBl. d. UV. S. 757).

b, Medizinalangelegenheiten.

1, Gesetz, betreffend die Dienststellung des Kreisarztes und die Bildung von Gesundheitskommissionen. Vom 16. September 1899 (GS. S. 172).

Wir Wilhelm, von Gottes Gnaden König von Preußen 2c., verordnen mit Zustimmung beider Häuser des Landtages Unserer Monarchie für den Umfang derselben, was folgt:

§ 1. Der staatliche Gesundheitsbeamte des Kreises ist der Kreisarzt.

Er ist der technische Berather des Landraths, in Stadtkreisen der Polizei-

[1]) Jetzt 12 Mk. gemäß § 1 Ziffer V des Gesetzes vom 21. Juni 1897.

behörde. Der Kreisarzt ist dem Regierungspräsidenten unmittelbar unterstellt. Der Stellvertreter des Kreisarztes in Behinderungsfällen oder bei Erledigung der Stelle wird von dem Regierungspräsidenten ernannt rc.

Die Kosten der Reisen, welche der Kreisarzt im Auftrage des Regierungspräsidenten oder des Landraths ausführt, fallen der Staatskasse zur Last.

§ 14. Die Kreisphysikats- und Kreiswundarztstellen werden aufgehoben. rc.

2, Auszug aus der Dienstanweisung für die Kreisärzte.
(Erl. des Min. d. geistl. rc. A. vom 23. März 1901, MBl. f. MA. S. 2.)

§ 1. Der Kreisarzt ist der staatliche Gesundheitsbeamte des Kreises und als solcher der technische Berather des Landraths, in Stadtkreisen der Polizeibehörde. Der Kreisarzt ist ferner der Gerichtsarzt seines Amtsbezirkes. Wo besondere Verhältnisse es erfordern, kann die Wahrnehmung der gerichtsärztlichen Geschäfte besonderen Gerichtsärzten übertragen werden. Die besonderen Gerichtsärzte werden als nicht vollbesoldete Kreisärzte angestellt.

§ 24. In Bezirken, in denen besondere Verhältnisse es erfordern, können vollbesoldete Kreisärzte angestellt werden. Der vollbesoldete Kreisarzt erhält:
1—2 rc.
3, Bei Dienstreisen Tagegelder und Reisekosten nach Maßgabe der gesetzlichen Bestimmungen.

§ 25. Der nicht vollbesoldete Kreisarzt erhält:
1—3 rc.
4, Reisekosten und Tagegelder nach Maßgabe der gesetzlichen Bestimmungen.

§ 26. Der Kreisarzt erhält bei Versetzungen neben den ihm für seine Person zustehenden Tagegeldern und Reisekosten Umzugskosten und Vergütung des Miethzinses nach Maßgabe der gesetzlichen Bestimmungen (vergl. Gesetz vom 24. Februar 1877, GS. S. 15, AusfErl. der Min. der Fin. und des Inn. vom 4. Mai 1877, Erl. des Min. der geistl. rc. A. vom 24. August 1877, MBl. f. d. i. V. S. S. 112, 242).

§ 31. Der Stellvertreter des Kreisarztes in Behinderungsfällen oder bei Erledigung der Stelle wird von dem Regierungspräsidenten ernannt. rc. Der Stellvertreter erhält für die Dauer der Stellvertretung bei Dienstreisen Tagegelder und Reisekosten rc., auf welche der Vertretene Anspruch gehabt haben würde.

§ 33. Dem Kreisarzte können ein oder mehrere kreisärztlich geprüfte Aerzte als Assistenten beigegeben werden. Die Kreisassistenzärzte werden von dem Minister der Medizinal-Angelegenheiten gegen Bezug einer von diesem festzusetzenden Remuneration auf Widerruf bestellt.

3, Nach Art. V Abs. 2 des Gesetzes, betreffend die Tagegelder und Reisekosten der Staatsbeamten, vom 21. Juni 1897 (GS. S. 195) finden die Bestimmungen dieses Gesetzes u. a. auf die Kreismedizinalbeamten so lange keine Anwendung, als die Besoldungsverhältnisse derselben nicht anderweit geregelt sein werden. Nachdem im Anschluß an die Ausführung des Gesetzes, betreffend die Dienststellung des Kreisarztes rc. vom 16. September 1899 (GS. S. 172) die Besoldungen dieser Beamten vom 1. April d. J. ab neu geregelt worden sind, hat zu diesem Zeitpunkte der gedachte Vorbehalt betreffs der Medizinalbeamten seine Erledigung gefunden. Die Kreismedizinalbeamten haben sonach vom 1. April d. Js. ab bei Dienstreisen in **medizinal- und sanitätspolizeilichen** Angelegenheiten Tagegelder und Reisekosten entsprechend den für die Staatsbeamten geltenden allgemeinen Bestimmungen, und zwar, wie ich im Einverständniß mit dem Herrn Finanzminister bemerke, sowohl die Kreisärzte als die Kreisassistenzärzte nach den für die Beamten der V. Rangklasse geltenden Sätzen zu erhalten.

Hinsichtlich der Dienstreisen in **gerichtsärztlichen** Angelegenheiten greift die Bestimmung in Art. V Abs. 1 des Gesetzes vom 21. Juni 1897 in Verbindung mit Art. I § 2,1 der Verordnung, betreffend die Tagegelder und die Reisekosten der Medizinalbeamten, vom 17. September 1876 (GS. S. 411) Platz. Demgemäß stehen den Kreis-, Gerichts- und Kreisassistenzärzten bei Dienstreisen in gerichtlichen Angelegenheiten Tagegelder und Reisekosten nach den folgenden Sätzen zu:

1, an Tagegeldern 9 Mk.,

2, an Reisekosten

a, bei Reisen, welche auf Eisenbahnen oder Dampfschiffen gemacht werden können, für das Kilometer 9 Pf. und für jeden Zu- und Abgang 3 Mk.,

b, bei Reisen, welche nicht auf Eisenbahnen, Kleinbahnen oder Dampfschiffen zurückgelegt werden können, für das Kilometer 50 Pf.

(Erl. des Min. d. geistl. 2c. A. v. 10. Mai 1901, MBl. f. MA. S. 93).

4, Um Ew. 2c. und Ihrem Regierungs- und Medizinalrath es zu ermöglichen, die Kreismedizinalbeamten Ihres Bezirks genau kennen zu lernen und durch mündliche Erläuterung wichtigerer medizinal- und sanitätspolizeilicher Erlasse und Verordnungen eine einheitliche Durchführung derselben herbeizuführen, sind in der Dienstanweisung für die Kreisärzte (§ 44 Abs. 3) Versammlungen der Kreisärzte und Kreisassistenzärzte der einzelnen Bezirke unter dem Vorsitz des zuständigen Regierungs- und Medizinalrathes behufs gemeinschaftlicher Berathung über gesundheitlich wichtige Fragen vorgesehen 2c. Schließlich bemerke ich, daß den außerhalb des zur Versammlung gewählten Ortes wohnenden Medizinalbeamten, welche an dieser dienstlichen Versammlung theilnehmen, Reisekosten und Tagegelder aus den Personalbedürfnißfonds der Regierung zu zahlen sind, und daß die Dauer der Versammlung auf einen Tag zu bemessen ist (Erl. d. Min. d. geistl. 2c. A. v. 4. Juli 1901, MBl. f. MA. S. 177).

5, Für die Wahrnehmung von gerichtsärztlichen Obduktionen in einer Entfernung von nicht weniger als zwei Kilometern von dem Wohnorte stehen den vollbesoldeten Kreisärzten nach Maßgabe meiner Verfügung vom 10. Mai d. Js. neben den Reisekosten Tagegelder in Höhe von 9 Mk. zu. Von den in derartigen Fällen etwa zur Erhebung gelangenden Obduktionsgebühren sind daher nur die über die Summe von 9 Mk. hinausgehenden Beträge an die Staatskasse abzuführen (Erl. d. Min. d. geistl. 2c. A. v. 30. Juli 1901, MBl. f. MA. S. 199).

6, Die Regierungs- und Medizinalräthe stehen in allen öffentlichen Dienstangelegenheiten den übrigen Mitgliedern der Regierungen gleich und können für besondere seitens der Regierungen, oberen Provinzialbehörden oder Ministerien ihnen ertheilte, am Wohnorte auszuführende und ausgeführte Aufträge eine besondere Remuneration weder nach Maßgabe des Diätenreglements noch der Medizinalpersonentaxe liquidiren (Erl. d. Min. d. geistl. 2c. A. u. d. Inn. v. 14. April 1852, abgedruckt in „Horn“ das preußische Medizinalwesen II. Theil S. 573).

7, Verordnung, betreffend die Errichtung einer ärztlichen Standesvertretung. Vom 25. Mai 1887 (GS. S. 169).

Wir Wilhelm, von Gottes Gnaden König von Preußen rc., verordnen auf den Antrag unseres Staatsministeriums, was folgt:

§ 1. Für jede Provinz ist eine Aerztekammer zu errichten. rc.

§ 2 rc.

§ 3 (in der Fassung der Verordnung vom 21. Juli 1892, GS. S. 222).

Zu den Sitzungen der Provinzial-Medizinalkollegien und der Wissenschaftlichen Deputation für das Medizinalwesen, in denen allgemeine Fragen oder besonders wichtige Gegenstände der öffentlichen Gesundheitspflege zur Berathung stehen, oder in denen über Anträge von Aerztekammern beschlossen wird, sind Vertreter der Aerztekammern mit voller Stimme zuzuziehen.

Jede Aerztekammer hat als Vertreter im Provinzial-Medizinalkollegium zwei, als Vertreter in der Wissenschaftlichen Deputation für das Medizinalwesen eins ihrer Mitglieder und für jedes gewählte Mitglied einen Stellvertreter zu wählen. Ob der Fall der Einberufung dieser Vertreter zu einer Sitzung vorliegt, bestimmt bei dem Provinzial-Medizinalkollegium dessen Vorsitzender, bei der Wissenschaftlichen Deputation für das Medizinalwesen der Minister der Medizinalangelegenheiten.

§ 4—10 rc.

§ 11. (in der Fassung des Art. I der Verordnung vom 20. Mai 1898, GS. S. 115). Den zu den Sitzungen der Provinzial-Medizinalkollegien und der Wissenschaftlichen Deputation für das Medizinalwesen von auswärts einberufenen Vertretern der Aerztekammern sind **Tagegelder und Reisekosten aus der Staatskasse** zu gewähren.

An Tagegeldern erhalten dieselben:

1, für die Theilnahme an den Berathungen der Wissenschaftlichen Deputation für das Medizinalwesen 18 Mk.
2, für die Theilnahme an den Sitzungen der Provinzial-Medizinalkollegien 15 Mk.

An Reisekosten sind ihnen die den Beamten der vierten Rangklasse zustehenden Sätze zu gewähren.

rc.

8, Gesetz, betreffend die ärztlichen Ehrengerichte, das Umlagerecht und die Kosten der Aerztekammern. Vom 25. November 1899 (GS. S. 565).

Wir Wilhelm, von Gottes Gnaden König von Preußen rc., verordnen mit Zustimmung beider Häuser des Landtages für den Umfang der Monarchie was folgt:

§ 1. Für den Bezirk jeder Aerztekammer wird ein ärztliches Ehrengericht, für den Umfang der Monarchie ein ärztlicher Ehrengerichtshof gebildet.

§ 2—6 rc.

§ 7. Das Ehrengericht besteht:

1, aus dem Vorsitzenden und drei Mitgliedern der Aerztekammer rc.
2, aus einem von dem Vorstande der Aerztekammer für die Dauer von sechs Jahren gewählten richterlichen Mitglied eines ordentlichen Gerichts rc.

Das richterliche Mitglied des Ehrengerichts erhält aus der Kasse der Aerztekammer neben einer Vergütung **Tagegelder und Reisekosten für Dienstreisen nach den ihm in seinem Hauptamte zustehenden Sätzen.**

Die Geschäfte des Ehrengerichts werden von den ärztlichen Mitgliedern unentgeltlich geführt; baare Auslagen werden ihnen jedoch erstattet, außerdem erhalten sie Tagegelder und Reisekosten nach den von der Aerztekammer zu bestimmenden Sätzen.

§ 43. Der Ehrengerichtshof besteht:

1, aus dem Leiter der Medizinalabtheilung des Ministeriums der Medizinalangelegenheiten oder in dessen Behinderung aus dem rechtskundigen Mitgliede dieser Abtheilung als Vorsitzenden,

2, aus vier Mitgliedern des Aerztekammerausschusses,

3, aus zwei anderen Aerzten.

2c.

Anmerkung:

1, Der Aerztekammerausschuß mit dem Sitze in Berlin wird aus Delegirten der Aerztekammern gebildet. Die Mitglieder der Ausschusses verwalten ihr Amt als Ehrenamt. (Vergl. die Verordnung vom 6. Januar 1896, GS. S. 1.)

2, Ueber die den Mitgliedern des Ehrengerichtshofes etwa zu gewährenden Tagegelder und Reisekosten enthält das Gesetz keine besondere Vorschrift, es kann aber angenommen werden, daß sie in dieser Beziehung den ärztlichen Mitgliedern der Ehrengerichte gleichzustellen sind.

IV. Ministerium für Handel und Gewerbe.

a, Aichungsbehörden.

1, Auszug aus der Aichgebühren-Taxe vom 28. Dezember 1884 (Besondere Beilage zu Nr. 5 des Reichsgesetzblatts für 1885).

Allgemeine Bestimmungen.

1—3, 2c.

4, Für Aichungsgeschäfte außerhalb der Amtsstelle, mögen dieselben auf dienstliche Anordnung oder auf Verlangen der Betheiligten vorgenommen werden, sind neben den taxmäßigen Gebühren [1]) durch die Aichungsbeamten zu berechnen:

a, an Diäten je nach der auf das Geschäft einschließlich der Hin- und Rückreise verwendeten Zeit:

für einen halben Tag (5 Stunden und weniger) . . 3,50 Mk.
bei längerer Zeitdauer für jeden Tag . . . . . . 7,00 „

b, die durch eine den Umständen angemessene Art der Hin- und Rückbeförderung erwachsenen Kosten;

c, die Auslagen für den Transport der zu dem Geschäfte erforderlichen technischen Hülfsmittel, sowie für die durch den Aichungsbeamten etwa beschaffte Arbeitshülfe.

Auf die Prüfungs- und Beglaubigungsgeschäfte der Aichungs-Aufsichtsbeamten finden die vorstehenden Bestimmungen unter a und b keine Anwendung.

5—6, 2c.

---

[1]) Für die Aichung 2c.

2, Nach den allgemeinen Bestimmungen der Aichgebührentaxe vom 28. Dezember 1884 unter Nr. 4 b sind für Aichungen außerhalb der Amtsstelle neben den taxmäßigen Gebühren auch die durch eine den Umständen angemessene Art der Hin- und Rückbeförderung erwachsenen Kosten mit zu berechnen. Mit dem Inhalte dieser Vorschrift steht es, wie die Kaiserliche Normal-Aichungskommission neuerdings in einer zur Aichgebührentaxe gegebenen Erläuterung (Mittheilungen der Kaiserl. Normal-Aichungskommission 1. Reihe, Nr. 4, S. 44) ausgesprochen hat, nicht im Widerspruch, wenn durch die zuständigen Landesbehörden für die Reisen der Aichungsbeamten allgemein Fuhrkostensätze eingeführt werden, welche als ein angemessener Ersatz für die Kosten der Beförderung, auch ohne besonderen Nachweis der letzteren in jedem Fall, zu gelten haben.

Mit Rücksicht auf die Schwierigkeiten, welche der rechnungsmäßige Nachweis der durch die Reisen der Aichungsbeamten erwachsenen baaren Auslagen, insbesondere im Verkehr mit öffentlichen Behörden erfahrungsmäßig mit sich bringt, ist dahin Anordnung getroffen worden, daß in Zukunft die Reisekosten der bei den **Königl.** Aichungsämtern angestellten Aichmeister für die außerhalb ihres dienstlichen Wohnsitzes ausgeführten Aichungen nach Maßgabe der Allerhöchsten Verordnung vom 15. April 1876 (GS. S. 107) und zwar nach den in Artikel I, § 4 Nr. I. 2[1]) und II. 2 bestimmten Sätzen zu berechnen sind, ein Nachweis der wirklich erwachsenen Kosten aber fernerhin nicht mehr stattfindet, es sei denn, daß erweislich höhere Reisekosten, als die durch die bezeichnete Verordnung festgesetzten, aufgewendet werden müssen (Art. I, § 4 Abs. 2 a. a. O.). Da es zweckmäßig erscheint, eine gleichmäßige Regelung der Angelegenheit auch für die bei den Gemeinde-Aichungsämtern angestellten Aichmeister herbeizuführen, bestimmen wir, daß künftig auch die letzteren befugt sein sollen, ihre Reisekosten für die außerhalb ihres dienstlichen Wohnsitzes ausgeführten Aichungen nach obigen für die Königlichen Aichmeister getroffenen Bestimmungen zu berechnen. Dabei bemerken wir ausdrücklich, daß bezüglich der Kosten für den Transport der Geräthschaften (Aichgebührentaxe, allgemeine Bestimmungen Nr. 4 c) hierdurch nichts geändert wird, daß vielmehr diese Kosten auch in Zukunft speziell zu berechnen und nachzuweisen sind, und daß es hinsichtlich der Berechnung der Tagegelder ausschließlich bei den Vorschriften der Aichgebührentaxe (allgemeine Bestimmungen Nr. 4 a) bewendet.

Ew. 2c. wollen die Vorstände der betheiligten Gemeinden des dortigen Verwaltungsbezirks demgemäß verständigen (Erl. der Min. f. H. u. G. und des Inn. vom 19. September 1887, MBl. f. d. i. V. S. 206).

3, Mit Rücksicht auf die Schwierigkeiten, die der rechnungsmäßige Nachweis der durch die Reisen der Aichungsbeamten erwachsenen baaren Auslagen mit sich bringt, ist durch Erlaß vom 19. September 1887 angeordnet, daß die Aichmeister bei den Königl. Aichungsämtern für die außerhalb ihres dienstlichen Wohnsitzes ausgeführten Aichungen als Ersatz der nach Nr. 4 b der Allgemeinen Bestimmungen der Aichgebührentaxe zu erhebenden Kosten der Beförderung Reisekosten nach Maßgabe der Allerhöchsten Verordnung vom 15. April 1876 zu berechnen haben. Nach Artikel V Abs. 1 des Gesetzes, betreffend die Tagegelder und Reisekosten der Staatsbeamten, vom 21. Juni v. Js. (GS. S. 193) ermäßigen sich die Tagegelder- und Reisekostensätze,

---

[1]) Jetzt nach den durch Gesetz vom 21. Juni 1897 abgeänderten Sätzen.

welche in den vor seinem Erlaß für einzelne Dienstzweige oder Dienstgeschäfte ergangenen besonderen gesetzlichen oder sonstigen Vorschriften über Dienstreisen der Beamten festgesetzt sind, soweit sie die in Artikel I des Gesetzes bestimmten Sätze überschreiten, auf den Betrag dieser letzteren. Demnach sind die Reisekosten der bei den **Königlichen Aichungsämtern angestellten Aichmeister** für die außerhalb ihres dienstlichen Wohnsitzes ausgeführten Aichungen nach Maßgabe des neuen Gesetzes zu berechnen.

Um eine gleichmäßige Regelung der Angelegenheit auch für die bei den **Gemeinde-Aichungsämtern angestellten Aichmeister** herbeizuführen, bestimmen wir, daß auch die letzteren befugt sein sollen, ihre Reisekosten für die außerhalb ihres dienstlichen Wohnsitzes ausgeführten Aichungen nach den für die Königl. Aichmeister bestehenden Bestimmungen zu berechnen.

Im übrigen bewendet es hinsichtlich der Tagegelder bei dem Erlaß vom 19. September 1887 (Erl. der Min. des Inn. und f. H. u. G. vom 23. Februar 1898, EVBl. S. 92).

4, Nach einem vorliegenden Berichte ist es beanstandet worden, daß die Aichungsbeamten bei der Reisekostenberechnung für die Aichung festfundamentirter Waagen auf Bahnhöfen dann **zwei** Zu- und Abgänge berechneten, wenn sie zur Erreichung der Revisionsstelle das Bahngebiet verlassen und außerhalb desselben vorhandene Wege benutzt hatten.

Nach den Bestimmungen unter C. 3 der „Zusammenstellung einiger Grundsätze, nach welchen bei Berechnung der Reise- und Umzugskosten der Reichsbeamten zu verfahren ist", in Verbindung mit dem Staatsministerialbeschluß vom 13. Mai 1884 (MBl. f. d. i. V. S. 107) hat ein Beamter keinen Anspruch auf die Zu- und Abgangsgebühr, wenn er den Bahnhof Dienstgeschäfte halber zu verlassen nicht genöthigt ist.

Daß eine Nöthigung hierzu vorliegt, ist namentlich auf kleinen Bahnhöfen dann nicht anzunehmen, wenn der Aichungsbeamte von einem mit dem Dienst und den örtlichen Verhältnissen vertrauten Betriebsbeamten bis zur Revisionsstelle über das Bahngebiet geleitet wird. Dagegen ist auf ausgedehnten Bahnhöfen mit starkem Verkehr anzuerkennen, daß selbst die Führung durch einen kundigen Bahnbeamten nicht alle Gefahren auszuschließen vermag. In solchen Fällen ist daher das Verlassen des Bahngebiets als gerechtfertigt und der Anspruch auf die Ab- und Zugangsgebühr als begründet anzusehen, wenn durch Benutzung von Wegen außerhalb des Bahngebietes die Gleisüberschreitungen und damit die Unfallgefahr vermieden oder erheblich vermindert worden sind (MinErl. vom 25. Januar 1900, MBl. f. d. i. V. S. 96, EVBl. S. 100).

5, Wenngleich die Königlichen Aichmeister ohne weiteres zur Theilnahme an den polizeilichen Maß- und Gewichtsrevisionen verpflichtet werden können, so liegen diese Amtshandlungen doch so außerhalb ihres eigentlichen Geschäftskreises, daß es billig erscheint, ihnen, ebenso wie den Gemeinde-Aichmeistern, eine Vergütung dafür zu gewähren. Es empfiehlt sich jedoch, solche stets vorher zu vereinbaren. Diäten nach Maßgabe der Aichgebührentaxe dafür zu liquidiren, sind die Aichmeister nicht berechtigt, da es sich dabei nicht um aichamtliche Geschäfte im eigentlichen Sinne, sondern um eine Mitwirkung bei polizeilichen Amtshandlungen handelt. Immerhin können diese Sätze eine Grundlage abgeben für die Bemessung der Vergütung, die jedoch keineswegs für jeden Tag der Revisionsthätigkeit festgesetzt zu werden braucht, sondern am besten in einer Bauschsumme für einen ganzen Ortspolizeibezirk bemessen wird. Daneben haben die Aichmeister Anspruch auf Ersatz der durch den Transport der Geräthe ihnen erwachsenden baaren Auslagen, die entweder auf Nachweis zu ersetzen oder für die im voraus eine Bauschvergütung zu gewähren ist.

Bei Reisen zur Vornahme von Maß- und Gewichtsrevisionen außerhalb ihres Wohnortes stehen den Aichmeistern außerdem auch die gesetzlichen Tagegelder und Reisekosten zu und zwar für die gesammte Zeit der Abwesenheit von ihrem Wohnsitz (MinErl. vom 8. Juni 1899, MBl. f. d. i. V. S. 96).

6, Den Aichmeistern — und zwar nicht nur den Königlichen, sondern auch den Gemeinde-Aichmeistern — kann die Theilnahme an den polizeilichen Maß- und Gewichtsrevisionen, die sie neben ihren sonstigen Dienstobliegenheiten ausüben, nicht wohl ohne besondere Entschädigung zugemuthet werden. Die Abmessung der Entschädigung unterliegt freier Vereinbarung. Begnügen sich die Aichmeister bei Revisionen außerhalb ihres Wohnorts mit den Tagegeldern und Reisekosten, so ist dagegen nichts einzuwenden. Ohne weiteres können aber diese Vergütungen, die als Ersatz für Aufwendungen auf der Reise dienen sollen, nicht auch zugleich als Entschädigung für die nebenamtliche Revisionsthätigkeit gelten, wennschon es andererseits zweifellos gerechtfertigt ist, bei der Bemessung der Entschädigung für Revisionen außerhalb des Wohnsitzes des Aichmeisters darauf Rücksicht zu nehmen, daß bereits Tagegelder und Reisekosten gewährt werden.

Es erscheint auch mir zweckmäßig, wenn mit den Aichmeistern vereinbart wird, daß sie das gesammte Revisionsgeschäft eines Bezirks gegen eine Bauschsumme, die die Vergütungen für die Mühewaltung, für die Reisekosten ꝛc. und für die Kosten des Transports der Instrumente umfaßt, übernehmen (MinErl. vom 18. Juli 1899, MBl. f. d. i. V. S. 117).

7, Den Aichmeistern sind für die Revision der **Geschäftsübersichten** der Aichungsämter sowie der **Verzeichnisse** der ausgeführten polizeilichen und technischen Revisionen der Maaße und Gewichte besondere Entschädigungen nicht zu gewähren, da diese Revisionen innerhalb des Rahmens der dienstlichen Pflichten der bei den Aichungsämtern angestellten Beamten (Aichmeister und Rechnungsführer) liegen (MinErl. vom 21. Mai 1895, A. 2119).

b, Gewerbliches Unterrichtswesen.

Prüfungskommissionen für Seeschiffer.

1, Den **ortsangehörigen** schifffahrtskundigen Mitgliedern der Kommissionen zur Prüfung der Seeschiffer, Seesteuerleute, See- und Binnenlootsen, mit Ausnahme jedoch solcher Mitglieder, welche, wie die Navigationsschul-, Hafen-, Lootsen- ꝛc. Beamten ein besoldetes Staatsamt bekleiden, ist für jeden Tag, an welchem sie vom Vorsitzenden der Kommission zum Prüfungsakte herangezogen worden sind, eine Prüfungsgebühr von 9 Mk. zu gewähren. Die betreffenden Ausgaben sind bei Kapitel 70 Tit. 5[1]) des Etats der Handels- und Gewerbeverwaltung zu verrechnen (MinErl. vom 13. März 1879, IV. 3041).

---

[1]) Jetzt bei Kapitel 69 Titel 6 des Etats der Handels- und Gewerbeverwaltung.

2, Daß denjenigen nichtbesoldeten technischen Mitgliedern der Navigations- und Lootsen-Prüfungskommissionen, welche wegen der geringen Entfernung ihres Wohnortes vom Prüfungsorte den bestehenden Grundsätzen gemäß Reisekosten und Tagegelder nicht erhalten, im Sinne des Erlasses vom 13. v. Mts. (IV. 3041) als dem Prüfungsorte angehörig und daher als zum Empfange der durch diesen Erlaß eingeführten Prüfungsgebühr berechtigt anzusehen sind, kann, wie der Königlichen Regierung auf den Bericht vom 21. v. Mts. erwidert wird, einem begründeten Zweifel nicht unterliegen. Anderenfalls würden solche Kommissionsmitglieder ungünstiger gestellt sein, als die eigentlich ortsangehörigen, obgleich ihnen größere Unbequemlichkeiten und selbst Kosten aus der Wahrnehmung ihrer Funktionen erwachsen können ꝛc. (MinErl. vom 20. April 1879, Nr. 3775).

3, Auf den Bericht vom 15. Februar d. Js. genehmige ich im Einverständniß mit dem Herrn Finanzminister, daß die Vergütungen, die die technischen Mitglieder der Schiffer-, Steuermanns- und Lootsenprüfungskommissionen für die Betheiligung an den Prüfungen an Tagegeldern und Reisekosten beziehen, fortan nach den den Navigationslehrern zustehenden Sätzen der Beamten der 5. Rangklasse berechnet werden (MinErl. vom 5. Mai 1893, C. 3531).

4, Den technischen Mitgliedern der Schiffer-, Steuermanns- und Lootsen-Prüfungskommissionen stehen für die Betheiligung an den Prüfungen Tagegelder und Reisekosten nach den Sätzen der Beamten der 5. Rangklasse zu (MinErl. vom 5. Mai 1893).

Bei den am Prüfungsorte wohnhaften Mitgliedern tritt die Kürzung gemäß § 1 Abs. 3 des Gesetzes vom 21. Juni 1897 ein, da diese nicht auswärts übernachten brauchen (MinErl. vom 6. Juni 1898 C. 3899).

5, ꝛc. Künftig sind die Reisekosten und Tagegelder, die aus Anlaß der Theilnahme eines Navigationslehrers an einer Schiffer- oder Steuermannsprüfung zu zahlen sind, beim Etat derjenigen Schule zu verrechnen, bei der die Prüfung abgehalten worden ist (MinErl. vom 27. Mai 1895, C. 4018).

6, Aerzte erhalten für die Theilnahme an den Prüfungen über die Gesundheitspflege auf Kauffahrteischiffen die gleichen Vergütungen, wie die übrigen technischen Mitglieder der Schiffer- ꝛc. Prüfungskommissionen (MinErl. vom 24. März 1899, C. 1922).

Prüfungskommissionen für Seedampfschiffsmaschinisten.

7, Zufolge § 8 der unterm 30. Juni d. Js. im Centralblatt für das Deutsche Reich (S. 427) veröffentlichten Vorschriften des Bundesraths über den Nachweis der Befähigung und über das Verfahren bei den Prüfungen der Maschinisten auf deutschen Seedampfschiffen sind von den Landesregierungen Kommissionen zur Abnahme der Maschinistenprüfungen erster, zweiter und dritter Klasse in der dort vorgeschriebenen Zusammensetzung zu bestellen. ꝛc.

Als Entschädigung für die Mühewaltung, abgesehen vom Ersatze etwaiger Reisekosten, dürften dem Vorsitzenden 12 Mk. und den übrigen Mitgliedern 9 Mk. für jeden Tag, an dem ihre Thätigkeit in Anspruch genommen worden ist, zu bewilligen sein ꝛc. (MinErl. vom 7. August 1879, Nr. 7932).

Anmerkung: Die oben erwähnten Vorschriften von 1879 sind aufgehoben und ersetzt durch die Vorschriften über den Befähigungsnachweis und die Prüfung der Maschinisten auf Seedampfschiffen der deutschen Handelsflotte vom 26. Juli 1891 (RGBl.

S. 359). Die neue Vorschrift enthält jedoch über die Gewährung von Vergütungen an die Kommissionsmitglieder ebensowenig Festsetzungen, wie die aufgehobene; diese Festsetzungen sind mithin Sache der Landesregierungen geblieben.

8, Die Königliche Regierung benachrichtige ich, daß die wegen Prüfung und Zulassung der Maschinisten für deutsche Seedampfschiffe entstehenden Einnahmen und Ausgaben bei den nachbenannten Positionen des Handels- und Gewerbeetats und zwar unter besonderer Nummer oder litera mit dem Rubrum „unmittelbar bei der Regierungshauptkasse" zu verrechnen sind.

1, 2c.

2, die Entschädigung der Mitglieder der Prüfungskommissionen für ihre Mühewaltung (12 Mk. an den Vorsitzenden, 9 Mk. an die sonstigen Mitglieder für jeden Prüfungstag, an dem ihre Thätigkeit in Anspruch genommen wird), die Reisekosten derselben 2c. bei Kapitel 70 Titel 5 (künftig Kapitel 69 Titel 6).

3, 2c. (MinErl. vom 25. März 1880, Nr. 3167.)

9, Auf den Bericht vom 24. v. Mts. erwidere ich der Königlichen Regierung, daß der den Vorsitzenden und Mitgliedern der Kommissionen zur Prüfung der Seedampfschiffsmaschinisten für jeden Tag, an dem ihre Thätigkeit durch die Betheiligung an der letzteren in Anspruch genommen worden ist, zugebilligte Bezug von 12 Mk. bezw. 9 Mk. eine Entschädigung für die Mühewaltung bei der Prüfung bildet, mithin unabhängig davon eintritt, ob nebenher nach den darüber bestehenden besonderen Vorschriften noch ein Bezug von Tagegeldern oder Reisekosten stattfindet (MinErl. vom 18. Februar 1883, Nr. 1429).

10, Auf den gefl. Bericht vom 14. d. Mts. erwidere ich Ew. 2c., daß die den Mitgliedern der Kommissionen zur Prüfung der Seedampfschiffsmaschinisten für jeden Tag, an dem ihre Thätigkeit in Anspruch genommen, außer den etwaigen Reisekosten zu zahlenden 9 Mk. zufolge des diesseitigen Cirkularerlasses vom 7. August 1879 eine Entschädigung für die ihnen verursachte Mühewaltung bildet. Diese Entschädigung ist für alle Mitglieder gleich hoch und unabhängig von dem ihnen bei etwaigen Reisen zukommenden Tagegeldersatze.

Es kann daher dem Gesuche des Marine-Oberingenieurs N., mit Rücksicht auf die eingetretene Erhöhung seiner Reisetagegelder auch jene Entschädigung zu erhöhen, nicht stattgegeben werden (MinErl. vom 29. Dezember 1881, Nr. 13140).

11, Nachdem ich im Einverständnisse mit dem Herrn Reichskanzler beschlossen habe, den die Schifferprüfung für große Fahrt ablegenden Seesteuerleuten und den bereits zugelassenen Seeschiffern Gelegenheit zu geben, sich einer freiwilligen mündlich-praktischen Prüfung in der Schiffsdampfmaschinenkunde zu unterziehen und über deren befriedigende Ablegung ein Prüfungszeugniß zu erwerben, lasse ich anbei eine Ausfertigung meiner bezüglichen Bekanntmachung vom heutigen Tage nebst Anlage mit dem Ersuchen anschließen, dieselbe durch — geeignetenfalls zu wiederholenden — Abdruck im dortigen Amtsblatte zu öffentlicher Kenntniß zu bringen.

Behufs Abnahme dieser Prüfungen werden die Prüfungskommissionen für Schiffer auf großer Fahrt durch je ein im Maschinenfache kundiges Mitglied verstärkt, welches dafür ein Tagegeld von 9 Mk. und vorkommendenfalls Reisekosten nach den Sätzen für Navigationslehrer erhält (MinErl. vom 10. April 1889, C. 1851).

Prüfungskommissionen für Elbschiffer.

12, Auf den gefl. Bericht vom 28. v. Mts. will ich genehmigen, daß den Beisitzern der Elbschiffer-Prüfungskommissionen für die außerhalb ihres Wohnsitzes erfolgende Theilnahme an den **ordentlichen** Prüfungen neben entsprechenden Reisekosten eine Entschädigung von 9 Mk. und bei **außerordentlichen** Prüfungen eine solche von 6 Mk. gewährt werde.

Gleichzeitig ermächtige ich Sie, die durch die Prüfungsgebühren nicht gedeckten Kosten bei Kapitel 69 Titel 6 des Etats der Handels- und Gewerbeverwaltung, soweit erforderlich als Mehrausgabe, verrechnen zu lassen [1]) (MinErl. vom 12. September 1891, C. 5327).

Anmerkung:

1, Die Elbschiffer-Prüfungskommissionen (in Torgau, Magdeburg, Tangermünde, Wittenberge, Hitzacker, Lauenburg, Thorn, Wettin a. S. und Groß-Neuendorf (Kreis Lebus) bestehen nach § 3 Abs. 2 der „Vorschriften über die Zulassung (Patentirung) als Elbschiffer" vom 27. Dezember 1890 aus

a, dem Bezirks-Wasserbauinspektor als Vorsitzenden,

b, zwei Schiffahrtskundigen, die von dem Chef der Elbstrombauverwaltung widerruflich bestellt werden.

Von diesen bezieht der Vorsitzende die gesetzlichen Tagegelder und Reisekosten, die Beisitzer die durch den vorstehend abgedruckten Erlaß vom 12. September 1891 festgesetzten Entschädigungen (bei Wettin a. S. jedoch nur, soweit die aufkommenden Prüfungsgebühren dies gestatten).

2, Für die behufs Abhaltung der Schlußprüfungen an den außerhalb des Sitzes der Kommissionen bestehenden Schifferschulen ausgeführten Reisen erhält jeder betheiligte Beisitzer auf Grund der Verfügung des Chefs der Elbstrombauverwaltung (Oberpräsidenten der Provinz Sachsen) vom 5. November 1891, B. 6584 Reisekosten nach den im § 4 des Gesetzes vom 24. März 1873/21. Juni 1897 für die Beamten der Klasse VI vorgesehenen Sätzen, also 7 Pf. für das km Eisenbahn oder Dampfschiff nebst 2 Mk. für den Zu- und Abgang oder bei Landwegen 40 Pf. für das km.

13, Die für die Beisitzer der Elbschiffer-Prüfungskommissionen festgesetzten Entschädigungen sind ihnen auch für die Prüfungen **an ihrem Wohnsitze** zu zahlen und die dadurch etwa entstehenden Mehrausgaben, wie im Erlasse vom 12. September 1891 bestimmt, zu verrechnen (MinErl. vom 15. Oktober 1891, C. 5925).

14, Auf den Bericht vom 4. d. Mts. genehmige ich, daß auf Grund der Vorschriften vom 27. Dezember 1890 in Wettin a. S. eine Kommission zur Abnahme von Elbschifferprüfungen errichtet werde 2c.

Den Beisitzern der Prüfungskommission kann, soweit die eingehenden Gebühren dies nach Deckung sonst entstehender Ausgaben gestatten, für die Theilnahme an den ordentlichen Prüfungen eine Entschädigung von 9 Mk. und bei außerordentlichen Prüfungen eine solche von 6 Mk. gewährt werden (MinErl. vom 18. Februar 1899, C. 1240).

Prüfungskommissionen für Schornsteinfeger.

15, Im Einverständniß mit dem Herrn Finanzminister setze ich vom 1. April k. Js. ab die Gebühren, welche für die Prüfung vor einer staatlich einge-

---

[1]) Nach dem Vermerk bei Kap. 69 Titel 6 des Staatshaushaltsetats (Etat der Handels- und Gewerbeverwaltung) für das Etatsjahr 1902 kommt zu Ausgaben für die Elbschifferprüfungen nur der Betrag der wirklich eingehenden Prüfungsgebühren zur Verwendung.

setzten Prüfungskommission für Bezirks-Schornsteinfeger von den Prüflingen zu entrichten sind, auf je 20 Mk. und die den Mitgliedern der Prüfungskommissionen für die Theilnahme an den Prüfungen für den Prüfungstag zu gewährende Entschädigung auf 12 Mk. für die Vorsitzenden und auf 6 Mk. für die Beisitzer fest.

Ferner bestimme ich im Einverständniß mit dem Herrn Finanzminister, daß die Einnahmen und Ausgaben der vorbezeichneten Prüfungskommissionen von dem gedachten Zeitpunkte ab — also zuerst für das Etatsjahr 1898/99 — sämmtlich bei den Königlichen Regierungs-Hauptkassen (bei Berlin: bei der Königlichen Polizei-Hauptkasse) in deren Rechnungen von den Fonds der Handels- und Gewerbe-Verwaltung nachzuweisen sind 2c.

Die Einnahmen sind bei Kapitel 29 Titel 7 der Einnahme und die Ausgaben bei Kapitel 68 Titel 2 der Ausgabe zu verrechnen und in den Abschlüssen unter besonderen Positionen aufzuführen (MinErl. vom 14. Juli 1897, MBl. f. d. i. V. S. 221).

16, In Ergänzung des Erlasses vom 14. Juli 1897 (MBl. f. d. i. V. S. 221) bestimme ich im Einverständniß mit dem Herrn Finanzminister, daß den auswärtigen Mitgliedern der Prüfungskommission für Schornsteinfeger außer der ihnen für die Theilnahme an den Prüfungen zustehenden festen Entschädigung ein Ersatz der Reisekosten nach den Vorschriften der Gebührenordnung für Zeugen und Sachverständige vom 30. Juni 1878 (RGBl. S. 173) gewährt wird. Die erwachsenden Ausgaben dürfen indessen die Einnahmen aus den Prüfungsgebühren nicht überschreiten.

Gleichzeitig ersuche ich Sie, wenn irgend angängig, ausschließlich Schornsteinfeger, welche am Sitze der Prüfungskommission wohnen, zu Mitgliedern zu ernennen (MinErl. vom 19. September 1900, MBl. f. d. i. V. S. 241).

17, Im Einverständniß mit dem Herrn Finanzminister bestimme ich, daß den auswärtigen Beisitzern der Prüfungskommissionen für Schornsteinfeger die durch Erlaß vom 19. September d. Js. (MBl. f. d. i. V. S. 241) zugebilligten Reiseentschädigungen auch dann zu zahlen sind, wenn diese mit den übrigen Kosten der Prüfung in den aufkommenden Gebühren eine Deckung nicht finden.

Mehrausgaben, die dadurch entstehen, daß wegen zu geringer Zahl der Prüflinge die durch Erlaß vom 14. Juli 1897 (MBl. S. 221) festgesetzten Vergütungen aus den Einnahmen nicht gedeckt werden können, sind nach wie vor zulässig (MinErl. vom 17. November 1900, MBl. f. d. i. V. 1901 S. 13).

Fachschulen.

18, Es hat sich das Bedürfniß ergeben, die Kosten der Abgangsprüfungen an den Baugewerkschulen, also die den Mitgliedern der Prüfungskommissionen zu gewährenden Tagegelder und Reisekostenentschädigungen, die nach Maßgabe der Bestimmungen in § 13 der Prüfungsordnung vom 6. September 1882[1]) festzusetzen sind, künftig für die Baugewerkschulen gleichmäßig zu reguliren. Hierzu bemerke ich ergebenst, daß die Kosten für die Abgangsprüfungen ohne Rücksicht darauf, wie hoch sich die jedesmaligen Einnahmen an Prüfungsgebühren belaufen, unverkürzt auf die

[1]) Siehe hierzu die Anmerkung zu Ziffer 20.

Anstaltskasse übernommen werden können. Dementsprechend sind auch in den Anstaltsetats die etatsmäßigen Beträge abgesondert von den übrigen Ausgaben des betreffenden Titels vor der Linie vermerkt und es ist dabei im übrigen von neuem zum Ausdruck gebracht worden, daß, was schon früher bestimmt war, dem Direktor und den Lehrern der Anstalt eine Vergütung für die Theilnahme an den Prüfungen nicht zu gewähren ist. Dies vorausgeschickt, versteht es sich von selbst, daß auch der Kommissar der Staatsregierung, sowie das vom Kuratorium der Schule gewählte Mitglied für ihre Mühewaltung am Orte ihres dienstlichen Wohnsitzes Tagegelder oder sonst eine Vergütung nicht erhalten können. Ist ihre Thätigkeit zu dem Zwecke außerhalb ihres dienstlichen Wohnsitzes erforderlich, so erhalten sie die reglementsmäßigen Tagegelder und Reisekosten, und zwar der Kommissar des Staats aus der Staatskasse bezw. aus dem Diäten- und Fuhrkostenfonds der betreffenden Regierung. Es kommen somit allein die der Prüfungskommission angehörenden drei Baugewerksmeister[1]) in Betracht und zwar handelt es sich bei den diesen zu gewährenden Entschädigungen, abgesehen von etwaigen Reisekostenvergütungen, nicht nur um die Zeit ihrer Beschäftigung während der Prüfung selbst, sondern auch um die Zeit, die sie auf die sorgfältige Durchsicht und Beurtheilung der vorher von den Examinanden eingereichten schriftlichen Arbeiten verwenden. Es erscheint der Billigkeit zu entsprechen, den bei der Prüfung betheiligten Baugewerksmeistern, abgesehen von etwaigen Reisekostenvergütungen, die in der Erstattung baarer Auslagen bestehen, mit Rücksicht auf die ihnen erwachsende Versäumniß in ihren Baugeschäften, für ihre ganze vorher erwähnte Thätigkeit eine Vergütung zu gewähren, die bei den Baugewerkschulen in den größeren Städten, also in Breslau, Magdeburg und Posen auf 12 Mk., bei den Baugewerkschulen in den übrigen Städten aber auf 9 Mk. für den Tag festzusetzen sein wird. Soweit jedoch in Idstein Baugewerksmeister aus Frankfurt a. M. und Wiesbaden mitwirken, wird ihnen gleichsfalls der höhere Betrag zu gewähren sein.

Ew. ꝛc. ersuche ich, sich zunächst über die Angemessenheit der Beträge zu äußern (MinErl. vom 27. Juni 1892, E. 2285, MBl. d. H. u. GV. 1901 S. 207).

19, Auf den gefl. Bericht vom . . . will ich in Betreff der Kosten der Abgangsprüfungen an den Baugewerkschulen nunmehr genehmigen, daß nach Maßgabe meines Erlasses vom 27. Juni d. Js. bei der dortigen Baugewerkschule den als Mitglieder der Prüfungskommission angehörenden Baugewerksmeistern mit Rücksicht auf die ihnen erwachsende Versäumniß in ihren Berufsgeschäften für die Zeit ihrer Thätigkeit während der Prüfung selbst, sowie auch für die Zeit, die sie auf die sorgfältige Durchsicht und Beurtheilung der vorher von den Prüflingen eingereichten schriftlichen Arbeiten verwenden, eine Vergütung von 12 Mk. für den Tag aus der Schulkasse gezahlt wird und ihnen außerdem die durch die Reisen erwachsenden baaren Auslagen erstattet werden.

An die Herren Regierungspräsidenten zu B., B., M. und P. (MinErl. vom 13. September 1892, E. 3019, MBl. d. H. u. GV. für 1901 S. 207).

20, Ich übersende Ihnen anbei Abschrift der Erlasse vom 27. Juni und 13. September 1892 (E. 2285 und 3019), durch welche die den Mit-

---

[1]) Nach der Prüfungsordnung für die Preußischen Baugewerkschulen vom 1. Februar 1902 gehören dem Prüfungsausschuß nur noch zwei Baugewerksmeister an.

gliedern der Prüfungskommissionen an den Baugewerkschulen zu gewährenden Tagegelder und Reisekostenentschädigungen geregelt sind.

Zu den baaren Auslagen, die hiernach den auswärtigen Baugewerksmeistern aus Anlaß ihrer Theilnahme an den Prüfungen zu erstatten sind, gehören neben den Vergütungen für Versäumniß im Geschäft nur die Kosten der Hin- und Rückfahrt auf der Eisenbahn in zweiter Wagenklasse und etwaige Auslagen für Droschkenfahrten nach und von der Eisenbahn. Als Vergütung für Versäumniß im Geschäft sind den Baugewerksmeistern, die an den Prüfungen der dortigen Baugewerkschule theilnehmen, für jeden Tag der Versäumniß 12 Mk. aus der Schulkasse zu zahlen.

An den Herrn Regierungspräsidenten in H. (MinErl. vom 17. August 1901, MBl. d. H. u. GV. S. 206).

Anmerkung: Die Prüfungsordnung für die Preußischen Baugewerkschulen vom 6. September 1882 ist aufgehoben und durch diejenige vom 1. Februar 1902 (MBl. d. H. u. GV. S. 88) ersetzt. Nach § 2 der letzteren werden den an der Prüfung theilnehmenden Baugewerksmeistern bezw. den Tiefbauunternehmern (es gehören zu dem Prüfungsausschuß für die Hochbau- und Steinmetzabtheilung zwei Baugewerksmeister, zu demjenigen für die Tiefbauabtheilung ein Tiefbauunternehmer) die baaren Auslagen für Eisenbahn- oder Wagenfahrt ersetzt und **allgemein** Tagegelder von 12 Mk. gewährt.

c, Seeämter.

21, Auf den Bericht vom 5. d. Mts. wird Ew. rc. unter Bezugnahme auf § 19 des Reichsgesetzes über die Untersuchung der Seeunfälle vom 27. Juli 1877 (RGBl. S. 549) bezw. § 84 der Reichsstrafprozeßordnung vom 1. Februar 1877 (RGBl. S. 253) ergebenst erwidert, daß mit dem Inkrafttreten der Gebührenordnung für Zeugen und Sachverständige vom 30. Juni 1878 (RGBl. S. 173) die Bestimmungen derselben auch auf die Entschädigung der in seeamtlichen Untersuchungen als **Sachverständige** zugezogenen **öffentlichen Beamten** Anwendung finden (MinErl. vom 10. April 1879, Nr. 2996).

Anmerkung: Sämmtliche Kosten des Verfahrens vor den Seeämtern sind in allen Fällen vom Staate zu tragen (Begründung zum § 27 des Gesetzes vom 27. Juli 1877, Reichstagsdrucksachen 1877, 1. Band Nr. 4).

22, Nachdem im Einverständnisse mit dem Herrn Finanzminister festgestellt worden ist, daß den Beisitzern der Seeämter die für die Beamten der 4. und 5. Rangklasse in den §§ 1 und 4 der Königlichen Verordnung vom 15. April 1876 (GS. S. 107)[1]) festgesetzten Sätze an Tagegeldern und Reisekosten gewährt und daß auch den ortsangehörigen Seeamtsbeisitzern Tagegelder und zwar in Höhe von 9 Mk. für jeden Sitzungstag gezahlt werden sollen, setze ich das rc. hiervon behufs der gefl. weiteren Veranlassung in Kenntniß. (MinErl. vom 31. März 1878, IV. 4570).

23, Nachdem Zweifel darüber entstanden sind, **wann** im Sinne des diesseitigen Erlasses vom 31. März 1878, betreffend die Reisekosten und Tagegelder der Beisitzer der Seeämter, ein Beisitzer als ortsangehörig zu gelten und lediglich Tagegelder in Höhe von 9 Mk. zu beanspruchen hat, bestimme ich im Einverständnisse mit dem Herrn Finanzminister zur Ausschließung

---

[1]) Jetzt des Gesetzes vom 21. Juni 1897.

dieser Zweifel, daß die während der Sitzungen eines Seeamts an dessen Sitze wohnenden oder anwesenden Beisitzer nur den Tagegeldsatz von 9 Mk., die anderswo wohnenden oder vom Seeamtssitze abwesenden Beisitzer aber den Satz von 12 Mk. sowie Reisekosten zu beziehen haben sollen (MinErl. vom 24. August 1889, C. 4279).

24, Die in dem Erlasse vom 31. März 1878 über die Gewährung von Tagegeldern an Seeamtsbeisitzer getroffenen Bestimmungen beziehen sich vornehmlich auf Privatpersonen und finden auf Beamte nur insoweit Anwendung, als auch sie für ihre Theilnahme als Beisitzer der Seeämter selbst dann Tagegelder erhalten, wenn sie ihren dienstlichen Wohnsitz am Sitze des Seeamts haben. Im übrigen gelten für sie die gesetzlichen Bestimmungen über Tagegelder und Reisekosten, so daß dem Hafenmeister A. zu B. als Beisitzer des dortigen Seeamts nur der ihm nach seinem Rangverhältniß zustehende Tagegeldersatz von 6 Mk.[1]) gewährt werden kann (Erl. der Min. für Handel und Gewerbe und der Finanzen vom 25. Februar 1893, C. 1088, M. f. H. I. 1796 FM.).

V. Ministerium des Innern.

a, Oberpräsidien, Regierungen, landräthliche Behörden und Aemter.

1, Die gewählten Mitglieder der Bezirksverwaltungsgerichte und deren Stellvertreter erhalten Tagegelder und Reisekosten nach den für Staatsbeamte der vierten Rangklasse bestehenden gesetzlichen Bestimmungen (§ 15 des Gesetzes vom 3. Juli 1875, GS. S. 375).

2, Da nach § 15 des Gesetzes vom 3. Juli 1875, betreffend die Verfassung der Verwaltungsgerichte und das Verwaltungsstreitverfahren hinsichtlich der Gewährung von Tagegeldern und Reisekosten an die gewählten Mitglieder der Verwaltungsgerichte, resp. deren Stellvertreter, die für Staatsbeamte bestehenden gesetzlichen Bestimmungen maßgebend sind, erscheint es mit Rücksicht auf § 6 des Gesetzes vom 24. März 1873 nicht zulässig, denjenigen gewählten Mitgliedern der Verwaltungsgerichte, resp. deren Stellvertretern, welche ihren Wohnort am Sitze des Verwaltungsgerichts haben, für ihre Theilnahme an den Sitzungen des letzteren Tagegelder zu bewilligen (MinErl. vom 27. November 1875, MBl. f. d. i. V. 1876 S. 1).

3, Den Regierungsassessoren, welche unmittelbar nach Ablegung der großen Staatsprüfung zu einer vorübergehenden vertretungsweisen Beschäftigung entsendet werden, ist für die zum Antritte derselben auszuführende Reise eine Reisekostenentschädigung nicht zu gewähren. Wenn sie aber demnächst nach Beendigung dieses ersten Kommissoriums zu einem anderen berufen, oder einer Regierung 2c. zur dauernden Verwendung als außeretatsmäßige Mitglieder überwiesen werden, so gebühren ihnen für die alsdann auszuführende Reise nach ihrem neuen Bestimmungsorte die gesetzlichen Reisekosten und Tagegelder (Erl. der Min. des Inn. und der Fin. vom 17. Juli 1890, MBl. f. d. i. V. S. 100).

---

[1]) Jetzt 8 Mk.

4, Referendare werden nur ihrer dienstlichen Ausbildung wegen beschäftigt und haben deshalb auf eine Entschädigung für ihre Bemühung bei den ihnen übertragenen Arbeiten keinen Anspruch (Erl. der Min. des Inn. und der Fin. vom 30. Oktober 1841, MBl. f. d. i. V. S. 313).

5, Den Regierungsreferendarien können für Reisen, welche sie mit einem zur Ausrichtung eines auswärtigen Geschäfts kommittirten Regierungsmitgliede machen und welche **allein** ihre Ausbildung zum Zwecke haben, Diäten und Reisekosten nicht bewilligt werden. Dagegen sind ihnen in Fällen, wo zugleich im dienstlichen Interesse die Zuordnung eines Referendars zur Ausrichtung eines auswärtigen Geschäfts erfolgt, Tagegelder und Reisekosten nach den für Regierungssekretäre festgesetzten Beträgen zu gewähren (Erl. der Min. des Inn. und der Fin. vom 19. Oktober 1856, MBl. f. d. i. V. S. 249).

6, Nach den wegen Vergütung der Diäten und Reisekosten für kommissarische Geschäfte in Königlichen Dienstangelegenheiten erlassenen Allerhöchsten Bestimmungen dürfen dergleichen Vergütungen nur in solchen Fällen gewährt werden, in denen Königliche Beamte im dienstlichen Interesse mit Verrichtung auswärtiger Geschäfte beauftragt werden. Die Behörden sind demnach nicht ermächtigt, den Regierungsreferendarien für Reisen, welche sie mit einem zur Ausrichtung eines auswärtigen Geschäfts kommittirten Regierungsmitgliede machen, wenn diese Reisen allein ihre Ausbildung zum Zweck haben, Diäten und Reisekosten zu bewilligen und müssen wir auch Anstand nehmen, eine solche Ermächtigung Allerhöchsten Orts in Antrag zu bringen, da eine ausreichende Veranlassung nicht vorliegt, den Regierungsreferendarien, welche die gesammten Kosten ihrer Ausbildung zu tragen haben, den mit Reisen der in Rede stehenden Art verbundenen, verhältnißmäßig geringen Theil dieser Kosten aus Staatsfonds zu ersetzen (Erl. der Min. des Inn. und der Fin. vom 17. Juni 1857, MBl. f. d. i. V. S. 121).

7, Den Bürgermeistern der Städte von mehr als 10000 Einwohnern sind bei Reisen in Staatsdienstangelegenheiten die Diäten- und Reisekostensätze zu bewilligen, welche den Polizeidirektoren der größeren Städte zustehen[1]) Erl. der Min. des Inn. und der Fin. vom 5. Februar 1872, MBl. f. d. i. V. S. 75).

8, Da der Landrath als solcher Vorsitzender des Kreisausschusses ist, sind diejenigen Reisen, welche er innerhalb seines Kreises zur Erledigung von Geschäften ausführt, die zur Kompetenz des Kreisausschusses gehören (z. B. zur Vornahme örtlicher Revisionen der Standesamtsverwaltung), als landräthliche Dienstreisen anzusehen, für welche ihm ein Anspruch auf Tagegelder und Reisekosten nicht zusteht (MinErl. vom 6. Januar 1876, MBl. f. d. i. V. S. 14).

9, Den Kreislandräthen stehen bei Wahrnehmung von Terminen zur Vernehmung von Kreisvermittelungsbehörden, sofern sie als Leiter dieser Behörden zugezogen sind, Reisekosten und Diäten nicht zu, da sie in solchen Fällen in ihrer amtlichen Eigenschaft innerhalb ihres Amtsbezirks fungiren und deshalb eine besondere Vergütung nach § 8 des Gesetzes vom 24. März 1873 nicht liquidiren dürfen (Erl. des Min. f. L. 2c. vom 24. Februar 1881, MBl. f. d. i. V. S. 91).

---

[1]) Also die im § 1 Ziffer IV bezw. im § 4 Ziffer I. 1 und II. 1 des Gesetzes vom 21. Juni 1897 vorgesehenen Sätze.

10, Auf den an mich, den mitunterzeichneten Minister des Innern, erstatteten gefl. Bericht vom 25. März d. Js. erwidern wir Ew. rc. ergebenst, daß die von den Landräthen der Provinz Hannover in ihrer Eigenschaft als Ortspolizeibehörden auf Grund des § 53 des Unfallversicherungsgesetzes vom 6. Juli 1884, sowie gleichartiger Bestimmungen anderer Unfallversicherungsgesetze vorzunehmenden Untersuchungen zu den dienstlichen Obliegenheiten der Landräthe gehören, und daß die letzteren daher nicht befugt sind, für die zu diesem Zwecke innerhalb ihrer Dienstbezirke auszuführenden Reisen Tagegelder und Reisekosten aus der Staatskasse zu beanspruchen. Sieht sich der Landrath veranlaßt, den Kreissekretär mit derartigen Untersuchungen zu betrauen, so stehen diesem nur in denjenigen Fällen Tagegelder und Reisekosten aus der Staatskasse zu, in welchen der Landrath genöthigt war, zu gleicher Zeit mit der Untersuchung ein anderes unaufschiebliches Dienstgeschäft außerhalb seines Amtssitzes zu erledigen und hierzu sein Dienstfuhrwerk zu benutzen. In anderen Fällen wird dem Kreissekretär für die Reise, welche er behufs der Untersuchung auszuführen hat, das Dienstfuhrwerk des Landrathes zur Verfügung zu stellen und Ersatz für die ihm sonst durch die Reise verursachten **baaren Auslagen** aus der landräthlichen Dienstaufwandsentschädigung zu gewähren sein. Wird dem Kreissekretär in Fällen der letzteren Art das Dienstfuhrwerk nicht zur Verfügung gestellt, so sind ihm auch die erwachsenen Fuhrkosten von dem Landrathe zu vergüten.

Es ist nichts dagegen einzuwenden, daß der Landrath, wenn er und der Kreissekretär behindert sein sollten, die in Rede stehenden Untersuchungen selbst an Ort und Stelle vorzunehmen, oder in sonst geeigneten Fällen, einem der ihm untergebenen, hierzu befähigten Hülfsbeamten (Amtsvogt rc.) die Ausführung der Untersuchung überträgt. Dies gilt jedoch nur hinsichtlich derjenigen Hülfsbeamten, welche als Staatsbeamte zu betrachten sind, während es unzulässig erscheint, mit der Untersuchung einen der aus der Dienstaufwandsentschädigung besoldeten Büreau- oder Privatbeamten des Landrathes zu betrauen. Der mit der Untersuchung beauftragte Hülfsbeamte hat keinen Anspruch auf Tagegelder und Reisekosten aus der Staatskasse, wenn ihm ein bestimmter örtlicher Dienstbezirk überwiesen ist, und die Untersuchung innerhalb der Grenzen desselben ausgeführt wird. Treffen diese Voraussetzungen nicht zu, so kann der Hülfsbeamte in denjenigen Fällen Tagegelder und Reisekosten aus der Staatskasse liquidiren, in welchen solche nach dem ersten Absatze dieses Erlasses auch dem Kreissekretär zugestanden haben würden (Erl. des Min. des Inn., der Fin. und für Handel rc. vom 5. Juni 1889, MBl. f. d. i. V. S. 122).

11, Den Landrathsamtsverwesern sind für diejenigen Tage, wo sie sich auf Urlaub befinden, die ihnen ausgesetzten Diäten unverkürzt zu zahlen, sofern die Dauer des Urlaubs vier Wochen nicht überschreitet und durch ihre Vertretung während des Urlaubs keine besonderen Kosten für die Staatskasse entstehen (MinErl. vom 29. November 1849 und vom 5. März 1891, MBl. f. d. i. V. 1891 S. 29).

12, Aus Anlaß mehrerer Anfragen in Bezug auf die Gewährung von Reisekosten und Tagegeldern an die den Landräthen als Hülfsbeamte zugeordneten Regierungsassessoren bestimmen wir hierdurch Folgendes:

Auf Reisen, welche die betreffenden Regierungsassessoren im Auftrage oder in Vertretung der Landräthe in deren Eigenschaft **als Vorsitzende der Einkommensteuer-Veranlagungskommissionen** ausführen, hat bis auf weiteres die Bestimmung unter Nr. 3 Abs. 2 der von mir — dem Finanzminister — unter dem 28. Oktober v. Js. erlassenen Cirkularverfügung (abgedruckt im dritten Theile der Ausführungsanweisung vom 5. August v. Js. zum Einkommensteuergesetz vom 24. Juni v. Js., Seite 36) Anwendung zu finden, wonach für derartige Dienstreisen die gesetzlichen Reisekosten und Tagegelder auf die Staatskasse zu übernehmen sind.

Dagegen sind die Landräthe nach § 8 Abs. 2 des Gesetzes vom 24. März 1873, betreffend die Tagegelder und Reisekosten der Staatsbeamten, verpflichtet, die ihnen zugeordneten Regierungsassessoren für die von denselben in sonstigen landräthlichen Geschäften innerhalb des Kreises auftrags- oder stellvertretungsweise auszuführenden Dienstreisen angemessen zu entschädigen. Diese Verpflichtung der Landräthe erstreckt sich neben der Hergabe ihres Dienstfuhrwerks oder der Erstattung verauslagter Fuhrkosten auch auf die Vergütung der Mehrausgaben, welche der Aufenthalt außerhalb des Wohnortes verursacht. Nach der angeführten Gesetzesstelle wird es aber Sache der dem Landrathe vorgesetzten Regierung bleiben, erforderlichenfalls den Betrag der demgemäß den Regierungsassessoren zu gewährenden Entschädigung zu bestimmen.

Jedoch kann den Regierungsassessoren, ebenso wie dies in Fällen einer Vertretung des Landrathes durch den Kreissekretär zugelassen ist, für die von ihm in Stellvertretung des Landraths auszuführenden Dienstreisen die Liquidation von Tagegeldern und Reisekosten zur Staatskasse dann gestattet werden, wenn der Landrath genöthigt ist, zu gleicher Zeit eine anderweite unaufschiebbare Dienstreise nach einem anderen Orte vorzunehmen und zu diesem Zwecke sein Dienstfuhrwerk selbst zu benutzen (Erl. der Min. des Inn. und der Fin. vom 8. März 1892, MBl. f. d. i. V. S. 166).

13, Die Frage der Gewährung von Tagegeldern und Reisekosten an Landräthe, die als Kommissare des Regierungspräsidenten innerhalb ihres Amtsbezirks Termine zur landespolizeilichen Prüfung von Projekten zu Eisenbahnen, Kleinbahnen und Privatanschlußbahnen sowie von fertiggestellten Bahnstrecken wahrnehmen, ist auf Grund der Runderlasse vom 14. September 1872 [1]) und 21. August 1873 [1]) verneinend zu beantworten. Abschrift eines zur Erläuterung der Runderlasse dienenden von mir, dem Minister der öffentlichen Arbeiten, an den Regierungspräsidenten zu S. gerichteten Erlasses vom 20. April 1893 ist zur Kenntnißnahme beigefügt (Erl. der Min. des Inn., der ö. Arb. und der Fin. vom 21. März 1900, MBl. f. d. i. V. S. 179).

Anmerkung: Der Erlaß vom 20. April 1893 lautet:

Ew. ꝛc. erwidere ich auf den gefl. Bericht vom 29. v. Mts. ergebenst, daß die Baubeamten der allgemeinen Bauverwaltung nicht berechtigt sind, für die innerhalb ihres Dienstkreises wahrgenommenen Termine zur landespolizeilichen Prüfung von Eisenbahnprojekten und fertiggestellten Bahnstrecken, deren Kosten der Staatskasse zur Last fallen, Reisekosten und Tagegelder zu liquidiren. Gegenüber den dortseitigen Anführungen ist daran festzuhalten, daß durch die Bestimmung des Erlasses vom 14. September 1872, wonach die Kosten für die landespolizeiliche Prüfung von Eisenbahnentwürfen auf die Staatskasse zu übernehmen sind, lediglich der Ansicht entgegengetreten werden sollte, daß diese Kosten von dem Unternehmer zu tragen seien. Keineswegs aber ist durch diesen Erlaß denjenigen Beamten, welche einen

[1]) Siehe Abschnitt II d. W., Abth. VIII^{b} Ziffer 6.

Reisekostenbauschbetrag beziehen, die Berechtigung eingeräumt, für die Wahrnehmung derartiger landespolizeilicher Geschäfte innerhalb ihrer Dienstbezirke die gesetzlichen Reisekosten und Tagegelder zu beanspruchen. Dies ergiebt sich schon aus der Fassung des dritten Absatzes des erwähnten Erlasses, wonach die mit einem Reisekostenbauschbetrage ausgestatteten Baubeamten die gesetzlichen Reisekosten dann zu erhalten haben, wenn es sich um die Wahrnehmung von Enteignungsgeschäften zu Gunsten von Privatunternehmern ꝛc. handelt, woraus folgt, daß in den nicht besonders namhaft gemachten Fällen, also insbesondere bei landespolizeilichen Prüfungsgeschäften und bei Enteignungen für ein Staatsunternehmen die gleiche Berechtigung nicht eingeräumt ist. Es werden deshalb auch den Landräthen für die Wahrnehmung derartiger Geschäfte innerhalb ihrer Dienstbezirke Reisekosten ꝛc. nicht gezahlt. Ew ꝛc. wollen hiernach für die Folge verfahren.

14, Den Amtsvorstehern steht für Wahrnehmung der öffentlichen Sitzungen des Kreisausschusses in Schankkonzessionssachen ein Anspruch auf Diäten und Reisekosten nicht zu (MinErl. vom 8. Juli 1874, MBl. f. d. i. V. S. 172).

15, In Enteignungssachen der Staatsverwaltung sind die durch Abhaltung örtlicher Termine entstehenden Reisekosten und Portoauslagen der Kommissare der Königl. Regierungen bezw. Regierungspräsidenten, sofern der zu den Bauausführungen oder sonstigen Anlagen erforderliche Grund und Boden vom Staate für eigene Rechnung erworben werden soll, in allen Fällen auf die betreffenden Fonds der zuständigen Regierung zu übernehmen, also die Reisekosten auf den Fonds zu Diäten, Fuhr- und Versetzungskosten, die Portoauslagen auf den Fonds zu Büreaubedürfnissen.

Dagegen sind die vorerwähnten Kosten, wenn die unentgeltliche und lastenfreie Beschaffung des dem Staate zu überweisenden Grund und Bodens Dritten obliegt, bei den letzteren gemäß § 43 des Gesetzes über die Enteignung von Grundeigenthum vom 11. Juni 1874[1]) seitens der Königl. Regierung zur Erstattung zu liquidiren (Erl. der Min. der ö. Arb., der Fin. und des Inn. vom 31. März 1890, MBl. f. d. i. V. S. 54, EVBl. S. 62).

16, Den **mit der Vertretung des Landraths betrauten Kreisdeputirten**[2]) kann — wenngleich die aus der Vertretung entspringenden Verrichtungen als die eines unbesoldeten Ehrenamtes aufzufassen sind, für welche die diätarische Vergütung von 2 Thalern (6 Mk.) pro Tag lediglich als Entschädigung für unvermeidliche Auslagen gewährt wird — nicht zugemuthet werden, in Vertretung des Landraths Dienstgeschäfte **außerhalb** der Grenzen des landräthlichen Kreises ohne angemessene besondere Entschädigung zu verrichten. Denselben sind vielmehr in solchen Fällen Tagegelder und Reisekosten mit den im Gesetze vom 24. März 1873 für die Beamten der 4. und 5. Rangklasse bestimmten Sätzen zu gewähren (MinErl. vom 14. Juli 1874, MBl. f. d. i. V. S. 226).

17, Den Kreisdeputirten, welche die Vertretung des Landraths in Behinderungsfällen oder während der Vakanz bewirken, werden in Rücksicht auf die Aufwendungen, zu denen sie die Wahrnehmung der Geschäfte des Landrathsamts als eines Staatsamts nöthigt, Remunerationen in Form von Diäten

---

[1]) GS. S. 221.

[2]) Nach § 75 Abs. 1 der Kreisordnung vom 13. Dezember 1872 (GS. S. 661)/19. März 1881 (GS. S. 155 u. 180) werden behufs Stellvertretung des Landraths vom Kreistage aus der Zahl der Kreisangehörigen zwei Kreisdeputirte auf je 6 Jahre gewählt.

zu 2 Thalern (6 Mk.) täglich aus der Staatskasse gewährt. Da dergleichen Aufwendungen auch denjenigen Kreisdeputirten zur Last fallen, welche am Sitze des Landrathsamts, dessen Geschäfte sie an Stelle des Landraths wahrzunehmen haben, wohnen, so ist solchen Kreisdeputirten die gedachte Remuneration von 2 Thalern (6 Mk.) pro Tag ebenso zu gewähren, wie es hinsichtlich der übrigen Kreisdeputirten geschieht (Min.-Erl. vom 29. Oktober 1874, MBl. f. d. i. V. 1875 S. 65).

18, Die bei der Prüfungskommission für Einjährig-Freiwillige fungirenden Lehrer erhalten eine Prüfungsgebühr von 4 Thalern (12 Mk.) pro Tag (Erl. der Min. des Inn. und der Fin. vom 22. Januar 1875, MBl. f. d. i. V. S. 91).

19, Den seitens des Wahlkommissars zur Ermittelung des Wahlergebnisses einer Reichstagswahl als Beisitzer berufenen Wählern steht ein Anspruch auf Tagegelder und Reisekosten nicht zu, da nach § 9 des Reichswahlgesetzes vom 31. Mai 1869[1]) die Funktion der Beisitzer bei der Ermittelung des Wahlergebnisses der Wahlkreise ein unentgeltliches „Ehrenamt" ist, und deshalb Tagegelder und Reisekosten derselben nicht zu den in Gemäßheit des § 16 des Reichswahlgesetzes von den Bundesstaaten zu tragenden Kosten für die Feststellung des Wahlresultats in den Wahlkreisen gezählt werden können (MinErl. vom 4. April 1877, MBl. f. d. i. V. S. 83).

20, Auszug aus der Verordnung vom 13. Juli 1898 (RGBl. S. 921) zur Ausführung des Gesetzes über die Naturalleistungen für die bewaffnete Macht im Frieden vom 13. Februar 1875 (in der Fassung des Gesetzes vom 24. Mai 1898, RGBl. S. 361).

Zu § 14.

2c. A. Die Feststellung der Vergütung für die durch größere Truppenübungen entstandenen Flurschäden ist durch Kommissionen zu bewirken, welche je aus:

a, einem Kommissar der betheiligten Landesregierung,
b, einem Offizier,
c, einem Militärbeamten,
d, zwei Sachverständigen

bestehen.

Die Sachverständigen (d) werden von der oberen Civilverwaltungsbehörde nach Anhörung der betreffenden Vertretungen der Kreise oder gleichartigen Verbände aus der Zahl der durch die sämmtlichen Kreise oder gleichartigen Verbände namhaft gemachten Personen berufen.

Die Heranziehung eines dritten Sachverständigen ist zulässig, sofern die beiden anderen Sachverständigen das erforderliche technische Urtheil nicht abzugeben im Stande sind.

Den Sachverständigen sind zu gewähren:

a, Fuhrkosten für die Zu- und Heimreise und für Reisen beim Uebertritte von einer Kommission zu einer anderen sowie aus einem Abschätzungsbezirk in einen anderen, und zwar:

bei Benutzung von Eisenbahnen und Dampfschiffen für das Kilometer 13 Pfennig und für jeden Zu- und Abgang 3 Mk., auf dem Landwege für das Kilometer 54 Pfennig.

---

[1]) BGBl. S. 145.

Die Fuhrkosten für die Zureise sind bis zum Orte des Zusammentritts der Kommission, die Fuhrkosten für die Heimreise vom letzten Geschäftsort aus zu berechnen.

b, ein Tagegeld von 9 Mk. für den Tag auf die ganze Dauer des Geschäfts einschließlich Reisetage,

c, eine Bauschvergütung von je 6 Mk. täglich an den Abschätzungstagen. Dieselbe dient als Gesammtentschädigung sowohl für Zurücklegen der Wege auf den einzelnen Feldmarken, als auch für etwaige Fahrten zu und von den Nachtquartieren.

Die Liquidationen über vorstehende Gebührnisse werden der zuständigen Intendantur durch die obere Civilverwaltungsbehörde vorgelegt, nachdem der Kommissar der Landesregierung die Richtigkeit bescheinigt hat.

B. Die Feststellung der Vergütung in den übrigen Fällen erfolgt in analoger Weise wie vorstehend unter A vorgeschrieben 2c.

Anmerkung:

1, Der § 14 des Gesetzes über die Naturalleistungen für die bewaffnete Macht im Frieden in der Fassung des Gesetzes vom 24. Mai 1898 lautet:

„Alle durch die Benutzung von Grundstücken zu Truppenübungen, sowie die in den Fällen des § 12 entstehenden Schäden werden aus Militärfonds vergütet. Die Feststellung derselben, sowie der nach § 13 eintretenden Vergütungen erfolgt, sofern über den Betrag eine Einigung nicht stattfindet, endgültig unter Ausschluß des Rechtsweges auf Grund sachverständiger Schätzung" 2c.

2, Der § 12 betrifft die Mitbenutzung im Privatbesitze befindlicher Brunnen und Tränken durch die übenden Truppen; § 13 verpflichtet die Besitzer von Schmieden, diese den Truppen zur Mitbenutzung gegen angemessene Vergütung zu überlassen.

21, Innerhalb der Kreise, in welchen Flurbeschädigungen abzuschätzen sind, sind **in der Regel** die betreffenden Landräthe zu Kommissaren der Landesregierung zu ernennen (MinErl. vom 19. August 1869, MBl. f. d. i. V. S. 189). Müssen ausnahmsweise andere Kommissarien bestellt werden, so sind die diesen zu bewilligenden Tagegelder und Reisekosten bei dem Etatsfonds Kapitel 58 Titel 11 „Diäten, Fuhr- und Versetzungskosten" zu verrechnen, während die Kosten, welche durch **Vertretung** der Landräthe der betreffenden Kreise bei dem Abschätzungsgeschäfte entstehen, in denjenigen Ausnahmefällen, in welchen nach den bestehenden Vorschriften Stellvertretungskosten für diese Beamten überhaupt aus Staatsmitteln gewährt werden dürfen, bei dem Etatsfonds Kapitel 90 Titel 9 „Zu Stellvertretungskosten 2c." in Ausgabe zu stellen sind (Erl. der Min. des Inn. und der Fin. vom 14. März 1879, MBl. f. d. i. V. S. 199).

22, Die durch den Erlaß vom 31. August 1877 normirten Entschädigungssätze für die zur Abschätzung von Flurschäden zugezogenen Taxatoren [1]) sind nicht auch denjenigen Sachverständigen, welche zur Schätzung der Schäden und Vergütungen in den übrigen, durch Truppenübungen verursachten minder bedeutenden Fällen, insbesondere also der Schäden an Vorspann, Pferden und Wagen, an Schiffsfahrzeugen, der Vergütung für Benutzung von Brunnen, Schmieden 2c. zugezogen werden, allgemein zu bewilligen. Es erscheint vielmehr angemessen, daß für diese Schätzungen die Remunerirung der Sachverständigen nach der im Einzelfalle zur Er-

[1]) An die Stelle der in dem Erlasse vom 31. August 1877 normirten Entschädigungssätze sind die in der Verordnung vom 13. Juli 1898 (siehe vorstehend unter Nr. 20) vorgeschriebenen Sätze getreten.

ledigung der betreffenden Geschäfte erforderlich gewesenen Zeit und deren Werth für den betreffenden Sachverständigen, im Anschluß an die in ähnlichen Fällen ortsüblich gewährten Sätze — geeignetenfalls auch nach Analogie der Vorschriften im § 6 des Gesetzes vom 21. April 1852 (GS. S. 118) — bemessen, dabei aber in keinem Falle die in dem Erlasse vom 31. August 1877 bezeichneten Sätze überschritten werden (Erl. der Min. des Inn. und der Fin. vom 4. Juli 1878, MBl. f. d. i. V. S. 235).

23, Bei Rücksendung der Anlage des Berichts vom 19. v. Mts. genehmigen wir, daß den Mitgliedern der mit unserer Genehmigung gebildeten Kreiskommissionen zur Feststellung der Belegungsfähigkeit der Ortschaften Tagegelder und Reisekostenvergütungen nach denjenigen Sätzen gewährt werden, welche den bei Abschätzung von Manöver-Flurschäden zugezogenen Sachverständigen nach Abschnitt IIIa, b und c der durch Allerhöchsten Erlaß vom 28. Juli 1889 (RGBl. S. 175/6) abgeänderten Instruktion vom 30. August 1887 [1]) (RGBl. S. 433) zustehen (Erl. der Min. des Inn. und der Fin. vom 22. Juni 1897 (MBl. f. d. i. V. S. 139).

24, ꝛc. Was die fernere Frage anlangt,

ob den ernannten Staatsverwaltungsbeamten für die Wahrnehmung der Funktion als Beisitzer des Ausschusses für die Auswahl der Schöffen und Geschworenen Diäten und Reisekosten aus Staatsfonds zu zahlen seien,

so werden die bezüglichen Geschäfte in der Regel ohne solche Kosten abgewickelt werden können; denn da der fungirende Beamte mit den Verhältnissen des betreffenden Bezirks, innerhalb dessen er als Beisitzer von Ausschüssen für die Auswahl der Schöffen und Geschworenen bestellt wird, ganz vertraut sein soll, so erscheint es geboten, für jeden solchen Bezirk möglichst enge Grenzen zu ziehen, und nicht ohne Noth einen und denselben Staatsbeamten zum Beisitzer für mehrere Ausschüsse — deren je einer für jeden Amtsgerichtsbezirk zu bilden ist, — § 40 des Gerichtsverfassungsgesetzes vom 27. Januar 1877 [2]) — zu bestellen. Nur insofern diese Regel sich nicht einhalten läßt und die bezüglichen Kosten auch nicht aus dem Dienstunkostenaversum des fungirenden Staatsverwaltungsbeamten [3]) bestritten werden müssen, wird die Uebernahme dieser Kosten auf die Staatskasse erfolgen können; es sind indessen derartige Fälle thunlichst zu vermeiden (MinErl. vom 22. Mai 1879, MBl. f. d. i. V. S. 146).

25, Die Tagegelder und Reisekosten, welche den mit der Wahrnehmung der Funktion als Beisitzer des Ausschusses für die Auswahl der Schöffen und Geschworenen betrauten **Staatsverwaltungsbeamten** [3]) zu zahlen sind, sind auf den Fonds der Königlichen Regierung zu Diäten, Fuhr- und Versetzungskosten (Kap. 58 Titel 11) anzuweisen (MinErl. vom 3. September 1879, MBl. f. d. i. V. 1880 S. 27).

26, Die Wahrnehmung der Funktionen als Beisitzer der Ausschüsse für die Auswahl der Schöffen und Geschworenen seitens der dazu bestimmten

---

[1]) Die Instruktion vom 30. August 1887 ist durch die Verordnung vom 13. Juli 1898 ersetzt. Die Mitglieder der Kreiskommissionen erhalten demnach jetzt die vorstehend unter Ziffer 20 zu § 14 A. a/c aufgeführten Sätze.

[2]) RGBl. 1877 S. 41 ff.; abgeändert durch Gesetz vom 17. Mai 1898, RGBl. 1898 S. 252 und 369 ff.

[3]) Unter dem Ausdrucke „Staatsverwaltungsbeamte" sind nach dem Min.Erlasse vom 10. Mai 1879 (MBl. f. d. i. V. S. 145) lediglich Beamte der **unmittelbaren** Staatsverwaltung zu verstehen.

Landräthe ist als eine Amtsverrichtung der letzteren anzusehen. Daraus folgt, daß einem Kreissekretär, wenn er den Landrath in den vorerwähnten Funktionen vertritt, für die von ihm in dieser Eigenschaft innerhalb des landräthlichen Kreises auszuführenden Reisen eine besondere Entschädigung nur insoweit und in derselben Weise gewährt werden darf, als dies für die Vertretung in den sonstigen Dienstgeschäften des Landraths zulässig sein würde.

Demgemäß sind dem Kreissekretär für eine solche Reise aus der Staatskasse die gesetzlichen Tagegelder und Reisekosten nur in dem Falle zu bewilligen, daß der Landrath zur Zeit jener Reise sein Dienstfuhrwerk für eine andere Dienstreise hat verwenden müssen. Anderenfalls ist dem Kreissekretär für die betreffende Dienstreise das Dienstfuhrwerk des Landraths zur Verfügung zu stellen oder aus dem landräthlichen Dienstunkostenaversum Ersatz der nachweislichen baaren Reisekostenauslagen zu gewähren (MinErl. vom 8. Februar 1889, MBl. f. d. i. V. S. 21).

27, Die den gewählten Civilmitgliedern der Kreis-Ersatzkommissionen (Ersatzbehörden erster Instanz) aus Anlaß der Theilnahme an dem Ersatzgeschäfte aus Staatsmitteln zu gewährenden Vorspann- resp. Reisevergütungen sind nach dem Satze von 10 Pf. pro Pferd und Kilometer festzustellen (Erl. der Min. des Inn. und der Fin. vom 7. Mai 1876, MBl. f. d. i. V. S. 144).

28, In der durch den diesseitigen Cirkularerlaß vom 23. September 1868 (MBl. f. d. i. V. S. 308) mitgetheilten Uebersicht der Vorschriften über die bei dem Kreis- und Departements-Ersatzgeschäft entstehenden Kosten ist unter B. Nr. 5 angeordnet, daß eine Herabsetzung der den Civilmitgliedern der Kreis-Ersatzkommissionen zu gewährenden Reisekostenvergütung auf die Hälfte für diejenigen gemeinschaftlichen Reisen stattzufinden habe, welche die genannten Mitglieder „zur Fortsetzung des begonnenen Musterungsgeschäfts mit der versammelten Kommission von dem ersten Versammlungsorte nach den folgenden auszuführen haben."

Nachdem durch das Gesetz vom 13. Februar 1875, betreffend die Naturalleistungen für die bewaffnete Macht im Frieden (RGBl. S. 52), die Pflicht zur Vorspannleistung für die Ersatzkommissionen beseitigt und damit für die Mitglieder der letzteren das Recht, zwischen Vorspann und Reisevergütung zu wählen, für die Staatsregierung aber die Möglichkeit, das Beförderungsmittel in natura zu stellen, in Fortfall gekommen ist, bestimmen wir hierdurch, daß den genannten Kommissionsmitgliedern für alle in Ausführung des Ersatzgeschäfts gemachten Reisen, ohne Rücksicht darauf, wie dieselben gemacht worden sind, fortan der volle Vergütungssatz in der durch unseren Cirkularerlaß vom 7. Mai 1876 (MBl. S. 144) bestimmten Höhe von 10 Pf. pro Pferd und Kilometer gewährt werde (Erl. der Min. des Inn. und der Fin. vom 10. Februar 1880, MBl. f. d. i. V. S. 103).

Auszug aus der Uebersicht der Vorschriften, welche hinsichtlich der durch das Ersatzgeschäft entstehenden Kosten erlassen sind (Erl. d. Min. d. Innern und der Finanzen vom 23. September 1868, MBl. f. d. i. V. S. 308).

A. Diäten und Reisekosten.

1 und 2 rc.

3, Die Diäten und Reisekosten für die permanenten Civilmitglieder der Ersatzkommissionen und die Regierungs-Büreaubeamten sowie für den Kreissekretär resp. den landräthlichen Büreaugehülfen sind auf den Diäten- und Fuhrkostenfonds der betreffenden Regierung zur Zahlung anzuweisen. Die Staatsbeamten erhalten dieselben nach den reglementsmäßigen Sätzen, die landräthlichen Büreaugehülfen nach dem Satze von 1 Thlr. (3 Mk.) für den Tag und 15 Sgr. (1,50 Mk.) für die Meile vergütet. [Jetzt nach den Sätzen, welche für die im § 1 des Gesetzes vom 21. Juni 1897, GS. S. 193, unter VII bezeichneten Staatsbeamten bestimmt sind. Siehe nachstehend Nr. 30.] Den Kreissekretären und landräthlichen Büreaugehülfen können Diäten und Reisekosten für die Theilnahme am Ersatzgeschäft nur dann gezahlt werden, wenn dasselbe außerhalb des Kreisortes stattfindet. Die vorgeschriebene Revision des Verfahrens der Kreis-Ersatzkommission und der Listen an Ort und Stelle durch die Departements-Ersatzkommission ist als eine Fortsetzung des Departements-Ersatzgeschäfts anzusehen. Es unterliegt daher keinem Bedenken, den Kreissekretären in den Fällen, in welchen dieselben zum Zwecke dieser Revision ihren Wohnort zu verlassen genöthigt sind, für diese Reisen die reglementsmäßigen Diäten und Reisekosten aus den oben erwähnten Fonds zu gewähren.

4, Die Landräthe erhalten für die Reisen, welche sie in Ersatz-Aushebungsangelegenheiten zu machen genöthigt sind, weder Tagegelder noch Fuhrkosten; ebensowenig für die ihnen in dieser Beziehung obliegenden Geschäfte besondere Remunerationen oder Büreaukostenvergütungen. Auch für die beim Ersatz-Aushebungsgeschäft etwa erforderlich werdende außerordentliche Schreibhülfe wird denselben besondere Vergütung nicht gewährt. Die Landräthe sind verpflichtet, für die Beförderung der landräthlichen Akten und Listen ꝛc. zu den Ersatzgeschäften aus eigenen Mitteln Sorge zu tragen. Die Kosten des Einbandes der zum Militär-Ersatzgeschäft erforderlichen Listen haben sie aus ihrer Dienstaufwandsentschädigung zu bestreiten.

B. Vorspannvergütung.

5, Den Civilmitgliedern der Kreis-Ersatzkommissionen werden Diäten aus Staatsfonds nicht gewährt. Dagegen sind dieselben berechtigt, zu den Reisen, welche sie behufs der Theilnahme am Musterungsgeschäfte von ihrem Wohnorte nach dem **ersten** Versammlungsorte der Kommission resp. nach beendetem Musterungsgeschäft in den Wohnort zurück zu machen haben, von den betreffenden Gemeinden je eine zweispännige Fuhre zu requiriren. Zu den Reisen der Civilmitglieder der Kreis-Ersatzkommissionen von dem Versammlungsorte bis zu dem Auflösungsorte der letzteren haben die betreffenden Gemeinden das nöthige Fuhrwerk und zwar in der Weise zu gestellen, daß je 2 Mitglieder auf einem zweispännigen Wagen befördert werden ꝛc. Insofern die gedachten Mitglieder von dem Rechte, das zu ihrer Beförderung erforderliche Fuhrwerk zu requiriren, keinen Gebrauch machen, erhalten sie ohne Rücksicht darauf, ob sie an einem Orte wohnen oder nicht, für die Reisen, welche sie behufs der Theilnahme an dem Musterungsgeschäfte von ihrem Wohnorte nach dem ersten Versammlungsorte der Kommission resp. nach beendetem Musterungsgeschäfte in den Wohnort zurück zu machen haben, die Reisekostenvergütung für je eine zweispännige Fuhre mit $7^1/_2$ Sgr. (75 Pf.) pro Pferd und Meile. Eine Herabsetzung dieser Vergütung auf die Hälfte findet für diejenigen gemeinschaftlichen Reisen statt, welche die Civilmitglieder der Kreis-Ersatzkommissionen zur Fortsetzung des begonnenen Musterungsgeschäfts mit der versammelten Kommission von dem ersten Versammlungsorte nach den folgenden auszuführen haben. Die Zahlungen sind bei den Fuhrkostenfonds der betreffenden Regierung zu verrechnen. Wenn die Civilmitglieder der Kreis-Ersatzkommissionen in einzelnen Fällen es vorziehen sollten, zu ihren Reisen in Ersatzangelegenheiten die **Eisenbahnen** zu benutzen, so sind gleichwohl die auf die kürzesten direkten Entfernungen (fahrbare Straßen) zu gewährenden Fuhrkostenvergütungen nur nach dem zulässigen Vorspannkostensatze von $7^1/_2$ Sgr.

(75 Pf.) pro Pferd und Meile festzusetzen und anzuweisen. Die Vergütung von Nebenkosten für Zu- und Abgang zu resp. von der Eisenbahn ist unstatthaft ꝛc.

C. und D. ꝛc.

29, Den nicht ständigen Mitgliedern der Ober-Ersatzkommissionen sind bis auf weiteres auch für die Geschäfte an ihrem Wohnorte Tagegelder zu gewähren (MinErl. vom 13. August 1875, MBl. f. d. i. V. S. 247).

30, Den landräthlichen Büreaugehülfen sind für Reisen zum Zwecke ihrer Theilnahme am Ersatzgeschäfte, soweit solches außerhalb der Kreisorte stattfindet, Tagegelder und Reisekosten nach den Sätzen zu gewähren, welche für die im § 1 des Gesetzes vom 21. Juni 1897 (GS. S. 193) unter VII bezeichneten Staatsbeamten bestimmt sind. Diese Sätze sind auch den Protokollführern zu gewähren, welche in dem Verfahren zur Abschätzung der bei Militärmanövern vorgekommenen Flurbeschädigungen von den mit der Leitung des Verfahrens beauftragten Landräthen auf Grund der Verfügung vom 5. Juni 1879 zugezogen werden (Erl. der Min. des Inn. und der Fin. vom 15. Oktober 1897, MBl. f. d. i. V. S. 216).

31, Den landräthlichen Büreaugehülfen, welche außerhalb des Kreisortes bei der Musterung des Pferdebestandes und bei der Aushebung der Mobilmachungspferde mitwirken, sind Tagegelder und Reisekosten nach den Sätzen zu gewähren, welche für die im Art. I § 1 des Gesetzes vom 21. Juni 1897 (GS. S. 193) unter VII bezeichneten Staatsbeamten bestimmt sind (Allerh. Erlaß vom 25. Oktober 1897, MBl. f. d. i. V. S. 262).

b, Versicherungswesen.

Die Reisekosten der Versicherungsrevisoren sind auf den Reisekostenfonds des Polizeipräsidiums zu Berlin zu übernehmen, auch wenn die Revisoren die Dienstreise im Auftrage der Oberpräsidenten und Regierungspräsidenten ausgeführt haben, sofern nicht Private zur Tragung der Kosten verpflichtet sind oder sich bereit erklärt haben. Die Revisoren sind zu veranlassen, ihre Reisekostenliquidationen dem Polizeipräsidenten in Berlin vorzulegen.

Die Oberpräsidenten und Regierungspräsidenten sind angewiesen, daß sie, falls sie den Versicherungsrevisoren Aufträge geben, durch welche Dienstreisen nothwendig werden, dem Polizeipräsidenten in Berlin stets hiervon Mittheilung machen und dabei bemerken, ob die Reisekosten auf Staatsfonds zu übernehmen sind (MinErl. vom 24. Oktober 1898, MBl. f. d. i. V. S. 227).

c, Polizeiverwaltung.

1, **Verordnung, betreffend die Tagegelder und Reisekosten der Schutzmannschaft in Berlin, Charlottenburg, Rixdorf und Schöneberg.** Vom 2. Juni 1902 (GS. S. 204).

Wir Wilhelm, von Gottes Gnaden König von Preußen ꝛc. verordnen auf Grund des § 12 des Gesetzes vom 24. März 1873, betreffend die Tagegelder und Reisekosten der Staatsbeamten (GS. S. 122) bezw. des Artikels I der Verordnung vom 15. April 1876 (GS. S. 107), was folgt:

§ 1. Offiziere und Mannschaften der Schutzmannschaft in Berlin, Charlottenburg, Rixdorf und Schöneberg erhalten bei Verrichtung von

Dienstgeschäften in besonderem Auftrag außerhalb ihres dienstlichen Wohnortes in einer Entfernung von mehr als 2 Kilometer aber weniger als 8 Kilometer von der Grenze des Stadtbezirks:

1, an Tagegeldern, wenn das Dienstgeschäft an einem Tage oder an zwei Tagen innerhalb 24 Stunden ausgeführt wird, die Hälfte der im § 1 Abs. 1 des Gesetzes vom 24. März 1873/21. Juni 1897 (GS. S. 122/193) bestimmten Sätze, wenn es aber längere Zeit in Anspruch nimmt, die vollen Sätze dieser Vorschrift;

2, an Fuhrkosten:

a, zwischen den genannten Städten die fahrpreismäßigen Kosten der Benutzung der Straßenbahn oder der Eisenbahn, bei der Wahl anderer Beförderungsmittel aber, falls deren Nothwendigkeit und wirklich erfolgte Benutzung nachgewiesen wird, die wirklich aufgewandten Kosten;

b, zwischen Berlin, Charlottenburg, Rixdorf oder Schöneberg und sonstigen Ortschaften diejenigen als wirklich verausgabt nachgewiesenen Kosten, welche durch die ihnen von der Dienstbehörde vorgeschriebene Art der Beförderung entstanden sind.

§ 2. Offiziere und Mannschaften der Schutzmannschaft in Berlin, Charlottenburg, Rixdorf und Schöneberg erhalten, wenn sie außerhalb ihres dienstlichen Wohnortes bei einer der genannten **Königlichen** Polizeiverwaltungen unter vorübergehender Stationirung daselbst kommissarisch beschäftigt werden:

1, an Tagegeldern für die ersten 14 Tage die vollen, für die fernere Dauer des Kommissoriums aber zwei Drittel der im § 1 Abs. 1 des Gesetzes vom 24. März 1873/21. Juni 1897 bestimmten Sätze,

2, an Fuhrkosten für die Hin- und Rückfahrt zum Antritte des Kommissoriums bezw. zur Rückkehr von demselben, die in diesem Gesetze bestimmten Sätze.

§ 3. Diese Verordnung tritt mit dem Tage ihrer Verkündigung in Kraft. Alle derselben entgegenstehenden Bestimmungen, insbesondere die Verordnungen vom 26. Oktober 1874 und vom 12. Juni 1876, werden hiermit aufgehoben. Soweit diese Verordnung nicht andere Bestimmungen enthält, finden die Vorschriften des Gesetzes vom 24. März 1873 nebst allen dazu ergangenen und etwa noch ergehenden Abänderungsgesetzen und Verordnungen Anwendung.

Urkundlich 2c.

2, In dem Erlasse vom 15. Oktober 1865 (MBl. f. d. i. V. S. 282) ist ausgesprochen, daß, ebenso wie es bei den gerichtlichen Vernehmungen geschieht, auch bei polizeilichen Vernehmungen den Zeugen und Sachverständigen Gebühren in angemessener Höhe zu zahlen sind, und daß diese Gebühren, soweit nicht ein Dritter zu ihrer Erstattung verpflichtet ist, eine Last der Polizeigerichtsbarkeit bilden. Diese Bestimmungen können, **soweit es sich um die Zahlung nicht erstattungspflichtiger Zeugengebühren handelt,** nicht länger aufrecht erhalten werden. Die Verpflichtung, sich den Polizeibehörden zur Vernehmung zu gestellen, ist eine allgemeine und muß, wie ich, der Minister des Innern, bereits in dem Runderlasse vom 21. November v. Js.[1]) bemerkt habe, zu denjenigen Pflichten gerechnet werden, denen sich die Unterthanen des Staates im öffentlichen Interesse unentgeltlich zu unterziehen haben. Kann demnach grundsätzlich eine Entschädigungspflicht für Leistungen der in Rede stehenden Art nicht aner-

---

[1]) Abgedruckt im MBl. f. d. i. V. 1900 S. 58/59.

kannt werden, so erscheint es zur Vermeidung einer völlig unübersehbaren, nach den angestellten Ermittelungen aber jedenfalls recht erheblichen Belastung der zur Tragung der Polizeikosten Verpflichteten geboten, Ausnahmen von jenem Grundsatze künftig nicht mehr eintreten zu lassen. Der Erlaß vom 15. Oktober 1865 wird daher in der obenerwähnten Beschränkung hiermit aufgehoben. Was dagegen die Zahlung von Gebühren an Sachverständige anlangt, so hat es bei den Bestimmungen jenes Erlasses zu bewenden, da die Polizeibehörden, wenn sie in Ausübung ihrer Thätigkeit zur Vernehmung von Sachverständigen genöthigt werden, auch zur Schadloshaltung derselben verpflichtet erscheinen 2c. (Erl. der Min. des Inn. und der Fin. vom 7. Dezember 1899, MBl. f. d. i. V. 1900 S. 57).

Anmerkung: Der Erlaß vom 15. Oktober 1865 lautet:

Auf den Bericht vom 8. Dezember v. Js., die Zahlung der Gebühren für Zeugen und Sachverständige bei polizeilichen Vernehmungen betreffend, wird der 2c. hierdurch eröffnet, daß derartige Gebühren ebenso, wie es bei den gerichtlichen Vernehmungen auf Grund der Allerhöchsten Verordnung vom 29. März 1844 geschieht, auch bei polizeilichen Vernehmungen zu zahlen sind. Der Ersatz dieser Kosten muß von demjenigen gefordert werden, in dessen Interesse die Zeugenvernehmung erfolgt ist, und ist die Uebernahme derselben, wenn es an solchen unmittelbar Betheiligten fehlt, wie dies in allen Fällen allgemeiner polizeilicher Erörterungen und Feststellungen vorkommt, eine Last der Polizeigerichtsbarkeit. Bei polizeilichen Untersuchungen gegen unvermögende Individuen in Domänen-Ortschaften ohne Rücksicht darauf, ob die Polizei auf den Königlichen Domänen von einem Domänenbeamten oder vom Landrathe verwaltet wird, sind die Zeugengebühren wie die Untersuchungskosten auf den Fonds zu allgemeinen polizeilichen Zwecken zu übernehmen. In Betreff der Höhe der gedachten Gebühren entscheidet das Ermessen der Behörden, die Sätze dürfen jedoch die in der Allerhöchsten Verordnung vom 29. März 1844 bei gerichtlichen Vernehmungen bestimmten nicht überschreiten.

d, Strafanstaltsverwaltung.

1, Verordnung, die Entschädigung der Strafanstaltsbeamten bei der Beschäftigung von Gefangenen außerhalb der Anstalt betreffend. Vom 13. April 1898 (GS. S. 65).

Wir Wilhelm, von Gottes Gnaden König von Preußen 2c. verordnen auf Grund des § 12 des Gesetzes vom 24. März 1873 (GS. S. 122) und des Artikels V des Gesetzes vom 21. Juni 1897 (GS. S. 193), was folgt:

Die Entschädigungen, welche die Strafanstaltsbeamten bei Beaufsichtigung der im Freien, außerhalb der Strafanstalten und Gefängnisse beschäftigten Gefangenen erhalten, sind nach folgenden Sätzen zu bemessen:

1, Werden die Gefangenen in solcher Nähe der Anstalt beschäftigt, daß sie zur Mittagszeit in die Anstalt zurückkehren, so wird weder den mit der Leitung der Abtheilung betrauten Oberbeamten, noch den zur Beaufsichtigung mitgegebenen Unterbeamten eine Vergütung gewährt.

2, Erhalten die Gefangenen die Mittagskost außerhalb der Anstalt, dergestalt, daß auch die Beamten auf der Arbeitsstelle bleiben müssen, so werden einem Anstaltsdirektor 4 Mk., einem als Vorsteher fungirenden Oberinspektor oder Inspektor 3 Mk. 50 Pf, einem anderen Oberbeamten 3 Mk., einem Unterbeamten 2 Mk. für den Tag gewährt.

3, Ist die Entfernung der Arbeitsstelle von der Anstalt so groß, daß die Gefangenen auch zur Nachtzeit nicht nach der Anstalt zurückkehren, so werden dem Direktor 8 Mk., einem als Vorsteher fungirenden Oberinspektor oder Inspektor 7 Mk., einem anderen Oberbeamten 6 Mk., einem Unterbeamten 3 Mk. gewährt.

Unterkunft für die Beamten auf der Arbeitsstelle hat die Anstalt zu beschaffen.

4, Für ihre Beköstigung haben die Beamten in allen Fällen selbst zu sorgen. Vom Arbeitgeber dürfen sie nur mit Genehmigung der Aufsichtsbehörde beköstigt werden, die auch die dafür zu gewährende Entschädigung festsetzt, aus der Anstaltskasse zahlt und zu Lasten des beköstigten Beamten verrechnen läßt.

5, Außer den unter Nr. 2 und 3 bezeichneten Entschädigungen erhalten die Strafanstaltsbeamten die gesetzlichen Reisekosten, wenn sie die Arbeitsstellen, ohne mit dem Transport der Gefangenen betraut zu sein, zu besuchen haben.

Diejenigen Beamten, welche den Transport der Gefangenen zu Fuß oder mittelst der durch die Anstalt oder den Arbeitgeber gestellten Fahrgelegenheit begleiten, ohne daß sie für ihre Beförderung Kosten aufzuwenden haben, erhalten keine Reisekostenentschädigung.

Urkundlich 2c.

2, Bei größeren Eisenbahntransporten von Gefangenen aus den Strafanstalten erhalten die Führer und Civilbegleitmannschaften nur die reglementsmäßigen Tagegelder, während die Eisenbahnbeförderungskosten für sie die Behörde, welche den Transport angeordnet hat, mit in Rechnung stellt. Wird ein Oberbeamter mit der Führung des Transports betraut, so hat derselbe freie Fahrt in Wagen II. Klasse, während die Unterbeamten in den Wagen III. Klasse mit den Gefangenen Platz zu nehmen haben (MinErl. vom 23. Juli 1885, MBl. f. d. i. V. S. 188).

3, Die in der Verfügung vom 23. Juli 1885, MBl. S. 188 angeordnete Beschränkung der Strafanstaltsbeamten in Betreff der Liquidirung von Reisekosten bei Transportirung von Gefangenen dergestalt, daß sie nur die reglementsmäßigen Tagegelder liquidiren sollen, während die Eisenbahnfahrgelder von der Behörde, welche den Transport anordnet, bezahlt werden, bezieht sich nur auf die Reisen bei Ausführung des Transports, während die betreffenden Beamten befugt sind, für die Rückreise die reglementsmäßigen Reisekosten zu liquidiren (MinErl. vom 15. Dezember 1885, MBl. f. d. i. V. 1886 S. 3).

4, Die etatsmäßigen Lehrer an den Strafanstalten und Gefängnissen des Ressorts des Innern erhalten bei der Ausführung von Dienstreisen oder Umzügen folgende Vergütungen:

A. Umzugskosten nach dem Gesetz vom 24. Februar 1877

1, allgemeine Kosten 180 Mk.

2, Transportkosten pro 10 km 6 Mk.

B. Reisekosten nach dem Gesetz vom 24. März 1873 und der Verordnung vom 15. April 1876 [1])

---

[1]) Jetzt nach dem Gesetz vom 21. Juni 1897: Tagegelder 8 Mk.; Fuhrkosten pro km 40 Pf. bezw. 7 Pf. und 2 Mk. für jeden Zu- und Abgang.

1, Tagegelder 6 Mk.
2, Fuhrkosten für 1 km Landweg 40 Pf.
" " 1 " Eisenbahn 10 Pf.
3, für jeden Zu- und Abgang 2 Mk.
(MinErl. vom 7. Juni 1895, MBl. f. d. i. V. S. 176).

e, Landgendarmerie.

1, Die Bestimmungen über die den Mitgliedern der Landgendarmerie bei Dienstreisen zustehenden Vergütungen sind enthalten in der **Verordnung vom 1. April 1874** (GS. S. 131). Letztere ist durch die Verordnungen vom 1. November 1876 (GS. S. 459), 14. Oktober 1881 (GS. S. 339) und vom 11. Mai 1898 (GS. S. 103) abgeändert und lautet nunmehr, wie folgt:

§ 1. (Verordnung vom 11. Mai 1898, Artikel I.) Der Chef und die Mitglieder der Landgendarmerie erhalten bei Dienstreisen Tagegelder nach folgenden Sätzen:

I.	der Chef	28 Mk.
II.	der Brigadier	18 "
III.	der Distriktsoffizier	15 "
IV.	der Oberwachtmeister	6 "
V.	der Gendarm	4 "

Erstreckt sich eine Dienstreise auf 2 Tage und wird sie innerhalb 24 Stunden beendet, so ist nur das Ein- und einhalbfache der Sätze unter I bis V zu liquidiren.

Wird die Dienstreise an ein und demselben Tage angetreten und beendet, so tritt eine Ermäßigung der Tagegelder bei I auf 21 Mk., bei II auf 15 Mk., bei III auf 12 Mk., bei IV auf 4 Mk. 50 Pf. und bei V auf 3 Mk. ein.

Mitglieder der Landgendarmerie im Sinne dieser Verordnung sind auch die auf Probe, interimistisch oder zur Aushülfe bei der Landgendarmerie Angestellten.

§ 2. (Verordnung vom 1. April 1874.) Erfordert eine Dienstreise einen außergewöhnlichen Kostenaufwand, so kann der Tagegeldersatz (§ 1) von dem Minister des Innern angemessen erhöht werden.

§ 3. (Verordnung vom 11. Mai 1898, Art. I.) An Reisekosten, einschließlich der Kosten der Gepäckbeförderung erhalten:

I. bei Dienstreisen, welche auf Eisenbahnen oder Dampfschiffen gemacht werden können:
1, die im § 1 unter I bis III bezeichneten Offiziere für das km 9 Pf. und für jeden Zu- und Abgang 3 Mk.
Hat einer der Offiziere einen Diener auf die Reise mitgenommen, so kann er für denselben 5 Pf. für das km beanspruchen;
2, die Oberwachtmeister und Gendarmen für das km 5 Pf. und für jeden Zu- und Abgang 1 Mk;

II. bei Dienstreisen, welche nicht auf Eisenbahnen, Kleinbahnen oder Dampfschiffen zurückgelegt werden können:
1, die im § 1 unter I bis III bezeichneten Offiziere 60 Pf.,
2, die Oberwachtmeister und Gendarmen 30 Pf. für das km

III. Die Bestimmung darüber, unter welchen Umständen bei Dienstreisen Kleinbahnen zu benutzen, und welche Reisekostenvergütungen in solchen

Fällen zu gewähren sind, erfolgt durch das Staatsministerium. Haben erweislich höhere Reisekosten als die unter I bis III festgesetzten aufgewendet werden müssen, so werden diese erstattet.

§ 4. Abs. 1 (Verordnung vom 1. April 1874). Brigadiers und Distriktsoffiziere haben die Kosten ihrer Dienstreisen innerhalb ihres Geschäftsbezirkes aus ihrem Diensteinkommen, bezw. ihrer Dienstaufwandsentschädigung zu bestreiten. Jedoch werden ihnen Tagegelder auch bei Dienstreisen innerhalb ihres Geschäftsbezirkes dann gewährt, wenn sie beauftragt sind, an einem anderen Orte, als an welchem sie stationirt sind, zeitweilige Wohnung zu nehmen.

Absatz 2 (Verordnung vom 11. Mai 1898). Oberwachtmeister und Gendarmen erhalten:

1, für Dienstgeschäfte innerhalb ihres Geschäftsbezirks keine Reisekosten, Tagegelder aber nur dann, wenn sie beauftragt sind, an einem anderen Orte, als an welchem sie stationirt sind, zeitweilig Wohnung zu nehmen;

2, für Dienstgeschäfte außerhalb ihres Geschäftsbezirks Tagegelder und Reisekosten nur dann, wenn sie zu diesen Geschäften einen besonderen Auftrag erhalten haben.

Absatz 3 ff. (Verordnung vom 1. April 1874). An Reisekosten werden den nicht berittenen Oberwachtmeistern und Gendarmen die im § 3 bestimmten Sätze gewährt.

Die berittenen Oberwachtmeister und Gendarmen haben sich, falls ihnen keine andere Anweisung ertheilt wird, zu diesen Zwecken ihrer Dienstpferde zu bedienen und erhalten in diesem Falle statt der Reisekosten täglich:

der Oberwachtmeister 1 Thlr. (3 Mk.),
der Gendarm 15 Sgr. (1,50 Mk.).

Werden dieselben beauftragt, auf andere Weise die Reise zurückzulegen, so erhalten sie die im § 3 bestimmten Reisekosten.

§ 5. (Verordnung vom 1. April 1874.) Uebersteigt die Dauer eines Kommandos mit Anweisung eines anderen Wohnorts, sei es innerhalb oder außerhalb des Geschäftsbezirks, die Zeit von vierzehn Tagen, so werden die nach § 4 zu gewährenden Tagegelder nur für die ersten vierzehn Tage bewilligt. Für die fernere Dauer tritt an die Stelle der Tagegelder eine nach Verhältniß der Zeit zu berechnende monatliche Kommandozulage, welche beträgt:

für den Brigadier 75 Thlr. (225 Mk.),
für den Distriktsoffizier 60 Thlr. (180 Mk.),
für den Oberwachtmeister 25 Thlr. (75 Mk.),
für den Gendarm 20 Thlr. (60 Mk.).

§ 6. (Verordnung vom 1. April 1874.) Diese Verordnung tritt mit dem Tage ihrer Verkündigung in Kraft. Alle derselben entgegenstehenden Bestimmungen sind aufgehoben und wo in besonderen Vorschriften auf die hiernach aufgehobenen Bestimmungen Bezug genommen wird, treten die entsprechenden Bestimmungen dieser Verordnung an deren Stelle.

Soweit diese Verordnung nicht andere Bestimmungen enthält, finden die Vorschriften des Gesetzes vom 24. März 1873, betreffend die Tagegelder und die Reisekosten der Staatsbeamten, Anwendung.

Artikel II der Verordnung vom 11. Mai 1898.

Diese Verordnung kommt vom 1. Oktober 1897 an zur Anwendung.

2, Die Oberwachtmeister der Landgendarmerie sind hinsichtlich des Dienstranges zwischen die Subalternbeamten II. Klasse der Lokalbehörden und die Unterbeamten einzustellen (Allerh. Erl. vom 6. Juni 1900, GS. S. 183).

3, Die Allerhöchsten Ordres vom 18. Juli 1865 und 11. März 1869, betreffend die den Gendarmen als Begleitern von Gefangenentransporten auf den Eisenbahnen zu gewährenden Entschädigungen sind durch die Allerhöchste Verordnung vom 1. April 1874, betreffend die Tagegelder und Reisekosten für die Landgendarmerie außer Kraft gesetzt worden. Die Bestimmungen der letzteren müssen fortan bei der Festsetzung der den Gendarmen bei Transporten der erwähnten Art zu gewährenden Vergütungen maßgebend sein, da die Begleitung solcher Transporte stets auf Grund besonderer Aufträge erfolgt und in diesen Fällen somit die Voraussetzung zutrifft, an welche nach § 4 ad 2 der Verordnung vom 1. April 1874 die Bewilligung von Tagegeldern ꝛc. an Gendarmen für auswärtige Dienstgeschäfte geknüpft ist (MinErl. vom 20. August 1874 (MBl. f. d. i. V. S. 205).

4, Für die Begleitung von Gefangenentransporten auf **Eisenbahnen** erhält der Gendarm, da er die Eisenbahnfahrgelder aus eigenen Mitteln entrichten muß, auf die Hin- und Rückreise die gesetzlichen Tagegelder und Reisekosten.

Wenn der Gefangenentransport nicht durch die Eisenbahn, sondern auf dem Landwege vermittelst eines aus Staatsfonds bezahlten Wagens, auf welchem der begleitende Gendarm freie Beförderung erhält, ausgeführt wird, so stehen dem letzteren für die Hinreise nur die gesetzlichen Tagegelder, aber keine Reisekosten, und für die Rückreise neben den Tagegeldern die gesetzlichen Reisekosten nur dann zu, wenn und insoweit er sich zur Ausführung derselben des aus Staatsfonds bezahlten Transportwagens nicht hat bedienen können (Erl. des Min. des Inn. vom 4. Dezember 1874, MBl. f. d. i. V. S. 288; Erl. des JustMin. v. 18. Februar 1875, JMBl. S. 64).

5, Die Uebertragung des Patrouillenbezirks eines abkommandirten, erkrankten oder beurlaubten Gendarmen zur einstweiligen Mitbeaufsichtigung an einen benachbarten Gendarmen ist lediglich als eine, zu jeder Zeit in der Befugniß der Behörde liegende, **vorübergehende Erweiterung des Patrouillenbezirks** des vertretenden Gendarmen anzusehen und der übertragene Patrouillenbezirk daher auf die Dauer der Vertretung als zu dem eigentlichen Patrouillenbezirke des vertretenden Gendarmen gehörig zu betrachten. Für die Dienstleistungen innerhalb dieses erweiterten Geschäftsbezirks stehen dem betreffenden Gendarmen nach § 4 Nr. 1 der Allerhöchsten Verordnung vom 1. April 1874, betreffend die Tagegelder und Reisekosten der Landgendarmerie, keine Reisekosten, Tagegelder aber nur dann zu, wenn er beauftragt ist, an einem anderen Orte, als an welchem er stationirt ist, zeitweilige Wohnung zu nehmen (MinErl. vom 20. Januar 1875, MBl. f. d. i. V. S. 48).

6, Die Gewährung von Tagegeldern an Gendarmerie-Mannschaften für diejenigen Dienstleistungen **innerhalb** ihres Geschäftsbezirks [1]), mit denen ein Uebernachten außerhalb der Station verbunden ist, ist im Hinblick auf die Vorschrift im § 4 ad 1 der Allerhöchsten Verordnung vom 1. April 1874 (GS. S. 131) nur in denjenigen Fällen zulässig, in denen die betreffen-

[1]) Vergl. den Runderlaß vom 20. November 1857, MBl. f. d. i. V. S. 196.

den Mannschaften zugleich besonders beauftragt sind, an dem Kommandoorte einstweilige Wohnung zu nehmen.

In allen Fällen, in denen Gendarmen von ihrem Stationsorte an einen anderen Ort ihres Geschäftsbezirks [1]) **auf mehrere Tage** kommandirt werden, ist von der betreffenden Behörde zu prüfen, ob der Aufenthalt an dem fremden Orte nach Lage der Umstände so lange andauern wird, daß es gerechtfertigt erscheint, die betreffenden Gendarmen zu einem zeitweiligen Wohnungnehmen daselbst anzuweisen und es ist demnächst die Bewilligung resp. Versagung der Tagegelder von der dieserhalb erfolgten oder nicht erfolgten Anweisung abhängig. Um in dieser Beziehung ein gleichmäßiges Verfahren zu sichern, wird, in Berücksichtigung eines Antrages des Königlichen Kommandos der Landgendarmerie, hierdurch bestimmt, daß den **Gendarmen** das zeitweilige Wohnungnehmen an dem Kommandoorte der Regel nach erst dann vorgeschrieben werden darf, wenn sie bei besonderen Aufträgen innerhalb ihres Geschäftsbezirks **länger als drei Tage und zwei Nächte** außerhalb ihres Stationsortes zu verweilen genöthigt sind.

Auf die **Oberwacht- und Kreiswachtmeister** ist jedoch der vorstehend aufgestellte Grundsatz nicht anzuwenden. Diesen sind vielmehr Tagegelder erst dann zu gewähren, wenn sie infolge eines besonderen Auftrages **zehn Tage oder länger** außerhalb ihrer Station Wohnung zu nehmen veranlaßt sind (Erl. der Min. des Inn. und der Fin. vom 5. März 1879, MBl. f. d. i. V. S. 138).

Anmerkung: Der letzte Absatz dieses Erlasses ist abgeändert durch den nachstehend unter Ziffer 8 abgedruckten Erlaß vom 6. April 1884.

7, Der Königl. Regierung erwidern wir auf den Bericht vom 24. Januar d. Js., soweit derselbe den Fußgendarmen B. in N. betrifft, daß dem letzteren, da er von dem ihm vorgesetzten Landrathe ausdrücklich angewiesen ist, in H. **an zwei Tagen jeder Woche** Wohnung zu nehmen, für dieselben die Tagegelder nach § 4 Nr. 1 der Allerhöchsten Verordnung vom 1. April 1874 (GS. S. 131) bedingungslos zustehen. Die von unserem Erlasse vom 5. März 1879 (MBl. f. d. i. V. S. 138), inhalts dessen das Wohnungnehmen der Gendarmen seitens der Civildienstbehörden der Regel nach erst dann angeordnet werden soll, wenn die Mannschaften genöthigt sind, mindestens drei Tage und zwei Nächte außerhalb der Station sich aufzuhalten, abweichende Weisung des Landraths erscheint in dem vorliegenden Falle durch die gegebenen Verhältnisse begründet und wird deshalb hiermit genehmigt.

Indem wir anheimstellen, hiernach den Spezialfall zur Erledigung zu bringen, ermächtigen wir die Königl. Regierung gleichzeitig, in Zukunft die **vor** jeder Abweichung von der Regel unseres Erlasses vom 5. März 1879 seitens der Landräthe nachzusuchende höhere Zustimmung nach sorgfältiger Prüfung der in Betracht kommenden Verhältnisse des Einzelfalles Ihrerseits auszusprechen (Erl. der Min. des Inn. und der Fin. vom 4. April 1888, MBl. f. d. i. V. S. 93).

8, Der Cirkularerlaß an die Königlichen Regierungen ꝛc. vom 5. März 1879, MBl. f. d. i. V. S. 138, enthält die Bestimmung, daß für die Oberwacht- und Kreiswachtmeister der Landgendarmerie bei Dienstreisen innerhalb ihres Geschäftsbezirks ein Anspruch auf Tagegelder erst dann erwächst,

---

[1]) Siehe Note auf S. 123.

wenn sie infolge eines besonderen Auftrages zehn Tage oder länger außerhalb ihrer Station Wohnung zu nehmen veranlaßt sind. Die gedachte Bestimmung wird hierdurch dahin abgeändert, daß jenen Mannschaften fortan bei Kommandirungen zu den alljährlich wiederkehrenden **Truppenübungen** die Tagegelder, sowie die an Stelle der Reisekosten tretende Vergütung (§ 4 der Allerh. Verordnung vom 1. April 1874, GS. S. 131) bereits dann zu gewähren sind, wenn sie aus Anlaß des betreffenden Auftrages drei Tage und zwei Nächte außerhalb ihres Stationsortes zu verweilen genöthigt sind.

Im übrigen verbleibt es bei den Bestimmungen des allegirten Erlasses (Erl. der Min. des Inn. und der Fin. vom 6. April 1884, MBl. f. d. i. V. S. 115).

9, Bei den Erwägungen, welche unserem Erlasse vom 6. April 1884, MBl. f. d. i. V. S. 115, vorangegangen sind, ist es unsererseits nur darauf angekommen, die Zahlung der Tagegelder an die innerhalb ihrer Geschäftsbezirke zu außerordentlichen Dienstleistungen aus Anlaß von Truppenübungen kommandirten Oberwachtmeister und Kreiswachtmeister der Landgendarmerie schon dann zu ermöglichen, wenn dieselben dadurch 3 Tage und 2 Nächte, wie es in dem früheren Erlasse vom 5. März 1879 vorgesehen ist, außerhalb der Station sich aufzuhalten genöthigt sind. Dagegen müssen wir der von der Königlichen Ober-Rechnungskammer in einem Spezialfalle geltend gemachten Ansicht, daß die Gewährung der in Abs. 4 des § 4 der Allerhöchsten Verordnung vom 1. April 1874 (GS. S. 131) vorgesehenen Vergütung aus Anlaß von Dienstleistungen der gedachten Art mit den Bestimmungen Nr. 1 a. a. O. sich nicht im Einklang befindet, zustimmen. Die eine entgegengesetzte Deutung zulassende Wortfassung unseres eingangs bezeichneten Erlasses vom 6. April 1884 wird deshalb hierdurch entsprechend erläutert 2c. (Erl. der Min des Inn. und der Fin. vom 28. April 1888, MBl. f. d. i. V. S. 111).

10, Aus Anlaß eines Spezialfalles ist die Frage

> unter welchen Umständen den zur Dienstleistung außerhalb ihrer Stationsorte kommandirten Mitgliedern der Landgendarmerie nach Ablauf der ersten vierzehn Tage an Stelle der Tagegelder die Kommandozulagen zu gewähren sind,

von uns der Erörterung unterzogen worden. Nach dem Ergebniß der letzteren haben wir uns dahin entschieden, daß die Kommandozulagen nach Ablauf der ersten vierzehn Tage des Kommandos nur dann an die Stelle der Tagegelder zu treten haben, wenn die betreffenden Mitglieder der Landgendarmerie für die Dauer des Kommandos **einen** anderen Wohnort zu nehmen beauftragt worden sind, daß dagegen die Tagegelder, soweit solche überhaupt in Frage kommen, auch nach Ablauf der ersten vierzehn Tage des Kommandos fortzuzahlen sind, wenn die Gendarmen 2c. während des Kommandos an **verschiedenen** Orten Aufenthalt zu nehmen genöthigt waren, ein anderer Wohnort ihnen somit nicht hatte angewiesen werden können (Erl. der Min. des Inn. und der Fin. vom 18. November 1889, MBl. f. d. i. V. S. 217).

11, Den Mannschaften der Landgendarmerie sind bei Abkommandirungen in allen Fällen, in denen sie an einem Orte länger als 14 Tage Wohnung zu nehmen haben, für die überschießende Zeit des Aufenthalts an demselben Orte an Stelle der Tagegelder die Kommandozulagen zu gewähren (MinErl. vom 6. August 1890, MBl. f. d. i. V. S. 199).

12, Da die an einen anderen Wohnort kommandirten und länger als 14 Tage hintereinander daselbst wohnhaft gebliebenen Gendarmen für den Tag der Rückkehr nach der Station den Wohnort bereits aufgeben müssen, so gebührt ihnen, vorausgesetzt, daß dieser Wohnort nicht etwa innerhalb des Patrouillenbezirks liegt, für den Tag des Rückmarsches nicht mehr die Kommandozulage, sondern das bestimmungsmäßige Tagegeld (MinErl. vom 4. November 1890, MBl. f. d. i. V. S. 242).

13, Bei Feststellung des 14tägigen Zeitraumes, nach dessen Ablauf gemäß § 5 der Verordnung vom 1. April 1874 die Kommandozulage an die Stelle der Tagegelder zu treten hat, sind weder die Tage des Hinmarsches zum Kommandoort noch die des Rückmarsches von demselben mitzurechnen. Für die Tage des Hinmarsches und Rückmarsches ist, da jedes Kommando mit Einschluß dieser Tage immer nur als eine Dienstreise im Sinne des § 4 Nr. 2 a. a. O. gelten kann, stets der volle Satz des Tagegeldes zu gewähren (MinErl. vom 11. November 1894, MBl. f. d. i. V. S. 203).

14, Den Gendarmen ist bei Kommandos **innerhalb** ihres Geschäftsbezirks gemäß § 4 Nr. 1 und § 5 der Verordnung vom 1. April 1874 (GS. S. 131) das gesetzliche Tagegeld oder die nach 14 Tagen an dessen Stelle tretende Kommandozulage nur für die Dauer zu gewähren, während welcher sie zufolge besonderen Auftrags an einem anderen Orte zeitweilige Wohnung nehmen mußten. Für den Marsch nach einem solchen anderen Orte **innerhalb** des Dienstbezirks und für die Rückkehr nach der Station steht den Gendarmen eine Vergütung nicht zu, und es kann ihnen daher hierfür weder Tagegeld noch Kommandozulage zugebilligt werden. Der Erlaß vom 11. November 1894 (MBl. f. d. i. V. S. 203), wonach die Tage der Hin- und Rückreise besonders zu berechnen sind, darf, wie sich schon aus der Hinweisung in demselben auf § 4 Nr. 2 a. a. O. ergiebt, nur auf Kommandos **außerhalb** des Dienstbezirks Anwendung finden (MinErl. vom 26. Februar 1897, MBl. f. d. i. V. S. 47).

15, Bei der Bewilligung der Dienstaufwandsentschädigung für die Gendarmen durch den Staatshaushaltsetat für 1875 ist, wie aus den Erläuterungen zu Kapitel 99 Titel 6 Nr. 2 der Ausgabe sich ergiebt, die Absicht leitend gewesen, die Mannschaften dadurch für den Aufwand anläßlich der Dienstverrichtungen innerhalb der Geschäftsbezirke zu entschädigen, für welche nach der Allerhöchsten Verordnung vom 1. April 1874 (GS. S. 131) keine Tagegelder gewährt werden. Daraus folgt, daß in allen Fällen, in welchen die Gendarmen infolge von Dienstleistungen außerhalb ihrer eigentlichen Patrouillenbezirke Tagegelder oder Kommandozulagen beziehen, ihnen daneben nicht noch eine weitere Dienstaufwandsentschädigung gebührt. Dasselbe trifft zu, wenn ein Gendarm beauftragt ist, innerhalb seines Patrouillenbezirks an einem anderen Orte Wohnung zu nehmen und deshalb Tagegelder oder Kommandozulagen zu empfangen berechtigt ist. Da diese Fälle jedoch der Regel nach selten und nur immer für kurze Zeiträume eintreten, so ist bisher davon abgesehen worden, der Frage einer Kürzung der etatsmäßigen Dienstaufwandsentschädigung für dieselbe Zeit näher zu treten (MinErl. vom 4. November 1890, MBl. f. d. i. V. S. 242. Siehe hierzu auch den MinErl. vom 6. Mai 1891, MBl. f. d. i. V. S. 66).

16, Der ꝛc. erwidere ich auf den Bericht vom 20. November v. Js., betreffend den seitens des Fußgendarmen S. in B. ohne besonderen

Auftrag bewirkten Transport eines von ihm wegen Verdachtes des Diebstahls verhafteten Dienstknechts von H. nach K.,

daß es in Fällen, wie der vorliegende, wo der Gendarm zur Ausführung des Transportes seinen Patrouillenbezirk überschreiten muß, wegen der Dringlichkeit der Festnahme des Verdächtigen aber hierzu einen besonderen Auftrag vorher nicht einholen kann, zur Begründung des Anspruchs des betreffenden Gendarmen auf den Bezug von Diäten und Fuhrkosten genügt, wenn diejenige Behörde, welche den Auftrag zur Ausführung des Transports hätte ertheilen müssen, denselben nachträglich genehmigt (MinErl. vom 7. Januar 1880, MBl. f. d. i. V. S. 33).

17, Für Dienstgeschäfte der Gendarmen außerhalb des Geschäftsbezirks, zu welchen ein besonderer Auftrag gegeben ist, sind die Reisekosten nach der ganzen zurückgelegten Wegestrecke **vom Stationsorte ab** zu berechnen und zu vergüten. Dabei ist jedoch Bedingung der Bewilligung überhaupt, daß der außerhalb des Geschäftsbezirks belegene Ort, an welchem das Dienstgeschäft verrichtet wird, mehr als 2 km vom Stationsorte entfernt ist.

Zur Begründung des Anspruchs auf die Tagegelder und Reisekosten ist nach § 4 Nr. 2 der Allerhöchsten Verordnung vom 1. April 1874 bei Verrichtung auswärtiger Dienstgeschäfte ein besonderer Auftrag nöthig. Der Anspruch ist also nicht gerechtfertigt, wenn dieser besondere Auftrag fehlt, oder wenn die betreffende Reise in allgemeinen Instruktionen oder herkömmlichen Dienstfunktionen begründet ist (Erl. der Min. des Inn. und der Fin. vom 30. September 1874, MBl. f. d. i. V. S. 238).

18, Es kann nicht für zulässig erachtet werden, den berittenen Oberwachtmeistern und Gendarmen die ihnen nach al. 4 § 4 der Allerhöchsten Verordnung vom 1. April 1874 bei Dienstreisen außerhalb des Geschäftsbezirks zustehende Vergütung von 1 Thlr. (3 Mk.) resp. 15 Sgr. (1,50 Mk.) für die Mitnahme des Pferdes nicht nur für die Reisetage, sondern auf die ganze Dauer der betreffenden Kommandos zu bewilligen. Den genannten Beamten soll jene Vergütung **an Stelle der Reisekosten**, welche sie mit Rücksicht auf die Ausführung des Marsches zu Pferde nicht beziehen können, gewährt werden. Es ist mithin die Zahlung der gedachten Vergütung nur für die Tage **der eigentlichen Reise** als zulässig zu erachten, weil nur für diese die Liquidation von Reisekosten stattfinden kann. Für die Tage des Aufenthalts an den Kommandoorten können aber Reisekosten nicht in Ansatz gebracht werden und es kann mithin für diese Zeit auch keine Vergütung für die Mitnahme des Dienstpferdes eintreten (MinErl. vom 16. Juli 1875, MBl. f. d. i. V. S. 270).

19, Nach dem Cirkularerlasse vom 16. Juli 1875 (MBl. f. d. i. V. S. 270) ist den berittenen Oberwachtmeistern und Gendarmen die ihnen nach Absatz 4 § 4 der Allerhöchsten Verordnung vom 1. April 1874 bei Dienstreisen außerhalb des Geschäftsbezirks zustehende Vergütung von 3 Mk. bezw. 1,50 Mk. pro Tag für die Mitnahme des Pferdes nur für die Tage der eigentlichen Reise, dagegen nicht für die Tage des Aufenthalts an den Kommandoorten zu gewähren. Im Einverständniß mit dem Herrn Finanzminister bestimme ich, daß den aus Anlaß von **Truppenübungen** beorderten berittenen Gendarmerie-Mannschaften die erwähnte Vergütung während ihrer Anwesenheit auf dem Manöverterrain auch für die Ruhetage zu zahlen ist, da die Bewilligung dieser Vergütung für den speziellen Fall der Truppenübungen als mit der angezogenen Verordnung vereinbar erachtet werden darf (MinErl. vom 2. Oktober 1884, MBl. f. d. i. V. S. 246).

20, Die in den Allerhöchsten Verordnungen vom 1. April 1874 (GS. S. 131) und vom 1. November 1876 (GS. S. 459) für die Dienstreisen der Mitglieder der Landgendarmerie auf Eisenbahnen oder Dampfschiffen vorgesehenen Reisekostenvergütungen sind zur Deckung derjenigen Kosten bestimmt, welche die Beamten für ihre und ihres Gepäcks Beförderung mit den fragl. Transportmitteln zu entrichten haben. Zu dem Gepäck können die Dienstpferde nicht gezählt werden. Bauschalentschädigungen für die Kosten der Verfrachtung der letzteren sind nicht festgesetzt. Sofern daher die Mitglieder der Landgendarmerie genöthigt sind, bei Dienstreisen, zum Zweck der Ausführung der ihnen ertheilten Aufträge, ein Dienstpferd an den Ort der Dienstleistung mit der Eisenbahn oder dem Dampfschiffe befördern zu lassen, sind die dafür wirklich aufgewendeten Frachtkosten aus der Staatskasse zu erstatten (MinErl. vom 4. November 1889, MBl. f. d. i. V. S. 172).

21, Mittelst der, bisher auch auf die Offiziere der Landgendarmerie angewendeten Allerhöchsten Ordre vom 25. April 1867 (Armee-Verordnungsblatt für 1867 Nr. 4 S. 30) ist genehmigt worden, daß die Kosten für Beförderung der Dienstpferde einzeln versetzter oder kommandirter Offiziere **auf Eisenbahnen oder Dampfschiffen** allgemein in dem Falle auf die Staatskasse übernommen werden dürfen, wo die zurückgelegte Entfernung 20 Meilen und darüber beträgt. Diese Bestimmung ist auch nach der inzwischen mittelst Allerhöchster Verordnung vom 23. Mai 1878 erfolgten anderweiten Regelung der Umzugskosten der Personen des Soldatenstandes noch in Kraft verblieben, demgemäß auf die Gendarmerieoffiziere nach wie vor anzuwenden und es sind mithin diesen letzteren Offizieren in den betreffenden Fällen die qu. Pferdetransportkosten neben den ihnen auf Grund der Allerhöchsten Verordnung vom 27. Januar d. Js. zustehenden erhöhten Umzugskostensätzen zu gewähren.

Indem ich die ꝛc. hiervon unter Bezugnahme auf meine Cirkularverfügung vom 22. März d. Js. in Kenntniß setze, verweise ich hinsichts der Berechnung jener Transportkosten auf die kriegsministeriellen Erlasse vom 7. Mai 1867 (AVBl. S. 30) und 27. November 1876 (AVBl. S. 230).

Die Kosten des Transports von Dienstpferden **auf Landwegen** haben die Offiziere aus eigenen Mitteln zu bestreiten (MinErl. vom 8. Mai 1879, MBl. f. d. i. V. S. 151).

22, In Anwendung der Allerhöchsten Ordre vom 25. April 1867 (AVBl. Nr. 4 S. 30) auf die Landgendarmerie ist, nach Inhalt des Cirkularerlasses v. 8. Mai 1879 (MBl. f. d. i. V. S. 151) genehmigt worden, daß die Kosten für Beförderung versetzter oder abkommandirter Offiziere auf Eisenbahnen oder Dampfschiffen allgemein in dem Falle auf die Staatskasse übernommen werden dürfen, wenn die zurückgelegte Entfernung 20 Meilen oder mehr beträgt. Die bezeichnete Vorschrift der Allerhöchsten Ordre vom 25. April 1867 ist inzwischen durch den Anhang II A. 1 zu § 19 der mittelst Allerhöchster Kabinetsordre vom 21. März 1889 genehmigten Reiseordnung der Personen des Soldatenstandes ersetzt, wonach den Offizieren die Kosten des Transports ihrer Dienstpferde mit der Eisenbahn oder auf Dampfschiffen schon dann vergütet werden, wenn die Entfernung auf dem Landwege nicht weniger als 45 km beträgt. Sinngemäßer Anwendung dieser Vorschrift entsprechend, sind auch den Offizieren der Landgendarmerie die Kosten des Transports ihrer Pferde mit der Eisenbahn oder mittelst Dampfschiffs in dem wirklich aufgewendeten Betrage nicht erst dann, wenn die Entfernung auf dem Landwege mindestens 20 Meilen, sondern bereits dann aus der Staatskasse zu erstatten, wenn die Entfernung mindestens 45 km beträgt (MinErl. vom 6. September 1894, MBl. f. d. i. V. S. 149).

23, Den zur **probeweisen** Wahrnehmung der Geschäfte vakanter Ober- oder Kreiswachtmeisterstellen kommandirten berittenen Gendarmen sind während der ganzen Dauer ihrer probeweisen Beschäftigung in den genannten Wachtmeisterstellen — neben der Dienstaufwandsentschädigung und Schreibmaterialienvergütung der **letzteren**, sowie der Baarentschädigung für die Fourage auf 10 Tage und der Naturallieferung derselben auf den Rest jedes Monats — der Wohnungsgeldzuschuß und das Gehalt eines berittenen Gendarmen und außerdem die in den §§ 1 und 4 der Allerhöchsten Verordnung vom 1. April 1874 (GS. S. 131) vorgesehenen Tagegelder bezw. Kommandozulagen, einschl. der im Abs. 4 des § 4 der Verordnung aufgeführten Beträge zu gewähren (MinErl. vom 27. Dezember 1887, MBl. f. d. i. V. 1888 S. 83).

24, Den Oberwachtmeistern und Gendarmen, welche zur Ausführung ihrer Dienstreisen innerhalb der Geschäftsbezirke Wasserläufe und Meeresstellen überschreiten müssen, sind die durch ihre Beförderung über dieselben erwachsenden baaren Auslagen aus dem Fonds bei Kap. 94 Tit. 9 des Gendarmerie-Etats zu erstatten (MinErl. vom 10. Mai 1887, MBl. f. d. i. V. S. 123).

25, Der Erlaß vom 10. Mai 1887 (MBl. f. d. i. V. S. 123) bezieht sich nicht nur auf die Fälle der Ueberschreitung von Wasserläufen und Meeresstellen, welche einen Theil der Geschäftsbezirke der Oberwachtmeister und Gendarmen bilden, sondern auch auf solche Wasserläufe und Meeresstellen, welche zwar außerhalb der Geschäftsbezirke liegen, aber aus Anlaß von Dienstleistungen in dem durch die Wasserläufe und Meeresstellen getrennten Theile der Geschäftsbezirke überschritten werden (MinErl. vom 13. Dezember 1891, MBl. f. d. i. V. 1892 S. 36).

26, Den als Zeugen vor Gericht vernommenen Oberwachtmeistern und Gendarmen ist im Falle des § 14 der Gebührenordnung vom 30. Juni 1878 (RGBl. S. 173) fortan die Entschädigung (und zwar Reisekosten und Tagegelder) ohne Rücksicht darauf, ob und welches Transportmittel von denselben in dem einzelnen Falle benutzt worden ist, wie für Dienstreisen nach den §§ 1 und 3 der Verordnungen vom 1. April 1874 (GS. S. 131) bezw. 1. November 1876 (GS. S. 459) und 14. Oktober 1881 (GS. S. 339)[1]) zu gewähren und findet daher der § 4 der Verordnung vom 1. April 1874 auf derartige Reisen keine Anwendung (Erl. des JustMin. vom 22. Juni 1885, JMBl. S. 225, MBl. f. d. i. V. S. 192 und vom 21. Juni 1887, MBl. f. d. i. V. S. 165).

27, Das zu den Reisekostenliquidationen für die Mitglieder der Landgendarmerie zu verwendende Muster ist durch die Min.Erlasse vom 30. Dezember 1876 (MBl. f. d. i. V. 1877 S. 40) und vom 17. Dezember 1878 (MBl. f. d. i. V. 1879 S. 9) vorgeschrieben. Zu demselben ist durch Erlaß vom 18. Juni 1883 (MBl. S. 175) noch Folgendes angeordnet:

[1]) und jetzt vom 11. Mai 1898 (GS. S. 103).

„Die Verfügung der Königlichen Ober-Rechnungskammer vom 30. Januar 1883 (MBl. f. d. i. V. S. 21) [1]), betreffend die Bescheinigung der Liquidationen Preußischer Staatsbeamten über Reisekosten und Tagegelder für Dienstreisen, hat auch auf die Mitglieder der Landgendarmerie Anwendung zu finden.

Das in jener Verfügung vorgeschriebene kürzere Attest der Richtigkeit soll dabei nur die früher verlangten Bescheinigungen über die Nothwendigkeit der Reise, die erfolgte Ausführung der betreffenden Dienstgeschäfte und die Angemessenheit sowie Richtigkeit der angegebenen Zeitdauer ersetzen. Dagegen ist die auf den Bestimmungen der Allerhöchsten Verordnungen vom 1. April 1874 und 1. November 1876 (GS. S. 131 bezw. 458) beruhende, durch Cirkularverfügung vom 30. Dezember 1876 (MBl. für 1877 S. 41) vorgeschriebene Bescheinigung

> daß die Reise zufolge besonderen Auftrages d . . . (Bezeichnung der betreffenden Königlichen Behörde) vom . . . ten . . . . außerhalb bezw. innerhalb des Geschäftskreises des Liquidanten ausgeführt worden,

nicht in Fortfall gekommen, vielmehr eintretenden Falles neben dem Atteste der Richtigkeit zu ertheilen."

VI. Justizministerium.

a, Reisen in Staatsdienstangelegenheiten.

1, Der Staatsministerialbeschluß vom 9. Juli 1898, betreffend die Tagegeldervergütungen bei Dienstreisen vorübergehend außerhalb ihres Wohnsitzes beschäftigter Beamten [2]) findet auf Reisen in Staatsdienst- **und** in gerichtlichen Angelegenheiten Anwendung (MinErl. vom 10. November 1898, JMBl. S. 272).

2, Die Diäten, welche die ständigen Hülfsarbeiter als solche erhalten und bei Kommissorien neben den Zusatzdiäten fortbeziehen, erleiden aus Anlaß der Gewährung besonderer Reisediäten keine Kürzung.

Unbesoldeten Beamten, welche gegen Gewährung von Geschäftsdiäten als außerordentliche Hülfsarbeiter beschäftigt werden, sind bei Reisen in Staatsdienstangelegenheiten oder in Lokalgeschäften die Geschäftsdiäten unverkürzt neben den für die Reise nach den bestehenden Vorschriften zu gewährenden Tagegeldern fortzuzahlen (MinErl. vom 1. Februar 1889, JMBl. S. 47).

3, Der § 14 der Gebührenordnung für Zeugen und Sachverständige vom 30. Juni 1878 (RGBl. S. 173) [3]) findet auch auf die Notare Anwendung.

---

[1]) S. 39 Ziffer 2 d. W.

[2]) Abgedruckt auf S. 12 Ziffer 2 d. W.

[3]) § 14 der GebO. vom 30. Juni 1878 lautet:

Oeffentliche Beamte erhalten Tagegelder und Erstattung von Reisekosten nach Maßgabe der für Dienstreisen geltenden Vorschriften, falls sie zugezogen werden

1, als Zeugen über Umstände, von denen sie in Ausübung ihres Amtes Kenntniß erhalten haben,

2, als Sachverständige, wenn sie aus Veranlassung ihres Amtes zugezogen werden und die Ausübung der Wissenschaft, der Kunst oder des Gewerbes, deren Kennt-

Dieselben sind bei Anwendung dieses Paragraphen als Beamte der 5. Rangklasse anzusehen (MinErl. vom 27. Januar 1893, JMBl. S. 45).

4, Die Rechnungsrevisoren bei den Landgerichten erhalten bei Dienstreisen Tagegelder und Reisekosten nach § 1 Ziffer V bezw. § 4 Ziffer I. 2 und II. 2 des Gesetzes vom 24. März 1873/21. Juni 1897 (MinErl. vom 9. April 1880, JMBl. S. 79).

Diese Vorschrift bezieht sich indeß nach den Ministerialerlassen vom 4. Juni und 30. November 1891, I. 4738 (Müller S. 740) nur auf die etatsmäßig angestellten Rechnungsrevisoren, nicht aber auf Beamte, welche nur vertretungsweise mit Wahrnehmung der Geschäfte eines Rechnungsrevisors beauftragt werden.

5, Amtsanwälten sind bei Dienstreisen Tagegelder und Reisekosten nach denselben Sätzen zu gewähren, welche den Subalternbeamten der Lokalbehörden zustehen. Amtsanwälte, welche ein mit einem höheren Range verbundenes Amt im unmittelbaren Staatsdienst bekleiden, erhalten die ihnen nach diesem Amte zustehenden Tagegelder und Reisekosten (MinErl. vom 20. Februar 1880, JMBl. S. 38).

6, Der in dem Erlasse der Minister des Innern und der Finanzen vom 17. Juli 1890 (MBl. f. d. i. V. S. 100)[1], betreffend die den Regierungsassessoren zu gewährenden Reiseentschädigungen, aufgestellte Grundsatz kommt auch in der Justizverwaltung zur Anwendung (MinErl. vom 26. Mai 1900, II d 1748, Müller S. 744).

7, Wenn bei Ausführung von Bauten der Justizverwaltung eine besondere Baukasse errichtet ist, so sind die dem Rendanten (in der Regel ist hierzu der bei der Gerichtskasse als Rendant oder als Kontroleur fungirende Beamte zu bestellen) etwa zustehenden Reisekosten und Tagegelder nach den Bestimmungen im § 4 des Regulativs vom 26. November 1853 und den dieselben abändernden Vorschriften des Allerhöchsten Erlasses vom 25. Juli 1873 (MBl. f. d. i. V. S. 276)[2] in Ansatz zu bringen. Die Vergütungen werden auf eine von dem Baukassenrendanten vorgelegte Liquidation durch die **Regierung** festgesetzt und auf den Baufonds zur Zahlung angewiesen (Erl. der Min. d. ö. Arb., der Just. und der Fin. vom 26. Juni 1886, Anh. S. 139 zur DA. d. BV. vom 1. Dezember 1898).

8, Die Eigenschaft eines Beamten ist auch denjenigen Personen beizumessen, welche von der Justizverwaltung zur Befriedigung eines vorübergehenden Bedürfnisses im Staatsdienste beschäftigt werden, und zwar gilt dies nicht erst mit dem Augenblicke der Geschäftsübernahme, sondern von dem Zeitpunkte ab, wo sie die durch die aufgetragene Beschäftigung veranlaßte Reise antreten, oder die erforderliche Rückreise vollenden.

Hiernach liegen keine Bedenken vor, die Vorschrift des Erlasses des Herrn Finanzministers vom 8. Oktober 1879[3]) auf den vorliegenden Fall für anwendbar zu erachten und dem Gerichtsvollzieheranwärter N. die

---

niß Voraussetzung der Begutachtung ist, zu den Pflichten des von ihnen versehenen Amtes gehört.

Werden nach den Vorschriften dieses Paragraphen Tagegelder und Reisekosten gewährt, so findet eine weitere Vergütung an den Zeugen oder Sachverständigen nicht statt.

[1]) Siehe S. 107 Ziff. 3 d. W.

[2]) und bezw. des MinErl. vom 12. Februar 1898, MBl. f. d. i. V. S. 44 (siehe Abschnitt II Abth. VIII b Ziffer 4 d. W.).

[3]) Siehe S. 13 Ziffer 5 d. W.

erbetenen Reisekosten und Diäten aus Anlaß der von ihm behufs Uebernahme der Geschäfte eines Gerichtsvollziehers von G. nach W. unternommenen Reise zu bewilligen (MinErl. vom 23. Oktober 1883, I. 4327, Müller S. 746).

9, Die Gerichtsassessoren sind verpflichtet, auf Anordnung des Justizministers die Verwaltung einer Amtsrichterstelle, die Stellung eines Hülfsrichters oder eines Hülfsarbeiters bei der Staatsanwaltschaft zu übernehmen. In diesen Fällen ist ihnen eine Entschädigung nach allgemein festzustellenden Grundsätzen sowie Ersatz der Reisekosten nach Maßgabe der Verordnung vom 15. April 1876 [1]) (GS. S. 107) zu gewähren (§ 4 des Gesetzes vom 24. April 1878, GS. S. 230).

10, Für die Berechnung der Tagegelder und Reisekosten der Justizbeamten in Staatsdienstangelegenheiten ist durch Nr. 81 der Etatsvorschriften vom 31. März 1900 (JMBl. S. 301) das nachstehend auf S. 133 abgedruckte Muster vorgeschrieben.

b, Reisen in gerichtlichen Angelegenheiten.

Vorbemerkung:

Die den Justizbeamten bei Dienstgeschäften außerhalb des Gerichtsorts zu gewährenden Tagegelder und Reisekosten sind durch die Verordnung vom 24. Dezember 1873 (GS. 1874 S. 2) bestimmt. Die §§ 2 und 5 dieser Verordnung sind später durch die Verordnung vom 8. Mai 1876 (GS. S. 119), der § 9 durch die Verordnung vom 27. August 1900 (GS. S. 319) abgeändert worden.

1, **Verordnung, betreffend die den Justizbeamten bei Dienstgeschäften außerhalb des Gerichtsortes zu gewährenden Tagegelder und Reisekosten.** Vom 24. Dezember 1873 (GS. 1874 S. 2). [2])

Wir Wilhelm, von Gottes Gnaden König von Preußen rc., verordnen auf Grund des § 12 des Gesetzes vom 24. März d. Js., betreffend die Tagegelder und Reisekosten der Staatsbeamten (GS. S. 122), was folgt:

§ 1. Bei gerichtlichen Geschäften, welche außerhalb des Gerichtsorts vorzunehmen sind, erhalten an Tagegeldern:

1, wenn das Geschäft einschließlich der Hin- und Rückreise innerhalb 24 Stunden vollendet wird, der Richter 3 Thlr. (9 Mk.), der Gerichtsschreiber 1 Thlr. 15 Sgr. (4,50 Mk.),

2, wenn die Abwesenheit länger dauert, für jeden auch nur angefangenen Zeitraum von 24 Stunden, der Richter 3 Thlr. (9 Mk.), der Gerichtsschreiber 1 Thlr. 15 Sgr. (4,50 Mk.),

3, zusätzlich für jedes außerhalb des Wohnorts genommene Nachtquartier, der Richter 1 Thlr. (3 Mk.), der Gerichtsschreiber 15 Sgr. (1,50 Mk.). [3])

---

[1]) Jetzt des Gesetzes vom 21. Juni 1897.

[2]) Die Verordnung vom 24. Dezember 1873 ist für diejenigen Dienstgeschäfte, welche die bei den Oberlandesgerichten und den Landgerichten sowie bei den zugehörigen Staatsanwaltschaften beschäftigten Beamten an einem Orte außerhalb des Amtsgerichtsbezirks vornehmen, in dem der Beamte zur Zeit der Reise dienstlich beschäftigt ist, außer Kraft gesetzt (Verordnung vom 6. August 1898, GS. S. 297).

In Fällen dieser Art haben also die vorbezeichneten Beamten Tagegelder und Reisekosten nach dem Gesetze vom 24. März 1873/21. Juni 1897 zu liquidiren.

[3]) Für die Berechnung der Tagegelder und Reisekosten der Justizbeamten in gerichtlichen Angelegenheiten ist das Muster 7 der Etatsvorschriften vom 31. März 1900, JMBl. S. 301, zu verwenden (hier nicht mit abgedruckt).

Aktenzeichen
. . . .

Beleg Nr. . . . . . .

Berechnung

der

Reisekosten und Tagegelder für die behufs . . . .
auf Grund . . . . ausgeführte Dienstreise.

… Ausführung		Reiseweg: und Angabe der dienstlichen Verrichtungen	Kilometer			Zu- und Abgänge, wenn Eisenbahn oder Dampfschiff bezw. in Verbindung mit Kleinbahn benutzt ist	Betrag der Entschädigung nach dem Gesetze vom 21. Juni 1897				Namensschrift als Quittung oder Hinweis auf beiliegende Quittungen oder Postscheine
…	Tag		Eisenbahn oder Dampfschiff	Kleinbahn	Landweg		im Einzelnen		zusammen		
							M	₰	M	₰	
		Reiseweg: von . . . . nach . . . . Abreise am . . . . Uhr Rückkehr am . . . . Uhr Dienstliche Verrichtung:									
		Zusammen									

1, Für den . . . .
A. Reisekosten für
. . . . km Eisenbahn, Kleinbahn und Dampfschiff . . à — M 9 ₰.
. . . . „ Landweg. . . . . à — „ 60 „
. . . . Zu- und Abgänge. . . . . à 3 „ — „
Auslagen bei Benutzung der Kleinbahn, nachgewiesen durch . . . .
B. Tagegelder für . . . . à — „ — „
(Begründung der Nichtbenutzung der Kleinbahn)

Summe

2, Für den . . . .
A. Reisekosten für
. . . . km Eisenbahn, Kleinbahn und Dampfschiff . . à — M 7 ₰.
. . . . „ Landweg. . . . . à — „ 40 „
. . . . Zu- und Abgänge. . . . . à 2 „ — „
Auslagen bei Benutzung der Kleinbahn, nachgewiesen durch . . . .
B. Tagegelder für. . . . . à — „ — „

Summe

Ueberhaupt

N . . . ., den . . . . 19 . .
(Unterschrift der Beamten.)

Nach de . . Entfernung . ., den Sätzen und rechnerisch geprüft und mit . . . M . . ₰ richtig befunden. Abschrift der Berechnung und der Anweisung ist zu den Akten gegeben.

. . . ., Gerichtsschreiber.

Die Richtigkeit wird bescheinigt.
. . . . M . . ₰ zu zahlen und bei Kap. 80 Tit. 1 des Etats zu verrechnen.
N . . . . ., den . . . . 19 . .
Königl. . . . .
(Unterschrift).

1, Nach Artikel V des Gesetzes vom 21. Juni 1897 (GS. S. 193) verbleibt es bei gerichtlichen Geschäften, welche außerhalb des Gerichtsorts vorzunehmen sind, bei den durch § 1 der Verordnung vom 24. Dezember 1873 festgesetzten Tagegeldern (MinErl. vom 11. September 1897, Ziffer 8, JMBl. S. 235).

2, Auf Reisen, welche von den Amtsanwälten behufs Wahrnehmung gerichtlicher **Hauptverhandlungstermine** unternommen werden, sind die Bestimmungen des Gesetzes vom 24. März 1873 und dessen Ergänzungen anwendbar, wie dies insbesondere aus § 10 der Verordnung vom 24. Dezember 1873 (GS. 1874 S. 2) hervorgeht. Nur auf Reisen dieser Art hat die allgemeine Verfügung vom 20. Februar 1880 [1]) unmittelbare Beziehung.

Was die Reisen zu **Lokalterminen** in einzelnen Strafsachen anlangt, so finden, wie auf die Reisen der anderen Beamten der Staatsanwaltschaft, so auch auf diejenigen der Amtsanwälte, die für die gerichtlichen Beamten gegebenen Vorschriften entsprechende Anwendung. Die Verordnung vom 24. Dezember 1873 unterscheidet aber nur zwischen dem Richter und dem Gerichtsschreiber und die entsprechende Anwendung ihrer Bestimmungen auf die Amtsanwälte kann daher nur in der Art erfolgen, daß solche Amtsanwälte, welche noch ein anderes Staatsamt bekleiden und in diesem den Richtern gleichstehen, die für den Richter bestimmten Sätze, alle anderen Amtsanwälte dagegen die für den Gerichtsschreiber bestimmten Sätze zu beziehen haben (MinErl. vom 5. Juni 1888, I. 1500, Müller, S. 218).

3, Unbesoldeten, gegen Gewährung von Geschäftsdiäten als außerordentliche Hülfsarbeiter beschäftigten Beamten, sind bei Reisen in Lokalgeschäften die Geschäftsdiäten unverkürzt neben den zuständigen Tagegeldern fortzuzahlen (MinErl. vom 1. Februar 1889, JMBl. S. 47).

4, Im Einvernehmen mit der Königlichen Ober-Rechnungskammer werden die Justizbehörden darauf aufmerksam gemacht, daß grundsätzlich Reisetagegelder für einen und denselben Tag nur einmal beansprucht werden dürfen, und daß daher auch in den Fällen, in welchen ein Beamter an einem Tage verschiedene Reisen ausgeführt hat, die Reisetagegelder nur für einen Tag zu gewähren sind (MinErl. vom 1. Februar 1889, Ziffer II, JMBl. S. 47).[2])

5, Einem Gerichtsdiener, welcher zu einem Lokaltermin als Gerichtsschreiber zugezogen ist, gebühren für die Wahrnehmung dieses Termins Tagegelder und Reisekosten nach den in der Verordnung vom 24. Dezember 1873 festgesetzten Sätzen. Wenn die erwähnte Verordnung bestimmte Sätze an Tagegeldern und Reisekosten für „den **Richter**“ bezw. „den **Gerichtsschreiber**“ festsetzt, so haben durch diese Ausdrücke nicht die als Richter bezw. als Gerichtsschreiber angestellten Beamten, sondern diejenigen Beamten bezeichnet werden sollen, welche in dem betreffenden Lokaltermine als Richter bezw. Gerichtsschreiber fungirt haben. Auch Referendare, Justizanwärter, Lohnschreiber, Gerichtsdiener und selbst Personen von sonst privater Stellung haben, sofern sie zu dem Termin als Gerichtsschreiber zu-

---

[1]) Siehe S. 131 Ziffer 5 d. W.
[2]) Siehe jedoch hierzu den MinErl. vom 17. Januar 1901, JMBl. S. 14, S. 139 d. W.

gezogen worden sind, Anspruch auf Diäten und Reisekosten nach den für „den Gerichtsschreiber“ bestimmten Sätzen, ohne Rücksicht auf ihre sonstige amtliche oder nichtamtliche Stellung (MinErl. vom 17. November 1883, I. 4790, Müller S. 770).

§ 2. (Verordnung vom 8. Mai 1876.) An Reisekosten einschließlich der Kosten der Gepäckbeförderung erhalten in demselben Falle:

1, bei Reisen, welche auf Eisenbahnen oder Dampfschiffen zurückgelegt werden können,
der Richter für das km 13 Pf. und 3 Mk. für jeden Zu- und Abgang,
der Gerichtsschreiber für das km 10 Pf. und 2 Mk. für jeden Zu- und Abgang;

2, bei Reisen, welche nicht auf Eisenbahnen oder Dampfschiffen zurückgelegt werden können,
der Richter 50 Pf., der Gerichtsschreiber 25 Pf. für das km.

Haben erweislich höhere Reisekosten, als die unter 1 und 2 festgesetzten aufgewendet werden müssen, so werden diese erstattet.

1, Gemäß Artikel V des Gesetzes vom 21. Juni 1897 erhalten vom 1. Oktober 1897 ab an Reisekosten einschließlich der Kosten der Gepäckbeförderung:
a, bei Reisen, die auf Eisenbahnen oder Dampfschiffen zurückgelegt werden können,
der Richter für das km 9 Pf. und 3 Mk. für jeden Zu- und Abgang,
der Gerichtsschreiber für das km 7 Pf. und 2 Mk. für jeden Zu- und Abgang;
b, bei Reisen die nicht auf Eisenbahnen oder Dampfschiffen zurückgelegt werden können,
der Richter 50 Pf., der Gerichtsschreiber 25 Pf. für das km,
sofern nicht erweislich höhere Reisekosten haben aufgewendet werden müssen (MinErl. vom 11. September 1897, JMBl. S. 235).

2, Zur Beseitigung hervorgetretener Zweifel werden die Justizbehörden darauf aufmerksam gemacht, daß die allgemeine Verfügung vom 24. Mai 1869, betreffend die den Beamten zu gewährende Vergütung für Nebenkosten bei Dienstreisen auf Eisenbahnen, infolge der neueren Vorschriften über Reisekosten ihre Geltung verloren hat.

Die lit. C der Anlage zu dem Staatsministerialbeschlusse vom 13. Mai 1884 (JMBl. S. 104)[1]) ist bei Berechnung der Reisekosten bei gerichtlichen Geschäften, welche außerhalb des Gerichtsortes vorzunehmen sind, bezüglich des Ansatzes der Gebühr für Zu- und Abgang entsprechend anzuwenden (MinErl. vom 6. November 1894, JMBl. S. 311).[2])

§ 3. Tagegelder und Reisekosten werden nicht gewährt, wenn das Geschäft in einer Entfernung von nicht mehr als einer Fünftelmeile[3]) von dem Gerichtsorte vorgenommen wird. War der Beamte durch außer-

---

[1]) Abgedruckt auf S. 17 d. W.

[2]) Wegen Anwendung der Staatsministerialbeschlüsse vom 30. Oktober 1895 und vom 25. Oktober 1898 auf die Dienstreisen in Parteisachen vergl. die Ministerialerlasse vom 26. November 1895, JMBl. S. 413 (S. 19 Ziff. 3 d. W.) und vom 3. Januar 1899, JMBl. S. 4 (S. 22 Ziff. 7 d. W.).

In welcher Weise ferner der Staatsministerialbeschluß vom 12. August 1896 (S. 16 d. W.) auf diese Reisen Anwendung zu finden hat, bestimmt der MinErl. vom 8. Dezember 1896, JMBl. S. 359 (S. 136 Ziffer 1 d. W.).

[3]) Jetzt „weniger als 2 km“.

gewöhnliche Umstände genöthigt, sich eines Fuhrwerkes zu bedienen oder waren sonstige nothwendige Unkosten, wie Brücken- oder Fährgeld, aufzuwenden, so sind die Auslagen zu erstatten.

Für einzelne Ortschaften kann durch den Justizminister in Gemeinschaft mit dem Finanzminister bestimmt werden, daß den Gerichtsbeamten bei den außerhalb des Gerichtsgebäudes vorzunehmenden Geschäften die verauslagten Fuhrkosten zu erstatten sind.

1, Bei Dienstreisen der Justizbeamten in Parteisachen gilt für die Bestimmung des Anfangspunktes der Reise nicht, wie bei Reisen in Staatsdienstangelegenheiten nach dem Staatsministerialbeschlusse vom 12. August 1896 (JMBl. S. 359) der Wohnort oder das Wohngehöft des Beamten, sondern der Gerichtsort, während es hinsichtlich der Bestimmung des Endpunktes bei den bisherigen Vorschriften sein Bewenden behält [1]) (MinErl. vom 8. Dezember 1896, JMBl. S. 359).

2, Nachdem durch das Preußische Gerichtskostengesetz vom 25. Juni 1895 (GS. S. 203) § 110 Ziffer 2, § 114 [2]) bestimmt worden ist, daß zu den als baare Auslagen zu erstattenden Reisekosten auch die in § 3 der Verordnung vom 24. Dezember 1873, betreffend die den Justizbeamten bei Dienstgeschäften außerhalb des Gerichtsortes zu gewährenden Tagegelder und Reisekosten (GS. 1874 S. 2) bezeichneten Fuhrkosten zu rechnen sind, wird in der Anlage (S. 137) ein Verzeichniß derjenigen Ortschaften zur öffentlichen Kenntniß gebracht, für welche zur Zeit Anordnungen dahin getroffen sind, daß

a, den Justizbeamten bei den außerhalb des Gerichtsgebäudes vorzunehmenden Geschäften,

b, den Medizinalbeamten bei den an ihrem Wohnorte oder in einer Entfernung von nicht mehr als 2 km von demselben auf Veranlassung einer Gerichtsbehörde oder eines Beamten der Staatsanwaltschaft vorzunehmenden Geschäften

die verauslagten Fuhrkosten zu erstatten sind.

Zugleich wird bestimmt, daß die Notare befugt sind, in demselben Umfange Fuhrkosten bei den außerhalb ihrer Geschäftsräume vorzunehmenden Geschäften zu berechnen, in welchem dies nach dem anliegenden Verzeichniß den Justizbeamten gestattet ist.

— § 3 Abs. 2 der Verordn. v. 24. Dezember 1873 (GS. 1874 S. 2), Verordn. v. 4. November 1874 (GS. S. 354), § 22 der Gebührenordnung für Notare vom 25. Juni 1895 (GS. S. 256) [3]) in Verb. mit § 80 Abs. 3 der Gebührenordnung für Rechtsanwälte vom 7. Juli 1879 (RGBl. S. 176). [4]) —

Unter Aufhebung der einzelnen Bestimmungen, welche wegen Erstattung der Fuhrkosten bisher ergangen sind, wird — hinsichtlich der Justizbeamten und der Medizinalbeamten im Einverständniß mit dem Herrn Finanzminister — Folgendes angeordnet:

---

[1]) Nach dem bei Müller, S. 774 abgedruckten MinErl. vom 28. Juni 1879, I. 3000, gilt nach der beständigen Praxis im Justizressort als Endpunkt der Reise nicht die betreffende Ortschaft als geographische oder politische Einheit, sondern der wirkliche Ort, d. h. die spezielle Lokalität, an welcher das Dienstgeschäft vorgenommen ist.

[2]) In der Fassung der Bekanntmachung vom 6. Oktober 1899 (GS. S. 325) kommen in Betracht § 115 Ziffer 2 (statt § 110 Ziffer 2), § 119 (statt § 114).

[3]) In der Fassung der Bekanntmachung vom 6. Oktober 1899 (GS. S. 374): § 21.

[4]) Siehe auch Art. 15 der landesgesetzlichen Vorschriften über die Gebühren der Rechtsanwälte und Gerichtsvollzieher (GS. 1899 S. 381 ff.).

1, Für die in der Anlage verzeichneten Ortschaften erfolgt die Erstattung der verauslagten Fuhrkosten bei denjenigen Dienstgeschäften, für welche nach den bestehenden Vorschriften Tagegelder und Reisekosten nicht gewährt werden können; die Gerichtsbeamten haben Anspruch auf Erstattung der Fuhrkosten auch dann, wenn sie zum Bezuge von Kommissionsgebühren berechtigt sind.

2, Die Beamten haben sich des öffentlichen Fuhrwerks (Droschken, Omnibus, Dampfschiff, Eisenbahn) zu bedienen; die ausnahmsweise Benutzung eines anderen Fuhrwerks bedarf, sofern dadurch höhere Kosten entstehen, der Begründung; bei Benutzung eines eigenen Fuhrwerks ist der nach der Taxe für öffentliches Fuhrwerk übliche Fahrpreis zu vergüten.

3, Ausgaben, welche der Staatskasse gegenüber liquidirt werden, sind seitens der Beamten, sofern dafür nach den maßgebenden örtlichen Einrichtungen in den Händen des Fahrgastes verbleibende Fahrmarken, Fahrscheine u. dergl. ausgegeben werden, durch diese zu belegen; können solche nicht beigebracht werden, so ist seitens der liquidirenden Beamten amtlich zu versichern, daß der liquidirte Betrag nach Maßgabe der bestehenden Taxe hat gezahlt werden müssen und wirklich gezahlt worden ist. Ueber höhere Ausgaben, als die üblichen Fahrgelder für öffentliches Fuhrwerk, sind Beläge beizubringen.

4, Wartegelder für Droschken sind in der Regel nicht zu vergüten.

5, Für die Medizinalbeamten ist bei Untersuchungen des Gesundheitszustandes von Justizbeamten die Erstattung von Fuhrkosten ausgeschlossen.

6, Auf Gerichtsvollzieher und Gerichtsdiener finden diese Bestimmungen keine Anwendung.

(MinErl. vom 17. September 1895, JMBl. S. 275.)

Verzeichniß

derjenigen Ortschaften, für welche zur Zeit durch besondere Anordnungen die Erstattung der von den Justizbeamten und Medizinalbeamten bei Dienstgeschäften verauslagten Fuhrkosten zugelassen ist.

Lfd. Nr.	Ortschaft	Die Erstattung der verauslagten Fuhrkosten ist zugelassen für
		I. Kammergerichtsbezirk.
1	Berlin	die Justizbeamten und die Medizinalbeamten.
		II. Oberlandesgerichtsbezirk Breslau.
2	Breslau	die Justizbeamten und die Medizinalbeamten,
3	Reichenbach u. E.	die Justizbeamten bei den außerhalb des engeren Stadtbezirks vorzunehmenden Geschäften.
		III. Oberlandesgerichtsbezirk Cassel.
4	Cassel	die Justizbeamten bei den außerhalb des engeren Stadtbezirks vorzunehmenden Geschäften.
		IV. Oberlandesgerichtsbezirk Celle.
5	Hannover (mit Linden)	1, die Justizbeamten, 2, die Medizinalbeamten bei den in dem gerichtlichen Todtenhause vorzunehmenden Geschäften,
6	Papenburg	die Justizbeamten bei den außerhalb des inneren Stadtbezirks vorzunehmenden Geschäften.

Lfd. Nr.	Ortschaft	Die Erstattung der verauslagten Fuhrkosten ist zugelassen für
		V. Oberlandesgerichtsbezirk Cöln.
7	Barmen	die Medizinalbeamten,
8	Cöln	die Justizbeamten und die Medizinalbeamten,
9	Düsseldorf	die Justizbeamten und die Medizinalbeamten bei den auf dem neuen Kirchhofe am Tannenwäldchen vorzunehmenden Dienstgeschäften.
		VI. Oberlandesgerichtsbezirk Frankfurt a/M.
10	Frankfurt a/M.	die Justizbeamten (siehe hierzu den Min.Erlaß vom 8. Juni 1901, I. 3918, JMBl. S. 139),
11	Wiesbaden	die Justizbeamten bei der Aufnahme von Wechselprotesten.
		VII. Oberlandesgerichtsbezirk Kiel.
12	Altona	die Justizbeamten,
13	Kiel	die Justizbeamten bei den Dienstgeschäften, welche außerhalb des bisherigen Stadtbezirks Kiel in dem neuen, früher zur Landgemeinde Wik gehörigen Stadttheile vorzunehmen sind.
		VIII. Oberlandesgerichtsbezirk Königsberg.
14	Königsberg	die Justizbeamten.
		IX. Oberlandesgerichtsbezirk Naumburg.
15	Erfurt	1, die Justizbeamten bei den außerhalb des engeren Stadtbezirks vorzunehmenden Dienstgeschäften, 2, die Medizinalbeamten bei den in der Leichenhalle des städtischen Friedhofes oder in dem Krankenhause vorzunehmenden Dienstgeschäften,
16	Halle	1, die Justizbeamten bei den außerhalb des engeren Stadtbezirks vorzunehmenden Dienstgeschäften, 2, die Medizinalbeamten bei den in der Leichenhalle des Südfriedhofes vorzunehmenden Dienstgeschäften,
17	Magdeburg (mit Buckau)	die Justizbeamten und die Medizinalbeamten.
		X. Oberlandesgerichtsbezirk Posen.
18	Posen	die Justizbeamten bei den außerhalb des engeren Stadtbezirks vorzunehmenden Dienstgeschäften.
		XI. Oberlandesgerichtsbezirk Stettin.
19	Stettin	die Justizbeamten und die Medizinalbeamten bei den außerhalb des engeren Stadtbezirks vorzunehmenden Dienstgeschäften.
		Dem vorstehenden Verzeichnisse treten gemäß nachträglicher Anordnungen hinzu:
		a, zufolge MinErl. vom 24. November 1897, JMBl. S. 288
		Kammergerichtsbezirk.
20	Charlottenburg	1, die Justizbeamten bei den außerhalb des Gerichtsgebäudes vorzunehmenden Geschäften, 2, die Medizinalbeamten bei den innerhalb des Stadtbezirks oder in einer Entfernung von nicht mehr als 2 km von demselben auf Veranlassung einer Gerichtsbehörde oder eines Beamten der Staatsanwaltschaft vorzunehmenden Geschäften.
		b, zufolge MinErl. vom 24. März 1898, JMBl. S. 67
		Oberlandesgerichtsbezirk Cöln.
21	Elberfeld	die Justizbeamten und die Medizinalbeamten bei der Vornahme von Dienstgeschäften in Barmen,
22	Barmen	die Justizbeamten bei der Vornahme von Dienstgeschäften in Elberfeld.

§ 4. Die Reisekosten werden für Hin- und Rückreise besonders berechnet. Hat jedoch der Beamte Dienstgeschäfte an verschiedenen Orten unmittelbar nach einander ausgerichtet, so ist der von Ort zu Ort wirklich zurückgelegte Weg ungetheilt der Berechnung der Reisekosten zu Grunde zu legen. —

Bei Berechnung der den Parteien in Rechnung zu stellenden Tagegelder und Reisekosten der Gerichtsbeamten in Fällen, wo eine und dieselbe Reise durch mehrere Geschäfte veranlaßt ist oder mehrere auswärtige Geschäfte an demselben Tage vorgenommen sind, ist nach folgenden Grundsätzen zu verfahren:

1, Uebersteigt im Falle des § 115 Nr. 1 des Pr. GKG. der danach auf eines der mehreren Geschäfte entfallende Antheil an dem Gesammtbetrage der Tagegelder und Reisekosten denjenigen Betrag, welcher in Ansatz kommen würde, wenn die Reise nur zur Erledigung dieses Geschäfts ausgeführt worden wäre, so ist nur der letztere geringere Betrag für Rechnung der für das Geschäft zahlungspflichtigen Partei in Ansatz zu bringen, der Restbetrag der Gesammtkosten aber auf die übrigen Geschäfte zu vertheilen.

2, Sind an ein und demselben Tage von demselben Gerichtsbeamten mehrere **selbständige** Reisen zur Erledigung gerichtlicher Geschäfte außerhalb des Gerichtsortes in einer Entfernung von nicht weniger als 2 km vorgenommen, so sind die Tagegelder und Reisekosten des Gerichtsbeamten für jede Reise besonders zu berechnen. Tagegelder für die zweite oder fernere Reise sind jedoch nur insoweit zulässig, als der nach Art. I § 1 des Gesetzes vom 21. Juni 1897 (GS. S. 193) für eine Staatsdienstreise zulässige Tagegeldersatz hinsichtlich sämmtlicher Reisen nicht überschritten wird. Der Gesammtbetrag der hiernach zu zahlenden Tagegelder ist entsprechend den Vorschriften des § 115 Nr. 1 des GKG. auf die mehreren Reisen zu vertheilen.

Kommissionsgebühren kommen, sofern sie gemäß dem § 116 Pr. GKG. zulässig sind, unverkürzt zur Zahlung und zum Ansatze.

3, Treffen eine Staatsdienstreise und eine Reise in Parteisachen zusammen, so ist den Parteien stets der Betrag in Rechnung zu stellen, der bei Ausführung der Reise durch den an sich zuständigen Beamten vom Orte seines Amtssitzes oder während der Dauer des Gerichtstages vom Gerichtsorte (Pr. GKG. § 139) erwachsen wäre. Dieser Grundsatz findet Anwendung, ohne Unterschied, ob der Beamte Tagegelder und Reisekosten für die Reise in Parteisachen erhält oder nicht. Die Verrechnung der Bezüge des Beamten an Tagegeldern und Reisekosten erfolgt in Ansehung der auf die Parteisache entfallenden Beträge bei dem Fonds für baare Auslagen in Civil- und Strafsachen (Kap. 77), im übrigen aber bei dem Fonds für Reisekosten &c. in Staatsdienstangelegenheiten (Kap. 80 Tit. 1). Zu diesem Zweck ist in der die Gesammtreise umfassenden Reisekostenberechnung der auf die Parteisache entfallende Betrag ersichtlich zu machen. Die Anweisung dieses Betrages auf den Fonds Kap. 77 des Etats hat auf einem Duplikat der Berechnung, oder, wenn diese mehrere Reisen in Staatsdienstangelegenheiten umfaßt, auf einem Auszuge zu erfolgen.

4, Die allgemeine Verfügung vom 27. November 1886 (JMBl. S. 327) wird aufgehoben.

(MinErl. vom 17. Januar 1901, JMBl. S. 14.)

§ 5. (Verordnung vom 8. Mai 1876.) Bei Berechnung der Entfernungen wird jedes angefangene Kilometer für ein volles Kilometer gerechnet.

Bei Reisen von nicht weniger als 2 km, aber unter 8 km, sind die Reisekosten für 8 km zu gewähren.

§ 6. Führen mehrere Wege nach dem Orte, an welchem das Geschäft vorzunehmen ist, so ist diejenige fahrbare Straßenverbindung zu wählen, bei deren Benutzung sich die Gesammtvergütung an Tagegeldern und Reisekosten am niedrigsten berechnet.

Ein anderer Weg kann der Berechnung nur zu Grunde gelegt werden, wenn die Benutzung des billigeren Fahrweges aus besonderen Gründen ausgeschlossen gewesen ist.

§ 7. Erfordert das Geschäft die Mitwirkung mehrerer Gerichtsbeamten, so hat jeder selbständig für die Ausführung der Reise Sorge zu tragen.

Eine Verpflichtung zur Benutzung der von den Parteien angebotenen Transportmittel findet fortan nicht statt.

§ 8. Auf die von den Beamten der Staatsanwaltschaft, mit Ausnahme der Polizeianwalte, vorgenommenen Lokalgeschäfte finden die für die gerichtlichen Beamten gegebenen Vorschriften entsprechende Anwendung.

§ 9. (Verordnung vom 27. August 1900.) Die gerichtlichen Unterbeamten erhalten bei gerichtlichen Geschäften, welche außerhalb des Gerichtsorts in einer Entfernung von nicht weniger als 2 km vorzunehmen sind,

I. an Zehrungskosten für jeden Tag 2 Mk. und für jedes auswärts genommene Nachtquartier zusätzlich 1 Mk. 50 Pfg.;

II. wenn jedoch das Dienstgeschäft in einer Entfernung von weniger als 5 km zu verrichten ist und an demselben Tage erledigt werden kann, an Zehrungskosten 1 Mk.;

III. wenn sich die Dienstreise auf zwei Tage erstreckt und innerhalb 24 Stunden beendet wird, an Zehrungskosten insgesammt 3 Mk. und für das auswärts genommene Nachtquartier zusätzlich 1 Mk. 50 Pfg.

War der Unterbeamte genöthigt, sich der Eisenbahn, des Dampfschiffes oder eines anderen Beförderungsmittels zu bedienen oder waren sonstige nothwendige Unkosten, wie Brücken- oder Fährgelder, aufzuwenden, so sind die hierdurch erwachsenen baaren Auslagen, soweit sie nothwendig waren, zu erstatten.

Werden die Unterbeamten zur Dienstleistung bei auswärtigen Gerichtstagen zugezogen, so erhalten sie Tagegelder und Reisekosten nach Maßgabe des Gesetzes vom 24. März 1873 (GS. S. 122) und der dasselbe abändernden Bestimmungen.

§ 10. Dienstreisen der Justizbeamten, welche durch die Zwecke der Justizaufsicht und Verwaltung veranlaßt werden, unterliegen den Bestimmungen des Gesetzes vom 24. März 1873 (GS. S. 122).

Insbesondere gilt dies von den Reisen der Gerichtsbeamten zur Abhaltung von Gerichtstagen, und von den Reisen, die von Richtern oder Staatsanwälten zum Zwecke der Theilnahme an den Geschäften eines auswärtigen Gerichts nach dessen Sitze gemacht werden müssen.

§ 11. Die gegenwärtige Verordnung tritt mit dem Tage ihrer Verkündung für den Umfang der gesammten Monarchie mit Ausnahme des Bezirks des Appellationsgerichtshofes zu Cöln in Geltung.

Die in den §§ 1 bis 7 enthaltenen Bestimmungen kommen jedoch auch in diesem letzteren Bezirke von demselben Zeitpunkte ab für solche Dienstreisen der Richter, der Beamten der Staatsanwaltschaft und der gerichtlichen Polizei und der Gerichtsschreiber in Anwendung, für welche bisher Entschädigungen an Reise-, Zehrungs- und Aufenthaltskosten in Gemäßheit des Tarifs vom 18. Juni 1811 zu gewähren waren.[1])

Urkundlich ꝛc.

2, Kommissionsgebühren (Preußisches Gerichtskostengesetz vom 25. Juni 1895, in der Fassung der Bekanntmachung vom 6. Oktober 1899, GS. 1899 S. 325).

§ 116. Für die von einer Partei beantragte Errichtung eines Testaments oder eines Erbvertrages außerhalb der Gerichtsstelle steht in den Fällen, in welchen die Gerichtspersonen Tagegelder und Reisekosten nicht beziehen, dem Richter eine Entschädigung von 6 Mk. und dem Gerichtsschreiber eine solche von 4 Mk. zu (Kommissionsgebühren).

Diese Entschädigungen sind, sofern die Gerichtspersonen den Weg nach dem in dem Antrage bezeichneten Orte angetreten haben, auch dann zu zahlen, wenn es zur Ausführung des beantragten Geschäfts aus einem in der Person des Antragstellers liegenden Grunde nicht gekommen ist. —

Kommissionsgebühren kommen, sofern sie gemäß § 116 Pr. GKG. zulässig sind, unverkürzt zur Zahlung (MinErl. vom 17. Januar 1901, JMBl. S. 14).[2])

3, Reisekosten der Vertrauensmänner, Schöffen und Geschworenen (Gerichtsverfassungsgesetz vom 27. Januar 1877, RGBl. S. 77, in der Fassung der Bekanntmachung vom 20. Mai 1898, RGBl. S. 371).

§ 55. Die Schöffen und die Vertrauensmänner des Ausschusses[3]) erhalten Vergütung der Reisekosten.

§ 96. Die Bestimmungen der §§ 55 ꝛc. finden auch auf Geschworene Anwendung.

Die §§ 55 und 96 des Gerichtsverfassungsgesetzes werden ergänzt durch die §§ 36 und 45 des Preußischen Ausführungsgesetzes vom 24. April 1878 (GS. S. 230), welche lauten:

§ 36. Den Vertrauensmännern und den Schöffen werden, sofern sie außerhalb ihres Aufenthaltsortes einen Weg bis zur Entfernung von mehr als 2 km zurückzulegen haben, an Reisekosten gewährt:

1, bei Reisen, welche auf Eisenbahnen oder Dampfschiffen gemacht werden können, für jedes angefangene Kilometer des Hinweges und des Rückweges 10 Pfennig;

2, bei Reisen, welche nicht auf Eisenbahnen oder Dampfschiffen zurückgelegt werden können, für jedes angefangene Kilometer des Hinweges und des Rückweges 20 Pfennig;

im ganzen jedoch mindestens drei Mark.

Mußte der Vertrauensmann oder Schöffe innerhalb seines Aufenthaltsortes einen Weg bis zur Entfernung von mehr als 2 km zurücklegen, so sind ihm als Reiseentschädigung für jedes angefangene Kilometer des Hinweges und des Rückweges 20 Pfennig zu gewähren.

§ 45. Den Geschworenen werden Reisekosten nach Maßgabe der Vorschriften des § 36 Abs. 1 gewährt.

---

[1]) Nach der Verordnung vom 11. Februar 1880 (GS. S. 53) finden die Verordnungen vom 24. Dezember 1873 und vom 8. Mai 1876 (sowie nunmehr auch die Verordnung vom 27. August 1900) auch im Bezirke des Oberlandesgerichts zu Cöln unbeschränkt Anwendung.

[2]) Abgedruckt auf S. 139 d. W.

[3]) Für die Auswahl der Schöffen.

VII. Ministerium für Landwirthschaft, Domänen und Forsten.

a, Landwirthschaftliche Angelegenheiten.

1, Die Bestimmungen über die Gewährung von Tagegeldern, Reisekosten und Feldzulagen in Auseinandersetzungssachen sind enthalten in den §§ 10 und 14 des Gesetzes über das Kostenwesen in Auseinandersetzungssachen vom 24. Juni 1875 (GS. S. 395) in der Fassung des Gesetzes vom 3. Juli 1877 (GS. S. 99). An Stelle der in diesen Bestimmungen vorgesehenen Sätze an Reisezulagen sind jedoch die in der (nachstehend unter lfd. Nr. 4 abgedruckten) Verordnung vom 22. Dezember 1897 (GS. 1898 S. 1) bestimmten Sätze getreten.

Die bezüglichen Vorschriften lauten nunmehr unter Berücksichtigung der letzterwähnten Abänderung, wie folgt:

§ 10. Wenn Geschäfte außerhalb des Ortes, an welchem der Kommissar[1]) seinen Wohnsitz hat, in einer Entfernung von nicht weniger als 2 km vorzunehmen sind, so gelten dieselben als auswärtige, bei welchen Reisezulagen und Reisekosten nach folgenden Sätzen zu liquidiren sind:

1, An Reisezulage erhält für den Mehraufwand, einschließlich der Kosten für Wohnung, Licht und Heizung, der Kommissar bei Abwesenheit von nicht mehr als eintägiger Dauer 7,50 Mk., bei mehrtägiger Abwesenheit dagegen für jeden Tag 10 Mk.

Für den Protokollführer werden für jeden Tag 3 Mk. gewährt.[2]) Diese Reisezulagen werden auch für Sonn- und Festtage oder andere unverschuldete Unterbrechungen während der auswärtigen Beschäftigung gewährt.

2, An Reisekosten einschließlich der Kosten der Beförderung der erforderlichen Akten, Karten ꝛc. erhalten:

I. wenn, beziehentlich insoweit die Reise auf Eisenbahnen oder Dampfschiffen gemacht werden kann:
   a, der Kommissar . . . . 13 Pf.
   für das Kilometer und außerdem für jeden Zu- und Abgang zusammen . . . . 3 Mk.,
   b, der Protokollführer . . . . 10 Pf.
   für das Kilometer und außerdem für jeden Zu- und Abgang zusammen . . . . 2 Mk.;

II. wenn, beziehentlich insoweit die Reise auf dem Landwege zurückgelegt werden muß, mit Inbegriff der Auslagen für Chaussee-, Brücken- und Fährgelder:
   a, der Kommissar . . . . 50 Pf.
   b, der Protokollführer . . . . 25 Pf.
   für das Kilometer.

---

[1]) Spezialkommissar. [Die Mitglieder, Hülfsarbeiter und Büreaubeamten der Auseinandersetzungsbehörden erhalten, wenn sie als Kommissare fungiren, der Regel nach nur für auswärtige Geschäfte Diäten und Reisekosten nach den für die Ausführung von Aufträgen in Staatsdienstangelegenheiten geltenden Bestimmungen.] (§ 12 des Ges. vom 24. Juni 1875, GS. S. 395.)

[2]) Die Arbeiten der von den Kommissarien zur Beförderung der Geschäfte angenommenen vereidigten Protokollführer (Dolmetscher) und Rechnengehülfen werden durch Diäten zum Betrage von 3 bis 6 Mk. für den siebenstündigen Arbeitstag nach Maßgabe der von der Auseinandersetzungsbehörde darüber zu treffenden näheren Bestimmungen vergütet (§ 9 des Gesetzes vom 24. Juni 1875, GS. S. 395).

Haben erweislich höhere Reisekosten als die vorstehend zu I und II bestimmten aufgewendet werden müssen, so werden diese erstattet. Die Reisekosten werden, und zwar bei Reisen auf dem Landwege nach dem nächsten fahrbaren Wege, für Hin- und Rückreise besonders berechnet.

Hat jedoch der Beamte Dienstgeschäfte an verschiedenen Orten unmittelbar nach einander ausgerichtet, so ist der von Ort zu Ort zurückgelegte Weg ungetheilt der Berechnung der Reisekosten zu Grunde zu legen.

Bei Berechnung der auf einer Reise zurückgelegten gesammten Entfernung wird jedes angefangene Kilometer für ein volles Kilometer gerechnet. Bei Reisen, bei welchen die zurückgelegte Entfernung nicht weniger als 2 km aber unter 8 km beträgt, werden Reisekosten, und zwar sowohl für den Hin- als für den Rückweg, für volle 8 km gewährt.

§ 14. Die von den Auseinandersetzungsbehörden verwendeten Vermessungsrevisoren und Feldmesser werden nach den für sie bestehenden besonderen Bestimmungen, insbesondere des Feldmesserreglements, remunerirt. Für die von den Auseinandersetzungsbehörden einschließlich und dauernd beschäftigten Vermessungsbeamten kann der Verwaltungschef nach Einvernehmen mit dem Finanzminister von dem gedachten Reglement abweichende Entschädigungssätze feststellen.

An Stelle der bisherigen in Wegfall kommenden Gewährung freier Wohnung, Licht und Heizung bei auswärtigen Geschäften durch die Auseinandersetzungs-Interessenten, sowie an Stelle der ihnen bisher zugebilligten besonderen Reisediäten erhalten die Vermessungsbeamten fortab für jeden Kalendertag, welchen sie behufs Erledigung der Geschäfte in nicht weniger als 2 km Entfernung von ihrem gewöhnlichen Wohnorte nothwendig zubringen müssen, eine Feld- und Reisezulage von 5 Mk., bei mehrtägiger Abwesenheit dagegen für jeden Tag 7,50 Mk.

2, Die Entschädigung der in Auseinandersetzungsangelegenheiten zugezogenen Sachverständigen für Zeitversäumniß und Mühewaltung, sowie die Erstattung der ihnen verursachten Kosten erfolgt nach Maßgabe des § 13 des Gesetzes vom 24. Juni 1875 (GS. S. 395), dessen erster Absatz auch auf Staatsbeamte Anwendung findet, welche nicht zu den im dritten Absatz genannten Staatsbeamten gehören.

Das Gleiche gilt für Schiedsrichter und Kreisverordnete. (§ 44 des Gesetzes, betreffend das Verfahren in Auseinandersetzungsangelegenheiten, in der vom 1. Januar 1900 ab geltenden Fassung, GS. 1899 S. 404.)

§ 13 des Gesetzes vom 24. Juni 1875 lautet:

„Schiedsrichter, Kreisverordnete und andere Sachverständige, welche weder Staatsbeamte noch auf besondere Remuneration für ihre Dienstleistungen angewiesene Techniker sind, erhalten Diäten, Reisezulagen und Reisekosten, wie die noch nicht etatsmäßig angestellten und nur vorübergehend beschäftigten Kommissare nach §§ 8 [siehe nachstehend] und 10). [1])

Für Abwartung von Terminen an ihrem Wohnorte erhalten sie jedoch stets Diäten für einen vollen Tag.

Sachverständige, welche als Staatsbeamte zur Ausführung gewisser Geschäfte verpflichtet sind, haben für diese die ihnen allgemein zugestandenen Vergütungen zu liquidiren.

[1]) Siehe S. 142 lfd. Nr. 1 d. W.

Wegen Bezahlung der Dolmetscher, die nicht gleichzeitig als vereidigte Protokollführer fungiren, und der Zeugen finden die in Civilprozessen geltenden gesetzlichen Bestimmungen Anwendung."

§ 8 a. a. O. lautet:

ꝛc. „Die noch nicht etatsmäßig angestellten Oekonomiekommissarien, die Oekonomiekommissionsgehülfen, sofern sie als Kommissarien verwendet werden, wie auch die nur vorübergehend beschäftigten Spezialkommissarien erhalten für die Zeit ihrer Beschäftigung Diäten von $4^1/_2$ bis 9 Mk. täglich. Die Höhe des Diätensatzes hat die Auseinandersetzungsbehörde zu bestimmen.

Die Arbeiten dieser Kommissarien und Kommissionsgehülfen werden nach dem aufgewendeten Zeitverbrauche unter Annahme einer siebenstündigen Arbeitszeit für den Tag zur Liquidation gebracht.

Bei auswärtigen Geschäften derselben und den dazu erforderlichen Reisen kommen ohne Rücksicht auf die darauf verwendete Zeit für jeden Kalendertag stets Diäten eines vollen Tages, aber auch nie mehr zum Ansatz."

3, **Verordnung, betreffend die Reiseentschädigung der in der landwirthschaftlichen Verwaltung beschäftigten Zeichner, Hülfszeichner, Meliorationstechniker und Wiesenbaumeister**[1]) **bei Dienstgeschäften in Auseinandersetzungs- und Meliorationssachen.** Vom 22. April 1892 (GS. S. 95).

(Unter Berücksichtigung der durch die Verordnung vom 22. Dezember 1897, GS. für 1898 S. 1, nachstehend unter Nr. 4 abgedruckt, getroffenen Abänderungen.)

Wir Wilhelm, von Gottes Gnaden König von Preußen ꝛc. verordnen auf Grund des § 12 des Gesetzes vom 24. März 1873 (GS. S. 122) und des Artikels I § 12 der Verordnung vom 15. April 1876 (GS. S. 107), betreffend die Tagegelder und die Reisekosten der Staatsbeamten, was folgt:

Einziger Paragraph.

Die in der landwirthschaftlichen Verwaltung beschäftigten Zeichner, Hülfszeichner, Meliorationstechniker und Wiesenbaumeister[1]) erhalten, wenn sie in Auseinandersetzungs- oder Meliorationssachen Geschäfte außerhalb ihres Wohnortes in einer Entfernung von nicht weniger als 2 km verrichten, einschließlich der Fortschaffung der Karten und Instrumente folgende Reiseentschädigungen:

1, für jeden Kalendertag, welchen sie behufs Erledigung der Geschäfte außerhalb ihres Wohnortes nothwendig zubringen müssen, eine Reisezulage von 4 Mk., bei mehrtägiger Abwesenheit von 5 Mk.,
2, wenn bezw. soweit die Reise auf Eisenbahnen oder Dampfschiffen gemacht werden kann, für 1 km 10 Pf. und außerdem für jeden Zu- und Abgang zusammen 2 Mk.,
3, wenn bezw. soweit die Reise nicht auf Eisenbahnen oder Dampfschiffen zurückzulegen ist, einschließlich der Auslagen für Chaussee-, Brücken- und Fährgelder für 1 km 25 Pf.

Urkundlich ꝛc.

---

[1]) Die Wiesenbaumeister führen jetzt die Amtsbezeichnung „Meliorationsbauwart". Vergl. Anm. 1 auf S. 43 d. W.

4. **Verordnung, betreffend die Reisezulagen von Beamten der landwirthschaftlichen Verwaltung. Vom 22. Dezember 1897 (GS. 1898 S. 1).**

(Die in dieser Verordnung neu vorgesehenen Sätze für Kommissare, Vermessungsbeamte, Zeichner, Hülfszeichner, Meliorationstechniker und Wiesenbaumeister sind in den vorstehend unter lfd. Nr. 1 bis 3 abgedruckten Bestimmungen berücksichtigt.)

Wir Wilhelm, von Gottes Gnaden König von Preußen ꝛc. verordnen auf Grund des § 12 des Gesetzes vom 24. März 1873 (GS. S. 122) und des Artikels I § 12 der Verordnung vom 15. April 1876 (GS. S. 107) sowie des Artikels V des Gesetzes vom 21. Juni 1897 (GS. S. 193), betreffend die Tagegelder und Reisekosten der Staatsbeamten, was folgt:

Artikel I. An Stelle der in den §§ 10 und 14 des Gesetzes über das Kostenwesen in Auseinandersetzungssachen vom 24. Juni 1875 (GS. S. 99) für die Kommissare und für die von den Auseinandersetzungsbehörden ausschließlich und dauernd beschäftigten Vermessungsbeamten, sowie in der Verordnung vom 22. April 1892 (GS. S. 95) für die in der landwirthschaftlichen Verwaltung beschäftigten Zeichner, Hülfszeichner, Meliorationstechniker und Wiesenbaumeister festgesetzten Reisezulagen erhalten diese Beamten Reisezulagen nach den folgenden Sätzen:

1. bei Abwesenheit von nicht mehr als eintägiger Dauer:

I. Kommissare	7 Mk. 50 Pf.
II. Vermessungsbeamte	5 Mk.
III. Zeichner, Hülfszeichner, Meliorationstechniker und Wiesenbaumeister	4 Mk.

2. bei mehrtägiger Abwesenheit für jeden Tag:

I. Kommissare	10 Mk.
II. Vermessungsbeamte	7 Mk. 50 Pf.
III. Zeichner, Hülfszeichner, Meliorationstechniker und Wiesenbaumeister	5 Mk.

Artikel II. Die Spezialkommissions-Büreaubeamten erhalten bei auswärtigen Geschäften in Auseinandersetzungsangelegenheiten Reisezulagen nach folgenden Sätzen:

bei Abwesenheit von nicht mehr als eintägiger Dauer	4 Mk. 50 Pf.
bei mehrtägiger Abwesenheit für jeden Tag	5 Mk.

Bei Dienstreisen, welche nicht auf Eisenbahnen, Kleinbahnen oder Dampfschiffen zurückgelegt werden können, erhalten sie an Reisekosten für das Kilometer 25 Pf.

Vorstehende Sätze finden auch auf Generalkommissions-Büreaubeamte Anwendung, wenn sie auswärtige Geschäfte der Spezialkommissions-Büreaubeamten wahrnehmen.

Artikel III. Diese Verordnung tritt mit dem 1. Oktober 1897 in Kraft. Soweit sie nicht anderweite Bestimmungen enthält, finden die Vorschriften der Gesetze vom 24. Juni 1875 in der Fassung des Gesetzes vom 3. März 1877 und vom 21. Juni 1897, sowie der Verordnung vom 22. April 1892 Anwendung.

Urkundlich ꝛc.

5. Die Vermessungsbeamten der Generalkommissionen sind, wenn sie in ihrer Eigenschaft als Landmesser außerhalb ihres Wohnortes **in den vor die**

Gerichte gehörigen Rechtssachen als **Sachverständige** zugezogen werden, hinsichtlich ihrer Gebührenbezüge den anderen Landmessern gleichzustellen.

Die Vermessungsbeamten der Generalkommissionen haben daher nach Aufhebung der Bezahlungssätze des Land-(Feld-)messer-Reglements vom 2. März 1871 durch die Abänderung desselben vom 26. August 1885 (GS. S. 319) mangels anderweiter, auf Grund des § 36 a. a. O. getroffener Vereinbarung für jeden Kalendertag, welchen sie als geometrische Sachverständige in gerichtlichen Angelegenheiten außerhalb ihres Wohnortes in nicht weniger als 2 km Entfernung ganz oder theilweise zubringen müssen, neben den Diäten von 8 Mk. eine Feldzulage von 4,50 Mk. bezw. 6 Mk. gemäß der Bestimmung im ersten Absatze des § 41 der bezeichneten Abänderung zu beziehen (MinErl. vom 12. Februar 1891, MBl. f. d. i. V. S. 18).

6, Den in der landwirthschaftlichen Verwaltung beschäftigten Zeichnern, Hülfszeichnern, Meliorationstechnikern und Wiesenbaumeistern sind bei Reisen in **Staatsdienstangelegenheiten** und Versetzungen diejenigen Tagegelder und Reisekosten und, sofern sie eine etatsmäßige Stelle bekleiden, auch diejenigen Umzugskosten zu gewähren, welche die in der Verordnung vom 15. April 1876 (GS. S. 107)[1]) bezw. in dem Gesetze vom 24. Februar 1877 (GS. S. 15) im § 1 unter VI aufgeführten Beamten erhalten.

Die Reiseentschädigungen der Zeichner, Hülfszeichner, Meliorationstechniker und Wiesenbaumeister bei Dienstgeschäften in Auseinandersetzungs- und Meliorationssachen unterliegen besonderer Regelung[2]) (Erl. der Min. für L. ꝛc. und der Fin. vom 19. April 1892, MBl. f. d. i. V. S. 214).

7, Nach den von der Königlichen Ober-Rechnungskammer mir gemachten Mittheilungen walten bezüglich des Anspruches der Feldmesser und anderer Sachverständigen auf Entschädigung für s. g. Liegetage während auswärtiger Geschäfte bei den einzelnen Auseinandersetzungsbehörden verschiedene Auffassungen ob. Zur Beseitigung der hervorgetretenen Zweifel eröffne ich den Auseinandersetzungsbehörden das Nachstehende:

1, Der Schlußsatz des zweiten Absatzes des § 49 des Feldmesserreglements vom 2. März 1871, welcher auch in den zweiten Absatz der Nr. VI des Ministerialerlasses vom 4. Januar 1877 (MBl. f. d. i. V. S. 62) aufgenommen ist, „insoweit diese Tage von dem Feldmesser außerhalb seines Wohnortes haben zugebracht werden müssen“ [3]), läßt einen aus den obwaltenden Umständen zu entnehmenden oder besonders zu erbringenden Nachweis, daß der Feldmesser die zwischen den Arbeitstagen liegenden Sonn- oder Festtage außerhalb seines Wohnortes habe zubringen müssen, erforderlich erscheinen. Die Prüfung dieses Nachweises, welche nach § 55 des Feldmesserreglements[4]) der vorgesetzten Auseinandersetzungsbehörde zusteht und obliegt, wird für jeden einzelnen Fall zu bewirken sein. Da bestimmte Gründe zur Rechtfertigung der am Geschäftsorte zugebrachten zwischenliegenden Sonn- oder Festtage im § 49 cit.[3]) nicht

---

[1]) Jetzt Gesetz vom 21. Juni 1897.

[2]) Siehe Verordnungen vom 22. April 1892 (GS. S. 95) und vom 22. Dezember 1897 (GS. 1898 S. 1) Ziffer 3 u. 4 d. E.).

[3]) Der § 49 des Feldmesserreglements vom 2. März 1871 ist durch § 40 der Abänderung vom 26. August 1885 (GS. S. 319) ersetzt. Dieser Paragraph enthält hinsichtlich der Nothwendigkeit des Zubringens von Sonn- und Festtagen außerhalb des Wohnortes im Schlußsatz des zweiten Absatzes die gleiche Vorschrift, wie der aufgehobene § 49.

[4]) § 48 der Abänderung vom 26. August 1885 (GS. S. 319).

genannt sind, so wird dem Umstande, ob durch die Rückreise nach Hause und durch die wiederholte Zureise mehr oder weniger Kosten als durch den verlängerten Aufenthalt am Geschäftsorte erwachsen, ein ausschließlich entscheidendes Gewicht nicht beizumessen sein, vielmehr das pflichtmäßige, auf bestimmte Gründe gestützte Ermessen der Auseinandersetzungsbehörde in jedem einzelnen Falle zu entscheiden haben, ob ein zwischen den Arbeitstagen liegender Sonn- oder Festtag von dem Feldmesser außerhalb des Wohnortes hat zugebracht werden müssen. Als Gründe für den verlängerten Aufenthalt am Geschäftsorte können — außer der Entfernung des letzteren vom Wohnorte des Feldmessers und dem hieraus sich ergebenden Kostenunterschiede — Arbeiten, die am Geschäftsorte vorzunehmen sind, die Verhältnisse der Jahreszeit und Witterung, die Beschaffenheit der Wege und andere Umstände in Betracht kommen. Die auf eine derartige spezielle Prüfung gestützte Entscheidung der Auseinandersetzungsbehörde ist selbstredend der weiteren Prüfung der Aufsichtsbehörde und der Königlichen Ober-Rechnungskammer nicht entzogen.

2, Wesentlich gleiche Grundsätze gelten auch hinsichtlich der im Kostengesetze vom 24. Juni 1875 § 13 Abs. 1[1]) erwähnten Sachverständigen und der Kommissarien. Für die im § 13 Abs. 1 l. c. gedachten Sachverständigen und für die Kommissarien ist in der vorliegenden Beziehung der § 10 l. c.[2]) maßgebend. Dort wird zwar ein besonderer Nachweis der Nothwendigkeit, die Liegetage außerhalb des Wohnortes zuzubringen, nicht ausdrücklich gefordert; indessen kann hieraus nicht eine Abweichung von dem allgemeinen Grundsatze gefolgert werden, daß der Vergütungsanspruch für die außerhalb des Wohnorts zugebrachten Tage nicht lediglich davon abhängt, daß thatsächlich eine Abwesenheit vom Wohnorte stattgefunden hat. Vielmehr ist der Anspruch dadurch bedingt, daß die Abwesenheit auch nothwendig oder zweckmäßig gewesen ist. Dieser Grundsatz gilt sogar bezüglich der **Geschäftstage** und muß deshalb um so mehr Platz finden bezüglich der die Geschäftstage unterbrechenden **Liegetage.** Eine entgegenstehende Bestimmung enthält der § 10 des Gesetzes vom 24. Juni 1875 hinsichtlich der Reisezulagen ebensowenig als der § 5 Nr. 7 der Kosteninstruktion vom 16. Juni 1836 hinsichtlich der Diäten (MinErl. vom 20. Februar 1880, MBl. f. d. i. V. S. 97).

8, Bei Prüfung der Vorbedingungen für die Lebensfähigkeit der zu begründenden Rentengüter sollen sich die Spezialkommissare des Beiraths von Landwirthen bedienen (Kreisbeiräthe).

In allen wichtigeren Rentengutssachen, namentlich bei Errichtung von Kolonien, sollen zu den Berathungen der Generalkommission über die agrar- und sozialpolitische Seite, wie über die öffentlich-rechtlichen und privatwirthschaftlichen Verhältnisse Landwirthe zugezogen werden (Bezirksbeiräthe).

Die Kreis- und Bezirksbeiräthe bekleiden ein Ehrenamt. Bei Reisen erhalten sie Tagegelder und Reisekosten wie die Mitglieder der Generalkommission (MinErl. vom 28. Dezember 1897, MBl. f. d. i. V. 1898 S. 16).

---

[1]) S. 143 d. W. [2]) S. 142 d. W.

9, Die an den Plenar- und Kommissionssitzungen theilnehmenden Mitglieder des Landes-Oekonomie-Kollegiums erhalten, sofern diese Sitzungen von dem Minister für Landwirthschaft ꝛc. veranlaßt sind, für die Dauer derselben Diäten, die auswärtigen Mitglieder auch Reisekosten und Reisediäten aus der Staatskasse.

Für die von dem Kollegium selbst berufenen Kommissionssitzungen werden gleiche Vergütungen aus Staatsfonds nicht gewährt.

(§ 13 der Satzungen für das Landes-Oekonomie-Kollegium vom 10. Dezember 1898, MBl. f. d. i. V. 1899 S. 15.)

10, Den Spezialkommissaren der Auseinandersetzungsbehörden und zwar sowohl denjenigen aus der Klasse der Techniker (Oekonomiekommissare, Oekonomiekommissionsräthe und Regierungs- und Landesökonomieräthe) als auch diejenigen aus der Klasse der Assessoren (Gerichts- und Regierungsassessoren, Regierungsräthe und Geheime Regierungsräthe), mögen sie eine etatsmäßige Spezialkommissarstelle inne haben oder nicht, ebenso, wie denjenigen Vermessungsbeamten, welchen eine etatsmäßige Vermessungsinspektorstelle bei einer Auseinandersetzungsbehörde auf Widerruf oder definitiv verliehen worden ist, sind für die von ihnen **im Staatsdienstinteresse** ausgeführten Reisen diejenigen Sätze an Tagegeldern und Reisekosten und, sofern sie eine etatsmäßige Stelle bekleiden, auch diejenigen Bezüge an Wohnungsgeldzuschuß und Umzugskostenvergütungen zu gewähren, welche den Beamten der 5. Rangklasse zustehen (Erl. der Min. für L. ꝛc. und der Fin. vom 23. Januar 1886, MBl. f. d. i. V. S. 24).

11, Die Vorschrift in dem Ministerialerlasse vom 3. Februar 1853 (MBl. f. d. i. V. S. 52), nach welcher den Spezialkommissaren für Termine, zu welchen wegen mangelnder technischer Qualifikation des Kommissars ein technischer Beirath zugezogen werden mußte, Tagegelder und Reisekosten nicht zu gewähren waren, ist aufgehoben. Für die Folge sind in den vorbezeichneten Fällen die gesetzlichen Tagegelder und Reisekosten auch denjenigen Kommissaren zu zahlen, welchen die technische Qualifikation noch nicht beigelegt ist (Erl. der Min. für L. ꝛc. vom 26. Januar 1889, MBl. f. d. i. V. S. 21).

12, Spezialkommissionssekretäre, Büreaudiätare und Büreauanwärter haben bei Verwendung zu auswärtigen Geschäften alle durch ihre Reise erwachsenden Kosten aus eigenen Mitteln zu bestreiten und dafür, sofern die Kosten nach Maßgabe des Gesetzes vom 24. Juni 1875 (GS. S. 395) und bezw. des Gesetzes vom 3. März 1877 (GS. S. 99) in Ansatz zu bringen sind, die im Artikel I § 10 des letzteren Gesetzes für den Protokollführer festgesetzten Reisezulagen und Reisekosten zur Erstattung zu liquidiren.[1])

Bei Reisen im Staatsdienstinteresse stehen ihnen dagegen die im Artikel I §§ 1 und 4 der Allerh. Verordnung vom 15. April 1876 (GS. S. 107) den Subalternbeamten der Lokalbehörden zugebilligten Tagegelder und Reisekosten zu.

Für die Tage, an welchen Spezialkommissions-Büreaubeamte, die eine Zuschußremuneration beziehen, Reisezulagen oder Tagegelder erhalten, fällt die Zuschußremuneration fort (MinErl. vom 29. März 1889 — Vorschriften über die dienstlichen Verhältnisse der Spezialkommissions-Büreaubeamten, Abschnitt III Ziffer 6 — MBl. f. d. i. V. S. 47).

---

[1]) In der Verordnung vom 22. Dezember 1897 (GS. 1898 S. 1), S. 145 d. W., sind im Artikel II für Spezialkommissions-Büreaubeamte bei auswärtigen Geschäften in Auseinandersetzungsangelegenheiten anderweite Sätze an Reisezulagen vorgesehen.

13, Den Oekonomiekommissionsgehülfen und den Oekonomiekommissionsanwärtern sind bei Dienstreisen die im § 1 Nr. V sowie die im § 4 Nr. I. 1 [jetzt Nr. I. 2] und Nr. II. 2 der Verordnung vom 15. April 1876 (GS. S. 107) bestimmten Sätze zu gewähren. Dieselben haben mithin an Tagegeldern für den Tag 9 Mk. [jetzt — nach dem Gesetze vom 21. Juni 1897 — 12 bezw. 9 Mk.], an Reisekosten einschließlich der Gepäckbeförderung bei Dienstreisen, welche auf Eisenbahnen oder Dampfschiffen gemacht werden können, für das Kilometer 13 Pf. [jetzt 7 Pf.], für jeden Zu- und Abgang 3 Mk. [jetzt 2 Mk.], bei Dienstreisen, welche nicht auf Dampfschiffen oder Eisenbahnen zurückgelegt werden können, 40 Pf. für das Kilometer zu erhalten (Erl. der Min. für L. 2c. und der Fin. vom 31. Dezember 1891, MBl. f. d. i. V. 1892 S. 35).

14, Nach der Absicht des Erlasses vom 24. Juli 1884 sind in allen denjenigen Fällen, in denen landwirthschaftlichen und sonstigen Vereinen, Handelskammern, kaufmännischen Korporationen 2c. die Delegirung von Vertretern zu den Konferenzen zugestanden wird, die durch die Theilnahme an denselben entstehenden **baaren Auslagen** von diesen Körperschaften zu tragen, da diese Delegirten als Vertreter der Vereine und Korporationen und nicht als Sachverständige in Angelegenheiten der allgemeinen Landesverwaltung fungiren. Allen übrigen Mitgliedern der wirthschaftlichen Konferenz, also insbesondere auch den auf Vorschlag der Landräthe und Magistrate sowie der durch die Regierungspräsidenten direkt berufenen, sind die **baaren Auslagen** aus der **Staatskasse** zu gewähren, **sofern sie dies beanspruchen.**

Wird von den landwirthschaftlichen Vereinen, Handelskammern 2c. die Uebernahme der fr. Kosten abgelehnt, so wird damit auf die Delegirung eigener Vertreter verzichtet. Den an Stelle derselben alsdann von den Regierungspräsidenten zu berufenden Mitgliedern sind auf ihren Antrag die ihnen aus der Theilnahme an den Konferenzen erwachsenden **baaren Auslagen** gleichfalls aus der Staatskasse zu erstatten.

Dagegen, daß der Ersatz dieser Auslagen durch Gewährung von Tagegeldern und Reisekosten nach festen Sätzen erfolgt, finden wir nichts zu erinnern. Mit Rücksicht darauf, daß hierbei wesentlich nur Vertreter des kleinen landwirthschaftlichen Betriebes und des Handwerks in Betracht kommen werden, erscheint es genügend, wenn denselben die im § 1 der Verordnung vom 15. April 1876 (GS. S. 107) unter V sowie im § 4 unter I Nr. 1 [jetzt — nach dem Gesetze vom 21. Juni 1897 — Nr. 2] und II Nr. 2 bestimmten Tagegelder und Reisekostensätze bewilligt werden.

Die Verrechnung dieser Kosten hat bei dem im Personal- und Bedürfnißetat der Regierung unter Kap. 58 Tit. 11 ausgesetzten Fonds zu Diäten, Fuhr- und Versetzungskosten stattzufinden (Erl. der Min. f. L. 2c., f. H. u. G., der Fin., des Inn. und d. ö. Arb. vom 30. September 1887, MBl. f. d. i. V. 1888 S. 1).

b, Veterinärwesen.

1, Ueber die den beamteten Thierärzten für Dienstreisen, welche sie aus Anlaß der Besorgung gerichtsärztlicher, medizinal- oder sanitätspolizeilicher Geschäfte auszuführen haben, zu gewährenden Tagegelder und Reisekosten bestimmt das Gesetz vom 9. März 1872 (GS. S. 265):

2c. § 2 (in der Fassung der Verordnung vom 17. September 1876, GS. S. 411). Die Medizinalbeamten erhalten für amtliche Geschäfte in einer Entfernung von nicht weniger als 2 km von ihrem Wohnort Tagegelder und Reisekosten nach den folgenden Sätzen:

I. In gerichtlichen Angelegenheiten:

1, 2c. und Departementsthierärzte, letztere indessen nur bei Verhandlungen, welche nicht einen Gegenstand ihrer kreisthierärztlichen Thätigkeit betreffen,

A. an Tagegeldern 9 Mk.,

B. an Reisekosten

a, bei Reisen, welche auf Eisenbahnen oder Dampfschiffen gemacht werden können, für das Kilometer 13 Pf. und für jeden Zu- und Abgang 3 Mk.,

b, bei Reisen, die nicht auf Eisenbahnen oder Dampfschiffen zurückgelegt werden können, für das Kilometer 50 Pf.

2, Kreisthierärzte und Departementsthierärzte, letztere bei Verhandlungen, welche ihre kreisthierärztliche Thätigkeit betreffen,

A. an Tagegeldern 4 Mk. 50 Pf.,

B. an Reisekosten

a, bei Reisen, welche auf Eisenbahnen oder Dampfschiffen gemacht werden können, für das Kilometer 10 Pf. und für jeden Zu- und Abgang 2 Mk.,

b, bei Reisen, welche nicht auf Eisenbahnen oder Dampfschiffen zurückgelegt werden können, für das Kilometer 25 Pf.

II. In allen anderen Fällen:

1, 2c. und Departementsthierärzte, letztere indessen nur bei Reisen, welche sie nach einem außerhalb ihres engeren kreisthierärztlichen Bezirks gelegenen Orte hin vornehmen,

A. an Tagegeldern 12 Mk.,

B. an Reisekosten

a, bei Dienstreisen, welche auf Eisenbahnen oder Dampfschiffen gemacht werden können, für das Kilometer 13 Pf. und für jeden Zu- und Abgang 3 Mk.,

b, bei Dienstreisen, welche nicht auf Eisenbahnen oder Dampfschiffen zurückgelegt werden können, für das Kilometer 60 Pf.

2, Kreisthierärzte und Departementsthierärzte, sofern letztere Reisen innerhalb ihres kreisthierärztlichen Bezirks zu machen haben,

A. an Tagegeldern 6 Mk.,

B. an Reisekosten

a, bei Dienstreisen, welche auf Eisenbahnen oder Dampfschiffen gemacht werden können, für das Kilometer 10 Pf. und für jeden Zu- und Abgang 2 Mk.,

b, bei Dienstreisen, welche nicht auf Eisenbahnen oder Dampfschiffen zurückgelegt werden können, für das Kilometer 40 Pf.

Die Reisekosten werden für die Hin- und Rückreise besonders berechnet. Bei Berechnung der Entfernungen wird jedes angefangene Kilometer für ein volles Kilometer gerechnet.

Bei Reisen von nicht weniger als 2 km, aber unter 8 km, sind die Reisekosten für 8 km zu gewähren.

Haben erweislich höhere Reisekosten, als die unter I und II festgesetzten, aufgewendet werden müssen, so werden diese erstattet.

2, Der Beschluß vom 25. Oktober 1898 (MinBl. f. d. i. V. 1899 S. 20) betreffend die Benutzung von Kleinbahnen bei Dienstreisen der Staatsbeamten findet auf diejenigen Beamten, welche unter den § 2 des Gesetzes, betreffend die den Medizinalbeamten für die Besorgung gerichtsärztlicher, medizinal- oder sanitätspolizeilicher Geschäfte zu gewährenden Vergütungen vom 9. März 1872 (GS. S. 265) fallen, solange die Besoldungsverhältnisse dieser Beamten nicht anderweitig geregelt sind [1]), nur mit der Maßgabe Anwendung, daß auch bei den darnach ausschließlich auf Kleinbahnen oder theils auf solchen theils auf Landwegen zurückzulegenden Reisen Zu- und Abgangsgebühren, also für Reisen auf Kleinbahnen überhaupt, dieselben Entschädigungen wie für Reisen auf Eisenbahnen oder Dampfschiffen nach den durch Art. V Abs. 2 des Gesetzes, betreffend die Reisekosten und Tagegelder der Staatsbeamten vom 21. Juni 1897 (GS. S. 193), aufrecht erhaltenen älteren Vorschriften zu gewähren sind (StMB. v. 16. Juli 1900, MBl. f. d. i. V. S. 224, JMBl. S. 559).

3, Den beamteten Thierärzten sind bei Dienstreisen in Rußland die im Erlasse des Herrn Ministers für die geistlichen rc. Angelegenheiten vom 5. Februar 1872 auf 24 Mk. für den Departementsthierarzt und auf 18 Mk. für den Kreisthierarzt normirten Diäten nur bei **längeren** Reisen im Auslande zu bewilligen, wogegen bei **kürzeren** Reisen nur ein Diätensatz von 15 Mk. für den Departementsthierarzt und von 9 Mk. für den Kreisthierarzt zuzubilligen ist. Als kürzere Reise ist dabei eine solche Reise anzusehen, bei welcher der beamtete Thierarzt im Auslande nicht mehr als 30 km zurückzulegen hat und nicht genöthigt ist, im Auslande zu übernachten (MinErl. vom 22. Mai 1878, MBl. f. d. i. V. S. 98).

4, Beamtete Thierärzte haben für solche Tage, an welchen sie dienstliche Verrichtungen gegen Bezug von Gebühren vornehmen, für anderweite Dienstgeschäfte **Tagegelder** nicht zu beanspruchen, gleichviel ob die Gebühren der Staatskasse oder einer Gemeinde, resp. einer Privatperson zur Last fallen (MinErl. vom 31. August 1883, MBl. f. d. i. V. S. 150).

5, Die Cirkularverfügung vom 4. November 1878 wird, soweit dieselbe die Gebühren für die Obduktion von Thierkadavern in einer Entfernung von nicht weniger als 2 km vom Wohnorte des das Geschäft ausführenden beamteten Thierarztes zum Gegenstande hat, hiermit aufgehoben und bestimmt, daß in Zukunft den beamteten Thierärzten für solche Obduktion lediglich die gesetzlichen Diäten und Reisekosten zu gewähren sind, gleichviel ob an demselben Tage eine oder mehrere Obduktionen vorgenommen und ob die Obduktionsberichte von dem Thierarzte in das Protokoll diktirt oder besonders schriftlich aufgesetzt werden.

Soweit es sich um die am Wohnorte des beamteten Thierarztes oder innerhalb 2 km von demselben auszuführenden Obduktionen handelt, muß es bei der desfallsigen Bestimmung des gedachten Cirkularerlasses bewenden. Ich mache noch besonders darauf aufmerksam, daß auch für Gutachten, welche jene Beamten etwa an ihren Wohnorten über außerhalb ausgeführte Obduktionen ausgearbeitet haben, nach § 1 des Gesetzes vom 9. März 1872 Gebühren nicht zu bewilligen sind (MinErl. vom 3. Dezember 1879, MBl. f. d. i. V. 1880 S. 6).

6, Die thierärztliche Untersuchung des zur Verladung auf Eisenbahnen gelangenden Rindviehs wird nicht im Interesse der Versender oder der

---

[1]) Siehe hierzu die Note auf S. 38 d. W.

einzelnen Gemeinde vorgenommen, sondern ist zur Verhütung der Rinderpest-Verschleppung im allgemeinen staatlichen Interesse angeordnet. Diese Untersuchungen gehören daher ohne Zweifel zu den dienstlichen Obliegenheiten des beamteten Thierarztes in dem betreffenden Kreise und kann für dieselben, sofern sie an dem Wohnorte des Thierarztes ausgeführt werden, in Gemäßheit des § 1 des Gesetzes vom 9. März 1872 nur die Vergütung von 15 Groschen (1,50 Mk.) aus der Staatskasse gewährt werden (MinErl. vom 22. März 1880, MBl. f. d. i. V. S. 84).

7, Den mit der kommissarischen Verwaltung einer Departements-Thierarztstelle beauftragten Kreisthierärzten können auch für die in ihrer Eigenschaft als kommissarische Departementsthierärzte ausgeführten Dienstreisen nur die den Kreisthierärzten gebührenden Diäten und Reisekostensätze zugebilligt werden, weil daran festgehalten werden muß, daß für die Höhe der Tagegelder und Reisekosten bei Dienstreisen eines Beamten, welcher eine etatsmäßige Stelle kommissarisch verwaltet, lediglich der diesem Beamten vermöge seiner sonstigen dienstlichen Stellung beiwohnende Rang maßgebend bleibt (MinErl. vom 1. November 1879, MBl. f. d. i. V. 1880 S. 22).

8, Soweit durch die Anordnung, Leitung und Ueberwachung der Maßregeln zur Ermittelung und zur Abwehr der Seuchengefahr, oder durch die auf Veranlassung der Polizeibehörden ausgeführten thierärztlichen Amtsverrichtungen besondere Kosten erwachsen, sind dieselben aus der Staatskasse zu bestreiten. Dasselbe gilt von der den Schiedsmännern als Ersatz für Reisekosten und Auslagen zu gewährenden Vergütung (§ 18) [1]), welche im Verwaltungswege festgesetzt wird (§ 23 des Gesetzes vom 12. März 1881, betreffend die Ausführung des Reichsgesetzes über die Abwehr und Unterdrückung von Viehseuchen vom 23. Juni 1880, GS. 1881 S. 128).

9, Nach § 63 des Gesetzes vom 25. Juni 1875 [2]), betreffend die Abwehr und Unterdrückung von Viehseuchen, ist die den Schiedsmännern als Ersatz für Reisekosten und Auslagen zu gewährende Vergütung im Verwaltungswege festzusetzen und aus der Staatskasse zu bestreiten.

Demgemäß bestimme ich nach vorgängigem Benehmen mit dem Herrn Finanzminister, was folgt:

I. Der zu einer Schätzung an seinem Wohnorte oder in einer Entfernung von nicht mehr als 2 km von demselben zugezogene Schiedsmann erhält für seine Leistungen nach Maßgabe der erforderlichen Zeitversäumniß eine Vergütung von 2 Mk. für jede angefangene Stunde.

Die Vergütung darf jedoch den Betrag von 9 Mk. für den einzelnen Tag nicht übersteigen.

Als versäumt gilt für den Schiedsmann auch die Zeit, während welcher er seine gewöhnliche Beschäftigung nicht wieder aufnehmen kann.

II. Für Reisen behufs Vornahme von Schätzungen nach Orten, die mehr als 2 km von seinem Wohnorte entfernt sind, erhält der Schiedsmann

---

1) § 18 des Gesetzes vom 12. März 1881 lautet:
„Die Schätzung [des gemeinen Werthes der auf polizeiliche Anordnung getöteten oder nach dieser Anordnung an der Seuche gefallenen Thiere, Anm. d. H.] erfolgt durch eine aus dem beamteten Thierarzt und zwei Schiedsmännern gebildete Kommission ꝛc."

2) § 63 des Gesetzes vom 25. Juni 1875 ist ersetzt durch § 58 des Reichsgesetzes vom 23. Juni 1880 (RGBl. S. 153) bezw. § 18 des Gesetzes vom 12. März 1881 (GS. S. 128).

1, an Reisekosten

a, wenn die Reisen auf Eisenbahnen oder Dampfschiffen zurückgelegt werden können, für jedes angefangene Kilometer 10 Pf. und für jeden Zu- und Abgang 2 Mk.,

b, wenn die Reisen nicht auf Eisenbahnen oder Dampfschiffen zurückgelegt werden können, für jedes angefangene Kilometer 40 Pf.

Die Reisekosten werden für die Hin- und Rückreise besonders berechnet. Hat jedoch ein Schiedsmann Schätzungen an verschiedenen Orten unmittelbar nach einander ausgeführt, so ist der von Ort zu Ort wirklich zurückgelegte Weg ungetheilt der Berechnung der Reisekosten zu Grunde zu legen.

2, an Tagegeldern den Betrag von 9 Mk. für den Tag.

III. In den Städten Berlin, Breslau, Königsberg i. Pr., Cöln, Frankfurt a. M., Danzig, Hannover, Magdeburg, Stettin, Aachen, Barmen, Elberfeld und Altona erhalten die Schiedsmänner außer der zu Nr. I bestimmten Vergütung die durch Vorlegung der Droschkenmarken oder anderweit glaubhaft nachgewiesenen Auslagen für die stattgehabte Benutzung des öffentlichen Fuhrwerks ersetzt.

IV. Die Liquidationen der Schiedsmänner werden von den Regierungen, in Berlin von dem Polizeipräsidium, festgesetzt, vorschußweise gezahlt und am Schluß jeden Semesters bei dem landwirthschaftlichen Ministerium zur Erstattung liquidirt (MinErl. vom 26. März 1876, MBl. f. d. i. V. S. 75).

10, Die auf Grund des Viehseuchengesetzes ernannten Schiedsmänner haben bei Reisen, welche sie behufs Abschätzung von Thieren auf Eisenbahnen unternehmen, für den Weg nach dem Bahnhofe und zurück neben der unter II 1 a des Erlasses vom 26. März 1876 normirten Vergütung für Zu- und Abgang keine Reisekosten zu beanspruchen, wenn der Bahnhof nicht mehr als 2 km von ihrem Wohnorte entfernt ist (MinErl. vom 21. Februar 1881, MBl. f. d. i. V. S. 47).

11, Die vorstehend abgedruckten beiden Erlasse vom 26. März 1876 und vom 21. Februar 1881 sind auch nach dem Inkrafttreten des Gesetzes vom 12. März 1881 (GS. S. 128) in Geltung geblieben (MinErl. vom 22. März 1881, MBl. f. d. i. V. S. 128).

12, Um bezüglich der Festsetzung der Gebühren für die beim Ausbruch der Rinderpest zur Abschätzung des getödteten und gefallenen Viehs, der vernichteten Sachen und der enteigneten Plätze herangezogenen Sachverständigen ein gleichmäßiges Verfahren herbeizuführen, bestimme ich hiermit im Einverständniß mit dem Herrn Reichskanzler, daß in Zukunft den Taxatoren in Rinderpestangelegenheiten dieselben Vergütungen zu gewähren sind, welche die auf Grund des § 63 des Viehseuchengesetzes vom 25. Juni 1875 bei der Schätzung der auf polizeiliche Anordnung getödteten Thiere mitwirkenden Schiedsmänner nach Maßgabe meiner Verfügung vom 26. März 1876 (MBl. S. 75) zu beanspruchen haben (MinErl. vom 14. Mai 1879, MBl. f. d. i. V. S. 156).

13, Im Einverständniß mit dem Herrn Finanzminister bestimme ich hiermit, daß den auf Grund des § 2 des Reichsgesetzes, betreffend die Abwehr und Unterdrückung von Viehseuchen, vom 23. Juni 1880, bestellten Seuchenkommissaren, sofern dieselben nicht zu den unmittelbaren Staatsbeamten gehören, bei Dienstreisen Tagegelder und Reisekosten nach den für die

Staatsbeamten ad Nr. V in den §§ 1 und 4 der Verordnung vom 15. April 1876 (GS. S. 107)[1]) bestimmten Sätzen zu gewähren sind.

Seuchenkommissare, welche zu den unmittelbaren Staatsbeamten gehören, haben für Dienstverrichtungen außerhalb ihres Wohnortes ihrem Dienstrange gemäß zu liquidiren, vorausgesetzt, daß ihnen dafür überhaupt ein Anspruch auf Gewährung besonderer Reisekosten und Tagegelder zur Seite steht. Auf die Berechnung der Reisekosten ꝛc. der Seuchenkommissare finden die für die Staatsbeamten geltenden Bestimmungen entsprechende Anwendung (MinErl. vom 3. März 1888, MBl. f. d. i. V. S. 95).

c, Förderung der Fischzucht.

Die Fischmeister der landwirthschaftlichen Verwaltung erhalten seit dem 1. Oktober 1879 bei Dienstreisen außerhalb ihres Dienstbezirks Tagegelder nach dem im § 1 des Gesetzes vom 24. März 1873/21. Juni 1897 unter Nr. VII aufgeführten Satze, sowie die entsprechenden Reisekosten (MinErl. vom 17. Oktober 1879, MBl. f. d. i. V. 1880 S. 23).

d, Landesmeliorationen.

Die Anweisung für die Ausführung technischer Vorarbeiten bei Landesmeliorationen vom 15. August 1872 ermächtigt die Verwaltungsbehörden, für Nivellements die im § 9 unter littr. c und d angegebenen Sätze zu vereinbaren. Daneben ist unter littr. e eine Vergütung baarer Auslagen nach Maßgabe der §§ 52 und 54 des Feldmesserreglements[2]) für Hülfsarbeiter auf dem Felde ꝛc. zugelassen. Diese Bestimmung wird dahin erweitert, daß den mit der Ausführung von Nivellements beauftragten Feldmessern neben diesen zu vereinbarenden Sätzen auch für die Zureise vom Stationsort bis zum Anfangspunkt der aufzunehmenden Nivellementslinie sowie für die Rückreise vom Schlußpunkt dieser Linie, vorausgesetzt, daß diese Entfernung mehr als 2 km beträgt, Reisediäten nach dem Satze von 7,50 Mk.[3]) für den Reisetag, und Fuhrkosten nach den im § 53 des Feldmesserreglements[2]) vom 2. März 1871 bestimmten Sätzen gewährt werden können (MinErl. vom 28. März 1879, MBl. f. d. i. V. S. 140).

e, Gestütverwaltung.

1, Die den Kreisthierärzten bei Behandlung erkrankter Gestütpferde außerhalb ihres Wohnortes zustehenden Diäten und Fuhrkosten sind nicht nach dem Gesetze vom 9. März 1872, sondern nach dem Gesetze vom 24. März 1873 (GS. S. 122) zu bewilligen (MinErl. vom 4. November 1874, MBl. f. d. i. V. S. 301).

2, Zur Behandlung erkrankter Gestütpferde ist, soweit solche nicht durch die Gestütärzte wahrgenommen werden kann, in der Regel der Kreisthierarzt desjenigen Kreises heranzuziehen, in welchem die zu behandelnden Pferde

---

[1]) Jetzt des Gesetzes vom 21. Juni 1897.

[2]) Die §§ 52, 53 und 54 des Feldmesserreglements vom 2. März 1871 sind ersetzt durch die §§ 42, 43 und 44 der Abänderung vom 26. August 1885 (GS. S. 319). Siehe S. 59 d. W.

[3]) Nach § 40 der Abänderung vom 26. August 1885 ist der Diätensatz auf 8 Mk. täglich erhöht.

aufgestellt sind. Nur in besonders wichtigen Fällen, z. B. wenn ein Obergutachten erforderlich erscheint, darf der Gestütdirigent den für den betreffenden Regierungsbezirk bestellten Departementsthierarzt zuziehen. Die Departementsthierärzte haben den Requisitionen der Gestütdirigenten Folge zu leisten. Falls die thierärztliche Untersuchung rc. außerhalb ihres Wohnortes vorzunehmen ist, sind die Departementsthierärzte berechtigt, Tagegelder und Reisekosten nach den Vorschriften des Gesetzes vom 24. März 1873 (GS. S. 122) nebst den dazu ergangenen Nachtragsbestimmungen und zwar die den Beamten der 5. Rangklasse zustehenden Sätze zu liquidiren (MinErl. vom 21. November 1892, MBl. f. d. i. V. S. 364).

3, In einem Spezialfalle waren über die einem **Privatthierarzte** für die Behandlung eines Gestütpferdes außerhalb seines Wohnortes zu gewährende Vergütung Zweifel entstanden. In Uebereinstimmung mit der Königlichen Ober-Rechnungskammer habe ich dahin entschieden, daß im Geltungsbereiche der Medizinaltaxe vom 21. Juni 1815 ein Privatthierarzt für Leistungen der gedachten Art gemäß Abschnitt VI Nr. 1, 2, 4 der Taxe die **Hälfte** der den Physikern bei Epidemien zustehenden Tagegelder und Reisekosten, also mit Rücksicht auf die Bestimmungen der Verordnung vom 17. September 1876 (GS. S. 411) an Tagegeldern 6 Mk. und an Reisekosten 30 Pf. für das Kilometer zu beanspruchen hat.

Hiernach sind in vorkommenden Fällen die bezüglichen Liquidationen der Privatthierärzte festzusetzen (MinErl. vom 9. Juli 1881, MBl. f. d. i. V. S. 204).

4, In meiner Cirkularverfügung vom 9. Juli d. Js. ist der einem Privatthierarzte für die Behandlung eines Gestütpferdes außerhalb seines Wohnortes zu gewährende Reisekostensatz auf 30 Pf. für das Kilometer angegeben. Dieser Satz bezieht sich indessen nur auf Reisen, welche auf dem Landwege zurückzulegen sind. Bei Reisen mittelst Eisenbahn oder Dampfschiff hat der Privatthierarzt im Geltungsbereich der Medizinaltaxe vom 21. Juni 1815 an Reisekosten für das Kilometer $6^1/_2$ Pf. und 1,50 Mk. für jeden Zu- und Abgang zu beanspruchen (MinErl. vom 8. September 1881, MBl. f. d. i. V. S. 204).

5, Die Ermächtigung, das für die Behandlung erkrankter Gestütpferde zu zahlende Honorar mit dem betreffenden Thierarzte gleich bei der Ertheilung des bezüglichen Auftrages zu vereinbaren, um für die spätere Feststellung der betreffenden Liquidationen etwaigen Weiterungen vorzubeugen, ist **nur auf Privatthierärzte**, nicht auch auf Kreisthierärzte anzuwenden. Letztere Beamten sind verpflichtet, den Requisitionen der Gestütverwaltung zu genügen. Sie haben daher für eine an ihrem Wohnorte ausgeführte Behandlung von Gestütpferden nach der Medizinaltaxe vom 21. Juni 1815[1]) zu liquidiren, während ihnen für eine solche Behandlung außerhalb ihres Wohnortes Tagegelder und Reisekosten nach den Vorschriften des Gesetzes vom 24. März 1873 und den dazu ergangenen abändernden Bestimmungen zu gewähren sind (MinErl. vom 27. Februar 1892, MBl. f. d. i. V. S. 31).

---

[1]) Die Medizinaltaxe vom 21. Juni 1815 ist durch die Gebührenordnung für approbirte Aerzte und Zahnärzte vom 15. Mai 1896 (MBl. f. d. i. V. S. 105) ersetzt.

f, Forstverwaltung.

1, Nach der Bestimmung unter Ziffer 3 der Rundverfügung vom 21. Februar 1874 bezw. nach dem Ministerialerlasse vom 3. Oktober 1879 (MBl. f. d. i. V. 1880 S. 22) war den Oberforstmeistern für jeden Tag, an welchem sie eine nach der Landwegentfernung oder nach Waldtouren zu berechnende Fahrt mit Gespann [auch mit Miethsfuhrwerk] ausgeführt, eine Fuhrkostenzulage von 3 Mk. aus Kap. 2 Tit. 30 des Forstverwaltungsetats zu zahlen.

Diese Bestimmung ist, nachdem durch das Gesetz vom 21. Juni 1897 die Tagegelder und Reisekosten der Staatsbeamten anderweit festgesetzt worden sind, dahin abgeändert, daß vom 1. Oktober 1897 ab Fuhrkostenzulage nur noch denjenigen Oberforstmeistern zusteht, welche eigene Dienstpferde unterhalten (MinErl. vom 11. September 1897, MBl. f. d. i. V. S. 180).

2, Die gleichzeitig als Assistenten der etatsmäßigen Professoren an den Forstakademien beschäftigten Privatdozenten erhalten, auch wenn sie nicht Forstassessoren sind, an Tagegeldern und Reisekosten die Sätze der Klasse IV des Gesetzes vom 21. Juni 1897 (MinErl. vom 13. Januar 1898, MBl. f. d. i. V. S. 36).

3, Eine besondere Reisekostenvergütung an Oberförster in ihrer Eigenschaft als Gutsvorsteher ist nur insoweit für statthaft zu erachten, als den Oberförstern Gutsvorstehergeschäfte für solche Grundstücke übertragen sind, welche nicht zur Oberförsterei gehören, bezw. für Geschäfte, welche die Oberförster vor Erlaß der Kreisordnung nicht wahrzunehmen hatten, und wenn sie genöthigt werden, zu deren Erledigung Reisen zu unternehmen.

Reisekosten können aber auch in diesen Fällen nur dann bewilligt werden, wenn das Reiseziel mehr wie 2 km von der Reviergrenze entfernt liegt (MinErl. vom 3. Juli 1896 und vom 13. Juni 1899, MBl. f. d. i. V. 1899 S. 97).

4, Für die bei den Betriebsregulirungen und Vermessungen in den Königlichen Forsten beschäftigten Oberförsterkandidaten, Forstkandidaten und Vermessungsgehülfen gilt im allgemeinen der Grundsatz, daß sie nur für die Reisen von einem Stationsorte zu anderen, mit welchen ein Wechsel des Nachtquartiers verbunden ist, Tagegelder und Reisekosten, im übrigen aber, auch wenn sie von ihrem Stationsorte bis zum jeweiligen Beschäftigungsorte längere Strecken zurückzulegen haben, nur die Beschäftigungsdiäten liquidiren können.

Dieser Grundsatz ist bei den, mit der Herstellung von trigonometrischen Netzen behufs neuer Vermessung von Forsten beschäftigten Personen nicht immer aufrecht zu erhalten, weil diese oft genöthigt sind, außerhalb des Waldes trigonometrische Punkte festzulegen oder festgelegte trigonometrische Punkte der Landesvermessung als Anschlußpunkte der Forstvermessung aufzusuchen, bezw. von einem solcher Punkte zum anderen sich zu begeben, was bei Zurücklegung des Weges zu Fuß und nothwendiger Benutzung eines passenden Tageslichtes häufig einen zu großen und zuweilen einen ganz nutzlosen Zeitaufwand erfordert.

Unter diesen Verhältnissen liegt es im Interesse der Verwaltung, den mit der Legung von trigonometrischen Netzen beschäftigten Forstgeodäten, wenn sie zur Ausführung ihrer Arbeiten außerhalb des Waldes Punkte festlegen, bezw. aufsuchen müssen, die Liquidirung der gesetzlichen Tagegelder und Reisekosten dorthin, sei es vom Stationsorte oder von einem anderen Orte aus und event. zurück zum Stationsorte, bei Wegfall der Beschäftigungsdiäten für den Reisetag, insoweit zu gestatten, als bei der Prüfung der betreffenden Liquidationen die Nothwendigkeit der Benutzung von Transportmitteln von dem Beamten, welchem die Kontrole der Vermessungsarbeiten obliegt, anerkannt und für die speziellen Fälle bescheinigt wird (Erl. des FinMin. vom 17. März 1877, MBl. f. d. i. V. S. 143).

5, Bei Dienstreisen sind zu gewähren

den Forstassessoren die Tagegelder- und Reisekostensätze der im § 1 der Verordnung vom 15. April 1876 [1]) unter IV genannten Beamten und

den Forstreferendaren die Tagegelder- und Reisekostensätze der ebendaselbst unter V genannten Beamten.

Die hiernach zulässigen Tagegeldersätze von 12 Mk. [2]) für Forstassessoren und 9 Mk. [2]) für Forstreferendare finden aber nur Anwendung auf diejenigen Tage, an denen eine Dienstreise ausgeführt ist und für welche also auch Reisekosten zu liquidiren sind. Für die sonstigen Tage kommissarischer Beschäftigung sind nur diejenigen Sätze zu gewähren, welche für jeden Forstassessor oder Forstreferendar von dem Minister für Landwirthschaft 2c. bestimmt worden sind.

Auch im übrigen, namentlich rücksichtlich derjenigen Forstassessoren, welche als Revierförster definitiv oder interimistisch angestellt sind und rücksichtlich der bei den Königlichen Regierungen als Hülfsarbeiter beschäftigten Forstassessoren, falls diesen eine längere auswärtige Beschäftigung übertragen wird, verbleibt es bei den Bestimmungen der Finanzministerialverfügung vom 12. Mai 1873 (MinErl. vom 16. Juni 1883, MBl. f. d. i. V. S. 163 und vom 13. Januar 1898, MBl. S. 36).

6, Mit Bezug auf den Vorbehalt im Schlußsatze des § 14 der Instruktion zur Ausführung des Gesetzes vom 14. August 1876, betreffend die Verwaltung der den Gemeinden und öffentlichen Anstalten gehörigen Holzungen in den Provinzen Preußen, Brandenburg, Pommern, Posen, Schlesien und Sachsen, welcher lautet:

„Für die zur Wahrnehmung der staatlichen Oberaufsicht nach Anweisung des Präsidenten auszuführenden Reisen sind den betreffenden Beamten die Gebühren aus der Staatskasse nach den dieserhalb zu erlassenden besonderen Bestimmungen zu gewähren",

bestimmen wir hierdurch Folgendes:

1, Oberförster, Oberförsterkandidaten, Forstkandidaten, Revierförster, Hegemeister und Förster

erhalten für alle ihnen aufgetragenen Reisen der bezeichneten Art die gesetzlichen Tagegelder und Reisekosten aus dem Fonds der betreffenden Königlichen Regierung zu Diäten, Fuhr- und Versetzungskosten, Kap. 57 Tit. 10. [3])

2, Forstmeister erhalten:

a, für Reisen, die sie im speziellen Auftrage **ausschließlich** zur Wahrnehmung der staatlichen Aufsicht in Gemeinde- 2c. Forsten auszuführen haben,

---

[1]) Jetzt des Gesetzes vom 21. Juni 1897.
[2]) Jetzt 15 Mk. bezw. 12 Mk. (§ 1 des Ges. vom 21. Juni 1897).
[3]) Jetzt Kap. 58 Tit. 11.

die gesetzlichen Tagegelder und Reisekosten auf besondere Liquidation aus dem oben zu 1 angegebenen Fonds, Kap. 57 Tit. 10[1]),

b, für Reisen, die sie zu jenem Zwecke **bei Gelegenheit einer Dienstreise in die Staatsforsten ihres Bezirks** auszuführen haben:

α, wenn die für beide Zwecke zu unternehmende Reise an einem Tage **über 5 Stunden mehr** Zeit erfordert, als an dem betreffenden Tage zur Erreichung und Bereisung der Staatsforsten ihres Bezirks allein erforderlich gewesen wäre,

die vollen Tagegelder für diesen Tag und die Reisekosten für diejenigen Strecken, welche zum Zwecke der Bereisung von Gemeinde- rc. Forsten mehr haben zurückgelegt werden müssen, auf besondere Liquidation aus dem oben zu 1 angegebenen Fonds, Kap. 57 Tit 10.[1])

Außerdem können sie für diejenigen Strecken resp. Stunden, welche sie an einem solchen Tage zur Bereisung von Staatsforsten ihres Bezirks zurückgelegt haben, die Reisekosten, aber keine Tagegelder, in die Verwendungsnachweisung ihrer Dienstaufwandsentschädigung aufnehmen.

β, wenn die für beide Zwecke zu unternehmende Reise an einem Tage **nur bis zu 5 Stunden mehr** Zeit erfordert, als an dem betreffenden Tage zur Erreichung und Bereisung der Staatsforsten ihres Bezirks allein erforderlich gewesen wäre:

keine besonderen Tagegelder und Reisekosten.

Doch können sie die für Gemeindeforsten zurückgelegten Touren resp. verwendete Zeit in der Verwendungsnachweisung ihrer Dienstaufwandsentschädigung mit in Rechnung bringen.

3, Oberforstmeister erhalten:

a, für Reisen, die sie im speziellen Auftrage des Präsidenten **ausschließlich** zur Wahrnehmung der staatlichen Aufsicht in Gemeinde- rc. Forsten auszuführen haben:

die gesetzlichen Tagegelder und Reisekosten auf besondere Liquidation aus dem oben zu 1 angegebenen Fonds, Kap. 57 Tit. 10[1]), woneben sie zur Liquidirung der Fuhrkostenzulage aber nicht berechtigt sind,

b, für Reisen, die sie zu jenem Zwecke in Verbindung mit Dienstreisen in die Staatsforsten ausführen:

keine gesonderte Vergütung,

sondern die Tagegelder, Reisekosten und bezw. Fuhrkostenzulage nur in gleicher Weise aus Kap. 2 Tit. 30[2]) und ihrem Fuhrkostenfixum Kap. 2 Tit. 9[2]) wie für ihre Dienstreisen in die Staatsforsten, da die Oberforstmeister schon bisher instruktionsmäßig verpflichtet waren, die Regiminal-Aufsichtsfunktionen über die Gemeinde- rc. Forsten bei ihren Dienstreisen mit wahrzunehmen (Erl. der Min. für L. rc., des Inn. u. der Fin. vom 19. Juli 1877, MBl. f. d. i. V. S. 204).

7, Führen die Meliorationsbaubeamten oder die Wiesenbaumeister[3]) bei den Meliorationsbauämtern behufs der Prüfung von Projekten für Melio-

---

[1]) Jetzt Kap. 58 Titel 11.
[2]) Jetzt Kap. 2 Tit. 34 bezw. Kap. 2 Tit. 10.
[3]) Jetzt Meliorationsbauwarte (s. S. 43 d. W., Anm. 1).

rationsanlagen auf Domänen und forstfiskalischen Besitzungen, sowie behufs der Kontrole 2c. solcher Anlagen besondere Reisen aus, so sind ihnen, wenn nicht im voraus eine Aversionalvergütung für Reiseaufwand festgesetzt wird, die vollen gesetzlichen Tagegelder und Reisekosten zu gewähren.

Für die hiernach in Betracht kommenden Reisen der Meliorations-Baubeamten gilt kein Unterschied zwischen dem engeren und weiteren Dienstbezirke dieser Beamten.

Neben den Reisekosten sind den Meliorations-Baubeamten und Wiesenbaumeistern [1]) die baaren Auslagen für Schreib- und Zeichenmaterialien, Papier, Formulare 2c. entweder auf Grund besonderer Liquidationen oder in Form einer Bauschsumme zu ersetzen (Runderlaß des Min. für L. 2c. vom 11. Dezember 1897, II. 7459 / I. C. 7763 / III. 15146).

8, Kommunalforstbeamte haben, falls sie als Zeugen oder Sachverständige in gerichtlichen Angelegenheiten zugezogen werden, nur die gewöhnlichen Zeugen- und Sachverständigen-Gebühren gemäß § 2 bis 12 der Gebührenordnung vom 30. Juni 1878 (RGBl. S. 173) zu beanspruchen. Nach § 14 a. a. O. dürfen sie nicht liquidiren, da **gesetzliche** Vorschriften über die ihnen bei Dienstreisen zustehenden Vergütungen nicht existiren (Erl. der Min. f. L. 2c. u. des Inn. vom 22. Januar 1881, MBl. f. d. i. V. S. 133).

VIII. Ministerium der öffentlichen Arbeiten.

a, Verwaltung der Staatseisenbahnen.

Allgemeine Bestimmungen.

(Auszug aus der Finanz-Ordnung der Preußischen Staatseisenbahnverwaltung, Theil XII Seite 33 ff.)

1, Die etatsmäßig angestellten Staatseisenbahnbeamten erhalten bei Dienstreisen, unbeschadet der Bestimmungen im Artikel II des Gesetzes vom 21. Juni 1897 und in den §§ 2 bis 8 der Allerhöchsten Verordnung vom 12. Oktober 1897, gemäß den Erlassen vom 21. Oktober 1897 V. B. 9113 [2]) und vom 25. April 1902 V. K. 15. 12 [3]) Tagegelder und Reisekostenentschädigungen (mit Einschluß der Kosten der Gepäckbeförderung) nach folgenden Sätzen:

[nicht abgedruckt; vergl. die tabellarische Uebersicht Theil III d. W.]

2, Bei der Beförderung von Beamten sind, auch wenn die Beförderung auf einen früheren Tag zurückbezogen wird, die höheren Bezüge an Tagegeldern und Reisekosten erst von dem Tage ab zu gewähren, an dem die Bestallung oder Beförderungsverfügung dem Beamten ausgehändigt wird. Hiernach sind auch für Dienst- und Versetzungsreisen, die ein Beamter in der Zeit vom Tage der vorläufigen Uebertragung bis zur wirklichen Verleihung seiner neuen Stelle, d. i. bis zur Aushändigung der Bestallung oder Beförderungsverfügung ausführt, die Vergütungen nach den Sätzen für die **bisherige** Dienststellung zu gewähren.

---

[1]) Jetzt Meliorationsbauwarte (s. S. 43 d. W., Anm. 1).
[2]) EVBl. S. 363. [3]) EVBl. S. 177.

3, Einem Beamten, der vorübergehend außerhalb seines Wohnortes beschäftigt wird, stehen für die Reise zum Antritte der auswärtigen Beschäftigung auch dann die vollen (nicht die ermäßigten) Tagegelder zu, wenn diese Reise innerhalb eines Kalendertages zurückgelegt wird. Das Gleiche gilt für die Rückreise nach beendetem Kommando.

4, Die außeretatsmäßigen Beamten erhalten bei **Dienstreisen** Tagegelder und Reisekosten nach den Sätzen derjenigen Beamtenklasse, in welche sie bei der ersten etatsmäßigen Anstellung einzurücken bestimmt sind. Ausgenommen hiervon sind die im diätarischen Verhältnisse befindlichen Anwärter für die Stellen der nichttechnischen Eisenbahnsekretäre: diese erhalten die Sätze für Büreauassistenten. Die Sätze für Büreauassistenten erhalten auch dauernd beschäftigte Landmesser, so lange sie noch nicht — auf Grund der abgelegten Prüfung zum technischen Eisenbahnsekretär oder in den zulässigen Fällen ohne die Prüfung — in die Anwärterliste zum technischen Eisenbahnsekretär aufgenommen sind, sowie die technischen Büreauaspiranten, während die im diätarischen Verhältnisse befindlichen Anwärter für die Stellen der technischen Eisenbahnsekretäre, d. h. solche Personen, welche in die Anwärterliste für die technischen Eisenbahnsekretäre bereits aufgenommen sind, die Sätze für Eisenbahnsekretäre beziehen. Anwärter für technische Eisenbahnsekretärstellen, die etatsmäßige Stellen von mittleren Beamten 2. Klasse bekleiden, erhalten ebenfalls nur die Sätze für Büreauassistenten.

5, Die Regierungsbauführer aller drei Fachrichtungen und die in Bauführerstellung beschäftigten Regierungsbaumeister erhalten bei Dienstreisen Tagegelder und Reisekosten nach den Sätzen der Betriebskontroleure, während die laufende Tagesbesoldung in Wegfall kommt.

6, Den in den unmittelbaren Staatsdienst nicht übernommenen, in dem früheren Verhältnisse weiter beschäftigten Gesellschaftsbeamten sind Reiseentschädigungen nach den von der früheren Privatverwaltung erlassenen Vorschriften zu gewähren.

7, Die Dienstreisen sind mit thunlichst geringem Zeitaufwand auszuführen und die Tagegelder deshalb nur für diejenige Zeit, die zu der Reise und den dienstlichen Verrichtungen unumgänglich nothwendig gewesen ist, in Ansatz zu bringen. Dabei sind folgende Grundsätze zu beachten:

a, Dienstreisen sind, **sofern die Zahl der Reisetage dadurch beeinflußt werden sollte**, und wenn nicht besondere **dienstliche** Umstände oder die fahrplanmäßige Abfahrtszeit der Eisenbahnzüge oder Dampfschiffe ein Anderes bedingen, in den Morgenstunden, d. h. in den Monaten April bis September von 6 Uhr und in den Monaten Oktober bis März von sieben Uhr morgens ab [1]), anzutreten. Abweichungen sind in der Reisekostenrechnung kurz zu erläutern.

b, Bei Reisen, die mit der Eisenbahn, der Post oder dem Dampfschiff begonnen oder beendigt werden, ist vorbehaltlich der Bestimmung unter c Absatz 2 für die Hin- und Rückreise die fahrplanmäßige Abgangs- und Ankunftszeit an den Eisenbahn- und Poststationen oder Anlegeplätzen maßgebend. Verspätungen kommen nur insoweit in Betracht, als sie besonders nachgewiesen werden.

---

[1]) Vergl. hierzu den Erl. d. Min. f. H. u. G. v. 30. Juni 1899 A. 2235, S. 20 Ziff. 4 d. W.

c, Bei Reisen, die nicht mit der Eisenbahn, der Post oder dem Dampfschiff ausgeführt werden, gilt als Zeitpunkt für den Beginn und die Beendigung der Reise die Stunde des Verlassens und des Wiederbetretens der Wohnung.

Dasselbe gilt, wenn die Entfernung zwischen der Ortsgrenze des Wohnorts und dem zugehörigen Bahnhof oder Anlegeplatze 2 km oder mehr beträgt.

d, Soweit die vorhandenen Verkehrsmittel es ermöglichen, sind Dienstreisen ohne andere als die zur Erledigung der Dienstgeschäfte erforderlichen Unterbrechungen zurückzulegen.

e, Unterbrechungen zum Zwecke der Uebernachtung sind bei Reisen, deren Zweck eine außergewöhnliche Beschleunigung nicht bedingt, unter der Voraussetzung durchgehender Züge im allgemeinen erst nach Zurücklegung einer Eisenbahnstrecke von 500 km gestattet. Für Reisen auf Landwegen ermäßigt sich diese Entfernung unter normalen Verhältnissen auf 112½ km und für Reisen auf Dampfschiffen auf 375 km.

Diese Bestimmung ist jedoch nicht dahin aufzufassen, daß bei einer Reise eine Unterbrechung in jedem Falle eintreten darf, sobald eine der vorgenannten Entfernungen zurückgelegt worden ist; diese stellen vielmehr nur das Mindestmaß der an einem Tage zurückzulegenden Strecke dar. Inwieweit daher bei Dienstreisen von längerer Dauer Unterbrechungen zum Zwecke der Uebernachtung nach Zurücklegung einer der genannten Entfernungen als zulässig zu erachten sind, hängt von den näheren Umständen des einzelnen Falles, insbesondere von der Länge des überhaupt zurückzulegenden Weges, von dem Zeitpunkte des Antritts und von der Zeitdauer der Reise, von der Art der zu benutzenden Beförderungsmittel und den Anschlüssen ab. Jedenfalls ist bei Entscheidung der Frage, für wieviel **Reisetage** die Entschädigungen zu gewähren sind, auch dem berechtigten Interesse der Staatskasse wesentlich Rechnung zu tragen.

f, Unterbrechungen der Reise, die durch Krankheit oder andere **besondere** Umstände nothwendig werden und **auf die Zahl der Reise- und Aufenthaltstage von Einfluß sind,** müssen erläutert werden.

g, Unterbrechungen von Dienstreisen aus lediglich **privaten** Gründen sind in der Regel nur mit Genehmigung der vorgesetzten Dienstbehörde statthaft. Werden derartige Unterbrechungen zugelassen, so verliert der Beamte für die Dauer der Unterbrechung den Anspruch auf Tagegelder, dergestalt, daß die Zwischenzeiten, in denen er sich thatsächlich nicht auf „der Dienstreise" befunden hat, als solche auch nicht in der Reisekostenrechnung anzusetzen sind. Auch hat der Beamte in diesem Falle keinen Anspruch auf Reisekosten für die Zwischenreisen, weil diese lediglich als Privatreisen vom Orte der auswärtigen Dienstthätigkeit aus anzusehen sind.

h, Beamte, die für die mit der Eisenbahn zurückzulegenden Dienstreisen an Fuhrkosten 7 Pf. oder mehr für das Kilometer zu beanspruchen haben, sind zur Benutzung von Schnell- und Durchgangs-(D)Zügen verpflichtet, wenn dadurch eine Abkürzung der Reisedauer ermöglicht wird oder Unterbrechungen der Reise vermieden werden.

i, Die Weiter- oder Rückreise, namentlich bei kürzeren Reisen, ist, — von Beamten, die für Reisen auf Landwegen 60 Pf. für das Kilometer als Fuhrkosten erhalten, unter Umständen selbst mit Benutzung von Extrapost — nach beendetem Dienstgeschäft möglichst noch an demselben Tage anzutreten. Haben die Dienstgeschäfte, oder die Hinreise und die Dienstgeschäfte 7 Stunden und darüber in Anspruch genommen, so werden unter kürzeren Reisen solche Entfernungen verstanden, die mit der Post, der Eisenbahn oder dem Dampfschiff in höchstens zwei Stunden zurückgelegt werden können.

k, Die Berechnung der Reisekosten erfolgt ohne Rücksicht darauf, welchen Weg der Reisende thatsächlich eingeschlagen und welches Beförderungsmittel er benutzt hat, nach demjenigen Wege, der sich für die Staatskasse als der mindestkostspielige darstellt und nach dem Zwecke der Reise und den Umständen des besonderen Falles von dem Beamten auch wirklich hätte benutzt werden können.

l, Ausnahmen von den vorstehenden Bestimmungen unter a, d, e, i und k können von den die Richtigkeit der Reisekostenrechnungen bescheinigenden Beamten dann zugelassen werden, wenn die Anwendung der Bestimmungen zu besonderen Härten führen sollte.

m, Ist es bei Reiseaufträgen, die an einem Tage nicht erledigt werden können, für die Staatskasse vortheilhafter und mit dem Zwecke der Reise vereinbar, so hat der Beamte für dienstfreie Zwischenzeiten, z. B. über Nacht, Sonntags ꝛc. nach seinem Wohnorte zurückzukehren. In diesem Falle sind die am Wohnorte zugebrachten vollen Kalendertage bei Berechnung der Tagegelder unberücksichtigt zu lassen, dagegen die Reisekosten für die jedesmalige Hin- und Rückreise, bei Benutzung freier Eisenbahnfahrt geeigneten Falls nur die Zu- und Abgangsentschädigung, in Rechnung zu stellen; auch kommen bei Uebernachtungen am Wohnorte, wenn der Beamte an dem der Nacht vorangegangenen Tage sich von seinem Wohnorte nach dem Orte des Dienstgeschäfts und zurück begeben hat, außer den Reisekosten für die Hin- und Rückreise nur die ermäßigten Tagegelder [1]) zum Ansatz. Erfolgen bei längeren Dienstreisen derartige Uebernachtungen am Wohnorte lediglich aus privaten Gründen, ohne daß eine Rückkehr im Interesse der Staatskasse geboten ist, so hat dieser Umstand auf die Höhe der zu gewährenden Tagegelder keinen Einfluß. Ebenso ist die Fortgewährung der Tagegelder auch dann zulässig, wenn unter gleichen Voraussetzungen ein voller Sonntag am Wohnorte zugebracht worden ist, insofern die Reisekosten für die Hin- und Rückreise die Höhe der Tagegelder übersteigen.

8, Insoweit die Reisen nicht an den Geschäftstagen selbst, vor dem Beginn oder nach der Beendigung der dienstlichen Verrichtungen ausgeführt werden können, ist zu ihnen der unmittelbar vorhergehende oder der unmittelbar folgende Tag auch dann zu verwenden, wenn dieser Tag ein Sonn- oder Festtag ist. Doch sind Termine, soweit möglich, derart anzuberaumen, daß Zu- oder Rückreisen nicht an einem Sonntage oder Festtage unternommen zu werden brauchen.

9, Sofern es sich nicht um Dienstreisen handelt, die an ein und demselben Tage angetreten und beendet werden, ist jeder angefangene Kalendertag bei Feststellung der Tagegelder für einen vollen Tag zu rechnen mit der Maßgabe, daß, abgesehen von den für die Reisen vom Kommandoort aus getroffenen Bestimmungen [2]), für einen Tag niemals eine höhere Vergütung

---

[1]) Siehe § 1 Abs. 3 des Gesetzes vom 21. Juni 1897, S. 5 d. W.

[2]) Vergl. Ziffer 12 der Erläuterungen zu § 1 der Verordn. v. 12. Oktober 1897, S. 183 d. W.

als der bestimmungsmäßige Tagegeldersatz in Rechnung gestellt werden darf, auch wenn mehrere Dienstreisen oder solche auswärtige dienstliche Verrichtungen in Frage kommen, für die verschiedene Vergütungen (Tagegelder und besondere Entschädigungen, beispielsweise für Probefahrten mit ausgebesserten Maschinen ꝛc.) gewährt werden. Im letzteren Falle werden die besonderen Entschädigungen nur bis zur Erreichung des bestimmungsmäßigen Tagegeldersatzes in Ansatz gebracht.[1])

10, Für die Ermittelung des billigsten Reiseweges sind, falls auch Reisekosten in Betracht kommen, die Tagegelder und die Reisekosten zusammenzurechnen. Die Zahl der Reisetage ist hierbei nach der im amtlichen Reichskursbuche zur Benutzung der Beförderungsmittel angegebenen Zeitdauer zu bemessen.

11, Die Reisekosten bilden die Entschädigung für sämmtliche Kosten, **welche durch die Beförderung** des Beamten und seines Gepäcks, auch der Akten, entstehen, mit Einschluß der Auslagen an Chaussee-, Brücken- und Fährgeldern. Die Auslagen für die bei Reisen nach dem Ausland erforderlichen Reisepässe sind zu erstatten. Haben für eine Dienstreise erweislich höhere Reisekosten aufgewendet werden müssen, so wird der Mehrbetrag erstattet, wobei jedoch nur die für die ganze Dienstreise, nicht für einzelne Strecken, entstandenen Mehrkosten in Betracht kommen.

12, Reisekosten für einen Diener dürfen von den zur Mitnahme eines solchen berechtigten Beamten nur dann in Ansatz gebracht werden, wenn ein Diener die Reise wirklich ausgeführt hat. Als Diener ist jeder männliche zur persönlichen Bedienung des Beamten, nicht seiner Familienmitglieder, gehörige Dienstbote zu betrachten. Die Mitnahme eines Büreaudieners zum Zwecke der dienstlichen Begleitung eines Beamten ist nicht gestattet.

13, Wenn die Prüfung und Abnahme von Materialien, Bekleidungsgegenständen u. s. w. in dem Bezirk einer anderen Staatseisenbahnbehörde zu bewirken ist, so ist diese in der Regel unter Mittheilung der Lieferungsbedingungen rechtzeitig zu ersuchen, das Abnahmegeschäft geeigneten Beamten, insofern solche am Abnahmeorte wohnen, zu übertragen. Diese Bestimmung findet auch auf die im Bezirk der Kaiserlichen Generaldirektion der Eisenbahnen in Elsaß-Lothringen zu bewirkende Abnahme von Materialien sowie auf alle ähnlichen Geschäfte, wie die Ueberwachung des Einstampfens von Altpapier in auswärtigen Papierfabriken u. a. Anwendung.

14, Mit der Ausführung von auswärtigen Dienstgeschäften, die den zuständigen Aufsichtsbeamten bestimmungsmäßig obliegen, sind Büreaubeamte nicht zu beauftragen. Inwieweit Büreaubeamte zur Revision von Materialien- und Inventarienbeständen heranzuziehen sind, ist in der Materialien- und der Inventarien-Ordnung bestimmt. Die Entsendung von Büreaubeamten zur Abhaltung von Verkaufs- und Verpachtungsterminen sowie zur Uebergabe oder Abnahme von Dienstwohnungen und dergleichen ist zu vermeiden.

Die auswärtigen Verhandlungen in den Haftpflicht- und Unfallsachen, sowie die Wahrnehmung der Auflassungstermine bei den Grundbuchämtern ist, soweit nicht näher zu erläuternde Ausnahmen im dienstlichen Interesse geboten sind, am Orte des Termins wohnenden geeigneten Beamten, nicht den mit der Bearbeitung dieser Angelegenheiten betrauten Büreaubeamten zu übertragen.

[1]) Vergl. § 7 Abs. 2 der Verordn. v. 12. Oktober 1897, S. 194 d. W.

15, Die Dienstreisen der Direktionsdezernenten außerhalb des eigenen Direktionsbezirks, mögen sie zur Theilnahme an Berathungen mit anderen Verwaltungen oder zur Erledigung sonstiger Geschäfte unternommen werden, sind auf das Maß des thatsächlichen Bedürfnisses zu beschränken. Die Präsidenten der Königl. Eisenbahndirektionen haben sich der Prüfung des Bedürfnisses zu Dienstreisen der Dezernenten **außerhalb des Direktionsbezirks** persönlich zu unterziehen und in jedem Falle selbst zu untersuchen und ausdrücklich darüber zu befinden, ob die in Aussicht genommenen Dienstreisen dieser Art überhaupt erforderlich sind und ob hinsichtlich des Umfangs der beabsichtigten Betheiligung an ihnen sowie hinsichtlich der Wahl von Zeit und Ort den dienstlichen Interessen Rechnung getragen ist. Bei dieser Untersuchung ist Nachstehendes zu beachten:

a, Bei der Anberaumung von Berathungen, an welchen andere Königl. Eisenbahndirektionen oder fremde Verwaltungen betheiligt sind, ist von dem Präsidenten der **einladenden** (geschäftsführenden) Direktion an der Hand des ihm vorzulegenden Berathungsstoffes zu prüfen:

ob es der Abhaltung der Berathung überhaupt bedarf,

ob noch andere als die nach den bestehenden Vorschriften und der Tagesordnung thatsächlich betheiligten Verwaltungen eingeladen und

ob Ort, Zeit und Dauer der Berathungen den dienstlichen Interessen entsprechend festgesetzt werden.

Da für den Winterfahrplan Vermehrungen und Verstärkungen der Züge gegenüber dem Sommerfahrplane der Regel nach nicht in Frage kommen, so wird es der Abhaltung einer **Wagenbeistellungs-Versammlung** im Herbste im allgemeinen überhaupt nicht bedürfen, zum mindesten aber ihre Beschickung auf einige wenige besonders betheiligte Direktionen beschränkt werden können.

Was die Berathungsorte anbetrifft, so ist — sofern nicht im Einzelfalle besondere sachliche Gründe oder die zu berücksichtigenden Beziehungen zu mitbetheiligten **fremden** Eisenbahnverwaltungen entgegenstehen — auf die Wahl solcher Orte hinzuwirken, durch welche nicht nur eine thunlichste Abkürzung der erforderlichen Dienstreisen herbeigeführt, sondern auch die Aufwendung besonderer Kosten für die Beschaffung eines Versammlungsraums vermieden wird. In der Regel ist für die Abhaltung von Berathungen Preußischer Eisenbahndirektionen ein Direktionssitz und zwar möglichst in der Mitte der betheiligten Bezirke zu wählen.

Die Dauer der Berathungen ist möglichst abzukürzen. Sofern bei Verhandlungen mit außerpreußischen oder außerdeutschen Verwaltungen **Vorberathungen** der Preußischen oder Deutschen Verwaltungen erforderlich scheinen, ist zu prüfen, ob für sie ein besonderer Tag festzusetzen ist oder ob sie nicht am nämlichen Tage wie die Hauptberathungen abgehalten werden können.

b, Die Präsidenten der **mitbetheiligten** Direktionen haben zu untersuchen, ob eine Beschickung der einzelnen Versammlungen durch die Direktion erforderlich ist, oder nicht vielmehr eine Vertretung durch andere Direktionen angängig erscheint. Es wird sich dies in vielen Fällen und namentlich dann ermöglichen lassen, wenn eine Direktion nur an Berathungsgegenständen von geringerer Bedeutung betheiligt ist oder wenn die von ihr zu vertretenden Interessen mit denen anderer

Direktionen gleichartig sind und daher von einer der letzteren ebensogut wahrgenommen werden können.

Rücksichtlich der Betheiligung an den Verkehrs- und Tarifversammlungen wird auf Ziffer II der Vorbemerkungen zu den „Vereinbarungen über den Austausch von Schriftstücken sowie über die gegenseitige Vertretung in den Verbandskonferenzen u. s. w." verwiesen. Hiernach kann aus dem Umstande, daß eine Direktion in den den Vereinbarungen beigefügten Nachweisungen als betheiligt aufgeführt ist, die Berechtigung zur Theilnahme an den Verbands-Versammlungen allein noch nicht hergeleitet werden; vielmehr ist an der Hand der jeweiligen Tagesordnung und nach Maßgabe des sachlichen Bedürfnisses **von Fall zu Fall** zu entscheiden, ob eine solche Betheiligung geboten ist.

c, Ferner haben die Präsidenten der **sämmtlichen** betheiligten Direktionen darüber zu wachen, daß, sofern eine Beschickung erforderlich erscheint, sich deren Umfang in den Grenzen des unumgänglich Nothwendigen hält, und daß nur diejenigen Dezernenten an ihnen Theil nehmen, deren Anwesenheit unerläßlich ist. Zur Theilnahme an den Versammlungen des **Vereins Deutscher Eisenbahnverwaltungen** auf Grund der Vorschläge der Vorversammlungen ist die Genehmigung des Ministers einzuholen. Die Beschickung der Versammlungen selbst ist auf das im dienstlichen Interesse unbedingt nothwendige Maß einzuschränken, und es sind nur dann besondere Vertreter abzuordnen, wenn die Direktion als Berichterstatterin betheiligt ist, oder wenn zu den auf der Tagesordnung der Vereinsversammlung stehenden Gegenständen wesentliche Bemerkungen zu machen sind.

Sodann ist darauf zu achten, daß, wenn dieselben Dezernenten an mehreren nahe bevorstehenden Versammlungen betheiligt sind, die letzteren möglichst in unmittelbarer zeitlicher Aufeinanderfolge und an demselben oder wenigstens an solchen Orten abgehalten werden, die ohne erheblichen Zeitaufwand erreicht werden können.

Die Mitnahme von Büreaubeamten zur Hülfeleistung u. s. w. bei den Berathungen rechtfertigt sich im allgemeinen nur für die geschäftsführende (leitende) Direktion. Aber auch hier bedarf es in jedem Falle einer an der Hand der Tagesordnung zu bewirkenden eingehenden Prüfung und Feststellung der Nothwendigkeit. Die Abordnung von Büreaubeamten seitens **anderer** Direktionen, so insbesondere zu Fahrplan-Versammlungen, kann nur ausnahmsweise — **bei besonders** starker Betheiligung der betreffenden Verwaltung an den Berathungsgegenständen — als gerechtfertigt angesehen werden.

d, Die Präsidenten haben endlich dafür Sorge zu tragen, daß die vorstehenden Grundsätze, namentlich hinsichtlich der Zeit und des Ortes der Berathungen, auch in denjenigen Fällen thunlichst berücksichtigt werden, in welchen auf den Versammlungen selbst das Nähere wegen Abhaltung der nächsten Berathung von den Vertretern der betheiligten Verwaltungen vereinbart wird.

16, Die Grundsätze unter Ziffer 15 sind sinngemäß auch auf die zur Aufstellung von Tarifen und Antheilstabellen, zu Abrechnungen in Verbandsverkehren und dergl. eingesetzten Ausschüsse von Büreau- und Rechnungsbeamten anzuwenden. Im einzelnen ist hierbei noch das Folgende zu beachten:

a, Die Beamtenausschüsse in Tarifangelegenheiten sollen in der Regel am Sitze der geschäftsführenden Direktion des Verbandes, an welchem das gesammte Tarifmaterial ohne weiteres zur Verfügung steht, zusammentreten.

b, Hinsichtlich der Betheiligung an den Beamtenausschüssen wird auf das oben unter Ziffer 15 b sowie auf die Bestimmungen zu Ziffer III der daselbst erwähnten Vorbemerkungen zu den „Vereinbarungen über den Austausch von Schriftstücken 2c." verwiesen. Hiernach ist auch für die Versammlungen dieser Ausschüsse, soweit möglich, auf die Vertretung einer oder mehrerer Direktionen durch Beamte einer anderen Direktion Bedacht zu nehmen. Selbstverständlich aber dürfen diese Vertretungen nicht einen derartigen Umfang annehmen, daß hierdurch die Dauer der Versammlungen ungebührlich verlängert wird und die Beamten ihren sonstigen Geschäften bei den Direktionen allzulange entzogen werden.

c, Für die Verhandlungen zur Aufstellung von direkten Tarifen und Antheilstabellen ist zur möglichsten Abkürzung der Arbeiten und zur Kontrole über deren Zeitdauer von der geschäftsführenden Verwaltung thunlichst ein ins einzelne gehender Arbeitsplan aufzustellen. Abweichungen hiervon sind nur auf gehörig begründete Anträge zu gestatten. Die zu derartigen Versammlungen abgeordneten Beamten haben über den Verlauf der Gesammtarbeiten und die eigene Betheiligung ein Tagebuch zu führen, das zum Nachweise des Arbeitsverfahrens und zur Belegung der Arbeitsdauer zu dienen hat. Die in dieser Hinsicht wiederholt ertheilten Weisungen sind auf das sorgfältigste zu beachten.

Bei umfangreichen Umrechnungsarbeiten ist sorgfältig zu erwägen, ob sie nicht ohne mehrwöchentliche Verhandlungen schneller und mit geringeren Kosten in der Weise zu erledigen sind, daß die Eisenbahnverwaltungen, deren Sätze sich ändern, das erforderliche Material vorher bearbeiten, so daß in den Versammlungen nur die Prüfung und Abstimmung der Tarifsätze vorzunehmen ist.

17, Außer den in den §§ 6 und 9 des Gesetzes und den dazu gehörenden Erläuterungen [1]) angegebenen Fällen ist auch für die nachstehend bezeichneten Reisen, die als Dienstreisen im Sinne des § 1 des Gesetzes nicht anzusehen sind, die Bewilligung von Tagegeldern und Reisekosten unzulässig:

a, für Reisen zum Antritt der ersten Beschäftigung im Staatseisenbahndienste.

Eine Ausnahme tritt ein, wenn Beamte — beispielsweise die in die Staatseisenbahnverwaltung zunächst zur probeweisen Beschäftigung übernommenen Assessoren — vor ihrer Einberufung zum Staatseisenbahndienst bereits in einem anderen Zweige der Staatsverwaltung beschäftigt waren und aus dieser Beschäftigung unmittelbar in die Beschäftigung bei der Staatseisenbahnverwaltung übertreten. In diesem Falle sind die bestimmungsmäßigen Tagegelder und Reisekosten zu gewähren, den Regierungsbaumeistern auch dann, wenn sie bei einer Staatsbehörde vorher in Bauführerstellung sich befunden haben und aus dieser unmittelbar in diejenige eines Baumeisters übertreten.

---

[1]) Siehe S. 177 Ziffer 16 und S. 180 Ziffer 22 d. W.

b, für Reisen zur Abstattung persönlicher Meldungen.

Sofern die persönliche Anmeldung versetzter höherer Beamten bei dem Präsidenten der vorgesetzten Eisenbahndirektion nicht bei Erledigung anderweitiger Dienstgeschäfte am Sitze der Direktion bewirkt werden kann, ist zu den Reisen, die zum alleinigen Zweck der Anmeldung unter Belastung der Staatskasse vorgenommen werden sollen, die vorherige ausdrückliche Zustimmung des Präsidenten, bei dem die Anmeldung erfolgen soll, einzuholen. Diese Zustimmung ist nur dann zu gewähren, wenn dafür besondere dienstliche Gründe vorliegen und die Anmeldung nicht bis dahin ausgesetzt werden kann, daß eine dienstliche Reise den Präsidenten an den Wohnort des versetzten Beamten oder diesen an den Sitz der Direktion führt.

Mit Tagegeldern und Reisekosten für persönliche Abmeldung versetzter Beamten darf die Staatskasse nicht belastet werden.

c, für Reisen, die zur Ablegung von Dienstprüfungen sowie zur Leistung des Diensteides nach dem Orte, an dem die Prüfung oder Vereidigung stattfindet, sowie für Reisen, die zur Theilnahme an auswärts abgehaltenen Instruktionsstunden ausgeführt werden.

Den mit Ertheilung von Instruktionsstunden beauftragten Beamten sind, soweit sie nicht Bauschvergütungen beziehen, für die Ausführung von Reisen, die im dienstlichen Interesse zur Abhaltung der Instruktionsstunden erforderlich werden, Tagegelder und Reisekosten (unter Umständen die Bezirkstagegelder) zu gewähren. Es ist jedoch bei der Auswahl der Orte, an denen die Instruktionsstunden zu ertheilen sind, sowie der Beamten, welche die Stunden abhalten sollen, darauf Rücksicht zu nehmen, daß Reisen der Beamten lediglich zu diesem Zwecke nur in Ausnahmefällen, wenn dies nach den besonderen Dienst- und Ortsverhältnissen unbedingt geboten erscheint, vorkommen.

d, für Reisen der Beamten zur Feststellung ihrer Brauchbarkeit für den Dienst durch eine ärztliche Untersuchung.

e, für Urlaubsreisen.

Wenn der Beamte beim Antritte einer Dienstreise sich auf Urlaub an einem anderen als dem Dienstorte befindet, die Reise infolgedessen vom Urlaubsorte unternimmt und nach Erledigung des dienstlichen Auftrags dahin zurückkehrt, so ist für die Berechnung der Reisekosten grundsätzlich die dienstlich zurückgelegte Entfernung maßgebend, wobei es keinen Unterschied macht, ob der Urlaubsaufenthalt dem Reiseziele näher oder entfernter gelegen ist als der Dienstort.

Ob eine Strecke als dienstlich zurückgelegt anzuerkennen ist, ist nach den näheren Umständen des einzelnen Falles zu entscheiden. Beispielsweise darf die Rückreise vom Urlaub, auf der gelegentlich ein Dienstgeschäft erledigt ist, nur insoweit als dienstlich zurückgelegt gelten, als etwa hierdurch die Nothwendigkeit eines Umwegs sich ergeben hat. Sofern der dienstliche Auftrag an dem Orte des zeitweiligen Aufenthalts selbst zu erledigen war, sind zwar Tagegelder, aber keine Reisekosten zuständig.

In denjenigen Fällen, in welchen Beamte sogleich nach Beendigung einer auswärtigen dienstlichen Beschäftigung einen Urlaub antreten und nach dessen Ablauf von einem anderen Orte zurückkehren, sind die Rückreisekosten nach dem billigsten Wege vom Kommandoorte bis zum amtlichen Wohnorte zu gewähren.

f, für Reisen zur Abgabe eines Gutachtens als Sachverständiger und zur Vernehmung als Zeuge vor Gericht.

Die den Zeugen und Sachverständigen zustehenden Vergütungen werden vom Gericht nach Maßgabe der Gebührenordnung gezahlt und zwar nach den für die Beamtenklasse geltenden Sätzen der Tagegelder und Reisekosten nur dann, wenn die Beamten über Umstände vernommen werden, von denen sie in Ausübung ihres Amtes Kenntniß erhalten haben oder wenn sie aus Veranlassung ihres Amtes als Sachverständige zugezogen werden. Die Benutzung freier Eisenbahnfahrt zur Wahrnehmung derartiger gerichtlicher Termine ist untersagt und es darf deshalb bei solchen Anlässen, oder wenn die Beamten von streitenden Parteien (nicht von der Dienstbehörde) zu Schiedsrichtern bestellt werden, weder ein Freifahrtschein an die betreffenden Beamten ertheilt, noch von ständigen Freikarten oder Vereinskarten Gebrauch gemacht werden.

18 und 19 ꝛc. (enthalten die Bestimmungen über die Verpflichtung der Staatseisenbahnbeamten zur Benutzung von Kleinbahnen, wie solche in dem MinErl. vom 7. Februar 1899, EVBl. S. 24 — S. 22 Ziffer 7 d. W. — enthalten sind).

20, Beamte, die mit der landespolizeilichen Abnahme der Kleinbahnen beauftragt sind, haben die von diesen hierzu unentgeltlich zu stellenden Sonderzüge zu benutzen und erhalten an Reisekosten gemäß Art. II des Gesetzes vom 21. Juni 1897 nur die bestimmungsmäßigen Entschädigungen für Zu- und Abgang.

21, Wenn bei Kleinbahnunternehmungen, welche Aktiengesellschaften, Gesellschaften mit beschränkter Haftpflicht ꝛc. bilden und Staatsbeihülfen aus dem Kleinbahnunterstützungsfonds bezogen haben, mit ministerieller Genehmigung unmittelbare Staatsbeamte zur Wahrung des finanziellen Interesses des Staates in den Aufsichts- oder Verwaltungsrath entsendet werden oder zu gleichem Zwecke in den Vorstand solcher Gesellschaften eintreten, so erhalten diese Beamten ohne Unterschied, ob und in welcher Höhe aus Gesellschaftsmitteln besondere Vergütungen, Tagegelder und Reisekosten zu zahlen sind, für die aus dem bezeichneten Anlasse auszuführenden Reisen die gesetzlichen Tagegelder und Reisekosten aus der Staatskasse und zwar für Rechnung des hierzu bestimmten Fonds derjenigen Verwaltung, welcher der Beamte angehört. Die auf Grund des Gesellschaftsvertrages zu zahlenden besonderen Vergütungen, Tagegelder und Reisekosten fließen ausnahmlos der Staatskasse zu.

Besondere Bestimmungen.

Zu § 2 des Gesetzes vom 23. März 1873 / 21. Juni 1897.

1, Erfordert eine Dienstreise einen außergewöhnlichen Kostenaufwand, so kann der gesetzliche Tagegeldersatz von dem Minister angemessen erhöht werden. Die Eisenbahndirektionen sind in dieser Beziehung allgemein ermächtigt, bei der Ausführung der nachstehend bezeichneten Dienstreisen, sofern diese nach ihrem pflichtmäßigen Ermessen in Wirklichkeit einen erhöhten Reiseaufwand bedingen, eine Erhöhung der gesetzlichen Tagegelder für die Tage des Aufenthalts an dem Orte, an dem das Dienstgeschäft zu verrichten ist, unter Vorbehalt der nachträglichen Genehmigung des Ministers, wie folgt eintreten zu lassen:

a, zu Gunsten sämmtlicher Beamtenklassen:
für Reisen nach Petersburg bis zu 200 %,
" " " anderen Orten Rußlands bis zu 100 %,
" " " allen übrigen außerdeutschen Orten, die von der Reichsgrenze auf dem kürzesten Reisewege mindestens 100 km entfernt liegen, bis zu 50 %;

b, zu Gunsten derjenigen Beamten, welche einen Tagegeldersatz von 8 Mk. und weniger beziehen:
für Reisen nach Orten der Servisklassen A und I bis zu 50 %,
" " " " " Servisklasse II bis zu 25 %
der gesetzlichen Tagegeldersätze." (FO. XII S. 42 Ziffer 22.)

2, Die den Eisenbahndirektionen ertheilte Ermächtigung zur Bewilligung erhöhter Tagegelder bezieht sich nicht auf diejenigen Dienstreisen, welche von den im § 3 der Allerhöchsten Verordnung vom 12. Oktober 1897 [1]) aufgeführten Beamten (sogen. Bezirksbeamten) oder deren Vertretern innerhalb ihres Amtsbezirks oder auf den diesem Amtsbezirke gleich zu achtenden Strecken ausgeführt werden (wie vor S. 43 Ziffer 23).

3, Die unter Ziffer 1 angegebenen Zuschläge, deren Bewilligung nicht auf die Reisen zu Verbandsberathungen beschränkt ist, sind nur unter der Voraussetzung, daß die Dienstreise mit einer Uebernachtung am Orte der Ausführung des Dienstgeschäfts verbunden ist, zu gewähren und beim Eintritt einer Ermäßigung der Tagegeldersätze infolge längeren Aufenthalts daselbst (vergl. § 1 der Allerhöchsten Verordnung vom 12. Oktober 1897) von dem ermäßigten Satze zu berechnen. Die Zahl der Uebernachtungen ist jedoch für die Bestimmung der Anzahl der Aufenthaltstage nicht maßgebend, die Erhöhung der Tagegelder darf vielmehr, wenn eine Uebernachtung an dem Orte, wo das Dienstgeschäft verrichtet ist, stattgefunden hat, für jeden Kalendertag des nothwendigen Aufenthalts an diesem Orte bewilligt werden. Ob die Ankunfts- und Abfahrtstage den Aufenthaltstagen zuzurechnen sind, ist im einzelnen Falle davon abhängig zu machen, ob nach dem pflichtmäßigen Ermessen der Eisenbahndirektionen auch für jene Tage die Voraussetzung eines erhöhten Reiseaufwands, wenn auch nicht in völlig gleichem Umfange wie für die vollen Aufenthaltstage, vorliegt (wie vor S. 43 Ziffer 24).

4, Bewegt sich die Reise an einem Tage innerhalb und außerhalb des Reichsgebiets, so kann für den Tag des Uebergangs in das Ausland, wenn das Reiseziel in Rußland oder mindestens 100 km von der Reichsgrenze entfernt liegt und an demselben Tage daselbst übernachtet wird, der höhere Tagegeldersatz bewilligt werden, für den Tag der Rückkehr in das Inland ist jedoch nur der gesetzliche Tagegeldersatz zu gewähren (wie vor S. 43 Ziffer 25).

5, Die Eisenbahndirektionen haben die Anträge auf Erhöhung der Tagegelder in jedem Falle einer eingehenden Prüfung zu unterziehen und ihnen nur dann stattzugeben, wenn der thatsächliche Gesammtaufwand für die Dienstreise die zulässige Erhöhung der Tagegelder erforderlich macht. Eine Uebertragung der den Eisenbahndirektionen ertheilten Ermächtigung zur Bewilligung erhöhter Tagegelder an nachgeordnete Amtsstellen ist unzulässig, vielmehr haben die Eisenbahndirektionen im einzelnen Falle darüber zu

---

[1]) S. 186 d. W.

befinden, ob die Reise in Wirklichkeit einen erhöhten Kostenaufwand verursacht hat (wie vor S. 43 Ziffer 26).

6, Wenn Beamte einer und derselben Dienstklasse aus mehreren Eisenbahndirektionsbezirken an einer gemeinsamen Berathung an einem der unter Ziffer 1 (a und b) bezeichneten Orte theilnehmen, so sind sie in Bezug auf die Gewährung der Zuschläge zu ihren Tagegeldern gleichmäßig zu behandeln. Im allgemeinen ist daran festzuhalten, daß bei Dienstreisen nach solchen Orten den betheiligten Beamten für die Tage des Aufenthalts die unter Ziffer 1 angegebenen Höchstsätze als Zuschläge zu den bestimmungsmäßigen Tagegeldern zu bewilligen sind. Erscheint es angezeigt, geringere Zuschläge als diese zu gewähren, so haben sich die betheiligten Eisenbahndirektionen über die Höhe der Zuschläge gegenseitig zu verständigen. Von einer vorherigen Vereinbarung zwischen den betheiligten Eisenbahndirektionen ist auch die Entscheidung darüber abhängig zu machen, inwieweit bei Berathungen von längerer Dauer die Tagegelder etatsmäßiger Beamten nach Ablauf der ersten vier Wochen zu ermäßigen sind. (Siehe § 1 Abs. 2 der AB. vom 12. Oktober 1897). Wie vor S. 43 Ziff. 27.

7, Ueber die im Laufe eines Etatsjahres erfolgten Bewilligungen erhöhter Tagegelder ist alljährlich zum 15. April eine Zusammenstellung nach vorgeschriebenem Muster dem Minister zur nachträglichen Genehmigung einzureichen (wie vor S. 44 Ziffer 28).

Zu den §§ 5 bis 7 des Gesetzes.

8, Tagegelder und Reisekosten werden nur für solche Dienstgeschäfte gezahlt, die in einer Entfernung von **mindestens 2 km vom Wohnorte** ausgeführt sind. Dabei macht es keinen Unterschied, ob der Zielpunkt der Reise innerhalb oder außerhalb des Gemeindebezirkes (der Feldmark, Gemarkung) des Wohnorts gelegen ist. In allen Fällen, in denen die Entfernung von der Grenze des Abgangsortes bis zur Mitte des Bestimmungsortes 2 km oder mehr, von der Grenze des Bestimmungsortes bis zur Mitte des Abgangsortes dagegen weniger als 2 km beträgt, sind Tagegelder und Reisekosten nicht zu gewähren, sondern nur die verauslagten Fuhrkosten zu erstatten (StMB. vom 17. April 1889) [1]) FO. XII S. 44 Ziffer 29.

9, Bei der Ausführung der §§ 5 bis 7 sind folgende Grundsätze zu beachten:

a, Bei Geschäften außerhalb des Wohnorts wird die dienstlich zurückgelegte Wegestrecke von der Ortsgrenze ab berechnet. Als Endpunkt der dienstlich zurückgelegten Wegestrecke gilt die Mitte des Bestimmungsortes oder, falls die Dienstreise mittelst Eisenbahn oder Dampfschiffs ausgeführt werden kann, der Bahnhof oder Anlegeplatz. Handelt es sich um die Erledigung eines Dienstgeschäfts an einer bestimmten Stelle außerhalb eines Ortes, so ist diese Stelle als Endpunkt der Dienstreise anzunehmen. Als Ort im Sinne der vorstehenden Bestimmungen gilt der hauptsächlich von Gebäuden oder eingefriedigten Grundstücken eingenommene Theil eines Gemeinde-(Guts-)Bezirkes, so daß die Ortsgrenze ohne Rücksicht auf vereinzelte Ausbauten oder Anlagen durch die Außenlinie jenes Bezirkstheils gebildet wird. Derartig räumlich zusammenhängende, demselben Gemeinde-(Guts-)Bezirke angehörende Komplexe von Gebäuden und eingefriedigten Grundstücken gelten auch dann als einziger Ort, wenn etwa für einzelne Theile besondere Ortsbezeichnungen üblich sind. Sind in einem Gemeinde-(Guts-)Bezirke

---

[1]) S. 19 Ziffer 2 d. W.

mehrere getrennt von einander liegende, geschlossene Ortschaften vorhanden, so ist jede solche Ortschaft für sich als Ort in dem vorbezeichneten Sinne anzusehen.

Bei Entscheidung der Frage ꝛc. [Hier folgt der auf S. 29 lfd. Nr. 8 d. W. abgedruckte MinErl. vom 23. März 1899 und der auf S. 30 unter Nr. 9 abgedruckte StMB. vom 16. November 1899.] Für Gemeinde-(Guts-)Bezirke, in denen ein durch die geschlossene Lage der Wohnstellen gekennzeichneter Ortschaftsbering überhaupt nicht vorhanden ist, gilt als Anfangspunkt der Reise das Wohngehöft der Beamten, als Endpunkt stets die Stelle, wo das Dienstgeschäft verrichtet wird. Hat der Beamte seinen dienstlichen Wohnsitz in einem Gemeinde-(Guts-) Bezirke mit einer oder mehreren Ortschaften außerhalb eines geschlossenen Ortsringes isolirt auf dem Lande, so ist das Wohngehöft als Ausgangspunkt der Reise anzusehen (StMB. vom 12. August 1896).[1])

b, Handelt es sich um die Entscheidung der Frage, ob ein Beamter die für den Anspruch auf Reiseentschädigungen maßgebende Mindestentfernung von 2 km von der Grenze seines Wohnorts ꝛc. hat zurücklegen müssen, so sind zur Feststellung der Entfernungen Bescheinigungen sachkundiger Behörden (der Katasterämter oder der Katasterbüreaus der Regierungen) oder geeigneter technischer Beamten der Eisenbahnverwaltung und für die im Auslande gemachten Dienstreisen Bescheinigungen der Kaiserlichen Gesandtschaften oder Konsulate beizubringen. Die etwa abweichenden Angaben des Reichskursbuchs oder der amtlichen Postkarte bleiben hierbei außer Betracht.

Im übrigen sind den Berechnungen der Fuhrkosten (Eisenbahn- oder Landweg-Kilometergelder) bezüglich der Entfernungen **in erster Linie** die Angaben des Reichskursbuches, **eventuell** die der amtlichen Postkarte und, wenn es an solchen fehlt, Bescheinigungen der vorbezeichneten Behörden oder Beamten zu Grunde zu legen.

c, Bei Reisen auf Eisenbahnen oder Dampfschiffen gelten die Bahnhöfe oder Anlegeplätze als Anfangs- und Endpunkte. Doch ist der Anspruch auf Tagegelder und Reisekosten nur dann begründet, wenn die Entfernungen auf dem Landwege sowohl von der Grenze des Abgangsorts bis zur Mitte des Bestimmungsorts, als auch von der Grenze des Bestimmungsorts bis zur Mitte des Abgangsorts mindestens je 2 km betragen.

d, Ergiebt sich nach den Sätzen für den Landweg eine geringere Vergütung an Reisekosten und Tagegeldern, als nach den Sätzen für die Eisenbahn, so ist nur die geringere Vergütung für den Landweg zuzulassen.

e, Befinden sich am Abgangs- oder Bestimmungsort oder in dessen Nähe mehrere Bahnhöfe oder Anlegeplätze, so kommen für die Inrechnungstellung diejenigen von ihnen in Betracht, aus deren Benutzung sich die geringsten Vergütungen ergeben. Beispielsweise gilt bei Reisen nach oder aus dem Westen, die auf der Berliner Stadtbahn angetreten oder beendigt werden müssen, der Bahnhof Friedrichstraße, bei Reisen nach oder aus dem Osten der Schlesische Bahnhof und bei Reisen von und nach Berlin auf der Stettiner- und der Nordbahn der Stettiner Bahnhof als Anfangs- oder Endpunkt der Reise.

---

[1]) S. 16 d. W.

f, Liegt der Bahnhof (Anlegeplatz) außerhalb der Ortsgrenze des Abgangs- oder Bestimmungsorts, so wird die Entfernung auf dem Landwege bei Berechnung der Reisekosten nicht berücksichtigt, wenn sie zwischen der nach dem Bahnhof (Anlegeplatz) zu gelegenen Grenze des Abgangs- oder Bestimmungsorts und dem Bahnhof (Anlegeplatz) weniger als 2 km beträgt. Für die Feststellung dieser Entfernung sind die Angaben des Reichskursbuchs, nicht die der amtlichen Postkarte, maßgebend und in Ermangelung solcher die Bescheinigungen sachkundiger Behörden beizubringen (vergl. vorst. unter b).

g, Bei den theils auf Eisenbahnen, Kleinbahnen oder Dampfschiffen, theils auf dem Landwege zurückgelegten Dienstreisen sind die nach den verschiedenen Beförderungsmitteln, Eisenbahn, Kleinbahn, Dampfschiff einerseits und Landweg andererseits, zu unterscheidenden beiden Wegestrecken für sich und besonders zu berechnen. Bei Feststellung der Reisekosten für eine jede zu unterscheidende Wegestrecke sind die vorstehenden Bestimmungen maßgebend.

h, Ergiebt sich für die beiden zu unterscheidenden Wegestrecken eine höhere Gesammtvergütung — an Reisekosten und Tagegeldern — als bei Anwendung der Sätze nach dem Landwege für die ganze Dienstreise, so ist nur die geringere Vergütung für den Landweg zu gewähren.

i, Befindet sich der Bahnhof (Anlegeplatz), auf dem der Wechsel der Beförderungsmittel stattfindet, **innerhalb eines Ortes**, so werden Fuhrkosten für den zurückgelegten Landweg nur dann gewährt, wenn die Entfernung auf dem Landwege in beiden Richtungen mindestens 2 km beträgt.

Für die Feststellung der Entfernungen auf dem Landwege sind die Angaben des Reichskursbuchs, nöthigenfalls die der amtlichen Postkarte maßgebend. Fehlen solche Angaben oder ist es zweifelhaft, ob überhaupt ein Anspruch auf Reisekosten für den Landweg anzuerkennen ist, so ist, je nachdem die Reise auf dem Landweg oder auf der Eisenbahn begonnen ist, für die Feststellung der Reisekosten auf dem Landwege die Entfernung von der Ortsgrenze des Abgangsorts bis zur Mitte des Ortes, in dem der Wechsel der Transportmittel stattfindet (a)

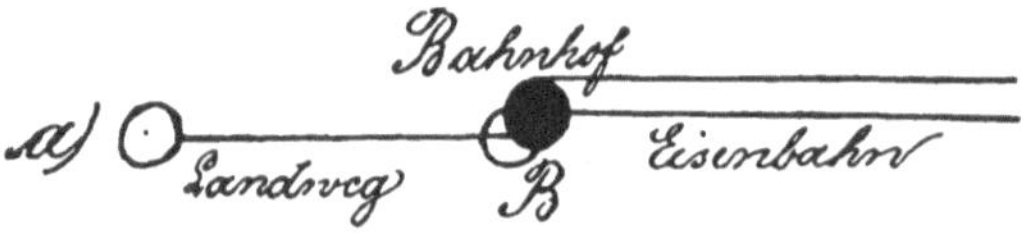

oder die Entfernung von der Ortsgrenze des Ortes, in welchem die Beförderungsmittel gewechselt werden, bis zur Mitte des Bestimmungsorts (b) maßgebend.

k, Befindet sich der Bahnhof (Anlegeplatz) außerhalb eines Ortes, so ist die Entfernung auf dem Landwege zwischen dem Bahnhof (Anlegeplatz) und dem zuletzt verlassenen oder zunächst zu berührenden Orte bei Berechnung der Reisekosten nur dann zu berücksichtigen, wenn sie vom

Bahnhof (Anlegeplatz) bis zur zunächst gelegenen Grenze des Ortes mindestens 2 km beträgt (c).

Für die Feststellung der Entfernung sind die Angaben des Reichskursbuchs (nicht der amtlichen Postkarte), erforderlichenfalls die Bescheinigungen sachkundiger Behörden maßgebend.

l, Befindet sich bei einer auf Eisenbahnen oder Dampfschiffen begonnenen Reise der Bahnhof (Anlegeplatz), auf dem der Wechsel der Beförderungsmittel stattfindet, außerhalb eines Ortes in der Richtung nach dem Abgangsorte (d), so ist die Entfernung auf dem Landwege, wenn der

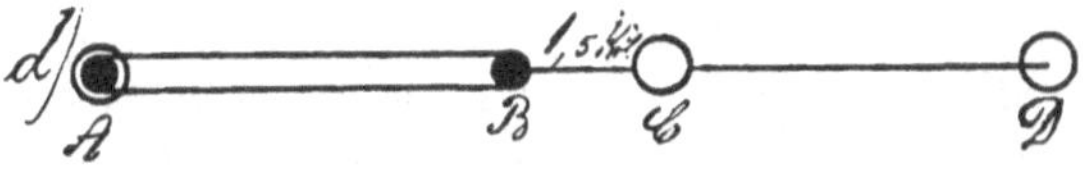

Bahnhof (Anlegeplatz) von der Grenze des zunächst zu berührenden Ortes weniger als 2 km entfernt ist, von der nach dem Zielpunkte zu gelegenen Grenze dieses Ortes zu berechnen, vorausgesetzt, daß der Feststellung der Entfernung nicht die Angaben des Reichskursbuchs oder der amtlichen Postkarte zu Grunde zu legen sind.

m, Beträgt in dem vorstehend bezeichneten Falle die Entfernung vom Bahnhof (Anlegeplatz) bis zu dem auf dem Landwege zunächst zu berührenden Orte 2 km oder mehr, so sind die Reisekosten für die Entfernung vom Bahnhof (Anlegeplatz) bis zur Mitte des Bestimmungsorts zu gewähren (e).

n, Befindet sich der Bahnhof (Anlegeplatz) außerhalb des Ortes in der Richtung nach dem Bestimmungsorte, so kommt die Landwegsentfernung vom Bahnhof (Anlegeplatz) bis zur Mitte des Bestimmungsorts in Betracht (f).

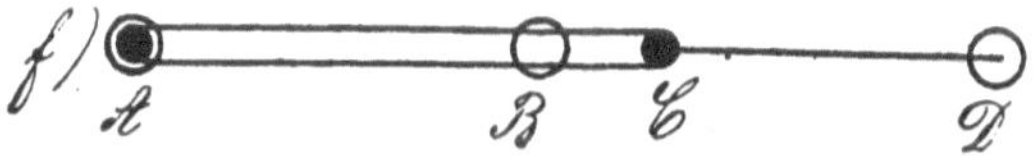

o, Liegt bei einer auf dem Landwege begonnenen Reise der Bahnhof (Anlegeplatz) in der Richtung nach dem Bestimmungsorte weniger als 2 km von der Grenze des Ortes entfernt, der auf dem Landwege zuletzt berührt werden muß, so ist die Landwegsentfernung vom Abgangsorte bis zur Mitte dieses Ortes zu berechnen, während die Entfernung von diesem Orte bis zum Bahnhof (Anlegeplatz) unberücksichtigt bleibt (g).

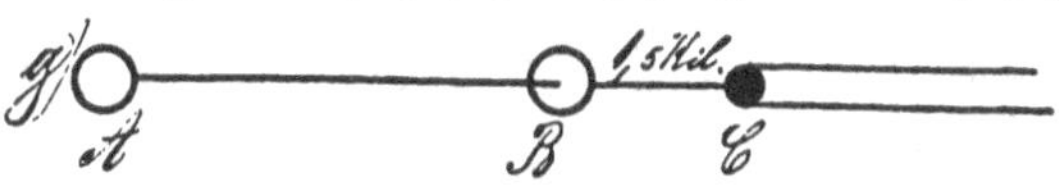

Beträgt die Entfernung von der Ortsgrenze bis zum Bahnhof (Anlegeplatz) mindestens 2 km, so ist der Berechnung der Reisekosten die

Landwegsentfernung bis zum Bahnhof (Anlegeplatz) zu Grunde zu legen (h).

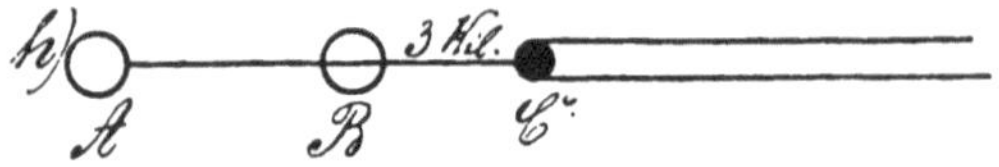

p, Befindet sich der Bahnhof (Anlegeplatz) außerhalb des Ortes in der Richtung nach dem Abgangsorte, so ist nur die Landwegsentfernung bis zum Bahnhof (Anlegeplatz) zu berücksichtigen (i).

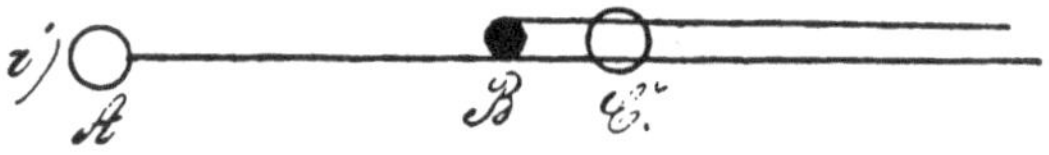

q, Ebenso gilt der Bahnhof (Anlegeplatz) als Anfangs- oder Endpunkt der Landwegsentfernung, wenn ein in der Nähe des Bahnhofs (Anlegeplatzes) befindlicher Ort auf der Dienstreise nicht berührt wird (k). FO. XII S. 44ff., Ziffer 30.

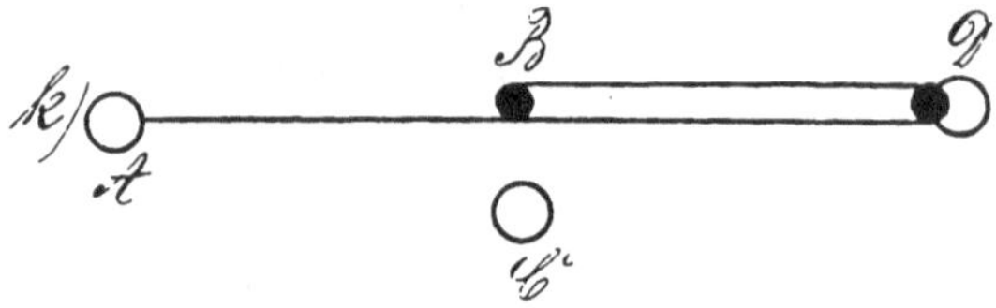

10, Bei einer auf dem Landwege ausgeführten Dienstreise ist die auf dem Hinwege zurückgelegte, für die Berechnung der Reisekosten in Betracht kommende Entfernung auch der Berechnung der Reisekosten für die Rückreise zu Grunde zu legen, sofern es feststeht daß eine zum Bezuge von Reisekosten berechtigende Entfernung von mindestens 2 km in beiden Richtungen zurückgelegt ist (wie vor S. 48 Ziff. 31).

11, Bei der Beurtheilung, ob es sich um eine Rundreise, d. i. eine Reise nach verschiedenen Zielpunkten, bei der eine Hin- und eine Rückreise nicht erkennbar ist, handelt, ist es ohne Einfluß, ob die Zielpunkte nur auf dem Landweg oder nur mit Eisenbahn oder Dampfschiff oder auf dem Landweg und mit Eisenbahn oder Dampfschiff zu erreichen sind, ob die Reise

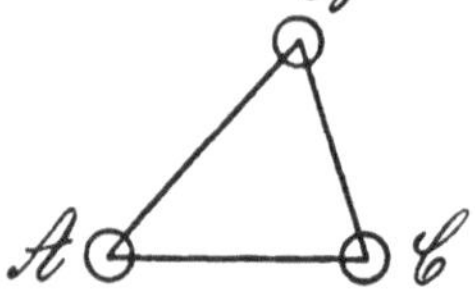

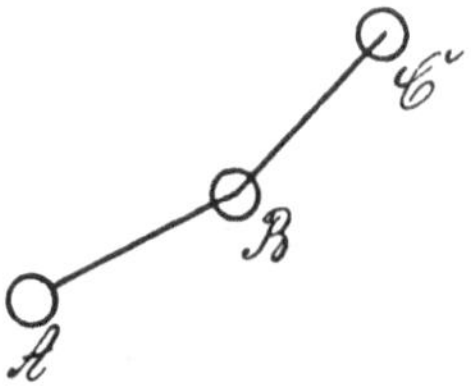

an einem oder an mehreren auf einander folgenden Tagen ausgeführt oder ob eine Unterbrechung der unmittelbar nach einander ausgeführten Dienstgeschäfte durch einen außerhalb des Wohnorts zugebrachten Liegeruhetag, Sonn- oder Festtag eingetreten ist (vergl. jedoch S. 162 Ziffer 7 m). Wenn dagegen bei einer Dienstreise auf dem kürzesten Wege nach dem Endziele Dienstgeschäfte an einem oder mehreren an diesem Wege liegenden Orten ausgeführt werden und die Rückreise auf demselben Wege zurückzulegen, mithin eine Hin- und eine Rückreise erkennbar ist, so liegt eine Rundreise nicht vor (wie vor S. 48 Ziffer 32).

12, Die bestimmungsmäßige Berechnung der Reisekosten für Rundreisen geschieht in der Art, daß, wenn die Summe der Entfernungen nicht weniger als 2 km und nicht mehr als 8 km beträgt, die Fuhrkosten für 8 km zu berechnen sind, und bei größeren Entfernungen nur eine Abrundung auf volle Kilometer auch dann stattfindet, wenn die zurückgelegte Gesammtentfernung weniger als 16 km beträgt, für die Rundreise mithin eine geringere Reisekostenvergütung zu gewähren ist, als wenn die Dienstreise nur nach einem der auf der Rundreise berührten Orte ausgeführt worden wäre. Die Abrundung erfolgt nicht für jeden Tag, sondern für die ganze Reise, auch dann, wenn ein Beamter bei Ausführung von Dienstreisen der erwähnten Art genöthigt gewesen ist, an einen auf der Reise bereits erreichten Ort behufs Uebernachtung oder zu anderen Zwecken zurückzukehren (wie vor S. 49 Ziffer 33).

13, Bei einer theils auf Eisenbahnen, Kleinbahnen oder Dampfschiffen, theils auf dem Landwege ausgeführten Rundreise sind die hiernach zu unterscheidenden beiden Wegestrecken für sich und besonders zu berechnen, so daß, wenn jede dieser beiden Wegestrecken mindestens 2 km, aber nicht mehr als 8 km beträgt, jede Wegestrecke auf 8 km abzurunden ist, wobei die Kilometergelder für die auf der Eisenbahn, Kleinbahn oder dem Dampfschiffe von Beamten der Eisenbahnverwaltung mit freier Fahrt ausgeführte Reise außer Ansatz bleiben (wie vor S. 49 Ziffer 34).

14, Die Entschädigung für Zu- und Abgang bei Dienstreisen, die auf Eisenbahnen oder Dampfschiffen gemacht werden können, kommt in der Regel nur einmal zum Ansatz.

Ein mehrfacher Ansatz dieser Gebühr findet statt:

a, wenn an Zwischenorten übernachtet werden muß;

b, wenn die Eisenbahn oder das Dampfschiff an Zwischenorten Dienstgeschäfte halber verlassen werden muß;

c, wenn an einem Zwischenorte ein Bahnhof oder Anlegeplatz verlassen und die Reise von einem anderen Bahnhofe oder Anlegeplatz aus, der mit dem ersteren nicht in unmittelbarem Zusammenhang steht, fortgesetzt werden muß, sofern der Uebergang von dem einen zum andern Bahnhofe nicht mittelst durchgehender oder unmittelbar anschließender Züge über eine Verbindungsbahn erfolgt. Der mehrfache Ansatz der Gebühr ist ausgeschlossen, wenn an einem Zwischenort ein Uebergang von einer Bahn auf die andere oder von einem Dampfschiff auf das andere stattfindet, ohne daß dazu der Bahnhof oder Anlegeplatz zu verlassen ist. Die mit Uebergängen der letzteren Art etwa verbundenen Kosten werden ausschließlich den mit Freikarten reisenden Beamten der Eisenbahnverwaltungen auf Grund spezieller Angaben erstattet, deren Belegung nicht erforderlich ist.

Eine alphabetisch geordnete Nachweisung derjenigen Orte Deutschlands, an welchen mehrere räumlich von einander getrennte Personenbahnhöfe oder Anlegeplätze von Dampfschiffen sich befinden, wird unter Angabe der zwischen den einzelnen Bahnhöfen vorhandenen, für den Personenverkehr benutzbaren Verbindungsbahnen durch das Reichskursbuch veröffentlicht. Beim Uebergang zwischen dem Potsdamer Hauptbahnhof und dem Potsdamer Bahnhofe der Wannsee- und Ringbahn in Berlin, sowie zwischen dem Bahnhofe Groß-Görschenstraße und dem

Ringbahnhofe Schöneberg sind besondere Zu- und Abgangsentschädigungen nicht in Rechnung zu stellen (wie vor S. 49 Ziffer 35).

15, Die vorstehenden Grundsätze über die Gewährung der Zu- und Abgangsentschädigungen finden jedoch auf die Staatseisenbahnbeamten nur mit folgender Maßgabe Anwendung:

a, die Beamten haben bei Dienstreisen auf den vom Minister der öffentlichen Arbeiten verwalteten Eisenbahnen für ein und denselben Reisetag nicht mehr als eine **einmalige** Zu- und Abgangsentschädigung zu beanspruchen. Wird die Rückreise an dem Tage der Hinreise angetreten, der Stationsort aber erst nach Mitternacht erreicht, so ist sowohl für die Hinreise als auch für die Rückreise die Zu- und Abgangsentschädigung zu gewähren; wenn jedoch die Dienstreise zum Zwecke der Bereisung einer Bahnlinie, zur Besichtigung oder Prüfung von Betriebsanlagen, zur Erprobung von Betriebseinrichtungen [1]), zur Unterweisung des Fahrpersonals 2c. unternommen und ein Verlassen des Bahngebiets im dienstlichen Interesse nicht erforderlich gewesen ist, so kommt für die Hin- und Rückreise zusammen nur eine einmalige Zu- und Abgangsentschädigung zum Ansatze.

b, Die mit der Ausübung des staatlichen Beaufsichtigungsrechts auf Kleinbahnen und Privatbahnen beauftragten Beamten der Königlichen Eisenbahndirektionen erhalten bei Dienstreisen, die sie aus diesem Anlasse auf Staatsbahnen und Privat- oder Kleinbahnen ausführen, für ein und denselben Reisetag nicht mehr als eine einmalige Zu- und Abgangsentschädigung.

c, Die Entschädigung für Zu- und Abgang wird unter der bestimmungsmäßigen Voraussetzung auch gewährt, wenn der Beamte auf dem Bahnhofe seines Wohnorts eine Dienstwohnung hat und am Bestimmungsorte zum dienstlichen Verlassen des Bahngebiets nicht genöthigt ist oder wenn er im Fall einer Unterbrechung der Reise an Zwischenorten oder am Endpunkte der Fahrt in einem auf dem Bahnhofe befindlichen Kommissionszimmer übernachtet.

d, Zu- und Abgangsentschädigungen sind nicht zu gewähren:

an die im § 3 der Allerh. Verordn. vom 12. Oktober 1897 genannten Beamten (sogen. Bezirksbeamten) für Reisen innerhalb des Amtsbezirks und auf den Strecken, die diesem gleich geachtet werden sollen,

an die mit der Vertretung eines Bezirksbeamten — mit oder ohne Wechsel ihres amtlichen Wohnorts — betrauten Beamten für die Dienstreisen in dem Amtsbezirke des vertretenen Beamten und auf denjenigen Strecken, die diesem Amtsbezirke gleich geachtet werden sollen, gleichviel, ob sie für diese Reisen die vollen Tagegelder, oder die ermäßigten Tagegelder (Bezirkstagegelder) gemäß § 3 letzter Absatz der Allerh. Verordnung vom 12. Oktober 1897 erhalten,

an Bahnmeister, Bahnwärter und die mit der Streckenbegehung beauftragten Weichensteller, wenn sie innerhalb ihrer Strecken sich bewegen (§ 4 der Allerh. Verordn. v. 12. Oktober 1897),

---

[1]) Hierzu gehören z. B. Reisen zur Erprobung der Zugbeleuchtung, zur Feststellung der Laufart von Wagen und zur Unterweisung des Personals in der Handhabung der Heizungs-Stellventile (Erl. d. Min. d. ö. Arb. v. 14. Juli 1900 V. B. 6949).

an Stations- und Abfertigungsbeamte, Bahnmeister, Weichensteller und Bahnwärter, wenn sie für gewisse Dienstverrichtungen Funktionszulagen erhalten (§ 5 a. a. O.),

an Lokomotiv- und Zugbegleitungsbeamte sowie Bahnaufsichtsbeamte, wenn sie für die Beschäftigung im Fahrdienste oder für die Begleitung von Arbeitszügen Fahr-, Stunden- und Nachtgelder beziehen (§ 6 a. a. O.),

an maschinentechnische Beamte, wenn sie für Probe- oder Revisionsfahrten mit Lokomotiven oder Wagen, und an Stationsbeamte, wenn sie für die Begleitung von Hülfsmaschinen und Hülfszügen besondere Entschädigungssätze erhalten (§ 7 a. a. O.),

an Beamte, denen an Stelle der Tagegelder und Reisekosten eine Bauschvergütung gewährt wird (§ 8 des Gesetzes vom 24. März 1873 und Art. III des Gesetzes vom 21. Juni 1897).

FO. XII S. 49 Ziffer 36.

16, Die Bewilligung von Tagegeldern und Reisekosten aus dem Fonds der Eisenbahnverwaltung ist unzulässig:

a, für die Gänge eines Beamten zwischen seinem Wohnorte und seiner regelmäßigen Dienststätte, auch wenn die letztere 2 km oder mehr von der Grenze des Wohnorts entfernt liegt (StMB. v. 17. Mai 1899);

b, für Dienstgeschäfte am amtlichen Wohnorte des Beamten oder an Orten, deren Entfernung vom Wohnorte des Beamten weniger als 2 km beträgt.

Wenn Beamte vorübergehend außerhalb ihres amtlichen Wohnorts an einem anderen Orte dienstlich beschäftigt werden und von dem Kommandoort aus zur Erledigung von Dienstgeschäften auf **kurze Zeit** (z. B. bei Sonntagsvertretungen) nach ihrem Wohnorte zurückkehren, so erhalten sie für die Hin- und Rückreise und die Tage des Aufenthalts an dem Wohnorte dieselben Vergütungen, wie für andere vom Kommandoorte aus unternommene Dienstreisen (vergl. Ziffer 12 zu § 1 der Verordn. v. 12. Oktober 1897, S. 183 d. W.).

c, für Reisen in der Umgebung des Wohnorts in allen denjenigen Fällen, in welchen die Entfernung von der Ortsgrenze des Abgangsorts bis zur Mitte des Bestimmungsorts zwar 2 km oder mehr, die Entfernung in der umgekehrten Richtung (von der Ortsgrenze des Bestimmungsorts bis zur Mitte des Abgangsorts) aber weniger als 2 km beträgt (StMB. v. 17. April 1889).

War in den Fällen zu b und c der Beamte durch außergewöhnliche Umstände genöthigt, sich eines Fuhrwerks zu bedienen, oder waren sonstige nothwendige Unkosten, wie Brückengeld, Fährgeld rc. aufzuwenden, so sind die Auslagen zu erstatten. Hinsichtlich der in Berlin, Breslau und Cöln bestellten Beamten ist allgemein nachgelassen, daß ihnen die bei der Erledigung der Dienstgeschäfte außerhalb des Dienstgebäudes erwachsenen Fuhrkosten erstattet werden. Zur Vermeidung unnöthiger Kosten ist darauf zu halten, daß die Benutzung von Droschken auf diejenigen Fälle beschränkt wird, in denen von anderen billigeren Beförderungsmitteln (Pferdebahn rc.) kein Gebrauch gemacht werden kann. Die Erstattung solcher Fuhrkosten, die Beamten außerhalb ihres amtlichen Wohnorts auf ihren Dienstreisen bei Erledigung von Dienstgeschäften innerhalb einzelner Orte erwachsen, ist ausgeschlossen, da in den Tagegeldern eine Entschädigung für derartige Kosten enthalten ist. Es dürfen hiernach z. B. bei einer nach Berlin ausgeführten Dienstreise Fuhrkosten für Fahrten innerhalb der Stadt Berlin nicht in Rechnung gestellt werden (FO. XII S. 51 Ziffer 37).

Zu § 8 des Gesetzes.

17, Die den Staatseisenbahnbeamten neben ihrem Einkommen gewährten Bauschvergütungen für Tagegelder und Reisekosten bilden gemäß § 8 der Allerh. Verordn. vom 12. Oktober 1897, soweit bei der Bewilligung nicht ein Anderes bestimmt wird, die Entschädigung für alle innerhalb und außerhalb des Amtsbezirks auszuführenden Dienstreisen. Unter besonderen Umständen kann jedoch der Minister der öffentlichen Arbeiten solchen Beamten für Dienstreisen **außerhalb ihres Amtsbezirkes** Tagegelder und Reisekosten gewähren. Für die Tage, für welche Tagegelder und Reisekosten gewährt werden, findet eine Kürzung der Bauschvergütung nicht statt (FO. XII S. 52 Ziffer 38).

18, Durch besondere Erlasse sind die Eisenbahndirektionen ermächtigt worden, an folgende Beamtenklassen innerhalb der nachbezeichneten **Monatsbeträge** Bauschvergütungen zu gewähren, vorausgesetzt, daß die Vorbedingungen für den Anspruch auf Reiseentschädigungen überhaupt — insbesondere eine Entfernung von mindestens 2 km vom Wohnort ab — vorhanden sind:

a, **an die Regierungsbaumeister des Ingenieurfachs in Fällen vorwiegend auswärtiger Thätigkeit:**

1, bei Vorarbeiten 90 bis 180 Mk.;

2, bei Neubauten:

an Abtheilungsbaumeister 120 bis 180 Mk.; ausnahmsweise, sofern sie ein Fuhrwerk zu halten genöthigt sind, bis zu 240 Mk.;

an Strecken-(Sektions-)Baumeister 60 bis 120 Mk.;

3, bei Neubauten auf Betriebsstrecken (auch beim Bau zweiter u. s. w. Gleise) oder nach der Betriebseröffnung von Neubaustrecken zum Zwecke der Fortführung und Abrechnung der Bauten die Hälfte der Sätze zu 2, jedoch dürfen die für Abtheilungsbaumeister zugelassenen Sätze in diesem Falle nur solchen Baumeistern bewilligt werden, die sich in einer längeren dienstlichen Beschäftigung bewährt haben und mit Amtsverrichtungen betraut werden, die denjenigen der Abtheilungsbaumeister bei Neubauten im wesentlichen entsprechen.

Eine Erhöhung der Sätze ist nur in besonderen Fällen mit Genehmigung des Ministers zulässig.

b, **an die Regierungsbaumeister des Maschinenbaufachs,** sofern sie bei Neubauten vorwiegend auswärts thätig sind, 60 bis 120 Mk. Sollten Regierungsbaumeister des Maschinenbaufachs mit Amtsverrichtungen betraut werden, die denen der Abtheilungsbaumeister der Art oder dem Umfange nach gleichkommen, so ist zur Bewilligung einer entsprechend höheren Bauschvergütung die Genehmigung des Ministers einzuholen.

c, **an Regierungsbaumeister des Maschinenbaufachs** für die Dauer der Verwendung beim Abnahmeamt in Essen 120 Mk.;

d, **an die Regierungsbaumeister des Hochbaufachs in Fällen vorwiegend auswärtiger Thätigkeit** bis zu 100 Mk.;

e, **an die Regierungsbauführer aller drei Fachrichtungen und die in Bauführerstellung beschäftigten Regierungsbaumeister** bis zu 75 Mk. in Fällen vorwiegend auswärtiger Thätigkeit.

Wenn die Dienstreisen nicht zu denjenigen gehören, für welche die Bewilligung der Bauschvergütung erfolgt ist, so sind den **Regierungs-**

baumeistern des Hochbaufachs, den **Regierungsbauführern** und den in **Bauführerstellung beschäftigten Regierungsbaumeistern** unter Wegfall der laufenden Tagesbesoldung — dagegen neben einer etwa gewährten Monatsbesoldung — Tagegelder und Reisekosten nach den unter Ziffer 5 der allgemeinen Bestimmungen [1]) bezeichneten Sätzen zu gewähren.

f, an Beamte, die mit den Geschäften **eines Zugrevisors** beauftragt werden, bis zu 90 Mk.;

g, an die **Betriebskontroleure** für die von ihnen im Bereiche der Preußisch-Hessischen Staatseisenbahnen auszuführenden Dienstreisen bis zu 200 Mk. Die Bauschvergütungen sind unter angemessener Berücksichtigung der Zahl und Dauer der Reisen, der bestehenden Zugverbindungen, der Uebernachtungen außerhalb des Stationsorts und der Möglichkeit der Benutzung von Uebernachtungs-(Kommissions-)Zimmern festzusetzen. Die Angemessenheit der bewilligten Beträge ist fortlaufend zu prüfen;

h, **an die als technische Eisenbahnsekretäre etatsmäßig angestellten und die im diätarischen Verhältnisse dauernd beschäftigten Landmesser in Fällen vorwiegend auswärtiger Thätigkeit** — für Betriebs- oder Neubauzwecke — bis zu 120 Mk.; wenn diese Beamten zur Ausführung von Vorarbeiten für Neubaustrecken auf längere Zeit entsendet werden und während der ganzen Dauer ihrer Abordnung, weil sie wegen der weiten Entfernung der Neubaustrecke vom Wohnorte nur in längeren Zwischenräumen nach Hause zurückkehren können, **ausschließlich** auswärts thätig sind, bis zu 150 Mk. (FO. XII S. 52 Ziffer 39).

19, Der Bezug einer Bauschvergütung beginnt erst mit dem Antritte der Stellung, für die sie bewilligt ist. Sie kommt nicht zum Ansatze für die Tage der Reise nach dem neuen Wohnorte. In Urlaubs- und Krankheitsfällen oder bei anderen in der Person der Bediensteten liegenden Behinderungen kommt sowohl bei den Empfängern von Monatsbesoldungen als auch bei etatsmäßigen Beamten die Bauschvergütung insoweit in Wegfall, als die Unterbrechung der dienstlichen Beschäftigung innerhalb Monatsfrist (d. i. eines von dem Kalendermonat unabhängigen, mit ihm nicht nothwendig zusammenfallenden Zeitraums von einmonatiger Dauer), länger als 10 Tage dauert. Dasselbe gilt auch bei auswärtiger vorübergehender Beschäftigung. Bei einem Kommando außeretatsmäßiger Beamten von nicht mehr als 10tägiger Dauer ist bei Bemessung der Kommandogelder auf den Fortbezug der Bauschvergütung angemessene Rücksicht zu nehmen. Für Regierungsbauführer und Regierungsbaumeister des Hochbaufachs kommt bei Beurlaubungen von länger als dreitägiger Dauer und in Fällen der Erkrankung die Bauschvergütung **vom Anfange der Behinderung ab** in Wegfall (FO. XII S. 53 Ziffer 40).

20, Mit dem Wegfall oder einer wesentlichen Veränderung der für die Bewilligung einer Bauschvergütung bestimmend gewesenen Voraussetzungen, z. B. mit der Vollendung oder Betriebseröffnung der Baustrecken, mit dem Eintritt überwiegender Büreauthätigkeit während des Winters 2c. ist die Bauschvergütung **einzuziehen** oder zu **ermäßigen** (wie vor S. 53 Ziffer 41).

---

[1]) S. 160 d. W.

21, Bauschvergütungen sind grundsätzlich **vor Antritt** einer auswärtigen Thätigkeit festzusetzen oder, soweit hierzu die Genehmigung des Ministers erforderlich ist, bei diesem zu beantragen. Sollte dies in einzelnen Fällen nicht angängig sein, so ist dem Beamten jedenfalls rechtzeitig vorher zu eröffnen, daß die Gewährung einer Bauschvergütung an ihn beabsichtigt sei und deren Feststellung vorbehalten bleibe (wie vor Ziffer 42).

Zu § 9 des Gesetzes.

22, Die Bestimmung, daß für Dienstreisen, die lediglich zum Zwecke der Ausbildung erfolgen, Tagegelder und Reisekosten nicht zu gewähren sind, findet sowohl auf die etatsmäßigen als auch auf die außeretatsmäßigen Beamten Anwendung.

Tagegelder und Reisekosten sind beispielsweise nicht zu gewähren:

a, den etatsmäßig angestellten Beamten, deren Uebertritt in einen anderen Dienstzweig wegen ihrer besonderen Befähigung für diesen Dienstzweig oder aus anderen Gründen im dienstlichen Interesse liegt, bei einer **lediglich** zum Zwecke der Ausbildung erforderlichen Ueberweisung an eine andere Station;

b, denjenigen Büreaubeamten, welche zur Erledigung der mit dem Betriebsdienste zusammenhängenden wichtigen Büreauarbeiten ausgewählt sind, sofern zu ihrer Vorbildung besondere Reisen für nothwendig erachtet werden, für die lediglich zu diesem Zweck ausgeführten Reisen;

c, den Assessoren, die im Interesse ihrer Ausbildung zu örtlichen Revisionen des Verkehrs- und Betriebsdienstes mit herangezogen werden;

d, den Regierungsbaumeistern für die lediglich zum Zwecke der Ausbildung im technischen Betriebsdienst erfolgte Ueberweisung an eine andere Dienststelle;

e, für die Reisen der Beamten zu ihrer Ausbildung in den Dienstobliegenheiten der Eisenbahn-Betriebsingenieure, Kassenkontroleure, Betriebskontroleure 2c.

f, für die Reisen von Lokomotivbeamten, denen vorerst eine Mitfahrt auf der Maschine als dritter Mann zum Zwecke des Kennenlernens der von ihnen regelmäßig zu befahrenden Bahnstrecke aufgetragen wird oder die dem eigentlichen, aber mit der betreffenden Strecke noch unbekannten Führer als dritter Mann auf der Maschine zur Belehrung beigegeben werden. In diesen Fällen sind den Lokomotivbeamten nur die bestimmungsmäßigen Nebenbezüge zu gewähren (FO. XII S. 54 Ziffer 43).

Verordnung, betreffend die Tagegelder und Reisekosten der Staatseisenbahnbeamten, vom 12. Oktober 1897 (GS. S. 415, EVBl. S. 361).

Wir Wilhelm, von Gottes Gnaden König von Preußen 2c. verordnen auf Grund des § 12 des Gesetzes vom 24. März 1873 (GS. S. 122) und des Artikels I § 12 der Verordnung vom 15. April 1876 (GS. S. 107), sowie des Artikels V des Gesetzes vom 21. Juni 1897 (GS. S. 193), betreffend die Tagegelder und Reisekosten der Staatsbeamten, an Stelle der hiermit aufgehobenen Verordnungen vom 30. Oktober 1876 (GS. S. 451) und vom 4. März 1895 (GS. S. 37), was folgt:

§ 1. Staatseisenbahnbeamte, die vorübergehend außerhalb ihres Wohnortes dienstlich beschäftigt werden, erhalten für die ersten vier Wochen dieser Beschäftigung die gesetzlich bestimmten Tagegelder.

Für die folgende Zeit können die Tagegelder (Kommandogelder) nach Bestimmung des Ministers der öffentlichen Arbeiten ermäßigt werden.[1])

1, Als Kommandos im Sinne der Bestimmung des § 1 sind anzusehen:

a, die vorübergehende Beschäftigung eines Beamten außerhalb seines amtlichen Wohnorts zum Zwecke der Vertretung eines Beamten oder zur Aushülfe bei einer Behörde oder Dienststelle,

b, die zu Abnahmegeschäften, zur Theilnahme an Beamtenberathungen oder aus anderen ähnlichen Anlässen nach einem bestimmten Orte ausgeführten Dienstreisen, von denen von vornherein anzunehmen ist, daß sie länger als 14 Tage dauern werden (FO. XII S. 56 Ziffer 44, MinErl. vom 21. Februar 1901, EVBl. S. 73).

2, Etatsmäßig angestellte Beamte, die vorübergehend außerhalb ihres Wohnorts dienstlich beschäftigt werden, erhalten neben ihrer Besoldung für die ersten vier Wochen dieser Beschäftigung — die Tage der Hin- und Rückreise nicht mit eingerechnet — die vollen Tagegelder. Für die folgende Zeit ist diese Gebühr (Kommandogeld) in der Regel **auf die Hälfte** herabzusetzen; sie kann jedoch, insbesondere für unverheirathete Beamte, noch weiter ermäßigt werden, wenn bei längerer Dauer des Kommandos die Hälfte des vollen Tagegeldes den durch den Dienstauftrag bedingten Mehraufwand nicht unerheblich übersteigt. Wenn allen Beamten oder einzelnen Beamtenklassen für den ganzen Verwaltungsbezirk oder für bestimmte Orte ein höherer Satz als die Hälfte des vollen Tagegeldes allgemein bewilligt werden soll, so ist hierzu die Genehmigung des Ministers erforderlich. In **Einzelfällen** ausnahmsweise bis zu drei Viertel des vollen Tagegeldes zu bewilligen, ist dem pflichtmäßigen Ermessen der Eisenbahndirektionen überlassen. Zur Bewilligung eines höheren Betrags als drei Viertel ist auch in diesem Falle die Genehmigung des Ministers einzuholen (FO. XII S. 56 Ziffer 45).

3, Die vorstehenden Bestimmungen finden auch auf diejenigen Beamtenklassen Anwendung, die nach § 3 der Allerh. Verordn. vom 12. Oktober 1897 für Dienstreisen innerhalb ihres Amtsbezirkes oder auf den diesem Amtsbezirke gleich zu achtenden Strecken ein **ermäßigtes** Tagegeld (Bezirkstagegeld) beziehen. Es macht dabei keinen Unterschied, ob der Ort der vorübergehenden Beschäftigung innerhalb oder außerhalb ihres Amtsbezirkes oder der bezeichneten Strecken liegt; das Kommandogeld wird vielmehr in beiden Fällen nach dem vollen Tagegeldersatze bemessen oder abgestuft (wie vor Ziff. 46).

4, Lokomotiv- und Zugbegleitungsbeamte erhalten Kommandogeld, wenn der Aufenthalt (d. i. die vorübergehende Stationirung) außerhalb ihres Wohnorts

---

[1]) Der dritte Absatz, lautend: „Für diejenigen Tage, an welchen die Beamten von dem Orte ihrer vorübergehenden Beschäftigung aus Dienstreisen ausführen, sind die vollen gesetzlichen Tagegelder und Reisekosten unter Wegfall der Kommandogelder zu gewähren", ist durch Verordnung vom 18. Januar 1899 (GS. S. 21, EVBl. S. 31) aufgehoben.

sich auf einen mindestens dreitägigen Zeitraum, d. h. einen Zeitraum von dreimal 24 Stunden erstreckt (wie vor Ziffer 47).

5, Bei der Bemessung des vierwöchigen Zeitraums, für welchen den etatsmäßig angestellten Beamten bei vorübergehender auswärtiger Beschäftigung die vollen Tagegelder zu gewähren sind, ist die Zeit einer Beurlaubung oder einer anderen vorübergehenden Unterbrechung sowie die während der auswärtigen Beschäftigung zu Dienstreisen verwendete Zeit ganz mit einzurechnen, so daß beispielsweise für eine am 1. eines Monats beginnende längere auswärtige Beschäftigung in jedem Falle nur für die Zeit vom 1. bis 28. das volle gesetzliche Tagegeld zu gewähren ist. Ist ein etatsmäßiger Beamter an mehreren Orten hintereinander beschäftigt, ohne daß die Beschäftigung an **einem** Orte die Dauer von 28 Tagen überschreitet, so tritt eine Ermäßigung des Kommandogeldes während der ganzen Dauer der auswärtigen Beschäftigung nicht ein (wie vor Ziffer 48).

6, Außeretatsmäßige Beamte haben nur für die Dauer der Hin- und Rückreise auf das volle Tagegeld Anspruch, wogegen das für die Dauer der auswärtigen Beschäftigung ihnen zu gewährende Kommandogeld von der vorgesetzten Behörde allgemein oder für den einzelnen Fall festgesetzt wird; das Kommandogeld darf denjenigen Betrag, welcher den etatsmäßigen Beamten der Klasse bewilligt werden kann, nicht übersteigen und wird neben der laufenden außeretatsmäßigen Besoldung gewährt. Eine Ausnahme tritt in Ansehung der Regierungsbauführer der drei Fachrichtungen und der in Bauführerstellungen beschäftigten Regierungsbaumeister sowie solcher Regierungsbaumeister des Hochbaufachs, die Tagesbesoldung beziehen, insofern ein, als bei auswärtiger Beschäftigung dieser Beamten die laufende Besoldung in Wegfall kommt, die Kommandogelder dagegen ohne Rücksicht auf die Dauer der auswärtigen Beschäftigung unverkürzt gezahlt werden (wie vor Ziffer 49).

7, In den voraussichtlich seltenen Fällen, in denen die noch in der Ausbildung für den Staatseisenbahndienst begriffenen Assessoren ausnahmsweise mit auswärtigen Vertretungen betraut werden, ist thunlichst auf ihre Versetzung nach dem neuen Beschäftigungsorte Bedacht zu nehmen. Soweit dies in einzelnen Fällen, insbesondere mit Rücksicht auf die kurze Dauer der Vertretung nicht zweckmäßig erscheint, ist das neben der Monatsbesoldung zu gewährende Kommandogeld für die ersten vierzehn Tage der auswärtigen Beschäftigung auf 12 Mk. und für die weitere Zeit auf 9 Mk. festzusetzen. Zur Gewährung eines höheren Kommandogeldes ist die ministerielle Genehmigung erforderlich (wie vor Ziffer 50).

8, Wird ein Beamter während einer auswärtigen Beschäftigung beurlaubt oder wird ihm wegen Erkrankung die zeitweise Rückkehr nach seinem Wohnorte gestattet, so kann ihm das Kommandogeld über die Dauer von 10 Tagen hinaus nur aus **besonderen**, in den Kostenrechnungen zu erörternden Gründen von den Eisenbahndirektionen belassen werden. Bezüglich der vom Kommandoorte nach dem Wohnorte des Beamten auszuführenden Dienstreisen wird auf S. 177 d. W. Ziffer 16 b, Abs. 2 hingewiesen (wie vor Ziffer 51).

9, Bei Ertheilung von Aufträgen zur auswärtigen dienstlichen Beschäftigung ist darauf Bedacht zu nehmen, daß die Beamten in den von ihnen wahrzunehmenden Dienstgeschäften genügende Ausbildung und Erfahrung erlangt haben und nicht genöthigt sind, vom Beschäftigungsort aus Reisen auszuführen, um sich über die zu ihrer Obliegenheit gehörenden Angelegenheiten zu unterrichten (wie vor Ziffer 52).

10, Wird ein Beamter auswärts an einer bestimmten Stelle außerhalb eines Ortes, beispielsweise auf einem Rangirbahnhof, in einer Werkstätte, vorübergehend beschäftigt, so ist für die Feststellung, ob ihm für die Dauer dieser Beschäftigung ein Anspruch auf Kommandogeld zusteht, die Entfernung von der Ortsgrenze des amtlichen Wohnorts bis zur Beschäftigungsstelle und nicht bis zur Mitte des Ortes, zu welchem die Beschäftigungsstelle gehört, maßgebend (wie vor Ziffer 53).

11, Wenn ein Beamter außerhalb seines Wohnorts vorübergehend beschäftigt ist, so gilt derjenige Ort, an welchem er aus Anlaß seiner auswärtigen Beschäftigung Aufenthalt zu nehmen angewiesen ist, bei Berechnung der Reisekosten für die von diesem Orte ausgeführten Reisen als Wohnort im Sinne des Gesetzes (wie vor Ziffer 54).

12, Solange Beamte für eine vorübergehende Beschäftigung außerhalb ihres Wohnorts die vollen Tagegelder beziehen, erhalten sie neben diesen (den Kommandogeldern) bei Vornahme von Dienstreisen für diese keine Tagegelder. Werden den Beamten für eine derartige Beschäftigung ermäßigte Tagegelder oder Bauschvergütungen gewährt, so erhalten sie **neben** dem Kommandobezuge bei Vornahme von Dienstreisen die für diese bestimmten Tagegelder oder die in den §§ 4 bis 7 der Allerh. Verordnung vom 12. Oktober 1897 festgesetzten Entschädigungen. Ob bei der Vertretung eines Bezirksbeamten durch einen anderen Beamten diesem neben dem ermäßigten Kommandogelde die gesetzlichen oder die Bezirkstagegelder für Dienstreisen im Amtsbezirke des Bezirksbeamten zu gewähren sind, ist dem Ermessen der Eisenbahndirektion überlassen. Dem Beamten ist jedoch rechtzeitig vorher zu eröffnen, ob er für die in Frage kommenden Reisen die gesetzlichen oder die Bezirkstagegelder in Rechnung zu stellen hat. Hat der Beamte vom Orte der vorübergehenden Beschäftigung aus häufig Dienstreisen auszuführen, so ist das Kommandogeld (bei etatsmäßigen Beamten nach Ablauf der ersten vier Wochen) unter die Hälfte des vollen Tagegeldes herabzusetzen (wie vor Ziffer 55).

§ 2. Die bei den Eisenbahndirektionen und den ihnen nachgeordneten Dienststellen angestellten Beamten erhalten bei Dienstreisen auf den vom Minister der öffentlichen Arbeiten verwalteten Eisenbahnen freie Fahrt und freie Gepäckbeförderung nach Maßgabe der Freifahrtordnung und haben an Reisekosten, unbeschadet der Bestimmungen im § 3, nur die bestimmungsmäßigen Entschädigungen für Zu- und Abgänge zu beanspruchen, mit der Maßgabe jedoch, daß für ein und denselben Reisetag nicht mehr als eine einmalige Entschädigung gewährt werden darf. Beamte, welchen Freikarten oder Freifahrtscheine für fremde Eisenbahnen zur Benutzung überwiesen werden, sind verpflichtet, bei Dienstreisen dieselben zu benutzen, und erhalten an Reisekosten nur die Entschädigungen für Zu- und Abgänge.

Beamte, die sich in Ausübung ihrer amtlichen Thätigkeit auf der Bahnstrecke innerhalb des Eisenbahndirektionsbezirks, in welchem sie angestellt sind, zu Fuß oder unter Benutzung einer Draisine oder eines Bahnmeisterwagens bewegen, haben auf Reisekosten keinen Anspruch.

1, Die Bestimmung im ersten Absatze des § 2 findet auch auf die Reisen der mit der Voruntersuchung in Disziplinarsachen betrauten Beamten Anwendung (FO. XII S. 58 Ziffer 56).

2, Die Bestimmungen der Allerhöchsten Verordnung vom 12. Oktober 1897 finden auf die bei der Staatseisenbahnverwaltung beschäftigten Regierungsbaumeister des Hochbaufachs gleichfalls Anwendung. Gemäß § 2 der Verordnung erhalten sie daher bei Dienstreisen auf den vom Minister der öffentlichen Arbeiten verwalteten Eisenbahnen für ein und denselben Reisetag nur eine einmalige Zu- und Abgangsentschädigung (Erl. d. Min. d. ö. Arb. vom 19. September 1902, EVBl. S. 496).

3, Hat Beamten zu Dienstreisen auf den vom Minister der öffentlichen Arbeiten verwalteten Eisenbahnen ein Freifahrtschein nicht überwiesen werden können, oder wird ein Beamter, z. B. ein Zugrevisor, ein Betriebskontroleur 2c. aus besonderen Gründen veranlaßt, bei Dienstreisen von der freien Fahrt keinen Gebrauch zu machen, so wird nur das verauslagte Fahrgeld erstattet (FO. XII S. 58 Ziffer 57).

4, In Fällen, in denen eine Benutzung des Schlafwagens seitens der Direktionsmitglieder aus dienstlichen Gründen angezeigt erscheint, sind die Direktionspräsidenten ermächtigt, ausnahmsweise die Berechnung der gelösten Schlafwagenkarten zuzulassen (wie vor Ziffer 58).

5, Beamte, denen Freikarten oder Freifahrtscheine für fremde Eisenbahnen zur Benutzung überwiesen werden können, sind zu deren Benutzung bei Dienstreisen verpflichtet; sie erhalten an Reisekosten nur die Entschädigungen für Zu- und Abgang. Hiernach muß, wenn Beamten infolge der mit fremden Eisenbahnverwaltungen unter Zusicherung der Gegenseitigkeit getroffenen Vereinbarungen freie Fahrt in irgend einer Form (Freikarte, Freifahrtschein, Empfehlungsschreiben) auf deren Strecken gewährt werden kann, diese von den Beamten grundsätzlich benutzt werden. Eine Verpflichtung hierzu besteht dann nicht, wenn dem Beamten nach den bei der betreffenden fremden Eisenbahn bestehenden Bestimmungen nicht diejenige Wagenklasse zur Verfügung gestellt werden kann, welche er nach seiner Stellung in Gemäßheit der für die Staatsbahnen erlassenen Vorschriften zu beanspruchen hat. Wird in einem solchen Falle von der freien Fahrt kein Gebrauch gemacht, oder hat der Freifahrtausweis (Freikarte, Freifahrtschein, Empfehlungsschreiben) nicht für die ganze in Frage kommende Eisenbahnstrecke schon beim Antritte der Reise überwiesen werden können, so hat der Beamte Anspruch auf die Eisenbahn-Kilometergelder (wie vor Ziffer 59).

6, Die Eisenbahnkommissare und die von ihnen beauftragten oder zugezogenen Beamten haben die freie Fahrt auch auf denjenigen ihrer Aufsicht unterstellten Privatbahnstrecken zu benutzen, für die nicht schon nach den Vorschriften der Freifahrtordnung freie Eisenbahnfahrt wechselseitig zugestanden ist. Dies gilt auch für mittlere Beamte bei Dienstreisen, die sie im Auftrage der Eisenbahnkommissare, zur Prüfung der Buch- und Rechnungsführung sowie der Betriebsrechnungen und der Rechnungsabschlüsse der Privatbahnen auszuführen haben (wie vor S. 59 Ziffer 60).

7. Die mit der Ausübung des staatlichen Aufsichtsrechts betrauten Staatseisenbahnbeamten, denen auf Grund des Kleinbahngesetzes die Ueberwachung des Betriebes im engeren Sinne, d. i. der betriebssicheren Unterhaltung der Bahnanlage und der Betriebsmittel, sowie der sicheren und ordnungsmäßigen Durchführung der Züge obliegt, oder denen die Vornahme der vorgeschriebenen Kesseluntersuchungen der Betriebsmaschinen der Kleinbahnen übertragen wird, sind verpflichtet, aus diesen Anlässen von dem Rechte der von der Dienstbehörde in Anspruch zu nehmenden freien Fahrt auf der Kleinbahn Gebrauch zu machen (wie vor Ziffer 61).

8. Beamte, die sich in Ausübung ihrer amtlichen Thätigkeit — infolge ihrer amtlichen Stellung oder auf Grund eines besonderen Auftrages — auf der Bahnstrecke innerhalb des Eisenbahndirektionsbezirks, in welchem sie angestellt sind, zu Fuß oder unter Benutzung einer Dräsine oder eines Bahnmeisterwagens bewegen, haben auf Reisekosten (mit Einschluß der Zu- und Abgangsentschädigungen) **keinen Anspruch.** Nach Beendigung der Dienstgeschäfte ist das fortgesetzte Begehen der Bahnstrecke, **sofern es sich nicht um Bahnunterhaltungs- und Bahnaufsichtsbeamte handelt,** als ein Begehen der Bahnstrecke in Ausübung amtlicher Thätigkeit nicht anzusehen und deshalb der Anspruch auf Reisekosten für diese Entfernung begründet. Letzteres gilt auch, wenn diese Dienstgeschäfte auf der Bahnstrecke in einer Entfernung von mindestens 2 km vom Abgangsort ausgeführt werden, für den bis zum Beginn der amtlichen Thätigkeit auf der Eisenbahn oder dem Landwege zurückgelegten Weg. Stehen in solchen Fällen verwaltungsseitige Beförderungsmittel zur Verfügung, so gebühren nur Zu- und Abgangsentschädigungen, soweit diese nicht durch andere Bestimmungen ausgeschlossen werden. Dies gilt auch in allen übrigen Fällen, in denen die Bewegung auf der Bahnstrecke nicht in Ausübung einer amtlichen Thätigkeit mit einem verwaltungsseitig gestellten Beförderungsmittel stattfindet (wie vor Ziffer 62).

9. Ein Beamter gehört im Falle und für die Dauer der Abordnung in einen anderen Direktionsbezirk im Sinne der Bestimmung unter Ziffer 7 demjenigen Eisenbahndirektionsbezirk an, in welchen er abgeordnet ist (wie vor Ziffer 63).

10. Für das Begehen von noch nicht dem Betriebe übergebenen Neubaustrecken sind die Reisekosten nach dem Landwege zu gewähren. Beamte, die sich unter Benutzung eines verwaltungsseitig gestellten Beförderungsmittels (Dräsine, Bahnmeisterwagen, Arbeitszug ꝛc.) auf Neubaustrecken bewegen, erhalten nur Zu- und Abgangsentschädigungen (wie vor Ziffer 64).

11. Bei Dienstreisen für Rechnung Dritter, d. i. bei solchen Reisen, die weder im mittelbaren noch unmittelbaren Interesse der Staatseisenbahnverwaltung ausgeführt werden, ist die Benutzung von Freifahrtscheinen oder Freikarten ausgeschlossen. Die Beamten, mit Einschluß der Bezirksbeamten, erhalten für derartige Reisen die gesetzlichen Tagegelder (nicht die Bezirkstagegelder) und die gesetzlichen Reisekosten (Kilometergelder und Zu- und Abgangsentschädigungen). Dasselbe gilt bezüglich der für Rechnung fremder Eisenbahnverwaltungen, auch der Reichseisenbahnen in Elsaß-Lothringen, ausgeführten Reisen unter der Voraussetzung, daß von der angebotenen freien Fahrt kein Gebrauch gemacht worden ist. Dagegen ist bei den für Rechnung Dritter auszuführenden Reisen zur Projektirung, Herstellung, Erweiterung oder Abnahme von Privatanschlüssen mit Einschluß aller zu solchen gehörenden Nebenanlagen oder bei den für Rechnung der Liefe-

ranten auszuführenden Reisen zur Abnahme von Betriebsmitteln oder Materialien der Staatseisenbahnverwaltung stets die freie Fahrt zu benutzen. Die Bezirksbeamten haben in solchen Fällen innerhalb ihres Amtsbezirks auch nur Anspruch auf die ermäßigten Tagegelder (Bezirkstagegelder) wie vor Ziffer 65.

12, In einem Einzelfalle sind Zweifel darüber entstanden, ob den Staatseisenbahnbeamten, die mit der Abnahme der an Kleinbahnen anschließenden Privatanschlußbahnen im Sinne des § 43 des Gesetzes vom 28. Juli 1892 betraut sind, auf diesen Kleinbahnen die freie Fahrt gemäß dem Runderlaß vom 23. Oktober 1893 (EVBl. 1893 S. 335) zusteht.

Diese Frage ist schon deshalb zu bejahen, weil durch die Einführung einer Privatanschlußbahn in eine Kleinbahn die letztere eine der Prüfung der eisenbahntechnischen Aufsichtsbehörde unterliegende Veränderung ihrer Anlage und ihres Betriebes erfährt.

Diese Entscheidung findet auf Privatanschlußbahnen, die an Privateisenbahnen anschließen (vergl. den Runderlaß vom 28. November 1899 (EVBl. 1899 S. 328) sinngemäß Anwendung (Erl. d. Min. d. ö. Arb. vom 9. März 1902, EVBl. S. 104).

§ 3. Die nachstehend genannten Beamten erhalten für Dienstreisen innerhalb des Amtsbezirkes, für welchen sie bestellt sind, sowie auf denjenigen häufig zu befahrenden Strecken, für welche dies vom Minister der öffentlichen Arbeiten bestimmt wird, keine Entschädigungen für Zu- und Abgang und, an Stelle der gesetzlichen, Tagegelder nach folgenden ermäßigten Sätzen:

1, Vorstände der Betriebs-, Maschinen-, Werkstätten-, Telegraphen- und Verkehrsinspektionen und die ihnen zur Aushülfe überwiesenen höheren Beamten . . . . 6 Mk.

2, Eisenbahn-Betriebsingenieure (technische Kontroleure), Kassenkontroleure, Werkstättenvorsteher und die den Vorständen der Telegrapheninspektionen zur Aushülfe bei Ausführung auswärtiger Dienstgeschäfte überwiesenen mittleren Beamten . . . . 4,5 Mk.

3, Telegraphenmeister, Werkmeister . . . . . 3 Mk.

Bei Dienstreisen von mehr als vierundzwanzigstündiger Dauer erhöhen sich die obigen Sätze:

bei den Beamten unter 1 auf . . . . 8 Mk.
" " " " 2 " . . . . 6 Mk.
" " " " 3 " . . . . 4 Mk.

für jeden Tag.

Wird die Stelle eines der vorgenannten Beamten durch einen anderen Beamten vorübergehend versehen, so kann die vorgesetzte Behörde bestimmen, daß dem Vertreter statt der den Beamten seiner Dienstklasse zustehenden Tagegelder die für den vertretenen

Beamten im Absatz 1 und 2 dieses Paragraphen unter Nr. 1 bis 3 festgesetzten Tagegelder gezahlt werden.

1, Als Amtsbezirk im Sinne der Bestimmung im § 3 Abs. 1 ist der den Beamten zugewiesene Geschäftsbereich anzusehen. Bei den Inspektionsvorständen gilt als solcher der durch die „Geschäftlichen Nachrichten über die Preußischen Staatseisenbahnen" Theil II festgesetzte Bezirk. Zu den Dienstreisen innerhalb des Amtsbezirkes rechnen auch diejenigen Dienstreisen, die zwar ganz oder theilweise auf außerhalb des Amtsbezirkes gelegenen Bahnstrecken zurückgelegt, indessen zur Verrichtung von Dienstgeschäften an solchen Orten unternommen werden, die innerhalb des Amtsbezirkes gelegen sind (FO. XII S. 60 Ziffer 66).

2, Zu denjenigen Strecken, für welche ebenfalls nur das Bezirkstagegeld gewährt wird, sind allgemein zu rechnen:

a, falls der Amtsbezirk auf freier Strecke endigt, die daran anschließenden Strecken bis zur nächsten Station einschließlich;

b, für die mit der Beaufsichtigung des Zug- und Maschinendienstes betrauten Beamten, insbesondere für die Vorstände der Betriebs- und Maschineninspektionen, die an den Amtsbezirk anschließenden Strecken, soweit die Grenzstation und eine Anschlußstrecke von den zu begleitenden Zügen ohne Aufenthalt durchfahren werden (siehe auch Ziffer 3);

c, für außerhalb ihres Amtsbezirkes wohnende Beamte die zur Erreichung ihres Amtsbezirkes zu durchfahrenden Strecken;

d, für die Vorstände der Inspektionen, die mit der Wahrnehmung einzelner durch die Ausübung des staatlichen Aufsichtsrechts bedingter Dienstverrichtungen (wozu auch die vorgeschriebenen Kesseluntersuchungen der Betriebsmaschinen gehören) auf einer Kleinbahn beauftragt werden, die Kleinbahn. Sofern die Beamten für die Dienstreisen innerhalb des Direktionsbezirkes oder ihres Amtsbezirkes Bauschvergütungen beziehen, bilden diese zugleich die Entschädigung für die Dienstreisen nach und auf den ihrer Aufsicht unterstellten Kleinbahnen;

e, solche Strecken, auf denen ein Mitbetrieb stattfindet oder die von den Bezirksbeamten in regelmäßiger Wiederkehr zu befahren sind: sie sind von den Eisenbahndirektionen vorkommenden Falles zu bezeichnen und werden vom Minister bestimmt (siehe auch Ziffer 4). Wie vor Ziffer 67.

3, Den mit der Beaufsichtigung des Zug- und Maschinendienstes betrauten Bezirksbeamten sind die Bezirkstagegelder gemäß der Bestimmung unter Ziffer 2 b nur für solche Strecken außerhalb ihres Amtsbezirkes zu zahlen, die sie als Begleiter der **regelmäßig verkehrenden fahrplanmäßigen** Züge ohne Aufenthalt durchfahren müssen (wie vor S. 61 Ziffer 68).

4, Wenn die unter Ziffer 2e näher bezeichneten Strecken von den Bezirksbeamten aus einem anderen, als dem bezeichneten Anlasse durchfahren werden [1]), so erhalten die Beamten die vollen Tagegelder und die bestimmungsmäßigen Zu- und Abgangsentschädigungen (wie vor Ziffer 69).

5, Regierungsbaumeister und Assessoren, die einem Inspektionsvorstande zur Aushülfe überwiesen sind, erhalten für die Dienstreisen in dessen Amtsbezirk oder auf den diesem gleich zu achtenden Strecken nur die Bezirkstagegelder (wie vor Ziffer 70).

---

[1]) z. B. zur Begleitung von Sonderzügen Allerhöchster Herrschaften (Erl. d. Min. d. ö. Arb. v. 3. Januar 1901, EVBl. S. 1).

6, Bei Dienstreisen, die von Bezirksbeamten zur Ausführung von Dienstgeschäften außerhalb ihres Amtsbezirkes unternommen, innerhalb des Amtsbezirkes jedoch, sei es auf der Hin- oder auf der Rückreise, unterbrochen und erst am nächsten Tage fortgesetzt worden sind, sind für die innerhalb des Amtsbezirkes zurückgelegte Reise nur die Bezirkstagegelder zu gewähren (wie vor Ziffer 71).

7, Die Vorschrift im letzten Absatze des § 3 ist stets in Anwendung zu bringen, wenn einem Beamten die **ständige** Vertretung eines an **demselben Orte** wohnenden Bezirksbeamten in Behinderungsfällen übertragen wird, beispielsweise einem Inspektionsvorstande die Vertretung eines anderen Inspektionsvorstandes, einem Güterexpedienten die Vertretung eines Kassenkontroleurs, einem technischen Eisenbahnsekretär die eines Betriebsingenieurs ꝛc. Bei Uebertragung einer derartigen Vertretung ist dem Beamten ausdrücklich zu eröffnen, daß ihm für die Dienstreisen im Amtsbezirke des vertretenen Beamten nur die Bezirkstagegelder gebühren. In anderen ähnlich liegenden Fällen, z. B. wenn ein Beamter nur mit der **vorübergehenden** Vertretung eines an demselben Orte wohnenden Inspektionsvorstandes ꝛc. beauftragt wird, oder wenn der Vertreter zwar nicht an demselben Orte, wie der Vertretene, seinen Wohnsitz hat, aber die Vertretung von seinem Wohnort aus wahrnehmen, insbesondere auch die Reisen von dort aus ohne erhebliche Zeitverluste ausführen kann, weil beide Amtsbezirke an einander grenzen, oder bei vorübergehender auswärtiger Vertretung eines Bezirksbeamten durch einen anderen Beamten (s. Ziffer 12 zu § 1) bleibt es dem Ermessen der Eisenbahndirektionen überlassen, die Gewährung der Bezirkstagegelder zu beschließen. Geschieht dies, so ist dem Vertreter ebenfalls ausdrücklich zu eröffnen, daß ihm für die Dienstreisen im Amtsbezirke des vertretenen Beamten nur die Bezirkstagegelder gebühren (wie vor Ziffer 72).

8, Den mit der Vertretung eines Bezirksbeamten — mit oder ohne Wechsel ihres amtlichen Wohnortes — betrauten Beamten sind für die Dienstreisen in dem Amtsbezirke des vertretenen Beamten und auf denjenigen Strecken, die diesem Amtsbezirke gleich geachtet werden sollen, Zu- und Abgangsentschädigungen nicht zu gewähren, gleichviel, ob sie für die Dienstreisen die vollen Tagegelder oder die Bezirkstagegelder erhalten (wie vor Ziffer 73).

9, Der Amtsbezirk eines Inspektionsvorstandes im Sinne der Bestimmung unter Ziffer 1 umfaßt sämmtliche Gemeindebezirke, die von den der Inspektion unterstellten Bahnlinien durchschnitten werden, oder in denen Zubehörungen der Bahn, wie z. B. Kiesgruben, Tränkungsanstalten, Zechenanschlüsse ꝛc. gelegen sind, auf deren Verwaltung oder Beaufsichtigung die regelmäßige dienstliche Thätigkeit des Beamten sich zu erstrecken hat. Ebenso gehören zu solchem Bezirke diejenigen Gemeindebezirke, nach welchen Stationen, Haltestellen ꝛc. benannt worden sind, ohne diesen Gemeindebezirken einverleibt zu sein (wie vor S. 62 Ziffer 74).

10, Die den Betriebsinspektionen als telegraphentechnische Beamte zugetheilten Telegraphenmeister, sowie die mit der unmittelbaren Leitung einer Telegraphenwerkmeisterei betrauten Telegraphenmeister — auch wenn sie zu Bahnmeistern 1. Klasse bestellt werden — erhalten für die innerhalb ihres Amtsbezirkes auszuführenden Dienstreisen die Bezirkstagegelder. Hierbei gilt als Amtsbezirk für den telegraphentechnischen Beamten der Betriebsinspektionen der Bezirk derjenigen Inspektion oder Inspektionen, für welche der Beamte als telegraphentechnischer Beamter bestellt ist und für die Vorsteher der Telegraphenwerkmeistereien der Eisenbahndirektionsbezirk (wie vor Ziffer 75).

§ 4. Bahnmeister haben innerhalb ihrer Strecke auf Reisekosten und Tagegelder keinen Anspruch. Wenn sie jedoch mit Zustimmung ihres Vorgesetzten eine Nachtrevision vorgenommen haben, so erhalten sie für jede Nacht, welche sie außerhalb ihres Wohnortes haben zubringen müssen, den Betrag von 6 Mk.

Bahnwärter und die mit der Streckenbegehung beauftragten Weichensteller erhalten, wenn sie sich auf ihrer Strecke bewegen, weder Tagegelder noch Reisekosten.

1, Durch die Bestimmung im ersten Absatze des § 4 ist der Anspruch auf Tagegelder und Reisekosten bei den außerhalb des Wohnorts zu verrichtenden Dienstgeschäften für die Bahnmeister für alle Dienstgeschäfte innerhalb ihrer Strecke ausgeschlossen oder eingeschränkt. Zu diesen Dienstgeschäften gehören nicht bloß die zum Zwecke der Revision erfolgten Begehungen und Befahrungen des Bahnkörpers, sondern auch alle diejenigen Dienstgeschäfte, welche aus den regelmäßigen amtlichen Obliegenheiten des Bahnmeisters in Bezug auf die Beaufsichtigung und Verwaltung der ihm zugewiesenen Bahnstrecke nebst Zubehörungen (wie Vorfluthanlagen, Wasserleitungen, Kiesgruben rc.) sowie die Aufsichtsführung über das ihm unterstellte Personal sich ergeben und bei Gelegenheit der Bahnrevisionen oder im Zusammenhange mit den zu diesem Zwecke im Hin- oder Rückwege zurückzulegenden Wegen — sei es auch in mäßiger Entfernung von der Bahnlinie — zu verrichten sind. Erhält der Bahnmeister einen besonderen Auftrag, **außerhalb seines Dienstbezirkes** ein Dienstgeschäft wahrzunehmen, so ist ihm jedesmal zugleich zu eröffnen, daß und welche Reiseentschädigungen ihm zustehen (FO. XII S. 62 Ziffer 76).

2, Bahnmeister, die ihre Strecke zur Beobachtung der Gleise oder zur Wahrnehmung anderer Dienstgeschäfte mit Eisenbahnzügen befahren, haben auf Tagegelder und Reisekosten auch dann keinen Anspruch, wenn sie mit Rücksicht auf die Anhaltestellen des Zuges diesen außerhalb ihres Dienstbezirkes besteigen oder verlassen müssen (wie vor Ziffer 77).

3, Ein im Büreau der Betriebsinspektion beschäftigter Bahnmeister-Diätar oder Aspirant, der mit der Vertretung eines an demselben Orte bestellten Bahnmeisters beauftragt wird, erhält keine Tagegelder oder Funktionszulage (§ 5 Ziffer 2) für diejenigen Tage, an welchen er auf der Strecke des von ihm vertretenen Bahnmeisters thätig war. Auch ein einem Bahnmeister zur Hülfe beigegebener Diätar oder Aspirant hat, wenn er den Bahnmeister auf der Strecke vertritt, keinen Anspruch auf Tagegelder oder Funktionszulage (vergl. auch Ziffer 8 zu § 5) wie vor Ziffer 78.

4, Die Gebühr für die von den Bahnmeistern mit Zustimmung ihres Vorgesetzten oder zufolge allgemeiner Anordnung ausgeführten Nachtrevisionen (Nachtrevisionsgebühr) steht zu, wenn die Nachtrevision in der Zeit von 6 Uhr abends bis 6 Uhr des anderen Morgens mindestens 4 Stunden in Anspruch genommen hat, der Bahnmeister nicht vor Mitternacht nach seinem Wohnorte hat zurückkehren können und die Nachtrevision sich mindestens auf eine Entfernung von 2 km von dem Wohnorte des Bahnmeisters erstreckt hat (wie vor S. 63 Ziffer 79).

5, Die von den Bahnmeistern in den Nächten ausgeführte Aufsicht bei den Arbeiten zur Herstellung der Stein- oder Kiesbettung unter dem Gleise oder zur Verlegung der Gleise ꝛc. gilt, sofern die Voraussetzungen unter Ziffer 4 vorliegen, ebenfalls als Nachtrevision (wie vor Ziffer 80).

6, Wegen der gleichzeitigen Gewährung der Nachtrevisionsgebühr und der Funktionszulage für Vertretung eines Nachbarbahnmeisters siehe die Bestimmung unter Ziffer 6 zu § 5.

§ 5. An Stelle der Tagegelder und Reisekosten wird eine von dem Minister der öffentlichen Arbeiten im Einvernehmen mit dem Finanzminister festzusetzende, die gesetzlichen Sätze nicht übersteigende Funktionszulage gewährt:

1, an Stations- und Abfertigungsbeamte, deren planmäßiger Dienst sich auf mehrere Stationen, Zechen oder andere an die Bahn angeschlossene Werke erstreckt;

2, an Bahnmeister, die neben Wahrnehmung der eigenen Dienstgeschäfte einen anderen Bahnmeister ihrer unmittelbaren Nachbarschaft vertreten, ohne daß sie außerhalb ihres Wohnortes Quartier zu nehmen nöthig haben;

3, an Weichensteller und Bahnwärter, die zur Unterstützung des ihnen vorgesetzten Bahnmeisters mit der Begehung fremder Strecken beauftragt werden;

4, an Bahnwärter, die mit der Verrichtung von Weichenstellerdiensten oder mit der Vertretung eines benachbarten Bahnwärters beauftragt, ohne daß sie außerhalb ihres Wohnortes Quartier zu nehmen genöthigt sind, von ihrer Bude an gerechnet, mehr als 2 km zurückzulegen haben, um an den Ort ihrer dienstlichen Bestimmung zu gelangen.

1, Funktionszulagen an Stations- und Abfertigungsbeamte (§ 5 Ziffer 1) sind nur in denjenigen Fällen zu gewähren, in welchen es sich um die Wahrnehmung ständiger, in bestimmten Zeitabschnitten sich regelmäßig wiederholender Dienstverrichtungen handelt, die den Beamten nach einem im voraus festgestellten Dienstplan übertragen und daher zu dem regelmäßigen Dienste dieser Beamten zu rechnen sind. Fälle dieser Art liegen beispielsweise vor, wenn Stationsbeamte regelmäßig die Züge nach benachbarten Anschlüssen zu begleiten und den Rangirdienst auf den Anschlußgleisen zu beaufsichtigen haben, wenn Beamten nach einem im voraus festgestellten Dienstablösungsplan in bestimmten, regelmäßig wiederkehrenden Zeiträumen auf auswärtigen Stationen vertretungsweise die Wahrnehmung der Dienstgeschäfte übertragen ist, ferner, wenn Stations- und Abfertigungsbeamte regelmäßig in bestimmten Zeitabschnitten benachbarte Haltestellen behufs Prüfung der Geschäftsführung und fortgesetzter Unterweisung der Haltestellenbeamten in der Dienstkenntniß zu bereisen haben ꝛc. Die Gewährung der Funktionszulage wird dadurch nicht ausgeschlossen, daß die auswärtigen Dienstleistungen sich nur in längeren Zeiträumen, etwa in Monatsfrist wiederholen. Diesem Umstande ist vielmehr nur für die Abmessung der Höhe der Funktionszulage Bedeutung beizulegen. Dagegen sind nicht Funktionszulagen, sondern die Reiseentschädigungen in solchen Fällen zu gewähren, in denen der einzelne Beamte zu einer an sich regelmäßig erforderlich werdenden auswärtigen Dienstleistung nur ausnahmsweise, an Stelle des zur regelmäßigen Wahrnehmung des Dienstes bestimmten Beamten, herangezogen, oder wenn ein Beamter sonst in einem einzelnen Falle zur Vertretung oder aushülfsweisen Beschäftigung nach einer anderen Station entsendet wird. Wenn die Wochen- und Sonntagsdienstablösungen auf benachbarten Stationen oder Haltestellen mehreren Beamten auf einer Station übertragen worden sind, so ist die Funktionszulage auch dann zu zahlen, wenn einer dieser Beamten an Stelle des anderweit verhinderten, nach dem Plane zunächst berufenen Stellvertreters zur Ablösung an solchen Tagen herangezogen wird, an denen er planmäßig den Dienst auf der Nachbarstation nicht wahrzunehmen hatte (FO. XII S. 63 Ziffer 82).

2, Als Stationsbeamte im Sinne der vorstehenden Bestimmung sind auch die Rangirmeister und Wagenmeister anzusehen, ferner Maschinenwärter, die mit der regelmäßigen Bedienung von Pumpenanlagen auf Nachbarstationen, sowie auch Weichensteller und Bahnwärter, die außerhalb ihres Stationsorts regelmäßig mit der Vertretung von Haltestellenvorstehern oder Haltepunktwärtern betraut werden (wie vor S. 64 Ziffer 83).

3, Die Sätze der Funktionszulagen sind von den Direktionen unter Berücksichtigung aller in dem einzelnen Falle in Betracht kommenden Umstände (wie namentlich der Dauer der Abwesenheit vom eigentlichen Wohnorte, des etwaigen Erfordernisses einer Uebernachtung, des sonstigen durch die auswärtige Dienstleistung bedingten Aufwandes, der mehr oder minder häufigen Wiederkehr solcher auswärtigen Geschäfte ꝛc.) festzusetzen, jedoch derartig zu bemessen, daß sie nicht die Hälfte der gesetzlichen Tagegelder- und Reisekostensätze übersteigen (wie vor Ziffer 84).

4, Die **Bahnmeister** erhalten die Funktionszulage (§ 5 Ziff. 2) nur für diejenigen Tage, an denen sie auf der Strecke des von ihnen vertretenen Bahnmeisters in einer Entfernung von mindestens 2 km von ihrem Wohnorte dienstlich thätig sind.

Diese Funktionszulage beträgt:

a, wenn dem Bahnmeister zur Unterstützung ein Bahnmeister-Diätar, -Aspirant, Weichensteller oder Bahnwärter nicht beigegeben ist, täglich 2 Mk.;

b, wenn ihm ein Bahnmeister-Diätar, -Aspirant, Weichensteller oder Bahnwärter beigegeben ist, täglich 1 Mk. 50 Pf. und

c, in Fällen, in denen zwei oder mehrere Bahnmeister neben Wahrnehmung der eigenen Dienstgeschäfte unter gegenseitiger Unterstützung einen anderen Bahnmeister ihrer unmittelbaren Nachbarschaft vertreten, ohne daß sie außerhalb ihres Wohnorts zu übernachten haben, täglich je 1 Mk. 50 Pf.

Für die Reisen zur Uebernahme und Abgabe der benachbarten Bahnmeisterei steht den Bahnmeistern ebenfalls nur die Funktionszulage zu (wie vor Ziffer 85).

5, Werden Bahnmeister aus einer anderen dienstlichen Veranlassung in den benachbarten oder einen entfernteren Aufsichtsbezirk, etwa zur Unterstützung des dortigen Bahnmeisters entsendet, so haben sie, wenn auch die sonstigen Voraussetzungen für die Gewährung von Reiseentschädigungen vorliegen, Anspruch auf die gesetzlichen Tagegelder für die Hin- und Rückreise und die Dauer des auswärtigen Aufenthalts nebst den Zu- und Abgangsentschädigungen für die Hin- und Rückreise, selbstverständlich unter Ausschluß einer besonderen Vergütung für die während der auswärtigen Beschäftigung in dem fremden Bezirke zurückgelegten Dienstwege. Zur Vermeidung späterer Zweifel sind Aufträge dieser Art stets schriftlich zu ertheilen und mit einer Eröffnung über die Zubilligung der Tagegelder 2c. zu versehen (wie vor Ziffer 86).

6, Einem Bahnmeister, der neben der Wahrnehmung der eigenen Dienstgeschäfte einen anderen Bahnmeister seiner unmittelbaren Nachbarschaft an zwei auf einander folgenden Tagen zu vertreten hat und während dieser Zeit unter den bei Ziffer 4 zu § 4 näher bezeichneten Voraussetzungen im eigenen oder fremden Bezirk eine Nachtrevision ausführt, sind zu gewähren:

a, wenn die Revision vor Mitternacht begonnen und nach Mitternacht beendigt ist, die Nachtrevisionsgebühr und die Vergütung für die Vertretung an beiden Tagen,

b, wenn die Revision nach Mitternacht begonnen ist, die Nachtrevisionsgebühr und die Vergütung für die Vertretung am ersten Tage (nicht auch für die Vertretung am zweiten Tage),

c, wenn die Revision vor Mitternacht begonnen und beendigt ist, keine Nachtrevisionsgebühr, sondern **nur die Vergütung für die Vertretung an beiden Tagen** (wie vor Ziffer 87).

7, Die Bahnmeistereien 42 und 52, die sich beide bis an den Bahnhof O erstrecken, sind durch diesen von einander getrennt und stehen also räumlich nicht in unmittelbarem Zusammenhang; da jedoch die Verwalter dieser Bahnmeistereien beide in O stationirt sind, so entspricht es dem Sinne der Bestimmung im § 5 Abs. 2 der Allerhöchsten Verordnung vom 12. Oktober 1897, daß für die Vertretung des einen der beiden Bahnmeister durch den anderen nicht die Tagegelder und Reisekosten gewährt werden, sondern Funktionszulage (Erl. d. Min. d. ö. Arb. v. 19. September 1902, EVBl. S. 496).

8, Wenn ein bei einer Bahnmeisterei beschäftigter Bahnmeisterdiätar zur Aushülfe in einer Nachbarbahnmeisterei herangezogen wird, deren Sitz sich ebenfalls an seinem Stationsorte befindet, und während dieser Zeit in seiner Bahnmeisterei Dienstgeschäfte nicht verrichtet, so erhält er keine Funktionszulage. Erfolgt jedoch die aushülfsweise Beschäftigung in der Nachbarbahnmeisterei bei gleichzeitiger Wahrnehmung der eigenen Dienstgeschäfte, so ist dem Bahnmeisterdiätar die für die Vertretung von Nachbarbahnmeistern festgesetzte Funktionszulage (Ziffer 4) zu zahlen und zwar für diejenigen Tage, an welchen er in einer Entfernung von mindestens 2 km vom Wohnort auf der Strecke des Nachbarbahnmeisters thätig ist (FO. XII S. 65 Ziffer 88).

9, Die Funktionszulage für **Weichensteller** und **Bahnwärter** (§ 5 Ziffer 3), die zur Unterstützung des ihnen vorgesetzten Bahnmeisters mit der Begehung fremder Strecken beauftragt werden, beträgt täglich 1 Mk. (wie vor Ziffer 89).

10, Die den **Bahnwärtern** nach § 5 Ziffer 4 zu gewährende Funktionszulage ist auf 50 Pf. täglich festgesetzt. Sie ist auch bei Vertretung nicht unmittelbar benachbarter Bahnwärter zu gewähren. Wenn mehrere Bahnwärterbezirke infolge der Abtrennung des Schrankendienstes oder aus anderen Gründen zusammengelegt und nur einem Wärter zur Bewachung unterstellt sind, so ist die dem Beamten als Dienstraum zugewiesene Bude im Sinne der obigen Vorschrift als diejenige Bude anzusehen, von welcher ab in den bezeichneten Vertretungsfällen die für den Anspruch auf Funktionszulage maßgebende Entfernung von mehr als 2 km zu rechnen ist. Die Funktionszulage ist den Bahnwärtern auch dann zu gewähren, wenn sie nicht ausschließlich im persönlichen, sondern im dienstlichen Interesse zur Erlernung des Telegraphirens oder zur Ausbildung im Abfertigungs- oder Bahnhofsdienste nach einer mindestens 2 km von ihrem Wohnort entfernten Uebungsstation abgeordnet werden, ohne daß sie auswärts zu übernachten genöthigt sind (wie vor Ziff. 90).

§ 6. Lokomotiv- und Zugbegleitungsbeamte erhalten für die Beschäftigung im Fahrdienste, Bahnaufsichtsbeamte für die Begleitung von Arbeitszügen keine Tagegelder und Reisekosten. Dagegen werden ihnen Fahr-, Stunden- und Nachtgelder, die die gesetzlichen Sätze nicht übersteigen dürfen, nach näherer Bestimmung des Ministers der öffentlichen Arbeiten gewährt.

1, Lokomotivbeamte, die als dritter Mann zum Kennenlernen der Strecke mitfahren, haben nicht auf Tagegelder und Reisekosten, sondern nur auf Fahr-, Stunden- und Nachtgelder nach Maßgabe der Vorschriften für die Berechnung der Nebengebühren der Beamten des Fahrdienstes Anspruch (FO. XII S. 65 Ziffer 91).

2, Ein Bahnmeister, der einen Arbeitszug nicht lediglich zur Erreichung der innerhalb seines Aufsichtsbezirkes gelegenen Arbeitsstelle benutzt, sondern als **Zugführer** begleitet, hat Anspruch auf je 10 Pf. Stundengeld, auch wenn seine Thätigkeit auf seinen Bezirk beschränkt bleibt, und auf 3 Mk. Nachtgeld für jede Uebernachtung außerhalb seines Wohnorts (wie vor Ziffer 92).

3, Werden in **Ausnahmefällen** Stationsbeamte (Stationsvorsteher, Stationsverwalter, Stationsassistenten, Stationsdiätare, Haltestellenaufseher) aushülfsweise zur Dienstleistung als Zugführer bei fahrplanmäßigen oder Sonderzügen herangezogen, so erhalten sie hierfür Tagegelder und Zu- und Abgangsentschädigungen (wie vor Ziffer 93).

§ 7. Vorstände von Werkstätten- oder Maschineninspektionen, Eisenbahn-Betriebsingenieure (technische Kontroleure), Werkstättenvorsteher und Werkmeister oder deren Vertreter erhalten für die Probe- oder Revisionsfahrten, die sie zur Feststellung der Betriebsfähigkeit einzelner Lokomotiven und Wagen mit diesen ausführen, Stationsbeamte ferner für die Begleitung von Hülfsmaschinen und Hülfszügen statt der Tagegelder und Reisekosten folgende Entschädigungssätze für jede Fahrt, Hin- und Rückfahrt als eine Fahrt gerechnet, und gleichviel, ob die eine Fahrt mittels anderer Gelegenheit erfolgt:

Vorstände von Werkstätten- oder Maschineninspektionen und die mit ihrer Vertretung beauftragten höheren Beamten . . . . 3 Mk.
die anderen vorgenannten Beamten . . . . . 2 Mk.

Wenn diese Beamten an demselben Tage aus den bezeichneten Anlässen mehrere Fahrten oder neben diesen Fahrten noch andere Dienstreisen ausführen, so dürfen die ihnen zu gewährenden Entschädigungen insgesammt die gesetzlichen und, sofern die Voraussetzungen im § 3 vorliegen, die in diesem Paragraphen festgesetzten Tagegelder nicht übersteigen.

1, Ob maschinentechnischen Beamten, soweit sie unter die Bestimmung im ersten Absatze des § 7 fallen, für Dienstreisen die Bezirkstagegelder oder nur die für Probe- und Revisionsfahrten vorgeschriebenen Entschädigungssätze zustehen, hängt lediglich davon ab, ob die Reise hauptsächlich zur Feststellung der Betriebsfähigkeit von Lokomotiven und Wagen unternommen worden ist. Es macht dabei keinen Unterschied, ob die Fahrzeuge erst aus der Reparatur gekommen sind, oder ob die Prüfung bei ihrer regelmäßigen Verwendung im Betriebe vorgenommen ist, sowie ferner, ob die Fahrt auf den Fahrzeugen selbst oder mit fahrplanmäßigen Zügen, welche die Fahrzeuge mitführen, erfolgt. In Fällen dieser Art sind nur die Entschädigungssätze für Probe- und Revisionsfahrten zu gewähren, auch dann, wenn der Beamte bei Gelegenheit der Reise noch anderweitige Dienstgeschäfte — beispielsweise die Ueberwachung des Lokomotivpersonals während der Fahrt oder kleinere Dienstgeschäfte auf den Stationen — verrichtet hat, ohne jedoch zur auswärtigen Uebernachtung genöthigt gewesen zu sein (FO. XII S. 66 Ziffer 94).

2, Zu den Probe- und Revisionsfahrten rechnen auch die Reisen maschinentechnischer Beamten zur Regulirung ꝛc. neu angebrachter Bremseinrichtungen sowie zur Feststellung der Dampfentwickelung von Lokomotiven (wie vor Ziffer 95).

3, Die Auffassung, daß dem Stationsvorsteher K. für die Begleitung einer Hülfsmaschine während der ersten vier Wochen seines Kommandos neben den vollen Tagegeldern (Kommandogeldern) noch die im § 7 Abs. 1 der Allerh. Verordnung vom 12. Oktober 1897 festgesetzte Entschädigung zu zahlen sei, ist nicht zutreffend.

Wenn auch, wie in der Beantwortung der Erinnerung der Königl. Ober-Rechnungskammer dortseits ausgeführt wird, nach § 7 Abs. 1 der Allerh. Verordnung vom 12. Oktober 1897 die daselbst festgesetzten Entschädigungen für Probe- oder Revisionsfahrten und für die Begleitung von Hülfsmaschinen statt der Tagegelder und Reisekosten gezahlt werden, so geht doch aus dem Abs. 2 a. a. O. unzweifelhaft hervor, daß es in der Absicht des Gesetzgebers gelegen hat, diese Entschädigungen im wesentlichen als Tagegelder anzusehen. Wenn daher unter Ziffer 55 auf Seite 57 der FO. XII[1]) bestimmt ist, daß Beamte, solange sie für eine vorübergehende Beschäftigung außerhalb ihres Wohnorts die vollen Tagegelder beziehen, neben diesen (den Kommandogeldern) bei Vornahme von Dienstreisen für letztere keine Tagegelder erhalten, so sind hierunter nicht nur die gesetzlichen Tagegelder, sondern auch die in den §§ 4, 5 und 7 der Allerh. Verordnung vom 12. Oktober 1897 festgesetzten Entschädigungen zu verstehen (Erl. d. Min. d. ö. Arb. v. 16. September 1902, EVBl. S. 483).

§ 8. Die einzelnen Beamten neben ihrem Einkommen gewährten Bauschvergütungen für Tagegelder und Reisekosten bilden, soweit bei der Bewilligung nicht ein Anderes bestimmt wird, die Entschädigung für alle innerhalb und außerhalb des Amtsbezirkes auszuführenden Dienstreisen.

Unter besonderen Umständen kann jedoch der Minister der öffentlichen Arbeiten solchen Beamten für Dienstreisen außerhalb ihres Amtsbezirkes Tagegelder und Reisekosten gewähren.

Vergl. hierzu die Erläuterungen 17 bis 21 zu § 8 des Gesetzes (S. 178/180 d. W.).

§ 9. Diese Verordnung tritt mit dem 1. Oktober 1897 in Kraft. Soweit sie nicht anderweitige Bestimmungen enthält, finden die Vorschriften der Gesetze vom 24. März 1873 und vom 21. Juni 1897, sowie der Verordnung vom 15. April 1876, betreffend die Tagegelder und Reisekosten der Staatsbeamten, Anwendung.

Urkundlich 2c.

Bestimmungen über die Gewährung von Reiseentschädigungen an die bei der Staatseisenbahnverwaltung außerhalb des Staatsbeamtenverhältnisses beschäftigten mittleren technischen Hülfskräfte.

1, Den bei der Staatseisenbahnverwaltung außerhalb des Staatsbeamtenverhältnisses beschäftigten mittleren technischen Hülfskräften sind bei Dienstreisen neben den Tagesvergütungen Reiseentschädigungen nach folgenden Sätzen zu gewähren:

den vorübergehend beschäftigten Landmessern:

a, als Feld- und Reisezulage täglich 4,5 Mk., bei mehrtägiger Abwesenheit und dadurch bedingter Uebernachtung außerhalb des amtlichen Wohnorts täglich 6 Mk.,

---

[1]) S. 183 Ziffer 12 d. W.

b, als Reisekosten:

bei Reisen auf Eisenbahnen, Kleinbahnen oder Dampfschiffen, sofern nicht freie Fahrt gewährt werden kann, für das Kilometer 13 Pf.; außerdem für jeden Zu- und Abgang bei Reisen auf der Eisenbahn oder mit dem Dampfschiff und auf Kleinbahnen in Verbindung mit Eisenbahnen oder Dampfschiffen 3 Mk., jedoch mit der Einschränkung, daß bei Reisen auf den vom Minister der öffentlichen Arbeiten verwalteten Eisenbahnen nicht mehr als eine einmalige Zu- und Abgangsentschädigung für ein und denselben Reisetag gewährt werden darf;

bei Reisen, die nicht auf Dampfschiffen, Eisenbahnen oder Kleinbahnen zurückgelegt werden können, für das Kilometer 40 Pf.;

den anderen mittleren technischen Hülfskräften (Bauassistenten, technischen Büreaugehülfen, Landmessergehülfen, Zeichnergehülfen, Bauaufsehern):

c, an Tagegeld 5 Mk.

Erstreckt sich die Dienstreise auf zwei Tage und wird sie innerhalb 24 Stunden beendet, 8 Mk. für die Reise.

Wird die Reise an ein und demselben Tage angetreten und beendet, 4 Mk.

d, an Reisekosten:

bei Reisen auf Eisenbahnen, Kleinbahnen oder Dampfschiffen, sofern nicht freie Fahrt gewährt wird, für das Kilometer 7 Pf.; außerdem für jeden Zu- und Abgang bei Reisen auf der Eisenbahn, mit dem Dampfschiff oder auf Kleinbahnen in Verbindung mit Eisenbahnen oder Dampfschiffen 2 Mk., jedoch mit der Einschränkung, daß bei Reisen auf den vom Minister der öffentlichen Arbeiten verwalteten Eisenbahnen nicht mehr als eine einmalige Zu- und Abgangsentschädigung für ein und denselben Reisetag gewährt werden darf;

bei Reisen, die nicht auf Dampfschiffen, Eisenbahnen oder Kleinbahnen zurückgelegt werden können, für das Kilometer 40 Pf. (FO. XII S. 67 Ziffer 97).

2, An Stelle der Reisezulagen (Tagegelder) und Reisekosten können in Fällen **vorwiegend** auswärtiger Thätigkeit Bauschvergütungen gewährt werden, vorausgesetzt, daß die Vorbedingungen für den Anspruch auf Reiseentschädigungen überhaupt, insbesondere eine Entfernung von mindestens 2 km vom Wohnort ab, vorhanden sind:

an die vorübergehend beschäftigten Landmesser bis zu 120 Mk. monatlich,
an die anderen mittleren technischen Hülfskräfte bis zu 100 Mk. monatlich.

Wenn diese Bediensteten zur Ausführung von Vorarbeiten für Neubaustrecken entsendet werden und während der ganzen Dauer ihrer Abordnung — weil sie wegen der weiten Entfernung der Neubaustrecke vom Wohnorte nur in längeren Zwischenräumen nach Hause zurückkehren können — **ausschließlich** auswärts thätig sind, können Bauschvergütungen bis zu 150 Mk. monatlich festgesetzt werden.

In Urlaubs- oder Krankheitsfällen oder bei anderen in der Person des Bediensteten liegenden Behinderungen ist ein der Dauer des Urlaubs 2c. entsprechender Theil der Bauschvergütung zu entziehen (wie vor Ziffer 98).

3, Im übrigen finden auf die Dienstreisen der mittleren technischen Hülfskräfte die für die Dienstreisen der Staatseisenbahnbeamten geltenden gesetzlichen und Verwaltungsvorschriften sinngemäße Anwendung (wie vor S. 68 Ziff. 99).

Bestimmungen, betreffend die Rechnungsbeläge über Reise- und Umzugsentschädigungen (FO. III § 8 S. 35 bis 41).

1, Die Kostenrechnungen über die Tagegelder, Reisekosten, Kommandogelder und Funktionszulagen der Beamten sind nach den Anlagen 23 bis 27 [1]), die Kostenrechnungen über die Umzugskosten der Beamten nach den Anlagen 28 bis 32 [2]) von den Bezugsberechtigten aufzustellen und unter Angabe ihrer Dienstbezeichnung, des Ortes und des Tages der Aufstellung unterschriftlich zu vollziehen. Der Vordruck nach den Anlagen 23 bis 27 ist auch anzuwenden, wenn Vergütungen an Bahnmeister für ihre Thätigkeit im Fahrdienste, nicht feste Reisekostenvergütungen der außerhalb des Staatsbeamtenverhältnisses beschäftigten Hülfskräfte im mittleren Dienste und Tagegelder und Reisekosten der Baukassenrendanten in Rechnung gestellt werden. Mit der Vollziehung der Kostenrechnungen übernehmen die Rechnungsaufsteller die Verantwortlichkeit für die Richtigkeit der thatsächlichen Angaben.

2, Tagegelder, Reisekosten, Funktionszulagen und Kommandogelder sind in der Regel am Monatsschluß, Umzugskosten von Fall zu Fall in Rechnung zu stellen. Die Entschädigungen für die am Monatsschlusse noch nicht beendigten Dienstreisen sind zum vollen Betrag in den Kostenrechnungen für den nächsten Monat in Ansatz zu bringen, während die Entschädigungen für die am Monatsschlusse noch nicht beendigten Kommandos zum antheiligen Betrage für den abgelaufenen Monat in Rechnung zu stellen sind.

3, Für jeden Zeitabschnitt, in der Regel für jeden Monat, ist von den bezugsberechtigten Beamten nur je **eine** Kostenrechnung über Tagegelder, Reisekosten, Funktionszulagen und Kommandogelder aufzustellen, gleichviel auf welche verschiedenen Verrechnungsstellen die Vergütungen entfallen. Die Bezüge, die **einem** Empfänger für **einen** Monat oder einen längeren Zeitabschnitt zustehen, erscheinen daher nur in einer Kostenrechnung. Darin sind die zu Lasten der verschiedenen Verrechnungsstellen und die für Rechnung von Gemeinschaftsverhältnissen oder von ersatzpflichtigen Dritten ausgeführten auswärtigen Dienstgeschäfte **in besonderen Abschnitten** darzustellen und die darauf entfallenden Theilbeträge anzugeben. Die festen Reisekostenvergütungen der Beamten (Nr. 14) — nicht auch der Gehülfen — können auch zur fortlaufenden Zahlung angewiesen werden.

4, Der Anspruch auf die in Rechnung gestellten Entschädigungen für auswärtige Dienstgeschäfte und Versetzungen, insbesondere auch auf die der Berechnung zu Grunde gelegten Sätze muß aus dem Inhalte der Kostenrechnungen zweifellos hervorgehen und, soweit erforderlich, besonders be-

---

[1]) Die Bestimmungen, betreffend Aufstellung 2c. der Kostenrechnungen über Umzugskosten sind wegen ihres engen Zusammenhanges mit den die Aufstellung 2c. der Kostenrechnungen über Tagegelder und Reisekosten betreffenden Vorschriften hier mit aufgenommen worden. In dem die Umzugskosten der Staatseisenbahnbeamten behandelnden Abschnitt ist auf diese Bestimmungen verwiesen worden.

[2]) Es sind nur die Anlagen 23, 28 und 32 abgedruckt (S. 204/208 d. W.). Die nach den gleichen Mustern aufgestellten Anlagen 24 bis 27 und 29 bis 31 enthalten lediglich Beispiele hinsichtlich Ausfüllung der Muster.

gründet werden. Namentlich ist auch in den Kostenrechnungen der Beamten, die für Reisen innerhalb ihres Dienstbezirks ermäßigte Tagegelder erhalten, in der Ueberschrift, soweit erforderlich, ihre dienstliche Stellung besonders ersichtlich zu machen, beispielsweise: „Vorstand der .... inspektion, Eisenbahn- Bau- und Betriebsinspektor N.", „Ständiger Vertreter des Vorstandes der .... inspektion, Königlicher Regierungsbaumeister N." Ebenso ist in den Kostenrechnungen der im diätarischen Verhältnisse stehenden Anwärter für die Stellen der technischen Eisenbahnsekretäre, die auf die Sätze der technischen Eisenbahnsekretäre Anspruch haben, die Anwartschaft auf die Stelle eines technischen Eisenbahnsekretärs zum Ausdruck zu bringen. Dasselbe gilt für die dauernd beschäftigten Landmesser, die in die Anwärterliste aufgenommen sind.

5, Die in den Staatsdienst nicht übernommenen Gesellschaftsbeamten, denen nicht nach den gesetzlichen und Staats-Verwaltungsvorschriften, sondern nach den von der früheren Privatbahnverwaltung erlassenen Vorschriften Entschädigungen für auswärtige Dienstgeschäfte und Versetzungen gewährt werden, sind in den Kostenrechnungen als Gesellschaftsbeamte zu bezeichnen.

6, Bei allen Dienstreisen, deren Nothwendigkeit sich nicht aus der Dienststellung und Amtsthätigkeit des Beamten von selbst ergiebt, die also nicht von Amtswegen, sondern infolge besonderen Auftrags ausgeführt, sowie bei allen Kommandos ist der Auftrag, der Auftraggeber und die etwaige Verfügung in der Kostenrechnung zu vermerken. Demnach muß auch aus den Kostenrechnungen maschinentechnischer Beamten über Versuchsfahrten, die nicht als Probe- oder Revisionsfahrten im Sinne der Allerh. Verordnung vom 12. Oktober 1897 anzusehen sind, hervorgehen, daß es sich um Versuchsfahrten aus Anlaß von Sonderaufträgen handelt. Bei Kommandos ist außerdem noch deren Veranlassung anzugeben (Nr. 21 und 33). Wird ein Beamter während einer auswärtigen Beschäftigung beurlaubt oder wird ihm wegen Erkrankung die zeitweise Rückkehr nach seinem Wohnorte gestattet, so ist in den Kostenrechnungen die Dauer der Beurlaubung oder Erkrankung ersichtlich zu machen und die über die Dauer von zehn Tagen hinaus etwa erfolgte Bewilligung der Kommandogelder besonders zu begründen.

7, Soweit die Entschädigungen nur unter bestimmten Voraussetzungen zu gewähren sind (z. B. für die Nachtrevisionen der Bahnmeister oder für die Vertretung von Bahnwärtern durch benachbarte Bahnwärter), ist zur Begründung der Ausgabe die Erfüllung dieser Voraussetzungen in der Kostenrechnung ersichtlich zu machen.

8, In den Kostenrechnungen ist bei sämmtlichen — auch den eintägigen — Reisen (ausgenommen Probefahrten und eintägige Versetzungsreisen) der Beginn und die Beendigung der Dienst- oder Versetzungsreise nach Tag und Zeit genau anzugeben. Werden besondere Reisetage in Rechnung gestellt, so muß außerdem zur Begründung der Tagegelder

für die Hinreise die Zeit des Beginns,
für die Rückreise die Zeit der Beendigung

der auswärtigen Dienstgeschäfte aus den Kostenrechnungen hervorgehen.

9, Wenn zwei oder mehrere Beamte zu gleicher Zeit und aus gleicher Veranlassung Dienstreisen nach demselben Zielpunkt ausführen, so sind die übrigen betheiligten Beamten in der Kostenrechnung zu bezeichnen, z. B. in Gemeinschaft mit dem administrativen Streckendezernenten, Regierungsrath N. (Nr. 34 a).

10, Werden von den zur Mitnahme eines Dieners berechtigten Beamten Reisekosten für einen solchen in Rechnung gestellt, so ist in der Kostenrechnung ausdrücklich zu vermerken, daß der Diener die Reise wirklich ausgeführt hat.

11, Wird für eine Dienstreise eine längere als die nach dem Reichskursbuch erforderliche Zeit in Rechnung gestellt, so ist die Dauer der Reise näher zu begründen.

12, Abweichungen von dem Grundsatze, daß die Dienstreisen mit thunlichst geringem Zeitaufwand auszuführen und die Reisekosten stets nach dem für die Staatskasse billigsten Wege zu berechnen sind, müssen in den Kostenrechnungen besonders begründet werden. Kleinbahnen sind als solche in den Kostenrechnungen zu bezeichnen. Werden für eine Reise, die mit einer Kleinbahn hätte zurückgelegt werden können, Kosten für die Benutzung eines Landfuhrwerks, einer Eisenbahn oder eines Dampfschiffs berechnet, weil die Kleinbahn für eine angemessene Erledigung der Reise ungeeignet gewesen wäre, so hat der Rechnungsaufsteller in der Kostenrechnung die Gründe für die Nichtbenutzung der Kleinbahn anzugeben (Nr. 13).

13, Werden für die auf der Eisenbahn ausgeführten Dienstreisen ausnahmsweise Kilometergelder oder baare Auslagen in Ansatz gebracht, so ist in den Kostenrechnungen zu versichern, daß zu den Fahrten Fahrkarten gelöst worden sind (Nr. 37). Die Fahr- und Platzkarten sind nicht beizufügen. Bei Dienstreisen, die auf Kleinbahnen unter Berechnung von Kilometergeldern ausgeführt werden können, aber mit anderen Beförderungsmitteln zurückgelegt worden sind, genügt die Angabe, daß von der freien Fahrt kein Gebrauch gemacht worden ist (Nr. 12).

14, Bei der erstmaligen Inrechnungstellung einer festen Reiseentschädigung ist, wenn sie nicht zur fortlaufenden Zahlung angewiesen worden (Nr. 3), die Verfügung über ihre Bewilligung anzugeben. Zur Begründung der Reiseentschädigung ist darzuthun, daß die Voraussetzungen für die Zahlung der vollen Bauschsumme vorliegen. Dieser Nachweis ist, wenn eine fortlaufende Zahlung erfolgt, am Schlusse des Etatsjahres durch eine besondere Bescheinigung auf der Jahresquittung, anderenfalls in den Kostenrechnungen zu führen. Werden von dem Empfänger einer festen Reiseentschädigung neben dieser noch Tagegelder und Reisekosten für einzelne Dienstreisen berechnet, so ist der Anspruch hierauf zu begründen.

15, In den Kostenrechnungen über Dienstreisen, die von versetzten höheren Beamten lediglich zur Anmeldung bei dem vorgesetzten Direktionspräsidenten unternommen sind, ist ausdrücklich zu bemerken, daß die Reisen mit Zustimmung des Direktionspräsidenten ausgeführt wurden.

16, Wird bei Abnahmegeschäften unter besonderen Umständen von der Inanspruchnahme der am Orte der Herstellung oder Anlieferung von Materialien oder in dessen Nähe wohnenden Beamten der Staats- oder der Reichs-Eisenbahnverwaltung abgesehen, so ist die Nothwendigkeit der Abordnung eigener Beamten in den Kostenrechnungen besonders zu begründen.

17, Die Nothwendigkeit der Heranziehung anderer als der zu Revisionsgeschäften bestimmten Beamten zu den Revisionen ist in den Kostenrechnungen darzuthun.

18, In den Kostenrechnungen über verauslagte Fuhrkosten am Wohnorte sind die dienstlichen Verrichtungen, aus deren Anlaß die Erstattung beansprucht wird, unter Angabe des zurückgelegten Weges sowie der verauslagten Beträge zu bezeichnen. Werden Droschkengelder zur Erstattung in Rechnung gestellt, so ist zu erläutern, daß zu der zurückgelegten Fahrt die Straßenbahn 2c. nicht hat benutzt werden können.

19, Wenn bei Dienstreisen auf dem Landwege die der Berechnung zu Grunde gelegten Entfernungen nicht aus dem Reichskursbuch oder der amtlichen Postkarte ersichtlich sind, so ist ihre Richtigkeit durch die Bescheinigung eines Landmessers oder eines anderen geeigneten technischen Beamten der eigenen Verwaltung oder, soweit erforderlich, des Katasteramts oder anderer sachkundigen Behörden darzuthun (Nr. 30).

20, In den Kostenrechnungen über die Vertretung der zur gerichtlichen Vernehmung vorgeladenen Beamten ist anzugeben, in welcher Eigenschaft (ob als Zeuge, Sachverständiger, Angeklagter 2c.) und in welcher Angelegenheit der vertretene Beamte vor Gericht geladen war. Soweit die Uebernahme dieser Kosten von der Erfüllung bestimmter Voraussetzungen abhängig ist, bleibt die Zulässigkeit der Belastung der Staatskasse darzuthun.

21, Aus den Kostenrechnungen über Tagegelder, Reisekosten und Kommandogelder, die durch die Vertretung erkrankter, dienstunfähiger oder beurlaubter Beamten veranlaßt worden sind, muß hervorgehen, daß die Beamten während der Zeit, für welche Vertretungskosten in Rechnung gestellt werden, krank und dienstunfähig oder von der zuständigen Stelle beurlaubt waren, z. B. „Vertretung des seit dem . . . . . erkrankten und dienstunfähigen Weichenstellers N.“, „Vertretung des vom . . . . bis . . . . beurlaubten Stationsassistenten N.“ (Nr. 6 und 33).

22, Bei Dienstreisen in Verbandsangelegenheiten ist in den Kostenrechnungen ersichtlich zu machen, ob die Verbandseisenbahnen die Kosten zu tragen oder eine besondere Vergütung für die Dienstreisen zu entrichten haben.

23, Ein Bahnmeister, der neben Wahrnehmung der eigenen Dienstgeschäfte einen anderen Bahnmeister seiner unmittelbaren Nachbarschaft vertritt, hat in der Kostenrechnung über die Funktionszulage ausdrücklich zu versichern, daß er an denjenigen Tagen, für welche Funktionszulage in Rechnung gestellt wird, auf der Strecke des vertretenen Nachbarbahnmeisters dienstlich thätig gewesen ist. Bei Berechnung der höheren Funktionszulage ist außerdem zu versichern, daß die Vertretung ohne Unterstützung durch einen anderen Beamten erfolgt ist. Handelt es sich um die Vertretung eines an demselben Orte wohnenden Nachbarbahnmeisters, so ist ferner darzuthun, daß sich die Vertretung auf eine Entfernung von 2 km und darüber von der Grenze des Wohnorts erstreckt hat.

24, In den Kostenrechnungen über die Abordnung von Lokomotiv- und Zugbeamten zur Dienstleistung an einem anderen Orte ist, soweit für die Hin- oder Rückreise Reisekosten in Rechnung gestellt sind, von den Rechnungsaufstellern zu versichern, daß sie die Fahrt als Fahrgäste zurückgelegt haben und dafür die bestimmungsmäßigen Fahrgelder nicht erhalten.

25, In den vor Beendigung der auswärtigen Vertretung oder Aushülfsleistung aufgestellten Kostenrechnungen ist zu vermerken, daß die auswärtige Beschäftigung unverändert fortdauert; in den für den zweiten oder einen folgenden Monat aufgestellten Kostenrechnungen ist auch der Beginn der auswärtigen Beschäftigung anzugeben.

26, Ist ein versetzter Beamter unmittelbar vor der Versetzung gegen Gewährung der bestimmungsmäßigen Entschädigung für auswärtige Beschäftigung an seinem neuen Wohnorte dienstlich thätig gewesen, so ist in der letzten Kostenrechnung über jene Entschädigung der Tag der Versetzung zu vermerken.

27, In den Kostenrechnungen über Entschädigungen für Versetzungen, namentlich in den Rechnungen der außerhalb der Bahnhöfe stationirten Beamten (der Bahnwärter, der auf der Strecke wohnhaften Weichensteller, der Bahnmeister ꝛc.) ist der Gemeindebezirk, **aus** welchem, und der Gemeindebezirk, **in** welchen die Beamten versetzt sind, zu bezeichnen. Außerdem muß aus den Rechnungen hervorgehen, daß die Versetzung im **dienstlichen** Interesse erfolgt ist.

28, In den Kostenrechnungen über Umzugskosten sind auch die persönlichen Tagegelder und Reisekosten für die Versetzungsreise mit in Ansatz zu bringen, anderenfalls ist anzugeben, weshalb sie nicht in Rechnung zu stellen waren.

29, Im Texte der Kostenrechnungen über Umzugskosten ist ersichtlich zu machen, ob mit der Versetzung die Beförderung in ein höheres Amt verbunden gewesen ist. Werden die Tagegelder und Reisekosten für die höhere Stellung berechnet, so ist ferner der Tag anzugeben, an welchem die Bestallung oder Beförderungsverfügung dem Beamten ausgehändigt ist.

30, Kommt bei einer Versetzung die Vergütung nach dem Landwege in Ansatz, so sind die von Ort zu Ort ermittelten Entfernungen in der Kostenrechnung oder in einer besonderen Anlage übersichtlich zusammenzustellen (Nr. 19).

31, Den Kostenrechnungen über die Erstattung von Wohnungsmiethe sind beizufügen:

a, der etwa abgeschlossene Vertrag in Urschrift,

b, die Quittung des Vermiethers über den Miethbetrag, dessen Erstattung beansprucht wird,

c, eine ortspolizeiliche Bescheinigung darüber, daß die Wohnung während der Zeit, für welche eine Erstattung der Miethe beansprucht wird, leer gestanden hat,

d, eine schriftliche Erklärung des versetzten Beamten, daß ihm die anderweitige Vermiethung der Wohnung für die in Rechnung gestellte Zeit nicht möglich gewesen ist (Anlage 32).

War ein schriftlicher Vertrag nicht abgeschlossen, so ist in der Quittung des Vermiethers auszudrücken, für welchen Zeitraum, zu welchem Preise und unter welchen Kündigungsbedingungen die Wohnung dem Beamten nach mündlicher Vereinbarung vermiethet worden ist. In diesem Falle ist die Richtigkeit der Angaben des Vermiethers von dem versetzten Beamten ausdrücklich zu bestätigen. Die Quittung des Vermiethers ist ortspolizeilich zu beglaubigen. Wird die Erstattung der Miethe auch für diejenige Zeit beansprucht, während welcher die Familie des versetzten Beamten in der Wohnung zurückgeblieben ist, so ist in der Quittung des Vermiethers anzugeben, daß eine anderweitige Vermiethung der Wohnung auch dann nicht hätte erfolgen können, wenn die Wohnung während der Dauer der Benutzung durch die zurückgebliebene Familie leer gestanden hätte. Hat der versetzte Beamte an seinem früheren Wohnort im eigenen Hause oder in einem Hause, dessen Nießbrauch ihm zustand, gewohnt und eine Entschädigung in Höhe des ortsüblichen Miethwerthes berechnet, so hat er der Rechnung eine ortspolizeiliche Bescheinigung über die Angemessenheit des Miethwerthes beizufügen. Auch hat er die Versicherung abzugeben, daß es ihm aller angewendeten Mühe ungeachtet nicht möglich gewesen ist, die Wohnung für den in der Kostenrechnung angegebenen Zeitraum anderweit zu vermiethen. Wird die erstattete Wohnungsmiethe in einem anderen Etatsjahr als die Umzugskostenvergütung verrechnet, so ist in der Kostenrechnung zu vermerken, in welcher Jahresrechnung die Umzugskosten verausgabt worden sind.

32, Die Richtigkeit der Kostenrechnungen über die Entschädigungen der Beamten für auswärtige Dienstgeschäfte und Versetzungen ist zu bescheinigen:

a, auf den Kostenrechnungen des Präsidenten, der Mitglieder der Eisenbahndirektion und des Rechnungsdirektors sowie der sonstigen unmittelbar bei der Eisenbahndirektion beschäftigten höheren Beamten
von dem Präsidenten der Eisenbahndirektion,

b, auf den Kostenrechnungen der Vorstände der Inspektionen und Bauabtheilungen sowie der unmittelbar bei der Eisenbahndirektion beschäftigten mittleren und unteren Beamten
von der Eisenbahndirektion,

c, auf den Kostenrechnungen der den Vorständen der Inspektionen und Bauabtheilungen nachgeordneten Beamten
von den Vorständen der Inspektionen und Bauabtheilungen.

33, Mit der unterschriftlichen Vollziehung der Richtigkeitsbescheinigung werden die in der Kostenrechnung enthaltenen thatsächlichen Angaben bestätigt, insbesondere wird auch die Verantwortlichkeit dafür übernommen,

daß die Dienstreisen, die Kommandos sowie die Versetzungen nothwendig gewesen und ausgeführt worden sind und die in Ansatz gebrachte Zeitdauer richtig und angemessen ist, und

— bei Vertretungen, die durch Krankheit, Dienstunfähigkeit oder Urlaub der Beamten veranlaßt worden sind —

daß die Beamten während der Zeit, für welche Vertretungskosten in Rechnung gestellt werden, nachweislich krank und dienstunfähig gewesen oder von der zuständigen Stelle beurlaubt worden sind und daß die Uebernahme von Stellvertretungskosten für beurlaubte Beamte von der zuständigen Stelle genehmigt worden ist.

34, Im Anschluß an die Richtigkeitsbescheinigung sind zutreffenden Falles noch folgende **besondere** Bescheinigungen zu ertheilen:[1])

a, bei Dienstreisen, an denen zwei oder mehrere Beamte Theil genommen haben, auf der Kostenrechnung des betheiligten höheren oder — bei gleicher Dienststellung — des dienstältesten Beamten, soweit erforderlich, unter näherer Erläuterung:
daß die Betheiligung der in den Kostenrechnungen genannten Beamten an den näher zu bezeichnenden Dienstreisen nothwendig war (Nr. 9);

b, auf den Kostenrechnungen über die Gewährung der vollen Umzugsentschädigung:
daß der versetzte Beamte zur Zeit der Versetzung Familie im Sinne der Bestimmung unter Nr. 5 des Ministerialerlasses vom 7. Juli 1877 [2]) gehabt hat.

35, Die Entschädigungen für auswärtige Dienstgeschäfte sind in der Regel mit **Zusammenstellung** nach der Anlage 33 [3]), die Entschädigungen

---

[1]) Die Kostenrechnungen über Tagegelder und Reisekosten der Baukassenrendanten für Reisen zur Auszahlung der Löhne (Nr. 1) sind von dem bauleitenden Beamten dahin zu bescheinigen, daß die Zahlung der Löhne auf der Baustelle erfolgt und nothwendig gewesen ist (FO. III § 16 Ziffer 29).

[2]) Siehe Erl. 2 zu § 5 des Gesetzes vom 24. Februar 1877, Theil II d. W.

[3]) Nicht mit abgedruckt.

für Versetzungen **einzeln** von der Eisenbahndirektion zur Zahlung und Verausgabung anzuweisen.

36, Sind für Dienstreisen unter dem Vorbehalte der ministeriellen Genehmigung erhöhte Tagegelder bewilligt worden, so ist diesem Vorbehalt in der Zahlungsanweisung Ausdruck zu geben.

37, Werden für die auf der Eisenbahn ausgeführten Dienstreisen ausnahmsweise Kilometergelder oder baare Auslagen in Ansatz gebracht, so ist auf der Kostenrechnung zu erläutern, aus welchem Grunde ein Freischein nicht zur Verfügung gestellt ist (Nr. 13).

(Siehe hierzu die Anlagen 23, 28 und 32 S. 204—208.)

Gesetz, betreffend die Einsetzung von Bezirkseisenbahnräthen und eines Landeseisenbahnraths für die Staatseisenbahnverwaltung. Vom 1. Juni 1882 (GS. S. 313, EVBl. S. 239).

Wir Wilhelm, von Gottes Gnaden König von Preußen ꝛc., verordnen mit Zustimmung beider Häuser des Landtages der Monarchie, was folgt:

§ 1. Zu beiräthlicher Mitwirkung in Eisenbahnverkehrsfragen werden bei den für Rechnung des Staates verwalteten Eisenbahnen errichtet:

a, Bezirkseisenbahnräthe als Beiräthe der Staatseisenbahndirektionen;

b, ein Landeseisenbahnrath als Beirath der Centralverwaltung der Staatseisenbahnen.

§§ 2—10 ꝛc.

§ 11. Dem Minister der öffentlichen Arbeiten bleibt es vorbehalten, in geeigneten Fällen Spezialsachverständige bei den Berathungen behufs Auskunftertheilung zuzuziehen.

§§ 12—20 ꝛc.

§ 21. Die Mitglieder des Landeseisenbahnraths und die seitens des Ministers der öffentlichen Arbeiten zugezogenen Sachverständigen (§ 11) erhalten für die Reise nach und von dem Orte der Sitzung, sowie für die Dauer der Sitzung täglich je 15 Mk., soweit dieselben nicht schon anderweit Diäten aus der Staatskasse beziehen.

Auch erhalten dieselben, sowie auch die Mitglieder der Bezirkseisenbahnräthe, behufs Theilnahme an der Sitzung freie Fahrt in beliebiger Wagenklasse für die Reise nach und von dem Orte der Sitzung.

Auszug aus den Satzungen der Pensionskasse für die Arbeiter der Preußisch-Hessischen Eisenbahngemeinschaft.[1] (Gültig vom 1. Januar 1900.)

§ 65. 1, ꝛc. 2, Bei Reisen, welche die gewählten Mitglieder des Kassenvorstandes und der Bezirksausschüsse mit Genehmigung des Vorsitzenden des Vorstandes oder der Bezirksausschüsse, sowie die Vertreter zur Hauptversammlung in Angelegenheiten der Kasse unternehmen, erhalten dieselben außer der Erstattung des Lohnausfalles ein Tagegeld von 6 Mk. und, soweit nicht freie

(Fortsetzung auf S. 209).

[1] Die Pensionskasse ist zur Gewährung von Invaliden- und Altersrenten nach Maßgabe des Invalidenversicherungsgesetzes vom 13. Juli 1899 (RGBl. S. 463) bestimmt und hat für sämmtliche nach diesem Gesetz versicherungspflichtigen bei der Preußisch-Hessischen Eisenbahngemeinschaft beschäftigten Personen als zugelassene Kasseneinrichtung alle Aufgaben einer Versicherungsanstalt im Sinne dieses Gesetzes zu erfüllen (§ 1 der Satzungen).

(Vorderseite.)

Anrechnungstag . . . . Anlage 23.

Zahlstelle:	Angewiesen laut Anweisungszusammenstellung Nr. . . lfd. Nr. . .

Etatsjahr 190..

Verrechnungsstelle: Titel 4 Position 1[1] des Etats.

Rechnung

des . . . .
über Tagegelder und Reisekosten
für die im Monat . . . . . 190.. ausgeführten Dienstreisen.

1	2	3	4	5	6	7	8	9	10	11	12	13	
Tag der Ausführung	Zeit a) des Beginns, b) der Beendigung der Dienstreise	Zahl der Reisetage, für die zu zahlen sind:				Zahl der Zeitabschnitte bis zu 24 Std. mit dem 1½ fachen Satze	Zahl der Probefahrten — Funktionszulage für Tage	Reiseweg und dienstliche Verrichtungen	Kilometer auf		Zu- und Abgänge bei der Benutzung der Eisenbahn oder des Dampfschiffs	Geldbetrag	
		die vollen gesetzlichen Tagegelder	die ermäßigten gesetzlichen Tagegelder	die ermäßigten Tagegelder innerhalb des Amtsbezirks bis zu 24 Std.	die ermäßigten Tagegelder innerhalb des Amtsbezirks über 24 Std.				der Eisenbahn oder dem Dampfschiffe	dem Landwege		ℳ	₰
								Zusammen					

Haupt-Ausg.-Journ. Nr. . .
Kassenbuch Nr. . . . .
Manual Seite . . . . Nr. . .

Anmerkungen:

1, Zu Spalte 2. Mitternacht ist mit „12⁰ Nacht“, die Zeit von Mitternacht bis Vormittag 11⁵⁹ als Vormittag mit „V“, die Zeit von Mittag 12⁰ bis Nacht 11⁵⁹ als Nachmittag mit „N“ zu bezeichnen.

2, Die Spalte 13 bleibt unausgefüllt, wenn nur eine Verrechnungsstelle in Betracht kommt.

(Rückseite.)

Berechnung der Tagegelder und Reisekosten	Betrag im Einzelnen ℳ	₰	Ganzen ℳ	₰
A. Tagegelder.				
Volle gesetzliche Tagegelder für . . . Tage . . . . zu . . ℳ . . ₰				
Ermäßigte gesetzliche Tagegelder für . . . Tage . . . . . „ . . „ . . „				
Ermäßigte Tagegelder für Reisen innerhalb des Amtsbezirkes:				
bis zu 24 Stunden, für . . . . Tage . . . . . „ . . „ . . „				
über 24 Stunden, für . . . . Tage . . . . . . „ . . „ . . „				
Tagegelder für . . . . Zeitabschnitt bis zu 24 Stunden. . . „ . . „ . . „				
. . . Probefahrten — Funktionszulage für . . . Tage . . . „ . . „ . . „				
B. Reisekosten.				
. . . . km auf der Eisenbahn oder dem Dampfschiffe . . . . . . zu . . ₰				
. . . . „ auf dem Landwege . . . . „ . . „				
Nebenkosten für . . . Zu- und Abgänge . . . . „ . . ℳ				
Zusammen				

N., den . . . . 190 . .

S.
(Name.)
(Dienstbezeichnung.)

Die Richtigkeit bescheinigt . . . .
N., den . . . . 190 . .
(Der Präsident der Königl. Eisenbahndirektion.)
(Der Vorstand der Betriebsinspektion.)
(Königl. Eisenbahndirektion.)

Nach den Entfernungen, den Sätzen und rechnerisch richtig.

N.
(Name.)
Eisenbahnsekretär.
(Dienstbezeichnung.)

Raum für Einzelanweisung.

Quittung.

Vorstehende . . . . . . ℳ . . . . ₰, buchstäblich . . . .
. . . . erhalten zu haben, bescheinigt
. . . ., den . . . . 190 . .

. . . . . .
(Name.)
(Dienstbezeichnung.)

(Vorderseite.)

Anlage 28.

Anrechnungstag: . . . .

Zahlstelle:
Stationskasse in . . . . .

Etatsjahr 190..

Verrechnungsstelle: Titel 4 Position 1[a] des Etats.

Rechnung

des . . . .
über Umzugskosten.

1	2	3	4	5	6	7
Tag der Versetzungsreise	Zeit a) des Beginns, b) der Beendigung der Reise	Begründung des Anspruchs auf die bestimmungsmäßigen Umzugskosten	Zahl der Reisetage	Kilometer auf der Eisenbahn oder dem Dampfschiffe	Kilometer auf dem Landwege	Zu- und Abgänge bei der Benutzung der Eisenbahn oder des Dampfschiffs

Haupt-Ausg.-Journ. Nr. . .
Kassenbuch Nr. . . . .
Manual Seite . . . . . Nr. . .

Anmerkungen:

1, Zu Spalte 2. Mitternacht ist mit „12⁰ Nacht", die Zeit von Mitternacht bis Vormittag 11^{59} als Vormittag mit „V", die Zeit von Mittag 12^{0} bis Nacht 11^{59} als Nachmittag mit „N" zu bezeichnen.

2, Bei eintägigen Versetzungsreisen ist Spalte 2 nicht auszufüllen.

(Rückseite.)

Berechnung der Umzugskosten	Betrag im Einzelnen ℳ	₰	Betrag im Ganzen ℳ	₰
A. Reiseentschädigung.				
Tagegelder für . . . Tage . . . . zu . . ℳ				
Reisekosten für . . . km auf der Eisenbahn oder dem Dampfschiffe „ . . ₰				
„ „ . . . „ auf dem Landwege . . . . „ . . ₰				
Nebenkosten für . . . Zu- und Abgang . . . . „ . . ℳ				
B. Umzugskostenvergütung.				
Allgemeine Kosten als Beamter mit Familie				
Transportkosten für . . ., rund . . . km zu . . . . ℳ für je 10 km . .				
Zusammen				

. . . ., den . . . . 190 . .

N.
(Name)
(Dienstbezeichnung.)

Die Richtigkeit wird bescheinigt.

Der versetzte Beamte hat zur Zeit der Versetzung Familie im Sinne der Bestimmung unter Nr. 5 des Ministerialerlasses vom 7. Juli 1877 gehabt.

. . . ., den . . . . 190 . .

Königliche Eisenbahndirektion.

Nach den Entfernungen, den Sätzen und rechnerisch richtig.

N.
(Name.)
(Dienstbezeichnung.)

Ausgabeanweisung.

. . . ., den . . . . 190 . .

Die Eisenbahn-Hauptkasse wird angewiesen, den vorstehenden Betrag von

. . . . ℳ . . . . ₰,

buchstäblich . . . .

zu zahlen und, wie angegeben, zu verausgaben.

Königliche Eisenbahndirektion.

Quittung.

Vorstehende . . . . . ℳ . . . . ₰, buchstäblich . . . .
. . . . erhalten zu haben, bescheinigt

. . . ., den . . . . 190 . .

N.
(Name.)
(Dienstbezeichnung.)

Anlage 32.

Anrechnungstag: . . . .

Zahlstelle:
Stationskasse in . . . . .

Etatsjahr 190. .

Verrechnungsstelle: Titel 4 Position 1² des Etats.

Rechnung

des . . . .
über Miethentschädigung
aus Anlaß seiner Versetzung von . . . . . nach . . . . .

1	2	3	4	5	6	7	
Tag der Versetzungsverfügung	Tag der Versetzung	Dienststellung vor der Versetzung	Die Miethe ist gezahlt: a) an (Empfänger) b) in (Ort)	Die Erstattung der Miethe wird beansprucht für die Zeit vom	bis	mit ℳ	₰

Anlagen:

a) eine Quittung des Vermiethers,
b) eine ortspolizeiliche Bescheinigung.

Bemerkungen:

Daß die anderweitige Vermiethung der Wohnung für die in Rechnung gestellte Zeit nicht möglich gewesen ist sowie die Richtigkeit der vom Vermiether gemachten Angaben wird bescheinigt.

. . . ., den . . . . 190 . . N.
(Name.)
(Dienstbezeichnung.)

Die Richtigkeit bescheinigt
. . . ., den . . . . 190 . .
Der Vorstand der Betriebsinspektion.
N.

Nach den Anlagen und rechnerisch richtig.
N.
(Name.)
(Dienstbezeichnung.)

Ausgabeanweisung.

. . . ., den . . . . 190 .

Die Eisenbahn-Hauptkasse wird angewiesen, den vorstehenden Betrag von
. . . . . ℳ . . . . ₰,
buchstäblich . . . .
zu zahlen und, wie angegeben, zu verausgaben.

Königliche Eisenbahndirektion.

Haupt-Ausg.-Journ. Nr. . .
Kassenbuch Nr. . . . .
Manual Seite . . . . . Nr. . .

Vorstehende . . . . ℳ . . . ₰, buchstäblich
. . . . erhalten zu haben,
bescheinigt
. . . ., den . . . ., 190 . .
N.
(Name.)
(Dienstbezeichnung.)

Eisenbahnfahrt gewährt wird, die Eisenbahnfahrgelder für die dritte Wagenklasse erstattet. Erfordert die Reise eine Uebernachtung an fremdem Ort, so wird für jede Nacht noch ein Uebernachtungsgeld von 3 Mk. vergütet. Diejenigen Vertreter zur Hauptversammlung, welche am Sitze der Kasse wohnen, sowie die Vorstandsmitglieder, welche bei den Verhandlungen oder sonst behufs der Abhaltung der Hauptversammlung Geschäfte zu verrichten haben, erhalten für die Dauer der Hauptversammlung außer Erstattung des Lohnausfalles ein Tagegeld von 3 Mk.

b, Allgemeine Bauverwaltung.

Allgemeine Bestimmungen.

1, Auszug aus der Dienstanweisung für die Lokalbaubeamten der Staats-Hochbauverwaltung vom 1. Dezember 1898.

§ 26. Die dem Lokalbaubeamten ohne nähere Zweckbestimmung als Hülfsarbeiter überwiesenen Regierungsbaumeister sind, wenn sie in seinem Auftrage vertretungsweise Dienstgeschäfte außerhalb ihres Wohnsitzes erledigen, für die Kosten der Reise und des auswärtigen Aufenthalts von dem Lokalbaubeamten zu entschädigen. Kommt eine Vereinbarung zwischen den Betheiligten nicht zu Stande, so entscheidet die vorgesetzte Dienstbehörde über die Höhe der dem Regierungsbaumeister zu gewährenden Entschädigung. In jedem Falle sind dem letzteren die nothwendigen baaren Auslagen von dem Lokalbaubeamten zu erstatten.

Den für die Bearbeitung von Entwürfen, die örtliche Leitung von Bauausführungen ꝛc. überwiesenen Regierungsbaumeistern ist der Lokalbaubeamte die Kosten der Dienstreisen zu erstatten nicht verpflichtet. In solchen Fällen stehen vielmehr den Regierungsbaumeistern für jede Dienstreise die gesetzlichen Reisekosten und Tagegelder zu [1]), welche bei der vorgesetzten Dienstbehörde zu liquidiren sind.

§ 27. In Fällen, welche regelmäßig wiederkehrende Dienstreisen zwischen bestimmten Orten bedingen, können den mit der Erledigung besonderer Aufträge betrauten Regierungsbaumeistern Reisekostenbauschsummen auf Grund von Artikel III des Gesetzes vom 21. Juni 1897 gewährt werden. Gehört eine Dienstreise nicht zu denjenigen, für welche die Bewilligung der Bauschsumme erfolgt ist, so stehen dem Regierungsbaumeister für diese die gesetzlichen Tagegelder und Reisekosten zu, wogegen die **laufenden Tagegelder** in Wegfall kommen, während die **diätarischen** und die **fixirten** Monatsvergütungen fortgezahlt werden.

§ 28. Den Regierungsbauführern werden Tagegelder im Betrage von 6 Mk. gewährt [2]), wenn sie selbständig — an Stelle eines Regierungsbaumeisters — mit der örtlichen Leitung einer Bauausführung betraut sind.

Reisekostenbauschsummen können unter den im Artikel III des Gesetzes vom 21. Juni 1897 bezeichneten Voraussetzungen durch den Verwaltungschef und den Finanzminister festgesetzt werden (MinErl. vom 29. September 1897). [3])

---

[1]) Zu liquidiren nach § 1 Ziffer IV und § 4 Ziffer I. 1 und II. 1 des Gesetzes vom 21. Juni 1897.

[2]) Bei Reisen in Staatsdienstangelegenheiten 12 Mk. Tagegelder.

[3]) Siehe S. 35 Ziffer 3 d. W.

§ 29. Die den Regierungsbaumeistern und -Bauführern gewährten Reisekostenbauschsummen kommen im Falle einer mehr als dreitägigen Beurlaubung oder Erkrankung in Wegfall.

§ 41. Die Lokalbaubeamten sind nur dann befugt, Tagegelder und Reisekosten zu liquidiren, wenn sie Dienstgeschäfte außerhalb ihres Amtsbezirks ausgeführt haben. Bei Reisen im dienstlichen Interesse, deren Ziel außerhalb ihres Amtsbezirks gelegen ist, stehen ihnen die gesetzlichen Reisekosten für die **ganze** zurückgelegte Wegestrecke von ihrem dienstlichen Wohnsitze aus zu, falls die Entfernung des Reiseziels mindestens 2 km beträgt. Die Lokalbaubeamten sind jedoch nicht berechtigt, auf Grund des § 8 Abs. 1 des Gesetzes vom 24. März 1873 Tagegelder und Reisekosten zu liquidiren, wenn sie durch außergewöhnliche Umstände gezwungen wurden, zur Erledigung eines Dienstgeschäftes an einem Orte innerhalb ihres Amtsbezirks einen **Umweg** durch einen anderen Amtsbezirk zu nehmen. Ob alsdann den Lokalbaubeamten eine Entschädigung für den hierdurch veranlaßten Mehraufwand zu gewähren ist, bleibt in jedem einzelnen Falle der Entscheidung des Ministers der öffentlichen Arbeiten vorbehalten.

§ 42. Zu Dienstreisen der Lokalbaubeamten außerhalb ihres Amtsbezirks ist rechtzeitig vorher die Genehmigung des Ministers der öffentlichen Arbeiten nachzusuchen.

§ 43. Wegen der Gewährung von Tagegeldern und Reisekosten bei Wahrnehmung von Terminen zur landespolizeilichen Prüfung von Eisenbahnentwürfen sowie bei Enteignungen wird auf die Bestimmungen der Ministerialerlasse vom 14. September 1872 (MBl. f. d. i. V. S. 256) [1]) und vom 21. August 1873 (MBl. f. d. i. V. S. 278) verwiesen.

2, Den im Bereiche der allgemeinen Bauverwaltung im **Beamtenverhältniß** beschäftigten **Landmessern** und **technischen Sekretären** [2]) sind, soweit nicht eine Bauschalentschädigung gewährt wird, bei Reisen in Staatsdienstangelegenheiten und Versetzungen diejenigen Tagegelder und Reisekosten und, sofern sie eine etatsmäßige Stelle bekleiden, auch diejenigen Umzugskosten zu gewähren, welche die in der Verordnung vom 15. April 1876 (GS. S. 107) [3]) bezw. in dem Gesetz vom 24. Februar 1877 (GS. S. 15) im § 1 unter V aufgeführten Beamten erhalten.

Den **Königlichen Bauschreibern** [4]) und **technischen Büreauhülfsarbeitern** bei den Bauinspektionen sind unter den gleichen Voraussetzungen die a. a. O. für die unter VI aufgeführten Beamten vorgeschriebenen Vergütungen mit der Maßgabe zu gewähren, daß die Kosten für Dienstreisen der Königlichen Bauschreiber [4]) und Büreauhülfsarbeiter innerhalb des betreffenden Bauinspektionsbezirks von dem Lokalbaubeamten aus seiner Dienstaufwandsentschädigung zu bestreiten sind, und daß für Büreauhülfsarbeiter bei Versetzungen nur die Bewilligung der persönlichen Zureisekosten, nicht aber auch von Umzugskosten erfolgen darf (Erl. der Min. der ö. Arb. und der Fin. vom 2. August 1893, MBl. f. d. i. V. S. 258).

3, In der allgemeinen Bauverwaltung haben alle mittleren Beamten aus Anlaß von Dienstreisen nach Artikel I § 1 Ziffer VI des Gesetzes vom

---

[1]) Siehe S. 211 Ziffer 6 und 7.
[2]) Führen jetzt die Amtsbezeichnung „Regierungs-Bausekretäre“.
[3]) Jetzt Gesetz vom 21. Juni 1897.
[4]) Die Königl. Bauschreiber führen jetzt die Amtsbezeichnung „Bausekretäre“.

21. Juni 1897 (8 Mk.) und alle Unterbeamten nach dem Satze zu VIII a. a. O. (4 Mk.) Tagegelder und dementsprechend Reisekosten zu liquidiren. Ausgenommen hiervon sind die Büreauhülfsarbeiter, Bauschreiber, technischen Sekretäre und Landmesser, für die der Runderlaß vom 2. August 1893 (vorstehend unter Nr. 2 abgedruckt) maßgebend bleibt (Erl. der Min. der ö. Arb. und der Fin. vom 3. Februar 1898, III. 892 M. d. ö. A. / I. 1093 FM.).

4, Im Einverständniß mit dem Herrn Finanzminister bestimme ich unter Bezugnahme auf den Runderlaß vom 3. Februar 1898 vorbehaltlich der Festsetzung von Bauschvergütungen, daß den Bauhofsvorstehern der Gehaltsklasse von 2100 bis 4200 Mk. bei Dienstreisen Tagegelder nach Artikel I § 1 Ziffer V (12 Mk.) des Gesetzes vom 21. Juni 1897, den Bauhofsvorstehern der Gehaltsklasse von 1500 bis 2700 Mk. nach Ziffer VI (8 Mk.) a. a. O. und daneben die entsprechenden Reisekosten gewährt werden (Erl. d. Min. d. ö. A. v. 14. Januar 1902, MBl. f. d. i. V. S. 34).

5, Bei Dienstreisen zur landespolizeilichen Abnahme von Kleinbahnen sind die von diesen hierzu unentgeltlich zu stellenden Sonderzüge von den mit der Abnahme beauftragten Beamten zu benutzen, so daß auf diese Reisen die Bestimmung im Artikel II des Gesetzes vom 21. Juni 1897 (GS. S. 193) Anwendung findet (Erl. der Min. d. ö. Arb. und der Fin. vom 19. Oktober 1898, EVBl. S. 306, MBl. f. d. i. V. S. 229).

6, Bei Verrechnung der Diäten und Reisekosten, welche an Beamte für die Wahrnehmung von Terminen zur landespolizeilichen Prüfung eines Eisenbahnprojekts 2c. gezahlt worden sind, sowie bezüglich der Frage, ob den als Kommissarien der Regierung bei Expropriationsverhandlungen innerhalb ihres Kreises fungirenden Landräthen ein Anspruch auf Diäten und Reisekosten zustehe, ist bisher nicht von allen Regierungen ein gleichmäßiges Verfahren beobachtet worden. Zur Herbeiführung einheitlicher Grundsätze wird daher bestimmt, daß die erstgedachten Kosten, sofern es sich dabei um Termine zur landespolizeilichen Prüfung eines Eisenbahnprojekts oder zur landespolizeilichen Revision und Abnahme einer fertig gestellten Bahnstrecke vor der Betriebseröffnung handelt, auf fiskalische Fonds zu übernehmen, sofern es sich aber um Termine im Expropriationsverfahren handelt, von den Privateisenbahn-Unternehmern zu tragen sind. In den Fällen, wo der Staat selbst als Bauunternehmer auftritt, sind die erwachsenden Kosten stets auf fiskalische Fonds zu übernehmen.

In weiterer Ausdehnung dieses Grundsatzes wird es der Billigkeit entsprechend und nach den bestehenden Vorschriften als zulässig erachtet, den Landräthen für die Wahrnehmung von Terminen bei Expropriationsverhandlungen nicht allein für Eisenbahnbauten, sondern auch für Bergbauzwecke und sonstige Bauten innerhalb ihrer Kreise die reglementsmäßigen Diäten und Reisekosten zu gewähren, wenn die Expropriation zu Gunsten von Privatunternehmern stattfindet. Die Gewährung von Diäten und Reisekosten ist dagegen ausgeschlossen, wenn der Staat selbst oder die Kreiskorporation, welcher der betreffende Landrath vorsteht, der Unternehmer ist.

In gleicher Weise sind auch den mit einem Reisekostenaversum ausgestatteten Baubeamten die reglementsmäßigen Diäten und Reisekosten für Rechnung der Bauunternehmer zu gewähren, wenn dieselben zum Zweck von Straßen- und Wasser-, namentlich Kanalbauten, deren Unternehmer

Privatpersonen, Aktiengesellschaften, Gemeinden oder Kreiskorporationen sind, Expropriationstermine wahrnehmen.

Da die Stellung der Landräthe und Baubeamten es erfordert, daß dieselben wegen Zahlung derartiger Kosten nicht an die betreffenden Bauunternehmer gewiesen werden, so sind die bezüglichen Liquidationen von der Regierung (bei Expropriationen für Bergbauzwecke von dem Oberbergamte) festzusetzen, auf fiskalische Kassen anzuweisen und die gezahlten Beträge demnächst durch die Regierung (das Oberbergamt) von den zur Tragung dieser Kosten verpflichteten Unternehmern der betreffenden Bauten wieder einzuziehen (Erl. der Min. des Inn., der Fin. und f. H. u. G. 2c. vom 14. September 1872, MBl. f. d. i. V. S. 256).

7, Mit Bezug auf die Generalverfügung vom 14. September 1872, betreffend die den Beamten für Wahrnehmung von Terminen zur landespolizeilichen Prüfung eines Eisenbahnprojekts, oder zur landespolizeilichen Revision und Abnahme einer fertig gestellten Bahnstrecke vor der Betriebseröffnung zu zahlenden Diäten und Reisekosten, wird die Königliche Regierung davon in Kenntniß gesetzt, daß auch die Kosten derjenigen Amtshandlungen einer Staatsbehörde, durch welche **ein Termin** zur landespolizeilichen Prüfung eines Eisenbahnprojekts oder zur landespolizeilichen Revision und Abnahme einer Bahnstrecke vor deren Eröffnung **vorbereitet wird**, auf die Staatskasse zu übernehmen sind (Erl. der Min. des Inn., der Fin. und f. H. u. G. 2c. vom 21. August 1873, MBl. f. d. i. V. S. 278).

8, Die Baubeamten der allgemeinen Bauverwaltung sind nicht berechtigt, für die innerhalb ihres Dienstkreises wahrgenommenen Termine zur landespolizeilichen Prüfung von Eisenbahnprojekten und fertiggestellten Bahnstrecken, deren Kosten der Staatskasse zur Last fallen, Reisekosten und Tagegelder zu liquidiren (MinErl. v. 20. April 1893, MBl. f. d. i. V. 1900 S. 179, abgedruckt auf S. 110 d. W.).

9, Die Vorschriften über die den Staatsbeamten bei Dienstreisen zustehenden Reisekosten und Tagegelder sind auch auf die Gebührnisse der Baubeamten über die Ausführung von Reisen in **Nebengeschäften** anzuwenden (MinErl. vom 31. August 1886, III. 14835, Abs. 2, CBl. d. BV. 1886 S. 367).

10, Die Mitglieder eines Sielamts (Kreishauptmann und Bauinspektor) sind in solchen Be- und Entwässerungsangelegenheiten, bei denen der **Staat** die Kosten zu tragen hat, nicht berechtigt, für Termine innerhalb ihres Amtsbezirks besondere Diäten und Reisekosten zu liquidiren, da sie in der Bauschvergütung für amtliche Reisen innerhalb ihres Amtsbezirks die betreffende Entschädigung bereits erhalten (Erl. der Min. f. H., G. u. ö. Arb. und des Inn. vom 6. August 1872, MBl. f. d. i. V. S. 189).

11, Fiskalische Schlepp- und Bereisungsboote sowie sonstige Dienstfahrzeuge dürfen von den Baubeamten nur mit vorgängiger schriftlicher Genehmigung der betreffenden Oberpräsidenten (als Chefs der Strombauverwaltungen) bezw. Regierungspräsidenten zur Ausführung von Nebenarbeiten und nebenamtlichen Geschäften benutzt werden.

Sofern es sich um häufig wiederkehrende Fälle der Miterledigung von Nebengeschäften auf Dienstreisen handelt, kann diese Genehmigung auch für einen längeren Zeitraum im voraus gegeben werden; sie ist aber unter allen Umständen, also auch als Einzelgenehmigung, nur dann zu ertheilen, wenn eine andere Art des Reisens behufs Erledigung des

Nebengeschäfts unmöglich oder doch mit unverhältnißmäßigem Zeitverlust oder sonst mit erheblichen Weiterungen verknüpft sein sollte.

Diejenigen Baubeamten, welche in dieser Weise sich fiskalischer Fahrzeuge behufs Ausführung von Nebenarbeiten bedienen, haben alsdann die entstehenden Betriebskosten — für Kohlen, Schmiermaterial, Mannschaftslöhne 2c. — der Staatskasse zu erstatten. Die Erstattungspflicht erstreckt sich auf die gesammten Kosten der Reise, wenn diese ausschließlich einer Nebenarbeit wegen unternommen worden ist, während bei Miterledigung von Nebengeschäften auf dienstlichen Fahrten ein Kostenantheil, welcher der zeitlichen und örtlichen Verlängerung der Reise entspricht, von dem Baubeamten eingezogen werden muß; ein Betrag für Abnutzung des Fahrzeuges und Inventars ist dagegen nicht in Rechnung zu stellen.

Abweichungen von diesen Grundsätzen sind nur mit ministerieller Genehmigung zulässig.

Unter den Nebenarbeiten und nebenamtlichen Geschäften im Sinne der vorstehenden Bestimmungen sind jedoch diejenigen außerhalb des Bereichs der Bauverwaltung liegenden Dienstverrichtungen, welche von den Baubeamten für andere Zweige der Staatsverwaltung erledigt und deren Kosten aus Staatsmitteln bestritten werden, selbstverständlich nicht inbegriffen (MinErl. vom 16. März 1895, MBl. f. d. i. V. S. 126).

12, Die an Regierungsbaumeister und Regierungsbauführer bewilligten Reisekostenbauschsummen kommen während der Dauer einer mehr als dreitägigen Erkrankung sowie bei einer mehr als dreitägigen Beurlaubung in Wegfall (MinErl. vom 20. April 1897, MBl. f. d. i. V. S. 97).

13, Die Provinzialbehörden sind allgemein ermächtigt, den ihnen unterstellten Beamten der allgemeinen Bauverwaltung die Erlaubniß zur Ausführung von Dienstreisen, soweit letztere bisher noch an ministerielle Genehmigung gebunden waren, hinfort selbständig zu ertheilen.

Nur in denjenigen Fällen, in denen eine Dienstreise außerhalb Preußens, oder eine Studienreise, deren Kosten ganz oder theilweise aus dem Fonds Kap. 65 Tit. 20 des Etats zu decken sind, in Frage kommt, ist die Entscheidung des Ressortministers auch fernerhin einzuholen.

Abgesehen von den vorerwähnten Voraussetzungen erfolgt die Verrechnung der Reisekosten und Tagegelder nach dem Runderlasse vom 11. März 1898 III. 3088.[1])

Die Grundsätze und Bestimmungen hinsichtlich der Gewährung von Reisekostenbauschvergütungen werden durch diese Verfügung nicht berührt (MinErl. vom 23. Januar 1901, CBl. d. BV. S. 53).

14, Von der auswärtigen Verwendung der für den **Büreaudienst** bestimmten mittleren technischen Beamten ist — abgesehen von dem im Runderlasse vom 5. Juni 1896, III. 5847 II [siehe nachstehend] angegebenen Ausnahmefalle, in welchem die Reisekosten aus der Dienstaufwandsentschädigung des Lokalbaubeamten zu bestreiten sind — abzusehen (MinErl. vom 23. Januar 1901, CBl. d. BV. S. 53).

15, Mit der selbständigen Wahrnehmung von Dienstgeschäften im Auftrage und in Vertretung der Lokalbaubeamten sind grundsätzlich nur die denselben zur Unterstützung beigegebenen Regierungsbaumeister, dagegen die Bauschreiber bezw. Büreauhülfsarbeiter nur ausnahmsweise und nur in solchen Fällen zu betrauen, in denen es sich um geringfügige Arbeiten

---

[1]) MinBl. S. 82 ff.

handelt und ein amtlicher Verkehr mit anderen Behörden oder eine Verhandlung mit Privatpersonen nicht in Frage kommt.

Für die Kosten von Dienstreisen, welche von ihnen im Auftrage und in Vertretung der Lokalbaubeamten unternommen werden, sind die den letzteren zur Unterstützung beigegebenen Regierungsbaumeister von den Lokalbaubeamten aus ihrer Dienstaufwandsentschädigung schadlos zu halten. Kommt über die Höhe der Vergütung zwischen dem Lokalbaubeamten und dem Regierungsbaumeister eine Vereinbarung nicht zu Stande, so hat in jedem einzelnen Falle gemäß § 8 des Gesetzes vom 24. März 1873 (GS. S. 122) die vorgesetzte Dienstbehörde den Betrag der Entschädigung festzusetzen und dafür zu sorgen, daß dem Regierungsbaumeister jedenfalls die baaren Auslagen erstattet werden. — Reisekosten und Tagegelder nach den im § 1 unter IV der Allerhöchsten Verordnung vom 15. April 1876 (GS. S. 107)[1]) bestimmten Sätzen sind die Regierungsbaumeister zur Erstattung aus der **Staatskasse** zu liquidiren nur dann befugt, wenn sie den Lokalbaubeamten zur Erledigung eines **bestimmten** Auftrages (Bearbeitung von Projekten, Leitung von Bauausführungen rc.) überwiesen sind und ihnen nicht eine Reisekostenbauschsumme nach Maßgabe des Runderlasses vom 21. November 1886 (MBl. f. d. i. V. S. 250) gewährt werden sollte.

Den Bauschreibern und Büreauhülfsarbeitern sind, sofern sie ausnahmsweise mit der selbständigen Wahrnehmung auswärtiger Dienstgeschäfte beauftragt werden, von den Lokalbaubeamten aus ihrer Dienstaufwandsentschädigung diejenigen Tagegelder und Reisekosten zu gewähren, welche im § 1 unter VI der Allerhöchsten Verordnung vom 15. April 1876[1]) festgesetzt sind, wie dies in dem Runderlasse vom 2. August 1893 (MBl. f. d. i. V. S. 258)[2]) bereits angeordnet ist (MinErl. vom 5. Juni 1896, MBl. f. d. i. V. S. 113, CBl. d. BV. S. 261).

16, Werden Lokalbaubeamte in Streitigkeiten, bei denen eine Königliche Behörde betheiligt ist, von letzterer als Schiedsrichter berufen, so steht ihnen für die Abgabe des Schiedsspruches in der Regel keine Vergütung zu. Die Erstattung baarer Auslagen und die Gewährung **der gesetzlichen Reisekosten und Tagegelder, welche ihnen auch dann zustehen, wenn das Reiseziel in ihrem Amtsbezirke liegt,** sind als Vergütung in diesem Sinne nicht anzusehen (§ 52 der DA. d. BV.).

17, Die Ortspolizeibehörden, Landräthe, Kreis- und Bezirksausschüsse (§ 118 des Gesetzes über die allgemeine Landesverwaltung vom 30. Juli 1883, GS. S. 195) sind befugt, zur Erledigung der ihnen übertragenen Geschäfte der allgemeinen Landesverwaltung die Lokalbaubeamten durch Vermittelung der vorgesetzten Dienstbehörde in Anspruch zu nehmen.

Für diese Mitwirkung steht den Lokalbaubeamten eine Vergütung nicht zu. **Reisekosten und Tagegelder zu liquidiren sind sie nur dann befugt, wenn das Reiseziel nicht in ihrem Amtsbezirke liegt** (§ 92 der DA. d. BV., MinErl. vom 9. Mai 1874, Anh. z. DA. d. BV. S. 87, MinErl. vom 11. Dezember 1875, MBl. f. d. i. V. S. 255).

18, Sofern Lokalbaubeamte von den Landräthen in baupolizeilichen Angelegenheiten (MinErl. vom 4. April 1890, MBl. f. d. i. V. S. 64) in Anspruch

---

[1]) Jetzt des Gesetzes vom 21. Juni 1897.
[2]) Seite 210 Ziffer 2 d. E.

genommen werden, stehen ihnen Tagegelder und Reisekosten nicht zu (§ 93 Abs. 3 der DA. d. BV.).

19, Jeder Lokalbaubeamte hat ein **Tagebuch** über die ausgeführten Dienstreisen (mit Angabe des Tages, Zweckes und Ergebnisses der Reise) zu führen (§ 105 Ziffer 12 der DA. d. BV).

20, Werden Regierungsbaumeister vorübergehend außerhalb ihres Wohnortes beschäftigt, so stehen ihnen die von dem Minister der öffentlichen Arbeiten in jedem einzelnen Falle festzusetzenden Tagegelder für die Dauer der Beschäftigung nur insoweit zu, als ihnen auf Grund von Art. I des Gesetzes vom 24. August 1896 (GS. S. 173) monatlich im voraus zahlbare Vergütungen gewährt werden (§ 3 des Gesetzes vom 24. März 1873, GS. S. 122; MinErl. vom 5. Juni 1896, MBl. f. d. i. V. S. 113 und vom 22. Dezember 1896, Anh. zur DA. d. BV. S. 285).

21, Den Lokalbaubeamten, welche sich ein zum dienstlichen Gebrauche bestimmtes eigenes Fuhrwerk halten, wird ein Zuschuß von jährlich 360 Mk. zu ihrer Dienstaufwandsentschädigung gewährt (§ 38 Abs. 2 der DA. d. BV. und MinErl. v. 20. April 1874, Anh. zur DA. d. BV. S. 86).

Zusammenstellung der Bestimmungen über die Gewährung von Beköstigungs- und Uebernachtungsgeldern an Beamte der allgemeinen Bauverwaltung. MinErl. vom 31. März 1900 (MBl. f. d. i. V. S. 124).

1, Beköstigungs- und Uebernachtungsgelder werden in der allgemeinen Bauverwaltung an mittlere und Unterbeamte des Außendienstes gezahlt, die durch ihre Dienstgeschäfte häufig zu längerer Abwesenheit von ihrem Wohnsitze gezwungen sind und der Regel nach keinen Anspruch auf den Bezug der gesetzlichen Reisekosten und Tagegelder für die auswärtige Beschäftigung haben.

Die Beköstigungs- und Uebernachtungsgelder stellen eine Entschädigung für den Mehraufwand dar, den die dienstliche Thätigkeit außerhalb des Stationsortes für die Beamten mit sich bringt.

Nach den Bedingungen, unter denen die Entschädigungen zu zahlen sind, zerfallen die bezugsberechtigten etatsmäßigen Beamten in 3 Gruppen.

I. Die Angehörigen der ersten erhalten die Beköstigungsentschädigung bei dienstlicher Beschäftigung außerhalb ihres Stationsortes aber innerhalb des ihnen zugewiesenen besonderen Dienstbezirks für jeden Tag, an dem sie zur Erledigung ihrer Obliegenheiten gezwungen waren, mindestens 8 Stunden ununterbrochen von ihrem Stationsorte — ganz gleich ob in größerer oder geringerer Entfernung — abwesend zu sein. Waren die Beamten gleichzeitig genöthigt, die Nacht auswärts — im Nachtquartier oder bei der Arbeit — zu verbringen, so ist ihnen eine erhöhte Entschädigung für Tag und Nacht zusammen zu bewilligen. Die Beamten, denen unter den gekennzeichneten Voraussetzungen Beköstigungs- und Uebernachtungsgelder zustehen, sind

die Beamten des Strom-, Dünen-, Hafen- 2c. Aufsichtsdienstes, insbesondere die bautechnischen Oberbauwarte am Dortmund-Ems-Kanal, die Wasserbauwarte, die Strommeister und Dünenbeamten, Buhnen- und Pflanzungsaufseher, Pflanzungsaufseher, Buschwärter, Schleusenmeister mit Aufsichtsbezirken, der Lagerhofverwalter in Czarnikau, sofern er bei auswärtigen Dienstleistungen zur Hin- und Rückreise strombaufiskalische Fahrzeuge benutzen kann, der Wehr- und Schleusenmeister am Netzestau II im Regierungsbezirke Bromberg, die Hafenbauaufseher in Memel und Neutief 2c.

Von diesen Beamten erhalten:

	an Beköstigungsentschädigung täglich: Mk.	an Beköstigungs- und Uebernachtungs-Entschädigung für den Tag und die Nacht zusammen: Mk.
Die Buschwärter der Weichselstrombauverwaltung und die Pflanzungsaufseher im Regierungsbezirk Posen	0,50	1
Der Hafenpflanzungsaufseher in Swinemünde bei Beschäftigung auf dem linken Swineufer	0,50	—
bei sonstiger auswärtiger Beschäftigung	1	—
alle übrigen Beamten mit Ausnahme der Oberbauwarte	1	2
die Oberbauwarte	3	5

Den Buschwärtern darf auch für jede Nacht, in der sie mit nothwendigen Patrouillen beschäftigt sind, eine Vergütung von 50 Pf. gezahlt werden.

Die Provinzial- und Lokalbehörden haben auf die genaue Beachtung der gegebenen Vorschriften zu halten und Mißbräuche in dem Bezuge der Entschädigungen zu verhindern.

Bei Dienstreisen über ihren Dienstbezirk hinaus stehen diesen Beamten statt der Beköstigungs- und Uebernachtungs-Entschädigungen die gesetzlichen Reisekosten und Tagegelder zu. Für längere Kommissorien, z. B. wenn einem Strommeister mangels einer anderen geeigneten Persönlichkeit die Vertretung eines benachbarten Strommeisters übertragen werden muß, ist mit dem betreffenden Beamten eine angemessene Bauschvergütung zu vereinbaren, die an die Stelle der gesetzlichen Bezüge tritt und deren Höhe nicht erreichen darf. Meine Genehmigung ist hierzu nicht erforderlich.

Beschäftigungen dieser Beamten außerhalb ihres eigenen Dienstbezirks sind aber, sofern damit Ausgaben für die Staatskasse verknüpft sind, nur in den Fällen eines unabweisbaren Bedürfnisses zulässig.

II. Die zweite Gruppe umfaßt die Beamten auf Baggern und Dampfern.[1] Diese Beamten, für die im Gegensatz zu den vorbezeichneten ein fest abgegrenzter Dienstbezirk nicht anerkannt werden kann, selbst wenn sie regelmäßig nur im Bereiche einer bestimmten Bauinspektion beschäftigt werden, erhalten, sobald sie auf einem fiskalischen Fahrzeuge auswärts dienstlich beschäftigt sind, in Entfernungen vom amtlichen Wohnsitze

unter 2 km	von 2 bis einschl. 15 km	15 km und darüber
	während der Abwesenheit vom Wohnorte	
keine Entschädigung.	vom zweiten auf den Tag der Abreise folgenden Tage (also vom dritten Tage der Abwesenheit) ab täglich 50 Pf.	für den Tag nach der Abreise 50 Pf., für jeden folgenden Tag (also vom dritten Tage der Abwesenheit ab täglich) 1 Mk.

[1]) Das den Beamten der Bauverwaltung auf Baggern und Dampfern zu gewährende

Befinden sich die Beamten bei der auswärtigen Dienstthätigkeit bald über bald unter 15 km vom Stationsorte entfernt, ohne an diesen zurückzukehren, so erhalten sie für die Tage, an denen sie nicht bis 15 km entfernt gewesen sind (ohne Rücksicht darauf, ob sie die 2 km Grenze überschritten haben oder nicht) 50 Pf. täglich, sofern es sich nicht um Tage handelt, die als erste Tage nach der Abreise entsprechend den obigen Bestimmungen entschädigungsfrei sind. Wenn beispielsweise ein Baggermeister in den 4 ersten Tagen nach der Abreise unter 2 km vom Stationsorte thätig war, am 5. Tage bis 18 km gelangte, am 6. dort arbeitete und demnächst nach 1,5 km aber nicht an den Stationsort selbst zurückkehrte, am 7. Tage bei 1,5 km beschäftigt war und am 8. sich bis 10 km entfernte, so erhält er für die 4 ersten Tage nach der Abreise keine Beköstigungsentschädigung, für den 5. und 6. Tag je 1 Mk., für den 7. und 8. je 50 Pf.

Bei der Feststellung der Entfernungen sind die entsprechenden allgemeinen Bestimmungen über die Berechnung der Reisekosten der Staatsbeamten zu beachten.

Die Sätze von 50 Pf. und 1 Mk. gelten für jede auswärtige Dienstthätigkeit, also auch in den Fällen, in denen die Beamten auf irgend einem baufiskalischen Fahrzeuge außerhalb ihres gewöhnlichen Stationsbezirkes verwendet werden. Nur dann, wenn in solchen Fällen der Nachweis geführt werden kann, daß den Beamten ein Mehraufwand erwachsen ist, der die regelmäßigen Sätze als eine ungenügende Entschädigung erscheinen läßt, würde ich auf besonderen Antrag bereit sein zu genehmigen, daß eine höhere Entschädigung gezahlt wird. Vor der Berichterstattung ist dieser Nachweis genau zu prüfen, damit nicht ungerechtfertigte Anträge zur Vorlage gelangen, die in der Hauptsache darauf abzielen, den betreffenden Beamten eine die Auslagen übersteigende Zuwendung zu verschaffen. Der Entfernung des Reiseziels oder der Arbeitsstelle wird hierbei keine besondere Bedeutung beizulegen sein, namentlich nicht bei Reisen von kurzer Dauer, zumal die Beamten bei der Möglichkeit, an Bord zu übernachten und zu speisen, von dem Orte des Aufenthalts ziemlich unabhängig sind und es meistens keinen wesentlichen Unterschied ausmacht, wo sie ihre Lebensmittel einkaufen.

Sollten die Beamten bei der auswärtigen Beschäftigung aus besonderen Gründen gezwungen sein, anstatt auf den mit Schlafvorrichtungen versehenen Fahrzeugen anderweitig zu übernachten, so tritt an die Stelle der Beköstigungsentschädigungen von 50 Pf. und 1 Mk. eine Gesammtentschädigung von 3 Mk. für die mittleren Beamten und für die Unterbeamten eine solche von 1 Mk. 50 Pf. für Tag und Nacht zusammen.

Der Berechnung der Beköstigungsentschädigung ist die Zeit des dienstlichen Verlassens des Wohnorts und der dienstlichen Rückkehr zu Grunde zu legen. Bleibt das Fahrzeug des Beamten auf der Arbeitsstelle, so wird die Zahlung der Entschädigung dadurch nicht berührt, daß der Beamte sich aus privaten Anlässen in einzelnen Fällen abends nach Hause begiebt und am nächsten Morgen an den Ort seiner Thätigkeit zurückkehrt. Insbesondere hat die lediglich durch Sonn- und Feiertage herbeigeführte Unterbrechung des Betriebes der auswärts verwendeten Schiffe ꝛc. auf die Berechnung

---

Beköstigungsgeld für auswärtige Dienstthätigkeit ist vom 1. April 1901 ab anderweit festgesetzt (vergl. den nachstehend unter Ziffer 2 abgedruckten MinErl. v. 18. Februar 1901).

der Beköstigungsentschädigung keinen Einfluß; letztere wird vielmehr auch dann weiter gezahlt, wenn das Personal der auswärts verbliebenen Fahrzeuge die Feiertagsruhe zu einer vorübergehenden Anwesenheit am Wohnorte oder Stationsorte benutzt.

Selbst die Rückkehr der Fahrzeuge an den Stationsort unterbricht die Zahlung der Beköstigungsentschädigung nur dann, wenn den Beamten vor der neuen Ausfahrt die Möglichkeit geboten war, sich für die nächsten Tage aus ihrer Wirthschaft mit Lebensmitteln zu versorgen. Allgemeine Regeln darüber, unter welchen Voraussetzungen diese Möglichkeit als vorliegend anzunehmen ist, lassen sich nicht aufstellen, weil es dabei zu sehr auf Dauer und Tageszeit des Aufenthalts, Entfernungen und sonstige örtliche oder dienstliche Verhältnisse ankommt. Die Entscheidung muß daher in den einzelnen Fällen den betheiligten Behörden überlassen bleiben.

Wird ein Beamter auf längere Zeit in den Bezirk einer anderen **Provinzialbehörde** abgegeben und erscheinen die regelmäßigen Entschädigungssätze bei sorgfältiger Prüfung nicht als ausreichende Vergütung, so ist erforderlichenfalls mit ihm ein angemessener Zuschuß zu vereinbaren und meine Genehmigung einzuholen.

Für Dienstreisen, die Dampfer- und Baggerbeamte nicht auf einem fiskalischen Schiffe ausführen, sind ihnen die gesetzlichen Reisekosten und Tagegelder zu bewilligen. Beispielsweise werden diese einem Schiffsführer, der eine Dienstreise mit der Eisenbahn nach einer Werft unternimmt, um von dort ein Schiff zurückzuführen, für die Hinreise zu gewähren sein, während er für die Rückfahrt auf dem Schiffe nur die Beköstigungsentschädigung erhalten darf, sofern deren Zahlung bestimmungsgemäß zulässig ist. Für ihre Berechnung würde der Tag der Hinreise als erster Tag der Abwesenheit vom Wohnorte anzusehen sein. Ebenso würden einem Beamten anläßlich einer Reise zu Schiff behufs dessen Ablieferung auf einem Bauhofe für die Hinreise die Beköstigungsentschädigung, für die Rückreise ohne Schiff die gesetzlichen Reisekosten nebst Tagegeld zustehen.

Die Beamten auf Baggern und Dampfern sind übrigens nur, wenn dies unbedingt erforderlich ist, außerhalb ihres Stationsortes zur Beaufsichtigung von Reparaturen ꝛc. an ihren Fahrzeugen heranzuziehen und nicht länger als nothwendig auf den Bauhöfen zu belassen. In der Regel wird der Bauhofsvorsteher die Ausbesserungs- ꝛc. Arbeiten ohne ihren Beistand leiten können und dürfte es genügen, wenn sie die Fahrzeuge abliefern und abholen. Sollte es sich ausnahmsweise einmal nicht vermeiden lassen, einen Beamten längere Zeit nach einem Bauhofe zu entsenden, so würde, wenn die gewöhnlichen Beköstigungs- und Uebernachtungsgelder keine ausreichende Entschädigung bieten, mit ihm eine angemessene Bauschvergütung für die Hin- und Rückreise sowie für die Zeit des Verbleibens auf dem Bauhofe zu vereinbaren und meine Genehmigung einzuholen sein.

Die Ausgaben an Beköstigungs- und Uebernachtungsgeldern beider voraufgeführten Gruppen von etatsmäßigen Beamten sind bei Kapitel 65 Titel 13 des Etats der Bauverwaltung zu verrechnen auf Grund von vierteljährlichen Liquidationen, die alle maßgebenden Umstände (Zweck und Dauer der jedesmaligen Abwesenheit vom Stationsorte, die zurückgelegten Entfernungen, erforderlichenfalls Uebernachtung ꝛc.) ersichtlich machen, von den den Liquidanten vorgesetzten Baubeamten bescheinigt und von den Provinzialbehörden mit Zahlungs-Anweisung versehen sein müssen.

III. Die die 3. Gruppe bildenden etatsmäßigen Beamten — die Stackmeister — sind hier nur wegen des Bezuges von Uebernachtungsgeld — vergl. den letzten Absatz dieses Abschnittes — zu erwähnen. Sie erhalten zwar neben ihrem festen Diensteinkommen zeitweilig auch noch eine besondere Entschädigung aus Kapitel 65 Titel 13 des Etats; indessen ist diese Vergütung nicht als eine Beköstigungsentschädigung, sondern als ein Tagelohn oder Tagegeld anzusehen, das die hauptsächlichen Einkünfte dieser Beamten ausmacht. Es wird ihnen für jeden Tag gezahlt, den sie bei der Ausführung von Bauarbeiten in der Bauverwaltung — ganz gleich ob an ihrem Stationsorte oder außerhalb desselben — beschäftigt sind und beträgt im Mindestsatze 2 Mk., im Höchstsatze 4 Mk., innerhalb welcher Grenzen die Provinzialbehörden für die einzelnen Beamten nach pflichtmäßigem Ermessen selbständig anweisen. Auch den aus Anlaß von Bauausführungen mit schriftlichen Arbeiten an ihrem Wohnorte dienstlich beschäftigten Stackmeistern ist das Tagegeld — in der Regel aber nicht der Höchstsatz — zu gewähren.

Sind die Beamten anläßlich solcher Mitwirkung bei der Ausführung von Bauarbeiten infolge größerer Entfernung der Baustelle von ihrem Stationsorte genöthigt, auswärts — im Nachtquartier oder bei der Arbeit — zu übernachten, so erhalten sie noch das oben erwähnte Uebernachtungsgeld von 1 Mk. für die Nacht aus Kapitel 65 Titel 13 des Etats.

IV. Auch den außeretatsmäßigen Beamten, die in derselben Weise wie die vorbezeichneten etatsmäßigen beschäftigt werden, dürfen Beköstigungs- und Uebernachtungsgelder bis zur Höhe der den etatsmäßigen Beamten zugestandenen Sätze unter den gleichen Bedingungen gezahlt werden, sofern nicht bei der Festsetzung ihrer Remunerationen oder ihres Lohnes bereits auf die auswärtige Thätigkeit Rücksicht genommen ist. Zur Ueberschreitung jener Sätze bedarf es meiner Genehmigung genau so wie für die etatsmäßigen Beamten.

Die Beköstigungs- und Uebernachtungsgelder der außeretatsmäßigen Beamten sind bei den Fonds zu verausgaben, aus denen die Remunerationen oder Löhne dieser Hülfskräfte bestritten werden.

V. Für Lohnarbeiter und im privaten Vertragsverhältnisse beschäftigtes Personal bleibt die Regelung den Provinzialbehörden überlassen, sofern nicht in Einzelfällen von hier aus besondere Anweisungen ergangen sind oder ergehen. Es ist aber darauf zu halten, daß derartige Personen auch in diesen Bezügen der Regel nach nicht besser gestellt werden, als die mit ihnen auf gleicher Stufe stehenden Beamten. Abweichungen sind nur zulässig, wenn besondere Verhältnisse sie rechtfertigen, meiner Genehmigung bedarf es dazu nicht.

2, Im Einverständniß mit dem Herrn Finanzminister bestimme ich Folgendes: Den Beamten der Bauverwaltung auf Baggern und Dampfern wird vom 1. April d. Js. ab Beköstigungsgeld für auswärtige Dienstthätigkeit allgemein erst vom dritten Tage der Abwesenheit (vom zweiten auf den Tag der Abfahrt folgenden Tage) ab gewährt und zwar stets nach dem Satze von 1 Mk. für den Tag, ohne Rücksicht auf die (mindestens aber 2 km betragende) Entfernung der Arbeitsstelle. Für auswärtige Thätigkeit in einer Entfernung von weniger als 2 km vom amtlichen Wohnsitze der Beamten ist nach wie vor kein Beköstigungsgeld zu zahlen.

Beispiele:

1, Ein Baggermeister, der 8 Tage lang (einschl. des Abfahrtstages) in einer Entfernung von 3 km thätig ist, erhält für diese Beschäftigung nicht mehr wie früher 6 × 0,50 Mk. = 3 Mk., sondern 6 Mk.

2, Wenn der Beamte am Abfahrtstage bis 20 km Entfernung gelangt und dort bis zur Rückkehr in den Stationsort 10 weitere Tage ver-verbleibt, so sind ihm 9 × 1 Mk. = 9 Mk., anstatt wie bisher 0,50 Mk. + 9 × 1 Mk. = 9 Mk. 50 Pf. zu zahlen.

3, Ein Baggermeister, der in den 4 ersten Tagen nach der Abreise unter 2 km vom Stationsorte thätig ist, am 5. Tage bis 18 km gelangt, am 6. dort arbeitet und demnächst nach 1,5 km, aber nicht an den Stationsort selbst zurückkehrt, am 7. Tage bei 1,5 km beschäftigt ist und am 8. sich bis 10 km entfernt, erhält vom 1. April d. Js. ab für die 4 ersten Tage nach der Abfahrt kein Beköstigungsgeld, für die folgenden Tage je 1 Mk. Die Bestimmungen der Zusammenstellung vom 31. März 1900 (MBl. f. d. i. V. S. 124) bleiben im übrigen unverändert (Erl. des Min. d. ö. Arb. vom 18. Februar 1901, MBl. f. d. i. V. 1902 S. 18, CBl. d. BV. 1901 S. 101).

Regulativ,

betreffend die Remuneration der Spezialbaukassenrendanten bei öffentlichen Bauten der Civilverwaltung. Vom 26. November 1853 (MBl. f. d. i. V. 1854 S. 82).

§ 1—3 2c.

§ 4 (in der Fassung des Allerh. Erlasses vom 25. Juli 1873, MBl. f. d. i. V. S. 276). Außerdem werden für Reisen nach der Baustelle bewilligt:

a, Fuhrkosten nach dem Gesetze vom 24. März 1873 (GS. S. 122) 1 Thlr. für die Meile auf Landwegen [1]), 7½ Sgr. für die Meile auf Eisenbahnen oder Dampfschiffen [2]) und 20 Sgr. für jeden Ab- und Zugang [1]);

b, Diäten, wenn die Baustelle weiter als eine Meile [3]) von dem Wohnorte des Rendanten entfernt ist, von 2 Thlr. [3])

Die Liquidation des Rendanten über Reisen nach der Baustelle ist von dem betreffenden Baubeamten dahin zu bescheinigen, daß die Zahlung auf der Baustelle nothwendig gewesen und erfolgt ist.

Dem Verwaltungschef, in dessen Ressort der Bau ausgeführt wird, bleibt überlassen, bei Entfernungen unter ⅕ Meile [4]), wofür nach dem Gesetze vom 24. März 1873 Fuhrkosten nicht liquidirt werden dürfen, zur Erstattung der baaren Auslagen für den sicheren Transport des Geldes bis zur Baustelle angemessene Vergütungen zu bewilligen.

§§ 5 und 6 2c.

1, Bei Ausführung von **Rundreisen** nach den Baustellen haben die Spezialbaukassenrendanten nur dann Anspruch auf Gewährung von Tagegeldern, wenn eine der besuchten Baustellen über 7½ km von deren Wohnort entfernt ist (Erl. der Min. d. ö. Arb. und der Fin. vom 24. Mai 1893, MBl. f. d. i. V. 1895, S. 130).

---

[1]) Nach Einführung der Markwährung und Aufhebung der Metermeile (vergl. MinErl. v. 14. Juli 1874, MBl. f. d. i. V. S. 186) 40 Pf. für das Kilometer auf Landwegen und 2 Mk. für jeden Ab- und Zugang.

[2]) Siehe den MinErl. v. 12. Februar 1898, MBl. f. d. i. V. S. 44, S. 221 Ziffer 4 d. W.

[3]) 7½ km — 6 Mk. [4]) unter 2 km.

2, Die Liquidationen der Spezialbaukassenrendanten sind in jedem Jahre **vor dem Finalabschlusse** zur Festsetzung und Anweisung zu bringen (Erl. der Min. für Handel rc. und der Fin. vom 5. Februar 1875, III. 22022 M. f. H. / IV. 827 FM.).

3, Die Verordnung, betreffend die Reisekosten der Beamten bei der Revision von Eisenbahnstrecken und in Strombefahrungsangelegenheiten vom 7. Januar 1876 (GS. S. 31)[1]) findet auf die von den Spezialbaukassenrendanten zur Wahrnehmung von Zahlungsterminen unternommenen Dienstreisen analoge Anwendung (Erl. der Min. d. ö. A. und der Fin. vom 18. April 1892, M. d. ö. A. 3639 / FM. I. 2552).

4, Seit dem 1. Oktober 1897 steht den Spezialbaukassenrendanten in Gemäßheit der Bestimmung im Art. V Abs. 1 des Gesetzes vom 21. Juni 1897 (GS. S. 193) statt der in dem Allerh. Erlasse vom 25. Juli 1873 für Reisen auf Eisenbahnen oder Dampfschiffen festgesetzten Fuhrkosten von 7 $^1/_2$ Sgr. (75 Pfg.) für die Meile nur der für Subalternbeamte der Provinzial-, Kreis- und Lokalbehörden und andere Beamte gleichen Ranges im Art. I § 4 unter I Nr. 2 des obigen Gesetzes bestimmte Satz von 7 Pf. für das Kilometer zu.

Wegen der Tagegelder der Spezialbaukassenrendanten verbleibt es bei der Bestimmung unter b des erwähnten Allerh. Erlasses, wonach für Reisen nach der Baustelle, wenn letztere weiter als eine Meile von dem Wohnorte des Rendanten entfernt ist, 2 Thlr. (6 Mk.) zu liquidiren sind. Von einer Erhöhung kann umsomehr abgesehen werden, als nur der im Art. I § 1 unter VI des Gesetzes vom 21. Juni 1897 bestimmte Satz von 8 Mk. in Frage käme, andererseits aber die im Absatz 2 und 3 daselbst enthaltene Bestimmung wegen der Ermäßigung für Reisen, welche an ein und demselben Tage angetreten und beendet werden oder für solche, welche sich auf 2 Tage erstrecken und innerhalb 24 Stunden beendet werden, Platz greifen müßte, so daß ein Vortheil für die Spezialbaukassenrendanten mit dieser Aenderung nicht verbunden wäre (MinErl. vom 12. Februar 1898, MBl. f. d. i. V. S. 44).

5, Den mit der Verwaltung einer Spezialbaukasse betrauten Königl. Rentmeistern stehen Reisekosten und Tagegelder für Reisen nach der Baustelle nur nach Maßgabe des Allerh. Erlasses vom 25. Juli 1873 bezw. des Ministerialerlasses vom 12. Februar 1898 (siehe vorstehend) zu. Auch können die mit der Verwaltung solcher Kassen betrauten Privatpersonen für Reisen auf Eisenbahnen oder Dampfschiffen nur 7 Pf. für das Kilometer beanspruchen (MinErl. vom 12. Februar 1898 Abs. 3, Anh. zur DA. d. BV. S. 302).

Staatliche Unfallversicherung.

1, Die Vertreter der Arbeiter und deren Ersatzmänner, sowie die gewählten Beisitzer zum Schiedsgericht der staatlichen Unfallversicherung und deren Stellvertreter erhalten aus Anlaß ihrer Dienstleistungen:

1, den entgangenen Arbeitsverdienst nach dem Lohneinkommen (Tagesverdienste), mit welchem sie zu den Krankenkassen veranlagt sind; außerdem die am Orte der Dienstleistung Wohnhaften als Ersatz für Zehrungskosten und sonstige Auslagen 1 Mk., die Auswärtigen 4 Mk. für jeden Tag;

---

[1]) Siehe S. 25 Ziffer 16 d. W.

2, als Reisekostenentschädigung, sofern sie von ihrem Wohnorte bis zum Verhandlungsorte mehr als 2 km zurückzulegen haben:

a, bei Fahrten auf Eisenbahnen oder Dampfschiffen 5 Pf. und bei Fahrten mit der Post 10 Pf. für jedes Kilometer sowohl der Hin- wie der Rückreise,

b, bei Reisen, welche nicht auf Eisenbahnen oder Dampfschiffen oder mit der Post zurückgelegt werden können, 20 Pf. für jedes Kilometer sowohl der Hin- wie der Rückreise, unter Zugrundelegung der kürzesten postmäßig fahrbaren Straßenverbindung.

Die Feststellung der von den Beisitzern zum Schiedsgericht und deren Stellvertretern aufgestellten Rechnungen über die ihnen zu leistenden Vergütungen erfolgt durch den Vorsitzenden des Schiedsgerichts. Die Anweisung dieser sowie die Festsetzung und Anweisung der den Vertretern der Arbeiter und deren Ersatzmännern zu gewährenden Vergütungen liegt dem Oberpräsidenten bezw. dem Regierungspräsidenten am Sitze des Schiedsgerichts ob (Abschnitt XIII der Ausführungsvorschriften für die staatliche Unfallversicherung vom 4. Januar 1892, MBl. f. d. i. V. S. 50, Anh. z. DA. d. BV. S. 203).

2, Die zur Wahl der Schiedsgerichtsbeisitzer erschienenen Vertreter der Arbeiter erhalten auf Anweisung des Oberpräsidenten, Regierungspräsidenten ꝛc. nach den in den Ausführungsvorschriften unter Ziffer XIII [1]) bestimmten Sätzen Ersatz für nothwendige baare Auslagen und entgangenen Arbeitsverdienst. Die dieserhalb aufzustellenden Liquidationen sind nach Schluß des Wahltermins von dem Leiter der Wahl hinsichtlich der in Ansatz zu bringenden Tage und zurückgelegten Entfernungen auf ihre Richtigkeit zu prüfen, von einem Rechnungsbeamten als rechnerisch richtig zu bescheinigen und dann sofort an den betreffenden Oberpräsidenten, Regierungspräsidenten ꝛc. zur Zahlungsanweisung einzusenden. Es ist Vorsorge zu treffen, daß die bezüglichen Vergütungen den Empfangsberechtigten, soweit angängig, noch am Tage der Wahl gezahlt werden (§ 15 des Wahlregulativs für die staatliche Unfallversicherung im Bereich der allgemeinen Bauverwaltung vom 22. November 1895, MBl. f. d. i. V. 1896 S. 9, Anh. z. DA. d. BV. S. 276).

3, Wird es unter besonderen Umständen für erforderlich erachtet, bei den auf Grund des § 64 des Gewerbeunfallversicherungsgesetzes zu führenden ortspolizeilichen Unfalluntersuchungen Beamte an Ort und Stelle als Zeugen zu vernehmen, so sind ihnen für die aus diesem Anlasse auszuführenden Reisen die bestimmungsmäßigen Reiseentschädigungen zu gewähren (Erl. d. Min. d. ö. Arb. v. 3. September 1902, EVBl. S. 463).

IX. Haus der Abgeordneten.

Gesetz, betreffend die Reisekosten und Diäten der Mitglieder des Hauses der Abgeordneten. Vom 30. März 1873 (GS. S. 175).

(In der Fassung des Gesetzes vom 24. Juni 1876, GS. S. 345.)

Wir Wilhelm, von Gottes Gnaden König von Preußen ꝛc., verordnen zur Ausführung des Artikels 85 der Verfassungsurkunde vom 31. Januar 1850, mit Zustimmung beider Häuser des Landtages der Monarchie, was folgt:

---

[1]) Siehe vorstehend Ziffer 1.

§ 1. Die den Mitgliedern des Hauses der Abgeordneten zustehenden Reisekosten und Diäten werden nach den folgenden Sätzen gewährt:

I. die Reisekosten, einschl. der Kosten der Gepäckbeförderung,

1, bei Reisen, welche auf Eisenbahnen oder Dampfschiffen gemacht werden können, für das Kilometer mit 13 Pf. und für jeden Zu- und Abgang mit 3 Mk.,

2, bei Reisen, welche nicht auf Eisenbahnen oder Dampfschiffen zurückgelegt werden können, für das Kilometer mit 60 Pf.

II. die Diäten mit 15 Mark für den Tag.

§ 2. Hinsichtlich der Berechnung der Reisekosten finden die bezüglich der Reisekosten der Staatsbeamten geltenden Vorschriften Anwendung.

Urkundlich 2c.

X. Gesandtschaftliche Beamte.

1, Verordnung, betreffend die Tagegelder, die Fuhrkosten und die Umzugskosten der gesandtschaftlichen Beamten. Vom 1. Mai 1879 (GS. S. 351).

Wir Wilhelm, von Gottes Gnaden König von Preußen 2c., verordnen auf Grund des Artikels II des Gesetzes vom 28. Juni 1875 (GS. S. 370) und des § 11 des Gesetzes vom 24. Februar 1877 (GS. S. 15), was folgt:

Einziger Artikel.

Auf die Bemessung der Tagegelder, der Fuhrkosten und der Umzugskosten der **Preußischen** gesandtschaftlichen Beamten finden die Bestimmungen der Verordnung, betreffend die Tagegelder, die Fuhrkosten und die Umzugskosten der gesandtschaftlichen und Konsularbeamten des Reichs, vom 23. April 1879 (Reichsgesetzbl. S. 127)[1]) entsprechende Anwendung.

Urkundlich 2c.

2, Verordnung, betreffend die Abänderung der Bestimmungen über die Tagegelder der gesandtschaftlichen Beamten. Vom 28. März 1881 (GS. S. 276).

Wir Wilhelm, von Gottes Gnaden König von Preußen 2c., verordnen auf Grund des Artikels II des Gesetzes vom 28. Juni 1875 (GS. S. 370) unter Abänderung der Bestimmungen der Verordnung, betreffend die Tagegelder, die Fuhrkosten und die Umzugskosten der gesandtschaftlichen Beamten, vom 1. Mai 1879 (GS. S. 351), was folgt:

Einziger Artikel.

Auf Fälle der kommissarischen Beschäftigung von Preußischen gesandtschaftlichen Beamten außerhalb ihres Amtssitzes finden die Bestimmungen der Verordnung vom 7. Februar 1881 wegen Abänderung der Verordnung, betreffend die Tagegelder, die Fuhrkosten und die Umzugskosten der gesandtschaftlichen und Konsularbeamten des Reichs, vom 23. April 1879 (RGBl. von 1881 S. 27)[2]) entsprechende Anwendung.

Urkundlich 2c.

---

[1]) S. 224 Ziffer 3 d. W. [2]) Siehe die Anm. zu § 3 und den in Klammern beigefügten Vermerk zu der auf S. 224 abgedruckten Verordnung vom 23. April 1879.

3. Verordnung, betreffend die Tagegelder, die Fuhrkosten und die Umzugskosten der gesandtschaftlichen und Konsularbeamten. Vom 23. April 1879 (RGBl. S. 127).

(In der Fassung der Verordnung vom 7. Februar 1881 — RGBl. S. 27.)

Wir Wilhelm, von Gottes Gnaden Deutscher Kaiser, König von Preußen &c., verordnen im Namen des Reichs, auf Grund des § 18 des Gesetzes, betreffend die Rechtsverhältnisse der Reichsbeamten, vom 31. März 1873 (RGBl. S. 61) im Einvernehmen mit dem Bundesrath, was folgt:

§ 1. Die etatsmäßigen gesandtschaftlichen und Konsularbeamten erhalten bei Dienstreisen Tagegelder nach den folgenden Sätzen:

	außerhalb des Reichsgebiets Mk.	innerhalb des Reichsgebiets Mk.
I. Die Botschafter	40	30
II. Die außerordentlichen Gesandten und bevollmächtigten Minister	30	24
III. Die Ministerresidenten, die ständigen Geschäftsträger, die Generalkonsuln und die ersten Botschaftssekretäre	25	18
IV. Die übrigen Botschaftssekretäre, die Legationssekretäre, die Konsuln, die Vizekonsuln, die Dolmetscher und Dragomans und die Gesandtschaftsprediger	20	12
V. Die Kanzleivorsteher und Kanzlisten bei den Gesandtschaften, die Kanzler, Kassirer, Registratoren und Sekretäre bei den Konsulaten	15	9
VI. Die Unterbeamten	5	3

Bewegt sich eine Dienstreise an demselben Tage innerhalb und außerhalb des Reichsgebiets, so wird für den Tag des Uebergangs aus Deutschland in das Ausland der höhere, für den Tag der Rückkehr in das Inland der niedrigere Tagegeldersatz gewährt.

§ 2. Erfordert eine Dienstreise einen außergewöhnlichen Kostenaufwand, so kann der Tagegeldersatz (§ 1) von dem Reichskanzler angemessen erhöht werden.

§ 3. Etatsmäßig angestellte Beamte, welche [im Auslande] außerhalb ihres Amtssitzes kommissarisch beschäftigt werden, erhalten für die Dauer dieser Beschäftigung neben ihrem vollen etatsmäßigen Diensteinkommen Tagegelder, deren Höhe der Reichskanzler in jedem Falle bestimmt.

Wenn gesandtschaftliche und Konsularbeamte infolge bestehender Uebung oder infolge der zeitweisen Verlegung der Residenz des betreffenden fremden Hofes mit Genehmigung des Reichskanzlers vorübergehend ihren Aufenthalt außerhalb ihres Amtssitzes nehmen, so können denselben für die Dauer dieses Aufenthalts gleichfalls Tagegelder nach Festsetzung des Reichskanzlers gewährt werden.

Anmerkung: Die eingeklammerten Worte [im Auslande] sind durch Artikel 1 der Verordnung vom 7. Februar 1881 (RGBl. S. 27) wegen Abänderung der Verordnung, betreffend die Tagegelder, die Fuhrkosten und die Umzugskosten der gesandtschaftlichen und Konsularbeamten, vom 23. April 1879 in Wegfall gebracht.

§ 4. [Durch Artikel 2 der Verordnung vom 7. Februar 1881, RGBl. S. 27, aufgehoben.]

Anmerkung: Der Paragraph lautete:

Werden etatsmäßig angestellte Beamte aus dienstlichen Gründen vom Reichskanzler in das Inland berufen, so verbleiben sie während der ersten drei Monate ihres Aufenthalts im Inlande im Genusse ihres vollen etatsmäßigen Diensteinkommens, neben welchem ihnen Tagegelder nach dem Ermessen des Reichskanzlers gewährt werden können; für die folgende Zeit erhalten sie nur das persönliche Gehalt und Tagegelder, deren Höhe der Reichskanzler in jedem Falle bestimmt. In dem vorstehend, sowie in dem im § 3 Absatz 1 bezeichneten Falle haben die Beamten, so lange sie ihr volles etatsmäßiges Diensteinkommen beziehen, hinsichtlich des von ihnen bekleideten Postens sowohl die aus der Stellvertretung erwachsenden Kosten, und zwar bis zur Höhe der in Urlaubsfällen den Vertretern zu gewährenden Dienstaufwandsentschädigung, dem Auswärtigen Amt zu erstatten, als auch alle nach den jetzt bestehenden Bestimmungen nicht erstattungsfähigen amtlichen Ausgaben zu tragen.

Für die Dauer der Hin- und Rückreise haben die Beamten in allen in den §§ 3 und 4 bezeichneten Fällen auf die in den §§ 1 und 2 festgesetzten Tagegelder Anspruch.

§ 5. An Fuhrkosten einschließlich der Kosten der Gepäckbeförderung erhalten:

I. bei Dienstreisen, welche auf Eisenbahnen, Dampfschiffen oder Segelschiffen gemacht werden können:

1, die im § 1 unter I bis V bezeichneten Beamten für das Kilometer 13 Pf. und für jeden Zu- und Abgang außerhalb des Reichsgebiets 6 Mk., innerhalb desselben 3 Mk.

Hat einer der im § 1 unter I bis IV bezeichneten Beamten einen Diener auf die Reise mitgenommen, so erhält er für denselben 7 Pf. für das Kilometer.

2, die daselbst unter VI bezeichneten Beamten für das Kilometer 7 Pf. und für jeden Zu- und Abgang außerhalb des Reichsgebiets 2 Mk., innerhalb desselben 1 Mk.;

II. bei Dienstreisen, welche nicht auf Eisenbahnen, Dampfschiffen oder Segelschiffen zurückgelegt werden können:

	außerhalb des Reichsgebiets Mk.	innerhalb des Reichsgebiets Mk.
1, die im § 1 unter I bis III bezeichneten Beamten . .	1,00	0,60
2, die daselbst unter IV bezeichneten Beamten	0,70	0,60
3, die daselbst unter V bezeichneten Beamten	0,40	0,40
4, die daselbst unter VI bezeichneten Beamten	0,30	0,30

für das Kilometer der nächsten benutzbaren Straßenverbindung. Haben erweislich höhere Fuhrkosten als die unter I und II festgesetzten aufgewendet werden müssen, so werden diese erstattet.

§ 6. Die Fuhrkosten werden für die Hin- und Rückreise besonders berechnet. Hat jedoch ein Beamter Dienstgeschäfte an verschiedenen Orten unmittelbar nach einander ausgerichtet, so ist der von Ort zu Ort wirklich zurückgelegte Weg ungetheilt der Berechnung der Fuhrkosten zu Grunde zu legen.

§ 7. Für Dienstgeschäfte am Amtssitze des Beamten und für solche Dienstgeschäfte, welche Beamte, die einer Gesandtschaft oder einem Konsulate vorstehen, in geringerer Entfernung als 8 km, die übrigen Beamten in geringerer Entfernung als 2 km von ihrem Amtssitze vornehmen, werden weder Tagegelder noch Fuhrkosten gewährt.

Für einzelne Orte kann durch den Reichskanzler bestimmt werden, daß den Beamten bei den außerhalb des Dienstgebäudes vorzunehmenden Dienstgeschäften die für erforderlich gewesene Transportmittel verauslagten Kosten sowie die verauslagten Brücken- und Fährgelder zu erstatten sind.

Die Bestimmungen der Nr. 11 des Tarifs zum Gesetz, betreffend die Gebühren und Kosten bei den Konsulaten, vom 1. Juli 1872 (RGBl. S. 245) werden durch Vorstehendes nicht berührt.

§ 8. Die etatsmäßig angestellten Beamten erhalten bei Neu- und Wiederanstellungen, sowie bei Versetzungen eine Vergütung für **allgemeine Umzugskosten** einschließlich der den Gesandten und Konsuln bisher gewährten bezw. nach § 8 des Gesetzes, betreffend die Organisation der Bundeskonsulate, vom 8. November 1867 (Bundes-Gesetzbl. S. 137) zustehenden Einrichtungsgelder, und zwar in folgenden Beträgen:

Die Botschafter erhalten 100 Prozent, die übrigen einer Gesandtschaft und die einem Konsulate vorstehenden Beamten 50 Prozent des einmaligen Jahresbetrages ihres persönlichen Gehalts, alle anderen Beamten die im § 20 zu b bestimmten Sätze.

Beamte ohne Familie erhalten nur die Hälfte der vorgedachten Beträge.

Die vorstehend festgesetzte Vergütung wird für diejenigen zu Gesandten oder selbständigen Konsuln ernannten Beamten um ein Drittel erhöht, welche bis zu dieser Ernennung einer Gesandtschaft oder einem Konsulate noch nicht oder nur einer Gesandtschaft oder einem Konsulate von geringerem Range vorgestanden haben.

§ 9. Wird einem Gesandten oder Konsul eine Dienstwohnung mit möblirten Empfangsräumen zugewiesen, so erhält derselbe nur zwei Drittheile der im § 8 festgesetzten Vergütung.

§ 10. Die erste Hälfte der Vergütung für allgemeine Umzugskosten wird mit dem Tage der Ernennung des Beamten, die zweite Hälfte mit dem Tage seines Eintreffens an dem neuen Amtssitze fällig. Hat der Beamte infolge eigener Entschließung oder Schuld den Posten nicht angetreten, so ist derselbe zur Wiedererstattung der ihm etwa bereits gezahlten Hälfte der Vergütungssumme verpflichtet.

Wird dem Beamten vor dem Eintreffen auf dem ihm verliehenen Posten eine andere Stelle übertragen, so kann die ihm etwa bereits gezahlte Hälfte der Vergütungssumme auf die ihm für die neue Stellung zustehende Vergütung angerechnet werden.

§ 11. Wird ein Beamter unter Belassung an seinem bisherigen Amtssitze zum Vorsteher einer Gesandtschaft oder eines Konsulats befördert, so hat er die für das ihm übertragene höhere Amt in den §§ 8 und 9 bestimmte Vergütung abzüglich des für das bisher von ihm bekleidete Amt bezogenen Vergütungsbetrages zu beanspruchen. Derselbe Anspruch steht dem Vorsteher einer gesandtschaftlichen oder konsularischen Behörde zu, wenn sein Posten im Range erhöht wird.

§ 12. Die etatsmäßig angestellten Beamten erhalten in den im § 8 bezeichneten Fällen für den Umzug von ihrem bisherigen nach dem neuen Wohnorte eine Vergütung der **speziellen Umzugskosten**, und zwar:

1, sämmtliche Beamte für den Transport (ausschließlich Verpackung und Versicherung) der Gegenstände der häuslichen Einrichtung die wirklich gezahlten Beträge, auf Grund spezieller und belegter Liquidationen, mit der Maßgabe, daß, falls und insoweit der Transport der Gegenstände mittelst Eilfracht erfolgt ist, nur ein Drittheil der hierfür gezahlten Beträge zur Vergütung gelangt;

2, die in § 1 unter I bis IV bezeichneten Beamten . . . . 10 Pfennig,
die daselbst unter V bezeichneten Beamten . . . . 8 „
die daselbst unter VI bezeichneten Beamten . . . . . . 7 „
für jedes mitgenommene Familienmitglied; die im § 1 unter I bis IV bezeichneten Beamten für jeden mitgenommenen Dienstboten . . . . 7 „
pro Kilometer der kürzesten benutzbaren Straßenverbindung.

Außerdem ist der Miethzins zu vergüten, welchen der versetzte Beamte für die Wohnung an seinem bisherigen Aufenthaltsorte während der Zeit von dem Verlassen des letzteren bis zu dem Zeitpunkte hat aufwenden müssen, mit welchem die Auflösung des Miethverhältnisses möglich wurde. Diese Vergütung darf jedoch längstens für den Zeitraum eines Jahres gewährt werden.

Hat der Beamte im eigenen Hause gewohnt, so kann demselben gleichfalls eine Entschädigung und zwar höchstens bis zum Jahresbetrage des ortsüblichen Miethwerthes der von ihm benutzten Wohnung gewährt werden.

§ 13. Die zur Feststellung der speziellen Umzugskostenvergütung in jedem einzelnen Fälle erforderlichen Beläge hat der Beamte bei Verlust seines Anspruchs auf diese Vergütung innerhalb Jahresfrist nach seinem Eintreffen auf dem neuen Posten an das Auswärtige Amt abzusenden.

§ 14. Für die Dienstantritts- oder Versetzungsreise erhalten die zum Bezuge von Umzugskosten berechtigten Beamten Fuhrkosten nach Maßgabe des § 5 dieser Verordnung für ihre Person, sowie, wenn sie nicht während des Umzugs ihr volles etatsmäßiges Diensteinkommen beziehen, Tagegelder nach Maßgabe der §§ 1 und 2 dieser Verordnung für die zur Ausführung der Umzugsreise nach Entscheidung des Reichskanzlers durchschnittlich erforderliche Zeit.

§ 15. Bei Berechnung der Entfernungen für die Feststellung sowohl der Fuhrkosten wie der speziellen Umzugskosten wird jedes angefangene Kilometer für ein volles Kilometer gerechnet.

§ 16. Für die Höhe der Tagegelder, Fuhrkosten und Umzugskosten ist nicht der persönliche Rang des Beamten, sondern das Amt, welches er etatsmäßig bekleidet, und zwar bei Neu- und Wiederanstellungen und Versetzungen nicht das Amt, aus welchem, sondern dasjenige, in welches er versetzt wird, maßgebend.

§ 17. Den Gesandtschafts-Attachés stehen weder Tagegelder noch Fuhr- oder Umzugskosten zu. Nur wenn dieselben seitens des Reichskanzlers mit einem Kommissorium betraut werden, erhalten sie für die Dauer desselben Tagegelder und Fuhrkosten nach Bestimmung des Reichskanzlers.

§ 18. Die übrigen nicht etatsmäßig angestellten Beamten erhalten bei Dienstreisen sowie bei ihrer Anstellung und Versetzung und bei dienstlicher Beschäftigung außerhalb ihres Wohnortes Tagegelder und Fuhrkosten nach Bestimmung des Reichskanzlers, jedoch höchstens bis zu demjenigen Betrage, welcher nach Maßgabe dieser Verordnung den etatsmäßigen Beamten, deren Funktionen sie zu versehen bestimmt sind, zustehen. Spezielle Umzugskosten werden ihnen nicht gewährt. Allgemeine Umzugskosten können sie ausnahmsweise, jedoch in jedem Falle nur bis zum Betrage von höchstens 1500 Mark erhalten, wenn sie in überseeischen Ländern Verwendung finden.

§ 19. Die Bestimmungen des § 18 finden auch auf die im inneren Dienste des Reichs oder im Dienste eines Bundesstaats etatsmäßig angestellten Beamten, welche im gesandtschaftlichen oder Konsulardienste des Reichs außeretatsmäßig verwandt werden, Anwendung. Wird ein solcher Beamter später im gesandtschaftlichen oder Konsulardienste etatsmäßig angestellt, so ist auf die ihm alsdann gemäß § 8 zustehende Vergütung für allgemeine Umzugskosten der Betrag der ihm etwa auf Grund des § 18 bereits gezahlten allgemeinen Umzugskostenvergütung anzurechnen. Der Berechnung der speziellen Umzugskosten ist alsdann die Entfernung zwischen demjenigen Orte, wo der betreffende Beamte zuletzt etatsmäßig angestellt gewesen ist, und seinem neuen Wohnorte zu Grunde zu legen.

§ 20. Werden gesandtschaftliche oder Konsularbeamte in den Ruhestand oder in den einstweiligen Ruhestand versetzt, so sind ihnen gemäß § 40 des Gesetzes, betreffend die Rechtsverhältnisse der Reichsbeamten, vom 31. März 1873 (RGBl. S. 61) die Kosten des Transports ihrer Einrichtungsgegenstände bis zu dem innerhalb des Reichs von ihnen gewählten Wohnorte nach den wirklich gezahlten Beträgen, auf Grund spezieller und belegter Liquidationen, zu erstatten.

Daneben erhalten sie:

a, für ihre Person Fuhrkosten nach Maßgabe des § 5, sowie, wenn sie nicht während des Umzugs ihr volles etatsmäßiges Diensteinkommen beziehen, Tagegelder nach Maßgabe der §§ 1 und 2 dieser Verordnung;

b, allgemeine Umzugskosten, und zwar:

die im § 1 unter	I	bezeichneten Beamten	. 2500	Mk.,
die daselbst	„ II	„ „	. 2000	„
„ „	„ III	„ „	. 1200	„
„ „	„ IV	„ „	. 600	„
„ „	„ V	„ „	. 400	„
„ „	„ VI	„ „	. 200	„

mit der Maßgabe, daß Beamte ohne Familie nur die Hälfte dieser Beträge erhalten;

c, die im § 12 dieser Verordnung festgesetzten Vergütungen für die Umzugsreisen der Familienmitglieder und Dienstboten, sowie die ebendort festgesetzten Miethzins- oder Miethwerths-Entschädigungen.

§ 21. Gesandtschaftliche und Konsularbeamte, welche, ohne ihre etatsmäßige Stellung im Auslande beizubehalten, in eine etatsmäßige Stelle des Auswärtigen Amts versetzt oder zur Beschäftigung in das Auswärtige Amt einberufen werden, erhalten für den Umzug von ihrem bisherigen Posten nach Berlin die im vorgehenden Paragraphen festgesetzten Vergütungen.

§ 22. Auf Wahlkonsuln und die von diesen angestellten Personen finden die Bestimmungen dieser Verordnung keine Anwendung.

§ 23. Gegenwärtige Verordnung findet auf alle diejenigen dienstlichen Reisen und Verwendungen der Beamten Anwendung, welche nach dem 30. April d. Js. ihren Anfang nehmen.

Urkundlich ꝛc.

II. Theil.

Bestimmungen,

betreffend die Gewährung von Umzugskosten.

A. Einleitung.

Durch den mittelst Verordnung vom 23. September 1867 (GS. S. 1619) auch in die neu erworbenen Landestheile eingeführten Allerhöchsten Erlaß vom 26. März 1855 (GS. S. 190) waren allgemeine Vorschriften über die den Staatsbeamten bei Versetzungen zu gewährenden Umzugskosten gegeben.

Nachdem sich das Bedürfniß einer Revision dieser Vorschriften schon seit längerer Zeit fühlbar gemacht hatte, eine solche auch vom Hause der Abgeordneten mehrfach angeregt war, brachte die Königliche Staatsregierung unterm 15. April 1876 einen diesen Gegenstand neu regelnden Gesetzentwurf ein (Drucksachen des Hauses der Abgeordneten Nr. 160).

Die allgemeinen Gesichtspunkte, von welchen bei der gesetzlichen Festsetzung der Tagegelder und Fuhrkosten bei den Dienstreisen der Staatsbeamten ausgegangen war, und welche in der Begründung zu dem bezüglichen Gesetze vom 24. März 1873 näher dargelegt sind [1]), wurden in gleicher Weise auch bei der Regelung der Umzugskostenfrage als maßgebend angesehen. Außerdem war für den Gesetzentwurf vorzugsweise auch der Grundgedanke leitend, die wünschenswerthe Gleichstellung der Preußischen Staatsbeamten mit den Reichsbeamten, für welche letzteren die Angelegenheit mittelst Kaiserlicher Verordnung vom 21. Juni 1875 (RGBl. S. 249) [2]) geregelt war, herbeizuführen.

Die Begründung der Regierungsvorlage ist, soweit erforderlich, bei den einzelnen Paragraphen des Gesetzes aufgenommen. —

Zu erheblichen Meinungsverschiedenheiten führte bei den Berathungen die Frage, ob der im § 1 des Entwurfs vorgesehenen Trennung der Beamten der 4. und 5. Rangklasse zuzustimmen, oder ob nicht vielmehr, wie dies hinsichtlich der Tagegelder und Reisekosten nach dem Gesetze vom 24. März 1873 geschehen, beiden Beamtenklassen die gleichen Sätze an Umzugskostenvergütung zuzugestehen seien. Während das Abgeordnetenhaus den Gesetzentwurf in letzterem Sinne abänderte (vergl. Sten. Ber. 1876, Bd. 3, S. 1615, 1967 und 2169), stellte das Herrenhaus die Regierungsvorlage wieder her.

Als § 5 war in die Vorlage die Bestimmung eingefügt, daß eine Vergütung für Umzugskosten nicht stattzufinden habe, wenn die Versetzung lediglich auf den Antrag des Beamten erfolge. Auch hiergegen wurden bei den Berathungen im Abgeordnetenhause schwerwiegende Bedenken geltend gemacht

---

[1]) Siehe S. 2 d. W.

[2]) Die Verordnung vom 21. Juni 1875 ist inzwischen aufgehoben und durch die Verordnung über die Tagegelder, die Fuhrkosten und die Umzugskosten der Reichsbeamten vom 25. Juni 1901 (RGBl. S. 241) ersetzt.

(StenBer. 1876, Bd. 2, S. 1090 ff., Bd. 3, S. 1617). In der Sitzung vom 22. Mai 1876 führte der Berichterstatter der Budgetkommission, Abgeordneter Schröder (Königsberg) u. a. Folgendes aus:

„Die Budgetkommission ist der Meinung, daß nur in ganz vereinzelten Fällen für die Staatsregierung eine Veranlassung entstehen kann, ohne jedes dienstliche Interesse eine Versetzung von Beamten vorzunehmen und daß, wenn sich solche Ausnahmefälle ereignen, dann noch immer ein Ausweg sich finden läßt, der die Staatskasse vor der Uebernahme von Lasten schützt. Bei dieser ganzen Frage handelt es sich lediglich immer um das Geldinteresse, und es wird von diesem Standpunkt aus unmöglich etwas dagegen eingewendet werden können, daß es einem Beamten, der in Abwesenheit jedes dienstlichen Interesses lediglich um persönlicher Gründe willen seine Versetzung beantragt, auch freistehen muß, auf Umzugskosten zu verzichten. Wo lediglich persönliche Verhältnisse die Maßregel der Versetzung zu begründen im Stande sind, wird eben dieses Auskunftsmittel gewiß als ein angemessenes betrachtet werden müssen. Insoweit nun aber die persönlichen Verhältnisse der Beamten eine Versetzung in Uebereinstimmung mit gewissen dienstlichen Interessen wünschenswerth machen, da hat die Budgetkommission gemeint, sei es in der Ordnung, daß die Staatskasse die Kosten übernehme. Es liegt in der Pflicht der Verwaltung, während der Beamte für sein ganzes Leben dem Staatsdienst sich hingiebt, auch die persönlichen Interessen des betreffenden Beamten soweit zu berücksichtigen, wie es mit den dienstlichen Interessen vereinbar ist ꝛc.

Die Budgetkommission glaubt also, daß diese Materie, ohne irgendwie das Staatsinteresse zu schädigen, am besten geordnet wird, wenn man ganz allgemein den Grundsatz hinstellt, daß der versetzte Beamte auf Umzugskosten zu rechnen hat, und daß es, wenn keinerlei dienstliches Interesse der Versetzung zu Grunde liegt, einer Vereinbarung zwischen der Verwaltung und dem betreffenden Beamten überlassen bleiben kann, wie sie in Betreff der Umzugskosten die Sache ordnen wollen. Aus diesen Gründen empfiehlt die Kommission, den § 5 der Regierungsvorlage zu streichen.“

Das Haus beschloß diesem Antrage gemäß.

Da der Gesetzentwurf nach wiederholten Berathungen in beiden Häusern des Landtages in dieser Sitzungsperiode nicht zur Verabschiedung gelangte (Sten. Ber. 1876, Bd. 3, S. 2173 ff.), so legte die Staatsregierung unterm 16. Januar 1877 einen neuen Entwurf vor (Nr. 15 der Drucksachen des Hauses der Abg.) Wenngleich dieser Entwurf in verschiedenen Punkten den in der vorjährigen Sitzungsperiode geäußerten Wünschen der Landesvertretung Rechnung trug, so hielt die Staatsregierung doch hinsichtlich der §§ 1 und 5 an der früheren Vorlage fest. In der Begründung war wörtlich ausgeführt:

„Bei einigen Punkten dagegen hat die Staatsregierung auch nach abermaliger Prüfung an der früheren Vorlage festhalten müssen. Es gilt dies namentlich von der Bestimmung im § 1, wonach Beamte der 5. Rangklasse nicht mit dem für die Beamten der 4. Rangklasse bestimmten Tarifsatze von 500 Mk. bezw. 10 Mk., sondern mit einem besonderen Satz von 300 bezw. 8 Mk. angesetzt sind. Die Beibehaltung dieser Bestimmung ist einerseits mit Rücksicht auf die Stellung der betreffenden Beamten, welche zum großen Theile einem jüngeren Lebensalter angehören, und auf das Verhältniß derselben zu anderen Beamtenkategorien, sowie aus allgemeinen finanziellen Gründen, andererseits im Interesse der Uebereinstimmung der vorliegenden Vorschriften mit den für das Reich geltenden Normen als nothwendig erschienen.

Auch auf die im § 5 enthaltene Bestimmung, wonach den lediglich auf ihren Antrag versetzten Beamten ein Anspruch auf Umzugskostenvergütung nicht zustehen soll, hat die Staatsregierung nicht verzichten können. Hierfür ist die Erwägung maßgebend gewesen, daß in manchen Fällen eine Versetzung durch keinerlei dienstliche Interessen begründet ist, während rein persönliche Gründe dem Beamten einen Wechsel des Wohnortes dringend wünschenswerth machen können. Für solche Fälle ist, da eine Transaktion mit den Beamten selbst aus Rücksichten der Disziplin sich nicht empfiehlt, ein gewisses Ermessen des Ressortchefs nicht zu entbehren, um einestheils eine unbegründete Belastung der Staatskasse zu vermeiden, anderentheils eine Härte gegen den betreffenden Beamten auszuschließen."

Nach wiederholten Berathungen in beiden Häusern erklärte sich schließlich die Staatsregierung und das Herrenhaus mit dem Beschlusse des Abgeordnetenhauses, den § 5 zu streichen, einverstanden. Dagegen hatte die Staatsregierung sich ganz bestimmt gegen die Zusammenfassung der Beamten der 4. und 5. Rangklasse ausgesprochen und das Herrenhaus die Regierungsvorlage bezüglich des § 1 wieder hergestellt.

Der Entwurf wurde schließlich sowohl hinsichtlich des § 1 als auch im ganzen nach den Beschlüssen des Herrenhauses angenommen.

B. Gesetz, betreffend die Umzugskosten der Staatsbeamten, vom 24. Februar 1877 (GS. S. 15).

Wir Wilhelm, von Gottes Gnaden König von Preußen rc. verordnen mit Zustimmung beider Häuser des Landtages der Monarchie, was folgt:

§ 1. Die Staatsbeamten erhalten bei Versetzungen eine Vergütung für Umzugskosten nach folgenden Sätzen:

		auf allgemeine Kosten	auf Transportkosten für je 10 Kilom.
I.	Beamte der ersten Rangklasse . .	1800 Mk.	24 Mk.
II.	Beamte der zweiten und dritten Rangklasse	1000 "	20 "
III.	Beamte der vierten Rangklasse . .	500 "	10 "
IV.	Beamte der fünften Rangklasse. .	300 "	8 "
V.	Beamte, welche nicht zu den obigen Klassen gehören, soweit sie gesetzlich zu einem Tagegelderſatze von 9 Mk.[1]) berechtigt sind	240 "	7 "

---

[1]) Jetzt 12 Mk.

		auf allgemeine Kosten	auf Transportkosten für je 10 Kilom.
VI.	Subalternbeamte der Provinzial-, Kreis- und Lokalbehörden und andere Beamte gleichen Ranges, welche nicht zu den Beamten der Klasse V gehören	180 Mk.	6 Mk.
VII.	Andere Beamte, welche nicht zu den Unterbeamten zu zählen sind	150 "	5 "
VIII.	Unterbeamte	100 "	4 "

1, Begründung: Nach dem Allerhöchsten Erlasse vom 26. März 1855 wird die Vergütung bei Versetzungen gewährt

1, auf allgemeine Kosten
2, auf Transportkosten für je 5 Meilen.

Dieser Modus hat sich praktisch bewährt und ist beibehalten, nur daß neben der durch Einführung der Reichswährung bedingten Aenderung der Sätze nach dem Vorgange der Kaiserlichen Verordnung vom 21. Juni 1875 mit Rücksicht auf die durch das Reichsgesetz vom 7. Dezember 1873 (RGBl. S. 377) erfolgte Beseitigung der Meile als Entfernungsmaß die Einheit von 10 km der Berechnung der Entfernungen zu Grunde zu legen war.

Die Vergütung für die Umzugskosten wurde nach dem erwähnten Allerh. Erlasse den betreffenden Beamten nach 10 Abstufungen gewährt. Diese Eintheilung ist jetzt vereinfacht und auf 8 Stufen zurückgeführt. Die Vergütungssätze sind nach den Sätzen der Kaiserlichen Verordnung vom 21. Juni 1875 festgesetzt. Dieselben sind, soweit sie die „allgemeinen Kosten“ betreffen, bei den meisten Sätzen etwas höher [1]), als die durch den Allerh. Erlaß vom 26. März 1855 bestimmten Sätze; nur die Sätze für die Beamten der 2. Rangklasse und die zur Klasse der Ober-Regierungsräthe gehörigen Beamten erleiden eine geringe Herabsetzung. Die Sätze für „Transportkosten“, gegen welche schon bisher im ganzen weniger zu erinnern war, haben namentlich in den unteren Klassen eine, wenngleich nicht sehr erhebliche Steigerung erfahren.

2, Den aus dem Allerhöchsten Erlaß vom 26. März 1855 in den vorliegenden Gesetzentwurf übernommenen Zusatz zu § 1:

„Von den hiernach sich ergebenden Vergütungssummen geht jedoch in allen Fällen die Hälfte derjenigen jährlichen Einkommensverbesserung ab, welche dem Beamten lediglich aus Anlaß der Versetzung zu Theil geworden ist“

hat die Staatsregierung infolge des hiergegen im Landtage erhobenen Widerspruchs fallen lassen. In der unterm 16. Januar 1877 eingebrachten neuen Vorlage [2]) war dieser Zusatz beseitigt.

---

[1]) Durchschnittlich hat bei den allgemeinen Kosten eine Erhöhung um 20–25 %, bei den Transportkosten eine solche um 20 % stattgefunden. (Aeußerung des Berichterstatters der Budgetkommission, Abg. Schröder-Königsberg, in der Sitzung des Abg.-Hauses am 22. Mai 1876, Sten. Ber., 3. Bd., S. 1612 ff.)

[2]) Siehe S. 230 d. W.

3, Der Anspruch auf Umzugskosten steht nur den **etatsmäßig** angestellten Beamten, wenn sie **definitiv** aus einer Stelle in die andere versetzt werden, und den im höheren Staatsdienste außeretatsmäßig beschäftigten Assessoren und Räthen in dem Falle zu, wenn sie vor der Versetzung bereits gegen eine fixirte Remuneration dauernd beschäftigt waren. Werden Beamte aus einem anderen Ressort in die allgemeine Verwaltung als außeretatsmäßige Assessoren oder Räthe übernommen, so ist hinsichtlich der Gewährung von Umzugskosten in jedem Falle die Entscheidung des Ressortchefs einzuholen.[1])

Nachdem die bisherige Bestimmung aufgehoben ist, wonach eine Vergütung für Umzugskosten nicht stattfand, wenn die Versetzung lediglich auf den Antrag des Beamten erfolgte, ist es Pflicht der über die Versetzung beschließenden Behörde, die hierauf gerichteten Anträge der Beamten vom allgemeinen dienstlichen Standpunkte einer sorgfältigen Prüfung zu unterziehen. Anträge auf Versetzung unter Bewilligung der Umzugskosten werden in der Regel nur alsdann zu berücksichtigen sein, wenn dadurch neben den persönlichen Wünschen der Antragsteller auch gleichzeitig dem dienstlichen Interesse entsprochen wird. Ob letzteres der Fall ist, bleibt jedesmal genau zu erwägen und ist im Zweifelsfalle die Entscheidung des Ressortchefs einzuholen (Erl. der Min. der Fin. u. d. Inn. vom 4. Mai 1877, Ziffer 2 und 3, MBl. f. d. i. V. S. 112; siehe auch die Erlasse vom 15. Januar 1867, JMBl. S. 19 und vom 23. Mai 1870, CBl. d. AV. S. 258, sowie den Besch. des Min. d. geistl. rc. A. vom 27. Februar 1872, MBl. f. d. i. V. S. 97).

4, Da die Wiederbesetzung der in M. freigewordenen Lokomotivführerstelle nur durch Heranziehung eines Beamten von einem anderen Orte möglich war, so trete ich der Königl. Ober-Rechnungskammer darin bei, daß bei der Berücksichtigung des Antrages des Lokomotivführers F. in D. ein dienstliches Bedürfniß mitbestimmend gewesen ist. Letzteres entfällt damit nicht, daß bei der Wahl eines anderen Beamten geringere Umzugskosten erwachsen wären. Die rc. wolle hiernach das Weitere wegen Zahlung der Umzugskosten an F. veranlassen (Erl. des Min. d. ö. Arb. vom 14. Januar 1902 IV. B. 204).

5, Personen, für deren Stellen im Etat nicht Gehälter, sondern nur Remunerationen vorgesehen werden, sind als etatsmäßig angestellte Beamte nicht anzusehen (MinErl. vom 8. Mai 1866, MBl. f. d. i. V. S. 101).

6, Zu den etatsmäßigen Beamten sind alle diejenigen zu rechnen, welche eine etatsmäßige Stelle mit Gewährung eines Gehalts zur Zeit ihrer Versetzung dergestalt bereits inne hatten, daß sie nicht bloß kommissarische Vertreter der Stelle, sondern deren wirkliche dauernde, wenn auch auf Probe angestellte Inhaber waren.

Demgemäß sind solchen Forstversorgungsberechtigten oder Reservejägern, welche nur zur vorübergehenden kommissarischen Vertretung einer etatsmäßigen Stelle oder zur Verstärkung des Forstschutzes als Hülfsaufseher interimistisch gegen Bewilligung einer diätarischen Remuneration angenommen worden sind, sowie überhaupt auch anderen Vertretern von Forstdienststellen, welche zu deren interimistischer Vertretung gegen Gewährung

[1]) Wegen Gewährung von Umzugsentschädigungen an Beamte, welchen nach Verzichtleistung auf ihre etatsmäßige Stelle behufs diätarischer Beschäftigung ein anderer amtlicher Wohnort angewiesen wird, vergl. den Erl. d. Min. d. ö. Arb. v. 25. November 1897, EVBl. S. 391, S. 262 Ziffer 2 d. W.

einer diätarischen Remuneration berufen werden, z. B. interimistischen Verwaltern von Oberförsterstellen oder forsttechnischen Hülfsarbeitern bei den Regierungen, bei etwaiger Versetzung Umzugskosten nicht zu gewähren (Erl. des FinMin. vom 17. April 1877, MBl. f. d. i. V. S. 145).

7, Umzugskosten sind nur dann zu vergüten, wenn der Ort, von welchem, und der Ort, nach welchem die Versetzung stattfindet, zu verschiedenen Gemeindebezirken (Garnisonverbänden) gehören (StMB. vom 13. Mai 1884, Anlage E. 1).[1])

8, Der Anspruch auf Umzugskosten kann seitens eines versetzten Beamten nur geltend gemacht werden, wenn derselbe den Umzug thatsächlich bewirkt hat. Als ein solcher kann es auch angesehen werden, wenn der Beamte nur einen Theil seiner Möbel nach dem Orte des neuen Amtssitzes mitnimmt und in der dort von ihm gemietheten Wohnung aufstellt (Erk. d. Reichsger. vom 30. März 1896, JMBl. S. 153).

9, Auch bei Versetzungen von Beamten auf Entfernungen von weniger als 2 km sind Umzugskosten, nicht aber persönliche Tagegelder und Reisekosten zu gewähren (Verf. d. Gen.Steuerdirektors vom 27. Mai 1857, CBl. d. AV. S. 186, MBl. f. d. i. V. S. 122).

10, a, Auf die Umzugsentschädigung hat ein Beamter keinen Anspruch, so lange er, wenn auch mit Zustimmung der Dienstbehörde, in seinem bisherigen Dienstorte wohnen bleibt (Erl. d. Min. d. ö. Arb. v. 14. April 1893, EVBl. S. 184; siehe auch FO. XII S. 82 Ziffer 3).

b, Wenn ein solcher Beamter später freiwillig einen Umzug nach seinem neuen Dienstorte bewerkstelligt hat, so hat dieser Umzug nicht mehr seine Veranlassung in der Versetzung. Nur dann, wenn die spätere Wohnungsverlegung ihren Anlaß in der Zurückziehung der Erlaubniß zum Wohnen in dem bisherigen Dienstorte seitens der vorgesetzten Dienstbehörde haben sollte, könnte die Gewährung von Umzugskosten in Frage kommen, da dann die Versetzung wiederum den, wenn auch nur mittelbaren Anlaß zum Umzuge gegeben haben würde (Erl. d. JustMin. v. 17. August 1891, II c 2500, Müller S. 726).

11, Ew. 2c. trete ich darin bei, daß dem Obersteuerkontroleur N. für die Uebersiedelung von C. nach A. die gesetzlichen Umzugskosten nicht zustehen, da ihm lediglich im persönlichen Interesse wegen Wohnungsmangels in C. gestattet worden ist, seinen Wohnsitz vorübergehend nach A. zu verlegen und der Umzug somit nicht aus Anlaß einer im dienstlichen Interesse erfolgten Versetzung bewirkt worden ist (Erl. d. FinMin. vom 29. Oktober 1890, III. 14237, Schütze S. 438).

12, Denjenigen Beamten, welche im dienstlichen Interesse an ihrem Stationsorte aus einer Dienstwohnung in eine andere, oder aus einer bis dahin innegehabten Miethwohnung in eine Dienstwohnung überziehen müssen, kann ein Anspruch auf Ersatz der Transportkosten bezw. der bis zur Lösung des seitherigen Miethverhältnisses von ihnen gezahlten Wohnungsmiethe **nicht** eingeräumt werden, da nach § 1 des Gesetzes vom 24. Februar 1877 eine Vergütung von Umzugskosten nur „bei Versetzungen" d. h. beim Verziehen in einen anderen Gemeindebezirk zu zahlen ist und deshalb überall da nicht gewährt werden darf, wo der Wohnungswechsel an dem bisherigen Stationsorte bewirkt worden ist (Erl. des Min.

[1]) Abgedruckt auf S. 18 d. W.

d. ö. Arb. vom 27. April 1878 und vom 25. Juli 1878 (EVBl. S. 226); siehe auch FO. XII S. 5 Ziffer 24).

13, Bei Berechnung der Umzugskosten für Forstbeamte ist — wie dies auch seitens der Königl. Ober-Rechnungskammer in einem Spezialfalle hervorgehoben worden, der Ausdruck „Gemeindebezirk (Garnisonverband)“ gleichbedeutend mit Dienstbezirk (Erl. des Min. für L. ꝛc. vom 15. Oktober 1889, III. 13244).

14, Ob in den Fällen, wo ein Beamter, **ohne seinen Dienstbezirk und sein Amt zu ändern**, seinen Wohnsitz wechselt, Umzugskosten zu gewähren sind, hängt von den Umständen des einzelnen Falles ab.

Zur Bewilligung von Umzugskosten in solchen Fällen muß daher Ministerial-Genehmigung vorbehalten bleiben. Im allgemeinen ist jedoch als Regel anzunehmen, daß, wenn ein Forstbeamter lediglich aus dem Grunde seinen Wohnort verändert, um eine für seine Stelle neu beschaffte Dienstwohnung zu beziehen, Umzugskosten nicht zu gewähren sind (Erl. d. FinMin. v. 17. April 1877, Ziffer 2, MBl. f. d. i. V. S. 145).

15, Beamte, welchen die **kommissarische** Verwaltung einer **etatsmäßigen** Stelle an einem anderen, als ihrem bisherigen Stationsorte übertragen wird, haben nur auf persönliche Reisekosten, nicht aber auf reglementsmäßige Versetzungskosten Anspruch. Es ist hierdurch jedoch, wenn diesen Beamten späterhin die von ihnen kommissarisch verwaltete Stelle definitiv verliehen wird, nicht ausgeschlossen, ihnen zu den schon empfangenen persönlichen Reisekosten nachträglich diejenige Vergütung an Umzugskosten zu gewähren, welche ihnen zustehen würde, wenn sie erst zur Zeit der dauernden Verleihung der Stelle sich nach dem neuen Bestimmungsorte zu begeben hatten (Erl. d. FinMin. vom 23. Mai 1870, CBl. d. AV. S. 258).

16, Wegen der Unzulässigkeit einer Gewährung von Umzugskosten an Beamte bei der ersten Berufung oder Anstellung im unmittelbaren Staatsdienste vergl. den MinErl. v. 4. Januar 1873, MBl. f. d. i. V. S. 50 (abgedruckt auf S. 7 Ziffer 6 d. W.).

17, Die Bewilligung von Umzugskosten an Beamte, deren Versetzung lediglich zum Zwecke ihrer **ersten etatsmäßigen Anstellung** erfolgt ist, denen jedoch die bezüglichen Anstellungen mit rückwirkender Kraft verliehen worden sind, ist unzulässig, da derartige Bewilligungen nur bei Versetzungen **aus einer etatsmäßigen Stelle** in die andere gewährt werden können (Erl. d. Min. d. ö. Arb. v. 15. Dezember 1885, EVBl. S. 380).

18, Ew. ꝛc. erwidere ich ꝛc., daß denjenigen bisher etatsmäßig angestellt gewesenen drei Steueraufsehern, welche Sie in die zur Kontrolirung der Rübenzuckerfabrik in N. neu zu errichtenden, durch den Staatshaushaltsetat aber noch nicht genehmigten drei Aufseherstellen versetzt haben, sofern hierbei die Absicht besteht, ihnen die fragl. Stellen nach deren verfassungsmäßiger Genehmigung definitiv zu verleihen, die gesetzlichen Umzugskosten für diese Versetzung zu gewähren sind, weil sie im Zeitpunkte der Versetzung etatsmäßig angestellte Beamte waren. Sie wollen hiernach auch in künftigen ähnlichen Fällen verfahren (Erl. d. FinMin. v. 29. August 1882, CBl. d. AV. S. 310).

19, Für die Feststellung des Dienstranges der Beamten behufs Zuzählung derselben in die im § 1 des Gesetzes vom 24. Februar 1877 aufgeführten Klassen finden die für das Gesetz vom 12. Mai 1873, betreffend die Wohnungsgeldzuschüsse der Beamten (GS. S. 209) sowie die für das Gesetz vom 24. März 1873, betreffend die Tagegelder und Reisekosten der Staatsbeamten (GS. S. 122) getroffenen Festsetzungen entsprechende Anwendung. Es wird dabei bemerkt, daß die Klasse VI im § 1 des Umzugskostengesetzes der Klasse IV des Tarifs zum Gesetze vom 12. Mai 1873 entspricht, daß jedoch aus der letztgenannten Klasse diejenigen Beamten ausscheiden und zu der Klasse V im § 1 des Umzugskostengesetzes zu rechnen sind, welche zu den im § 1 Nr. V des Tagegeldergesetzes bezeichneten Beamten gezählt werden.

Zu der Klasse VII im § 1 des Umzugskostengesetzes gehören diejenigen Beamten, welche nach § 1 Ziffer VII des Gesetzes vom 28. Juni 1875 (GS. S. 370) zu einem Tagegeldersatze von 4 Mk. 50 Pf.[1]) berechtigt sind. Es kommen dabei namentlich die Förster[2]), sowie die Grenz- und Steueraufseher in Betracht (Erl. der Min. d. Fin. u. d. Inn. v. 4. Mai 1877, MBl. f. d. i. V. S. 112).

20, Die Anordnung des Allerh. Erlasses vom 31. Juli 1865, nach welcher den **Geistlichen**, welche aus einem Pfarramte in den unmittelbaren Staatsdienst treten, Umzugskosten zu gewähren sind, ist durch das Gesetz vom 24. Februar 1877 (GS. S. 15) als aufgehoben zu erachten, da nach den Motiven des § 12 (jetzt 11) des letzteren nur die in diesen Motiven aufgeführten für einzelne Verwaltungszweige bestehenden Spezialvorschriften gemäß § 11 cit. haben in Kraft bleiben sollen.

Nach § 7 des Gesetzes ist es jedoch zulässig, solchen Geistlichen eine Vergütung für Umzugskosten zu gewähren; die Bewilligung von persönlichen Reisekosten und Tagegeldern neben dieser Vergütung ist aber nach dem Wortlaute des Gesetzes (§§ 4 und 7) und der seither konstant festgehaltenen Auslegung desselben ausgeschlossen (Erl. d. FinMin. v. 3. Mai 1879, I. 5076 und Erl. d. Min. der geistl. 2c. A. v. 3. Juni 1879, Herrfurth S. 735).

21, Im Anschluß an die Generalverfügung vom 27. Februar 1872 U. 5442 ordne ich zur Beachtung in künftigen Fällen hiermit an, daß, wenn[3]) die Kassen der höheren Lehranstalten nicht die Mittel zur Tragung der Umzugskosten bieten, auch bei Versetzungen von einer staatlichen höheren Lehranstalt an eine andere staatliche Anstalt unter eingehender Motivirung der beabsichtigten Versetzung vor der Vornahme der letzteren wegen Bereitstellung der aus Centralfonds zu gewährenden Umzugskosten zu berichten ist.

Daß in allen Fällen, auch wenn die Anstaltskassen zur Zahlung der erforderlichen Kosten in der Lage sind, Versetzungen nur vorgenommen werden dürfen, wenn das Aufsichtsinteresse die Versetzung durchaus nothwendig erscheinen läßt, bedarf keines besonderen Hinweises. Unter der Voraussetzung, daß das Königl. Provinzial-Schulkollegium in jedem einzelnen Falle eine genaue Prüfung der Sachlage nach dieser Richtung hin vornimmt, will ich dasselbe unter Modifikation des Erlasses vom 31. Juli 1879 U. II. 1850 (CBl. d. UV. S. 409) hierdurch ermächtigen, die Liquidationen von Umzugs- und Reisekosten versetzter Lehrer auf die die erforderlichen Mittel bietenden Anstaltskassen selbständig anzuweisen, so

---

[1]) Jetzt nach § 1 Ziffer VII des Gesetzes vom 21. Juni 1897 (GS. S. 193) 6 Mk.

[2]) Den Förstern ist durch Allerh. Erl. v. 28. Mai 1897 der Rang der Subalternbeamten II. Klasse der Lokalbehörden verliehen worden (vergl. Anhang zu d. W.). Sie haben demnach jetzt im Falle von Versetzungen Anspruch auf die im § 1 Ziffer VI des Gesetzes vom 24. Februar 1877 vorgesehenen Sätze.

[3]) Bei Versetzungen von Lehrern höherer Unterrichtsanstalten.

daß es in Fällen dieser Art einer Berichterstattung an mich ferner nicht bedarf. Bei der Festsetzung der Liquidationen ist der Cirk.Erlaß vom 24. August 1877 G. III. 3113. U. III (CBl. S. 365) genau zu beachten (Erl. d. Min. d. geistl. 2c. A. v. 25. November 1881, CBl. d. UV. S. 665).

22, Auf den Bericht vom ... erwidere ich dem Königl. Provinzial-Schulkollegium unter Hinweis auf den Erlaß vom 27. Februar 1872 (Wiese II S. 253, CBl. d. UV. S. 130) und den Cirk.Erlaß vom 25. November 1881 U. II. 7960 (CBl. d. UV. S. 665), daß dasselbe ermächtigt ist, versetzten Lehrern die reglementsmäßigen Umzugs- und Reisekosten selbständig, ohne Berichterstattung an mich, aus den Anstaltskassen zahlen zu lassen, sofern die letzteren die erforderlichen Mittel dazu bieten. Dies gilt nach der in dem ersterwähnten Erlasse allegirten Allerh. Ordre vom 24. September 1839 auch dann, wenn ein Lehrer aus dem mittelbaren in den unmittelbaren Staatsdienst übernommen wird.

Der § 7 des Gesetzes vom 24. Februar 1877 findet bei Zahlungen aus der allgemeinen Staatskasse Anwendung (Erl. d. Min. d. geistl. 2c. A. v. 12. Februar 1883, CBl. d. UV. S. 251).

23, I. In denjenigen Fällen, in denen eine Vergütung für Umzugskosten gemäß § 22 des Lehrerbesoldungsgesetzes [1]) aus der Staatskasse zu gewähren ist, erhalten:

1, Rektoren an öffentlichen Volksschulen:
  a, auf allgemeine Kosten 180 Mk.,
  b, auf Transportkosten für je 10 km 6 Mk.;

2, Hauptlehrer und andere endgültig angestellte Lehrer an öffentlichen Volksschulen:
  a, auf allgemeine Kosten 150 Mk.,
  b, auf Transportkosten für je 10 km 5 Mk.

3, Lehrerinnen an öffentlichen Volksschulen, Lehrer, welche an denselben nur einstweilig angestellt sind, und Lehrer ohne Familie erhalten nur die Hälfte der unter 2 bezw. 1 festgestellten Vergütung.

II. Die §§ 2, 4 und 6 des Gesetzes vom 24. Februar 1877 (GS. S. 15), betreffend die Umzugskosten der Staatsbeamten, sind mit der Maßgabe zur Anwendung zu bringen, daß die Tagegelder und die Reisekosten

  a, für die Rektoren an den öffentlichen Volksschulen nach den Sätzen des § 1. VI, § 4. I. 2 und II. 2,
  b, für die Hauptlehrer und die anderen Lehrer, sowie für die Lehrerinnen nach den Sätzen des § 1. VII, § 4. I. 2 und II. 3 der Verordnung vom 15. April 1876 (GS. S. 107), betreffend die Tagegelder und die Reisekosten der Staatsbeamten

zu berechnen sind. [Abgeändert; siehe nachstehend unter Ziffer 24.]

III. Unter „Versetzungen im Interesse des Dienstes" sind nach der Begründung zu dem Gesetze vom 3. März d. Js. solche Versetzungen zu verstehen, welche erfolgen müssen, weil ein Wechsel in der Person des In-

---

[1]) § 22 des Gesetzes, betreffend das Diensteinkommen der Lehrer und Lehrerinnen an den öffentlichen Volksschulen, vom 3. März 1897 (GS. S. 25 ff.) lautet: „Lehrer und Lehrerinnen an öffentlichen Volksschulen erhalten bei Versetzungen im Interesse des Dienstes aus der Staatskasse eine Vergütung für Umzugskosten unter Wegfall der von den Schulunterhaltungspflichtigen zu entrichtenden Anzugs- oder Herbeiholungskosten.

Die näheren Bestimmungen über die Höhe der Vergütung werden von dem Unterrichtsminister in Gemeinschaft mit dem Finanzminister getroffen 2c."

habers der Lehrerstelle im dienstlichen Interesse geboten ist (Erl. d. Min. d. geistl. 2c. A. u. d. Fin. v. 7. April 1897, CBl. d. UV. S. 403).

24, Nachdem die §§ 1 und 4 des Artikels I der Verordnung vom 15. April 1876 durch das Gesetz vom 21. Juni d. Js. abgeändert worden sind, bestimmen wir, daß die den Lehrern und Lehrerinnen an den öffentlichen Volksschulen bei Versetzungen im Interesse des Dienstes neben den Umzugskosten zu gewährenden Tagegelder und Reisekosten vom 1. Oktober d. Js. ab nach Maßgabe des an diesem Tage in Kraft tretenden Gesetzes vom 21. Juni d. Js. zu berechnen sind. Die Rektoren an den öffentlichen Volksschulen haben mithin von dem genannten Tage ab die Sätze des Artikels I § 1. VI, § 4. I. 2 und II. 2, die Hauptlehrer und die anderen Lehrer sowie die Lehrerinnen dagegen die Sätze des Artikels I § 1. VII, § 4. I. 3 und II. 3 des gedachten Gesetzes zu erhalten (Erl. d. Min. d. geistl. 2c. A. u. d. Fin. v. 22. September 1897, CBl. d. UV. S. 771).

25, Die Vorschriften im Artikel I § 1 Abs. 2 und 3 des Gesetzes vom 21. Juni d. Js. (GS. S. 193) finden auch auf die Lehrer und Lehrerinnen an den öffentlichen Volksschulen bei Versetzungen im Interesse des Dienstes Anwendung. Diese Vorschriften stehen in unmittelbarer Beziehung zu den im § 1 Abs. 1 angeführten Sätzen und erläutern bezw. ergänzen dieselben lediglich (Erl. d. Min. d. geistl. 2c. A. u. d. Fin. v. 25. Oktober 1897, CBl. d. UV. S. 826).

26, Wegen der den etatsmäßigen Lehrern an den Strafanstalten und Gefängnissen des Ressorts des Innern bei Versetzungen zu gewährenden Umzugskosten siehe den MinErl. vom 7. Juni 1895, MBl. f. d. i. V. S. 176 (S. 120 Ziffer 4 d. W.).

27, Die Uebernahme eines unmittelbaren Staatsbeamten in den Dienst der Preußischen Central-Genossenschaftskasse und die Uebernahme eines Beamten dieser Anstalt in den unmittelbaren Staatsdienst gilt als Versetzung im Sinne des Umzugskostengesetzes vom 24. Februar 1877 (Verordn. v. 2. August 1899, § 5 Ziffer 1, GS. S. 397).

28, Die Gewährung von Umzugskosten an **pensionirte Beamte**, denen demnächst eine andere Dienststelle übertragen wird, ist unstatthaft. Sobald ein Beamter pensionirt ist, gehört er nicht mehr zu denjenigen Beamten, welche auf Versetzungskosten Anspruch haben, die nur etatsmäßig angestellten Beamten gewährt werden sollen. Der Umstand, daß ein Beamter **mit** dem Eintritt seiner Pensionirung, also unmittelbar aus der zuletzt verwalteten Dienststelle in eine andere übertritt, kann hierbei keinen Unterschied machen, da ein solcher Beamter in Betreff seiner Uebersiedelung nach dem Orte seiner anderweiten dienstlichen Bestimmung nicht etatsmäßiger, sondern neu angestellter pensionirter Beamter ist (Verf. d. Gen.Steuerdirektors vom 30. Juni 1858, MBl. f. d. i. V. S. 204, CBl. d. AV. S. 232).

Wegen Gewährung **persönlicher** Reisekosten an pensionirte Beamte siehe Erl. d. FinMin. v. 24. Juni 1871 Abs. 3, CBl. d. AV. S. 422, MBl. f. d. i. V. S. 243 (S. 11 Ziffer 21 d. W.).

29, Wenn ein etatsmäßiger Beamter, welchem die kommissarische Verwaltung einer Stelle in einem anderen als seinem bisherigen Stationsorte übertragen, oder welcher einer Behörde behufs kommissarischer Beschäftigung überwiesen worden ist, nach Beendigung des Kommissoriums in eine andere Stelle versetzt wird, gilt als Ort, von welchem aus die Versetzung als erfolgt anzusehen ist, lediglich derjenige, an welchem der betreffende Beamte

vor Beginn des Kommissoriums seinen ständigen amtlichen Wohnsitz gehabt hat. Dementsprechend wird der Berechnung der alsdann zu gewährenden Umzugskostenvergütung die Entfernung von dem **letzteren**, der Berechnung der persönlichen Reisekosten dagegen die Entfernung zwischen dem **Kommissionsorte** und dem Versetzungsorte zu Grunde zu legen sein (Schreiben d. FinMin. v. 4. Mai 1891, I. 5600, Herrfurth S. 738).

§ 2. Bei Berechnung der Entfernung ist die kürzeste fahrbare Straßenverbindung zu Grunde zu legen. Jede angefangene Strecke von 10 Kilometern wird für volle 10 Kilometer gerechnet.

1, Wegen Erläuterung des Begriffs „kürzeste fahrbare Straßenverbindung" siehe Anlage E. 2 zum Staatsministerialbeschluß vom 13. Mai 1884.[1])

2, Es kommt nicht darauf an, auf welchem Wege der Sachentransport erfolgt; es darf bei Berechnung der für denselben zu gewährenden Entschädigung stets nur die kürzeste Entfernung, bei Landwegen die nächste Extrapoststraße [siehe dieserhalb den nachstehend abgedruckten Min.Erlaß vom 30. Mai 1895] zu Grunde gelegt werden.

Für die Extrapoststraßen sind diejenigen Entfernungen maßgebend, welche die im Kursbüreau des Generalpostamts [2]) redigirte Postkarte [3]) ausweist. Ev. ist darüber eine Auskunft der betreffenden Oberpostdirektion einzuholen (MinErl. v. 15. Januar 1867, JMBl. S. 19).

3, In Fällen der Versetzung von Beamten sind bei der Berechnung der Transportkostenvergütung als kürzeste fahrbare Straßenverbindung im Sinne des Beschlusses des Staatsministeriums vom 13. Mai 1884 unter E. Abs. 2 diejenigen Landwege anzusehen, welche auf der neuesten amtlichen Postkarte als Kunststraßen oder fahrbare Straßen verzeichnet sind. Die Sätze im § 1 des Umzugskostengesetzes vom 24. Februar 1877 setzten, wie auch bei Berathung des Gesetzes ausdrücklich anerkannt wurde, im Anschlusse an den Allerhöchsten Erlaß vom 26. März 1855 die Benutzung der kürzesten Extrapoststraße voraus. Hierin ist durch die erwähnte Bestimmung des Beschlusses des Staatsministeriums vom 13. Mai 1884, welcher die Bezeichnung „Landweg" lediglich im Gegensatze zu „Schienenweg" und „Wasserstraße" anwendet, nichts geändert worden. Wenn nun die neueste amtliche Postkarte Extrapoststraßen nicht mehr verzeichnet, sondern dafür im Anschlusse an den Wortlaut des Beschlusses des Staatsministeriums die jederzeit fahrbaren Landstraßen aufführt (Amtsblattbekanntmachung des Reichspostamts vom 10. Dezember 1886), so ist anzunehmen, daß diese an die Stelle der früheren Extrapoststraßen getreten sind.

Der Umstand, daß in einzelnen Fällen das Fehlen eines fahrbaren Landweges in der Postkarte festgestellt worden ist, erscheint unerheblich. Derartige Ermittelungen werden hinsichtlich der Frage, ob eine Straße jederzeit fahrbar ist, nicht immer zu einem sicheren Ergebnisse führen, jedenfalls aber mit einem unverhältnißmäßigen Aufwande an Zeit, Arbeitskraft und Kosten verbunden sein. Demgegenüber liegt es im Interesse

---

[1]) Abgedruckt auf S. 19 d. W.

[2]) Jetzt: des Reichspostamts.

[3]) Soweit die Entfernungen aus dem Reichskursbuch ersichtlich sind, sind die Angaben des letzteren der Berechnung der Transportkostenvergütung zu Grunde zu legen.

der Staatsverwaltung und der Beamten, daß für den ganzen Staat eine amtliche Karte als maßgebend angesehen wird, deren Angaben die größtmögliche Zuverlässigkeit besitzen und deren Anschaffung nicht kostspielig ist. Eine solche ist die amtliche Postkarte, welche nach der Bestimmung unter B. 4 des Beschlusses des Staatsministeriums auch für die Feststellung der Entfernungen maßgebend ist.

Sollte sich ergeben, daß diese Karte nicht mehr ausreichend zuverlässig ist, weil seit ihrem Erscheinen zahlreiche Aenderungen in dem Bestande an fahrbaren Straßen eingetreten sind, so wird Anlaß zu nehmen sein, die Herstellung einer neuen Ausgabe in Anregung zu bringen.

Landwege, welche die amtliche Postkarte als Kunststraßen oder fahrbare Straßen nicht aufführt, sind bei der Berechnung der Transportkostenvergütung nur dann in Betracht zu ziehen, wenn als Anfangs- oder Endort des Umzugs Wohnplätze in Frage kommen, für welche auf der Postkarte eine fahrbare Straßenverbindung überhaupt nicht angegeben ist (Erl. d. FinMin. v. 30. Mai 1895, CBl. d. AB. S. 126).

4, Bei Berechnung der Transportkostenvergütung für versetzte Beamte ist die Entfernung zwischen den Orten, von welchen und nach welchen die Versetzung stattgefunden hat, nach dem kürzesten Wege und zwar, soweit Landwege in Betracht kommen, nach der kürzesten Extrapoststraße [siehe dieserhalb den vorstehend abgedruckten Erlaß vom 30. Mai 1895] zum Grunde zu legen. Zur Beseitigung der Zweifel, welche darüber entstanden sind, inwieweit bei dieser Berechnung fremde Staatsgebiete mit zu berücksichtigen sind, hat das Königl. Staatsministerium für die allgemeine Anwendung des Grundsatzes sich ausgesprochen, daß in Gemäßheit der gedachten Bestimmung bei der Versetzung von Beamten die Transportkostenvergütung nach dem kürzesten Wege zu bemessen ist, auf welchem innerhalb des Gebiets des Norddeutschen Bundes [1]) und des deutschen Zollvereins der neue Bestimmungsort des Versetzten sich erreichen läßt (Erl. d. Min. für L. 2c., d. Fin. u. d. Inn. vom 16. April 1870, MBl. f. d. i. V. S. 122).

5, Die Eisenbahnstrecken von N. bis Berlin, Stettiner Bahnhof, und von Berlin, Potsdamer Bahnhof bis M., welche durch eine Zwischenstrecke von 3,2 km Landweg getrennt werden, können als ununterbrochener Schienenweg im Sinne des Staatsministerialbeschlusses vom 13. Mai 1884 nicht angesehen werden. Eine ununterbrochene Schienenverbindung zwischen N. und M. ergiebt sich vielmehr nur dann, wenn die betreffenden Theilstrecken der Berliner Verbindungsbahn mit in Ansatz gebracht werden (Erl. d. FinMin. vom 31. März 1891, III. 4155, Schütze S. 439).

§ 3. Die nicht etatsmäßig angestellten Beamten erhalten bei Versetzungen nur Tagegelder und Reisekosten. Jedoch sind den im höheren Staatsdienste außeretatsmäßig beschäftigten Assessoren und Räthen Umzugskosten alsdann zu gewähren, wenn sie vor der Versetzung bereits gegen eine fixirte Remuneration dauernd beschäftigt waren. Ob diese Voraussetzungen zur Gewährung von Umzugskosten vorhanden sind, entscheidet der Ressortchef im Einvernehmen mit dem Finanzminister.

[1]) Jetzt: des Deutschen Reichs.

1, **Begründung.** Nach der bestehenden Vorschrift des § 1 des Erlasses vom 26. März 1855 werden Umzugskosten nur den etatsmäßig angestellten Beamten vergütet. Diese Bestimmung beruht auf der Erwägung, „daß nur die etatsmäßig mit fixirter Besoldung angestellten Beamten einen durch ihre dienstliche Stellung bedingten Wirkungskreis mit festem Wohnsitz haben, mithin auch nur von ihnen auf Grund ihrer gesicherten Stellung die Niederlassung an einem bestimmten Orte unter Einrichtung einer eigenen Wirthschaft zu erwarten und daher eigentlich nur bei ihnen von einer Versetzung, die außer den gewöhnlichen Reisekosten auch die Aufwendung erheblicher Umzugskosten erfordert, die Rede sei.“ Im allgemeinen müssen diese Gründe auch gegenwärtig noch für zutreffend gehalten werden, wie denn auch in der Kaiserlichen Verordnung vom 21. Juni 1875 den außeretatsmäßig angestellten Reichsbeamten der Anspruch auf Umzugskosten nicht zu Theil geworden ist.[1]) Dementsprechend ist in dem Entwurfe der Grundsatz befolgt, daß die Umzugskosten in der Regel nur den etatsmäßig angestellten Beamten zu gewähren sind. Nur zu Gunsten einer Beamtenkategorie: „der im höheren Staatsdienste außeretatsmäßig beschäftigten Assessoren und Räthe,“ mußte nach eingehender Erwägung eine Ausnahme gemacht werden. Jene Beamten gelangen in der Regel erst nach längerer Dienstzeit und im vorgerückteren Lebensalter zur etatsmäßigen Anstellung. Rücksichtlich ihrer treffen daher die oben mitgetheilten Gründe zu § 1 des Erlasses vom 26. März 1855 nicht in gleicher Weise zu, wie dies hinsichtlich der übrigen Beamten, welche in der Regel nach unverhältnißmäßig kürzerer Dienstzeit und in einem Lebensalter, wo sie noch keinen eigenen Hausstand begründet haben, zur etatsmäßigen Anstellung gelangen, der Fall ist. Das Bedürfniß, den „im höheren Staatsdienste außeretatsmäßig beschäftigten Assessoren und Räthen“ die Umzugskosten in dem Falle zu gewähren, wo die Nothwendigkeit ihrer dienstlichen Verwendung durch Bewilligung **dauernder** Vergütungen (fixirter Remunerationen) anerkannt ist, hat sich denn auch längst fühlbar gemacht. Es erschien deshalb gerechtfertigt, eine dahingehende Bestimmung in den Gesetzentwurf aufzunehmen, und zwar umsomehr, als darin eine Abweichung von den in der Kaiserlichen Verordnung vom 21. Juni 1875 befolgten Grundsätzen insofern nicht zu finden ist, als die in Rede stehende Beamtenkategorie in gleicher Weise im Reichsdienste nicht existirt und ein Bedürfniß, wie es sich nach dem Obigen in Preußen herausgestellt hat, für das Reich nicht vorhanden ist.

Im übrigen sollen nichtetatsmäßige Beamte nur Tagegelder und Reisekosten nach Maßgabe des Gesetzes vom 24. März 1873 erhalten.

2, Wegen Gewährung von Umzugskosten an Regierungsbaumeister vergl. Gesetz vom 24. August 1896 (GS. S. 173).[2])

3, Nach § 3 des Gesetzes vom 24. Februar 1877 (GS. S. 15) sind den im höheren Staatsdienste außeretatsmäßig beschäftigten Assessoren und Räthen Umzugskosten alsdann zu gewähren, wenn sie vor der Versetzung bereits gegen eine fixirte Remuneration dauernd beschäftigt waren. Die Entscheidung darüber, ob diese Voraussetzungen zur Gewährung von Um-

[1]) Auch die an Stelle der Verordnung vom 21. Juni 1875 getretene Verordnung vom 25. Juni 1901 (RGBl. S. 241) gesteht den nicht etatsmäßig angestellten Reichsbeamten bei Versetzungen nur die persönlichen Fuhrkosten und Tagegelder, nicht aber den Anspruch auf Umzugskosten zu (vergl. § 18 a. a. O.).

[2]) Abgedruckt auf S. 257 d. W.

zugskosten vorhanden sind, ist dem Ressortchef im Einvernehmen mit dem Finanzminister übertragen.

Es sind nun mit Bezug auf die Bestimmung unter Nr. 7 des Cirkularerlasses vom 4. Mai 1877[1]) Zweifel darüber entstanden, ob diese Ermächtigung zur Gewährung von Umzugskosten an die außeretatsmäßigen Assessoren und Räthe der allgemeinen Verwaltung auch in dem Falle einzuholen sei, wenn dieselben vor der Versetzung bereits in der allgemeinen Verwaltung gegen eine fixirte Remuneration dauernd beschäftigt waren. Da die Regierungen ohne weiteres in der Lage sind, das Vorhandensein der letztgedachten Voraussetzungen zur Gewährung von Umzugskosten beurtheilen zu können, so bestimmen wir, daß es der Nachsuchung der fraglichen Ermächtigung zur Zahlung der Umzugskosten in dem erwähnten Falle fortan nicht bedarf und übertragen der Kgl. Regierung die selbständige Anweisung zur Zahlung der Umzugskosten.

Für die **übrigen** unter Nr. 2 und 3 der Cirkularverfügung vom 4. Mai 1877 bezeichneten Fälle bewendet es dagegen bei der unter Nr. 7 daselbst enthaltenen Bestimmung, wonach die ministerielle Zahlungsermächtigung in jedem einzelnen Falle nachzusuchen ist (Erl. der Min. d. Inn. u. d. Fin. v. 22. Februar 1881, MBl. f. d. i. V. S. 79).

4, Den nicht etatsmäßig angestellten Beamten der Forstverwaltung sind bei Versetzungen die Tagegelder und Reisekosten für ihre Person auch dann zu bewilligen, wenn ein solcher Beamter in eine mit Diäten verbundene Beschäftigung oder in eine etatsmäßige Stelle zuerst berufen, oder von einer diätarischen Stelle in eine etatsmäßige versetzt wird.

Demgemäß erhalten Forstaufseher, wenn sie als solche zuerst dauernd angestellt, oder wenn sie versetzt oder auf Försterstellen befördert, und Forstversorgungsberechtigte, wenn sie als Förster angestellt werden, sowie Oberförsterkandidaten, wenn sie zu einer dauernden Beschäftigung mit fixirten Diäten berufen, oder aus einer solchen Stellung in eine andere gleiche Stellung versetzt, oder wenn sie als Oberförster angestellt werden, für die desfallsige Reise Tagegelder und Reisekosten nach den gesetzlichen Bestimmungen, bezw. neben Gewährung von bereits bezogenen fixirten Diäten für die Reisetage. Den nur kommissarisch gegen Tagesdiäten beschäftigten Forstbeamten (Oberförsterkandidaten, Forstkandidaten, Hülfsjäger) sind für Reisen zum Antritt einer solchen kommissarischen Beschäftigung oder zum Wechsel ihres Arbeitsortes die gesetzlichen Tagegelder und Reisekosten zwar auch, jedoch nur unter Wegfall der etwa bereits bezogenen Beschäftigungsdiäten für die Reisetage zu vergüten.

Für die Reisen behufs Ablegung der Försterprüfung ist in keinem Falle, auch wenn die probeweise Anstellung auf einer Försterstelle damit verbunden wäre, eine Vergütung zu gewähren.

Ebenso ist beim Aufhören einer Beschäftigung als Forstaufseher oder Hülfsjäger für die Reise nach einem früheren Aufenthaltsorte oder dem Orte des früheren oder künftigen Domizils **nichts** zu vergüten (Erl. d. FinMin. vom 17. April 1877, Ziffer 5, MBl. f. d. i. V. S. 145).

---

[1]) Ziffer 7 des Erlasses vom 4. Mai 1877 (MBl. f. d. i. V. S. 112) lautet:

„Der diesseitigen Ermächtigung zur Zahlung von Umzugskosten, Miethentschädigungen, persönlichen Reisekosten und Tagegeldern bedarf es fortan nur noch in den vorstehend zu 2 und 3 (s. S. 233 Ziffer 3 d. W.) bezeichneten Fällen. Die Kgl. Regierung wird ermächtigt, für die Folge derartige Zahlungen in anderen, als den vorbezeichneten Fällen, auf die hierzu bestimmten etatsmäßigen Fonds selbständig anzuweisen. Sollten sich hierbei in dem einen oder dem anderen Punkte Zweifel ergeben, so mag dieselbe darüber berichten.

5, Wenn ein einer Oberförsterei zur dauernden Beschäftigung mit fixirten Diäten überwiesener Forstaufseher aus dienstlichem Anlaß in dieser Oberförsterei seinen Wohnsitz ändern muß, so sind demselben Tagegelder und Reisekosten für die Reise nach dem neuen Wohnsitz nicht zu gewähren, da diese Wohnsitzänderung als eine Versetzung im Sinne der Cirkularverfügung vom 17. April 1877 IIb 7501 nicht anzusehen ist. [Anm. d. V. Diese Bestimmung ist durch den nachstehend abgedruckten Erlaß vom 2. November 1899 eingeschränkt worden.]

Dagegen sind bei gleichem Anlaß einem einer Oberförsterei überwiesenen aber nur kommissarisch gegen Tagesdiäten beschäftigten Hülfsjäger beim Wechsel seines Arbeits-(Stations-)ortes nach Maßgabe der Bestimmung unter 5 dieser Verfügung, demnach unter Fortfall der Beschäftigungsdiäten für die Reisetage, die gesetzlichen Tagegelder und Reisekosten für diese Reisetage zu gewähren (Erl. d. Min. f. L. ꝛc. vom 24. September 1881 III. 10179).

6, Die in der Verfügung vom 24. September 1881, III. 10179 [siehe vorstehend] vertretene Auffassung, daß die Wohnsitzveränderung eines mit festen Monatsdiäten in einer Oberförsterei beschäftigten Forstaufsehers innerhalb derselben Oberförsterei niemals als eine Versetzung im Sinne der Ziffer 5 der allgemeinen Verfügung vom 17. April 1877, IIb 7501 anzusehen sei, kann nicht aufrecht erhalten werden. Es wird vielmehr diese Frage nach Lage des einzelnen Falles zu entscheiden und dabei insbesondere auch zu berücksichtigen sein, ob dem betreffenden Beamten mit dem neuen Wohnsitze zugleich auch ein anderer Dienstbezirk angewiesen wird (Erl. d. Min. f. L. ꝛc. vom 2. November 1899, III. 15053).

7, In Zukunft sind forstversorgungsberechtigten Anwärtern der Jägerklasse A. I, welche Waldwärterstellen inne haben, bei ihrer Anstellung auf einer etatsmäßigen Försterstelle nach Maßgabe der an die Regierung in M. gerichteten Verfügung vom 4. Februar 1882, III. 888 [1]) nur Tagegelder und Reisekosten für den Antritt der Stellung zu gewähren.

Auch sind künftig zur Beseitigung jeden Zweifels über die Behandlung derartiger Stelleninhaber den Anwärtern der Klasse A. I Waldwärterstellen, sofern damit der Versorgungsanspruch der Anwärter nicht erfüllt bezw. der Versorgungsschein nicht eingezogen wird, nur kommissarisch zu übertragen (Erl. d. Min. f. L. ꝛc. vom 3. Februar 1885, III. 11619).

8, Unter den persönlichen Reisekosten sind nur die Aufwendungen zur Beförderung des versetzten Beamten an den Ort seiner Bestimmung, nicht aber Kosten für den Transport der Familie und der Wirthschaftssachen zu verstehen (Erl. d. JustMin. vom 15. Januar 1867 Ziffer 7, JMBl. S. 19).

---

[1]) Die Verfügung vom 4. Februar 1882 spricht aus, daß die Anstellung eines auf einer Waldwärterstelle dauernd angestellten forstversorgungsberechtigten Anwärters der Jägerklasse A. I auf einer etatsmäßigen Försterstelle, durch welche Anstellung der Versorgungsanspruch des Anwärters erfüllt wird, nicht als eine Versetzung anzusehen ist, welche zum Bezuge von Umzugskosten nach Maßgabe des Gesetzes vom 24. Februar 1877 berechtigt. Die Anstellung eines solchen Anwärters auf einer Waldwärterstelle ist keine Versorgung im Sinne des ihm verliehenen Forstversorgungsscheins. Demnach ist seine Berufung auf eine etatsmäßige Försterstelle keine bloße Versetzung, sondern eine Beförderung bezw. erste Anstellung in die ihm durch den Versorgungsschein gewährleistete an sich auch höhere Stellung. Wie demgemäß dem dauernd angestellten Forstaufseher bei seiner Berufung in eine etatsmäßige Försterstelle nur Tagegelder und Reisekosten für den Antritt dieser Stellung nach der Cirkularverfügung vom 17. April 1877 [siehe S. 242 Ziffer 4] zustehen, so auch dem forstversorgungsberechtigten Waldwärter bei gleichem Anlaß.

9, Wenn ein Regierungsassessor nach bestandener großer Staatsprüfung zum **ersten** Mal einem Regierungskollegium als außeretatsmäßiges Mitglied überwiesen wird, so ist die zum Antritt dieser neuen Stellung unternommene Reise nicht als eine Versetzung im Sinne des § 3 des Umzugskostengesetzes vom 24. Februar 1877 anzusehen, für welche auch bereits außeretatsmäßigen Beamten Reisekosten und Tagegelder gewährt werden dürfen (Erl. d. Min. d. Inn. u. d. Fin. vom 5. März 1883, RA. Nr. 61).

10, Den als ständige Hülfsarbeiter bei den Staatsanwaltschaften beschäftigten Gerichtsassessoren werden die Umzugskosten auch dann bewilligt, wenn sie nicht in ein etatsmäßiges Amt, sondern in eine andere ständige Stelle versetzt werden (Erl. d. JustMin. vom 12. August 1880, II e. 3111, Müller S. 729).

11, Kommissarisch beschäftigte Dienstanwärter, welche aus Anlaß ihrer Einberufung zum Probedienst oder ihrer definitiven Anstellung aus der kommissarischen Stellung scheiden und noch vor Antritt der ihnen überwiesenen Stelle zur Regelung ihrer häuslichen Verhältnisse nach ihrem früheren Wohnorte zurückkehren **müssen**, ist für derartige Rückreisen die reglementsmäßige Reisekostenvergütung zu gewähren. Unter den betreffenden Liquidationen ist jedoch in jedem Falle ausdrücklich zu bescheinigen, daß die fragl. Rückreisen der Anwärter zur Ordnung der Angelegenheiten derselben in deren Wohnorten und zur Uebersiedelung ihres Hausstandes nach den neuen Bestimmungsorten erforderlich gewesen und wirklich ausgeführt sind (Erl. d. FinMin. vom 11. August 1870, MBl. f. d. i. V. 1871 S. 41; CBl. d. AV. S. 362).

12, Den nichtetatsmäßigen Beamten sind bei Versetzungen, für welche der eigene Wunsch des Beamten nicht das alleinige Motiv gewesen ist, die persönlichen Reisekosten auch dann zu bewilligen, wenn ein solcher Beamter in eine mit dauernder Bewilligung fixirter Diäten oder etatsmäßigem Gehalte verbundene Stelle **zuerst** eintritt oder von einer diätarischen Stelle in eine etatsmäßige übergeht (Erl. d. FinMin. vom 5. Februar 1867, CBl. d. AV. S. 50; siehe auch Erl. vom 2. Dezember 1870, CBl. d. AV. 1871 S. 32).

13, Zu den in der Cirkularverfügung vom 2. Dezember v. Js. erwähnten nicht etatsmäßig angestellten Beamten gehören auch die Militäranwärter, die, wenn sie unmittelbar aus einer diätarischen Beschäftigung zur definitiven oder probeweisen Anstellung in einer etatsmäßigen Stelle an einem anderen Orte gelangen, Anspruch auf persönliche Reisekosten haben (Erl. d. FinMin. vom 26. April 1871, CBl. d. AV. S. 354).

14, Die in dem Erlasse vom 2. Dezember v. Js. nachgegebene Zahlung persönlicher Reisekosten bei Versetzungen nicht etatsmäßig angestellter Beamten in Stellen, mit welchen der dauernde Bezug fixirter Diäten oder eines etatsmäßigen Gehaltes verbunden ist, ist nur in denjenigen Fällen zulässig, in denen die betreffenden Anwärter aus einer von ihnen bereits wahrgenommenen dienstlichen Beschäftigung im **Staatsdienst** unmittelbar in derartig dotirte Stellen überführt werden.

Hiernach dürfen also persönliche Reisekosten den Militäranwärtern, welche direkt aus dem Militärverbande in die Steuerverwaltung eintreten, oder welche vor ihrer ersten civildienstlichen Anstellung im Dienste von Kommunen, Korporationen, Instituten ꝛc. oder in nicht dienstlichen Verhältnissen sich befinden, nicht gezahlt werden, dagegen ist die Zahlung zulässig, wenn die Anstellungsberechtigten aus einer diätarischen Beschäftigung in anderen Dienstzweigen der Staatsverwaltung direkt in die Steuerverwaltung übernommen werden (Erl. d. FinMin. vom 24. Juni 1871 Abs. 1 und 2, CBl. d. AB. S. 422; MBl. f. d. i. V. S. 243).

15, Steuersupernumerare, welche sich noch im Vorbereitungsdienste befinden, können bei Versetzungen die persönlichen Tagegelder und Reisekosten erhalten, wenn nach der Entscheidung der Provinzial-Steuerbehörde die Versetzung nicht lediglich zum Zwecke der Ausbildung angeordnet wird. Steuersupernumerare, denen die kommissarische Wahrnehmung von erledigten **Grenzaufseherstellen** übertragen ist, haben bei Versetzungen keinen Anspruch auf Umzugskosten, sondern nur auf die Tagegelder und Reisekosten nach den für die Grenzaufseher in dem Erlasse vom 31. Juli 1875, III. 10029[1]) bestimmten Sätzen (Erl. d. FinMin. vom 16. Juni 1877 Ziffer 2, CBl. d. AB. S. 158).

16, Wegen der den Zollpraktikanten für Versetzungsreisen zu gewährenden Tagegelder und Reisekosten siehe Ziffer 5 des MinErl. vom 24. Mai 1897 [S. 72 Ziffer 5 d. W.]. Ein Anspruch auf Umzugskosten steht ihnen nicht zu.

§ 4. Die zu Umzugskosten berechtigten Beamten erhalten außer denselben für ihre Person Tagegelder und Reisekosten.

Auch ist diesen Beamten der Miethzins zu vergüten, welchen dieselben für die Wohnung an ihrem bisherigen Aufenthaltsorte auf die Zeit von dem Verlassen des letzteren bis zu dem Zeitpunkte haben aufwenden müssen, mit welchem die Auflösung des Miethverhältnisses möglich war. Diese Vergütung darf längstens für einen neunmonatlichen Zeitraum gewährt werden. Hat der Beamte im eigenen Hause gewohnt, so kann demselben eine Entschädigung bis höchstens zum halbjährigen Betrage des ortsüblichen Miethwerthes der innegehabten Wohnung gewährt werden.

1, Begründung: Der Abs. 2 entspricht im wesentlichen der bisherigen, auf den Staatsministerialbeschlüssen vom 7. März 1827 und vom 18. April 1867 beruhenden Praxis.

(Es ist also nunmehr den zu Umzugskosten berechtigten Beamten ein **gesetzlicher Anspruch** auf Miethvergütung gewährt, während eine solche früher lediglich auf Grund der erwähnten Staatsministerialbeschlüsse zugestanden werden konnte. Anm. d. V.).

2, Die den Beamten bei Versetzungen zustehenden persönlichen Tagegelder und Reisekosten werden nicht, wie die Umzugskosten,[2]) nach dem Dienstrange der Stelle, **aus welcher**, sondern **in welche** die Versetzung erfolgt, liquidirt (Erl. d. Min. d. Fin. u. d. Inn. v. 4. Mai 1877 Ziffer 6, MBl. f. d. i. V. S. 112).

3, Für den Anspruch auf die Umzugskosten wie auf die Tagegelder und Reisekosten ist nur der **Dienstrang** des Beamten, nicht aber der demselben etwa beigelegte höhere **persönliche** Rang entscheidend (Erl. d. FinMin. v. 16. Juni 1877 Ziffer 4, CBl. d. AB. S. 158).

---

[1]) S. 71 Ziffer 3 d. W.

[2]) Vergl. § 6 d. Gesetzes (S. 253 d. W.).

4, Für die Frage, nach welchen Sätzen die persönlichen Reisekosten und Tagegelder zu gewähren sind, ist lediglich die **Dienststellung** entscheidend, in welcher ein Beamter die **persönliche Zureise** an den Bestimmungsort thatsächlich ausgeführt hat (Schr. d. FinMin. v. 23. April 1879, I. 4468, Herrfurth S. 740).

5, Wegen Nichtgewährung der persönlichen Tagegelder und Reisekosten bei Versetzungen von Beamten auf Entfernungen von weniger als 2 km vergl. Verf. d. Gen.Steuerdirektors vom 27. Mai 1857, S. 234 Ziffer 9 d. W. (siehe auch FO. XII S. 85 Ziffer 16c).

6, Beamten, welche mit der kommissarischen Verwaltung einer Stelle außerhalb ihres Amtswohnsitzes beauftragt worden und für die zu diesem Zwecke ausgeführte Dienstreise die bestimmungsmäßigen persönlichen Tagegelder und Reisekosten erhalten haben, kann nach demnächstiger dauernder Uebertragung der verwalteten Stelle ein nochmaliger Anspruch auf Tagegelder und Reisekosten neben den etwaigen Umzugskosten nicht zugestanden werden.

Die Bestimmung des § 4 Abs. 1 des Gesetzes vom 24. Februar 1877 setzt voraus, daß der versetzte Beamte **behufs Antritts** des neuen Amtes eine Reise auszuführen hat. Diese Voraussetzung trifft nicht zu, sobald sich der Beamte bereits an seinem neuen Amtswohnsitze befindet. Wenn derselbe lediglich behufs Ueberführung seines Hausstandes an den neuen Amtswohnsitz eine Reise unternimmt, so ist dieselbe nicht als eine dienstlich nothwendige, sondern als eine von dem Beamten lediglich im eigenen Interesse unternommene zu erachten, für welche derselbe eine Vergütung nicht zu beanspruchen hat (Erl. d. Min. d. ö. Arb. v. 27. Januar 1888, II. b. P. 734 (auch FO. XII S. 85 Ziff. 16b); siehe auch Verf. d. Gen. Steuerdirektors vom 31. März 1869, MinBl. S. 132, CBl. d. AV. S. 204).

7, Den etatsmäßigen und den probeweise beschäftigten Baugewerkschullehrern **ohne** Hochschulbildung sind bei Versetzungen Reisekosten und Tagegelder nach Art. I § 1 Ziffer V des Gesetzes vom 21. Juni 1897 zu gewähren (Erl. d. Min. f. H. u. G. vom 7. Dezember 1901, MBl. d. H. u. GV. S. 403).

8, Wenn ein Beamter bei Versetzungsreisen von der Freifahrtgelegenheit Gebrauch macht, so ist derselbe nicht befugt, nachträglich unter Berufung auf den Ministerialerlaß vom 12. Dezember 1880 (EVBl. S. 544)[1]) denjenigen Betrag zu liquidiren, um welchen die gesetzlichen Kilometergelder den Preis einer Fahrkarte der benutzten Wagenklasse übersteigen (Entscheid. d. ORK., EVBl. 1885 S. 232; siehe auch FO. XII S. 84 Ziff. 14 Schlußsatz).

9, Beamte, welche zum Halten von Dienstpferden verpflichtet sind, oder eine fixirte Fuhrkostenentschädigung beziehen, haben die **persönlichen** Reisekosten in eben der Art, wie diejenigen Beamten, welche keine Pferdegelder 2c. beziehen, zu liquidiren. Die Bestimmung der Verfügung vom 5. Februar 1842 wegen der Bewilligung von Pferdezuschußgeldern wird hinsichtlich der **Versetzungsreisen** außer Kraft gesetzt (Erl. d. FinMin. v. 24. Mai 1856, MBl. f. d. i. V. S. 154).

10, Beamte, welche Dienstpferde halten müssen, erhalten, wenn sie sich der letzteren zur Ausführung der Versetzungsreise bedienen, die Tagegelder

[1]) Siehe Erläuterung 1 zu § 4 der Verordnung, betr. die Umzugskosten von Beamten der Staatseisenbahnen vom 26. Mai 1877, S. 265 d. W.

nicht für die auf die Reise wirklich verwendeten, sondern nur für so viele Tage, als zur Zurücklegung des Weges mittelst Landfuhrwerk, auf Eisenbahnen oder Dampfschiffen erforderlich gewesen sein würden (Erl. d. FinMin. v. 23. Mai 1860, CBl. d. UV. S. 186).

11, Die Angabe, daß die betreffenden Beamten noch Tages vor ihrer Meldung an dem neuen Stationsorte durch Dienstgeschäfte vollständig in Anspruch genommen seien, rechtfertigt die Gewährung der Tagegelder für zwei und mehr Reisetage nicht. Die betreffenden Dienststellen haben vielmehr im fiskalischen Interesse stets noch zu prüfen, ob die Festhaltung versetzter Beamten bis zum Schlusse des dem Tage des Antritts der neuen Stellung vorausgehenden Arbeitstages im Dienstinteresse unbedingt geboten ist. Wo eine solche Nothwendigkeit nicht besonders nachgewiesen wird, werden künftig in Fällen der vorliegenden Art Tagegelder für einen zweiten Reisetag in Ausgabe nicht passiren (Not. d. ORK. v. 8. Oktober 1879).

12, Auf den Bericht vom 23. Juni d. J. bestimme ich im Einverständniß mit dem Herrn Finanzminister, daß den etatsmäßigen wissenschaftlichen Hülfslehrern, wenn sie in gleicher Amtseigenschaft an eine andere Anstalt versetzt werden, Tagegelder und Reisekosten nach denjenigen Sätzen zu gewähren sind, welche den Beamten der 5. Rangklasse zustehen. Auf Gewährung von Umzugskosten haben die Hülfslehrer keinen Anspruch (Erl. des Min. d. geistl. 2c. A. v. 3. Oktober 1894, CBl. d. UV. S. 737).

13, Die Erstattung der Miethe, welche der versetzte Beamte für seine an dem bisherigen Aufenthaltsorte innegehabte Wohnung vom Tage des Verlassens der letzteren ab noch zu entrichten verpflichtet gewesen ist, hat erst nach vollständiger Auflösung des Miethverhältnisses zu erfolgen. Die Erstattung erfolgt unter der Voraussetzung, daß der Beamte nach dem Kontrakte bezw. nachweisbar zu einer früheren Vermiethung nicht in der Lage war, das Leerstehen der Wohnung obrigkeitlich bescheinigt und die Zahlung der Miethe glaubhaft nachgewiesen wird.

War der Beamte durch die vorliegenden Umstände gezwungen, seine Familie noch eine Zeit lang in der früheren Wohnung zurückzulassen, so kann ihm die Miethentschädigung gleichwohl gewährt werden.[1]) Im übrigen bleiben alle seither in Bezug auf die Erstattung von Wohnungsmiethe ergangenen allgemeinen Verwaltungsvorschriften in Kraft (Erl. d. Min. d. Fin. u. d. Inn. vom 4. Mai 1877, Ziffer 4, MBl. f. d. i. V. S. 112; Erl. d. FinM. v. 16. Juni 1877, CBl. d. UV. S. 158; Erl. d. Min. d. ö. Arb. v. 7. Juli 1877 Ziffer 4, MinBl. f. d. i. V. S. 176; siehe auch Erl. d. JustMin. v. 25. Januar 1867, JMBl. S. 19).

14, Die hinsichtlich der Mietherstattung getroffene Bestimmung [s. vorstehend] findet keine Anwendung, wenn die Versetzung **lediglich** auf den Antrag des Beamten[2]) oder auf Grund eines seine Entlassung aus dem Amt mit Verlust der Umzugskosten[3]) verhängenden Disziplinarurtheils erfolgt ist (Erl. d. JustMin. v. 25. Januar 1867, JMBl. S. 19).

---

[1]) Voraussetzung ist hierbei aber, daß durch das Verbleiben der Familie des versetzten Beamten in der früheren Wohnung nicht die Beendigung des Miethverhältnisses oder die anderweitige Vermiethung der Wohnung unmöglich gemacht worden ist (FO. XII S. 85 Ziff. 17; siehe auch S. 250 Ziff. 27 d. W.).

[2]) also ohne das **gleichzeitige** Vorliegen eines dienstlichen Bedürfnisses.

[3]) In beiden Fällen ist auch der Anspruch auf die persönlichen Tagegelder und Reisekosten ausgeschlossen.

15, Der Vermiether, welcher die Wohnung eines versetzten Beamten innerhalb der Zeit, für welche letzterer nach § 376 [1]) Tit. 21 Theil I ALR. zur Zahlung der Miethe, vorbehaltlich des § 377 [1]) daselbst gedachten Falles der Stellung eines geeigneten Untermiethers, verpflichtet ist, anderweit vermiethet, hat die für jene Zeit oder einen Theil derselben von dem neuen Miether erhaltene Miethe auf den von dem versetzten Beamten zu zahlenden Miethzins in Anrechnung zu bringen oder, falls der Miethzins bereits bezahlt ist, zu erstatten.

Zur Aufrechthaltung dieses Grundsatzes ist in der Steuerverwaltung mit Rücksicht auf die daselbst vorkommenden zahlreichen Versetzungen zur Zahlung von Miethentschädigung nicht blos die Quittung des Vermiethers und nach Umständen der Miethkontrakt, sondern auch eine Bescheinigung darüber erfordert worden, daß die Wohnung auf den Zeitraum, für welchen Miethentschädigung liquidirt wird, nicht wieder vermiethet worden sei.

Mit Rücksicht auf einen vorgekommenen Fall wird zugleich bemerkt, daß versetzte Beamte ohne Genehmigung der vorgesetzten Behörde nicht befugt sind, über die Zahlung der hiernächst gegen die Staatskasse zu liquidirenden Miethentschädigung sich mit dem Vermiether zu vergleichen, und daß der versetzte Beamte auf Miethentschädigung aus der Staatskasse nur insoweit Anspruch hat, als der Vermiether nicht durch den mit dem Miethnachfolger abgeschlossenen Vertrag Ersatz findet (Erl. d. FinMin. v. 15. Mai 1855, MBl. f. d. i. V. S. 168, CBl. d. AV. S. 104).

---

[1]) An die Stelle der §§ 376 und 377 Tit. 21 Th. I ALR. ist seit dem 1. Januar 1900 der § 570 BGB. getreten, welcher lautet:

„Militärpersonen, Beamte, Geistliche und Lehrer an öffentlichen Unterrichtsanstalten können im Falle der Versetzung nach einem anderen Orte das Miethverhältniß in Ansehung der Räume, welche sie für sich oder ihre Familie an dem bisherigen Garnison- oder Wohnorte gemiethet haben, unter Einhaltung der gesetzlichen Frist kündigen. Die Kündigung kann nur für den ersten Termin erfolgen, für den sie zulässig ist."

Ueber die Kündigungsfristen enthält das Nähere § 565 BGB.:

„Bei Grundstücken ist die Kündigung nur für den Schluß eines Kalendervierteljahrs zulässig; sie hat spätestens am dritten Werktage des Vierteljahrs zu erfolgen. Ist der Miethzins nach Monaten bemessen, so ist die Kündigung nur für den Schluß eines Kalendermonats zulässig; sie hat spätestens am fünfzehnten des Monats zu erfolgen. Ist der Miethzins nach Wochen bemessen, so ist die Kündigung nur für den Schluß einer Kalenderwoche zulässig; sie hat spätestens am ersten Werktage der Woche zu erfolgen.

Bei beweglichen Sachen hat die Kündigung spätestens am dritten Tage vor dem Tage zu erfolgen, an welchem das Miethverhältniß endigen soll.

Ist der Miethzins für ein Grundstück oder für eine bewegliche Sache nach Tagen bemessen, so ist die Kündigung an jedem Tage für den folgenden Tag zulässig.

Die Vorschriften des Abs. 1 Satz 1, Abs. 2 gelten auch für die Fälle, in denen das Miethverhältniß unter Einhaltung der gesetzlichen Frist vorzeitig gekündigt werden kann."

Die Berechtigung des Miethers zur Stellung eines Untermiethers ergiebt sich aus § 549 BGB.:

„Der Miether ist ohne die Erlaubniß des Vermiethers nicht berechtigt, den Gebrauch der gemietheten Sache einem Dritten zu überlassen, insbesondere die Sache weiter zu vermiethen. Verweigert der Vermiether die Erlaubniß, so kann der Miether das Miethverhältniß unter Einhaltung der gesetzlichen Frist kündigen, sofern nicht in der Person des Dritten ein wichtiger Grund vorliegt rc."

Bezüglich der Wohn- rc. Räume bestimmt § 580 BGB.:

„Die Vorschriften über die Miethe von Grundstücken gelten auch für die Miethe von Wohnräumen und anderen Räumen."

16, Die obrigkeitlichen Bescheinigungen, daß die Wohnungen für diejenige Zeit, für welche die Miethen liquidirt und gezahlt worden sind, wirklich leer gestanden haben, sind nicht bei den Akten zurück zu behalten, sondern den Ausgabebelägen beizufügen (Not. d. ORK. v. 19. Juli 1879, Nr. 8691).

17, Wegen der ferner den Kostenrechnungen über die Erstattung von Wohnungsmiethe beizufügenden Schriftstücke vergl. FO. der Preuß. Staatseisenbahnverwaltung, Theil III § 8 Ziffer 31.[1])

18, Die von Staatsbeamten in Anlaß ihrer Versetzung beizubringenden polizeilichen Bescheinigungen über das Leerstehen ihrer bisherigen Wohnung während der Zeit, für welche sie Miethentschädigung aus der Staatskasse beanspruchen, bedürfen keines Stempels (Schr. d. FinMin. v. 26. November 1896, MBl. f. d. i. V. S. 228, CBl. d. AV. S. 635, EVBl. 1897 S. 20).

19, Auch der auf seinen Antrag oder mit seiner Zustimmung versetzte Beamte kann sich auf § 376 Th. I Tit. 21 ALR.[2]) berufen (Entscheid. d. Reichsgerichts v. 11. Juni 1888, Bd. 21 S. 283; Eger, eisenbahnrechtliche Entscheidungen Bd. 6 S. 320).

20, Ew. ꝛc. erwidere ich, daß im allgemeinen als frühester Termin, von welchem ab einem versetzten Beamten die Miethe für die Wohnung an dem bisherigen Aufenthaltsorte zu vergüten ist, derjenige Tag anzusehen ist, von welchem ab der Beamte der neuen dienstlichen Stellung angehört und für dieselbe Besoldung bezieht. Die Bewilligung der Miethentschädigung an den vom 1. Mai v. Js. ab von B. nach C. versetzten p. N. für die Zeit vom 28. bis 30. April v. Js. war darnach unter den obwaltenden Verhältnissen nicht gerechtfertigt (Erl. d. FinMin. v. 21. März 1890, III. 2474, Schütze S. 458).

21, Zufolge eines Beschlusses des Kgl. Staatsministeriums vom 18. v. Mts. kann einem etatsmäßig angestellten Beamten, wenn er im Interesse des Dienstes und nicht lediglich auf seinen Antrag versetzt worden ist, falls er an seinem früheren dienstlichen Wohnort im eigenen Hause oder in einem Hause, dessen Nießbrauch ihm zustand, gewohnt hat, eine Entschädigung in Höhe des ortsüblichen Miethwerthes der Wohnung für die Dauer eines halben Jahres, vom Ablaufe des Kalenderquartals ab, in welchem die Versetzung stattgefunden hat, gewährt werden, insofern der Beamte die pflichtmäßige Versicherung abgiebt, daß aller angewendeten Mühe ungeachtet es ihm nicht möglich gewesen ist, die innegehabte Wohnung für jenen Zeitraum anderweit zu vermiethen (Erl. des Min. d. geistl. ꝛc. A. v. 24. Mai 1867, MBl. f. d. i. V. S. 249).

In gleichem Sinne spricht sich auch der Erl. des FinMin. v. 14. März 1871, MBl. f. d. i. V. S. 130, aus.

Bei Entschädigung der Beamten, welche im eigenen Hause gewohnt haben, ist vorausgesetzt, daß die Räumlichkeiten der Wohnung des Beamten nicht über seinen Bedarf hinausgegangen sind und zu seiner Stellung in richtigem Verhältnisse gestanden haben. Dieses Maß weit überschreitende Beträge dürften von der festsetzenden Behörde entsprechend gekürzt werden können. Der dem betreffenden Beamten zustehende Wohnungsgeldzuschuß wird jedoch für dieses Ermessen nur einen sehr ungefähren Maßstab abgeben (Dippe S. 85; siehe auch Erl. d. JustMin. v. 20. Februar 1892, I. 490, Müller S. 733).

---

[1]) s. S. 201 d. W.
[2]) Jetzt § 570 BGB.

22, Ew. 2c. ermächtige ich, dem zum 1. August v. Js. von A. nach H. versetzten Obersteuerkontroleur N. die Miethe, welche derselbe für den zur Unterbringung seines Dienstpferdes in A. besonders angemietheten Pferdestall hat entrichten müssen, für die Zeit vom 4. August v. Js. bis Ende März d. Js. vergüten zu lassen.

Gleichzeitig werden Ew. 2c. ermächtigt, die Zahlung der Miethvergütung für Pferdeställe und Wagenremisen an solche Beamte, welche zum Halten eigener Dienstpferde verpflichtet sind, auf Grund des § 4 Abs. 2 des Umzugskostengesetzes vom 24. Februar 1877 und der dazu erlassenen Ausführungsvorschriften für die Folge auch dann selbständig anzuweisen, wenn diese Gelasse nicht als Zubehör der Wohnung, sondern unabhängig von letzterer auf Grund eines besonderen Miethvertrages angemiethet gewesen sind (Erl. d. FinMin. v. 13. Mai 1891, CBl. d. AV S. 114).

23, Der Erlaß des Generaldirektors der Steuern vom 25. November 1840 (CBl. d. AV. S. 386) [1]), wonach in Fällen, wo versetzte Beamte Anspruch auf Miethentschädigung haben, die von ihnen gezahlte Miethe aber nicht blos für Wohnung, sondern auch für einen damit verbundenen, nicht besonders veranschlagten Garten oder Acker entrichtet wird, der Miethwerth des Ackers oder Gartens abgeschätzt und von dem liquidirten Miethbetrage abgesetzt werden soll, wird hierdurch, soweit Hausgärten in Frage stehen, außer Wirksamkeit gesetzt, da derartige Gärten als Zubehör der Wohnung anzusehen sind (Erl. d. FinMin. v. 24. Juni 1897, CBl. d. AV. S. 238; Erl. d. JustMin. v. 10. September 1897, JMBl. S. 235; siehe auch FO. XII S. 85 Ziffer 21).

24, Denjenigen Beamten, welche an dem früheren Stationsorte eine möblirte Wohnung innegehabt haben, ist der volle Miethpreis mit Einschluß des auf die mitvermietheten Möbel zu rechnenden Miethwerthes unter den bestimmungsmäßigen Voraussetzungen zu vergüten (F.O. XII S. 85 Ziffer 19).

25, Zu der dem versetzten Beamten zu erstattenden Wohnungsmiethe sind auch die sogenannten Nebenabgaben (Wasserzins, Müllgeld, Schornsteinfegergeld 2c.) zu rechnen, insofern sie als ein Bestandtheil des Miethzinses für die Wohnung anzusehen und nach den Bestimmungen des abgeschlossenen Vertrages von dem versetzten Beamten auch für die Zeit nach dem Verlassen der Wohnung zu zahlen sind [2]) (wie vor Ziffer 20).

26, Die in einigen Orten neben dem Miethzinse zu zahlende Abnutzungsentschädigung kommt bei Erstattung des Miethzinses nicht in Betracht (Erl. d. JustMin. v. 17. Mai 1898, II d 1753, Müller S. 733).

27, Unter Nr. 4 der Cirkularverfügung vom 7. Juli 1877 [3]) ist zu § 4 des Gesetzes vom 24. Februar 1877 bestimmt, daß, falls der Beamte durch die vorliegenden Umstände gezwungen war, seine Familie noch eine Zeit lang in der früheren Wohnung zurückzulassen, ihm die Miethentschädigung gleichwohl gewährt werden kann.

Um einer irrthümlichen Auffassung vorzubeugen, wird diese Bestimmung dahin deklarirt, daß die gesetzliche Vergütung des Miethzinses in den

---

[1]) Nicht abgedruckt, da Inhalt hier wiedergegeben.

[2]) Für die Reichsverwaltung ist angeordnet, daß bei der Erstattung des Miethzinses an versetzte Beamte aus Reichsfonds die etwa in dem Miethzinse mit enthaltene, nöthigenfalls ihrer Höhe nach durch sachverständiges Gutachten festzusetzende Entschädigung für die Bereitstellung einer in der bisherigen Miethwohnung vorhandenen Centralheizung, elektrischen Beleuchtung oder ähnlichen Anlage nicht mit zu vergüten ist (siehe CBl. f. d. D. R. 1900 S. 415).

[3]) s. S. 247 Ziffer 13 d. W.

vorausgesetzten Fällen **stets** zu gewähren ist, **ausgenommen** wenn durch das Verbleiben der Familie des Beamten in der Wohnung die Auflösung des Miethverhältnisses bezw. die anderweite Vermiethung der Wohnung unmöglich gemacht worden ist. Ob derartige Umstände, welche die Bewilligung der Miethentschädigung ausschließen würden, vorhanden sind, ist deshalb in jedem einzelnen Falle unter Würdigung der thatsächlichen Umstände einer sorgfältigen Prüfung zu unterziehen (Erl. d. Min. d. ö. Arb. v. 10. November 1882, EVBl. S. 365; Erl. d. Min. d. Inn. u. d. Fin. v. 30. Oktober 1882, MBl. f. d. i. V. S. 262; Erl. d. FinMin. v. 4. Oktober 1882, CBl. d. AV. S. 318; Erl. d. Min. d. geistl. rc. A. v. 4. November 1882, CBl. d. UV. 1883 S. 125).

28, Wegen Nichtgewährung von Miethentschädigung an „fliegende" Hülfslehrer s. den Erl. d. Min. d. geistl. rc. A. v. 18. Juli 1901, CBl. d. UV. S. 757 (abgedruckt auf S. 93 Ziffer 9 d. W.).

29, Hinsichtlich der Unzulässigkeit der Erstattung von Wohnungsmiethe an Beamte, welche aus dienstlichen Rücksichten an ihrem Stationsort aus einer Dienstwohnung in eine andere Dienstwohnung oder in eine Miethwohnung oder aus einer Miethwohnung in eine Dienstwohnung ziehen müssen, vergl. S. 234 Ziffer 12 d. W.

§ 5. Beamte ohne Familie erhalten nur die Hälfte der im § 1 festgesetzten Vergütung.

1, Begründung: Unter Familie sind der seitherigen Praxis gemäß nicht blos Frau, Kinder oder Eltern, sondern auch sonstige nahe Verwandte und Pflegekinder, sofern sie in dem Hausstande des Beamten Wohnung und Unterhalt haben, zu verstehen.

Ein eigener Hausstand wird immer vorausgesetzt.

2, Unter „Familie" im Sinne des § 5 des Gesetzes vom 24. Februar 1877 sind nicht nur Ehefrau, Kinder oder Eltern, sondern auch andere nahe Verwandte und Pflegekinder zu verstehen, sofern der Beamte denselben in seinem Hausstande Wohnung und Unterhalt auf Grund einer gesetzlichen oder moralischen Unterstützungsverbindlichkeit gewährt. Jedenfalls muß ein eigener Hausstand von dem Beamten geführt werden (Erl. d. Min. d. Fin. u. d. Inn. v. 4. Mai 1877, Ziffer 5, MBl. f. d. i. V. S. 112; Erl. d. Min. f. L. rc. v. 17. April 1877, MBl. f. d. i. V. S. 145; Erl. d. FinMin. v. 16. Juni 1877 Ziffer 5, CBl. d. AV. S. 158; Erl. d. Min. d. ö. Arb. v. 7. Juli 1877 Ziffer 5 (MBl. f. d. i. V. S. 176).

3, Als „Familie" eines Beamten im Sinne des Umzugskostenreglements sind Seitenverwandte desselben bisher nicht betrachtet worden, und auch in den Motiven zu dem neuen Umzugskostengesetz ist nur von **nahen** Verwandten die Rede, zu welchen im vorliegenden Falle die Cousine des N. nicht zu rechnen ist. Nur wenn derartige Seitenverwandte zu dem betreffenden Beamten in einem gewissen pflegschaftlichen Verhältniß (als Pflegekind und dergl.) ständen, würde es zulässig sein, dieselben als zur Familie gehörig anzusehen (Erl. d. FinMin. v. 22. Februar 1877 III. 2103, Schütze S. 448).

4, Die Zahlung des **vollen** Satzes der allgemeinen und der Transportvergütung ist nicht davon abhängig, daß die Uebersiedelung thatsächlich mit Familie bewirkt ist, sondern nur davon, daß der Beamte zur Zeit des Umzuges Familie gehabt hat.

Die Umzugskostenliquidationen der Beamten sind daher zutreffendenfalls dahin zu bescheinigen, daß der betreffende Beamte zur Zeit des Umzuges Familie im Sinne der Bestimmung unter Nr. 5 des Ministerialerlasses vom 4. Mai 1877 [bezw. der entsprechenden Abschnitte der übrigen vorstehend unter 2 bezeichneten Erlasse] gehabt hat (Erl. d. JustMin. v. 2. Juli 1881, JMBl. S. 148; Erl. d. Min. d. geistl. ꝛc. A. v. 16. August 1881, G. III. 2420 und v. 31. Juli 1881, MBl. f. d. i. V. S. 178; Erl. d. FinMin. v. 13. August 1881, CBl. d. AV. S. 354; siehe auch FO. XII S. 86 Ziffer 23 Schlußsatz).

5, Ew. ꝛc. erwidere ich, daß dem von A. nach B. versetzten Steueraufseher N. die vollen gesetzlichen Umzugskosten zu zahlen sind, weil er einen eigenen Hausstand führt und Familie im Sinne des § 5 des Umzugskostengesetzes hat, von welcher er sich im Zeitpunkte der Versetzung aus Anlaß der Militärpflicht des Sohnes und zum Zwecke der weiteren Ausbildung seiner Tochter nur vorübergehend und überdies mit der Absicht getrennt hat, mit der letzteren als Wittwer seinen Haushalt demnächst weiter zu führen (Erl. d. FinMin. vom 30. Juni 1887, Schütze S. 447).

6, Einem Wittwer, welcher zwar einen eigenen Hausstand führt, ohne indessen in demselben Familienangehörigen auf Grund einer gesetzlichen oder moralischen Unterstützungsverbindlichkeit Wohnung und Unterhalt zu gewähren, steht nur die Hälfte der im § 1 des Gesetzes vom 24. Februar 1877 festgesetzten Umzugskostenvergütung zu (Erl. d. Min. d. ö. Arb. vom 13. Dezember 1893, P. IV (I) 10185).

7, Die Bestimmung in dem Erlasse vom 13. Dezember 1893 bezieht sich auf einen Wittwer, der zwar einen eigenen Hausstand führt, in ihm jedoch Familienangehörigen auf Grund einer gesetzlichen oder moralischen Unterstützungsverbindlichkeit Wohnung und Unterhalt nicht gewährt. Diese Voraussetzung trifft auf den Güterexpedienten H. nicht zu, weil sein Sohn, wennschon er sich den größeren Theil des Jahres zu Ausbildungszwecken außerhalb des Vaterhauses aufhält, doch nicht nur rechtlich den Wohnsitz des Vaters theilt, sondern auch thatsächlich die Zugehörigkeit zu dem väterlichen Haushalte nicht aufgegeben hat. Hiernach ist dem Antragsteller, da er einen eigenen Hausstand führt und Familie im Sinne des § 5 des Umzugskostengesetzes hat, für seine Versetzung die volle Umzugsentschädigung zu gewähren (Erl. d. Min. d. ö. Arb. vom 27. September 1902, EVBl. S. 501).

8, Die für die Gewährung der vollen Vergütung des § 5 erforderliche Voraussetzung, daß der Beamte Familie hat, trifft zu, wenn der letztere zur Zeit seiner Versetzung verheirathet gewesen ist (MinErl. vom 11. August 1882, I. 1083; Müller S. 734).

9, Außereheliche Kinder eines Beamten, denen er Wohnung und Unterhalt gewährt, sind als Familie anzusehen (Erl. d. FinMin. vom 29. Januar 1864, III. 1476, Schütze S. 448).

10, Beamte, welche sich vor ihrer Versetzung zwar verheirathet, an ihrem früheren Wohnorte einen Familienstand aber nicht gehabt haben, erhalten nur die Hälfte der Umzugskosten (MinErl. vom 30. März 1890, II c. 631 und vom 28. Juni 1900, II e. 1787, Müller S. 734).

§ 6. Von den Vergütungssätzen (§ 1) kommt derjenige in Anwendung, welchen die Stellung bedingt, aus welcher — nicht in welche — der Beamte versetzt wird.

1, Wegen der Berücksichtigung des Dienstranges bei Bemessung der Umzugskosten siehe S. 245 Ziffer 3 d. W.

2, Bei Bemessung der Höhe der bei Versetzungen zu gewährenden Umzugskosten ist nicht diejenige Stelle, welche dem Beamten später unter Vordatirung übertragen ist, sondern welche derselbe zur Zeit der Versetzung thatsächlich bekleidet hat, maßgebend (Entscheid. d. ORK., EVBl. 1887 S. 122 Ziffer 16).

3, Auf die zu gewährenden Tagegelder und Reisekosten findet der Grundsatz des § 6, wonach diejenigen Sätze zu bewilligen sind, welche die Stellung bedingt, aus welcher — nicht in welche — der Beamte versetzt wird, keine Anwendung. Die persönlichen Tagegelder und Reisekosten können daher, wenn mit der Versetzung eine Rangerhöhung verbunden ist, nach den Sätzen liquidirt werden, welche das mit dem neuen Amte verbundene Rangverhältniß gestattet[1]) (Erl. d. FinMin. vom 17. April 1877, Ziffer 8, MBl. f. d. i. V. S. 145).

4, Die Verfügung vom 24. März 1858 (MBl. f. d. i. V. S. 66), wonach Beamte, welche mit Belassung des Dienstranges ihrer bisherigen Stelle in ein anderes Amt von an sich geringerem Dienstrange versetzt werden, die persönlichen Tagegelder und Reisekosten nach dem Dienstrange der Stelle, **aus** welcher sie versetzt werden, beanspruchen dürfen, ist aufgehoben (Erl. d. FinMin. vom 16. Juni 1877 Ziffer 4, CBl. d. AV. S. 158).

5, Die Festsetzung im § 6 ist auch dann als maßgebend anzusehen, wenn der aus Anlaß oder gelegentlich seiner Beförderung Versetzte aus besonderen Gründen vorübergehend noch an seinem bisherigen Aufenthaltsorte zu verbleiben hat (Erl. d. Kriegsm. vom 26. April 1883, AVBl. S. 92).

§ 7. Personen, welche, ohne vorher im Staatsdienste gestanden zu haben, in denselben übernommen werden, kann eine durch den Verwaltungschef im Einvernehmen mit dem Finanzminister festzusetzende Vergütung für Umzugskosten gewährt werden.

1, Begründung: Diese Vorschrift drückt die von dem Verwaltungschef zu handhabende Befugniß aus, auch denjenigen Personen eine angemessene Umzugskostenvergütung zu gewähren, welche aus dem Reichs-, Kirchen-, Schul-, Kommunaldienst, oder aus Provinzialverhältnissen ꝛc. in den unmittelbaren Staatsdienst übernommen werden.

2, Der Gesetzentwurf enthielt am Schlusse dieses Paragraphen noch die Bestimmung, daß die Umzugskostenvergütung den Satz nicht übersteigen dürfe, welche nach diesem Gesetz die Stellung bedinge, in welche der Beamte berufen werde. Gegen diese Vorschrift waren in der Budgetkommission des Abgeordnetenhauses Bedenken erhoben worden, welchen der Bericht-

[1]) Siehe hierzu jedoch S. 9 Ziffer 9 d. W.

erstatter, Abgeordneter Schröder (Königsberg) in der Sitzung des Abgeordnetenhauses vom 22. Mai 1876 (Sten. Ber., 3. Band S. 1618) wie folgt Ausdruck gab:

„Es hat sich insbesondere im Gebiete der Kultusverwaltung das Bedürfniß herausgestellt, eine solche Beschränkung dem Verwaltungschef nicht aufzuerlegen, ihm vielmehr eine gewisse Freiheit für die Vereinbarung offen zu lassen. Die gesetzliche Bestimmung, die sich ja nur auf Personen bezieht, welche neu für den Staatsdienst gewonnen werden sollen, ist eine, die nur ganz ausnahmsweise zur Anwendung kommt; wo dies aber geschieht, walten in der Regel auch ganz außerordentliche Umstände ob, die es dem Staate wünschenswerth machen, fremde Personen, die bisher dem Staatsdienst fremd gewesen sind, meistens in Universitätsverwaltungen, vom Auslande her zu berufen und für den Staatsdienst zu erwerben. Wo so außerordentliche Verhältnisse Anwendung finden, kann allerdings auch nicht eine für alle Fälle zutreffende Regel über die Vereinbarung bezüglich der Umzugskosten aufgestellt werden. Sie haben, was das Kultusministerium anlangt, z. B. bei Gelegenheit der Berathung des Universitätsetats, auch dem Kultusminister besondere Mittel zur Verfügung stellen müssen, mit welchen er, unabhängig von den Etatssätzen, hervorragende Personen für den Preußischen Staatsdienst zu gewinnen in der Lage ist. Da handelt es sich um große Summen, hier bei den Umzugskosten kommen nur kleine Beträge in Betracht. Ich glaube, man darf also hier, ohne das finanzielle Staatsinteresse zu schädigen, der Verwaltung einen Spielraum für die freie Vereinbarung überlassen.

Aus diesem Grunde empfiehlt Ihnen die Kommission, den Schlußsatz zu streichen, aber um die finanziellen Interessen des Staates zu sichern, die Festsetzung der Umzugskostenentschädigung einer Vereinbarung zwischen dem Ressortchef und dem Finanzminister anheimzugeben.“

Das Haus beschloß diesem Antrage gemäß.

3, Bei der ersten Berufung oder Anstellung im unmittelbaren Staatsdienst hat grundsätzlich jeder Beamte, wenn etwas anderes nicht vorher ausdrücklich vereinbart worden ist, sich auf eigene Kosten nach dem Amtsort zu begeben (MinErlasse vom 27. Februar 1845, 6. Februar 1862, 27. Februar 1872 und 4. Januar 1873,[1]) MBl. f. d. i. V. S. 57 bezw. 173, 97 und 50).

4, Die civilversorgungsberechtigten Militäranwärter, welche neu in den Dienst der Verwaltung der indirekten Steuern eintreten, erhalten alsdann, wenn sie im Staatsdienste bei anderen Verwaltungen bereits diätarisch beschäftigt waren und aus dieser Beschäftigung **unmittelbar** in den Dienst der Steuerverwaltung außerhalb ihres bisherigen Wohnorts berufen werden, für die Reise nach dem neuen Bestimmungsorte **für ihre Person** die Tagegelder und Reisekosten, wie die nicht etatsmäßigen Steuerbeamten.

Abgesehen hiervon haben die Anwärter bei ihrer ersten Einberufung in die Steuerverwaltung für die Reise nach dem Bestimmungsort keinen Anspruch auf Reisekosten und Tagegelder. Ausnahmsweise kann solchen civilversorgungsberechtigten Militäranwärtern, welche, ohne zum Bezuge von Reisekosten und Tagegeldern berechtigt zu sein, in erledigten Stellen der Grenzaufsicht außerhalb ihres Wohnortes zuerst angestellt werden, bei **weiten Reisen**, oder wenn sie **verheirathet** sind, und die **Uebersiedelung**

---

[1]) Siehe S. 7 Ziffer 6 d. W.

der Familie bewirkt haben, für die durch die Reise oder den Umzug erwachsenen Kosten eine dem Bedürfnisse entsprechende Vergütung bewilligt werden, sobald sie nach gut bestandenem Probedienste zur definitiven Anstellung in eine Grenzaufseherstelle gelangen. Zur Gewährung derartiger Entschädigungen bedarf es meiner Genehmigung. Die diesfälligen Anträge sind daher in den dazu angethanen Fällen mit gutachtlicher Aeußerung mir vorzulegen, nachdem von den Betheiligten die durch die Reise oder durch den Umzug der Familie erwachsenen Kosten glaubhaft nachgewiesen sind.

Die Provinzialsteuerbehörden sind ermächtigt, den Militäranwärtern bei ihrer ersten Einberufung in etatsmäßige Aufseherstellen im Bedürfnißfalle zur Bestreitung der Reisekosten entsprechende Vorschüsse zu bewilligen, die in mäßigen Monatsraten wieder einzuziehen oder auf die später etwa zu gewährende Entschädigung einzurechnen sind (Erl. d. FinMin. vom 16. Juni 1877 Ziffer 6, CBl. d. AV. S. 158).

5, Wegen Gewährung von Umzugskostenvergütungen an **Geistliche**, die aus einem Pfarramte in den unmittelbaren Staatsdienst treten, siehe S. 236 Ziffer 20 d. W.

6, Zur Herbeiführung eines einheitlichen, den gesetzlichen Vorschriften entsprechenden Verfahrens bestimme ich hierdurch, daß den Lehrern, Lehrerinnen, Meistern und Beamten der staatlichen und aus dem Fonds Kap. 69 Tit. 10 des Etats der Handels- und Gewerbe-Verwaltung unterstützten Fachschulen bei der ersten Annahme in den Preußischen Staatsdienst und bei Versetzungen vor der etatsmäßigen Anstellung der Regel nach Umzugskostenentschädigungen nicht zu gewähren sind. Ausnahmen bedürfen in jedem einzelnen Falle meiner Genehmigung, die nöthigenfalls vor der Annahme der betreffenden Personen nachzusuchen und eingehend zu begründen ist.

Bei Anträgen, die sich auf nichtstaatliche Fachschulen beziehen, ist in den Berichten auch anzugeben, ob die etatsmäßig zur Verfügung stehenden Mittel zur Gewährung der beantragten Entschädigung ausreichen und die in Betracht kommenden Etatspositionen dadurch voraussichtlich keine Ueberschreitung erfahren werden (Erl. des Min. f. H. u. G. vom 29. Juli 1902, MinBl. d. H. u. GV. S. 328).

7, Ew. 2c., daß die Bewilligung von Umzugskostenentschädigungen (Ziffer 6 Abs. 2 der Verf. vom 16. Juli 1877) an diejenigen in den Grenzaufsichtsdienst eintretenden Unteroffiziere, welchen bei ihrem Ausscheiden aus dem Heere nach zwölfjähriger Dienstzeit die Dienstprämie von 1000 Mk. gezahlt worden ist, nicht völlig ausgeschlossen sein soll. Es bleibt Ihnen vielmehr überlassen, auch für Militäranwärter dieser Art die Gewährung von Umzugskostenentschädigungen in solchen Fällen zu beantragen, in welchen besondere Umstände dies ausnahmsweise rechtfertigen (Erl. d. Fin.-Min. vom 11. Februar 1892, III. 1187, Schütze S. 452).

8, Obwohl die Dienstprämie von 1000 Mk., die den in den Grenzaufsichtsdienst eintretenden Unteroffizieren bei ihrem Ausscheiden aus dem Heere nach zwölfjähriger Dienstzeit ausgezahlt wird, auch dazu bestimmt ist, den Militäranwärtern die Mittel zur Bestreitung der Kosten von Umzügen und Reisen zur Verfügung zu stellen, so soll daneben die Bewilligung von Umzugskostenentschädigungen (Ziffer 6 Abs. 2 der Verf. vom 16. Juni 1877) an Militäranwärter der bezeichneten Art nicht völlig ausgeschlossen sein; sie ist jedoch nur in solchen Fällen zu beantragen, in denen besondere Umstände (z. B. Nothwendigkeit der Verwendung der Dienstprämie zur Einrichtung oder Vervollständigung der Wirthschaft und der Bekleidung) dies ausnahmsweise rechtfertigen. Als ein solcher Umstand ist es auch anzusehen, wenn sich in der betreffenden Provinz ein fortdauernder Mangel an Militäranwärtern zur Besetzung der erledigten Grenzaufseherstellen geltend macht. In der Begründung der Anträge auf Bewilligung von Umzugskostenentschädigungen ist künftig zutreffendenfalls dieser Umstand, neben dem Hinweise auf die Würdigkeit und Bedürftigkeit der Anwärter, besonders hervorzuheben (Erl. d. FinMin. vom 27. September 1898, III. 13192, Schütze-Keilwagen S. 99).

§ 8. Auf Wartegeldempfänger, welche wieder in den aktiven Staatsdienst aufgenommen werden, findet dieses Gesetz mit der Maßgabe Anwendung, daß für die Umzugskostenvergütung die Entfernung zwischen dem Wohnorte des Wartegeldempfängers und dem neuen Amtssitze desselben zu Grunde zu legen ist.

Diese Bestimmung war in dem ursprünglichen Gesetzentwurfe nicht vorgesehen, sie wurde vielmehr von der Budgetkommission des Abgeordnetenhauses in Vorschlag gebracht, um **gesetzlich** eine Lücke auszufüllen, welche auch die Verwaltung selbst empfunden und durch eine ministerielle Anordnung ausgefüllt hatte. Das Haus nahm den entsprechenden Antrag der Kommission an (Sten. Ber., 3. Bd. S. 1619, Sitzung v. 22. Mai 1876).

§ 9. Die Bestimmungen im § 10 des Gesetzes, betreffend die Tagegelder und Reisekosten der Staatsbeamten, vom 24. März 1873 (GS. S. 122) finden bei Festsetzung der Vergütung für Umzugskosten entsprechende Anwendung.

§ 10. Dieses Gesetz tritt mit dem 1. April 1877 in Kraft. Alle demselben entgegenstehenden Bestimmungen sind aufgehoben, insbesondere der Erlaß vom 26. März 1855, betreffend die Vergütung der den Beamten bei Versetzungen erwachsenden Umzugskosten (GS. S. 190), und das Umzugskostenreglement für Steuerbeamte vom Oberinspektor abwärts vom 11. April 1856 (MBl. f. d. i. V. S. 154). Wo in besonderen Vorschriften auf die hiernach aufgehobenen Bestimmungen Bezug genommen wird, treten die entsprechenden Bestimmungen dieses Gesetzes an deren Stelle.

§ 11. Die besonderen Vorschriften, welche für einzelne Dienstzweige bezüglich der den Beamten aus der Staatskasse zu gewährenden Umzugskosten ergangen sind, bleiben — mit Ausnahme der nach § 10 aufgehobenen — vorläufig in Kraft. Eine Abänderung derselben kann im Wege Königlicher Verordnung erfolgen.[1]) Die in diesem Gesetze bestimmten Sätze dürfen jedoch nicht überschritten werden.

---

[1]) Auf Grund dieser Vorschrift sind ergangen:
a, die Allerhöchste Verordnung vom 26. Mai 1877/4. März 1895, betreffend die Umzugskosten von Beamten der Staatseisenbahnen (S. 258 d. W.).
b, die Allerhöchste Verordnung vom 27. Januar 1879, betreffend die Umzugskosten der Mitglieder der Landgendarmerie (S. 266 d. W.).

Die Sätze für Gesandtschaftsbeamte können jedoch nach Maßgabe derjenigen Beträge festgesetzt werden, welche für die entsprechenden Beamtenklassen in der auf Grund des § 18 des Reichsgesetzes vom 31. März 1873 (RGBl. S. 61) zu erlassenden Kaiserlichen Verordnung [1]) bestimmt werden.

Urkundlich rc.

C. **Gesetz, betreffend die Gewährung von Umzugskosten an Regierungsbaumeister.** Vom 24. August 1896 (GS. S. 173, EVBl. S. 282).

Wir Wilhelm, von Gottes Gnaden König von Preußen rc., verordnen unter Zustimmung beider Häuser des Landtages der Monarchie, was folgt:

Artikel I. Die im § 3 des Gesetzes, betreffend die Umzugskosten der Staatsbeamten, vom 24. Februar 1877 (GS. S. 15) enthaltenen Bestimmungen über die Gewährung von Umzugskosten an die im höheren Staatsdienste außeretatsmäßig beschäftigten Assessoren und Räthe, finden auf die im höheren Staatsdienste außeretatsmäßig beschäftigten Regierungsbaumeister, soweit ihnen die Aussicht auf dauernde Verwendung ausdrücklich eröffnet ist, in gleicher Weise Anwendung.

Artikel II. Das gegenwärtige Gesetz tritt am 1. April 1896 in Kraft.

Urkundlich rc.

1, Begründung: Nach § 1 und 3 des Gesetzes, betreffend die Umzugskosten der Staatsbeamten, vom 24. Februar 1877 werden nur den etatsmäßig angestellten Beamten bei Versetzungen Umzugskosten vergütet. Eine Ausnahme ist zu Gunsten der im höheren Staatsdienst außeretatsmäßig beschäftigten Assessoren und Räthe vorgesehen, denen Umzugskosten zu gewähren sind, wenn sie vor der Versetzung bereits gegen eine fixirte Remuneration dauernd beschäftigt waren. Diese Ausnahme, welche unter der angegebenen Voraussetzung auch für die Forstassessoren thatsächlich bereits Platz greift, ist zugelassen worden, weil die im Staatsdienste außeretatsmäßig beschäftigten Assessoren und Räthe in der Regel erst nach längerer Dienstzeit im vorgerückteren Lebensalter zur etatsmäßigen Anstellung gelangen und es unter diesen Umständen der Billigkeit entsprach, ihnen, soweit ihre dauernde Beschäftigung im Staatsdienste als feststehend zu erachten ist, den Anspruch auf Umzugskosten zu gewähren. Die gleichen Erwägungen treffen auch bei den ebenfalls zu den außeretatsmäßigen Beamten zählenden Regierungsbaumeistern zu. Die Anstellung derselben in

---

[1]) Vergl. hierzu die Kaiserliche Verordnung vom 23. April 1879/7. Februar 1881, betreffend die Tagegelder, die Fuhrkosten und die Umzugskosten der gesandtschaftlichen und Konsularbeamten und die Allerhöchsten Verordnungen vom 1. Mai 1879 und 28. März 1881, betreffend die Tagegelder rc. der gesandtschaftlichen Beamten (S. 223 ff. d. W.).

einer etatsmäßigen Stelle erfolgt meist erst nach Ablauf von zehn Jahren und darüber seit der Ernennung zum Regierungsbaumeister. Bei dieser Sachlage erscheint es angezeigt, ihnen, soweit sie zur dauernden Verwendung im Staatsdienste in Aussicht genommen sind, unter den gleichen Voraussetzungen, wie bei den außeretatsmäßig beschäftigten Assessoren und Räthen einen gesetzlichen Anspruch auf Umzugskosten zu gewähren, umsomehr, als ihnen vor einer Reihe von Jahren der Rang der 5. Klasse der höheren Beamten der Provinzialbehörden und dadurch die gleiche Rangstellung mit den Assessoren beigelegt ist.

2, Es entspricht der Absicht des Gesetzes vom 24. August 1896, GS. S. 173, die Regierungsbaumeister, denen die Aussicht auf dauernde Verwendung ausdrücklich eröffnet worden ist, hinsichtlich sämmtlicher Umzugskostenbezüge den im höheren Staatsdienste außeretatsmäßig beschäftigten Assessoren und Räthen gleichzustellen. Daher ist die im § 4 des Gesetzes, betreffend die Umzugskosten, vom 24. Februar 1877, GS. S. 15, getroffene Bestimmung über die Vergütung von Miethzins auch auf sie anzuwenden (Erl. d. Min. d. ö. Arb. vom 23. Mai 1899, MBl. f. d. i. V. S. 89).

3, Der Absatz 4 des § 50 der Vorschriften über die Ausbildung und Prüfung für den Staatsdienst im Baufache vom 1. Juli 1900 wird hierdurch wie folgt abgeändert:

2c. Nach Vollendung einer fünfjährigen Staatsdienstzeit seit dem Tage, von welchem das Anstellungsdienstalter rechnet, kann der Minister der öffentlichen Arbeiten für die seinem Ressort angehörigen Regierungsbaumeister und der Minister für Landwirthschaft, Domänen und Forsten für die zur landwirthschaftlichen Verwaltung übernommenen Regierungsbaumeister die Unwiderruflichkeit der Anstellung aussprechen. Diese Erklärung schließt die in dem Gesetz vom 24. August 1896, betreffend die Gewährung von Umzugskosten an Regierungsbaumeister (GS. S. 173) vorgesehene Eröffnung in sich. Die Regierungsbaumeister erlangen also mit der Erklärung das Recht auf den Bezug der gesetzlichen Umzugskosten bei Versetzungen 2c. (Erl. d. Min. d. ö. Arb. vom 17. Januar 1902, EBl. d. BB. S. 41, EVBl. S. 36).

D. Verordnung, betreffend die Umzugskosten von Beamten der Staatseisenbahnen. Vom 26. Mai 1877 (GS. S. 173).

[Der § 1 dieser Verordnung ist durch die Verordnung vom 4. März 1895 (GS. S. 41, EVBl. S. 339) abgeändert worden [1].]

Wir Wilhelm, von Gottes Gnaden König von Preußen 2c., verordnen auf Grund des § 11 des Gesetzes, betreffend die Umzugskosten der Staatsbeamten vom 24. Februar d. Js. (GS. S. 15), unter Aufhebung des durch Unsern Erlaß vom 28. Februar 1859 genehmigten Reglements über die den Beamten der Staats-

---

[1]) Die Verordnung vom 26. Mai 1877 war bereits früher und zwar durch die Verordnungen vom 5. September 1886 (GS. S. 285), vom 15. April 1887 (GS. S. 132) und vom 27. Juli 1891 (GS. S. 335) abgeändert, die letzteren drei Verordnungen sind aber durch diejenige vom 4. März 1895 aufgehoben worden.

eisenbahnen und der unter der Verwaltung des Staats stehenden Privateisenbahnen bei Versetzungen zu gewährende Vergütung vom 31. Januar 1859, was folgt:

§ 1. (Verordnung vom 4. März 1895.) Die nachstehend aufgeführten etatsmäßig angestellten Beamten der Staatseisenbahnen und der unter der Verwaltung des Staates stehenden Privateisenbahnen erhalten bei Versetzungen, unbeschadet der Bestimmung im § 2, eine Vergütung für Umzugskosten nach folgenden Sätzen:

		auf allgemeine Kosten	auf Transportkosten für je 10 Kilom.
1,	Betriebskontroleure, Eisenbahnsekretäre, Hauptkassenkassirer, technische Kontroleure [1]), Kassenkontroleure, Rechnungsrevisoren, Werkstättenvorsteher, Stationsvorsteher erster Klasse, Güterexpeditionsvorsteher, Stationskassenrendanten, Materialienverwalter erster Klasse	240 Mk.	7 Mk.
	Soweit noch Betriebskassenrendanten und Verkehrskontroleure vorhanden sind, erhalten sie die gleichen Sätze wie Hauptkassenkassirer und Betriebskontroleure.		
2,	Betriebssekretäre, etatsmäßige Büreauassistenten, Kanzlisten erster Klasse, Kanzlisten, Zeichner erster Klasse, Zeichner, Stationsvorsteher zweiter Klasse, Güterexpedienten, Stationseinnehmer, Stationsverwalter, Stationsassistenten, Materialienverwalter zweiter Klasse, Bahnmeister erster Klasse, Bahnmeister, Werkmeister, Telegraphenmeister, Schiffskapitäne erster und zweiter Klasse, Lokomotivführer, Maschinisten, Zugführer, Steuerleute [2]) .	180 Mk.	6 Mk.
3,	Packmeister, Telegraphisten, Lademeister, Wagenmeister, Rangirmeister, Werkführer, Weichensteller erster Klasse, Haltestellenaufseher, Brückengeldeinnehmer, Billetdrucker [3]), Magazinaufseher	150 Mk.	5 Mk.
4,	Lokomotivheizer, Maschinenwärter, Trajekt-		

[1]) jetzt „Eisenbahnbetriebsingenieure".
[2]) jetzt „Steuermänner".
[3]) jetzt „Fahrkartendrucker".

	auf allgemeine Kosten	auf Transportkosten für je 10 Kilom.
heizer[1]), Schaffner, Bremser, Wagenwärter, Matrosen, Kassendiener, Büreaudiener, Schiffsbrückenaufseher, Schiffsbrückenwärter (am Rhein), Portiers, Bahnsteigschaffner, Weichensteller, Brückenwärter, Krahnmeister, Bahn- und Krahnwärter, Nachtwächter	100 Mk.	4 Mk.

Verordnung, betreffend die Ergänzung der Bestimmungen über die Umzugskosten der Beamten der Staatseisenbahnen und der unter Verwaltung des Staates stehenden Privateisenbahnen. Vom 9. Mai 1902 (GS. S. 141).

Wir Wilhelm, von Gottes Gnaden König von Preußen &c., verordnen auf Grund des § 11 des Gesetzes, betreffend die Umzugskosten der Staatsbeamten, vom 24. Februar 1877 (GS. S. 15) zur Ergänzung der Bestimmungen im § 1 der Verordnung, betreffend die Umzugskosten von Beamten der Staatseisenbahnen und der unter Verwaltung des Staates stehenden Privateisenbahnen, vom 26. Mai 1877 (GS. S. 173) in der Fassung der Verordnung, betreffend die Abänderung der Bestimmungen über die Umzugskosten der Beamten der Staatseisenbahnen und der unter der Verwaltung des Staates stehenden Privateisenbahnen, vom 4. März 1895 (GS. S. 41), was folgt:

I. Die nachstehend aufgeführten etatsmäßig angestellten Beamten der Staatseisenbahnen und der unter der Verwaltung des Staates stehenden Privateisenbahnen erhalten bei Versetzungen eine Vergütung für Umzugskosten nach folgenden Sätzen:

	auf allgemeine Kosten	auf Transportkosten für je 10 Kilom.
1, Maschinenwärter bei elektrischen Beleuchtungsanlagen, Fahrkartenausgeber	150 Mk.	5 Mk.
2, Fahrkartenausgeberinnen	100 „	4 „

II. Diese Verordnung tritt mit dem 1. April 1902 in Kraft.

Urkundlich &c.

1, Erlasse des Min. d. ö. Arb. v. 7. Juli 1877 (MBl. f. d. i. V. S. 176) und vom 20. April 1897 (EVBl. S. 85).

1, Die Beamten der Staatseisenbahnverwaltung, deren Anstellung nach § 5a der Verwaltungsordnung für die Staatseisenbahnen mir vorbehalten ist, erhalten bei Versetzungen eine Vergütung für Umzugskosten in Gemäßheit des Gesetzes vom 24. Februar 1877 (GS. S. 15) nach folgenden, im Einvernehmen mit dem Herrn Finanzminister festgestellten Sätzen:

---

[1]) jetzt „Schiffsheizer".

	auf allgemeine Kosten	auf Transportkosten für je 10 Kilom.
I. Präsidenten der Eisenbahndirektionen .	1000 Mk.	20 Mk.
II. Mitglieder der Eisenbahndirektionen und Vorstände der Betriebs-, Maschinen-, Werkstätten- und Verkehrsinspektionen und die Vorstände der Rechnungsbüreaus, soweit dieselben zur IV. Rangklasse gehören	500 „	10 „
III. Mitglieder der Eisenbahndirektionen und Vorstände der Betriebs-, Maschinen-, Werkstätten- und Verkehrsinspektionen und der Rechnungsbüreaus, welche nicht zur IV. Rangklasse gehören, Eisenbahnbau- und Betriebs- bezw. Maschineninspektoren, Hauptkassenrendanten . .	300 „	8 „

2, Die außeretatsmäßig beschäftigten Assessoren erhalten Umzugskosten nach den vorstehend unter III bezeichneten Sätzen, sofern sie vor der Versetzung bereits gegen eine fixirte Remuneration dauernd beschäftigt waren. Die gleichen Vergütungen erhalten die außeretatsmäßig beschäftigten Regierungsbaumeister, soweit ihnen die Aussicht auf dauernde Verwendung ausdrücklich eröffnet ist.[1])

3, Nachdem die bisherige Bestimmung aufgehoben ist, wonach eine Vergütung von Umzugskosten nicht stattfand, wenn die Versetzung lediglich auf den Antrag des Beamten erfolgte, ist es Pflicht der über die Versetzung in den innerhalb ihrer Kompetenz liegenden Fällen beschließenden Königlichen Direktionen, die hierauf gerichteten Anträge der Beamten vom allgemeinen dienstlichen Standpunkte einer sorgfältigen Prüfung zu unterziehen. Anträge auf Versetzung unter Bewilligung der Umzugskosten werden in der Regel nur dann zu berücksichtigen sein, wenn dadurch neben den persönlichen Wünschen der Antragsteller gleichzeitig dem dienstlichen Interesse entsprochen wird. Ob letzteres der Fall ist, bleibt jedesmal genau zu erwägen; in zweifelhaften Fällen ist die diesseitige Entscheidung einzuholen.[2])

4 u. 5 2c. (s. S. 247 Ziffer 13 bezw. S. 251 Ziffer 2 d. W).

6, Die den Beamten bei Versetzungen zustehenden persönlichen Tagegelder und Reisekosten werden nicht, wie die Umzugskosten, nach dem Dienstrange der Stelle, aus welcher, sondern nach dem der Stelle, in welche die Versetzung erfolgt, liquidirt (cfr. § 4 alin. 1 der Allerh. Verordnung vom 26. Mai 1877).

Die den außeretatsmäßigen verheiratheten Beamten bisher nachgelassene Begünstigung, die persönlichen Reisekosten und Tagegelder auch bei Benutzung von Eisenbahnen oder Dampfschiffen nach dem Landwege liquidiren zu dürfen, ist aufgehoben.

7, 2c. (s. S. 263 Ziffer 3 d. W.)

---

[1]) Siehe S. 258 Ziffer 3 d. W.

[2]) Waltet neben den persönlichen Wünschen kein dienstliches Interesse ob, so ist die Versetzung von dem Verzicht auf jede Entschädigung abhängig zu machen (FO. XII S. 82 Ziffer 4 Schlußsatz).

8, 2c. 9, Die Königlichen Eisenbahndirektionen haben mit Sorgfalt darauf zu achten, daß Versetzungen der ihnen unterstellten Beamten auf das unbedingt nothwendige Maß beschränkt bleiben.

2, Im Einverständnisse mit der Königlichen Ober-Rechnungskammer wird die im EVBl. für 1889 auf S. 48 unter Nr. 11 aufgenommene Bestimmung, nach der eine zum Bezuge von Umzugskosten gemäß § 1 des Gesetzes vom 24. Februar 1877 bezw. nach § 1 der Allerh. Verordnung vom 26. Mai 1877 berechtigende Versetzung nur dann eintritt, wenn einem etatsmäßigen Beamten eine andere etatsmäßige Stelle unter definitiver Anweisung eines anderen Wohnortes übertragen wird, dahin abgeändert, daß fortab auch denjenigen Beamten, denen nach Verzichtleistung auf ihre etatsmäßige Stelle behufs diätarischer Beschäftigung ein anderer Wohnort angewiesen wird, Umzugskosten und Miethvergütungen (§ 4 zweiter Absatz des Gesetzes vom 24. Februar 1877) zu gewähren sind (Erl. d. Min. d. ö. Arb. vom 25. November 1897, EVBl. S. 391; siehe auch FO. XII S. 82 Ziffer 2 Schlußsatz).

3, Die nicht in den unmittelbaren Staatsdienst übernommenen, in dem früheren Verhältniß weiter beschäftigten Gesellschaftsbeamten haben bei Versetzungen Entschädigungen nach den von der betreffenden früheren Privatverwaltung getroffenen Bestimmungen zu beanspruchen (FO. XII S. 82 Ziffer 1 Schlußsatz).

§ 2. Sofern bei Versetzungen die Reise ganz auf solchen Eisenbahnen zurückgelegt werden kann, welche unter Staatsverwaltung stehen, erhalten die im § 1 genannten Beamten freie Fahrt für sich und die Personen ihres Hausstandes und freien Transport ihrer Effekten.

Eine Vergütung auf Transportkosten wird in diesem Falle nicht gewährt.

1, Diese Vorschrift bezieht sich nicht auf die in dem Min.Erlasse vom 7. Juli 1877/20. April 1897 (S. 260 Ziffer 1) unter 1 und 2 aufgeführten Beamten. Letztere erhalten bei Versetzungen keine freie Fahrt und keine unentgeltliche Beförderung ihres Umzugsgutes, dagegen die bestimmungsmäßigen Transportkostenvergütungen (siehe auch Erläut. 1 zu § 4, MinErl. vom 12. Dezember 1880).

2, Die Vorschrift in den §§ 2 und 4 der Allerh. Verordnung vom 26. Mai 1877, nach welcher den etatsmäßigen mittleren und unteren Beamten der Staatseisenbahnverwaltung bei Versetzungen freie Fahrt für sich und die Personen ihres Hausstandes sowie freie Beförderung des Hausgeräths und von den persönlichen Reisekosten außer dem bestimmungsmäßigen Tagegelde die Entschädigung für Zu- und Abgänge zu gewähren ist, findet nur dann Anwendung, wenn die Reise für die **ganze** Wegestrecke vom früheren bis zum neuen amtlichen Wohnorte auf solchen Eisenbahnen zurückgelegt werden kann, welche unter Staatsverwaltung stehen.

Sofern dagegen der frühere oder der neue amtliche Wohnort — beispielsweise bei den an der Bahnstrecke bestellten Wärtern — nicht im Gemeindebezirk einer Eisenbahnstation gelegen ist, auch die Ueberführung des Beamten, der Familie und des Hausgeräths nach oder von der nächsten Station auf der Bahnstrecke unter Benutzung besonders zu gestellender

Beförderungsmittel (Bahnmeisterwagen rc.) nach dem Ermessen der Dienstbehörde nicht angängig erscheint, so haben die im § 1 der Allerh. Verordnung vom 26. Mai 1877 / 4. März 1895 aufgeführten Beamten Anspruch auf die bestimmungsmäßige Transportkostenvergütung und zwar für die **ganze** Wegestrecke vom früheren bis zum neuen amtlichen Wohnorte. Die Gewährung freier Fahrt für den versetzten Beamten und die Personen seines Hausstandes sowie freie Beförderung des Umzugsguts findet in diesen Fällen nicht statt. Die persönlichen Reisekosten sind nach den bestimmungsmäßigen Sätzen auch für die auf der Eisenbahn zurückgelegte Entfernung in Rechnung zu stellen (Erl. d. Min. d. ö. Arb. vom 4. April 1890, P. IV (II a / II b) 2884; siehe auch FO. XII S. 89 Ziffer 27).

3, Die Bestimmungen im § 2 der Allerh. Verordnung vom 26. Mai 1877 greifen nicht Platz, wenn die Ausführung der ganzen Reise auf solchen Eisenbahnen, welche unter Staatsverwaltung stehen, nur mit **erheblichen Umwegen** stattfinden kann. Ob letzteres zutrifft, bleibt in jedem Falle der Entscheidung der Königlichen Eisenbahndirektionen vorbehalten; im Zweifel ist die diesseitige Entscheidung einzuholen (Erl. d. Min. d. ö. Arb. v. 7. Juli 1877 Ziffer 7, MBl. f. d. i. V. S. 176).

4, Da die freie Fahrt und die freie Beförderung des Umzugsgutes einen wesentlichen Bestandtheil des den im § 1 der Allerh. Verordnung vom 26. Mai 1877 aufgeführten Beamten zustehenden Anspruchs auf Umzugskostenvergütung bilden, so kann den im Wege des Disziplinarverfahrens zur Strafversetzung unter Verlust der Umzugskosten verurtheilten Beamten bei Ausführung dieser Versetzung freie Fahrt und freie Beförderung des Umzugsguts nicht zugebilligt werden (Erl. d. Min. d. ö. Arb. v. 6. Aug. 1889 P. IV 6074, T. II b 4161; siehe auch FO. XII S. 89 Ziff. 26).

§ 3. Die außeretatsmäßig beschäftigten Beamten, welche auf eine Vergütung für Umzugskosten keinen Anspruch haben, erhalten bei Versetzungen freie Fahrt für sich, wenn die Reise ganz auf solchen Eisenbahnen zurückgelegt werden kann, welche unter Staatsverwaltung stehen.

Dieselben erhalten ferner auf den zwischen dem Orte, von welchem, und dem Orte, nach welchem die Versetzung stattfindet, gelegenen Bahnstrecken, soweit diese unter Staatsverwaltung stehen, freie Fahrt für die Personen ihres Hausstandes und freien Transport ihrer Effekten.

1, Diejenigen Regierungsbaumeister, die nicht auf Umzugsentschädigungen Anspruch haben, erhalten bei Versetzungen freie Fahrt für die Personen ihres Hausstandes und unentgeltliche Beförderung ihres Umzugsguts auf den unter Staatsverwaltung stehenden Eisenbahnen, sowie für ihre Person Kilometergelder, Zu- und Abgangsentschädigungen und Tagegelder nach den Sätzen für Eisenbahn- Bau- und Betriebsinspektoren. Außerdem kann, sofern ihre persönlichen Verhältnisse dafür sprechen, eine mäßige Entschädigung (Beihülfe) innerhalb des Betrages der in gleichem Falle einem Eisenbahn- Bau- und Betriebsinspektor zustehenden Umzugsentschädigung gewährt werden. Die Beihülfe darf der Regel nach nicht mehr als vier Fünftel der bezeichneten Vergütung betragen (als welche 300 Mk.

allgemeine Kosten, 8 Mk. für je 10 km an Transportkosten und unter Umständen die Miethvergütung in Betracht kommen), auch ist hiervon in Fällen, in denen freie Beförderung des Umzugsguts und freie Fahrt für Personen des Hausstandes bewilligt worden ist, der Werth dieser Vergünstigungen in Abzug zu bringen. Andererseits darf die zu bewilligende Beihülfe den Betrag der dem Beamten erwachsenen baaren Auslagen nicht ganz erreichen (FO. XII S. 87 Ziff. 25).

2, Werden Assessoren aus einem anderen Verwaltungszweige, in welchem sie noch nicht etatsmäßig angestellt waren, in den Dienst der Staatseisenbahnverwaltung einberufen, so ist über die Gewährung von Umzugskosten die Entscheidung des Ministers einzuholen, dagegen sind die persönlichen Reisekosten und Tagegelder — vorausgesetzt, daß der Assessor in dem anderen Verwaltungszweige bereits beschäftigt gewesen ist und nicht etwa unmittelbar nach bestandener großer Staatsprüfung einberufen wird — ohne weiteres anzuweisen. Werden demnächst diese Beamten lediglich behufs ihrer Ausbildung mit Dienstleistungen bei einer anderen Behörde oder Dienststelle beauftragt, so wird ihnen nur freie Eisenbahnbeförderung für sich, die Personen ihres Hausstandes und ihr Umzugsgut gewährt. Erfolgt die Versetzung aus dienstlichen Rücksichten behufs Hülfeleistung, so erhalten die endgültig in den Staatseisenbahndienst übernommenen Assessoren die gesetzliche Umzugsentschädigung; die behufs probeweiser Beschäftigung zunächst nur beurlaubten und noch nicht endgültig in den Staatseisenbahndienst übernommenen Assessoren erhalten neben den ihnen für ihre Person zustehenden Tagegeldern und Reisekosten freie Eisenbahnbeförderung für die Personen ihres Hausstandes und für ihr Umzugsgut und eine Beihülfe zu den Umzugskosten nach den für Regierungsbaumeister geltenden Grundsätzen (FO. XII S. 84 Ziffer 11).

3, Wird ein bis dahin außeretatsmäßig beschäftigter Beamter der Staatseisenbahnverwaltung zum Zwecke der erstmaligen etatsmäßigen Anstellung an einen anderen Ort versetzt, so steht ihm — worauf in der Anstellungsverfügung hinzuweisen ist — ein Anspruch auf Umzugsentschädigung nicht zu (wie vor Ziffer 12).

4, Den nicht etatsmäßig angestellten Beamten (abgesehen von den Assessoren und den Regierungsbaumeistern, siehe vorstehend S. 261 Ziffer 1. 2) gebühren bei Versetzungen nur Tagegelder und Reisekosten nach den Bestimmungen über Reiseentschädigungen. Jedoch erhalten die außeretatsmäßigen Beamten der im § 1 der Verordnung vom 4. März 1895 aufgeführten mittleren und unteren Eisenbahndienstklassen in dem Falle, daß die Versetzungsreise **ganz** auf solchen Eisenbahnen zurückgelegt werden kann, die unter Staatsverwaltung stehen, keine Eisenbahn-Kilometergelder, sondern statt dessen freie Fahrt für sich und außer den bestimmungsmäßigen Tagegeldern an Reisekosten nur die Entschädigungen für Zu- und Abgänge. Andererseits erhalten diese Beamten ohne Unterschied, ob die Reise **ganz** auf Eisenbahnen, die unter Staatsverwaltung stehen, zurückgelegt werden kann oder nicht, freie Fahrt für die Personen ihres Hausstandes und freie Beförderung ihres Umzugsgutes auf den Bahnstrecken zwischen dem Orte, von welchem, und dem Orte, nach welchem die Versetzung stattfindet, soweit diese Strecken unter Staatsverwaltung stehen (wie vor S. 90 Ziffer 28).

5, Den mit den Verrichtungen mittlerer Beamten außerhalb des Staatsbeamtenverhältnisses zur Aushülfe beschäftigten Personen (Gehülfen) und den Hülfskräften im unteren Dienst können, wenn sie aus dienstlichen Gründen nach anderen Orten versetzt werden, zur Bestreitung der hierdurch entstehenden besonderen Unkosten einmalige Zulagen zu ihren Dienstbezügen bis zum Betrage von 50 Mk. gewährt werden. Wenn im Einzelfalle der Höchstbetrag der Zulage von 50 Mk. als ausreichende Entschädigung für die Unkosten der Versetzung nicht angesehen werden kann, ist es den Eisenbahndirektionen unbenommen, **neben** der Zulage noch eine Unterstützung aus dem etatsmäßigen Unterstützungsfonds zu gewähren (wie vor Ziffer 29).

6, Wenn ein im außeretatsmäßigen Staatsbeamtenverhältniß stehender Dienstanfänger nach § 4 [8] der Prüfungsordnung wegen Nichtbestehens der Prüfung aus dem Dienstzweige entfernt, aber gleichzeitig in einen anderen Dienstzweig, für den ihm die Befähigung zuerkannt ist, übergeführt wird, so liegt, wenn ein Wechsel des amtlichen Wohnorts damit verbunden ist, der Fall einer **Versetzung** vor. Dem Beamten gebühren deshalb in solchen Fällen für die Versetzung die bestimmungsmäßigen Tagegelder und Reisekosten und zwar nach den Sätzen derjenigen Stellung, in welche der Beamte versetzt ist (Erl. d. Min. d. ö. Arb. vom 22. Januar 1902, IV. B. 459).

§ 4. Die persönlichen Reisekosten sind nach Maßgabe der Allerhöchsten Verordnung vom 30. Oktober 1876 (GS. S. 451) [1]) und zwar nach der neuen amtlichen Stellung zu gewähren.

In den Fällen, in welchen den Beamten die freie Fahrt für ihre Person gewährt wird, erhalten dieselben außer den bestimmungsmäßigen Tagegeldern an Reisekosten nur die Entschädigungen für Zu- und Abgänge.

1, Für die Versetzungsreisen derjenigen Staatseisenbahnbeamten, auf welche nicht die Allerhöchste Verordnung, betreffend die Umzugskosten von Beamten der Staatseisenbahnen ꝛc., vom 26. Mai 1877 (GS. S. 173), sondern das Gesetz, betreffend die Umzugskosten der Staatsbeamten, vom 24. Februar 1877 (GS. S. 15) Anwendung findet [2]), sind die gesetzlichen Kilometergelder zu zahlen [3]) (Erl. d. Min. d. ö. Arb. vom 12. Dezember 1880, EVBl. S. 544; siehe auch Erläut. 1 zu § 2).

2, Personen, die für den Dienst im Bereiche der Staatseisenbahnverwaltung neu einberufen werden, kann für Reisen zum Antritte der ersten Beschäftigung zwar auf Grund der Freifahrtordnung freie Beförderung auf den vom Minister der öffentlichen Arbeiten verwalteten Eisenbahnen für sich, die Personen ihres Hausstandes und ihr Umzugsgut gewährt werden, dagegen sind ihnen Tagegelder und Reisekosten nur dann zu bewilligen, wenn sie bereits vorher in einem anderen Zweige der Preußischen Staatsverwaltung — mit oder ohne Besoldung — dienstlich beschäftigt waren und aus dieser Beschäftigung unmittelbar in die Beschäftigung bei der

[1]) Die Verordnung vom 30. Oktober 1876 ist durch diejenige vom 12. Oktober 1897 (GS. S. 415) ersetzt (vergl. S. 180 d. W.).

[2]) d. s. diejenigen Beamten, deren Anstellung nach § 5a der Verwaltungsordnung für die Staatseisenbahnen dem Minister der öffentlichen Arbeiten vorbehalten ist (s. S. 260 d. W.).

[3]) Diesen Beamten ist also zur Ausführung von Versetzungsreisen freie Fahrt nicht zu gewähren.

Staatseisenbahnverwaltung übertreten. War der Beamte bereits etatsmäßig angestellt, und tritt er **unmittelbar** aus dieser Anstellung über, so stehen ihm (selbst wenn die neue Anstellung eine diätarische ist) die Umzugsentschädigungen zu. Dies gilt namentlich für etatsmäßig angestellte Schutzleute und Gendarmen, sowie auch für solche Wartegeldempfänger, die in den aktiven Staatsdienst wieder aufgenommen werden, aber nicht für pensionirte Beamte. Wegen der Assessoren und Regierungsbaumeister siehe Erläut. 1 Ziffer 2 zu § 1, sowie Erläut. 1 und 2 zu § 3 dieser Verordnung (FO. XII S. 86 Ziffer 24).

3, Wenn die Versetzung eines höheren Eisenbahnbeamten endgültig verfügt, aber aus besonderen Gründen seine vorherige Kommandirung nach dem neuen Amtssitze für erforderlich erachtet und ihm von seiner Versetzung **vor** Antritt des Kommandos Kenntniß gegeben wird, so ist die aus letzterem Anlaß auszuführende Dienstreise zugleich als Versetzungsreise anzusehen, und es sind deshalb hierfür auch die gesetzlichen Kilometergelder zu gewähren (Erl. d. M. d. ö. Arb. vom 17. Juli 1897, EVBl. S. 223; siehe auch FO. XII S. 85 Ziffer 15).

§ 5. Diese Verordnung tritt mit dem 1. April 1877 in Kraft.[1]) Soweit dieselbe nicht anderweite Bestimmungen enthält, finden die Vorschriften des Gesetzes, betreffend die Umzugskosten der Staatsbeamten, vom 24. Februar d. Js. Anwendung.

Wegen Aufstellung der Kostenrechnungen über Umzugskosten ꝛc. vergl. den Abschnitt über Tagegelder und Reisekosten, S. 197 ff. d. W.

E. a, **Verordnung, betreffend die Umzugskosten der Mitglieder der Landgendarmerie.** Vom 27. Januar 1879 (GS. S. 22).

[Der § 1 dieser Verordnung ist hinsichtlich der den Oberwachtmeistern zu gewährenden Umzugskosten durch die nachstehend unter b abgedruckte Verordnung vom 19. September 1883, GS. S. 347, abgeändert worden.]

Wir Wilhelm, von Gottes Gnaden König von Preußen ꝛc., verordnen auf Grund des § 11 des Gesetzes, betreffend die Umzugskosten der Staatsbeamten, vom 24. Februar 1877 (GS. S. 15), was folgt:

§ 1. Die Mitglieder der Landgendarmerie erhalten bei Versetzungen eine Vergütung für Umzugskosten nach folgenden Sätzen:

---

[1]) Die Verordnung vom 4. März 1895 (vergl. § 1) ist am 1. April 1895 in Kraft getreten.

A. Beim Umzuge mit Familie:

		auf allgemeine Kosten	auf Transportkosten für je 10 Kilom.
I.	Brigadiers	1000 Mk.	20 Mk.
II.	Stabsoffiziere in Distriktsoffizier-Stellen	500 „	10 „
III.	Hauptleute	300 „	8 „
IV.	Leutnants	200 „	6 „
V.	Oberwachtmeister und Gendarmen (siehe vorseitige Anmerkung)	100 „	4 „

B. Beim Umzuge ohne Familie:

1, Offiziere der vorstehend zu I bis III bezeichneten Klassen die Hälfte der unter A angegebenen bezüglichen Sätze;

2, Leutnants ein Aversum und zwar auf eine Entfernung bis einschließlich 350 km von 40 Mk., auf größere Entfernungen von 60 Mk.;

3, Oberwachtmeister und Gendarmen die Hälfte der unter A. V angegebenen Sätze.

Charaktererhöhungen bleiben hierbei ohne Einfluß.

§ 2. Diese Verordnung tritt mit dem Tage ihrer Verkündigung in Kraft. Im übrigen finden die Vorschriften des Gesetzes vom 24. Februar 1877, betreffend die Umzugskosten der Staatsbeamten (GS. S. 15), auch auf die Umzugskosten der Mitglieder der Landgendarmerie Anwendung.

b, **Verordnung, betreffend die Umzugskosten der Oberwachtmeister der Landgendarmerie.** Vom 19. September 1883 (GS. S. 347).

Wir Wilhelm, von Gottes Gnaden König von Preußen 2c., verordnen auf Grund des § 11 des Gesetzes, betreffend die Umzugskosten der Staatsbeamten vom 24. Februar 1877 (GS. S. 15), was folgt:

Einziger Artikel.

Der § 1 der Verordnung vom 27. Januar 1879 (GS. S. 22), betreffend die Umzugskosten der Mitglieder der Landgendarmerie, wird wie folgt abgeändert:

Die Oberwachtmeister der Landgendarmerie erhalten bei Versetzungen eine Vergütung für Umzugskosten nach folgenden Sätzen:

A. Beim Umzuge mit Familie:

auf allgemeine Kosten . . . . 150 Mk.
auf Transportkosten für je 10 km . . . . 5 „

B. Beim Umzuge ohne Familie:

die Hälfte der unter A angegebenen Sätze.

Urkundlich 2c.

1, Wegen der den Offizieren der Landgendarmerie bei Versetzungen neben den Umzugskosten zu gewährenden Kosten für die Beförderung der Dienstpferde auf Eisenbahnen oder Dampfschiffen siehe die Min.Erlasse vom 8. Mai 1879 und vom 6. September 1894, S. 128 Ziffer 21 und 22 d. W.

2, Die auf Grund des § 7 der Verordnung über die anderweite Organisation der Gendarmerie vom 30. Dezember 1820 (GS. 1821 S. 1) bezw. des § 8 der Verordnung über die Organisation der Landgendarmerie in den neuerworbenen Landestheilen vom 23. Mai 1867 (GS. S. 777) provisorisch angestellten Gendarmen (Gendarmerie-Probisten) sind während ihrer Probezeit nicht als Angehörige des stehenden Heeres, sondern als Mitglieder der Landgendarmerie zu betrachten. Dieselben sind deshalb hinsichtlich der bei Versetzungen ihnen zustehenden Kompetenzen nach den Vorschriften des Gesetzes, betreffend die Umzugskosten der Staatsbeamten vom 24. Februar 1877 (GS. S. 15) bezw. der Verordnung vom 27. Januar 1879, betreffend die Umzugskosten der Mitglieder der Landgendarmerie (GS. S. 22) zu beurtheilen. Gemäß § 3 des erstgedachten Gesetzes stehen ihnen somit bei Versetzungen nur die persönlichen Reisekosten und Tagegelder zu (Erl. d. Min. d. Inn. vom 3. März 1887, MBl. f. d. i. V. S. 85).

III. Theil.

Tabellarische Uebersicht

…er den Staatsbeamten bei Dienstreisen und Versetzungen zu gewährenden Sätze an Tagegeldern, Reise- und Umzugskosten.

Beamtenklasse	Tagegelder und Reisekosten							Umzugskosten		
	Klasse nach dem Gesetz vom 21. Juni 1897	Tagegelder			Reisekosten für 1 km		Für jeden Zu- und Abgang bei Benutzung von Eisenbahnen, Dampfschiffen oder von Kleinbahnen in Verbindung mit Eisenbahnen	Klasse nach dem Gesetz vom 24. Februar 1877	Allgemeine Kosten	Transportkosten für je 10 km
		wenn die Reise an ein und demselben Tage angetreten und beendet wird	wenn die Reise sich auf 2 Tage erstreckt und innerhalb 24 Stunden beendet wird [Für beide Tage zusammen]	in allen übrigen Fällen [Für jeden Tag]	auf Eisenbahnen, Kleinbahnen oder Dampfschiffen	auf dem Landwege				
		ℳ	ℳ	ℳ	₰	₰	ℳ		ℳ	ℳ
I. Geheimes Civilkabinet Sr. Majestät des Kaisers und Königs.										
Der Geheime Kabinetsrath	II	21	42	28	9	60	3	I	1800	24
Vortragender Rath (Geheimer Ober-Regierungsrath oder Geheimer Regierungsrath)	III	17	33	22	"	"	"	II	1000	20
Büreauvorsteher, Geheime Kabinetssekretäre, Geheime expedirende Sekretäre und Kalkulatoren, Geheime Registratoren	IV	12	22,5	15	"	"	"	IV	300	8
Geheime Kanzleisekretäre	V	9	18	12	7	40	2	V	240	7
Unterbeamte (Geheime Kanzleidiener, Portiers, Hausdiener)	VIII	3	6	4	5	30	1	VIII	100	4
II. Staatsministerium.										
1. Büreau des Staatsministeriums.										
Der Präsident des Staatsministeriums	I	27	52,5	35	9	60	3	—	—	—
Unterstaatssekretär	II	21	42	28	"	"	"	I	1800	24
Vortragende Räthe (Geheime Ober-Regierungsräthe, Geheime Regierungsräthe)	III	17	33	22	"	"	"	II	1000	20
Büreauvorsteher, Geheime expedirende Sekretäre und Kalkulatoren, Geheime Registratoren, Kanzleivorsteher (Geheimer Kanzleidirektor)	IV	12	22,5	15	"	"	"	IV	300	8
Geheime Kanzleisekretäre	V	9	18	12	7	40	2	V	240	7
Unterbeamte (Botenmeister, Geheime Kanzleidiener, Portiers, Hausdiener)	VIII	3	6	4	5	30	1	VIII	100	4

Laufende Nr.	Beamtenklasse	Tagegelder und Reisekosten: Klasse nach dem Gesetz vom 21. Juni 1897	Tagegelder: wenn die Reise an ein und demselben Tage angetreten und beendet wird ℳ	Tagegelder: wenn die Reise sich auf 2 Tage erstreckt und innerhalb 24 Stunden beendet wird [Für beide Tage zusammen] ℳ	Tagegelder: in allen übrigen Fällen [Für jeden Tag] ℳ	Reisekosten für 1 km: auf Eisenbahnen, Kleinbahnen oder Dampfschiffen ₰	Reisekosten für 1 km: auf dem Landwege ₰	Für jeden Zu- und Abgang bei Benutzung von Eisenbahnen, Dampfschiffen oder von Kleinbahnen in Verbindung mit Eisenbahnen ℳ	Umzugskosten: Klasse nach dem Gesetz vom 24. Februar 1877	Umzugskosten: Allgemeine Kosten ℳ	Umzugskosten: Transportkosten für je 10 km ℳ
	2. Unmittelbar unter dem Staatsministerium stehende Behörden.										
	a, das Oberverwaltungsgericht.										
1	Der Präsident	II	21	42	28	9	60	3	I	1800	24
2	Senatspräsidenten und Oberverwaltungsgerichtsräthe	III	17	33	22	"	"	"	II	1000	20
3	Büreauvorsteher und Büreaubeamte (expedirende Sekretäre, Registratoren), Kanzleidirektor . .	IV	12	22,5	15	"	"	"	IV	300	[illegible]
4	Kanzleisekretäre	V	9	18	12	7	40	2	V	240	[illegible]
5	Unterbeamte (Botenmeister, Kanzleidiener) . .	VIII	3	6	4	5	30	1	VIII	100	[illegible]
	b, die Ansiedelungskommission für Westpreußen und Posen.										
1	Der Präsident	III	17	33	22	9	60	3	II	1000	20
2	Ober-Regierungsrath, Regierungsräthe, Regierungs- und Baurath	IV	12	22,5	15	"	"	"	III	500	10
3	Vermessungsinspektor (Oekonomierath), Bauinspektor	"	"	"	"	"	"	"	IV	300	[illegible]
4	Vermessungsbeamte, Sekretäre	V	9	18	12	7	40	2	V	240	[illegible]
5	Zeichner, Kanzlisten	VI	6	12	8	"	"	"	VI	180	[illegible]
6	Boten	VIII	3	6	4	5	30	1	VIII	100	[illegible]

Anmerkungen:

1, Die nicht zu den unmittelbaren Staatsbeamten gehörenden Mitglieder der Ansiedelungskommission erhalten bei Dienstreisen Tagegelder und Reisekosten nach den Bestimmungen des Gesetzes vom 24. Juli 1876 (GS. S. 345), betreffend die Reisekosten und Diäten der Mitglieder des Hauses der Abgeordneten (vergl. § 2 der Verordn. v. 21. Juni 1886, GS. S. 159, S. 42 d. W.).

2, Wegen der den Vermessungsbeamten, Zeichnern ꝛc. bei Dienstgeschäften in Ansiedelungssachen zu gewährenden Reiseentschädigungen vergl. die Verordn. v. 13. April 1898, GS. S. 64, S. 43 d. W.

c, Deutscher Reichs- und Preußischer Staatsanzeiger.

Laufende Nr.	Beamtenklasse	Klasse nach dem Gesetz vom 21. Juni 1897	Tagegelder (ein Tag) ℳ	Tagegelder (2 Tage) ℳ	Tagegelder (jeden Tag) ℳ	Eisenbahnen ₰	Landwege ₰	Zu- und Abgang ℳ	Klasse nach dem Gesetz vom 24. Februar 1877	Allgemeine Kosten ℳ	Transportkosten für je 10 km ℳ
1	Redakteur	IV	12	22,5	15	9	60	3	IV	300	
2	Vorsteher der Expedition, Rendant, expedirende Sekretäre und Kalkulatoren	V	9	18	12	7	40	2	V	240	
3	Unterbeamte (Botenmeister, Kanzleidiener) . .	VIII	3	6	4	5	30	1	VIII	100	

Beamtenklasse	Tagegelder und Reisekosten: Klasse nach dem Gesetz vom 21. Juni 1897	Tagegelder: wenn die Reise an ein und demselben Tage angetreten und beendet wird ℳ	Tagegelder: wenn die Reise sich auf 2 Tage erstreckt und innerhalb 24 Stunden beendet wird [Für beide Tage zusammen] ℳ	Tagegelder: in allen übrigen Fällen [Für jeden Tag] ℳ	Reisekosten für 1 km: auf Eisenbahnen, Kleinbahnen oder Dampfschiffen ₰	Reisekosten für 1 km: auf dem Landwege ₰	Für jeden Zu- und Abgang bei Benutzung von Eisenbahnen, Dampfschiffen oder von Kleinbahnen in Verbindung mit Eisenbahnen ℳ	Umzugskosten: Klasse nach dem Gesetz vom 24. Februar 1877	Umzugskosten: Allgemeine Kosten ℳ	Umzugskosten: Transportkosten für je 10 km ℳ
3. Unter der oberen Leitung des Präsidenten des Staatsministeriums stehende Behörden.										
a, die General-Ordenskommission.										
1 Expedienten und Registratoren, Kanzleivorsteher	IV	12	22,5	15	9	60	3	IV	300	8
2 Geheime Kanzleisekretäre	V	9	18	12	7	40	2	V	240	7
3 Kanzleidiener	VIII	3	6	4	5	30	1	VIII	100	4
b, die Staatsarchive.										
Der Generaldirektor der Staatsarchive, der zweite Direktor der Staatsarchive	III	17	33	22	9	60	3	II	1000	20
Geheime Staatsarchivare am Geheimen Staatsarchiv in Berlin, Archivdirektoren in den Provinzen	IV	12	22,5	15	„	„	„	III	500	10
Staatsarchivare und Archivare (Archivräthe), Geheime expedirende Sekretäre und Kalkulatoren beim Direktorium	„	„	„	„	„	„	„	IV	300	8
Geheimer Kanzleisekretär beim Geheimen Staatsarchiv in Berlin, Kanzleisekretäre in den Provinzen	VI	6	12	8	7	40	2	VI	180	6
Archivdiener	VIII	3	6	4	5	30	1	VIII	100	4

Anmerkungen:

1, Die Stelle des Direktors des Geheimen Staatsarchivs in Berlin wird nebenamtlich durch den Generaldirektor der Staatsarchive mitverwaltet.

2, Wegen Feststellung der den Archivbeamten bei Dienstreisen zustehenden Sätze an Tagegeldern und Reisekosten vergl. den Erlaß des Vizepräsidenten des Staatsministeriums und des Finanzministers vom 9. Dezember 1890 (MBl. f. d. i. V S. 240 und Sachregister S. 8). Dem zweiten Direktor der Staatsarchive ist durch Allerh. Erlaß v 24. März 1897 (MBl. f. d. i. V. S. 95) der Rang der Ministerialräthe dritter Klasse beigelegt, so daß ihm nunmehr die Sätze der Klasse III des Gesetzes v. 21. Juni 1897 zustehen.

Laufende Nr.	Beamtenklasse	Tagegelder und Reisekosten: Klasse nach dem Gesetz vom 21. Juni 1897	Tagegelder: wenn die Reise an ein und demselben Tage angetreten und beendet wird ℳ	Tagegelder: wenn die Reise sich auf 2 Tage erstreckt und innerhalb 24 Stunden beendet wird [Für beide Tage zusammen] ℳ	Tagegelder: in allen übrigen Fällen [Für jeden Tag] ℳ	Reisekosten für 1 km: auf Eisenbahnen, Kleinbahnen oder Dampfschiffen ₰	Reisekosten für 1 km: auf dem Landwege ₰	Für jeden Zu- und Abgang bei Benutzung von Eisenbahnen, Dampfschiffen oder von Kleinbahnen in Verbindung mit Eisenbahnen ℳ	Umzugskosten: Klasse nach dem Gesetz vom 24. Februar 1877	Umzugskosten: Allgemeine Kosten ℳ	Umzugskosten: Transportkosten für je … ℳ
	III. Finanzministerium.										
	1. Ministerium.										
1	Der Minister	I	27	52,5	35	9	60	3	—	—	—
2	Unterstaatssekretär, Ministerialdirektoren (Wirklicher Geheimer Ober-Finanzrath, Generaldirektor der direkten Steuern, Generaldirektor der indirekten Steuern)	II	21	42	28	"	"	"	I	1800	2[illegible]
3	Vortragende Räthe (Geheime Ober-Finanzräthe, Geheime Finanzräthe)	III	17	33	22	"	"	"	II	1000	2[illegible]
4	Vorsteher des Centralbüreaus, des Abrechnungsbüreaus für die Reichssteuern, der Hauptbuchhalterei; Büreauvorsteher bei der Etats- und Kassenabtheilung; Rendant, Oberbuchhalter und Kassirer der Generalstaatskasse; Geheime expedirende Sekretäre und Kalkulatoren, Registratoren, Journalisten und Buchhalter; Kanzleivorsteher (Geheimer Kanzleidirektor)	IV	12	22,5	15	"	"	"	IV	300	[illegible]
5	Geheime Kanzleisekretäre, Kassensekretäre	V	9	18	12	7	40	2	V	240	[illegible]
6	Unterbeamte (Botenmeister, Kanzlei- und Kassendiener, Hausdiener, Hausnachtwächter)	VIII	3	6	4	5	30	1	VIII	100	[illegible]
	2. Geschäftskreis:										
	a, die General-Lotteriedirektion.										
1	Direktoren	IV	12	22,5	15	9	60	3	III	500	1[illegible]
2	Rendant, Kontroleur, Buchhaltereivorsteher, Buchhalter, Korrespondenzsekretäre, Registrator	V	9	18	12	7	40	2	V	240	
3	Unterbeamte (Kanzlei- und Kassendiener, Wächter)	VIII	3	6	4	5	30	1	VIII	100	
	b, die Münzanstalten.										
	α, Münze in Berlin.										
1	Direktor	III	17	33	22	9	60	3	II	1000	2[illegible]
2	Münzmeister, Ober-Münzwardein	IV	12	22,5	15	"	"	"	III	500	1[illegible]
3	Münzwardein, Münz-Betriebsinspektor	"	"	"	"	"	"	"	IV	300	
4	Rendant, Münz-Betriebsassistenten, Münzwardeinassistent, Münzmedailleure, Buchhalter und Kontroleur, Kassirer und Materialienverwalter, Registrator, Kalkulator und Kanzleisekretär	V	9	18	12	7	40	2	V	240	
5	Unterbeamte (Kassendiener, Portiers)	VIII	3	6	4	5	30	1	VIII	100	

	Beamtenklasse	Tagegelder und Reisekosten: Klasse nach dem Gesetz vom 21. Juni 1897	Tagegelder: wenn die Reise an ein und demselben Tage angetreten und beendet wird ℳ	wenn die Reise sich auf 2 Tage erstreckt und innerhalb 24 Stunden beendet wird [Für beide Tage zusammen] ℳ	in allen übrigen Fällen [Für jeden Tag] ℳ	Reisekosten für 1 km: auf Eisenbahnen, Kleinbahnen oder Dampfschiffen ₰	auf dem Landwege ₰	Für jeden Zu- und Abgang bei Benutzung von Eisenbahnen, Dampfschiffen oder von Kleinbahnen in Verbindung mit Eisenbahnen ℳ	Umzugskosten: Klasse nach dem Gesetz vom 24. Februar 1877	Allgemeine Kosten ℳ	Transportkosten für je 10 km ℳ
	β, **Probiranstalt in Frankfurt a. M.**										
1	Vorsteher (Münz-Betriebsassistent)	V	9	18	12	7	40	2	V	240	7
	c, die Verwaltung des Thiergartens bei Berlin.										
1	Direktor	V	9	18	12	7	40	2	V	240	7
2	Obergärtner, Förster	VI	6	12	8	„	„	„	VI	180	6
3	Maschinenmeister, Gärtner, Maschinenheizer, Zimmermann	VIII	3	6	4	5	30	1	VIII	100	4
	d, die Verwaltung der direkten Steuern.										
	α, **Direktion für die Verwaltung der direkten Steuern in Berlin.**										
1	Der Dirigent (Geheimer Ober-Finanzrath) . .	III	17	33	22	9	60	3	II	1000	20
2	Ober-Regierungsräthe und Regierungsräthe .	IV	12	22,5	15	„	„	„	III	500	10
3	Rendant und Kassirer, Regierungssekretäre, Buchhalter	V	9	18	12	7	40	2	V	240	7
4	Kanzlisten	VI	6	12	8	„	„	„	VI	180	6
5	Kanzleidiener	VIII	3	6	4	5	30	1	VIII	100	4
	β, **Verwaltung des Grund- und Gebäudesteuer-Katasters.**										
1	Katasterinspektoren	IV	12	22,5	15	9	60	3	IV	300	8
2	Katasterkontroleure und Katastersekretäre . .	V	9	18	12	7	40	2	V	240	7
3	Katasterzeichner	VI	6	12	8	„	„	„	VI	180	6

Anmerkungen:

1, Wegen der den Katasterkontroleuren und Katasterzeichnern bei auswärtigen Dienstgeschäften innerhalb ihres Amtsbezirks zustehenden Reisekostenzuschüsse und Tagelohnvergütungen siehe §§ 22, 27 bis 34 der Geschäftsanweisung für die Katasterkontroleure v. 21. Februar 1896 (S. 44 ff. d. W.).

2, Für die Bezahlung der im Auftrage von Staatsbehörden angefertigten Land-(Feld-)messerarbeiten gelten die Bestimmungen der §§ 36 ff. des Reglements für die öffentlich anzustellenden Land-(Feld-)messer v. $\frac{\text{2. März 1871 (GS. S. 101)}}{\text{26. August 1885 (GS. S. 319)}}$ [S. 58 d. W.].

3, Nicht etatsmäßig angestellte Beamte und Hülfsarbeiter (Katasterlandmesser, Landmesser, Hülfszeichner und sonstige Hülfsarbeiter) erhalten bei Reisen in Staatsdienstangelegenheiten Tagegelder und Reisekosten nach Ziffer VI im § 1 bezw. I. 2 und II. 2 im § 4 des Gesetzes vom 21. Juni 1897.

Laufende Nr.	Beamtenklasse	Tagegelder und Reisekosten: Klasse nach dem Gesetz vom 21. Juni 1897	Tagegelder: wenn die Reise an ein und demselben Tage angetreten und beendet wird (ℳ)	Tagegelder: wenn die Reise sich auf 2 Tage erstreckt und innerhalb 24 Stunden beendet wird [Für beide Tage zusammen] (ℳ)	Tagegelder: in allen übrigen Fällen [Für jeden Tag] (ℳ)	Reisekosten für 1 km: auf Eisenbahnen, Kleinbahnen oder Dampfschiffen (₰)	Reisekosten für 1 km: auf dem Landwege (₰)	Für jeden Zu- und Abgang bei Benutzung von Eisenbahnen, Dampfschiffen oder von Kleinbahnen in Verbindung mit Eisenbahnen (ℳ)	Umzugskosten: Klasse nach dem Gesetz vom 21. Februar 1877	Umzugskosten: Allgemeine Kosten (ℳ)	Umzugskosten: Transportkosten für je
	γ, Kassenverwaltung.										
	Bei der Kreiskasse in Frankfurt a. M.										
1	Rendant, Kassirer und Buchhalter	V	9	18	12	7	40	2	V	240	
2	Kanzlist	VI	6	12	8	„	„	„	VI	180	
3	Unterbeamte (Vollziehungsbeamte, Kassendiener)	VIII	3	6	4	5	30	1	VIII	100	
	Bei den übrigen Kreiskassen.										
1	Rentmeister	V	9	18	12	7	40	2	V	240	
2	Unterbeamte (Vollziehungsbeamte, Kreiskassendiener im Regierungsbezirk Gumbinnen) . .	VIII	3	6	4	5	30	1	VIII	100	
	δ, Einkommensteuer-Veranlagungs-Kommissionen und Gewerbesteuerausschüsse.										
1	Vorsitzende (Regierungsräthe)	IV	12	22,5	15	9	60	3	III	500	1
2	Steuersekretäre	V	9	18	12	7	40	2	V	240	
3	Kanzlisten	VI	6	12	8	„	„	„	VI	180	
4	Boten	VIII	3	6	4	5	30	1	VIII	100	
	Anmerkung: Die den Mitgliedern der Einkommensteuer-Veranlagungs- und Berufungskommissionen, der Gewerbesteuerausschüsse und der Schätzungsausschüsse (§ 23 des Ergänzungssteuergesetzes vom 14. Juli 1893) gebührenden Tagegelder und Reisekosten sind durch die Verordnungen vom 4 Juli 1892 (GS. S. 201) und vom 4. Februar 1894 (GS. S. 6), S. 64/66 d. W., festgesetzt.										
	e, die Verwaltung der indirekten Steuern.										
	α, Hauptstempelmagazin in Berlin.										
1	Der Dirigent	IV	12	22,5	15	9	60	3	IV	300	
2	Rendant und Kontroleur	V	9	18	12	7	40	2	V	240	
3	Assistenten	VI	6	12	8	„	„	„	VI	180	
4	Magazindiener	VIII	3	6	4	5	30	1	VIII	100	
	β, Provinzialsteuerverwaltung.										
1	Provinzialsteuerdirektoren	III	17	33	22	9	60	3	II	1000	
2	Mitglieder der Provinzialsteuerdirektionen und der Regierung zu Sigmaringen, einschl. der Vorstände der Stempel- und Erbschaftssteuerämter (Ober-Regierungs- und Regierungsräthe)	IV	12	22,5	15	„	„	„	III	500	
3	Büreauvorsteher für das Rechnungswesen bei den Provinzialsteuerdirektionen	„	„	„	„	„	„	„	IV	300	

Laufende Nr.	Beamtenklasse	Tagegelder und Reisekosten: Klasse nach dem Gesetz vom 21. Juni 1897	Tagegelder: wenn die Reise an ein und demselben Tage angetreten und beendet wird ℳ	Tagegelder: wenn die Reise sich auf 2 Tage erstreckt und innerhalb 24 Stunden beendet wird [Für beide Tage zusammen] ℳ	Tagegelder: in allen übrigen Fällen [Für jeden Tag] ℳ	Reisekosten für 1 km: auf Eisenbahnen, Kleinbahnen oder Dampfschiffen ₰	Reisekosten für 1 km: auf dem Landwege ₰	Für jeden Zu- und Abgang bei Benutzung von Eisenbahnen, Dampfschiffen oder von Kleinbahnen in Verbindung mit Eisenbahnen ℳ	Umzugskosten: Klasse nach dem Gesetz vom 24. Februar 1877	Umzugskosten: Allgemeine Kosten ℳ	Umzugskosten: Transportkosten für je 10 km ℳ
4	Büreauvorsteher für das Expeditions- und Kanzleiwesen, Kalkulatoren, Sekretäre und Registratoren	V	9	18	12	7	40	2	V	240	7
5	Kanzlisten	VI	6	12	8	"	"	"	VI	180	6
6	Boten und Diener	VIII	3	6	4	5	30	1	VIII	100	4
	γ. **Zoll- und Steuererhebung und Kontrole.**										
1	Ober-Zoll- und Ober-Steuerinspektoren, Kreuzzollinspektor in der Provinz Schleswig-Holstein	IV	12	22,5	15	9	60	3	IV	300	8
2	Hauptzoll- und Hauptsteueramts-Rendanten, Packhofsvorsteher und Ober-Revisoren; Revisionsinspektoren, Hauptzoll- und Hauptsteueramts-Kontroleure, Ober-Grenz- und Ober-Steuerkontroleure	V	9	18	12	7	40	2	V	240	7
3	Oberkontrole-Assistenten und Hauptzoll- und Hauptsteueramts-Assistenten; Maschinenmeister für die hydraulischen Anlagen auf dem Packhofe in Berlin; Obermaschinist in der Provinz Schleswig-Holstein; Maschinisten auf Zollkreuzern und Wachtschiffen; Assistenten auf Zollkreuzern und Wachtschiffen; Zoll- und Steuereinnehmer I. und II. Klasse, Zoll- und Steueramts-Assistenten	VI	6	12	8	"	"	"	VI	180	6
4	Grenz- und Steueraufseher	VII	4,5	9	6	5	30	1	VII	150	5
5	Amtsdiener; Schiffer, Bootsführer, Matrosen und Heizer auf Wacht- und Kreuzerschiffen sowie auf Booten	VIII	3	6	4	"	"	"	VIII	100	4

Anmerkungen:

1. Wegen der den Beamten der Zoll- und Steuererhebung und Kontrole für die Unterhaltung eigener Dienstpferde ꝛc., für Reisen innerhalb des Dienstbezirks, für amtliche Begleitungen und Bewachungen und für außergewöhnliche Dienstleistungen zu gewährenden Entschädigungen (Pferdegelder, Pferdezuschußgelder, Reisegeldzuschüsse ꝛc.) siehe die Bestimmungen auf S. 73/91 d. W.
2. Zollpraktikanten und Steuersupernumerare erhalten, sofern ihnen für Dienstreisen die gesetzlichen Tagegelder und Reisekosten zustehen, diese Bezüge nach Ziffer VI im § 1 bezw I. 2 und II. 2 im § 4 des Gesetzes vom 21. Juni 1897 (s. S. 72 d. W.).

Laufende Nr.	Beamtenklasse	Tagegelder und Reisekosten							Umzugskosten		
		Klasse nach dem Gesetz vom 21. Juni 1897	Tagegelder: wenn die Reise an ein und demselben Tage angetreten und beendet wird ℳ	Tagegelder: wenn die Reise sich auf 2 Tage erstreckt und innerhalb 24 Stunden beendet wird [Für beide Tage zusammen] ℳ	Tagegelder: in allen übrigen Fällen [Für jeden Tag] ℳ	Reisekosten für 1 km: auf Eisenbahnen, Kleinbahnen oder Dampfschiffen ₰	Reisekosten für 1 km: auf dem Landwege ₰	Für jeden Zu- und Abgang bei Benutzung von Eisenbahnen, Dampfschiffen oder von Kleinbahnen in Verbindung mit Eisenbahnen ℳ	Klasse nach dem Gesetz vom 24. Februar 1877	Allgemeine Kosten ℳ	Transportkosten für je [illegible] ℳ
	3. Dem Finanzminister ist untergeordnet:										
	die Seehandlung.										
1	Der Präsident	II	21	42	28	9	60	3	I	1800	24
2	Mitglieder der Generaldirektion (Geheimer Ober-Finanzrath, Geheimer Seehandlungsrath)	III	17	33	22	"	"	"	II	1000	2[illegible]
3	Seehandlungsrath und Buchhaltereidirigent; Rendant, Kassirer, Kontroleur, Buchhalter, Geheime expedirende Sekretäre und Kalkulatoren, Geheime Registratoren, Kanzleivorsteher (Geheimer Kanzleiinspektor)	IV	12	22,5	15	"	"	"	IV	300	[illegible]
4	Geheime Kanzleisekretäre, Kassensekretäre	V	9	18	12	7	40	2	V	240	[illegible]
5	Unterbeamte (Botenmeister, Kassen- und Kanzleidiener, Portier, Wächter)	VIII	3	6	4	5	30	1	VIII	100	[illegible]
	4. Der oberen Leitung des Finanzministers unterliegt:										
	die Hauptverwaltung der Staatsschulden.										
1	Der Präsident	II	21	42	28	9	60	3	I	1800	2[illegible]
2	Mitglieder (Geheime Ober-Finanzräthe, Geheime Finanzräthe)	III	17	33	22	"	"	"	II	1000	2[illegible]
3	Rendant, Oberbuchhalter, Buchhalter, Hauptkassirer und Kassirer der Staatsschulden-Tilgungskasse; Dirigent, Oberbuchhalter, Buchhalter und Kassirer der Kontrole der Staatspapiere; Rendant, Oberbuchhalter und Buchhalter des Staatsschuldbuchbüreaus; Vorsteher der Geheimen Kalkulatur, Geheime expedirende Sekretäre und Kalkulatoren, Geheime Registratoren, Vorsteher der Geheimen Kanzlei	IV	12	22,5	15	"	"	"	IV	300	
4	Geheime Kanzleisekretäre, Kassensekretäre	V	9	18	12	7	40	2	V	240	
5	Unterbeamte (Kastellan, Kanzlei- und Kassendiener, Portiers, Hausdiener)	VIII	3	6	4	5	30	1	VIII	100	

Anmerkung:

Die Hauptverwaltung der Staatsschulden unterliegt der oberen Leitung des Finanzministers insoweit, als dies mit der ihr im § 6 des Gesetzes vom 24. Februar 1850 (GS. S. 57) beigelegten Unabhängigkeit vereinbar ist.

Laufende Nr.	Beamtenklasse	Klasse nach dem Gesetz vom 21. Juni 1897	Tagegelder und Reisekosten: Tagegelder: wenn die Reise an ein und demselben Tage angetreten und beendet wird M	Tagegelder: wenn die Reise sich auf 2 Tage erstreckt und innerhalb 24 Stunden beendet wird [Für beide Tage zusammen] M	Tagegelder: in allen übrigen Fällen [Für jeden Tag] M	Reisekosten für 1 km: auf Eisenbahnen, Kleinbahnen oder Dampfschiffen ₰	Reisekosten für 1 km: auf dem Landwege ₰	Für jeden Zu- und Abgang bei Benutzung von Eisenbahnen, Dampfschiffen oder von Kleinbahnen in Verbindung mit Eisenbahnen M	Umzugskosten: Klasse nach dem Gesetz vom 24. Februar 1877	Umzugskosten: Allgemeine Kosten M	Umzugskosten: Transportkosten für je 10 km M
	5. Der Aufsicht des Finanzministers ist unterstellt:										
	die Preußische Central-Genossenschafts-Kasse.										
1	Der Präsident	III	17	33	22	9	60	3	II	1000	20
2	Direktionsmitglieder (Bankdirektoren); Vorsteher der Kassenabtheilung, Vorsteher des Revisionsbüreaus	IV	12	22,5	15	„	„	„	IV	300	8
3	Buchhaltereivorsteher (Oberbuchhalter), Börsenvertreter (Buchhalter), Vorsteher der Abtheilung für Statistik (Buchhalter), Büreauvorsteher, Kassirer, Sekretäre und Buchhalter .	V	9	18	12	7	40	2	V	240	7
4	Kassirer-Assistent	VI	6	12	8	„	„	„	VI	180	6
5	Kassenboten	VIII	3	6	4	5	30	1	VIII	100	4
	Anmerkung: Siehe hierzu die Verordnung über die Rechtsverhältnisse der Beamten der Preußischen Central-Genossenschafts-Kasse vom 2. August 1899 (GS. S. 397).										
	IV. Ministerium der geistlichen, Unterrichts- und Medizinalangelegenheiten.										
	1. Ministerium.										
1	Der Minister	I	27	52,5	35	9	60	3	—	—	—
2	Unterstaatssekretär, Ministerialdirektoren (Wirkliche Geheime Ober-Regierungsräthe) . . .	II	21	42	28	„	„	„	I	1800	24
3	Vortragende Räthe (Geheime Ober-Regierungsräthe, Geheime Regierungsräthe, Geheime Ober-Medizinalräthe, Geheime Medizinalräthe)	III	17	33	22	„	„	„	II	1000	20
4	Vorsteher der Meßbildanstalt für Denkmalaufnahmen; Bauinspektoren; Vorsteher des Centralbüreaus, Büreauvorsteher, Geheime expedirende Sekretäre und Kalkulatoren, Geheime Registratoren, Rendant der Büreaukasse, Kanzleivorsteher (Geheimer Kanzleidirektor) . . .	IV	12	22,5	15	„	„	„	IV	300	8
5	Geheime Kanzleisekretäre	V	9	18	12	7	40	2	V	240	7
6	Unterbeamte (Botenmeister, Kanzleidiener, Kassendiener, Portiers, Hausdiener, Hausnachtwächter)	VIII	3	6	4	5	30	1	VIII	100	4

Laufende Nr.	Beamtenklasse	Tagegelder und Reisekosten							Umzugskosten		
		Klasse nach dem Gesetz vom 21. Juni 1897	Tagegelder			Reisekosten für 1 km		Für jeden Zu- und Abgang bei Benutzung von Eisenbahnen, Dampfschiffen oder von Kleinbahnen in Verbindung mit Eisenbahnen	Klasse nach dem Gesetz vom 24. Februar 1877	Allgemeine Kosten	Transportkosten für je …
			wenn die Reise an ein und demselben Tage angetreten und beendet wird	wenn die Reise sich auf 2 Tage erstreckt und innerhalb 24 Stunden beendet wird [Für beide Tage zusammen]	in allen übrigen Fällen [Für jeden Tag]	auf Eisenbahnen, Kleinbahnen oder Dampfschiffen	auf dem Landwege				
			ℳ	ℳ	ℳ	₰	₰	ℳ		ℳ	ℳ
	2. Geschäftskreis:										
	A. Königliche Akademie der Wissenschaften in Berlin.										
1	Bibliothekar und Archivar	IV	12	22,5	15	9	60	3	IV	300	
2	Hausverwalter und Kanzlist, Diener	VIII	3	6	4	5	30	1	VIII	100	
	B. Die Königlichen Kunst-Akademien.										
	I. Die Königliche Akademie der Künste in Berlin und die mit ihr verbundenen akademischen Institute.										
	a, Akademie der Künste.										
1	Inspektor; Registrator und Kalkulator; Bibliothekar	V	9	18	12	7	40	2	V	240	
2	Kanzlist	VI	6	12	8	"	"	"	VI	180	
3	Unterbeamte (Pedell, Portier, Kastellan, Haus- und Bibliothekdiener)	VIII	3	6	4	5	30	1	VIII	100	
	b, Akademische Hochschule für die bildenden Künste.										
1	Ordentliche Lehrer (Professoren, Maler, Bildhauer rc.)	IV	12	22,5	15	9	60	3	—	—	—
2	Inspektor	V	9	18	12	7	40	2	V	240	
3	Büreaudiener	VIII	3	6	4	5	30	1	VIII	100	
	c, Akademische Meisterateliers.										
1	Vorsteher (Professoren)	IV	12	22,5	15	9	60	3	—	—	—
	d, Akademische Hochschule für Musik.										
1	Vorsteher und erste Lehrer der Abtheilungen für Orchester-Instrumente und für Gesang; ordentliche Lehrer (Professoren)	IV	12	22,5	15	9	60	3	—	—	
2	Inspektor; Registrator und Kalkulator	V	9	18	12	7	40	2	V	240	
3	Unterbeamte (Kastellan, Portier, Hausdiener)	VIII	3	6	4	5	30	1	VIII	100	
	II. Die Königlichen Kunstakademien in Königsberg, Düsseldorf und Kassel.										
1	Direktoren; ordentliche Lehrer der höheren Kunstfächer	IV	12	22,5	15	9	60	3	—	—	
2	Konservator der Kunstsammlungen und Bibliothekar in Düsseldorf; Inspektoren	V	9	18	12	7	40	2	V	240	
3	Unterbeamte (Kastellane, Hausdiener, Akademieboten)	VIII	3	6	4	5	30	1	VIII	100	

	Beamtenklasse	Tagegelder und Reisekosten: Klasse nach dem Gesetz vom 21. Juni 1897	Tagegelder: wenn die Reise an ein und demselben Tage angetreten und beendet wird ℳ	Tagegelder: wenn die Reise sich auf 2 Tage erstreckt und innerhalb 24 Stunden beendet wird [Für beide Tage zusammen] ℳ	Tagegelder: in allen übrigen Fällen [Für jeden Tag] ℳ	Reisekosten für 1 km: auf Eisenbahnen, Kleinbahnen oder Dampfschiffen ₰	Reisekosten für 1 km: auf dem Landwege ₰	Für jeden Zu- und Abgang bei Benutzung von Eisenbahnen, Dampfschiffen oder von Kleinbahnen in Verbindung mit Eisenbahnen ℳ	Umzugskosten: Klasse nach dem Gesetz vom 24. Februar 1877	Umzugskosten: Allgemeine Kosten ℳ	Umzugskosten: Transportkosten für je 10 km ℳ
	C. Die Kunstschule in Berlin, die Kunst- und Kunstgewerbeschule in Breslau.										
1	Direktoren; ordentliche Lehrer	IV	12	22,5	15	9	60	3	—	—	—
2	Inspektoren; Registrator und Kalkulator	V	9	18	12	7	40	2	V	240	7
3	Unterbeamte (Portier, Schuldiener)	VIII	3	6	4	5	30	1	VIII	100	4
	D. Die Museen.										
	a, Die Kunst-Museen in Berlin.										
1	Generaldirektor	III	17	33	22	9	60	3	II	1000	20
2	Abtheilungsdirektoren; Justitiar und Verwaltungsrath (Regierungsrath)	IV	12	22,5	15	„	„	„	III	500	10
3	Technischer Beirath für die artistischen Publikationen (Professor), Bauinspektor, Restaurator der Gemäldegalerie (Professor), Direktorialassistenten, Chemiker, Bibliothekar	„	„	„	„	„	„	„	IV	300	8
4	Restaurator im Kupferstichkabinet, Konservator des Museums für Völkerkunde, zweiter Restaurator und Inspektor der Gemäldegalerie, technischer Inspektor der Gipsformerei, expedirende Sekretäre und Kalkulatoren, Registratoren	V	9	18	12	7	40	2	V	240	7
5	Büreauassistent und Kanzlist; Kanzleisekretär	VI	6	12	8	„	„	„	VI	180	6
6	Unterbeamte (Oberaufseher, Kastellane, Röhrmeister, Oberheizer, Sammlungsaufseher, Kassendiener, Portiers, Büreaudiener, Hausdiener und Wächter)	VIII	3	6	4	5	30	1	VIII	100	4
	b, Das Kunstgewerbe-Museum in Berlin.										
1	Direktoren der Sammlungen, der Unterrichtsanstalt und der Bibliothek; Direktorialassistenten; Lehrer der Fachklassen der Unterrichtsanstalt	IV	12	22,5	15	9	60	3	—	—	—
2	Büreaubeamte (Büreauvorsteher und Rendant, Registrator und Kalkulator, Bibliotheksekretäre, Sekretäre der Sammlungen und der Unterrichtsanstalt); Verwalter der Stoffsammlung	V	9	18	12	7	40	2	V	240	7
3	Technischer Inspektor der Sammlungen; Restauratoren; Kanzleisekretäre	VI	6	12	8	„	„	„	VI	180	6
4	Unterbeamte (Hausinspektor, Hülfsrestaurator, Maschinist, Oberaufseher, Sammlungsaufseher, Bibliothekdiener, Kassendiener, Schuldiener, Oberformer, Röhrmeister, Portiers, Büreaudiener, Hausdiener, Wächter)	VIII	3	6	4	5	30	1	VIII	100	4

Laufende Nr.	Beamtenklasse	Tagegelder und Reisekosten: Klasse nach dem Gesetz vom 21. Juni 1897	Tagegelder: wenn die Reise an ein und demselben Tage angetreten und beendet wird M	Tagegelder: wenn die Reise sich auf 2 Tage erstreckt und innerhalb 24 Stunden beendet wird [Für beide Tage zusammen] M	Tagegelder: in allen übrigen Fällen [Für jeden Tag] M	Reisekosten für 1 km: auf Eisenbahnen, Kleinbahnen oder Dampfschiffen ₰	Reisekosten für 1 km: auf dem Landwege ₰	Für jeden Zu- und Abgang bei Benutzung von Eisenbahnen, Dampfschiffen oder von Kleinbahnen in Verbindung mit Eisenbahnen M	Umzugskosten: Klasse nach dem Gesetz vom 24. Februar 1877	Umzugskosten: Allgemeine Kosten M	Umzugskosten: Transportkosten für je …
	c, Die Nationalgalerie in Berlin.										
1	Direktor; Direktorialassistent	IV	12	22,5	15	9	60	3	—	—	—
2	Sekretär, Kalkulator, Registrator	V	9	18	12	7	40	2	V	240	
3	Restaurator	VI	6	12	8	〃	〃	〃	VI	180	
4	Unterbeamte (Kastellane, Heizer und Röhrmeister, Oberaufseher, Sammlungsaufseher, Portier, Büreaudiener, Hausdiener, Wächter)	VIII	3	6	4	5	30	1	VIII	100	
	d, Das Rauch-Museum in Berlin.										
1	Diener	VIII	3	6	4	5	30	1	VIII	100	
	E. Die Königliche Bibliothek in Berlin.										
1	Generaldirektor	III	17	33	22	9	60	3	II	1000	2
2	Abtheilungsdirektoren	IV	12	22,5	15	〃	〃	〃	III	500	1
3	Oberbibliothekare, Bibliothekare	〃	〃	〃	〃	〃	〃	〃	IV	300	
4	Obersekretär, Bibliotheksekretäre	V	9	18	12	7	40	2	V	240	
5	Büreauassistent und Kanzlist; Expedienten	VI	6	12	8	〃	〃	〃	VI	180	
6	Unterbeamte (Kastellan, Bibliothekdiener, Hausdiener)	VIII	3	6	4	5	30	1	VIII	100	
	F. Die Observatorien ꝛc.										
	a, Geodätisches Institut bei Potsdam.										
1	Abtheilungsvorsteher; ständige Mitarbeiter	IV	12	22,5	15	9	60	3	IV	300	
2	Sekretär, Kalkulator	V	9	18	12	7	40	2	V	240	
3	Büreaudiener	VIII	3	6	4	5	30	1	VIII	100	
	b, Meteorologisches Institut zu Berlin nebst Observatorien bei Potsdam und Tegel.										
1	Abtheilungsvorsteher; ständige Mitarbeiter	IV	12	22,5	15	9	60	3	IV	300	
2	Sekretäre	V	9	18	12	7	40	2	V	240	
3	Kanzleisekretäre	VI	6	12	8	〃	〃	〃	VI	180	
4	Unterbeamte (Mechaniker und Kastellan, Institutsdiener)	VIII	3	6	4	5	30	1	VIII	100	
	c, Astrophysikalisches Observatorium bei Potsdam.										
1	Direktor	III	17	33	22	9	60	3	II	1000	[illegible]
2	Observatoren; ständige Mitarbeiter	IV	12	22,5	15	〃	〃	〃	IV	300	
3	Unterbeamte (Mechaniker und Kastellan, Maschinist, Institutsdiener)	VIII	3	6	4	5	30	1	VIII	100	

Laufende Nr.	Beamtenklasse	Tagegelder und Reisekosten: Klasse nach dem Gesetz vom 21. Juni 1897	Tagegelder: wenn die Reise an ein und demselben Tage angetreten und beendet wird ℳ	Tagegelder: wenn die Reise sich auf 2 Tage erstreckt und innerhalb 24 Stunden beendet wird [Für beide Tage zusammen] ℳ	Tagegelder: in allen übrigen Fällen [Für jeden Tag] ℳ	Reisekosten für 1 km: auf Eisenbahnen, Kleinbahnen oder Dampfschiffen ₰	Reisekosten für 1 km: auf dem Landwege ₰	Für jeden Zu- und Abgang bei Benutzung von Eisenbahnen, Dampfschiffen oder von Kleinbahnen in Verbindung mit Eisenbahnen ℳ	Umzugskosten: Klasse nach dem Gesetz vom 24. Februar 1877	Umzugskosten: Allgemeine Kosten ℳ	Umzugskosten: Transportkosten für je 10 km
	G. Die Biologische Anstalt auf Helgoland.										
1	Direktor; Kustoden	IV	12	22,5	15	9	60	3	IV	300	8
2	Fischmeister	VIII	3	6	4	5	30	1	VIII	100	4
	H. Die Schloßverwaltung in Marienburg.										
1	Schloßkastellan; Schloßdiener	VIII	3	6	4	5	30	1	VIII	100	4
	J. Geistliche Verwaltung.										
	Evangelische Konsistorien.										
1	Konsistorialpräsident in Berlin; Präsident des Landeskonsistoriums in Hannover; Direktoren der übrigen Konsistorien; Generalsuperintendenten	III	17	33	22	9	60	3	II	1000	20
2	Ober-Konsistorialräthe bei dem Landeskonsistorium in Hannover; Konsistorialräthe bei den übrigen Konsistorien	IV	12	22,5	15	"	"	"	III	500	10
3	Konsistorialsekretäre	V	9	18	12	7	40	2	V	240	7
4	Kanzlisten	VI	6	12	8	"	"	"	VI	180	6
5	Kanzleidiener	VIII	3	6	4	5	30	1	VIII	100	4
	Anmerkung: Geistliche, welche aus einem Pfarramt in den unmittelbaren Staatsdienst treten, können auf Grund des § 7 des Gesetzes vom 24. Februar 1877 (GS. S. 15) eine Vergütung für Umzugskosten (nicht aber persönliche Tagegelder und Reisekosten für die Dienstantrittsreise) erhalten; siehe dieserhalb S. 236 Ziff. 20 d. W. In solchen Fällen sind zu gewähren gemäß MinErl. vom 24. August 1877, MBl. f. d. i. V. S. 243, CBl. f. d. UV. S. 365: Superintendenten, Erzpriestern und Dechanten nach Klasse III 500 Mk. bezw. 10 Mk. Anderen Geistlichen nach Klasse V 240 Mk. bezw. 7 Mk.										
	K. Unterrichtsverwaltung.										
	a, Die Universitäten.										
1	Kuratoren der Universitäten; Rektoren während der Dauer des Rektorats	III	17	33	22	9	60	3	—	—	—
2	Universitätsrichter, ordentliche Professoren, Direktoren der Universitäts-Bibliotheken	IV	12	22,5	15	"	"	"	III	500	10

Laufende Nr.	Beamtenklasse	Tagegelder und Reisekosten							Umzugskosten		
		Klasse nach dem Gesetz vom 21. Juni 1897	Tagegelder			Reisekosten für 1 km		Für jeden Zu- und Abgang bei Benutzung von Eisenbahnen, Dampfschiffen oder von Kleinbahnen in Verbindung mit Eisenbahnen	Klasse nach dem Gesetz vom 24. Februar 1877	Allgemeine Kosten	Transportkosten für je 10 km
			wenn die Reise an ein und demselben Tage angetreten und beendet wird	wenn die Reise sich auf 2 Tage erstreckt und innerhalb 24 Stunden beendet wird [Für beide Tage zusammen]	in allen übrigen Fällen [Für jeden Tag]	auf Eisenbahnen, Kleinbahnen oder Dampfschiffen	auf dem Landwege				
			ℳ	ℳ	ℳ	₰	₰	ℳ		ℳ	ℳ
3	Außerordentliche Professoren, Oberbibliothekare und Bibliothekare, Prosektoren, Kustoden und Assistenten an den Universitäts-Instituten und Sammlungen, akademischer Baumeister (Landbauinspektor) in Greifswald, Universitätskassenrendant und Quästor in Berlin	IV	12	22,5	15	9	60	3	IV	300	8
4	Kassenrendanten, Quästoren, Kassen- und Quästurkontroleure, expedirende Sekretäre (Kuratorial-, Universitäts-, Rektoratssekretäre), Buchhalter, Registratoren, Kalkulatoren	V	9	18	12	7	40	2	V	240	7
5	Kassensekretäre, Bausekretäre, Büreauassistenten, Kanzlisten	VI	6	12	8	"	"	"	VI	180	6
6	Unterbeamte (Maschinist, Pedelle, Pförtner, Hausverwalter, Hauswarte, Hausdiener, Boten, Kassendiener, Nachtwächter ꝛc.)	VIII	3	6	4	5	30	1	VIII	100	
	b, Die technischen Hochschulen.										
1	Rektoren für die Zeit ihrer Amtsdauer	III	17	33	22	9	60	3	—	—	—
2	Etatsmäßige Professoren	V	12	22,5	15	"	"	"	III	500	1
3	Direktor der mechanisch-technischen Versuchsanstalt in Berlin; Vorsteher der Abtheilungen für Baumaterial-, Papier- und Oelprüfungen an dieser Anstalt (Ingenieur, Chemiker)	"	"	"	"	"	"	"	IV	300	
4	Rendanten, expedirende Sekretäre, Bibliothekare	V	9	18	12	7	40	2	V	240	
5	Kassensekretäre, Büreauassistenten, Kanzlisten, Bibliothek-Expedient, Materialienverwalter, Hausinspektor	VI	6	12	8	"	"	"	VI	180	
6	Unterbeamte (Kastellane, Portiers, Pedelle, Saal-, Kanzlei-, Kassen-, Sammlungs-, Laboratorien-, Bibliothek- und Hausdiener, Mechaniker, Oberheizer, Werkmeister)	VIII	3	6	4	5	30	1	VIII	100	
	c, Die Provinzial-Schulkollegien.										
1	Vizepräsident des Provinzial-Schulkollegiums in Berlin	III	17	33	22	9	60	3	II	1000	2
2	Provinzial-Schulräthe; Verwaltungsräthe und Justitiarien (Regierungsräthe)	IV	12	22,5	15	"	"	"	III	500	1
3	Bei den Provinzial-Schulkollegien dauernd beschäftigte Oberlehrer	"	"	"	"	"	"	"	IV	300	
4	Provinzial-Schulsekretäre	V	9	18	12	7	40	2	V	240	
5	Kanzlisten	VI	6	12	8	"	"	"	VI	180	
6	Kanzleidiener	VIII	3	6	4	5	30	1	VIII	100	

Laufende Nr.	Beamtenklasse	Tagegelder und Reisekosten							Umzugskosten		
		Klasse nach dem Gesetz vom 21. Juni 1897	Tagegelder: wenn die Reise an ein und demselben Tage angetreten und beendet wird ℳ	Tagegelder: wenn die Reise sich auf 2 Tage erstreckt und innerhalb 24 Stunden beendet wird [Für beide Tage zusammen] ℳ	Tagegelder: in allen übrigen Fällen [Für jeden Tag] ℳ	Reisekosten für 1 km: auf Eisenbahnen, Kleinbahnen oder Dampfschiffen ₰	Reisekosten für 1 km: auf dem Landwege ₰	Für jeden Zu- und Abgang bei Benutzung von Eisenbahnen, Dampfschiffen oder von Kleinbahnen in Verbindung mit Eisenbahnen ℳ	Klasse nach dem Gesetz vom 24. Februar 1877	Allgemeine Kosten ℳ	Transportkosten für je 10 km ℳ
	d, Höhere Unterrichtsanstalten.										
1	Direktoren der Gymnasien, Realgymnasien und Oberrealschulen	IV	12	22,5	15	9	60	3	III	500	10
2	Direktoren der Progymnasien, Realprogymnasien, Realschulen und höheren Bürgerschulen; die wissenschaftlichen Lehrer (Oberlehrer) der sämmtlichen unter 1 und 2 aufgeführten höheren Lehranstalten	„	„	„	„	„	„	„	IV	300	8
3	Inhaber der technischen und Elementarlehrerstellen an diesen Anstalten	VI	6	12	8	7	40	2	VI	180	6
4	Unterbeamte (Kastellane, Pedelle)	VIII	3	6	4	5	30	1	VIII	100	4
	e, Schullehrer- und Lehrerinnen-Seminare.										
1	Seminardirektoren und Oberlehrer	IV	12	22,5	15	9	60	3	IV	300	8
2	Ordentliche Seminarlehrer und Seminarlehrerinnen	V	9	18	12	7	40	2	V	240	7
3	Rendant bei dem Lehrerinnen-Seminar in Droyßig	VI	6	12	8	„	„	„	VI	180	6
4	Seminar-Hülfslehrer; Lehrerinnen	VII	4,5	9	6	5	30	1	VII	150	5
5	Schuldiener und Schuldienerinnen	VIII	3	6	4	„	„	„	VIII	100	4
	f, Präparandenanstalten.										
1	Anstaltsvorsteher und erste Lehrer	V	9	18	12	7	40	2	V	240	7
2	Zweite Lehrer	VII	4,5	9	6	5	30	1	VII	150	5
	g, Turnlehrer-Bildungsanstalt in Berlin.										
1	Unterrichtsdirigenten; Lehrer (Oberlehrer) . .	IV	12	22,5	15	9	60	3	IV	300	8
2	Kastellan	VIII	3	6	4	5	30	1	VIII	100	4
	h, Schulaufsicht.										
1	Schulräthe bei den Regierungen (Regierungs- und Schulräthe)	IV	12	22,5	15	9	60	3	III	500	10
2	Kreisschulinspektoren	„	„	„	„	„	„	„	IV	300	8
	Anmerkung: Wegen der den Ortsschulinspektoren bei ihrer Vernehmung als Zeugen und Sachverständige gemäß § 14 der Gebührenordnung vom 30. Juni 1878 zu gewährenden Tagegelder und Reisekosten siehe S. 92 Ziff. 6 d. W.										

Laufende Nr.	Beamtenklasse	Tagegelder und Reisekosten: Klasse nach dem Gesetz vom 21. Juni 1897	Tagegelder: wenn die Reise an ein und demselben Tage angetreten und beendet wird ℳ	Tagegelder: wenn die Reise sich auf 2 Tage erstreckt und innerhalb 24 Stunden beendet wird [Für beide Tage zusammen] ℳ	Tagegelder: in allen übrigen Fällen [Für jeden Tag] ℳ	Reisekosten für 1 km: auf Eisenbahnen, Kleinbahnen oder Dampfschiffen ₰	Reisekosten für 1 km: auf dem Landwege ₰	Für jeden Zu- und Abgang bei Benutzung von Eisenbahnen, Dampfschiffen oder von Kleinbahnen in Verbindung mit Eisenbahnen ℳ	Umzugskosten: Klasse nach dem Gesetz vom 24. Februar 1877	Umzugskosten: Allgemeine Kosten ℳ	Umzugskosten: Transportkosten für je … ℳ
	L. Medizinalwesen.										
	a, Medizinalbeamte.										
1	Regierungs-Medizinalräthe	IV	12	22,5	15	9	60	3	III	500	1
2	Medizinalassessoren als Mitglieder der Medizinalkollegien; Kreisärzte	"	"	"	"	"	"	"	IV	300	
	Anmerkungen: 1, Die Kreisassistenzärzte erhalten bei Dienstreisen in medizinal- und sanitätspolizeilichen Angelegenheiten Tagegelder und Reisekosten nach den für die Beamten der 5. Rangklasse geltenden Sätzen. 2, Wegen der den Kreis-, Gerichts- und Kreisassistenzärzten bei Dienstreisen in gerichtsärztlichen Angelegenheiten zustehenden Tagegelder und Reisekosten siehe S. 94 Ziff. 3 d. W. 3, Apotheker erhalten bei Reisen in Staatsdienstangelegenheiten Tagegelder und Reisekosten wie die Beamten der 5. Rangklasse (Erl. der Min. des Inn. und der Fin. v. 11. Dezember 1848, MinBl. f. d. i. V. S. 365, CBl. d. AV. 1849 S. 34).										
	b, Große Heilanstalt der Charité in Berlin.										
1	Verwaltungsdirektor	IV	12	22,5	15	9	60	3	III	500	1
2	Geistliche; Kustos und Assistent bei dem Pathologischen Institut	"	"	"	"	"	"	"	IV	300	
3	Rendant, Sekretäre, Kalkulatoren, Registratoren; Oekonomieinspektor; Stationsbeamte; betriebstechnischer Inspektionsbeamter	V	9	18	12	7	40	2	V	240	
4	Büreauassistenten und Kanzlisten	VI	6	12	8	"	"	"	VI	180	
5	Unterbeamte (Präparator, Maschinist, Küster, Gärtner, Registratur-, Kanzlei- und Kassendiener, Portiers)	VIII	3	6	4	5	30	1	VIII	100	
	Anmerkung: Die Stelle des ärztlichen Direktors wird nebenamtlich verwaltet.										
	c, Institut für Infektionskrankheiten in Berlin.										
1	Direktor	III	17	33	22	9	60	3	—	—	—
2	Abtheilungsvorsteher (der wissenschaftlichen und der Krankenabtheilung), Leiter der chemischen Abtheilung	IV	12	22,5	15	"	"	"	—	—	—
3	Verwaltungssekretär	V	9	18	12	7	40	2	V	240	

Laufende Nr.	Beamtenklasse	Tagegelder und Reisekosten: Klasse nach dem Gesetz vom 21. Juni 1897	Tagegelder: wenn die Reise an ein und demselben Tage angetreten und beendet wird ℳ	Tagegelder: wenn die Reise sich auf 2 Tage erstreckt und innerhalb 24 Stunden beendet wird [Für beide Tage zusammen] ℳ	Tagegelder: in allen übrigen Fällen [Für jeden Tag] ℳ	Reisekosten für 1 km: auf Eisenbahnen, Kleinbahnen oder Dampfschiffen ₰	Reisekosten für 1 km: auf dem Landwege ₰	Für jeden Zu- und Abgang bei Benutzung von Eisenbahnen, Dampfschiffen oder von Kleinbahnen in Verbindung mit Eisenbahnen ℳ	Umzugskosten: Klasse nach dem Gesetz vom 24. Februar 1877	Umzugskosten: Allgemeine Kosten ℳ	Umzugskosten: Transportkosten für je 10 km ℳ
4	Büreauassistent und Kanzlist	VI	6	12	8	7	40	2	VI	180	6
5	Unterbeamte (Portier, Institutsdiener) . . .	VIII	3	6	4	5	30	1	VIII	100	4
	d, Institut für experimentelle Therapie in Frankfurt a. M.										
1	Direktor	IV	12	22,5	15	9	60	3	IV	300	8
	e, Hygienisches Institut in Posen.										
1	Direktor	IV	12	22,5	15	9	60	3	IV	300	8
2	Sekretär	V	9	18	12	7	40	2	V	240	7
3	Unterbeamte (Diener, Pförtner)	VIII	3	6	4	5	30	1	VIII	100	4
	V. Ministerium für Handel und Gewerbe.										
	1. Ministerium.										
1	Der Minister	I	27	52,5	35	9	60	3	—	—	—
2	Unterstaatssekretär, Ministerialdirektoren (Wirklicher Geheimer Ober-Regierungsrath; Ober-Berghauptmann)	II	21	42	28	"	"	"	I	1800	24
3	Vortragende Räthe (Geheime Ober-Regierungsräthe, Geheime Regierungsräthe, Geheime Ober-Bergräthe, Geheime Bergräthe) . . .	III	17	33	22	"	"	"	II	1000	20
4	Vorsteher des Centralbüreaus, Geheime expedirende Sekretäre und Kalkulatoren, Geheime Registratoren, Kanzleivorsteher (Geheimer Kanzleidirektor)	IV	12	22,5	15	"	"	"	IV	300	8
5	Geheime Kanzleisekretäre	V	9	18	12	7	40	2	V	240	7
6	Unterbeamte (Botenmeister, Kanzleidiener) . .	VIII	3	6	4	5	30	1	VIII	100	4
	2. Geschäftskreis:										
	a, Handels- und Gewerbeverwaltung.										
1	Staatskommissar bei der Berliner Börse . . .	III	17	33	22	9	60	3	II	1000	20
2	Regierungs- und Gewerberäthe	IV	12	22,5	15	"	"	"	III	500	10
3	Gewerbeinspektoren, Gewerbeinspekt.-Assistenten	"	"	"	"	"	"	"	IV	300	8
4	Hafeninspektoren, Lootsenkommandeure, Leggeinspektor	V	9	18	12	7	40	2	V	240	7
5	Hafenpolizeisekretäre, Hafenmeister, Seeoberlootsen, Lootsenamtsassistenten, Beschußmeister und -Assistenten bei der Beschußanstalt in Suhl, Leggemeister	VI	6	12	8	"	"	"	VI	180	6

Laufende Nr.	Beamtenklasse	Tagegelder und Reisekosten							Umzugskosten		
		Klasse nach dem Gesetz vom 21. Juni 1897	Tagegelder: wenn die Reise an ein und demselben Tage angetreten und beendet wird	Tagegelder: wenn die Reise sich auf 2 Tage erstreckt und innerhalb 24 Stunden beendet wird [Für beide Tage zusammen]	Tagegelder: in allen übrigen Fällen [Für jeden Tag]	Reisekosten für 1 km: auf Eisenbahnen, Kleinbahnen oder Dampfschiffen	Reisekosten für 1 km: auf dem Landwege	Für jeden Zu- und Abgang bei Benutzung von Eisenbahnen, Dampfschiffen oder von Kleinbahnen in Verbindung mit Eisenbahnen	Klasse nach dem Gesetz vom 24. Februar 1877	Allgemeine Kosten	Transportkosten für je 10 km
			ℳ	ℳ	ℳ	₰	₰	ℳ		ℳ	ℳ
6	Polizeiwachtmeister, Strom-, Schiffahrts- und Hafenpolizeiaufseher, Schutzmänner u. Wächter, Boten bei den Hafenpolizeibehörden, Pförtner, Seelootsen, Revierlootsen, Stromoberlootsen und Stromlootsen	VIII	3	6	4	5	30	1	VIII	10	4
	Anmerkung: Von den im Gewerbeaufsichtsdienste außeretatsmäßig gegen fixirte Remunerationen dauernd beschäftigten Beamten haben die Regierungsbaumeister auf Grund des Gesetzes vom 24. August 1896, G.S. S. 173 (S. 257 d. W.) einen Anspruch auf die gesetzlichen Umzugskosten, sobald ihnen die Aussicht auf dauernde Verwendung ausdrücklich eröffnet worden ist. Unter gleicher Voraussetzung erhalten auch die als Gewerbeaufsichtsbeamte verwendeten Bergassessoren Umzugskosten. Die übrigen, den vorgenannten gleichstehenden außeretatsmäßigen Beamten des Gewerbeaufsichtsdienstes erhalten bei Versetzungen die gesetzlichen Umzugskosten, sobald sie das 32. Lebensjahr vollendet haben und mindestens 2 Jahre im Gewerbeaufsichtsdienst thätig gewesen sind (vergl. die Zweckbestimmung zu Kap. 70 Tit. 1 des Staatshaushaltsetats, sowie die entsprechenden Erläuterungen zu diesem Titel im Etat 1898/99).	.	.	.	.	.	.	.	.	.	.
	b, Die Aichungsbehörden.										
1	Aichungsinspektoren	IV	12	22,5	15	9	60	3	IV	30	[illegible]
2	Kassen- und Büreaubeamte bei den staatlichen Aichungsämtern; Aichmeister	VI	6	12	8	7	40	2	VI	10	[illegible]
3	Unterbeamte	VIII	3	6	4	5	30	1	VIII	10	[illegible]
	c, Gewerbliches Unterrichtswesen.										
	α, Aufsicht.										
1	Regierungs- und Gewerbeschulräthe	IV	12	22,5	15	9	60	3	III	50	1[illegible]
	β. Das Navigationsschulwesen.										
1	Navigationsschuldirektoren	IV	12	22,5	15	9	60	3	III	50	1[illegible]
2	Navigationsschullehrer	″	″	″	″	″	″	″	IV	30	[illegible]
3	Navigationsvorschullehrer	VI	6	12	8	7	40	2	VI	10	[illegible]
4	Schuldiener	VIII	3	6	4	5	30	1	VIII	10	[illegible]

Laufende Nr.	Beamtenklasse	Tagegelder und Reisekosten: Klasse nach dem Gesetz vom 21. Juni 1897	Tagegelder: wenn die Reise an ein und demselben Tage angetreten und beendet wird M	Tagegelder: wenn die Reise sich auf 2 Tage erstreckt und innerhalb 24 Stunden beendet wird [Für beide Tage zusammen] M	Tagegelder: in allen übrigen Fällen [Für jeden Tag] M	Reisekosten für 1 km: auf Eisenbahnen, Kleinbahnen oder Dampfschiffen ₰	Reisekosten für 1 km: auf dem Landwege ₰	Für jeden Zu- und Abgang bei Benutzung von Eisenbahnen, Dampfschiffen oder von Kleinbahnen in Verbindung mit Eisenbahnen M	Umzugskosten: Klasse nach dem Gesetz vom 21. Februar 1877	Umzugskosten: Allgemeine Kosten M	Umzugskosten: Transportkosten für je 10 km M
	γ. Baugewerk-, Maschinenbau- und sonstige Fachschulen (Fachschulen für Metallindustrie, Textilindustrie 2c.)										
1	Direktoren; Oberlehrer	IV	12	22,5	15	9	60	3	IV	300	8
2	Lehrer	V	9	18	12	7	40	2	V	240	7
3	Werkmeister und Assistenten	VI	6	12	8	"	"	"	VI	180	6
4	Schuldiener	VIII	3	6	4	5	30	1	VIII	100	4
	δ. Zeichenakademie in Hanau, Kunst- und Gewerkschule in Königsberg i. Pr., keramische Fachschulen.										
1	Direktoren	IV	12	22,5	15	9	60	3	IV	300	8
2	Lehrer	V	9	18	12	7	40	2	V	240	7
3	Meister, Pedell, Schuldiener	VIII	3	6	4	5	30	1	VIII	100	4
	ε. Handels- und Gewerbeschule in Posen.										
1	Sekretär und Rechnungsführer	VI	6	12	8	7	40	2	VI	180	6
2	Schuldiener	VIII	3	6	4	5	30	1	VIII	100	4
	d, Königliche Porzellanmanufaktur.										
1	Direktoren (erster Direktor, artistischer Direktor, Verwaltungsdirektor)	IV	12	22,5	15	9	60	3	III	500	10
2	Chemiker (auch der chemisch-technischen Versuchsanstalt), Modellmeister, Malereivorsteher .	"	"	"	"	"	"	"	IV	300	8
3	Hauptbuchhalter, Kassirer, Malereibuchhalter, Magazinverwalter, Direktionssekretär, Buchhalter und Kontroleur im Verkaufslager, Formereibuchhalter	V	9	18	12	7	40	2	V	240	7
4	Debitsvorsteher, Debitsbeamte, technisch. Assistent, Obermaler als technischer Assistent der Malerei, Lehrer für Zeichnen und Malen, Assistenten für die Geschirrverwaltung	VI	6	12	8	"	"	"	VI	180	6
5	Unterbeamte (Portier, Kassendiener)	VIII	3	6	4	5	30	1	VIII	100	4

Anmerkung:

Dem Vorstande des Königlichen Instituts für Glasmalerei in Berlin sind für die von ihm im Interesse dieses Instituts ausgeführten Dienstreisen Tagegelder und Reisekosten nach denjenigen Sätzen zu gewähren, welche den Beamten der 4. und 5. Rangklasse zustehen (Erl. d. Min. f. H. u. G. v. 4. November 1877. E. 2499).

Laufende Nr.	Beamtenklasse	Tagegelder und Reisekosten							Umzugskosten		
		Klasse nach dem Gesetz vom 21. Juni 1897	Tagegelder: wenn die Reise an ein und demselben Tage angetreten und beendet wird ℳ	wenn die Reise sich auf 2 Tage erstreckt und innerhalb 24 Stunden beendet wird [Für beide Tage zusammen] ℳ	in allen übrigen Fällen [Für jeden Tag] ℳ	Reisekosten für 1 km: auf Eisenbahnen, Kleinbahnen oder Dampfschiffen ₰	auf dem Landwege ₰	Für jeden Zu- und Abgang bei Benutzung von Eisenbahnen, Dampfschiffen oder von Kleinbahnen in Verbindung mit Eisenbahnen ℳ	Klasse nach dem Gesetz vom 24. Februar 1877	Allgemeine Kosten ℳ	Transportkosten für je 10 km ℳ
	e, Technische Centralstelle für Textilindustrie in Berlin.										
1	Direktor	IV	12	22,5	15	9	60	3	III	500	1
2	Techniker, Chemiker	〃	〃	〃	〃	〃	〃	〃	IV	300	
3	Sekretär	VI	6	12	8	7	40	2	VI	180	
	f, Direktion der Bernsteinwerke in Königsberg i. Pr.										
1	Direktor der Bernsteinwerke; Bergwerksdirektor	IV	12	22,5	15	9	60	3	III	500	1
2	Rendant der Hauptkasse, Hauptbuchhaltereivorsteher und Vorsteher der Handelsabtheilung, Lagerverwalter, Sekretäre, obere Werksbeamte 1. Klasse	V	9	18	12	7	40	2	V	240	
3	Obere Werksbeamte 2. Klasse, mittlere Werksbeamte	VI	6	12	8	〃	〃	〃	VI	180	
	g, Berg- Hütten- und Salinenverwaltung.										
	α, Oberbergämter.										
1	Berghauptleute	III	17	33	22	9	60	3	II	1000	2
2	Oberbergräthe	IV	12	22,5	15	〃	〃	〃	III	500	1
3	Bergrevierbeamte (Bergräthe, Bergassessoren, Bergmeister); Revier-Berginspektoren, Oberbergamts-Markscheider	〃	〃	〃	〃	〃	〃	〃	IV	300	
4	Sekretäre	V	9	18	12	7	40	2	V	240	
5	Kanzlisten und Zeichner	VI	6	12	8	〃	〃	〃	VI	180	
6	Kanzleidiener	VIII	3	6	4	5	30	1	VIII	100	
	β, Bergwerke, Hütten- und Salzwerke.										
1	Vorsitzender der Bergwerksdirektion zu Saarbrücken	III	17	33	22	9	60	3	II	1000	2
2	Vorsitzender der Centralverwaltung zu Zabrze, Mitglieder der Direktion zu Saarbrücken (Bergwerksdirektoren 1. Klasse)	IV	12	22,5	15	〃	〃	〃	III	500	1
3	Bergwerksdirektoren 2. Klasse, Bau- und Maschineninspektoren, Betriebsinspektoren	〃	〃	〃	〃	〃	〃	〃	IV	300	
4	Rendant und Sekretäre bei der Direktion in Saarbrücken, Grubenmarkscheider, obere Werksbeamte 1. Klasse, Faktoren	V	9	18	12	7	40	2	V	240	
5	Kanzlisten, Schichtmeister, obere Werksbeamte 2. Klasse, mittlere Werksbeamte 1. u. 2. Klasse	VI	6	12	8	〃	〃	〃	VI	180	
6	Unterbeamte (Boten, Pförtner, untere Werksbeamte 1. und 2. Klasse)	VIII	3	6	4	5	30	1	VIII	100	

Laufende Nr.	Beamtenklasse	Tagegelder und Reisekosten: Klasse nach dem Gesetz vom 21. Juni 1897	Tagegelder: wenn die Reise an ein und demselben Tage angetreten und beendet wird	Tagegelder: wenn die Reise sich auf 2 Tage erstreckt und innerhalb 24 Stunden beendet wird [Für beide Tage zusammen]	Tagegelder: in allen übrigen Fällen [Für jeden Tag]	Reisekosten für 1 km: auf Eisenbahnen, Kleinbahnen oder Dampfschiffen	Reisekosten für 1 km: auf dem Landwege	Für jeden Zu- und Abgang bei Benutzung von Eisenbahnen, Dampfschiffen oder von Kleinbahnen in Verbindung mit Eisenbahnen	Umzugskosten: Klasse nach dem Gesetz vom 24. Februar 1877	Umzugskosten: Allgemeine Kosten	Umzugskosten: Transportkosten für je 10 km
			ℳ	ℳ	ℳ	₰	₰	ℳ		ℳ	ℳ
	γ. Bergtechnische Lehranstalten.										
	1. Geologische Landesanstalt und Bergakademie zu Berlin.										
1	Direktoren	III	17	33	22	9	60	3	—	—	—
2	Landesgeologen; etatsmäßige Professoren	IV	12	22,5	15	"	"	"	III	500	10
3	Bezirksgeologen, Chemiker, Sammlungskustos, Bibliothekar	"	"	"	"	"	"	"	IV	300	8
4	Verwaltungsbeamte (Rendant, Sekretäre, Registrator, Kalkulator), Zeichner	V	9	18	12	7	40	2	V	240	7
5	Kanzlist	VI	6	12	8	"	"	"	VI	180	6
6	Unterbeamte	VIII	3	6	4	5	30	1	VIII	100	4
	2. Bergakademie und Bergschule zu Clausthal.										
1	Direktor; etatsmäßige Professoren	IV	12	22,5	15	9	60	3	III	500	10
2	Verwaltungsbeamter	V	9	18	12	7	40	2	V	240	7
3	Lehrer; Modellmeister und Akademiewart (in der Klasse der mittleren Werksbeamten)	VI	6	12	8	"	"	"	VI	180	6
	3. Bergschule zu Saarbrücken.										
1	Direktor	IV	12	22,5	15	9	60	3	IV	300	8
2	Lehrer	V	9	18	12	7	40	2	V	240	7
3	Hauptlehrer an den Vorschulen	VI	6	12	8	"	"	"	VI	180	6
	VI. Ministerium des Innern.										
	1. Ministerium.										
1	Der Minister	I	27	52,5	35	9	60	3	—	—	—
2	Unterstaatssekretär, Ministerialdirektor (Wirklicher Geheimer Ober-Regierungsrath)	II	21	42	28	"	"	"	I	1800	24
3	Vortragende Räthe (Geheime Ober-Regierungsräthe, Geheime Regierungsräthe)	III	17	33	22	"	"	"	II	1000	20
4	Direktor des litterarischen Büreaus	IV	12	22,5	15	"	"	"	III	500	10
5	Vorsteher des Centralbüreaus, Geheime expedirende Sekretäre und Kalkulatoren, Geheime Registratoren, Kanzleivorsteher (Geheimer Kanzleidirektor), Lektoren beim litterarischen Büreau	"	"	"	"	"	"	"	IV	300	8
6	Geheime Kanzleisekretäre	V	9	18	12	7	40	2	V	240	7
7	Unterbeamte (Botenmeister, Kanzleidiener, Portiers, Hausdiener rc.)	VIII	3	6	4	5	30	1	VIII	100	4

Laufende Nr.	Beamtenklasse	Tagegelder und Reisekosten							Umzugskosten		
		Klasse nach dem Gesetz vom 21. Juni 1897	Tagegelder			Reisekosten für 1 km		Für jeden Zu- und Abgang bei Benutzung von Eisenbahnen, Dampfschiffen oder von Kleinbahnen in Verbindung mit Eisenbahnen	Klasse nach dem Gesetz vom 24. Februar 1877	Allgemeine Kosten	Transportkosten für je …
			wenn die Reise an ein und demselben Tage angetreten und beendet wird	wenn die Reise sich auf 2 Tage erstreckt und innerhalb 24 Stunden beendet wird [Für beide Tage zusammen]	in allen übrigen Fällen [Für jeden Tag]	auf Eisenbahnen, Kleinbahnen oder Dampfschiffen	auf dem Landwege				
			ℳ	ℳ	ℳ	₰	₰	ℳ		ℳ	ℳ
	2. Geschäftskreis:										
	a, Statistisches Büreau.										
1	Direktor	III	17	33	22	9	60	3	II	1000	2[illegible]
2	Mitglieder (Regierungsräthe)	IV	12	22,5	15	"	"	"	III	500	1[illegible]
3	Bibliothekar, Plankammer-Inspektor, expedirende Sekretäre und Kalkulatoren	V	9	18	12	7	40	2	V	240	[illegible]
4	Kanzlist	VI	6	12	8	"	"	"	VI	180	[illegible]
5	Unterbeamte (Botenmeister, Kanzleidiener) . .	VIII	3	6	4	5	30	1	VIII	100	[illegible]
	b, Oberpräsidenten, Regierungspräsidenten und Regierungen, einschl. der Ministerial- Militär- und Baukommission in Berlin, sowie Bezirksausschüsse.										
1	Oberpräsidenten	II	21	42	28	9	60	3	I	1800	2[illegible]
2	Regierungspräsidenten, Dirigent der Ministerial-Militär- und Baukommission, Oberpräsidialräthe	III	17	33	22	"	"	"	II	1000	2[illegible]
3	Ober-Regierungsräthe, Verwaltungsgerichtsdirektoren, Regierungsräthe	IV	12	22,5	15	"	"	"	III	500	1[illegible]
4	Regierungsassessoren, Landrentmeister . . .	"	"	"	"	"	"	"	IV	300	[illegible]
5	Hauptkassenkassirer, Plankammer-Vorsteher (in Berlin), Regierungssekretäre, Oberbuchhalter, Buchhalter	V	9	18	12	7	40	2	V	240	[illegible]
6	Kassirerassistenten, Kanzlisten	VI	6	12	8	"	"	"	VI	180	[illegible]
7	Unterbeamte (Kassendiener, Boten, Hauswächter)	VIII	3	6	4	5	30	1	VIII	100	
	Anmerkung: Regierungsreferendare erhalten bei Dienstreisen in Staatsdienstangelegenheiten Tagegelder nach Klasse V des Gesetzes vom 21. Juni 1897 und die entsprechenden Reisekosten.										
	c, Landräthliche Behörden und Aemter.										
1	Landräthe; Oberamtmänner in den Hohenzollernschen Landen	IV	12	22,5	15	9	60	3	III	500	1[illegible]
2	Kreissekretäre, Oberamtssekretäre	V	9	18	12	7	40	2	V	240	
3	Polizeikommissarien in den Regierungsbezirken Stade und Aurich	VI	6	12	8	"	"	"	VI	180	

Laufende Nr.	Beamtenklasse	Tagegelder und Reisekosten: Klasse nach dem Gesetz vom 21. Juni 1897	Tagegelder: wenn die Reise an ein und demselben Tage angetreten und beendet wird	Tagegelder: wenn die Reise sich auf 2 Tage erstreckt und innerhalb 24 Stunden beendet wird [Für beide Tage zusammen]	Tagegelder: in allen übrigen Fällen [Für jeden Tag]	Reisekosten für 1 km: auf Eisenbahnen, Kleinbahnen oder Dampfschiffen	Reisekosten für 1 km: auf dem Landwege	Für jeden Zu- und Abgang bei Benutzung von Eisenbahnen, Dampfschiffen oder von Kleinbahnen in Verbindung mit Eisenbahnen	Umzugskosten: Klasse nach dem Gesetz vom 24. Februar 1877	Umzugskosten: Allgemeine Kosten	Umzugskosten: Transportkosten für je 10 km
			M	M	M	Pf	Pf	M		M	M
4	Schutzmannswachtmeister in Wilhelmshaven; Schutzmänner in Clausthal, Zellerfeld, Wilhelmshaven, Geestemünde und Lehe; Polizeigefängnißaufseher, Kreisboten, Oberamtsdiener	VIII	3	6	4	5	30	1	VIII	100	4
	Anmerkung: Wegen der den landräthlichen Büreaugehülfen bei Dienstreisen zur Theilnahme am Ersatzgeschäft und zur Mitwirkung bei der Musterung ꝛc. des Pferdebestandes zu gewährenden Tagegelder und Reisekosten siehe S. 117 Ziff. 30/31 d. W.										
	d. Versicherungswesen.										
1	Versicherungsrevisoren	IV	12	22,5	15	9	60	3	IV	300	8
	e. Polizeiverwaltung in Berlin und Umgebung. (Charlottenburg, Schöneberg und Rixdorf).										
1	Polizeipräsident in Berlin	III	17	33	22	9	60	3	II	1000	20
2	Polizeidirektoren in Charlottenburg, Schöneberg und Rixdorf, Ober-Regierungsräthe, Regierungsräthe	IV	12	22,5	15	„	„	„	III	500	10
3	Polizeiräthe, Rendant der Polizei-Hauptkasse .	„	„	„	„	„	„	„	IV	300	8
4	Polizeiassessoren, Oberbuchhalter, Kassirer, Buchhalter, Polizeisekretäre, Obertelegraphisten .	V	9	18	12	7	40	2	V	240	7
5	Meldeamts-Büreauassistenten, Telegraphisten, Leitungsrevisoren, Kanzlisten	VI	6	12	8	„	„	„	VI	180	6
6	Botenmeister, Kastellane, Kassendiener, Oberheizer, Portier, Leichendiener, Boten und Vollziehungsbeamte, Hausvater und Oberaufseher beim Polizeigefängniß, Vorsteherin des Polizeigewahrsams für weibliche Personen, Aufseher und Aufseherinnen beim Polizeigefängniß und im Polizeigewahrsam	VIII	3	6	4	5	30	1	VIII	100	4
7	Polizei-Oberst und Kommandeur der Schutzmannschaft	IV	12	22,5	15	9	60	3	III	500	10
8	Polizeimajors, Polizeihauptleute, Kriminalinspektoren, Telegrapheningenieur, Polizeigefängnißinspektor	„	„	„	„	„	„	„	IV	300	8
9	Polizeileutnants, Kriminalkommissarien . . .	V	9	18	12	7	40	2	V	240	7

Laufende Nr.	Beamtenklasse	Tagegelder und Reisekosten: Klasse nach dem Gesetz vom 21. Juni 1897	Tagegelder: wenn die Reise an ein und demselben Tage angetreten und beendet wird ℳ	Tagegelder: wenn die Reise sich auf 2 Tage erstreckt und innerhalb 24 Stunden beendet wird [Für beide Tage zusammen] ℳ	Tagegelder: in allen übrigen Fällen [Für jeden Tag] ℳ	Reisekosten für 1 km: auf Eisenbahnen, Kleinbahnen oder Dampfschiffen ₰	Reisekosten für 1 km: auf dem Landwege ₰	Für jeden Zu- und Abgang bei Benutzung von Eisenbahnen, Dampfschiffen oder von Kleinbahnen in Verbindung mit Eisenbahnen ℳ	Umzugskosten: Klasse nach dem Gesetz vom 24. Februar 1877	Umzugskosten: Allgemeine Kosten ℳ
10	Abtheilungswachtmeister der Schutzmannschaft, Wachtmeister und Schutzmänner	VIII	3	6	4	5	30	1	VIII	100
	Anmerkung: Wegen der den Offizieren und Mannschaften der Schutzmannschaft in Berlin, Charlottenburg, Rixdorf und Schöneberg bei Verrichtung von Dienstgeschäften in besonderem Auftrage außerhalb ihres dienstlichen Wohnortes zu gewährenden Reiseentschädigungen s. S. 117 d. W.									
	f, Polizeiverwaltung in den Provinzen.									
1	Polizeipräsidenten bezw. Polizeidirektoren, Regierungsräthe	IV	12	22,5	15	9	60	3	III	500
2	Polizeiräthe	"	"	"	"	"	"	"	IV	300
3	Polizeiinspektoren, Polizeiassessoren, Bezirks-Polizeikommissarien, Polizei-Distriktskommissarien in der Provinz Posen	V	9	18	12	7	40	2	V	240
4	Polizeisekretäre, Grenzkommissarien, Meldeamts-Büreauassistenten, Polizeigefängnißinspektoren, Polizeikommissarien, Kanzlisten	VI	6	12	8	"	"	"	VI	180
5	Schutzmannswachtmeister, Schutzmänner, Polizeigefängniß-Oberaufseher, Polizeiboten und Polizeigefängnißaufseher, Polizeidiener, Gefangenwärterinnen	VIII	3	6	4	5	30	1	VIII	100
	g, Strafanstaltsverwaltung.									
1	Direktoren bei den Straf- und bei den Erziehungsanstalten; im Hauptamt thätige Geistliche an diesen Anstalten	IV	12	22,5	15	9	60	3	IV	300
2	Inspektoren, Sekretäre, Oberinnen, Buchhalterinnen, Elementarlehrer	VI	6	12	8	7	40	2	VI	180
3	Unterbeamte (Hausväter, Verwalter bei dem Gefängniß zu Kempen, Maschinenwärter, Oberaufseher, Werkmeister, Aufseher, Oberaufseherinnen, Hausmütter und Werkmeisterinnen, Aufseherinnen)	VIII	3	6	4	5	30	1	VIII	100
	Anmerkung: Wegen der den Strafanstaltsbeamten bei der Beschäftigung von Gefangenen außerhalb der Anstalt zu gewährenden Entschädigungen siehe S. 119 d. W.									

Laufende Nr.	Beamtenklasse	Tagegelder und Reisekosten: Klasse nach dem Gesetz vom 21. Juni 1897	Tagegelder: wenn die Reise an ein und demselben Tage angetreten und beendet wird (M)	Tagegelder: wenn die Reise sich auf 2 Tage erstreckt und innerhalb 24 Stunden beendet wird [Für beide Tage zusammen] (M)	Tagegelder: in allen übrigen Fällen [Für jeden Tag] (M)	Reisekosten für 1 km: auf Eisenbahnen, Kleinbahnen oder Dampfschiffen (₰)	Reisekosten für 1 km: auf dem Landwege (₰)	Für jeden Zu- und Abgang bei Benutzung von Eisenbahnen, Dampfschiffen oder von Kleinbahnen in Verbindung mit Eisenbahnen (M)	Umzugskosten: Klasse nach dem Gesetz vom 24. Februar 1877	Umzugskosten: Allgemeine Kosten (M)	Umzugskosten: Transportkosten für je 10 km (M)

3. Gemeinschaftlicher Geschäftskreis des Ministers des Innern und des Kriegsministers.

Landgendarmerie.

(Ueber die den Mitgliedern der Landgendarmerie bei Dienstreisen zu gewährenden Tagegelder und Reisekosten siehe S. 121 ff. d. W.)

VII. Justizministerium.

1. Ministerium.

Laufende Nr.	Beamtenklasse	Klasse 1897	Tagegelder: ein Tag (M)	Tagegelder: 2 Tage (M)	Tagegelder: übrige Fälle (M)	Eisenbahnen (₰)	Landwege (₰)	Zu- und Abgang (M)	Klasse 1877	Allgemeine Kosten (M)	Transportkosten je 10 km (M)
1	Der Minister	I	27	52,5	35	9	60	3	—	—	—
2	Unterstaatssekretär, Ministerialdirektoren (Wirkliche Geheime Ober-Justizräthe)	II	21	42	28	″	″	″	I	1800	24
3	Vortragende Räthe (Geheime Ober-Justizräthe, Geheime Justizräthe)	III	17	33	22	″	″	″	II	1000	20
4	Vorsteher des Centralbüreaus, Geheime expedirende Sekretäre, Geheime Kalkulatoren, Geheime Registratoren, Geheimer Kanzleidirektor	IV	12	22,5	15	″	″	″	IV	300	8
5	Geheime Kanzleisekretäre	V	9	18	12	7	40	2	V	240	7
6	Unterbeamte (Botenmeister, Kanzleidiener, Kastellan, Hausdiener)	VIII	3	6	4	5	30	1	VIII	100	4

2. Geschäftskreis:

a, Oberlandesgerichte.

Laufende Nr.	Beamtenklasse	Klasse 1897	Tagegelder: ein Tag (M)	Tagegelder: 2 Tage (M)	Tagegelder: übrige Fälle (M)	Eisenbahnen (₰)	Landwege (₰)	Zu- und Abgang (M)	Klasse 1877	Allgemeine Kosten (M)	Transportkosten je 10 km (M)
1	Präsidenten, Senatspräsidenten, Oberstaatsanwälte	III	17	33	22	9	60	3	II	1000	20
2	Oberlandesgerichtsräthe, Vertreter der Oberstaatsanwälte (Erste Staatsanwälte)	IV	12	22,5	15	″	″	″	III	500	10
3	Rechnungsrevisoren bei den Oberlandesgerichten, Justizhauptkassenrendanten	″	″	″	″	″	″	″	IV	300	8
4	Gerichtsschreiber, Sekretäre bei den Oberstaatsanwaltschaften	V	9	18	12	7	40	2	V	240	7
5	Kanzlisten	VI	6	12	8	″	″	″	VI	180	6
6	Unterbeamte (Gerichtsdiener, Kastellane)	VIII	3	6	4	5	30	1	VIII	100	4

Laufende Nr.	Beamtenklasse	Tagegelder und Reisekosten: Klasse nach dem Gesetz vom 21. Juni 1897	Tagegelder: wenn die Reise an ein und demselben Tage angetreten und beendet wird ℳ	wenn die Reise sich auf 2 Tage erstreckt und innerhalb 24 Stunden beendet wird [Für beide Tage zusammen] ℳ	in allen übrigen Fällen [Für jeden Tag] ℳ	Reisekosten für 1 km: auf Eisenbahnen, Kleinbahnen oder Dampfschiffen ₰	auf dem Landwege ₰	Für jeden Zu- und Abgang bei Benutzung von Eisenbahnen, Dampfschiffen oder von Kleinbahnen in Verbindung mit Eisenbahnen ℳ	Umzugskosten: Klasse nach dem Gesetz vom 24. Februar 1877	Allgemeine Kosten ℳ	Transportkosten für je 10 km ℳ
	b, Landgerichte und Amtsgerichte.										
1	Landgerichtspräsidenten, Amtsgerichtspräsident bei dem Amtsgericht I in Berlin, Erster Staatsanwalt (mit dem Charakter als Oberstaatsanwalt) bei dem Landgericht I in Berlin	III	17	33	22	9	60	3	II	1000	2[illegible]
2	Landgerichtsdirektoren, Erste Staatsanwälte, Landgerichtsräthe, Amtsgerichtsräthe, Staatsanwaltschaftsräthe, Abtheilungsvorsteher bei der Staatsanwaltschaft des Landgerichts I zu Berlin	IV	12	22,5	15	„	„	„	III	500	1[illegible]
3	Landrichter, Amtsrichter, Staatsanwälte, Hypothekenbewahrer in der Rheinprovinz, Gerichtsassessoren	„	„	„	„	„	„	„	IV	300	[illegible]
4	Rechnungsrevisoren bei den Landgerichten . .	V	9	18	12	7	40	2	V	240	[illegible]
5	Gerichtskassenrendanten, Gerichtsschreiber bei den Land- und Amtsgerichten, Sekretäre und Assistenten bei den Staatsanwaltschaften der Landgerichte, Gerichtsschreibergehülfen, Kanzlisten, Gerichtsvollzieher, Zwangsverwaltungsinspektor in Berlin, Gefängnißinspektoren, Inspektionsassistenten, Amtsanwälte . . .	VI	6	12	8	„	„	„	VI	180	
6	Unterbeamte (Oberaufseher bei den Gefängnissen, Hausväter, Werkmeister, Küchenmeister, Gerichtsdiener, Kastellane, Gefangenaufseher, Pförtner, Maschinisten, Heizer, Oberaufseherinnen, Aufseherinnen)	VIII	3	6	4	5	30	1	VIII	100	
	Anmerkungen: 1, Wegen der den Justizbeamten bei Dienstgeschäften außerhalb des Gerichtsorts zu gewährenden Tagegelder und Reisekosten siehe S. 132 ff. d. W. 2, Hinsichtlich der Amtsanwälte vergl. auch S. 131 Ziff. 5 d. W. 3, Referendare erhalten bei Dienstreisen in Staatsdienstangelegenheiten Tagegelder nach Klasse V, Kanzleidiätare, Aktuare und Justizanwärter solche nach Klasse VI des Gesetzes vom 21. Juni 1897, und die entsprechenden Reisekosten.										
	c, Besondere Gefängnisse.										
1	Gefängnißdirektoren; im Hauptamte bei den Gefängnissen thätige Geistliche	IV	12	22,5	15	9	60	3	IV	300	
2	Rendanten, Ingenieure, Gefängnißinspektoren, Inspektionsassistenten, Lehrer	VI	6	12	8	7	40	2	VI	180	

Laufende Nr.	Beamtenklasse	Tagegelder und Reisekosten: Klasse nach dem Gesetz vom 21. Juni 1897	Tagegelder: wenn die Reise an ein und demselben Tage angetreten und beendet wird ℳ	Tagegelder: wenn die Reise sich auf 2 Tage erstreckt und innerhalb 24 Stunden beendet wird [Für beide Tage zusammen] ℳ	Tagegelder: in allen übrigen Fällen [Für jeden Tag] ℳ	Reisekosten für 1 km: auf Eisenbahnen, Kleinbahnen oder Dampfschiffen ₰	Reisekosten für 1 km: auf dem Landwege ₰	Für jeden Zu- und Abgang bei Benutzung von Eisenbahnen, Dampfschiffen oder von Kleinbahnen in Verbindung mit Eisenbahnen ℳ	Umzugskosten: Klasse nach dem Gesetz vom 24. Februar 1877	Umzugskosten: Allgemeine Kosten ℳ	Umzugskosten: Transportkosten für je 10 km ℳ
3	Unterbeamte (Hausväter, Maschinenmeister, Maschinisten, Gasmeister, Oberaufseher, Werkmeister, Küchenmeister, Wasch- und Bademeister, Aufseher, Oberaufseherinnen, Hausmutter, Werkmeisterin, Aufseherinnen) . . .	VIII	3	6	4	5	30	1	VIII	100	4
	VIII. Ministerium für Landwirthschaft, Domänen und Forsten.										
	1. Ministerium.										
1	Der Minister	I	27	52,5	35	9	60	3	—	—	—
2	Unterstaatssekretär, Ministerialdirektoren (Wirklicher Geheimer Ober-Regierungsrath, Ober-Landforstmeister), Ober-Landstallmeister . .	II	21	42	28	"	"	"	I	1800	24
3	Vortragende Räthe (Geheime Ober-Regierungsräthe, Geheime Regierungsräthe, Landforstmeister)	III	17	33	22	"	"	"	II	1000	20
4	Regierungs- und Forstrath für das Forsteinrichtungswesen; Regierungs- und Bauräthe als ständige bau- bezw. meliorationstechnische Hülfsarbeiter; ständige landwirthschaftlich-technische Hülfsarbeiter (Regierungsräthe, Regierungs- und Landesökonomieräthe) . . .	IV	12	22,5	15	"	"	"	III	500	10
5	Departements-Thierärzt als ständiger veterinärtechnischer Hülfsarbeiter; Vorsteher des Centralbüreaus, Geheime expedirende Sekretäre und Kalkulatoren, Geheime Registratoren, Geheimer Kanzleidirektor, Geheimer bautechnischer Revisor	"	"	"	"	"	"	"	IV	300	8
6	Geheime Kanzleisekretäre	V	9	18	12	7	40	2	V	240	7
7	Unterbeamte (Botenmeister, Kanzleidirektor ꝛc.).	VIII	3	6	4	5	30	1	VIII	100	4
	2. Geschäftskreis:										
	a, Ober-Landeskulturgericht.										
1	Präsident; Mitglieder (Geheime Ober-Justizräthe, Ober-Landeskulturgerichtsräthe) . . .	III	17	33	22	9	60	3	II	1000	20
2	Sekretäre	V	9	18	12	7	40	2	V	240	7
3	Kanzlisten	VI	6	12	8	"	"	"	VI	180	6
4	Boten	VIII	3	6	4	5	30	1	VIII	100	4

Laufende Nr.	Beamtenklasse	Tagegelder und Reisekosten: Klasse nach dem Gesetz vom 21. Juni 1897	Tagegelder: wenn die Reise an ein und demselben Tage angetreten und beendet wird ℳ	Tagegelder: wenn die Reise sich auf 2 Tage erstreckt und innerhalb 24 Stunden beendet wird [Für beide Tage zusammen] ℳ	Tagegelder: in allen übrigen Fällen [Für jeden Tag] ℳ	Reisekosten für 1 km: auf Eisenbahnen, Kleinbahnen oder Dampfschiffen ₰	Reisekosten für 1 km: auf dem Landwege ₰	Für jeden Zu- und Abgang bei Benutzung von Eisenbahnen, Dampfschiffen oder von Kleinbahnen in Verbindung mit Eisenbahnen ℳ	Umzugskosten: Klasse nach dem Gesetz vom 24. Februar 1877	Umzugskosten: Allgemeine Kosten ℳ	Umzugskosten: Transportkosten für je … ℳ
	b, Generalkommissionen.										
1	Präsidenten	III	17	33	22	9	60	3	II	1000	[illegible]
2	Räthe (Ober-Regierungsräthe, Regierungsräthe, Regierungs- und Landesökonomieräthe) . .	IV	12	22,5	15	"	"	"	III	500	[illegible]
3	Vermessungsinspektoren, Spezial- (Oekonomie-) Kommissare	"	"	"	"	"	"	"	IV	300	[illegible]
4	Generalkommissionssekretäre, Vermessungsbeamte	V	9	18	12	7	40	2	V	240	[illegible]
5	Spezialkommissionssekretäre, Generalkommissionskanzlisten, Meliorationsbauwarte, Zeichner	VI	6	12	8	"	"	"	VI	180	[illegible]
6	Boten	VIII	3	6	4	5	30	1	VIII	100	[illegible]

Anmerkungen:

1, Die Spezialkommissare erlangen mit der Ernennung zum Regierungsrath nicht nur den persönlichen sondern auch den Stellenrang der Räthe IV. Klasse und haben demnach nach Eintritt dieser Ernennung im Versetzungsfalle die Umzugskosten nach § 1 Ziffer III des Gesetzes vom 24. Februar 1877 zu liquidiren.

2, Wegen der den Beamten der landwirthschaftlichen Verwaltung bei Dienstgeschäften in Auseinandersetzungs- und Meliorationssachen zu gewährenden Vergütungen siehe S. 144 ff. d. W.

Laufende Nr.	Beamtenklasse	Klasse 1897	ℳ	ℳ	ℳ	₰	₰	ℳ	Klasse 1877	ℳ	ℳ
	c, Banktechnischer Revisor.										
1	Bankinspektor	IV	12	22,5	15	9	60	3	IV	300	[illegible]

Anmerkung:

Der banktechnische Revisor ist in Berlin stationirt. Er hat beim Polizeipräsidium in Berlin sowie bei den Regierungen in Köln, Wiesbaden, Hildesheim, Breslau, Stettin, Danzig und Königsberg i. Pr. neben dem Verwaltungsdezernenten als technischer Korreferent das Hypothekenbankwesen zu bearbeiten (siehe Staatshaushaltsetat für 1900, Erläuterungen zum Kap. 101 a).

Laufende Nr.	Beamtenklasse	Klasse 1897	ℳ	ℳ	ℳ	₰	₰	ℳ	Klasse 1877	ℳ	ℳ
	d, Rentenbanken.										
1	Provinzial-Rentmeister	IV	12	22,5	15	9	60	3	IV	300	
2	Rendanten, Buchhalter, Kontroleure und Sekretäre	V	9	18	12	7	40	2	V	240	

Laufende Nr.	Beamtenklasse	Tagegelder und Reisekosten							Umzugskosten		
		Klasse nach dem Gesetz vom 21. Juni 1897	Tagegelder			Reisekosten für 1 km		Für jeden Zu- und Abgang bei Benutzung von Eisenbahnen, Dampfschiffen oder von Kleinbahnen in Verbindung mit Eisenbahnen	Klasse nach dem Gesetz vom 24. Februar 1877	Allgemeine Kosten	Transportkosten für je 10 km
			wenn die Reise an ein und demselben Tage angetreten und beendet wird	wenn die Reise sich auf 2 Tage erstreckt und innerhalb 24 Stunden beendet wird [Für beide Tage zusammen]	in allen übrigen Fällen [Für jeden Tag]	auf Eisenbahnen, Kleinbahnen oder Dampfschiffen	auf dem Landwege				
			ℳ	ℳ	ℳ	₰	₰	ℳ		ℳ	ℳ
3	Kanzlisten	VI	6	12	8	7	40	2	VI	180	6
4	Kassendiener und Boten	VIII	3	6	4	5	30	1	VIII	100	4
	Anmerkung: Die Provinzial-Rentmeister sind die dritten Mitglieder der Direktionen der Rentenbanken. Die Stellen der Direktoren und der zweiten Mitglieder werden in der Regel nur nebenamtlich verwaltet (Allerh. Erl. v. 21. Juni 1850, Ziff. 2 Abs. 3, GS. S. 341).										
	e, Landwirthschaftliche Hochschule in Berlin und Landwirthschaftliche Akademie in Poppelsdorf bei Bonn.										
	Rektor in Berlin (für die Zeit seiner Amtsdauer)	III	17	33	22	9	60	3	—	—	—
	Direktor in Poppelsdorf; etatsmäßige Professoren in Berlin und Poppelsdorf (mit Einschluß des Versuchsdirigenten)	IV	12	22,5	15	„	„	„	III	500	10
	Rendanten, Bibliothekar (in Berlin), expedirende Sekretäre und Kalkulatoren, Registratoren)	V	9	18	12	7	40	2	V	240	7
	Kastellan, Pförtner, Diener, Gartenmeister	VIII	3	6	4	5	30	1	VIII	100	4
	f, Thierärztliche Hochschulen und Veterinärwesen.										
	α, Thierärztliche Hochschulen in Berlin und Hannover.										
	Rektor in Berlin (für die Zeit seiner Amtsdauer)	III	17	33	22	9	60	3	—	—	—
	Direktor in Hannover; etatsmäßige Professoren in Berlin und Hannover	IV	12	22,5	15	„	„	„	III	500	10
	Administrator, Rendanten, Sekretär, Registrator, Oekonomieinspektor	V	9	18	12	7	40	2	V	240	7
	Beschlagschmied, Gärtner, Diener	VIII	3	6	4	5	30	1	VIII	100	4
	β. Veterinärwesen.										
	Veterinärphysikus für Schleswig, Departementsthierärzte	IV	12	22,5	15	9	60	3	IV	300	8
	Kreisthierärzte	VI	6	12	8	7	40	2	VI	180	6
	Anmerkungen: 1, Wegen der Vergütungen, welche den aus Anlaß der Abwehr und Unterdrückung von Viehseuchen bestellten Seuchenkommissaren und Schiedsmännern sowie den Taxatoren in Rinderpestangelegenheiten zu gewähren sind, siehe S. 152 Ziff. 8 bis 13 d. W.										

Laufende Nr.	Beamtenklasse	Tagegelder und Reisekosten: Klasse nach dem Gesetz vom 21. Juni 1897	Tagegelder: wenn die Reise an ein und demselben Tage angetreten und beendet wird ℳ	Tagegelder: wenn die Reise sich auf 2 Tage erstreckt und innerhalb 24 Stunden beendet wird [Für beide Tage zusammen] ℳ	Tagegelder: in allen übrigen Fällen [Für jeden Tag] ℳ	Reisekosten für 1 km: auf Eisenbahnen, Kleinbahnen oder Dampfschiffen ₰	Reisekosten für 1 km: auf dem Landwege ₰	Für jeden Zu- und Abgang bei Benutzung von Eisenbahnen, Dampfschiffen oder von Kleinbahnen in Verbindung mit Eisenbahnen ℳ	Umzugskosten: Klasse nach dem Gesetz vom 24. Februar 1877	Umzugskosten: Allgemeine Kosten ℳ	Umzugskosten: Transportkosten für je …
	2. Für die Besorgung gerichtsärztlicher, medizinal- oder sanitätspolizeilicher Geschäfte haben die beamteten Thierärzte nach dem Gesetze vom 9. März 1872 bezw. der Verordnung vom 17. September 1876 (S. 150 d. W.) zu liquidiren.										
	g. Pomologische Institute in Proskau und Geisenheim und Landesbaumschule in Engers.										
1	Direktoren	IV	12	22,5	15	9	60	3	III	500	
2	Dirigent der Versuchsstation in Geisenheim; wissenschaftliche Lehrer	„	„	„	„	„	„	„	IV	300	
3	Rendant, expedirender Sekretär, Obergärtner, Weinbergsverwalter	V	9	18	12	7	40	2	V	240	
4	Lehrer, Garteninspektor	VI	6	12	8	„	„	„	VI	180	
5	Unterbeamte	VIII	3	6	4	5	30	1	VIII	100	
	h. Förderung der Fischzucht.										
1	Oberfischmeister	V	9	18	12	7	40	2	V	240	
2	Fischmeister	VII	4,5	9	6	5	30	1	VII	150	
	i. Landesmeliorationen, Moor-, Deich-, Ufer- und Dünenwesen.										
1	Regierungs- und Bauräthe	IV	12	22,5	15	9	60	3	III	500	
2	Meliorations-Bauinspektoren	„	„	„	„	„	„	„	IV	300	
3	Meliorationsbauwarte, Moorvögte	VI	6	12	8	7	40	2	VI	180	
4	Torfmeister, Deichvögte, Strommeister, Kanalaufseher, Wehrmeister, Dünenmeister, Dünenaufseher, Wallmeister, Wasserbauaufseher	VIII	3	6	4	5	30	1	VIII	100	
	k. Gestütverwaltung.										
1	Dirigenten der Hauptgestüte (Landstallmeister)	IV	12	22,5	15	9	60	3	III	500	
2	Dirigenten der Landgestüte Gestütdirektoren)	„	„	„	„	„	„	„	IV	300	
3	Gestütinspektoren, Oberroßärzte, Marstallvorsteher, Rendanten der Hauptgestüte	V	9	18	12	7	40	2	V	240	
4	Roßärzte, Gestüthofaufseher, Sekretäre bei den Hauptgestüten, Rechnungsführer bei den Landgestüten, Meliorationsbauwart	VI	6	12	8	„	„	„	VI	180	
5	Schullehrer	VII	4,5	9	6	5	30	1	VII	150	
6	Stut-, Sattel- und Futtermeister und sonstige Unterbeamte	VIII	3	6	4	„	„	„	VIII	100	

Laufende Nr.	Beamtenklasse	Tagegelder und Reisekosten: Klasse nach dem Gesetz vom 21. Juni 1897	Tagegelder: wenn die Reise an ein und demselben Tage angetreten und beendet wird ℳ	Tagegelder: wenn die Reise sich auf 2 Tage erstreckt und innerhalb 24 Stunden beendet wird [für beide Tage zusammen] ℳ	Tagegelder: in allen übrigen Fällen [für jeden Tag] ℳ	Reisekosten für 1 km: auf Eisenbahnen, Kleinbahnen oder Dampfschiffen ₰	Reisekosten für 1 km: auf dem Landwege ₰	Für jeden Zu- und Abgang bei Benutzung von Eisenbahnen, Dampfschiffen oder von Kleinbahnen in Verbindung mit Eisenbahnen ℳ	Umzugskosten: Klasse nach dem Gesetz vom 21. Februar 1877	Umzugskosten: Allgemeine Kosten ℳ	Umzugskosten: Transportkosten für je 10 km ℳ
	l. Domänenverwaltung.										
1	Weinbau-Direktoren	IV	12	22,5	15	9	60	3	IV	300	8
2	Domänen-Rentbeamte und Administratoren von fiskalischen Grundstückskomplexen, Badekassenrendant in Norderney, Geometer für das Ostfriesische Moorwesen	V	9	18	12	7	40	2	V	240	7
3	Meliorationsbauwart für die Ostfriesischen Landgewinnungsarbeiten, Beamte der Bäder- und Mineralbrunnen-Verwaltung (Badeinspektoren, Brunneninspektor, Obergärtner), Garteninspektor bei der Gartenverwaltung zu Kassel	VI	6	12	8	„	„	„	VI	180	6
4	Brunnenmeister, Bademeister, Maschinisten, Kastellane bei der Schloßverwaltung zu Kassel, Schloßgärtner, Unterverwalter, Obergartengehülfe, Weinbergsaufseher, Wiesenmeister, Fehnmeister, Kellerkontroleur	VII	4,5	9	6	5	30	1	VII	150	5
5	Domänen-Rentamtsdiener, Gartengehülfen, Gartenvogt, Schloßgartenaufseher, Parkaufseher, Wiesenaufseher und -Wärter, Weideverwalter, Weideaufseher, Kanal- und Schleusenwärter, Buschwärter, Spreewehrwärter, Kastellan, Stackmeister ꝛc.	VIII	3	6	4	„	„	„	VIII	100	4
	m. Forstverwaltung.										
	α. **Verwaltung und Betrieb.**										
1	Oberforstmeister bei den Regierungen, Regierungs- und Forsträthe	IV	12	22,5	15	9	60	3	III	500	10
2	Oberförster	„	„	„	„	„	„	„	IV	300	8
3	Verwaltende Beamte bei den Nebenbetriebsanstalten, vollbeschäftigte Forstkassenrendanten .	V	9	18	12	7	40	2	V	240	7
4	Revierförster und Förster	VI	6	12	8	„	„	„	VI	180	6
5	Meister bei den Nebenbetriebsanstalten (Torf-, Wiesen-, Wege-, Flöß- ꝛc. Meister)	VII	4,5	9	6	5	30	1	VII	150	5
6	Forstaufseher, Hülfsjäger, Waldwärter, Wärter der Nebenbetriebsanstalten (Torf-, Wiesen- ꝛc. Wärter), Holzaufseher	VIII	3	6	4	„	„	„	VIII	100	4

Anmerkungen:

1. Wenn die Berechnung nach Waldtouren zu erfolgen hat, so sind für eine auf die Waldbereisung verwendete Zeit von über 7 Stunden eine volle Waldtour, über 5 bis 7 Stunden 0,8 Waldtouren, über 3 bis 5 Stunden 0,5 Waldtouren, über 1/2 bis 3 Stunden 0,3 Waldtouren zu rechnen. Die volle Waldtour gelangt mit

Laufende Nr.	Beamtenklasse	Tagegelder und Reisekosten: Klasse nach dem Gesetz vom 21. Juni 1897	Tagegelder: wenn die Reise an ein und demselben Tage angetreten und beendet wird ℳ	Tagegelder: wenn die Reise sich auf 2 Tage erstreckt und innerhalb 24 Stunden beendet wird [Für beide Tage zusammen] ℳ	Tagegelder: in allen übrigen Fällen [Für jeden Tag] ℳ	Reisekosten für 1 km: auf Eisenbahnen, Kleinbahnen oder Dampfschiffen ₰	Reisekosten für 1 km: auf dem Landwege ₰	Für jeden Zu- und Abgang bei Benutzung von Eisenbahnen, Dampfschiffen oder von Kleinbahnen in Verbindung mit Eisenbahnen ℳ	Umzugskosten: Klasse nach dem Gesetz vom 24. Februar 1877	Umzugskosten: Allgemeine Kosten ℳ	Umzugskosten: Transportkosten für je 10 km ℳ
	18 Mk. zum Ansatze (MinErl. v. 13. Januar 1898, MBl. f. d. i. V. S. 36). 2. Forstassessoren erhalten bei Dienstreisen in Staatsdienstangelegenheiten Tagegelder nach § 1 Ziffer IV des Gesetzes vom 21. Juni 1897 und die entsprechenden Reisekosten, bei Versetzungen werden ihnen Umzugskosten nach § 1 Ziffer IV des Gesetzes vom 24. Februar 1877 gewährt. 3. Die mit der Verwaltung von Forstkassen oder Revierförsterstellen beauftragten Forstassessoren erhalten nur die Sätze für Forstkassenrendanten bezw. Revierförster. 4. Forstreferendaren stehen bei Reisen in Staatsdienstangelegenheiten Tagegelder und Reisekosten wie den im § 1 des Gesetzes vom 21. Juni 1897 unter V genannten Beamten zu.										
	β. Forstakademien zu Eberswalde und Münden.										
1	Direktoren; etatsmäßige Professoren	IV	12	22,5	15	9	60	3	III	500	10
2	Die als Assistenten der etatsmäßigen Professoren an den Forstakademien beschäftigten Privatdozenten (auch wenn sie nicht Forstassessoren sind)	"	"	"	"	"	"	"	IV	300	8
3	Sekretär in Eberswalde; akademischer Gärtner in Münden	VI	6	12	8	7	40	2	VI	180	6
4	Hausmeister und Pedelle	VIII	3	6	4	5	30	1	VIII	100	4
	γ. Forstlehrlingsschule zu Groß-Schönebeck.										
1	Lehrer	VI	6	12	8	7	40	2	VI	180	6
	IX. Ministerium der öffentlichen Arbeiten.										
	1. Ministerium.										
1	Der Minister	I	27	52,5	35	9	60	3	—	—	—
2	Unterstaatssekretär, Ministerialdirektoren (Wirkliche Geheime Ober-Regierungsräthe, Ober-Baudirektor)	II	21	42	28	"	"	"	I	1800	24
3	Vortragende Räthe (Geheime Ober-Regierungsräthe, Geheime Regierungsräthe, Geheime Ober-Bauräthe, Geheime Bauräthe) . . .	III	17	33	22	"	"	"	II	1000	26
4	Vorsteher des Centralbüreaus, Geheime expedirende Sekretäre und Kalkulatoren, Geheime Revisoren, Geheime Registratoren, Kanzleivorsteher (Geheimer Kanzleidirektor) .	IV	12	22,5	15	"	"	"	IV	300	8

Laufende Nr.	Beamtenklasse	Tagegelder und Reisekosten: Klasse nach dem Gesetz vom 21. Juni 1897	Tagegelder: wenn die Reise an ein und demselben Tage angetreten und beendet wird ℳ	Tagegelder: wenn die Reise sich auf 2 Tage erstreckt und innerhalb 24 Stunden beendet wird [Für beide Tage zusammen] ℳ	Tagegelder: in allen übrigen Fällen [Für jeden Tag] ℳ	Reisekosten für 1 km: auf Eisenbahnen, Kleinbahnen oder Dampfschiffen ₰	Reisekosten für 1 km: auf dem Landwege ₰	Für jeden Zu- und Abgang bei Benutzung von Eisenbahnen, Dampfschiffen oder von Kleinbahnen in Verbindung mit Eisenbahnen ℳ	Umzugskosten: Klasse nach dem Gesetz vom 24. Februar 1877	Umzugskosten: Allgemeine Kosten ℳ	Umzugskosten: Transportkosten für je 10 km ℳ
5	Geheime Kanzleisekretäre	V	9	18	12	7	40	2	V	240	7
6	Unterbeamte (Kastellan, Botenmeister, Kanzleidiener, Portiers, Hausdiener, Heizer) . . .	VIII	3	6	4	5	30	1	VIII	100	4
	2. Geschäftskreis:										
	a, Verwaltung der Staatseisenbahnen.										
1	Präsidenten der Eisenbahndirektionen	III	17	33	22	9	60	3	II	1000	20
2	Mitglieder der Eisenbahndirektionen und Vorstände der Betriebs-, Maschinen-, Werkstätten- und Verkehrsinspektionen sowie des Centralwagenamts in Magdeburg und des Wagenamts in Essen, und die Vorstände der Rechnungsbüreaus, soweit dieselben zur 4. Rangklasse gehören (Ober-Regierungsräthe, Ober-Bauräthe, Regierungsräthe, Regierungs- und Bauräthe, Eisenbahndirektoren)	IV	12	22,5	15	"	"	"	III	500	10
3	Die unter 2 aufgeführten Beamten, soweit sie nicht zur 4. Rangklasse gehören, Eisenbahn-Bau- und Betriebsinspektoren, Bauinspektoren, Maschineninspektoren, Telegrapheninspektoren, Hauptkassenrendanten	"	"	"	"	"	"	"	IV	300	8
4	Betriebskontroleure, Eisenbahnsekretäre, Hauptkassenkassirer, Eisenbahn-Betriebsingenieure (technische Kontroleure), Kassenkontroleure, Rechnungsrevisoren, Werkstättenvorsteher, Stationsvorsteher erster Klasse, Güterexpeditionsvorsteher, Stationskassenrendanten, Materialienverwalter erster Klasse	V	9	18	12	7	40	2	V	240	7
5	Betriebssekretäre, etatsmäßige Büreauassistenten, Kanzlisten erster Klasse, Kanzlisten, Zeichner erster Klasse, Zeichner, Stationsvorsteher zweiter Klasse, Güterexpedienten, Stationseinnehmer, Stationsverwalter, Stationsassistenten, Materialienverwalter zweiter Klasse, Bahnmeister erster Klasse, Bahnmeister, Werkmeister, Telegraphenmeister, Schiffskapitäne erster und zweiter Klasse, Lokomotivführer, Maschinisten, Zugführer, Steuermänner . .	VI	6	12	8	"	"	"	VI	180	6
6	Packmeister, Fahrkartenausgeber, Telegraphisten, Lademeister, Wagenmeister, Rangirmeister, Werkführer, Maschinenwärter bei elektrischen Beleuchtungsanlagen, Weichensteller erster Klasse, Haltestellenaufseher, Brückengeldeinnehmer, Fahrkartendrucker, Magazinaufseher	VII	4,5	9	6	5	30	1	VII	150	5

Laufende Nr.	Beamtenklasse	Tagegelder und Reisekosten							Umzugskosten		
		Klasse nach dem Gesetz vom 21. Juni 1897	Tagegelder			Reisekosten für 1 km		Für jeden Zu- und Abgang bei Benutzung von Eisenbahnen, Dampfschiffen oder von Kleinbahnen in Verbindung mit Eisenbahnen	Klasse nach dem Gesetz vom 24. Februar 1877	Allgemeine Kosten	Transportkosten für je 10 km
			wenn die Reise an ein und demselben Tage angetreten und beendet wird	wenn die Reise sich auf 2 Tage erstreckt und innerhalb 24 Stunden beendet wird [Für beide Tage zusammen]	in allen übrigen Fällen [Für jeden Tag]	auf Eisenbahnen, Kleinbahnen oder Dampfschiffen	auf dem Landwege				
			ℳ	ℳ	ℳ	₰	₰	ℳ		ℳ	ℳ
7	Lokomotivheizer, Maschinenheizer, Schiffsheizer, Schaffner, Bremser, Wagenwärter, Matrosen, Kassendiener, Büreaudiener, Portiers, Bahnsteigschaffner, Weichensteller, Brückenwärter, Krahnmeister, Bahn- und Krahnwärter, Nachtwächter, Fahrkartenausgeberinnen	VIII	3	6	4	5	30	1	VIII	100	4

Anmerkung:

Wegen der den Staatseisenbahnbeamten bei Reisen innerhalb ihres Dienstbezirks zu gewährenden Reisevergütungen, der Gewährung von Funktionszulagen an Stations- und Abfertigungs- sowie an Bahnbewachungsbeamte für bestimmte Dienstleistungen in der Nähe der eigenen Dienststätte oder des eigenen Amtsbezirks, von Fahr-, Stunden- und Nachtgeldern an Lokomotiv- und Zugbegleitungsbeamte, sowie der Vergütungen an Werkstättenbeamte für Probe- und Revisionsfahrten und an Stationsbeamte für Begleitung von Hülfsmaschinen und Hülfszügen vergl. die Verordn. v. 12. Oktober 1897, GS. S. 415, S. 180 d. W.

b. Allgemeine Bauverwaltung.

Laufende Nr.	Beamtenklasse	Klasse 1897	Tagegelder (ein Tag) ℳ	Tagegelder (2 Tage) ℳ	Tagegelder (übrige Fälle) ℳ	Reisekosten Eisenbahn ₰	Reisekosten Landweg ₰	Zu- und Abgang ℳ	Klasse 1877	Allgemeine Kosten ℳ	Transportkosten ℳ
1	Regierungs- und Bauräthe	IV	12	22,5	15	9	60	3	III	500	10
2	Kreis-, Wasser-, Land- und Hafenbauinspektoren, Maschinenbauinspektoren bezw. Maschineninspektoren	"	"	"	"	"	"	"	IV	300	8
3	Regierungs-Bausekretäre, Landmesser, Bauhofsvorsteher, Oberbauwarte, Düneninspektor . .	V	9	18	12	7	40	2	V	240	7
4	Bausekretäre, Maschinen- und Baggermeister, Hafenaufseher und Schleusenmeister, Dünenmeister, Leuchtfeuerschiffsführer, Bauhofsvorsteher, Wasserbauwarte, Schiffsführer, Brückenmeister, Werkmeister, Schleusenmeister, Fährmeister, Kanalaufseher, Kanaloberaufseher und Flößereikontroleur, Magazinverwalter, Materialienschreiber	VI	6	12	8	"	"	"	VI	180	6
5	Leuchtfeueroberwärter, Bauaufseher und Lagerhofverwalter, Brückenmeister, Fährmeister, Steuermänner, Schleusenmeister, Wehrmeister, Schiffsführer, Maschinisten, Baggermeister, Strommeister, Hafenbauaufseher, Polizeisergeant, Materialienaufseher, Brunnenmeister, Ballastmeister, Maschinenführer, Brückengeldeinnehmer, Maschinenmeistergehülfen, Schiffs-										

Beamtenklasse	Tagegelder und Reisekosten							Umzugskosten		
	Klasse nach dem Gesetz vom 21. Juni 1897	Tagegelder			Reisekosten für 1 km		Für jeden Zu- und Abgang bei Benutzung von Eisenbahnen, Dampfschiffen oder von Kleinbahnen in Verbindung mit Eisenbahnen	Klasse nach dem Gesetz vom 24. Februar 1877	Allgemeine Kosten	Transportkosten für je 10 km
		wenn die Reise an ein und demselben Tage angetreten und beendet wird	wenn die Reise sich auf 2 Tage erstreckt und innerhalb 24 Stunden beendet wird [Für beide Tage zusammen]	in allen übrigen Fällen [Für jeden Tag]	auf Eisenbahnen, Kleinbahnen oder Dampfschiffen	auf dem Landwege				
		ℳ	ℳ	ℳ	₰	₰	ℳ		ℳ	ℳ
brückenaufseher und Wärter, Schloßaufseher, Obersteuermann, Brückenaufseher, Hafenpflanzungsaufseher, Bauhofs- und Materialienwächter, Dünenbauaufseher, Dünenaufseher, Leuchtfeuerwärter, Feuerwärter, Krahnmeister, Buhnen- und Pflanzungsaufseher, Maschinenwärter, Brunnenwärter, Brückenmatrosen, Schleusenmeistergehülfen, Buschwärter und Pflanzungsaufseher, Stackmeister, Brückenaufzieher, Brückenwärter	VIII	3	6	4	5	30	1	VIII	100	4

Anmerkungen:

1, Regierungsbaumeister erhalten bei Ausführung von Dienstreisen Tagegelder nach Klasse IV des Gesetzes vom 21. Juni 1897 und die entsprechenden Reisekosten. Ist ihnen die Aussicht auf dauernde Verwendung im Staatsdienste ausdrücklich eröffnet, so werden ihnen bei Versetzungen Umzugskosten nach § 1 Ziffer IV des Gesetzes vom 24. Februar 1877 gewährt (S. 257 d. W.).

2, Den Regierungsbauführern werden bei Dienstreisen Tagegelder und Reisekosten nach § 1 Ziffer V und § 4 I. 2 und II 2 des Gesetzes vom 21. Juni 1897 gezahlt.

3, Spezialbaukassenrendanten erhalten für Reisen nach der Baustelle, wenn letztere über 7½ km von deren Wohnort entfernt ist, ein Tagegeld von 6 Mk. und Reisekosten gemäß § 4 Ziffer I. 2 und II. 2 des Gesetzes vom 21. Juni 1897 (S. 220 d. W.).

4, Wegen der an mittlere und Unterbeamte des Außendienstes, die durch ihre Dienstgeschäfte häufig zu längerer Abwesenheit von ihrem Wohnorte gezwungen sind, zu gewährenden Beköstigungs- und Uebernachtungsgelder siehe S. 215 d. W.

X. Evangelischer Ober-Kirchenrath.

Beamtenklasse	Klasse 1897	ℳ	ℳ	ℳ	₰	₰	ℳ	Klasse 1877	ℳ	ℳ
1 Präsident	II	21	42	28	9	60	3	I	1800	24
2 Räthe (Ober-Konsistorialräthe)	III	17	33	22	„	„	„	II	1000	20
3 Geheime expedirende Sekretäre und Kalkulatoren, Geheime Registratoren	IV	12	22,5	15	„	„	„	IV	300	8
4 Geheime Kanzleisekretäre	V	9	18	12	7	40	2	V	240	7
5 Unterbeamte (Botenmeister, Kanzleidiener, Portier, Hausdiener)	VIII	3	6	4	5	30	1	VIII	100	4

Laufende Nr.	Beamtenklasse	Tagegelder und Reisekosten: Klasse nach dem Gesetz vom 21. Juni 1897	Tagegelder: wenn die Reise an ein und demselben Tage angetreten und beendet wird ℳ	Tagegelder: wenn die Reise sich auf 2 Tage erstreckt und innerhalb 21 Stunden beendet wird [Für beide Tage zusammen] ℳ	Tagegelder: in allen übrigen Fällen [Für jeden Tag] ℳ	Reisekosten für 1 km: auf Eisenbahnen, Kleinbahnen oder Dampfschiffen ₰	Reisekosten für 1 km: auf dem Landwege ₰	Für jeden Zu- und Abgang bei Benutzung von Eisenbahnen, Dampfschiffen oder von Kleinbahnen in Verbindung mit Eisenbahnen ℳ	Umzugskosten: Klasse nach dem Gesetz vom 24. Februar 1877	Umzugskosten: Allgemeine Kosten ℳ	Umzugskosten: Transportkosten für je ℳ
	XI. Ober-Rechnungskammer.										
1	Chefpräsident	II	21	42	28	9	60	3	I	1800	2
2	Direktoren; vortragende Räthe (Geheime Ober-Regierungsräthe, Geheime Regierungsräthe)	III	17	33	22	"	"	"	II	1000	2
3	Vorsteher des Präsidialbüreaus, Geheime Rechnungsrevisoren, Geheime revidirende Kalkulatoren, Geheime Registratoren, Kanzleivorsteher (Geheimer Kanzleidirektor)	IV	12	22,5	15	"	"	"	IV	300	
4	Geheime Kanzleisekretäre	V	9	18	12	7	40	2	V	240	
5	Unterbeamte (Kastellan, Kanzleidiener, Hausdiener)	VIII	3	6	4	5	30	1	VIII	100	
	XII. Herrenhaus.										
1	Büreaudirektor; Kalkulatoren und Registratoren, Bibliothekar, Beamte des stenographischen Büreaus	IV	12	22,5	15	9	60	3	IV	300	
2	Kanzleisekretäre	V	9	18	12	7	40	2	V	240	
3	Hausinspektor, Portier, Hauswart und Kanzleidiener, Maschinenmeister	VIII	3	6	4	5	30	1	VIII	100	
	XIII. Haus der Abgeordneten.										
1	Büreaudirektor; Registratoren und Kalkulatoren, Bibliothekar, Beamte (Vorsteher) des stenographischen Büreaus	IV	12	22,5	15	9	60	3	IV	300	
2	Stenographen, Kanzleisekretäre	V	9	18	12	7	40	2	V	240	
3	Hausinspektor, Portier, Maschinenmeister, Kanzleidiener, Hausnachtwächter	VIII	3	6	4	5	30	1	VIII	100	
	Anmerkung: Wegen der den Mitgliedern des Hauses der Abgeordneten zu gewährenden Tagegelder und Reisekosten siehe Gesetz vom 30. März 1873 (GS. S. 175) / 24. Juni 1876 (GS. S. 345), S. 222 d. W.										

Verordnung

wegen der den Civilbeamten beizulegenden Amtstitel und der Rangordnung der verschiedenen Klassen derselben. Vom 7. Februar 1817[1]) (GS. S. 61).

Wir Friedrich Wilhelm, von Gottes Gnaden König von Preußen ꝛc. ꝛc.

In der Erwägung, daß die bisherigen Amtstitel der auf die Staatsminister und auf diejenigen Beamten, welchen das Prädikat Excellenz beigelegt worden ist, folgenden Civilbeamten, besonders bei den Ministerialbehörden, nicht überall ihrem Wirkungskreis angemessen sind, und daß das Verhältniß derselben gegen einander durch die seitherigen Umgestaltungen der Behörden theilweise so unbestimmt geworden ist, daß dadurch Rangstreitigkeiten veranlaßt werden könnten, haben Wir es für nothwendig erachtet, bei der jetzt größtentheils vollendeten Organisation der Behörden auch wegen der Titel und Rangordnung der Beamten bestimmte Vorschriften zu ertheilen, und dadurch eine allgemeine Uebereinstimmung aller Behörden in den Amts- und Charakterbezeichnungen herzustellen.

Mit Aufhebung der dieserhalb bestandenen Vorschriften und Gebräuche verordnen Wir daher, wie folgt:

§ 1. Die höheren Beamten der Ministerien sollen künftig in drei Klassen eingetheilt und folgendermaßen unterschieden werden:

I. Klasse. Chefs und Direktoren einzelner Abtheilungen.

Ministerium der auswärtigen Angelegenheiten.	a, Wirklicher Geheimer Legationsrath und Chef einer Abtheilung. b, Wirklicher Geheimer Legationsrath.
Ministerium der Justiz.	Der älteste Geheime Ober-Justizrath mit dem Prädikat: Wirklich.
Ministerium der Finanzen und des Handels.	Wirklicher Geheimer Ober-Finanzrath und Direktor.
Ministerium des Krieges.	Wirklicher Geheimer Kriegsrath und Direktor.
Ministerium der Polizei. Ministerium des Innern.	Wirklicher Geheimer Ober-Regierungsrath und Direktor.

[1]) Durch Verordnung vom 23. September 1867 (GS. S. 1619) auch in den 1866 erworbenen Landestheilen eingeführt.

II. Klasse. Vortragende Räthe.

Ministerium der auswärtigen Angelegenheiten.	Geheimer Legationsrath.
Ministerium der Justiz.	Geheimer Ober-Justizrath. Geheimer Ober-Tribunalsrath.
Ministerium der Finanzen und des Handels.	Geheimer Ober-Finanzrath.
Ministerium des Krieges.	Wirklicher Geheimer Kriegsrath.
Ministerium der Polizei. Ministerium des Innern.	Geheimer Ober-Regierungsrath.

III. Klasse. Vortragende Räthe.

Ministerium der auswärtigen Angelegenheiten.	Wirklicher Legationsrath.
Ministerium der Justiz.	Geheimer Justizrath.
Ministerium der Finanzen und des Handels.	Geheimer Finanzrath.
Ministerium des Krieges.	Geheimer Kriegsrath oder Wirklicher Kriegsrath.
Ministerium der Polizei. Ministerium des Innern.	Geheimer Regierungsrath.

Anmerkungen:

a, Durch Allerhöchsten Erlaß vom 17. April 1848 (GS. S. 109) wurde ein besonderes „Ministerium für Handel, Gewerbe und öffentliche Arbeiten“ gebildet und der Geschäftskreis des Finanzministeriums anderweit festgestellt.

b, Die infolge der umfangreichen Eisenbahnverstaatlichungen nothwendig gewordene Geschäftsentlastung des Ministeriums für Handel, Gewerbe und öffentliche Arbeiten erfolgte am 1. April 1879 durch Bildung eines besonderen „Ministeriums für Handel und Gewerbe“. Das bisherige Ministerium für Handel, Gewerbe und öffentliche Arbeiten führt seit diesem Tage die Bezeichnung „Ministerium der öffentlichen Arbeiten“ (Allerh. Erlaß vom 7. August 1878, GS. von 1879 S. 25).

c, Das durch Allerhöchste Kabinets-Ordre vom 3. Juni 1814 angeordnete Polizei-Ministerium ist durch Allerh. Kabinets-Ordre vom 11. Januar 1819 (GS. S. 2) wieder aufgehoben worden. Die Geschäfte dieses Ministeriums sind auf das Ministerium des Innern übergegangen.

d, Außer den im § 1 genannten und den beiden vorerwähnten neugebildeten Ministerien bestehen in Preußen noch:

das Ministerium der geistlichen, Unterrichts- und Medizinal-Angelegenheiten (errichtet durch Allerh. Kabinets-Ordre vom 3. November 1817 Nr. III, GS. S. 290), und

das Ministerium für Landwirthschaft, Domänen und Forsten (errichtet durch Allerh. Erlaß vom 25. Juni 1848 GS. S. 159).

e, Von den höheren Beamten dieser vier Ministerien gehören zur

	I.	II.	III.
	Rangklasse		
Ministerium für Handel und Gewerbe.	a, Unterstaatssekretär. b, Wirklicher Geheimer Ober-Regierungsrath und Direktor.	Geheimer Ober-Regierungsrath.	Geheimer Regierungsrath.
Ministerium der öffentlichen Arbeiten.	a, Unterstaatssekretär. b, Direktoren der Ministerialabtheilungen und zwar: Wirklicher Geheimer Ober-Regierungsrath; Ober-Baudirektor.	a, Geheimer Ober-Regierungsrath. b, Geheimer Ober-Baurath.	a, Geheimer Regierungsrath. b, Geheimer Baurath.
Ministerium der geistlichen, Unterrichts- und Medizinal-Angelegenheiten.	a, Unterstaatssekretär. b, Wirklicher Geheimer Ober-Regierungsrath und Direktor.	Geheimer Ober-Regierungsrath.	Geheimer Regierungsrath.
Ministerium für Landwirthschaft, Domänen und Forsten.	a, Unterstaatssekretär. b, Wirklicher Geheimer Ober-Regierungsrath und Direktor. c, Ober-Landforstmeister und Direktor.	Geheimer Ober-Regierungsrath.	Geheimer Regierungsrath.

f, Die Unterstaatssekretäre im Finanz- und Justizministerium sowie im Ministerium des Innern gehören gleichfalls zur I. Rangklasse.

g, Im Finanzministerium führen die Direktoren der beiden Abtheilungen für die direkten und die indirekten Steuern die Titel „Generaldirektor der direkten bezw. der indirekten Steuern".

§ 2. Die Räthe der I. Klasse sollen den Rang und die Prärogativen haben, welche seither den Geheimen Staatsräthen beigelegt waren, und es gehören in diese Klasse zugleich:

die Geheimen Kabinetsräthe,

die vortragenden Räthe im Büreau des Staatskanzlers, insofern ihnen bei ihrer Anstellung in diesem Büreau, oder nachher, die Eigenschaft eines Rathes der ersten Klasse ausdrücklich beigelegt wird,

der General-Postmeister, insofern Wir nicht demselben durch Ertheilung des Prädikats „Excellenz" eine höhere Kategorie anweisen, der Chefpräsident der Ober-Rechnungskammer,

der Chefpräsident des Geheimen Ober-Tribunals, insofern Wir nicht demselben durch Ertheilung des Prädikats „Excellenz" eine höhere Kategorie anweisen,

der Chefpräsident des ganzen Kammergerichts, wenn diese Stelle besetzt ist,

der Ober-Berghauptmann,

der Staatssekretär, insofern Wir nicht demselben durch Ertheilung des Prädikats „Excellenz" eine höhere Kategorie anweisen,
die Oberpräsidenten in den Provinzen,

welche sämmtlich unter sich und mit den Räthen I. Klasse nach dem Datum des Patents oder der Kabinetsbestimmung rangiren.

Die Räthe der II. Klasse sollen den Rang und die Prärogativen erhalten, welche bisher die Staatsräthe hatten, und es gehören in diese Klasse:

die Wirklichen Regierungspräsidenten,
die Präsidenten des Kammergerichts,
die Präsidenten der Oberlandesgerichte,
die Direktoren der Ober-Rechnungskammer,

welche sämmtlich unter sich und mit den Räthen II. Klasse nach dem Datum des Patents oder der Kabinetsbestimmung rangiren.

Bis hierher einschließlich geht die Courfähigkeit der Civilbeamten.

Mit den Räthen der III. Klasse rangiren:

der General-Münzdirektor,
die Direktoren der Bank,
die Direktoren der Seehandlung,
die Vizepräsidenten und Direktoren bei den Provinzialkollegien, und
die Generalkommissarien für die bäuerlichen Verhältnisse,

welche sämmtlich unter sich und mit den Räthen III. Klasse nach dem Datum des Patents oder der Kabinetsbestimmung rangiren.

Anmerkung: Es gehören außerdem

a, zur I. Rangklasse:

1, der Präsident der Hauptverwaltung der Staatsschulden,
2, der Präsident der Seehandlung,
3, der Präsident des Evangelischen Oberkirchenraths,
4, der Präsident des Ober-Verwaltungsgerichts (Allerh. Erlaß vom 6. November 1875 GS. S. 602),
5, der Ober-Landstallmeister (Allerh. Erlaß vom 3. April 1889, GS. S. 95).

b, zur II. Rangklasse:

1, der Polizeipräsident von Berlin (Allerh. Kabinets-Ordre vom 26. Januar 1834, GS. S. 19),
2, die Geheimen Ober-Regierungsräthe bei der Ober-Rechnungskammer (Allerh. Erlasse vom 8. Oktober 1868, GS. 1869 S. 961, und vom 15. April 1894, GS. S. 33),
3, die Senatspräsidenten und Räthe beim Ober-Verwaltungsgericht (Allerh. Erlasse vom 6. November 1875, GS. S. 602 und vom 28. Juli 1879, GS. S. 571),
4, die Rektoren der Landes-Universitäten für die Dauer des Rektorats (AKO. v. 31. Dezember 1818, Erl. des Min. der geistl. 2c. A. vom 9. April 1819, v. Kamptz, Annalen, Bd. III S. 427; siehe auch Koch, Landrecht, Bd. 4 S. 134),
5, die Geheimen Ober-Medizinalräthe, sofern sie als vortragende Räthe im Ministerium der geistlichen 2c. Angelegenheiten fungiren (vergl. § 4 Ziffer 4),
6, die Land-Forstmeister, sofern ihnen der Rang II. Klasse ausdrücklich beigelegt ist; anderenfalls gehören sie zur III. Klasse.

c, zur III. Rangklasse:

1, der Generaldirektor der Staatsarchive (Erl. v. 18. Januar 1873, MBl. f. d. i. V. S. 171 und Allerh. Erlaß vom 27. Dezember 1899, MBl. f. d. i. V. 1900 S. 9, GS. 1900 S. 5),

2, der zweite Direktor der Staatsarchive (Allerh. Erlaß v. 24. März 1897, MBl. f. d. i. V. S. 95).

3, die Geheimen Regierungsräthe bei der Ober=Rechnungskammer (Allerh. Erlaß v. 8. Oktober 1868, GS. 1869 S. 961) und Allerh. Erlaß v. 15. April 1894 (GS. S. 33).

§ 3. (Enthält nur Uebergangsbestimmungen und kommt deshalb hier nicht weiter in Betracht.)

§ 4. Die Mitglieder der höheren Verwaltungsbehörden, welche nicht eigentliche Ministerialbehörden sind, rangiren mit den Ministerien in folgender Art:

1, die Geheimen Oberbergräthe sind Mitglieder des Finanzministeriums, behalten diesen Titel und rangiren mit der II. Klasse,

2, die Geheimen Seehandlungsräthe, Geheimen Ober=Bauräthe und Geheimen Rechnungsräthe behalten ihren Titel und rangiren mit der III. Klasse,

3, die Geheimen Ober=Rechnungsräthe der Ober=Rechnungskammer [1]), die Geheimen Posträthe des General=Postamts rangiren mit der III. Klasse der Ministerialräthe,

4, die Geheimen Ober=Medizinalräthe haben, wenn sie gleichzeitig vortragende Räthe des Ministeriums sind, den Rang der II. Klasse, außerdem rangiren sie mit der III. Klasse.

Die Ober=Bauräthe, Ober=Medizinal= und Ober=Konsistorialräthe bei den Ministerien rangiren mit der III. Klasse.

§ 5. Die höheren Beamten der Provinzialkollegien werden in fünf Klassen getheilt:

I. Klasse: Oberpräsidenten,
II. „ Chefpräsidenten,
III. „ Direktoren,
IV. „ Räthe,
a, Kammergerichtsräthe und Wirkliche Oberlandesgerichtsräthe,
b, Wirkliche Regierungsräthe,
V. „ Assessoren.

Die Ober=Forstmeister und die Polizei=Präsidenten [2]) der größeren Städte rangiren nach den Direktoren der Provinzialkollegien und vor den Räthen derselben.

Die Oberbergämter stehen in ganz gleichem Range mit den Regierungen und Oberlandesgerichten; die Berghauptleute stehen daher im Grade der Präsidenten, die Oberbergamts=Direktoren in dem der Regierungs= und Oberlandesgerichts=Direktoren, die Oberbergräthe in dem der Oberlandesgerichts= und Regierungsräthe, die Oberbergamts=Assessoren, wenn sie auch, wie zum Theil der Fall ist, den Titel „Bergräthe“ haben, in dem Grade der Regierungs= und Oberlandesgerichts=Assessoren.

Die Ober=Medizinal= und Medizinalräthe, die Ober=Konsistorial= und Konsistorialräthe bei den Provinzialkollegien haben mit den Wirklichen Regierungs= und Oberlandesgerichtsräthen gleichen Rang.

Die Landräthe und Kreisdirektoren, auch die Direktoren der Land= und Stadtgerichte und die Polizei=Direktoren in größeren Städten, desgleichen die Lotterie=Direktoren rangiren mit den Wirklichen Regierungs= und Oberlandesgerichtsräthen nach ihren Patenten.

---

[1]) Die Geheimen Ober=Rechnungsräthe der Ober=Rechnungskammer führen jetzt die Amtsbezeichnung „Geheime Ober=Regierungsräthe“ und gehören zur II. Rangklasse (s. S. 308 d. W.).

[2]) Dem jedesmaligen Polizei=Präsidenten von Berlin soll, wie in Abänderung des § 5 des Rangreglements vom 7. Februar 1817 durch AKO. vom 26. Januar 1834 (GS. S. 19) bestimmt ist, der Rang eines Ministerialraths II. Klasse zustehen (siehe auch Anmerkung b 1 zu § 2).

Die Rechnungsräthe der Provinzialkollegien, die Kreissteuerräthe [1]), die Polizeiräthe in der Hauptstadt und in den Provinzen, die Polizei-Direktoren in den übrigen Städten stehen in der Kategorie der Regierungs- und Oberlandesgerichts-Assessoren.

Anmerkungen:

1, **Es haben den Rang der Räthe II. Klasse der höheren Provinzialbeamten:**

1, der Präsident des Ober-Landeskulturgerichts (Jahrbuch der Preuß. Gerichtsverfassung 1870 S. 125 und § 2 Abs. 3 des Ges. vom 18. Februar 1880, GS. S. 59),

2, der Rektor der technischen Hochschule zu Berlin für die Zeit seiner Amtsdauer. Besitzt derselbe einen ihm persönlich beigelegten höheren Rang, so bewendet es dabei (Erl. des Min. der geistl. 2c. A. vom 5. Mai 1892, CBl. f. d. UV. S. 543),

3, die Präsidenten der Eisenbahn-Direktionen (Allerh. Erlasse vom 10. März und 5. April 1880, RA. vom 14. April 1880),

4, der Präsident des Konsistoriums zu Berlin (RA. vom 27. Januar 1891),

5, die General-Superintendenten (RA. vom 27. Januar 1891, Allerh. Erlaß vom 3. Dezember 1832),

2, **Es haben den Rang der Räthe III. Klasse der höheren Provinzialbeamten:**

1, die Oberpräsidial-Räthe (Allerh. Erl. vom 13. April 1888, GS. S. 76),

2, die Provinzial-Steuerdirektoren (Erl. der Min. d. Inn. und der Fin. vom 15. Dezember 1826, v. Kamptz, Annalen, Bd. 10 S. 934),

3, die Präsidenten der Generalkommissionen (Erl. vom 27. Januar 1878, MBl. f. d. i. V. S. 29),

4, die Rektoren der technischen Hochschulen zu Hannover und Aachen für die Zeit ihrer Amtsdauer. Besitzen dieselben einen ihnen persönlich beigelegten höheren Rang, so bewendet es dabei (Erlaß des Min. d. geistl. 2c. A. vom 5. Mai 1892, CBl. f. d. UV. S. 543),

5, die Rektoren der landwirthschaftlichen und der thierärztlichen Hochschule zu Berlin für die Zeit ihrer Amtsdauer (Allerh. Erl. vom 20. April 1892, RA. Nr. 118 und 131),

6, der Vorsitzende der Bergwerks-Direktion zu Saarbrücken (Allerh. Erl. vom 15. Juni 1892, GS. S. 203),

7, die Mitglieder des Ober-Landeskulturgerichts (Allerh. Erl. vom 14. Juni 1845, Jahrb. der Pr. GerVf, 14. Jahrg. S. 77),

8, die Senatspräsidenten der Oberlandesgerichte, die Landgerichts-Präsidenten und die Oberstaatsanwälte (Allerh. Erlaß vom 11. August 1879, GS. S. 579),

9, der Amtsgerichtspräsident bei dem Amtsgericht I in Berlin (Allerh. Erl. vom 9. Mai 1892, GS. S. 105),

10, der Erste Staatsanwalt (mit dem Charakter als Oberstaatsanwalt) bei dem Landgericht I in Berlin (Allerh. Erl. vom 19. März 1894, GS. S. 27),

11, der Dirigent (mit dem Charakter als Vizepräsident) des Provinzial-Schulkollegiums und des Medizinalkollegiums zu Berlin (Allerh. Erl. vom 25. September 1885, RA. vom 6. Oktober 1885),

12, die Direktoren der Konsistorien (ausgenommen Berlin, siehe Anm. 1 Ziffer 4), auch wenn sie den Amtstitel Präsident führen (RA. vom 27. Januar 1891).

3, **Zwischen der III. und IV. Klasse rangiren:**

1, die Abtheilungsdirigenten der Regierungskollegien mit dem amtlichen Charakter „Ober-Regierungsrath“ und die Oberforstmeister (MinErlasse vom 26. Januar 1826,

---

[1]) Kreissteuerräthe existiren nicht mehr. An deren Stelle sind die Ober-Zoll- und Ober-Steuerinspektoren getreten.

v. Kamptz, Annalen, Bd. 10 S. 4 — und vom 16. August 1848, MBl. f. d. i. V. S. 253, CBl. der UV. S. 118),

2, die Abtheilungsdirigenten bei den Eisenbahndirektionen mit dem amtlichen Charakter „Ober-Regierungsrath" bezw., soweit sie dem technischen Fache angehören „Ober-Baurath" (Allerh. Erl. vom 14. Juli 1880, RA. vom 26. Juli 1880),

3, die Landstallmeister (AKO. vom 17. März 1862, MBl. f. d. i. V. S. 202),

4, die Polizei-Präsidenten in Köln, Magdeburg, Königsberg i. Pr., Breslau und Frankfurt a. M. (Allerh. Erl. vom 17. Juni 1889, RA. vom 24. Juli 1889),

5, der Polizei-Präsident in Hannover (RA. vom 3. Juli 1896),

6, die Direktoren der Bezirksverwaltungsgerichte (Verwaltungsgerichtsdirektoren), Allerh. Erl. vom 4. August 1880, GS. S. 349.

4, **Es haben den Rang der Räthe IV. Klasse der höheren Provinzialbeamten:**

1, die Direktoren der Bergämter und die Ober-Bergräthe (Allerh. Erl. vom 7. Mai 1856, GS. S. 344),

2, die Regierungs- und Forsträthe (AKO. vom 31. Dezember 1825, GS. S. 344; Allerh. Erl. vom 18. September 1850, GS. S. 489; Vf. vom 24. Februar 1851, MBl. f. d. i. V. S. 73; Allerh. Erl. vom 14. Oktober 1891, MBl. f. d. i. V. S. 216),

3, die Regierungs- und Bauräthe (MinErl. vom 5. Juli 1873, MBl. f. d. i. V. S. 226),

4, die Regierungs- und Gewerberäthe (Allerh. Erl. vom 27. April 1891, GS. S. 165),

5, die Regierungs- und Gewerbeschulräthe (Allerh. Erl. vom 6. Dezember 1899, GS. 1900 S. 77),

6, die Oberlandesgerichtsräthe, die Landgerichtsdirektoren und die Ersten Staatsanwälte (Allerh. Erl. vom 11. August 1879, GS. S. 579)[1]),

7, die Abtheilungsvorsteher bei der Staatsanwaltschaft des Landgerichts I zu Berlin und die zu Vertretern des Oberstaatsanwalts bestellten Staatsanwälte bei den Oberlandesgerichten. Diese Beamten haben den Titel „Erster Staatsanwalt" zu führen (Allerh. Erl. vom 14. April 1902, GS. S. 123),

8, die Landgerichtsräthe, Amtsgerichtsräthe und Staatsanwaltschaftsräthe (Allerh. Erl. vom 27. Januar 1898, GS. S. 5),

9, die ordentlichen Universitäts-Professoren, wenn sie nicht mit einem ihnen einen höheren Rang gewährenden Titel versehen sind (AKO. vom 13. November 1817, Koch, Landrecht, Bd. 4 S. 137),

10, die etatsmäßigen Professoren an den technischen Hochschulen zu Berlin, Hannover und Aachen. Besitzen dieselben einen ihnen persönlich beigelegten höheren Rang, so bewendet es dabei (Erl. d. Min. d. geistl. 2c. A. vom 5. Mai 1892, CBl. f. d. UV. S. 543),

11, die Mitglieder der Generalkommissionen (Jahrb. der Pr. GerVf., 14. Jahrg. S. 73),

12, die Direktoren der Gymnasien, Realgymnasien und Oberrealschulen (Bekanntmachung des Provinzial-Schulkollegiums zu Breslau vom 27. Juni 1843 (MBl. f. d. i. V. S. 192),

13, die Landesgeologen, sowie die etatsmäßigen Lehrer (Professoren) an den Bergakademien zu Berlin und Klausthal (Allerh. Erl. vom 20. April 1892, RA. Nr. 131),

14, die etatsmäßigen Lehrer (Professoren) der landwirthschaftlichen Hochschule zu Berlin und der landwirthschaftlichen Akademie zu Poppelsdorf (Allerh. Erl. vom 20. April 1892, RA. Nr. 131),

15, die etatsmäßigen Professoren an den Forstakademien zu Eberswalde und Münden (wie 12),

---

[1]) Der Erste Staatsanwalt bei dem Landgericht I in Berlin gehört zur III. Rangklasse, siehe Anm. 2 Ziffer 10.

16, die etatsmäßigen Lehrer der thierärztlichen Hochschulen in Berlin und Hannover bis zu zwei Dritteln ihrer Gesammtzahl (wie 12),

17, die Direktoren der pomologischen und Gärtner-Lehranstalten zu Geisenheim und Proskau (wie 12),

18, die Geheimen Staatsarchivare beim Geheimen Staatsarchiv in Berlin (Allerh. Erl. vom 24. März 1897, MBl. f. d. i. V. S. 95),

19, die Archivdirektoren in den Provinzen (Allerh. Erlasse vom 24. März 1897, MBl. f. d. i. V. S. 95 und vom 27. Dezember 1899, GS. 1900 S. 5 und MBl. f. d. i. V. 1900 S. 9),

20, die Mitglieder des Königlichen statistischen Büreaus (Allerh. Erl. vom 4. Juni 1877, RA. Nr. 162, Staatshandbuch für 1902 S. 128),

21, der Navigationsdirektor (AKO. vom 26. April 1840, MBl. f. d. i. V. S. 248),

22, der Obermünzwardein (Erl. der Min. d. Inn. u. d. Fin. vom 1. April 1817, v. Kamptz, Annalen, Bd. I S. 10),

23, der Münzwardein (wie vor),

24, die Abtheilungsdirektoren der Königl. Bibliothek zu Berlin und die Direktoren der Universitäts-Bibliotheken (Allerh. Erl. vom 24. März 1897, RA. vom 23. April 1897, Nr. 95),

25, der versicherungstechnische Beamte im Ministerium des Innern (mit dem Titel „Regierungsrath"), Allerh. Erl. vom 28. September 1897, GS. S. 409.

5, **Zwischen der IV. und V. Rangklasse rangirt** außer den zu § 6 angegebenen Beamten: der Rendant der Polizei-Hauptkasse in Berlin (Allerh. Erl. vom 7. August 1899, GS. S. 157).

6, **Es haben den Rang der V. Klasse der höheren Provinzialbeamten:**

1, die Bauinspektoren (Land-, Kreis-, Wasser-, Meliorations-, Eisenbahn-Bauinspektoren, Eisenbahn-Bau- und Betriebsinspektoren und die Bauinspektoren im Bereiche der Berg-, Hütten- und Salinenverwaltung), Allerh. Erl. vom 1. Dezember 1879 und Erl. d. Min. d. ö. Arb. vom 10. Dezember 1879, MBl. f. d. i. V. 1880 S. 4 und EVBl. 1881 S. 243; Allerh. Erl. vom 17. Juni 1881, MBl. f. d. i. V. S. 178 und EVBl. S. 243,

2, die Maschineninspektoren (Allerh. Erlasse vom 17. Juni 1881, wie vor, und vom 27. Januar 1898, GS. S. 5),

3, die Gewerbeinspektoren (Allerh. Erl. vom 27. April 1891, GS. S. 165).

Zu 1 bis 3: Wird diesen Beamten der Charakter als „Baurath" bezw. als „Gewerberath" verliehen, so ist hiermit der **persönliche** Rang als Rath IV. Klasse verbunden (Allerh. Erl. vom 27. Januar 1898, GS. S. 5),

4, die Königl. Regierungsbaumeister (Allerh. Erl. vom 11. Oktober 1886, MBl. f. d. i. V. S. 212 und EVBl. S. 457),

5, die Inspektoren bei der Bergwerksdirektion in Saarbrücken (AKO. vom 27. September 1869),

6, die Bergrevierbeamten [Bergassessoren, Bergmeister] (AKO. vom 18. Juni 1867; Meißner, Verwaltungsb. S. 48),

7, die Betriebsinspektoren im Bereiche der Berg-, Hütten- und Salinenverwaltung (Allerh. Erl. vom 7. November 1880),

Zu 5 bis 7: Die obere Hälfte aller im Bereiche der Berg-, Hütten- und Salinenverwaltung vorhandenen, zur Klasse der Bergrevierbeamten, Direktoren und Inspektoren der Staatswerke gehörigen Beamten kann, sofern sie mindestens ein zwölfjähriges Dienstalter von der Ernennung zum Bergassessor ab besitzen, zur Verleihung des Charakters als Bergrath mit dem **persönlichen** Range als Räthe IV. Klasse vorgeschlagen werden (Allerh. Erl. vom 5. November 1898, GS. S. 333),

8, die Oberbergamts-Markscheider (AKO. vom 16. September 1872, Meißner, Verwaltungsbeamte S. 61),
9, die Oberförster (AKO. vom 21. Oktober 1878 und Erl. des FinMin. vom 28. Oktober 1878, MBl. f. d. i. V. S. 284).
Wird den Oberförstern der Titel „Forstmeister" verliehen, so ist hiermit der **persönliche** Rang als Rath IV. Klasse verbunden (Allerh. Erl. vom 14. Oktober 1891, MBl. f. d. i. V. S. 216),
10, die Forstassessoren (MinErl. vom 16. Juni 1883, MBl. f. d. i. V. S. 162),
11, die Archivare (Allerh. Erl. vom 10. August 1890, MBl. f. d. i. V. S. 170, CBl. f. d. UV. S. 629, und vom 19. November 1894, MBl. f. d. i. V. S. 212).
Einzelnen älteren verdienten Archivaren (Archivräthen) — bis zu einem Sechstel der als Archivare etatsmäßig angestellten Beamten — kann der Rang der Räthe IV. Klasse als persönliche Auszeichnung verliehen werden (Allerh. Erl. vom 24. März 1897, MBl. f. d. i. V. S. 95),
12, die Provinzial-Rentmeister (sofern ihnen nicht, wie den nach § 6 der Verordnung vom 7. Februar 1817 zwischen der IV. und V. Klasse rangirenden, bei den Regierungs-Hauptkassen angestellten Landrentmeistern ein höherer Rang bereits beigelegt ist). Nr. 3 des Allerh. Erlasses vom 24. Juni 1850, GS. S. 341,
13, die Aichungsinspektoren (Instruktion vom 6. Januar 1870 Nr. 42, MBl. f. d. i. V. S. 60),
14, die Landrichter, die Amtsrichter und die Staatsanwälte (Allerh. Erl. vom 27. Januar 1898, GS. S. 5),
15, die Gerichtsassessoren (Allerh. Erl. vom 19. März 1850, GS. S. 274),
16, die Rechnungsrevisoren der Oberlandesgerichte (Allerh. Erl. vom 17. Dezember 1851, GS. 1852 S. 26),
17, die Rendanten der Justiz-Hauptkassen (AKO. vom 27. April 1885, JMBl. S. 160),
18, die Departements-Thierärzte (Runderlaß vom 24. August 1819, Horn, Preuß. Medizinalwesen Bd. II S. 518),
19, die Medizinalassessoren als Mitglieder der Medizinalkollegien (Erlaß der Min. d. geistl. 2c. A., des Inn. u. der Fin. vom 8. September 1819, v. Kamptz, Annalen Bd. 3 S. 835; siehe auch Koch, Landrecht, Bd. 4 S. 137),
20, die Direktoren der staatlichen Erziehungs- und Besserungsanstalten (Allerh. Erl. vom 16. November 1891, MBl. f. d. i. V. S. 216),
21, die Strafanstaltsdirektoren (Allerh. Erl. vom 25. November 1868, GS. S. 1067 und Erl. des Min. d. Inn. vom 6. Januar 1869, MBl. f. d. i. V. S. 56),
22, die Geistlichen des Charité-Krankenhauses zu Berlin und die im Hauptamt thätigen Geistlichen der Straf- und Gefängnißanstalten (Allerh. Erl. vom 14. Oktober 1891, MBl. f. d. i. V. 1892 S. 34),
23, die Spezialkommissare (Oekonomiekommissare), Erl. d. Min. f. L. 2c. vom 23. Januar 1886, MBl. f. d. i. V. S. 24 und Allerh. Erl. vom 27. Januar 1898, GS. S. 5.
Wird den Oekonomiekommissaren der Titel „Landesökonomierath" verliehen, so ist hiermit der **persönliche** Rang als Rath IV. Klasse verbunden (Allerh. Erl. vom 27. Januar 1898, GS. S. 5),
24, die etatsmäßigen Vermessungsinspektoren bei den Auseinandersetzungsbehörden (Erl. d. Min. f. L. 2c. vom 23. Januar 1886, MBl. f. d. i. V. S. 24),
25, die Polizeiräthe (Erl. d. Min. d. Inn. vom 4. Februar 1855, MBl. f. d. i. V. S. 17),
26, die Chemiker der Königlichen Porzellanmanufaktur und der chemisch-technischen Versuchsanstalt in Berlin, sowie der Modellmeister und der Malereivorsteher der Porzellanmanufaktur (Allerh. Erl. vom 10. August 1890, MBl. f. d. i. V. S. 170 und CBl. f. d. UV. S. 629),

27, die Bezirksgeologen und der Bibliothekar bei der geologischen Landesanstalt und Bergakademie zu Berlin (Allerh. Erl. vom 10. August 1890, wie vor),

28, die **außerordentlichen** Professoren an den Universitäten (AKO. vom 13. November 1817, Koch, Landrecht, Bd. 4 S. 132),

29, die Direktoren der höheren Lehranstalten von geringerer als neunjähriger Kursusdauer (Progymnasien, Realprogymnasien, Realschulen und höheren Bürgerschulen), Allerh. Erl. vom 23. Juli 1886, MBl. f. d. i. V. S. 244 und CBl. f. d. UV. S. 215; Allerh. Erl. vom 28. Juli 1892, GS. S. 264,

30, die wissenschaftlichen Lehrer (Oberlehrer) der Gymnasien, Realgymnasien, Oberrealschulen, Progymnasien, Realprogymnasien, Realschulen und höheren Bürgerschulen (Allerh. Erl. vom 28. Juli 1892, GS. S. 264).

Zu 29 und 30: a, Die Leiter (Direktoren) der dem Unterrichts-Ministerium unterstellten höheren Lehranstalten von geringerer als neunjähriger Kursusdauer können gegebenenfalls zur Verleihung des **persönlichen** Ranges als Räthe IV. Klasse in Vorschlag gebracht werden, sofern sie eine zwölfjährige Schuldienstzeit von der Beendigung des Probejahres ab zurückgelegt haben (Allerh. Erl. vom 28. Juli 1892, GS. S. 264 bezw. Erl. des Min. der geistl. 2c. A. vom 31. August 1892, CBl. f. d. UV. S. 730).

b, Einem Theile der wissenschaftlichen Lehrer (Oberlehrer) aller höheren Unterrichtsanstalten — bis zu einem Drittheil der Gesammtzahl — kann der Charakter als Professor und allen zu Professoren charakterisirten Oberlehrern dieser Anstalten der **persönliche** Rang als Räthe IV. Klasse verliehen werden, sofern sie eine zwölfjährige Schuldienstzeit von der Beendigung des Probejahres ab zurückgelegt haben (Allerh. Erl. vom 28. Juli 1892, GS. S. 264 bezw. Erl. des Min. der geistl. 2c. A. vom 31. August 1892, CBl. f. d. UV. S. 730; Allerh. Erl. vom 27. Januar 1898, GS. S. 5),

31, die Seminardirektoren (Bek. d. Provinzial-Schulkollegiums zu Breslau vom 27. Juni 1843, MBl. f. d. i. V. S. 192 und Erl. des Min. der geistl. 2c. A. vom 26. Februar 1866, MBl. f. d. i. V. S. 58),

32, die Direktoren der staatlichen Baugewerk-, Maschinenbau- und sonstigen Fachschulen. [Dieselben können gegebenenfalls zur Verleihung des **persönlichen** Ranges als Räthe IV. Klasse in Vorschlag gebracht werden.] Allerh. Erl. vom 27. Januar 1898, GS. S. 5.

33, die Oberlehrer an den vorbezeichneten Anstalten. (Diesen Titel führen nur diejenigen Lehrer, welche volle akademische Bildung besitzen, d. h. ein mindestens dreijähriges Studium an einer Universität, technischen Hochschule, Kunstakademie oder Kunstgewerbeschule nachweisen.)

Einem Theil von ihnen, bis zu einem Drittheil der Gesammtzahl, kann der Charakter „Professor" verliehen und für sie, sofern sie nach Vollendung des 30. Lebensjahres eine zwölfjährige Dienstzeit zurückgelegt haben, die Verleihung des **persönlichen** Ranges als Räthe IV. Klasse vorgeschlagen werden. Auf die zwölfjährige Dienstzeit darf jedoch in geeigneten Fällen die nicht im öffentlichen Schuldienste, sondern in anderer öffentlicher oder privater Thätigkeit zugebrachte Zeit angerechnet werden (Allerh. Erl. vom 27. Januar 1898, GS. S. 5),

34, die Leiter (Direktoren) der Landwirthschaftsschulen,

35, die wissenschaftlichen Lehrer (Oberlehrer) der Landwirthschaftsschulen.

Wegen Verleihung des **persönlichen** Ranges als Räthe IV. Klasse an die Direktoren bezw. wegen Beilegung des Charakters als Professor an die Oberlehrer und Verleihung des **persönlichen** Ranges als Räthe IV. Klasse an die zu Professoren charakterisirten Oberlehrer gelten die gleichen Vorschriften, wie sie in dem Zusätze zu Ziffer 29 und 30 angegeben sind (Allerh. Erl. vom 27. Mai 1895, GS. S. 264 und vom 27. Januar 1898, GS. S. 5),

36, die Lehrer der Botanik und Chemie an der Lehranstalt für Obst- und Weinbau in Geisenheim a. Rh. (Allerh. Erlaß vom 10. August 1890, MBl. f. d. i. V. S. 170),

37, die etatsmäßigen Lehrer der Forstakademien zu Eberswalde und Münden, sowie der thierärztlichen Hochschulen zu Berlin und Hannover, soweit sie nicht zu den in Anmerkung 4 unter Ziffer 14 und 15 bezeichneten gehören (Allerh. Erl. vom 20. April 1892, RA. Nr. 131),

38, die Navigationsschullehrer (Allerh. Erl. vom 10. August 1890, MBl. f. d. i. V. S. 170),

39, die Ober-Bibliothekare und Bibliothekare an den Universitäts-Bibliotheken und an der Königlichen Bibliothek zu Berlin (Allerh. Erl. vom 10. August 1890, MBl. f. d. i. V. S. 170 und Allerh. Erl. vom 14. Februar 1894, CBl. f. d. UV. S. 343),

40, die mit dem Professortitel bekleideten Dozenten der technischen Hochschulen zu Berlin, Hannover und Aachen (Erl. des Min. d. geistl. ꝛc. A. vom 5. Mai 1892, CBl. f. d. UV. S. 543),

41, die Prosektoren, Kustoden und Assistenten an den Universitäts-Instituten und Sammlungen,

42, die Observatoren und Assistenten an den Königlichen Sternwarten,

43, der Sekretär an der Königlichen Akademie-Bibliothek zu Münster,

44, die Assistenten am geodätischen und meteorologischen Institut zu Berlin,

45, der Assistent am astrophysikalischen Observatorium bei Potsdam (zu 41 bis 45: Allerh. Erl. vom 10. August 1890, MBl. f. d. i. V. S. 170, CBl. f. d. UV. S. 629),

46, die Versicherungsrevisoren (Allerh. Erl. vom 28. September 1897, GS. S. 409),

47, die Kreisärzte. (Wird diesen Beamten der Charakter als „Medizinalrath" verliehen, so ist damit der **persönliche** Rang als Räthe IV. Klasse verbunden. Allerh. Erl. vom 18. Juni 1901, GS. S. 139.)

7, **Zwischen der V. Klasse und den Subalternen der Provinzialbehörden rangiren:** die Gestütinspektoren, Stallmeister und Oberroßärzte (Allerh. Erl. vom 17. März 1862, Erl. des Min. f. L. ꝛc. vom 26. April 1862, MBl. f. d. i. V. S. 202).

§ 6. A. Die Titularräthe zerfallen in zwei Klassen:

I. Klasse.
a, Legationsräthe,
b, Geheime Justizräthe,
c, Geheime Finanzräthe,
d, Geheime Kriegsräthe,
e, Geheime Polizeiräthe,
f, Geheime Regierungsräthe,
g, Geheime Rechnungsräthe,
h, Geheime Hofräthe,
i, Geheime Kommerzienräthe,
k, Geheime Kommissionsräthe.

II. Klasse.
a, Justizräthe,
b, Finanzräthe,
c, Rechnungsräthe,
d, Kriegsräthe,
e, Polizeiräthe,
f, Forsträthe und Forstmeister,
g, Hofräthe,

h, Kommerzienräthe,
i, Kommissionsräthe,
k, Amtsräthe.

Die Mitglieder der I. Klasse rangiren, wenn sie bei den Ministerialbehörden fungiren, zwischen den Regierungsdirektoren und Wirklichen Regierungs- und Oberlandesgerichtsräthen, sonst aber nur mit letzteren.

Die Mitglieder der II. Klasse, desgleichen die Landrentmeister, rangiren unmittelbar nach den Wirklichen Regierungs- und Oberlandesgerichtsräthen und vor den Assessoren.

B. Die Subalternen zerfallen in vier Klassen:

I. Folgende Subalternen der Ministerien, sei es, daß sie das Prädikat „Geheim" haben oder nicht haben:
expedirende Sekretäre,
Journalisten,
Kalkulatoren,
Registratoren,
Rendanten,
Kontroleure,
Vorsteher der Kanzleien,
und die mit den Genannten in gleicher Kategorie stehenden Personen. Diese rangiren mit den Assessoren des Kammergerichts, der Regierungen und Oberlandesgerichte.

Nach diesen rangiren:

II. die Referendarien und Auskultatoren der Landeskollegien.

III. die Subalternen der Landeskollegien, wie sie in Klasse I bezeichnet sind, und die Kanzleisekretarien und Kanzlisten der Ministerien.

IV. Kanzleisekretarien und Kanzlisten der Landeskollegien.

Anmerkungen:

1, Den Königlichen Regierungs-Bauführern ist der Rang der Referendare beigelegt durch Allerh. Erl. vom 11. Oktober 1886 (EVBl. S. 457, MBl. f. d. i. V.-S. 212).

2, Die Kreissekretäre haben den Rang der Regierungs-Subalternen I. Klasse (§ 6 B. III der Verordnung vom 7. Februar 1817). AKO. vom 25. November 1843, GS. 1844 S. 15 und Erl. der Min. d. Inn. u. d. Fin. vom 14. Juli 1846, MBl. f. d. i. V. S. 101.

3, Die Oberamtssekretäre in den Hohenzollernschen Landen gehören zur Klasse III der Abtheilung B (AKO. vom 25. November 1843, GS. 1844 S. 15 und Allerh. Erl. vom 13. April 1874, GS. S. 142).

4, Die Gestütaufseher, Bereiter und Roßärzte stehen den Regierungs-Subalternen gleich (Allerh. Erl. vom 17. März 1862, Erl. des Min. f. L. rc. vom 26. April 1862, MBl. f. d. i. V. S. 202).

5, den Polizei-Distriktskommissarien in der Provinz Posen ist durch Allerh. Erl. vom 12. Juli 1896 (GS. S. 171) derselbe Rang verliehen, welcher den im § 6 unter B. III der Verordnung vom 7. Februar 1817 bezeichneten Subalternbeamten der Landeskollegien zusteht.

6, Durch Allerh. Erl. vom 18. Januar 1899 (GS. S. 23) ist genehmigt, daß in den Regierungsbezirken, in denen die Verhältnisse es erforderlich machen, zunächst in den Regierungsbezirken Arnsberg und Düsseldorf, den Regierungspräsidenten in Angelegenheiten der Landespolizei Bezirks-Polizeikommissarien mit dem Range der Polizeiinspektoren beigegeben werden.

[Die Polizeiinspektoren stehen mit den Kreissekretären — siehe vorstehend unter

Ziffer 2 — in gleichem Range. Verordnung vom 28. Juni 1825 § 1 C. I Nr. 4, GS. S. 164).

7, Der Sekretär bei der Forstakademie zu Eberswalde und der Gärtner bei der Forstakademie zu Münden gehören zur Klasse IV der Abtheilung B (Erl. des Min. f. L. ꝛc. vom 13. Januar 1898, MBl. f. d. i. V. S. 36).

8, Den Königlichen Förstern ist der Rang der Subalternbeamten II. Klasse der Lokalbehörden verliehen worden (Allerh. Erl. vom 28. Mai 1897 und Erl. des Min. f. L. ꝛc. vom 11. Juni 1897, MBl. f. d. i. V. S. 133).

§ 7. Zur Vermeidung aller ferneren Streitigkeiten und zur Aufrechterhaltung vorstehender allgemeinen Bestimmungen sind folgende Grundsätze zu beachten:

1, alle vortragende, bei den Ministerien angestellte Räthe, haben vor den Titularräthen den Vorrang; dasselbe gilt analogisch bei den Provinzialbehörden, und es sollen bei gemeinschaftlichen Dienstverhandlungen die Titularräthe den vortragenden Räthen, wenn ihnen nach Vorstehendem mit diesen auch gleicher Rang eingeräumt ist, nachstehen müssen;

2, die Mitglieder **einer** Klasse in den Ministerien haben bei allen Ministerien unter sich gleichen Rang; das Datum des Patents oder der Kabinetsbestimmung giebt den Vorrang, so daß z. B. ein Geheimer Ober-Finanzrath des Finanzministeriums (bisheriger Geheimer Ober-Steuerrath oder Geheimer Ober-Rechnungsrath) vor einem Wirklichen Geheimen Kriegsrath des Kriegsministeriums den Vorrang hat, wenn jener früher als dieser in dieser Klasse patentirt ist;

3, die Klassen haben den Rang unter sich nach ihrer Nummer, so auch ihre Mitglieder, so daß ein Mitglied der I. Klasse allemal den Vorrang vor einem Mitgliede der II. Klasse hat, ohne daß das Alter des Patents etwas entscheidet;

4, die Beamten der Ministerien und Oberbehörden einer Klasse, welche mit einer Klasse der Beamten der Provinzialbehörden in gleichem Range stehen, sind gegenseitig unter sich gleich im Range, und der Vorrang wird hier nur durch das Datum des Patents bestimmt;

5, sollten zweifelhafte Fälle eintreten, wo die Bestimmungen dieser Verordnung nicht ausreichen, so wollen Wir solche, soweit sie die Klasse der vortragenden Räthe und die in dieser Kategorie stehenden Personen betreffen, auf den Vortrag Unseres Staatskanzlers [1]) Selbst entscheiden, für die übrigen Klassen aber die Entscheidung, sowie die Rangbestimmung der bei den Provinzial-Unterbehörden angestellten Beamten Unserm Staatskanzler überlassen;

6, übrigens wird ein nächstens zu erlassendes Reglement auch die Uniformen bestimmen, welche die verschiedenen Beamten nach ihren Rangabstufungen tragen sollen.

Urkundlich haben Wir die gegenwärtige Verordnung Höchsteigenhändig vollzogen und mit Unserm Königlichen Insiegel bedrucken lassen.

So geschehen und gegeben zu Berlin, den 7. Februar 1817.

gez. Friedrich Wilhelm.

ggez. C. Fürst v. Hardenberg.

---

[1]) Jetzt des Staatsministeriums (v. Rönne, 4. Aufl. Bd. 3 S. 65).

Sachregister.

(Die Ziffern bezeichnen die Seiten.)

A.

Abgangszeit der Eisenbahnzüge rc. ist maßgebend für den Antritt der mit diesen auszuführenden Dienstreisen 8, 160.

Abgeordnetenhaus, Reiseentschädigungen der Mitglieder desselben 222

Abnahme von Materialien, Bekleidungsgegenständen rc. durch Staatseisenbahnbeamte 163 — von Kleinbahnen 168.

Abnutzungsentschädigung bleibt bei Erstattung von Wohnungsmiethe an versetzte Beamte außer Betracht 250.

Abreise, Tag derselben gilt als Reisetag 10.

Abstattung persönlicher Meldungen, Reisen dieserhalb 167.

Abstufung der Tagegelder- und Reisekostensätze nach dem Dienstrange 6.

Ab- und Zugang s. Zu- und Abgangsentschädigungen.

Aerzte, deren Vergütung für die Theilnahme an den Prüfungen über die Gesundheitspflege auf Kauffahrteischiffen 101.

Aerztekammern 96.

Aerztliche Ehrengerichte 96.

Aerztliche Untersuchung von Beamten 167.

Aichungsbehörden, Aichgebührentaxe, Vergütungen der Aichmeister rc. 97/100.

Altpapier, Reisen zur Ueberwachung des Einstampfens 163.

Amtsanwälte 131, 134.

Amtsbezirk der Staatseisenbahnbeamten 186/189.

Amtsvorsteher 111.

Anfangspunkt der Dienstreisen 17.

Ankunft am Bestimmungsorte, Tag derselben gilt als Reisetag 10.

Anlegeplätze, gelten bei Reisen auf Dampfschiffen als Anfangs- und Endpunkte 171 — Vorhandensein mehrerer Anlegeplätze am Abgangs- oder Bestimmungsorte 171, 175.

Ansiedelungskommission für Westpreußen und Posen, deren Zusammensetzung 42 — Reiseentschädigungen der Vermessungsbeamten rc. in Ansiedelungssachen 43.

Antritt, erstmaliger einer Stelle im Staatsdienst 7, 12, 235, 254 — im Staatseisenbahndienst 166 — der Dienstreisen in den Morgenstunden 19.

Assessoren der Staatseisenbahnverwaltung, deren Anspruch auf Gewährung von Tagegeldern und Reisekosten 166 — von Kommandogeld 182 — Umzugskosten 233, 240, 261, 264 — s. a. Forstassessoren, Gerichtsassessoren, Regierungsassessoren.

Assistenten der Professoren an den Forstakademien 156.

Auflassungstermine, Wahrnehmung derselben durch am Terminsorte wohnende Beamte 163.

Auseinandersetzungssachen, Tagegelder, Reisekosten und Feldzulagen an Kommissare und Protokollführer 142 — Reiseentschädigungen an Zeichner, Hülfszeichner, Meliorationstechniker und Wiesenbaumeister (Meliorationsbauwarte) 144.

Ausland, Gewährung erhöhter Tagegelder während des Aufenthalts in demselben 11, 16 — für Thierärzte 151 — für Staatseisenbahnbeamte 168 ff.

Außereheliche Kinder, Einfluß solcher auf die Höhe der Umzugsentschädigung 252.

Außeretatsmäßige Beamte, deren Anspruch auf Tagegelder ꝛc. 12, 160, 182 — auf Versetzungskosten 244, 264.

Außergewöhnliche Dienstleistungen der Steuerbeamten 88.

Außergewöhnlicher Kostenaufwand, Erhöhung des Tagegeldersatzes 11, 168.

Außerhalb des Beamtenverhältnisses beschäftigte mittlere technische Hülfskräfte der Staatseisenbahnverwaltung, Reiseentschädigungen 195 — Versetzungskosten 264.

Ausschüsse von Büreau- und Rechnungsbeamten in Tarifangelegenheiten und zu Abrechnungen in Verbandsverkehren 165 — in Angelegenheiten der direkten Staatssteuern 64 — für die Auswahl der Schöffen und Geschworenen 114, 141.

B.

Bahnhöfe, gelten bei Reisen auf Eisenbahnen als Anfangs- und Endpunkte 171 — Vorhandensein mehrerer Bahnhöfe am Abgangs- oder Bestimmungsorte 171, 175.

Bahnmeister, deren Anspruch auf Nachtrevisionsgebühren 189 — auf Funktionszulage 190 — auf Stundengeld 193.

Baugewerkschulen, Prüfungskommissionen für dieselben 104.

Baugewerkschullehrer ohne Hochschulbildung, Entschädigung derselben bei Versetzungen 246.

Bauhofsvorsteher 211.

Bauschsummen, Gewährung solcher an Stelle von Tagegeldern und Reisekosten 32 ff. — sind bei Berechnung der gesetzlichen Reisekosten nicht antheilig zu kürzen 35 — für Staatseisenbahnbeamte 178 ff. — sind vor Antritt einer auswärtigen Thätigkeit festzusetzen 180 — Wegfall bei Beurlaubungen oder Erkrankungen 179, 210, 213.

Bausekretäre 210 — s. a. Regierungsbausekretäre.

Bauten der Justizverwaltung, Entschädigung der Rendanten 131.

Beamtenausschüsse in Tarifangelegenheiten 166.

Beförderung der Beamten, Gewährung der höheren Bezüge vom Tage der Aushändigung der Bestallung ab 9, 159.

Beginn und Beendigung der Dienstreisen, Angabe in den Kostenrechnungen 8, 9.

Bekleidungsgegenstände, deren Prüfung und Abnahme durch Staatseisenbahnbeamte 163.

Beköstigungs- und Uebernachtungsgelder der Beamten der allgemeinen Bauverwaltung 215 ff.

Beleuchtung, elektrische, Nichtberücksichtigung bei Erstattung von Wohnungsmiethe 250.

Berathungen der Eisenbahnverwaltungen, Beschickung derselben, Wahl der Berathungsorte, Dauer der Berathungen, Vorberathungen, Vertretung durch andere Direktionen 164/165.

Berechnung der Reisekosten nach dem billigsten Wege 20, 28, 163, 171, 172 — für Hin- und Rückreise besonders 28 — für Rundreisen 28, 174/175 — bei Benutzung verschiedener Beförderungsmittel 24, 29, 172, 175 — der Transportkostenvergütung bei Versetzungen 239 ff. — der Entfernungen 32, 172 ff. — Behandlung der Kleinbahnstrecken in den Reisekostenberechnungen 24.

Bereisungsboote, s. Schlepp- und Bereisungsboote.

Berlin, Dienstreisen von und nach 30, 31 — Dienstreisen nach Charlottenburg 30.

Berliner Verbindungsbahn, Mitberücksichtigung bei Berechnung der Transportkostenvergütung 240.

Bescheinigungen, polizeiliche, über das Leerstehen der bisherigen Wohnungen versetzter Beamten sind stempelfrei 249.

Beurlaubung abkommandirter Beamten 182.

Bezirksbeamte der Staatseisenbahnverwaltung, Gewährung ermäßigter Tagegelder 186 ff.

Bezirksbeiräthe in Rentengutssachen 147.

Bezirkseisenbahnräthe 203.

Bezirksverwaltungsgerichte, Tagegelder und Reisekosten der gewählten Mitglieder 107.

Brückengelder, nicht erstattungsfähig 25, 163.

Büreaubeamte der Spezialkommissionen, s. Spezialkommissions-Büreaubeamte — der Staatseisenbahnverwaltung, deren Heranziehung zur Revision von Materialien- und Inventarienbeständen 163 — zur Hülfeleistung bei Berathungen 165.
Büreaudiener dürfen zum Zwecke der dienstlichen Begleitung eines Beamten nicht mitgenommen werden 163.
Büreaugehülfen, landräthliche, 117.
Büreauhülfsarbeiter, technische, 210.
Büreauvorsteher für das Rechnungswesen bei den Provinzialsteuerdirektionen 71.
Bürgermeister 108.

C.

Central-Genossenschaftskasse, Umzugskosten der Beamten 238.
Centralheizung, Nichtberücksichtigung bei Erstattung von Wohnungsmiethe 250.
Charlottenburg, Dienstreisen von Berlin 30.
Chausseegeld, nicht erstattungsfähig 25, 163.

D.

Dammgelder, nicht erstattungsfähig 25.
Diener, Reisekosten für solche 13, 25, 163.
Dienstanfänger, Entschädigung bei Versetzungen 265.
Dienstanwärter, kommissarisch beschäftigte, Rückreisen nach dem früheren Wohnorte 244.
Diensteid, Reisen zur Leistung desselben 167.
Dienstpferde, deren Benutzung bei Ausführung von Versetzungsreisen 246
Dienstprämie der in den Grenzaufsichtsdienst eintretenden Unteroffiziere hindert die Gewährung von Umzugsentschädigungen nicht 255.
Dienstprüfungen, Reisen zu deren Ablegung 167.
Dienstrang s. Rang.
Dienstreisen, Aufstellung von Reiseplänen 6 — die auf Ausführung derselben wirklich verwendete Zeit ist für Berechnung der Tagegelder 2c. maßgebend 7, 10 — Unterbrechungen aus dienstlichen oder privaten Gründen 10 — behufs Uebernachtens 19, 21 — wegen Krankheit 20 — Antritt in den Morgenstunden 19, 20, 160 — behufs Revision von Eisenbahnstrecken und in Strombefahrungsangelegenheiten 25 — für Rechnung Dritter 185 — Benutzung von Schnell- und Durchgangs-(D)Zügen 20 — müssen, soweit angängig, als Rundreisen ausgeführt werden 28 — nach und von Berlin 30, 31 — nach Charlottenburg 30 — von Beamten im Vorbereitungsdienst 35.
Disziplinarsachen, Reisen in solchen 184 — Nichtgewährung freier Fahrt 2c. an die zur Strafversetzung mit Verlust der Umzugskosten verurtheilten Staatseisenbahnbeamten 263.
Drittelabzug von den Tagegeldern für Benutzung von Kommissionswohnungen ist beseitigt 5.
Dolmetscher in Auseinandersetzungssachen 144.

E.

Ehrengerichte, ärztliche 96.
Einkommensteuer-Berufungs- und Veranlagungskommissionen, Tagegelder der Mitglieder 64.
Eisenbahnkommissare 2c., deren Verpflichtung zur Benutzung freier Fahrt auf Privatbahnstrecken 184.
Eisenbahnsekretäre, technische und nichttechnische, Tagegelder der Anwärter für diese Stellen 160.
Elberfeld, Ortsmitte 30.
Elbschiffer, Prüfungskommissionen für solche 103.
Endpunkt der dienstlich zurückgelegten Wegestrecke 16.
Enteignungen, Tagegelder und Reisekosten für Wahrnehmung von Terminen in E.-Angelegenheiten 33, 111.
Entfernungen, deren Feststellung 17, 29, 171 — Inanspruchnahme der Katasterämter 31, 171 — Berechnung derselben 32, 172 ff.
Erhöhung der Tagegeldersätze, allgemeine (Begründung des Gesetzentwurfs) 5 — bei außergewöhnlichen Kostenaufwand 11 — bei Beförderungen der Beamten 9 — während des Aufenthalts im Auslande 16, 151, 168 ff. — bei Reisen im Inlande nach

Orten der Servisklassen A, I und II 169 — der Bezirksbeamten der Eisenbahnverwaltung 186.
Ermäßigung der Tagegeldersätze, wenn die Reise an einem Tage angetreten und beendet wird 5, 6 — wenn sie sich auf 2 Tage erstreckt und innerhalb 24 Stunden beendet wird 5, 6 — bei Kommissorien von längerer Dauer 12, 181 — innerhalb des Amtsbezirks 186 ff.
Ersatzkommissionen 115.
Erstmaliger Antritt einer Stelle im Staatsdienst 7, 12, 235, 254 — im Staatseisenbahndienst 166.
Etatsmäßige Beamte, wer dazu zu rechnen 233.

F.

Fährgelder sind nicht erstattungsfähig 25, 163.
Fahr-, Stunden- und Nachtgelder der Lokomotiv- und Zugbegleitungsbeamten 193.
Familie, Einfluß derselben auf die Höhe der Umzugsentschädigung 251 ff.
Feldmesser s. Landmesser.
Feld- oder Reisezulage der Land-(Feld-)messer 59 ff. — in Ansiedelungssachen 43 — in Auseinandersetzungssachen 145.
Fischmeister 154.
Flurschäden, Vergütung der zur Abschätzung solcher herangezogenen Sachverständigen 112.
Förster 157.
Forstassessoren 157.
Forstaufseher, Gewährung von Umzugskosten 243.
Forstgeodäten 156.
Forstmeister 157.
Forstreferendare 157.
Forstversorgungsberechtigte, Nichtgewährung von Umzugskosten an solche 233, 242.
Freie Fahrt für Staatseisenbahnbeamte 183 ff. — bei Versetzungsreisen 246.
Freikarten (Berechtigungskarten), deren Benutzung bei Dienstreisen 27, 183 ff. — Untersagung der Annahme solcher von Privateisenbahnen seitens einzelner Beamten 25 — für Steuerbeamte 91 — der Eisenbahnbeamten bei Versetzungen 262.
Fuhrkosten, verauslagte, deren Erstattung 19, 25, 26, 32 — der Steuerbeamten 76 — der Justiz- und Medizinalbeamten 137.
Fuhrwerk der Lokalbaubeamten 215.
Fuhrkostenzulage der Oberforstmeister 156.
Funktionszulagen der Eisenbahnbeamten 190 ff.

G.

Gänge der Beamten zwischen Wohnort und Dienststätte sind als Dienstreisen nicht anzusehen 9, 177.
Gärten als Wohnungszubehör bei Miethentschädigungen 250.
Gärtner und Garteninspektoren 92.
Gehülfen im mittleren Dienste der Staatseisenbahnverwaltung, Entschädigungen bei Versetzungen 264.
Geistliche 92 — Umzugskosten derselben 236.
Gemeindebezirk 29, 170.
Gemeindebesteuerung, Reisekosten und Tagegelder unterliegen derselben nicht 11.
Gerichtsärzte 95.
Gerichtsassessoren 131, 132 — Umzugskosten 244.
Gerichtsdiener s. Justizbeamte.
Gerichtsschreiber s. Justizbeamte.
Gesandtschaftliche Beamte 223.
Gesellschaftsbeamte (frühere Privateisenbahnbeamte), Reiseentschädigungen derselben 160 — Umzugskosten 262.
Gesetz, betreffend die Tagegelder und Reisekosten der Staaatsbeamten, vom 24. März 1873 / 21. Juni 1897 — 4.
Gestütpferde, Behandlung erkrankter durch Thierärzte 154.
Gesundbrunnen, Bahnhof, gilt nicht als Endpunkt bei Reisen nach Berlin 31.
Gewerbesteuerausschüsse, Tagegelder der Mitglieder 64.
Grenze des Wohnorts bei Berechnung der Entfernungen 16, 29/30, 170.
Grenz- und Steueraufseher 68, 71, 76, 89.
Grundsätze für Berechnung der Reise- und Umzugsentschädigungen 16 — Ergänzungen dazu 19.

H.

Haftpflicht- und Unfallsachen, auswärtige Verhandlungen in solchen sind in der Regel am Terminsorte wohnenden Beamten zu übertragen 163.
Hauptlehrer, Umzugskosten 237.
Haus der Abgeordneten, Reiseentschädigungen der Mitglieder 222.
Hülfsarbeiter der Justizverwaltung 134.
Hülfsbeamte der Steuerverwaltung 72/73 — bei außergewöhnlichen Dienstleistungen 90.
Hülfskräfte, mittlere technische der Staatseisenbahnverwaltung 195.
Hülfslehrer 93 — bei Versetzungen 247.

J.

Instruktionsstunden, Reisen zur Theilnahme an solchen 167.
Justizbeamte, Reisen in Staatsdienstangelegenheiten 130 — Dienstgeschäfte außerhalb des Gerichtsortes 132 ff. — Erstattung der Fuhrkosten 137.

K.

Kandidaten des höheren Schulamts 93.
Katasterämter, Entfernungsbescheinigungen derselben 31, 171.
Katasterkontroleure, Reisekostenzuschüsse und Tagelohnvergütungen ꝛc. 44, 62/64.
Katasterlandmesser, Reisekostenzuschüsse 48 — Nichtgewährung von Auftragsdiäten 64.
Katasterzeichner, Reisekostenzuschüsse 48.
Kirchendienst, Umzugskosten bei Uebernahme von Beamten aus diesem in den Staatsdienst 253.
Kleinbahnen, deren Benutzung bei Dienstreisen 13, 21, 22, 151 — Abnahme 168, 211 — Behandlung der Kleinbahnstrecken bei Aufstellung der Reisekostenberechnungen 24 — Staatsbeamte zur Wahrnehmung des finanziellen Interesses des Staates bei Kleinbahnunternehmungen 168 — bei Ausübung des staatlichen Aufsichtsrechts über Kleinbahnen 185.
Kommandogelder 181 ff.
Kommandos der Staatseisenbahnbeamten, Begriff 181 — Tagegelder 160, 181 — K. außeretatsmäßiger Beamten 182 — Berechnung der Entfernungen für den Anspruch auf Kommandogeld 183.
Kommissar in Auseinandersetzungssachen 142.
Kommissionsgebühren der Gerichtsbeamten 141.
Kommunaldienst, Umzugskosten bei Uebernahme von Beamten aus diesem in den Staatsdienst 253.
Kommunalforstbeamte 159.
Konferenz, wirthschaftliche 149.
Kostenrechnungen, deren Aufstellung 39 — für Katasterkontroleure 51/53, 56 — für Steuerbeamte 80/82 — für Justizbeamte 133 — für Eisenbahnbeamte 197 ff.
Kreisärzte, Dienstreisen in medizinal- und sanitätspolizeilichen Angelegenheiten 38, 94 — in gerichtsärztlichen Angelegenheiten 95 — bei Obduktionen 95.
Kreisassistenzärzte 95.
Kreisbeiräthe in Rentengutssachen 147.
Kreisdeputirte als Vertreter der Landräthe 111.
Kreisersatzkommissionen s. Ersatzkommissionen.
Kreiskommissionen zur Feststellung der Belegungsfähigkeit der Ortschaften 114.
Kreissekretäre 109.
Kreisverordnete in Auseinandersetzungssachen 143.
Kursbuch, dessen Benutzung bei Feststellung der Entfernungen 17, 171/172.

L.

Landeseisenbahnrath 203.
Landesmeliorationen 154.
Landes-Oekonomie-Kollegium 148.
Landgendarmerie 121 ff. — Umzugskosten 266/268.
Land-(Feld-)messer, Gewährung von Reisekostenzuschüssen 48 — Diäten 58 — Feld- oder Reisezulagen 59, 62 — Fuhrkosten 59 — Vergütungen für Arbeiten am Wohnorte 61 — in Auseinandersetzungssachen 143 — bei Landesmeliorationen 154 — bei der

allgemeinen Bauverwaltung 210 — bei der Staatseisenbahnverwaltung 160, 179, 195 — Entschädigung für Liegetage 146.
Landräthe 33, 108 ff.
Landräthliche Büreaugehülfen 117.
Lehrer 92 — als Mitglieder der Prüfungskommissionen für Einjährig-Freiwillige 112 — an Strafanstalten und Gefängnissen 120 — Umzugskosten 236, 237.
Lehrerinnen, Umzugskosten 237.
Liegetage der Feldmesser, s. Landmesser.
Lokalbaubeamte 209 ff.

M.

Materialien, deren Prüfung und Abnahme durch Staatseisenbahnbeamte 163.
Medizinalbeamte, Vergütungen für die Besorgung gerichtsärztlicher zc. Geschäfte 38 39 — s. a. Kreisärzte und Gerichtsärzte.
Meldungen, Reisen zur Abstattung persönlicher 167.
Meliorationsbaubeamte, Reisen im domänen- und forstfiskalischen Interesse 158.
Meliorationssachen, Reiseentschädigungen der in solchen beschäftigten Zeichner, Hülfszeichner, Meliorationstechniker und Wiesenbaumeister (Meliorationsbauwarte) 144.
Miethzins, dessen Erstattung bei Versetzungen 245, 247 — Nichtgewährung beim Umzuge am Stationsorte 234, 251 — an Regierungsbaumeister 257.
Militäranwärter 244, 254, 255.
Möblirte Wohnung, Erstattung des Miethzinses bei Versetzungen 250.
Morgenstunden, Antritt der Dienstreisen in diesen 19, 160.
Müllgeld s. Nebenabgaben.

N.

Nebenabgaben, deren Berücksichtigung bei Erstattung von Wohnungsmiethe 250.
Nebengeschäfte der Baubeamten 212.
Neubaustrecken von Eisenbahnen, Reiseentschädigungen für das Begehen solcher 185.
Notare 130.

O.

Obduktionen, gerichtsärztliche 95.
Oberersatzkommissionen, Tagegelder für Geschäfte am Wohnorte 117.
Oberförster als Gutsvorsteher 156 — bei Wahrnehmung der staatlichen Aufsicht über Gemeindeforsten 157.
Oberforstmeister 156, 158.
Oekonomiekommissare 144.
Oekonomiekommissionsanwärter 149.
Oekonomiekommissionsgehülfen 144, 149.
Ort, Begriff 16, 29, 170.
Ortsschulinspektoren, deren Entschädigung bei Vernehmung als Zeugen und Sachverständige 92.

P.

Pensionirte Beamte, Gewährung von Reisekosten an solche 11 — Nichtgewährung von Umzugskosten 238.
Pensionskasse für die Arbeiter der Preußisch-Hessischen Eisenbahngemeinschaft, Reisen der Mitglieder des Kassenvorstandes und der Bezirksausschüsse 203.
Pfändung, Tagegelder und Reisekosten unterliegen derselben nicht 11.
Pferdegelder und Pferdezuschußgelder für Steuerbeamte 74.
Pferdeställe, Miethvergütung für solche 250.
Pflegekinder im Haushalte versetzter Beamten, Höhe der Umzugsentschädigung 251.
Plan für Ausführung von Dienstreisen 6.
Polizeiliche Vernehmungen, Gebühren der Zeugen und Sachverständigen 118.
Postkarten, amtliche, deren Benutzung bei Entfernungsfeststellungen 17, 171/172.
Privatdozenten an den Forstakademien 156.
Privatpersonen als Verwalter von Spezialbaukassen 221.
Probe- und Revisionsfahrten mit Eisenbahnfahrzeugen 193.
Protokollführer in Auseinandersetzungssachen 142.
Provinzial-Medizinalkollegium 96.
Provinzial-Taubstummenanstalten, Reiseentschädigungen der Vorsteher 92.

Prüfung von Projekten zu Eisenbahnen rc. 110, 211 — von Materialien und Bekleidungsgegenständen durch Eisenbahnbeamte 163.

Prüfungskommissionen für Lehrer an Mittelschulen und für Rektoren, sowie für Lehrerinnen und Schulvorsteherinnen 92 — für Seeschiffer 100 — für Seedampfschiffsmaschinisten 101 — für Elbschiffer 103 — für Schornsteinfeger 103 — für Baugewerkschulen 104 — für Einjährig-Freiwillige 112.

Q.

Quittungen über die gesetzlichen Reisekosten übersteigende Mehraufwendungen bei Ausführung von Dienstreisen 14 — über Miethzins, dessen Erstattung beansprucht wird 201.

R.

Räthe, außeretatsmäßig beschäftigte, Umzugskosten derselben 240.

Rang, dessen Einfluß auf die Höhe der Tagegelder, Reise- und Umzugskosten 6, 36, 235, 245.

Rechnungsrevisoren bei den Landgerichten 131.

Referendare 108.

Regierungsassessoren 107 — als Hülfsbeamte von Landräthen 109 — Umzugskosten 240 — Reise aus Anlaß der ersten Ueberweisung nach bestandener großer Staatsprüfung ist nicht als Versetzung anzusehen 244.

Regierungsbauführer 160, 178, 209 — Wegfall der Reisekostenbauschsummen 179, 213.

Regierungsbaumeister 160, 178, 209, 215 — Wegfall der Reisekostenbauschsummen 179, 213.

Regierungsbausekretäre 210.

Regierungs- und Medizinalräthe 95.

Reichsdienst, Umzugsentschädigungen bei Uebernahme von Beamten aus diesem in den Staatsdienst 253.

Reichstagswahl, Beisitzer zur Ermittelung des Wahlergebnisses 112.

Reiseauftrag, dessen Ausführung 9, 10, 162.

Reiseentschädigungen, Gewährung solcher an die bei der Staatseisenbahnverwaltung außerhalb des Staatsbeamtenverhältnisses beschäftigten mittleren technischen Hülfskräfte 195.

Reisegeldzuschüsse der Steuerbeamten 77.

Reisekosten, Unzulässigkeit der Zahlung doppelter für dieselbe Reise 7 — Wiedereinziehung zu Unrecht gezahlter im Wege der administrativen Zwangsvollstreckung 10 — gehören nicht zum steuerpflichtigen Einkommen 11 — unterliegen der Pfändung nicht 11 — Gewährung an pensionirte Beamte 11 — für Mitnahme eines Dieners 25 — siehe im übrigen „Dienstreisen“ und „Berechnung der Reisekosten“.

Reisekostenzuschüsse der Katasterkontroleure 44 — der Katasterzeichner 48 — der Katasterlandmesser 48.

Reisen zum erstmaligen Antritt einer Stelle im Staatsdienst 7.

Reisepässe, Auslagen für Beschaffung solcher sind zu erstatten 163.

Reiseplan s. Plan.

Reisetage 5, 19—21, 28, 62, 97, 162.

Reiseweg, Ermittelung des billigsten 20, 28, 163, 171, 172.

Rektoren, Umzugskosten 237.

Rentmeister, Reiseentschädigungen in ihrer Eigenschaft als Spezialbaukassenrendanten 221.

Reservejäger, Nichtgewährung von Umzugskosten an solche 233.

Revierförster 157.

Revisions- und Probefahrten mit Eisenbahnfahrzeugen 193.

Richter s. Justizbeamte.

Rückkehr auf Dienstreisen befindlicher Beamten in Krankheitsfällen an den Wohnort 10.

Rundreisen 28, 174 — der Spezialbaukassenrendanten 220.

S.

Sachverständige, zur Abschätzung von Flurschäden 112 — in Auseinandersetzungsangelegenheiten 143 — zur Abschätzung getödteten und gefallenen Viehes 153 — zur Abgabe eines Gutachtens vor Gericht 168.

Schätzungsausschüsse, Tagegelder und Reisekosten der Mitglieder 64/66.
Schiedsgericht der staatlichen Unfallversicherung, Reiseentschädigungen der Beisitzer 221.
Schiedsmänner in Viehseuchenangelegenheiten 152.
Schiedsrichter in Auseinandersetzungssachen 143.
Schlafwagen, deren Benutzung durch Staatseisenbahnbeamte 184.
Schlepp- und Bereisungsboote, fiskalische, deren Benutzung bei Reisen zur Ausführung von Nebenarbeiten 212.
Schnell- und Durchgangs-(D)Züge, Verpflichtung zu deren Benutzung bei Dienstreisen 20, 161.
Schöffen und Geschworene, Ausschuß zur Auswahl derselben 114, 141.
Schornsteinfeger, Prüfungskommissionen 103.
Schornsteinfegergeld s. Nebenabgaben.
Schuldienst, Umzugsentschädigung bei Uebernahme von Beamten in den unmittelbaren Staatsdienst 253.
Schutzmannschaft in Berlin, Charlottenburg, Rixdorf und Schöneberg 117.
Seeämter 106.
Seedampfschiffsmaschinisten und Seeschiffer, Prüfungskommissionen für dieselben 100, 101.
Seitenverwandte versetzter Beamten 251.
Seuchenkommissare 153.
Sielamt 212.
Spezialbaukassenrendanten 220 — Rentmeister als solche 221 — desgl. Privatpersonen 221.
Spezialkommissare in Auseinandersetzungssachen 142.
Spezialkommissions-Büreaubeamte, Reisezulagen bei Geschäften in Auseinandersetzungssachen 145, 148.
Staatseisenbahnbeamte, Tagegelder und Reisekosten derselben 180 ff. — Umzugskosten 258 ff.
Standesvertretung, ärztliche 96.
Steuerbeamte (Verwaltung der indirekten Steuern), Tagegelder und Reisekosten 66/73 — Pferdegelder und Pferdezuschußgelder 74 — Fuhrkostenentschädigungen 76 — Reisegeldzuschüsse 77 — Vergütung für außergewöhnliche Dienstleistungen 88 — freie Fahrt auf Eisenbahnen 91 — Umzugskosten 256.
Steuerpflichtiges Einkommen der Beamten, Reisekosten und Tagegelder gehören nicht dazu 11.
Steuersupernumerare 71, 72, 86, 91, 245.
Strafanstaltsbeamte, deren Entschädigung bei der Beschäftigung von Gefangenen außerhalb der Anstalt 119.
Straßenverbindung, kürzeste fahrbare 19, 239.
Superintendenten, Entschädigung für Ausführung von Reisen in Staatsdienstangelegenheiten 91 — Stellvertreter 92.

T.

Tagebuch der Katasterkontroleure ꝛc. 51 — der Landmesser 60 — der Lokalbaubeamten 215.
Tagegelder, Gesetz vom 24. März 1873/21. Juni 1897 4 — sind für die ganze Dauer der Dienstreise zu zahlen 5 — Drittelabzug für Benutzung von Kommissionswohnungen ist beseitigt 5 — Abstufung nach dem Dienstrange 7 — bei kommissarischer Verwaltung einer Stelle nur nach den den Beamten der eigenen Dienstkategorie zustehenden Sätzen 7 — Unzulässigkeit der Zahlung doppelter Tagegelder für denselben Tag 7, 134 — Wiedereinziehung zu Unrecht gezahlter im Wege der administrativen Zwangsvollstreckung 10 — werden auf die zur Zurücklegung der Reise unumgänglich nothwendig gewesenen und wirklich verwendeten Tage gewährt 10 — sind auf Dienstreisen erkrankten Beamten auch für die Krankheitstage zu zahlen 10 — gehören nicht zum steuerpflichtigen Einkommen 11 — unterliegen der Pfändung nicht 11 — Nichtgewährung bei Dienstreisen während eines Kommissoriums mit vollen Tagegeldern 12 — Gewährung bei Reisen während eines solchen mit ermäßigten Tagegeldern 12 — an Wartegeldempfänger bei Wiederheranziehung zum Dienst 12 — Nichtgewährung für Geschäfte am Wohnorte 31 — für Reisen von Beamten im Vorbereitungsdienst 35 — der außeretats-

mäßigen Beamten 160 — bei Versetzungen nach dem Dienstrange der neuen Stelle 245, 246, 253 — der Baugewerkschullehrer bei Versetzungen 246 — der wissenschaftlichen Hülfslehrer 247.

Tagelohnvergütungen, Gewährung solcher an Katasterkontroleure 49.

Tarif- 2c. **Versammlungen**, deren Beschickung durch Staatseisenbahnbeamte 165.

Taubstummenanstalten, Tagegelder 2c. der Vorsteher 92.

Taxatoren bei Abschätzung von Flurschäden 113.

Technische Bürcauhülfsarbeiter 210.

Technische Sekretäre 210 — Anwärter für die Stellen der technischen Eisenbahnsekretäre 160.

Thierärzte 149 ff. — für Behandlung von Gestütpferden 154 — Entschädigungen für Reisen auf Kleinbahnen 151 — im Auslande 151.

Transportkostenvergütung bei Versetzungen, deren Berechnung 239 ff. — Mitberücksichtigung der Berliner Verbindungsbahn 240.

U.

Umzug ist Vorbedingung für die Gewährung von Umzugskosten 234.

Umzugskosten, Gesetz vom 24. Februar 1877 231 — deren Gewährung bei Versetzung in einen anderen Gemeindebezirk 18, 234 — bei Versetzung auf Antrag 233 — auch bei Versetzungen auf Entfernungen unter 2 km 234 — Nichtgewährung beim Umzuge am Stationsorte 234 — wenn der versetzte Beamte am bisherigen Stationsorte wohnen bleibt 234 — bei Versetzungen zum Zwecke der ersten etatsmäßigen Anstellung 235 — an pensionirte Beamte 238 — Bemessung der Vergütungssätze nach der Stellung, aus welcher die Versetzung erfolgt 253 — der Regierungsbaumeister (Gesetz v. 24. August 1896) 257 — der Staatseisenbahnbeamten (Verordn. v. 26. Mai 1877/4. März 1895) 258 — der Mitglieder der Landgendarmerie (Verordn. v. 27. Januar 1879/19. September 1883) 266 ff.

Unterbrechung von Dienstreisen 10 — behufs Uebernachtens 19, 161 — wegen Krankheit 20.

Unzulässigkeit der Gewährung von Tagegeldern und Reisekosten 166, 177, 180 — der Bewilligung doppelter Tagegelder und Reisekosten 7, 134 — von Reiseentschädigungen bei der ersten Einberufung von Dienstanwärtern 12.

Urlaubsreisen 167.

V.

Verein deutscher Eisenbahnverwaltungen, Theilnahme an den Versammlungen desselben 165.

Verkehrsmittel, unentgeltlich gestellte 27.

Verkehrs- und Tarifversammlungen der Eisenbahnverwaltungen, deren Beschickung 165.

Vermessungsbeamte, Reiseentschädigungen in Ansiedelungssachen 43 — in Auseinandersetzungssachen 145 — als Sachverständige vor Gericht 145.

Vermessungsrevisoren, Vergütung nach dem Landmesserreglement 58, 143.

Versicherungsrevisoren 117.

Verspätungen der Eisenbahnzüge 2c., deren Einfluß auf die Berechnung der Tagegelder 8, 160.

Vertrauensmänner s. Schöffen und Geschworene.

Verwaltungsgerichte 107.

Verwandte im Haushalte versetzter Beamten, Umzugskosten 251.

Vorbereitungsdienst s. Dienstreisen.

Vorübergehende Dienstleistungen außerhalb des Wohnortes 12, 181.

W.

Wagenbeistellungsversammlung der Eisenbahnverwaltungen 164.

Wagenremisen, Miethvergütung für solche 250.

Wartegeldempfänger, Anspruch auf Tagegelder bei Wiederheranziehung zum Dienst 12 — Umzugskosten 256.

Wasserfahrzeuge, Dienstreisen mit diesen 25/26.
Wasserzins s. Nebenabgaben.
Weg, auf dem bei Versetzungen der Sachentransport auszuführen ist 239.
Wiedereinziehung zu Unrecht gezahlter Tagegelder und Reisekosten, s. Zwangsvollstreckung.
Wirthschaftliche Konferenz 149.
Wissenschaftliche Deputation für das Medizinalwesen 96.
Wittwer, Umzugskosten 252.
Wohnung, möblirte, Miethentschädigung bei Versetzungen 250.

Z.

Zeugen und Sachverständige bei polizeilichen Vernehmungen 118 — vor Gericht 168.
Zollkreuzer und Zollboote, Dienstreisen mit diesen 25.
Zollpraktikanten 72, 86, 90 — bei Versetzungen 245.
Zugbegleitungsbeamte, deren Anspruch auf Kommandogeld 181 — auf Fahr-, Stunden- und Nachtgelder 193.
Zu- und Abgangsentschädigungen 17, 25, 175/176 — bei Benutzung von Kleinbahnen 21 — bei Benutzung von Zollkreuzern oder anderen Wasserfahrzeugen 25 — für den Uebergang zwischen Berliner Bahnhöfen 25 — bei Revision von Eisenbahnstrecken und in Strombefahrungs-Angelegenheiten 25.
Zwangsvollstreckung, administrative, Wiedereinziehung zu Unrecht erhobener Tagegelder 2c. im Wege derselben 10.

Lippert & Co. (G. Pätz'sche Buchdr.), Naumburg a. S.

In demselben Verlage sind erschienen:

Das Bürgerliche Gesetzbuch für das Studium und die Praxis erläutert von **Dr. H. Rehbein,** Reichsgerichtsrath. I. Bd. (Allg. Theil). 1899. M. 7; gebdn. M. 8,50. — II. Band. 1. u. 2. Lieferung. 1902. à M. 3,50.

Die Deutsche Civilprozeßordnung. Erläutert von **O. Reincke,** Reichsgerichtsrath. Vierte, umgearbeitete Auflage. 1900. M. 20; gebdn. M. 22.

Vereine ohne Rechtsfähigkeit nach dem neuen Rechte. Von Dr. **Otto Gierke,** Geh. Justizrath, ord. Professor in Berlin. 2., ergänzte Auflage. 1902. M. 1,20.

Die Gesammten Reichs-Justizgesetze und die sämmtlichen für das Reich und in Preußen erlassenen Ausführungs- und Ergänzungsgesetze, Verordnungen, Erlasse und Verfügungen. Mit Anmerkungen und Sachregister von Dr. **P. Kayser,** weil. Senatspräsident b. Reichsgericht. 6. Auflage. 1901. M. 18,—; geb. M. 20,—.

Gewerbeordnung für das Deutsche Reich erläutert von Dr. **P. Kayser,** weiland Senatspräsident beim Reichsgericht. Dritte, gänzlich umgearbeitete Auflage von Dr. **Steiniger,** Regierungsassessor. 1901. Ausgabe für Preußen. Geb. M. 6,50.

Deutsches Vormundschaftsrecht unter Berücksichtigung der in den bedeutenderen Bundesstaaten ergangenen Ausführungsbestimmungen erläutert von **A. Hesse,** Reichsgerichtsrath. 1900. Gut cartonnirt M. 7.

Die Reichs-Grundbuchordnung vom 24. März 1897 mit Anmerkungen und Sachregister von **Willenbücher,** Geh. Justizrath, Oberlandesgerichtsrath a. D. Zweite, vermehrte Aufl. Ausgabe f. Preußen. 1900. Cart. M. 2,40.

Die Civilprozeßordnung in der Fassung des Gesetzes vom 17. Mai 1898. Mit den Entscheidungen des Reichsgerichts und den einschlagenden reichsrechtlichen Bestimmungen. Nebst einem das Gerichtsverfassungsgesetz und die Kostengesetze enthaltenden Anhange. Von **W. Peters,** weiland Landgerichtsrath. Neu bearbeitet von **K. Elsner von Gronow,** Amtsrichter. 3. Auflage. 1899. Gebunden M. 4.

Das Preußische Gesinderecht im Geltungsbereiche der Gesindeordnung vom 8. November 1810 bearbeitet von **E. Lindenberg,** Landgerichtspräsident. 6. Auflage des gleichnamigen Posseldt'schen Buches. 1901. Kart. M. 1,60.

Strafrecht und Strafprozeß. Eine Sammlung der wichtigsten das Strafrecht und das Strafverfahren betreffenden Gesetze. Zum Handgebrauch für den Preuß. Praktiker erläutert und herausgegeben von **Dr. A. Dalcke,** weiland Ober-Staatsanwalt, Geh. Ober-Justizrath. 8. Auflage. 1902. Gebunden M. 8,50.

Das Strafgesetzbuch für das Deutsche Reich vom 15. Mai 1871. Mit den Entscheidungen des Reichsgerichts. Von **Dr. P. Daude,** Geh. Regierungsrath. 8. Aufl. 1901. Gebunden M. 3,50.

Die Strafprozeßordnung für das Deutsche Reich und das Gerichtsverfassungsgesetz. Mit den Entscheidungen des Reichsgerichts. Von **Dr. P. Daude.** 5. Auflage. 1901. Gebunden M. 4.

Nachtrag

zu dem Werke

Die Bestimmungen über die Tagegelder, Reise- und Umzugskosten der Preußischen Staatsbeamten usw.

von

Rechnungsrat **L. Waterstradt,**
Geh. Rechnungsrevisor bei der Ober-Rechnungskammer.

(Verlag von H. W. Müller in Berlin.)

I. Ausführungsbestimmungen zu den Vorschriften über die Tagegelder und Reisekosten der Staatsbeamten. Vom 11. November 1903. (G.S. S. 231.)

Gemäß Art. IV des Gesetzes vom 21. Juni 1897 (G.S. S. 193) bestimmt das Staatsministerium unter Aufhebung der entgegenstehenden Vorschriften folgendes:

A. Begriff und Ausgangsort einer Dienstreise.

1, Bei einer vom Wohnort angetretenen Dienstreise gilt als Ausgangsort der dienstliche Wohnort des Beamten.

Ist das Dienstgeschäft am tatsächlichen, vom dienstlichen verschiedenen Wohnorte des Beamten oder in einer geringeren Entfernung als 2 km vom tatsächlichen Wohnort auszuführen, so bleibt der dienstliche Wohnort außer Betracht. Nötigen dienstliche Gründe dazu, die Reise vom dienstlichen Wohnort aus anzutreten, so sind die wirklich entstehenden Auslagen zu erstatten, deren Belegung nicht erforderlich ist.

2, Die Gänge eines Beamten zwischen seinem Wohnort und seiner regelmäßigen Dienststätte sind auch dann nicht als Dienstreisen anzusehen, wenn die Dienststätte 2 km oder mehr von der Grenze des Wohnorts entfernt liegt.

Ordnet die vorgesetzte Dienstbehörde an, daß der Beamte zur Beschleunigung die sich darbietenden regelmäßigen Beförderungsgelegenheiten benutzt, so sind die ihm wirklich entstehenden Auslagen zu erstatten, deren Belegung nicht erforderlich ist.

3, Bei einer Dienstreise im Zusammenhange mit einer Urlaubsreise [1]) wird der Berechnung der Reisekosten nur die dienstlich zurückgelegte Entfernung zugrunde gelegt.

Als dienstlich zurückgelegt gilt:

a, beim Anschluß einer Urlaubsreise an eine Dienstreise die Entfernung vom Wohnorte zum Geschäftsort und zurück;

b, beim Anschluß einer Dienstreise an eine Urlaubsreise die Entfernung vom Urlaubsorte nach dem Geschäftsort und von diesem nach dem Wohnort, insoweit als sie diejenige Entfernung übersteigt, die der Beamte auch ohne das Dienstgeschäft zur Rückkehr vom Urlaub hätte zurücklegen müssen;

c, beim Unterbrechen des Urlaubs durch eine Dienstreise die Entfernung vom Urlaubsorte zum Geschäftsort [2]) und von diesem zu dem Orte, an welchem der Beamte seinen weiteren Urlaub verbringt, die letztere Entfernung jedoch nur insoweit, als sie nicht größer ist als die erstere;

d, in den Fällen b und c, sofern der Auftrag zu dem Dienstgeschäfte schon vor Antritt der Urlaubsreise erteilt und die Urlaubsreise mit Rücksicht hierauf eingerichtet ist, die Entfernung vom Wohnorte zum Geschäftsort und zurück.

Erfordert die Erledigung des Dienstauftrags für den beurlaubten Beamten überhaupt keine Reise, wie z. B. bei Vornahme des Dienstgeschäfts am Urlaubsorte selbst oder in einer geringeren Entfernung als 2 km von ihm, so hat der Beamte nur Anspruch auf Tagegelder für die zur Erledigung des Auftrags erforderliche Zeit.

B. Zahl der Reisetage.

1, Dienst- und Versetzungsreisen müssen, sofern die Zahl der Reisetage dadurch beeinflußt werden sollte und nicht besondere dienstliche — bei späterem Antritte der Reise in dem Forderungsnachweise kurz zu erläuternde — Umstände ein anderes bedingen, in den Monaten April bis September von 6 Uhr und in den Monaten Oktober bis März von 7 Uhr morgens ab angetreten werden.

2, Bei Reisen, welche mit der Eisenbahn, der Post oder dem Schiffe begonnen oder beendigt werden, ist, vorbehaltlich der Bestimmung unter Ziff. 3 Abs. 2, für die Berechnung der Zahl der Reisetage die fahrplanmäßige Abgangs- und Ankunftszeit an den Eisenbahn- und Poststationen oder Anlegeplätzen maßgebend. Verspätungen kommen nur insoweit in Betracht, als sie besonders nachgewiesen werden.

3, Bei Reisen, welche nicht mit der Eisenbahn, der Post oder dem Schiffe ausgeführt werden, gilt als Zeitpunkt für den Beginn oder die Beendigung die Stunde des Verlassens oder des Wiederbetretens der Wohnung.

Das gleiche gilt, wenn die Entfernung zwischen der Ortsgrenze des

---

[1]) Die Verbindung einer Dienstreise mit einer Urlaubsreise ist, wie bisher, nur mit Genehmigung der zuständigen Dienstbehörde zulässig.

[2]) Auch wenn dies der dienstliche Wohnort ist. — Tagegelder sind über die Reisetage hinaus am Wohnorte nicht zu gewähren.

Wohnorts und der zugehörigen Eisenbahnstation oder dem Anlegeplatze 2 km oder mehr beträgt.

4, Soweit die vorhandenen Verkehrsmittel es ermöglichen, sind Dienstreisen ohne andere als die zur Erledigung der Dienstgeschäfte erforderlichen Unterbrechungen zurückzulegen.

Wird eine Unterbrechung durch Krankheit oder andere besondere Umstände notwendig, so werden für die dadurch bedingten Liegetage Tagegelder gezahlt. Eine derartige Unterbrechung ist dem nächsten Dienstvorgesetzten ungesäumt zu melden, sowie in dem Forderungsnachweis ersichtlich zu machen und zu begründen.

Zum Zwecke des Übernachtens sind Unterbrechungen nur bei Reisen, deren Zweck eine außergewöhnliche Beschleunigung nicht bedingt, gestattet, und zwar:

a, bei Benutzung von Eisenbahnen oder Schiffen, wenn trotz vorschriftsmäßigen Antritts der Reise (Ziff. 1) nach Lage der bestehenden Verbindungen das Reiseziel erst nach einer 12stündigen Reisezeit erreicht werden kann, bei Benutzung von Schiffen außerdem nur unter der ferneren Voraussetzung, daß an Bord keine Schlafeinrichtungen für Reisende vorhanden sind und durch eine Ausschiffung die Reisedauer infolge ungünstiger weiterer Beförderungsgelegenheit nicht wesentlich vergrößert wird;

b, bei Benutzung des Landwegs nach Zurücklegung einer Strecke von 75 km.

Notwendig gewordene Abweichungen von den zu a und b gegebenen Regeln sind in dem Forderungsnachweise zu erläutern.

Durch Unterbrechungen der Dienstreisen aus privaten Rücksichten dürfen der Staatskasse keinerlei Mehrkosten erwachsen.

5, Zur Reise sind, wenn dadurch Mehrkosten vermieden werden können, auch Sonn- und Feiertage zu benutzen.

Wird die dienstliche Tätigkeit während einer Dienstreise durch Sonn- und Feiertage oder durch besondere dienstliche Umstände unterbrochen, so hat der Beamte auf die Tagegelder für die Aufenthaltstage oder auf die Reisekosten für die Rückkehr zum Wohnort und die nochmalige Reise zum Bestimmungsort Anspruch, je nachdem die Berechnung sich für die Staatskasse vorteilhafter gestaltet.

Das gleiche gilt, wenn bei einer mehrere Tage erfordernden dienstlichen Verrichtung die tägliche Rückkehr an den Wohnort durch dienstliche Gründe oder nach Lage der bestehenden Verbindungen nicht ausgeschlossen ist.

6, Ein Beamter, welcher für die auf der Eisenbahn zurückzulegende Dienstreise an Reisekosten im Inlande 7 Pfg. oder mehr für das Kilometer zu beanspruchen hat, ist zur Benutzung von Schnell- und Durchgangs-(D)Zügen verpflichtet, wenn dadurch eine im dienstlichen Interesse liegende Abkürzung der gesamten Dauer der Dienstreise ermöglicht oder eine Unterbrechung der Reise vermieden wird.

Die gleiche Verpflichtung haben auch die übrigen Beamten, sofern jene Züge die dritte Wagenklasse führen.

7, Die Weiter- oder Rückreise, namentlich bei kürzeren Reisewegen, ist nach beendetem Dienstgeschäfte möglichst noch an demselben Tage anzutreten, und zwar von den Beamten, welche für Reisen auf Landwegen 60 Pfg.

für das Kilometer an Reisekosten erhalten, erforderlichenfalls unter Benutzung von Extrapost oder Lohnfuhrwerk.

Hat das Dienstgeschäft oder die Hinreise nebst dem Dienstgeschäfte 7 Stunden und darüber in Anspruch genommen, so werden unter kürzeren Reisewegen solche verstanden, welche in höchstens 2 Stunden zurückgelegt werden können.

Abweichungen von der Regel sind in dem Forderungsnachweise zu begründen.

C. Benutzung von Kleinbahnen.

1, Als Kleinbahnen gelten die im Reichskursbuch als solche bezeichneten Verkehrsmittel. Sie werden in nebenbahnähnliche Kleinbahnen und in Straßenbahnen unterschieden. Ob eine Kleinbahn im Sinne der nachstehenden Bestimmungen als nebenbahnähnliche oder als Straßenbahn anzusehen ist, entscheidet im Zweifelsfalle die Angabe im Kursbuche, nötigenfalls der Ressortchef in Gemeinschaft mit dem Finanzminister.

2, Die Beamten sind verpflichtet, bei ihren Dienstreisen Kleinbahnen zu benutzen.

3, Sie erhalten bei Benutzung von nebenbahnähnlichen Kleinbahnen dieselben Reisekosten einschließlich Zu- und Abgangsgebühr, wie bei Benutzung der Eisenbahn.[1]) Bei Benutzung von Straßenbahnen werden ihnen dagegen nur die wirklich verauslagten Beträge für die Fahrt sowie bis zur Höhe der gesetzmäßigen Gebühr auch für Zu- und Abgang erstattet. Eine Belegung ist nicht erforderlich.

4, Ist für eine Reise, die mit einer Kleinbahn hätte zurückgelegt werden können, ein Fuhrwerk, eine Eisenbahn oder ein Schiff benutzt, so ist die etwa höhere Entschädigung hierfür dann zu gewähren, wenn die Benutzung der Kleinbahn im Interesse einer angemessenen Erledigung der Reise ungeeignet gewesen ist.

Als Fälle dieser Art gelten:

a, wenn durch die Benutzung eines anderen Beförderungsmittels als der Kleinbahn eine erhebliche, im dienstlichen Interesse liegende Zeitersparnis erzielt wird;

b, wenn dadurch eine zweckmäßigere Zeiteinteilung hinsichtlich der zu erledigenden auswärtigen Dienstgeschäfte ermöglicht wird;

c, wenn die Kleinbahn sich zur Beförderung notwendig mitzuführenden Gepäcks nicht eignet;

d, wenn die Kleinbahn mit Rücksicht auf die dienstliche Stellung des Beamten als ein angemessenes Beförderungsmittel nicht zu erachten ist. Kleinbahnen, die mehrere Wagenklassen führen, sind in keinem Falle aus Gründen, welche die dienstliche Stellung des Reisenden betreffen, als ungeeignet zur Benutzung anzusehen.

5, Seitens des Beamten sind in dem Forderungsnachweise die Gründe der Nichtbenutzung der Kleinbahn anzugeben. Die Entscheidung darüber, ob diese Gründe gerechtfertigt sind, steht vorbehaltlich einer abweichenden Anordnung dem Ressortchef in Gemeinschaft mit dem Finanzminister zu.

---

[1]) Wo diese Ausführungsbestimmungen von Eisenbahnen oder Eisenbahnstationen sprechen, sind die nebenbahnähnlichen Kleinbahnen oder deren Anhaltestellen mit inbegriffen, soweit sich nicht etwa ein anderes aus der betreffenden Vorschrift ergibt.

6, In den Forderungsnachweisen sind benutzte Straßenbahnen als solche ersichtlich zu machen.

D. Voraussetzung für die Gewährung von Reisekosten.

1, Der Wohnort des Beamten und der Bestimmungsort seiner Dienstreise gelten nur dann als mindestens 2 km von einander entfernt, wenn sowohl die Entfernung von der Grenze des Wohnorts bis zur Mitte des Bestimmungsorts als auch die Entfernung von der Ortsgrenze des letzteren bis zur Mitte des ersteren mindestens 2 km beträgt.

Beträgt nur eine dieser Entfernungen 2 km oder mehr, so kann allein die Erstattung der wirklich verauslagten Reise- und sonstigen Unkosten (Brücken-, Fährgeld) in Frage kommen, und zwar auf Grund besonderer Angaben, deren Belegung jedoch nicht erforderlich ist.

Der Anspruch auf Tagegelder und Reisekosten wird im Falle des ersten Satzes nicht dadurch ausgeschlossen, daß die auf Eisenbahn, Kleinbahn oder Schiff zurückzulegende Reisestrecke weniger als 2 km beträgt.

2, a, Als Ort (Ziff. 1) gilt der hauptsächlich von Gebäuden oder eingefriedigten Grundstücken eingenommene Teil eines Gemeinde-(Guts-) bezirks, so daß die Ortsgrenze ohne Rücksicht auf vereinzelte Ausbauten oder Anlagen durch die Außenlinie jenes Bezirksteils gebildet wird. Derartig räumlich zusammenhängende, demselben Gemeinde-(Guts-)bezirk angehörende, von Gebäuden oder eingefriedigten Grundstücken eingenommene Flächen gelten auch dann als ein einziger Ort, wenn etwa für einzelne Teile besondere Ortsbezeichnungen üblich sind.

b, Sind in einem Gemeinde(Guts-)bezirke mehrere getrennt von einander liegende geschlossene Ortschaften vorhanden, so ist jede Ortschaft für sich als ein Ort anzusehen. Die durch öffentliche Anlagen, Gewässer, Festungswerke und Rayonbeschränkungen bedingten Unterbrechungen des baulichen Zusammenhanges mehrerer Ortsteile bewirken für sich allein keine Trennung des Ortes in mehrere Ortschaften im Sinne dieser Vorschrift.

c, Hat der Beamte seinen dienstlichen Wohnsitz außerhalb eines Ortes (a u. b), sei es, daß in dem Gemeinde-(Guts-)bezirk, in welchem der Wohnsitz sich befindet, ein durch die geschlossene Lage der Wohnstätten kenntlicher Ortsbering überhaupt nicht vorhanden ist, sei es, daß die dem Beamten angewiesene Wohnstätte außerhalb der Grenze des geschlossenen Ortsberinges liegt, so gilt das Wohnhaus des Beamten als Anfangspunkt der Dienstreise.

d, Handelt es sich um die Erledigung eines Dienstgeschäfts an einer bestimmten Stelle außerhalb eines Ortes (a und b), so gilt dieser Punkt als Endpunkt der Dienstreise.

e, In den Fällen zu c und d findet die Bestimmung unter 1 sinngemäße Anwendung.

3, Zur Feststellung der hiernach maßgebenden Entfernungen sind, falls diese Feststellung nicht unter Benutzung der zu F. 5 angegebenen Hilfsmittel erfolgen kann, die Bescheinigungen sachkundiger Behörden und hinsichtlich der im Auslande gemachten Dienstreisen Bescheinigungen der Kaiserlichen Gesandtschaften oder Konsulate beizubringen. Soweit für einen Bezirk durch die zuständigen Regierungen amtliche Entfernungskarten aufgestellt sind, treten diese hinsichtlich der aus ihnen hervorgehenden Entfernungen an die Stelle vorstehender Bescheinigungen.

E. Berechnung der Tagegelder.

1, Der Tag der Abreise sowie der Tag der Ankunft werden als Reisetage gerechnet, unbeschadet der Verpflichtung des Beamten, die Reisetage tunlichst auch zur Erledigung der Dienstgeschäfte zu benutzen.

2, Tagegelder können für ein und denselben Tag auch bei mehreren Reisen nur einmal gewährt werden, und zwar, wenn mehrere Reisen an einem und demselben Tage oder an zwei Tagen innerhalb 24 Stunden angetreten und beendet sind, nach den etwa dafür vorgesehenen ermäßigten Sätzen.

3, Ein Beamter, der bei einer vorübergehenden Beschäftigung außerhalb seines Wohnorts die vollen Tagegelder bezieht, erhält daneben bei weiteren Dienstreisen keine Tagegelder.

Bezieht er für eine derartige Beschäftigung hinter den gesetz- oder verordnungsmäßigen zurückbleibende Tagegelder oder eine Bauschvergütung, so erhält er bei weiteren Dienstreisen daneben die gesetz- oder verordnungsmäßigen Tagegelder unverkürzt.

4, Bewegt die Dienstreise eines Beamten, welchem für die Zeit seines Aufenthalts im Auslande höhere Tagegelder als für das Inland bewilligt sind, sich an einem Tage innerhalb und außerhalb des Reichsgebiets, so wird für den Tag des Überganges in das Ausland der höhere, für den Tag der Rückkehr in das Inland der niedrigere Tagegeldersatz gewährt. Erfolgt der Übergang in das Ausland und die Rückkehr in das Inland an demselben Tage, so ist der höhere Tagegeldersatz zu zahlen.

F. Berechnung der Reisekosten.

1, Sind nach D Reisekosten zu gewähren, so ist für ihre Berechnung bei Eisenbahn- oder Schiffswegen die Entfernung von Eisenbahnstation oder Anlegeplatz zu Eisenbahnstation oder Anlegeplatz, bei Landwegen die Entfernung von Ortsmitte zu Ortsmitte maßgebend.

Bestehen in einem Orte mehrere Eisenbahnstationen oder Anlegeplätze, so ist der letzte dieser Punkte des Ausgangsorts und der erste des Endorts der Berechnung zugrunde zu legen. Nähere Bestimmungen für einzelne Orte bleiben vorbehalten.

Für die Berechnung der Entfernung auf dem Landwege tritt in den Fällen zu D 2 c und d an die Stelle der Ortsmitte das Wohnhaus des Beamten oder der Endpunkt der Dienstreise.

2, Die Berechnung der Reisekosten erfolgt ohne Rücksicht darauf, welchen Weg der Beamte tatsächlich eingeschlagen und welches Beförderungsmittel er benutzt hat, nach demjenigen Wege, welcher sich für die Staatskasse unter Mitberücksichtigung des Tagegelderbezugs als der mindest kostspielige darstellt und nach dem Zwecke der Reise und den Umständen des besonderen Falles auch von den Beamten wirklich hat benutzt werden können.

Hat der Beamte auf Grund der Bestimmung zu B 6 einen Schnell-

oder Durchgangszug benutzen müssen, so wird der infolgedessen etwa zurückgelegte weitere Weg der Entfernungsberechnung zugrunde gelegt.

3, Ist nach dem Grundsatze zu 2 im Falle D 1 Abs. 3 dem Forderungsnachweise der Eisenbahn- oder Schiffsweg zugrunde zu legen, so ist die Entfernung auf 2 km anzunehmen und nach den gesetzlichen Bestimmungen abzurunden.

4, Bei Reisen, die teils auf der Eisenbahn oder zu Schiff, teils auf dem Landwege zurückzulegen sind, werden die Entfernungen für die auf Eisenbahn oder Schiff zurückzulegenden Strecken einerseits und die Landwegstrecken andererseits besonders berechnet und für sich abgerundet, soweit nicht die Vorschriften zu H 1 und 2 entgegenstehen. Beträgt eine der nach vorstehendem gesondert zu berechnenden Strecken im ganzen weniger als 2 km, so bleibt sie außer Ansatz. Dabei gelten Hin- und Rückreisen als verschiedene Reisen; eine sogenannte Rundreise (§ 5 des Gesetzes vom 24. März 1873) als eine Reise.

5, Für die Feststellung der Entfernungen sind bei Reisen auf Eisenbahnen die Angaben des Reichskursbuchs maßgebend. Bei Kleinbahnstrecken, für welche die Entfernungen aus dem Reichskursbuche nicht ersichtlich sind, entscheiden die von den Kleinbahnunternehmungen bekannt gemachten Fahrpläne oder Entfernungstafeln, in deren Ermangelung die amtlichen Entfernungskarten (D 3) oder die Auskunft der Genehmigungs- und Aufsichtsbehörde (§§ 3, 22 des Gesetzes vom 28. Juli 1892).

Bei Reisen auf Schiffen werden der Entfernungsberechnung die Angaben der Post- und Eisenbahnkarte des Deutschen Reichs, und wenn die Entfernungen darauf nicht verzeichnet sind, diejenigen des Reichskursbuchs, bei Reisen auf Landwegen die Angaben der Post- und Eisenbahnkarte zugrunde gelegt.

Fehlen solche Angaben, so findet die Vorschrift zu D 3 Anwendung.

6, Soweit Dienstreisen mit unentgeltlich gestellten Verkehrsmitteln ausgeführt werden, sind an Reisekosten vorbehaltlich der Vorschriften zu G 8 nur die bestimmungsmäßigen Entschädigungen für Zu- und Abgang zu gewähren.

Unter unentgeltlich gestellten Verkehrsmitteln sind solche zu verstehen, deren Kosten aus öffentlichen Kassen bestritten werden, bei Reisen auf der Eisenbahn, Kleinbahn oder zu Schiff auch solche, welche dem Beamten mit Rücksicht auf den Zweck der Dienstreise von dritter Seite zur unentgeltlichen Benutzung gestellt worden sind. Freie Beförderung auf Grund besonderer persönlicher Beziehungen zwischen dem Beamten und einem Dritten kommen nicht in Betracht.

Allerhöchste Anordnungen über die Vergütung für Reisen mit den aus Kronfideikommißfonds bezahlten Verkehrsmitteln werden hierdurch nicht berührt.

G. Besondere Bestimmungen über Zu- und Abgang.

1, Ein Zu- und Abgang im Sinne des § 4 I des Gesetzes vom 21. Juni 1897 kann nur bei Dienstreisen entstehen, welche auf Eisenbahnen oder Schiffen gemacht werden.

2, Auch für die Zu- und Abgangsgebühr gelten die Hin- und die Rückreise als besondere Reisen.

3, Die Gebühr enthält die Vergütung für den Zugang und für den Abgang; sie kommt daher, wenn nur ein Zugang oder nur ein Abgang stattfindet, nur im halben Betrage zum Ansatze.

4, In der Regel entsteht ein Zu- und Abgang nur bei der Hinreise und ein zweiter bei der Rückreise.

Ein Zugang entsteht jedoch nicht, wenn die Hin- oder Rückreise bei Eisenbahnreisen vom Bahngebiete, bei Schiffsreisen vom Anlege- oder Liegeplatze, vom Ufer oder von dem Gebiete der Strom- oder Hafenanlagen aus angetreten wird.

Desgleichen entsteht kein Abgang, wenn am Endpunkte der Hin- oder der Rückreise die vorbezeichneten Gebiete nicht verlassen werden müssen.

5, An Zwischenorten entsteht nur dann ein Zu- und Abgang, wenn daselbst übernachtet oder ein Dienstgeschäft vorgenommen und zu diesem Zwecke bei Eisenbahnreisen das Bahngebiet, bei Schiffsreisen der Anlege- oder Liegeplatz, das Ufer oder das Gebiet der Strom- oder Hafenanlagen verlassen werden muß.

6, Wenn an Zwischenorten, an denen nicht übernachtet und kein Dienstgeschäft vorgenommen wird, eine Eisenbahnstation, eine Anhaltestelle, ein Anlege- oder Liegeplatz verlassen und die Reise von einer anderen Eisenbahnstation, einer anderen Anhaltestelle, einem anderen Anlege- oder Liegeplatz aus fortgesetzt werden muß oder wenn daselbst ein Übergang von Eisenbahn oder Schiff zur Straßenbahn oder umgekehrt stattfindet, so werden für den Übergang, sofern er nicht mittels durchgehender oder unmittelbar anschließender Züge über eine Verbindungsbahn erfolgen kann, die baren Auslagen in den Grenzen der gesetzmäßigen Gebühr für Zu- und Abgang erstattet. Einer Belegung der Auslagen bedarf es nicht.

Ob an einem Orte mehrere Eisenbahnstationen oder Schiffsanlegeplätze sich befinden, sowie darüber, ob zwischen diesen Punkten für den Personenverkehr benutzbare Verbindungsbahnen vorhanden sind, entscheidet die Angabe im Reichskursbuche.

7, Falls nach den vorstehenden Bestimmungen unter 4 und 5 ein Zu- oder Abgang ausnahmsweise nicht entsteht, so können demjenigen Beamten, der für die Reise wegen unentgeltlicher Benutzung des Beförderungsmittels Kilometervergütung nicht zu beanspruchen hat, etwa entstandene bare Nebenkosten auf Grund besonderer Angaben erstattet werden, deren Belegung nicht erforderlich ist.

8, Die Gebühr für Zu- und Abgang kann nur zur Hälfte beansprucht werden, wenn die Beförderung des Beamten nach oder von der Eisenbahnstation, dem Anlege- oder Liegeplatze durch unentgeltliche (vgl. F 6) Gestellung eines Beförderungsmittels erfolgt. Sie ist überhaupt nicht zahlbar, wenn eine derartige Beförderung sowohl nach wie von der Eisenbahnstation, dem Anlege- oder Liegeplatze stattfindet.

H. Straßenbahn- und Landwegstrecken in Verbindung mit Zu- und Abgang.

1, Die Gebühr für Zu- und Abgang schließt die Entschädigung für die Benutzung der Straßenbahn und die Reisekosten für Landweg in sich, sofern die auf der Straßenbahn oder dem Landwege zurückzulegende Entfernung weniger als 2 km beträgt.

2, Neben der Gebühr oder der Erstattung der baren Auslagen (C 3) für Zu- und Abgang werden die Reisekosten für Landweg nur gewährt, sofern die auf diesem zurückzulegende Entfernung mindestens 2 km beträgt.

3, Die Entscheidung darüber, ob die Voraussetzung von 1 und 2 vorliegt, erfolgt nach den Grundsätzen zu D. Zutreffendenfalls erfolgt die Berechnung der für die Höhe der Reisekosten maßgebenden Entfernung nach den Vorschriften zu F. Bei diesen Berechnungen tritt an die Stelle des Anfangs- und Endpunkts der Dienstreise der Anfangs- und Endpunkt der Landwegstrecke oder (Ziff. 1) der Straßenbahnfahrt.

4, Wenn nach Verlassen der Eisenbahn oder des Schiffes die Dienstreise Dienstgeschäfte halber oder zum Zwecke des Übernachtens unterbrochen und demnächst auf dem Landwege fortgesetzt wird, so wird die auf letzterem zurückgelegte Entfernung bei Berechnung der Gesamtlandwegstrecke (F 4) selbst dann mitgezählt, wenn sie weniger als 2 km beträgt.

I. Vorschußzahlung und Forderungsnachweise.

1, Dem Beamten, der eine Dienst- oder Versetzungsreise auszuführen hat, können auf seinen Antrag in Grenzen der Gebühren Vorschüsse gezahlt werden.

2, Die Zahlung der Reisegebührnisse erfolgt auf Grund des Forderungsnachweises, durch dessen Vollziehung der Beamte die Verantwortung für die Richtigkeit der gemachten Angaben übernimmt. Notwendige Erläuterungen über die Zahlbarkeit der Gebühren sind in den Nachweis aufzunehmen. Ebenso sind entstandene notwendige Auslagen erforderlichenfalls zu begründen und, sofern nach vorstehenden Bestimmungen nicht davon abgesehen werden darf, nachzuweisen. Der Beginn und die Beendigung der Dienst- oder Versetzungsreise müssen, sofern die Höhe der Vergütung davon abhängt, nach Tag und Stunde genau angegeben werden. Bei Erhebung eines Vorschusses ist eine Angabe über seine Höhe und die Kasse, aus der er empfangen ist, erforderlich.

3, Der Forderungsnachweis ist von der zuständigen Dienststelle mit der Bescheinigung der Richtigkeit zu versehen, welche das Anerkenntnis der Notwendigkeit der Reise, der geschehenen Ausführung der Dienstgeschäfte sowie der Angemessenheit der zu den letzteren verwendeten Zeitdauer und der Richtigkeit der angegebenen Dauer überhaupt in sich begreift.

4, Die Aufstellung des Forderungsnachweises soll nach dem als Anlage beigegebenen Muster erfolgen vorbehaltlich der durch besondere Verhältnisse gebotenen Änderungen.

K. Schlußbestimmungen.

Dieser Erlaß findet auf die Dienstreisen Anwendung, welche nach dem 31. Dezember 1903 angetreten werden.

Bei Reisen im Auslande bleiben seine Bestimmungen insoweit außer Anwendung, als dies durch die besonderen Verhältnisse des Auslandes jeweilig geboten ist. Inwieweit dies zutrifft, entscheidet die die Richtigkeit des Forderungsnachweises bescheinigende Dienststelle.

Auf Dienstreisen der gesandtschaftlichen und Konsularbeamten finden die vorstehenden Bestimmungen keine Anwendung.

Muster.

Forderungsnachweis

über Tagegelder und Reisekosten für die nachbezeichnete, auf Grund der Verfügung de
vom von dem Unterzeichneten ausgeführte Dienstreise.

Zeit der Ausführung: Monat	Zeit der Ausführung: Tag	Stunde: a, des Beginns, b, der Beendigung der Reise	Zahl der Tage: mit vollen Tagegeldern	Zahl der Tage: mit ermäßigten Tagegeldern [1]	Zahl der Zeitabschnitte bis zu 24 Stunden mit dem $1\frac{1}{2}$ fachen Satze [2]	Reiseweg und Angabe der dienstlichen Verrichtungen	Kilometer: Eisenbahn, nebenbahnähnliche Kleinbahn oder Schiff	Kilometer: Landweg	Zu- und Abgang, wenn Eisenbahn, nebenbahnähnliche Kleinbahn oder Schiff benutzt ist

[1]) Wenn die Dienstreise an einem und demselben Tage angetreten und beendet wird (§ 1 Abs. 3 des Gesetzes vom 21. Juni 1897).

[2]) Wenn eine Dienstreise sich auf 2 Tage erstreckt und innerhalb 24 Stunden beendet wird (a. a. O. § 1 Abs. 2).

Berechnung der Tagegelder und Reisekosten.

	Geldbetrag Mk.	Pf.
A. Tagegelder, volle, für ... Tage, je ... Mk.		
" ermäßigte, für ... Tage, je ... Mk.		
" $1 \frac{1}{2}$ fache, für ... mal 24 Stunden, je ... Mk.		
B. Reisekosten für ... km Eisenbahn, nebenbahnähnliche Kleinbahn oder Schiff, für jedes km ... Pfg.		
" für ... km Landweg, für jedes km ... Pfg. . .		
" für Mitnahme eines Dieners [1]) auf ... km, für jedes km 5 Pfg.		
Zu- und Abgänge zum Satze von ... Mk.		
C. Auslagen bei Benutzung der Straßenbahn:		
a, für Fahrt		
b, beim Zu- und Abgange		
c, für Mitnahme eines Dieners [1])		
D. Auslagen für Zu- und Abgang beim Bahnhofswechsel sowie beim Übergange zwischen Eisenbahn und Straßenbahn		
Zusammen		

Auf obigen Betrag habe ich einen Vorschuß von .... Mk. aus der .... Kasse erhalten.

[2])

[3])

N., den ....

(Name und Dienststellung des Fordernden.)

Nach den Entfernungen, den Sätzen und rechnerisch richtig (berichtigt auf .... Mk. .... Pfg.).

N., den ....

(Name und Dienststellung des Rechnungsbeamten.)

Die Richtigkeit wird bescheinigt.

Die .... Kasse wird angewiesen, den vorstehenden Betrag mit .... Mk. .... Pfg., in Worten .... zu zahlen und bei Kap. ... Tit. ... des Etats zu verrechnen.

N., den ....

An (Behörde, Unterschrift.)

die ..... Kasse.

Quittung.

Betrag erhalten.

N., den ....

(Unterschrift.)

---

[1]) Die im Art. 1 § 1 unter I—IV des Gesetzes vom 21. Juni 1897 bezeichneten Beamten bei Reisen auf Eisenbahnen, Schiffen oder Kleinbahnen.

[2]) Begründung der Nichtbenutzung der Kleinbahn.

[3]) Amtliche Versicherung, daß ein Diener mitgenommen ist.

Erläuterungen.

I. Zu D 2 e.

1, 

Die Dienstreise wird von dem außerhalb eines Ortes liegenden Wohnhaus A des Beamten nach dem Orte B ausgeführt (2 c); dann werden, da nach den Grundsätzen zu D 1, um den Anspruch auf Tagegelder und Reisekosten zu begründen, auch die Entfernung von der Grenze des Ortes B nach A 2 km betragen muß, Tagegelder und Reisekosten nicht gewährt, wenn diese Entfernung geringer ist als 2 km, auch wenn die Mitte von B über 2 km von A entfernt ist.

2, 

Das gleiche gilt, wenn von dem Wohnorte B aus ein Dienstgeschäft an der außerhalb eines Ortes liegenden Stelle A vorzunehmen ist (2 d).

3, 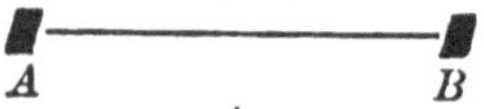

Liegen sowohl das Wohnhaus des Beamten als auch die Stelle des Dienstgeschäfts außerhalb von Orten, so entscheidet die Entfernung zwischen diesen beiden Punkten.

II. Zu H 2 und 3.

1, 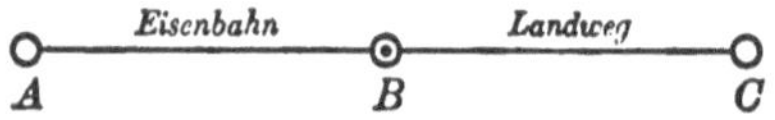

Der Anfangspunkt der Landwegstrecke (Bahnhof B) und der Endpunkt C liegen innerhalb je eines Ortes.

Reisekosten für die Landwegstrecke werden gewährt, wenn sowohl die Entfernung von der Grenze des Ortes B nach der Mitte des Ortes C, als auch diejenige von der Grenze des Ortes C nach der Mitte des Ortes B 2 km betragen (D 1).

Die für die Höhe der Reisekosten maßgebende Entfernung wird, wenn diese Voraussetzung zutrifft, von Mitte B nach Mitte C berechnet (F 1 Abs. 1).

2, 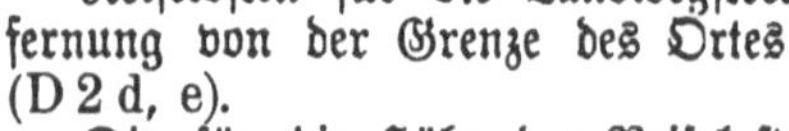

Der Anfangspunkt der Landwegstrecke (Bahnhof B) liegt innerhalb, der Endpunkt C außerhalb eines Ortes.

Reisekosten für die Landwegstrecke werden gewährt, wenn die Entfernung von der Grenze des Ortes B nach dem Punkt C 2 km beträgt (D 2 d, e).

Die für die Höhe der Reisekosten maßgebende Entfernung wird zutreffendenfalls von Mitte B nach C berechnet (F 1 Abs. 1 und 3).

3, 

Der Anfangspunkt der Landwegstrecke (Bahnhof B) liegt außerhalb eines Ortes, der Endpunkt C innerhalb eines solchen.

Reisekosten für die Landwegstrecke werden gewährt, wenn die Entfernung vom Bahnhof B nach der Grenze von C 2 km beträgt, ohne daß es auf die Entfernung zwischen Bahnhof und Ort B ankommt (D 1, 2 c, e).

Zutreffendenfalls wird die für die Höhe der Reisekosten maßgebende Entfernung vom Bahnhof B bis zur Ortsmitte C berechnet (F 1 Abs. 1 und 3).

4.

Der Anfangspunkt der Landwegstrecke (Bahnhof B) und die Stelle des Dienstgeschäfts (C) liegen außerhalb von Orten.

Reisekosten für die Landwegstrecke werden gewährt, wenn die Entfernung zwischen Bahnhof B und Punkt C 2 km beträgt. Diese Entfernung wird auch der Kostenberechnung zugrunde gelegt (D 1, 2 c, d, e, F 1 Abs. 3).

In gleicher Weise gestaltet sich die Anwendung der Grundsätze, wenn die Landwegstrecke der Eisenbahn- 2c. Fahrt vorhergeht, also zwischen dem Abgangs- und demjenigen Punkte liegt, an welchem der Übergang auf die Bahn 2c. stattfindet.

Das gleiche gilt auch, wenn die Landwegstrecke weder am Anfange noch am Ende einer Dienstreise liegt, sondern das Zwischenglied zweier Eisenbahn- 2c. Reisen bildet.

II. Die vorstehenden Ausführungsbestimmungen[1]) sowie neuere wichtige Verwaltungsvorschriften bedingen nachstehende Änderungen bezw. Ergänzungen des Werkes:

S. 7 füge hinzu: 7 a. Auch für zwei oder mehr Dienstreisen, die sich auf zwei Tage erstrecken und innerhalb 24 Stunden beendet werden, ist nur das Einundeinhalbfache des vollen bestimmungsmäßigen Tagegeldersatzes zu gewähren (Erl. des Min. d. ö. Arb. vom 22. Mai 1903, EVBl. S. 140; siehe auch AB. E 2).

S. 8 Ziff. 8 Abs. 4 und 5. Am Rande zu vermerken: Siehe AB. B 2 und 3.

S. 8 Note 3 ist zu streichen und dafür zu setzen: S. hierzu AB. v. 11. Nov. 1903 Abschn. C.

S. 9 Ziff. 10 füge hinzu: Wegen Erstattung der Auslagen für Benutzung regelmäßiger Beförderungsgelegenheiten s. AB. A 2 Abs. 2.

S. 10 Ziff. 13 am Schluß füge hinzu: AB. B 4 letzter Satz und 5.

S. 10 Ziff. 16 hinter „gerechnet“ füge hinzu: unbeschadet der Verpflichtung des Beamten, die Reisetage tunlichst auch zur Erledigung der Dienstgeschäfte zu verwenden.
Hinter „60“ ist zu setzen: AB. E 1.

S. 12 Ziff. 2 am Schluß füge hinzu: AB. E 3.

S. 14 Note 1 ist zu streichen und dafür zu setzen: S. hierzu AB. v. 11. Nov. 1903 Abschn. C.

S. 16 am Rande zu vermerken: Die Anlage zu dem StMB. v. 13. Mai 1884

---

[1]) In Abschnitt II dieses Nachtrages abgekürzt „AB.“

hat nur noch Gültigkeit hinsichtlich des Abschnittes E. Die Abschnittes A, B, C und D sind durch die AB. v. 11. Nov. 1903 ersetzt.

S. 19 Ziff. 2: S. hierzu AB. D 1.

S. 19 Ziff. 3: S. hierzu AB. Abschn. B und F 2.

S. 21 Ziff. 5: Ziffer 2 des StMB. v. 30. Okt. 1895 ist ersetzt durch B 4 der AB. v. 11. Nov. 1903.

S. 21/24 Ziff. 6 u. 7: Die Vorschriften über Benutzung von Kleinbahnen sind neu geregelt durch Abschn. C der AB. v. 11. Nov. 1903.

S. 24 Ziff. 8: Die Gewährung von Reisekosten einschl. Zu- und Abgangsgebühr erfolgt nur bei Benutzung von nebenbahnähnlichen Kleinbahnen. Bei Benutzung von Straßenbahnen werden nur die wirklich entstandenen Auslagen erstattet (AB. C 3).

S. 25 Ziff. 10 am Schluß füge hinzu: s. auch AB. G 3.

S. 27 Art. II: Wegen des Begriffs der unentgeltlich gestellten Verkehrsmittel s. AB. F 6.

S. 27 Ziff. 2 hinter Abs. 1 füge hinzu: s. AB. G 7.

S. 29 Ziff. 6 am Schluß füge hinzu: s. auch AB. F 4.

S. 29 Ziff. 7 hinter Abs. 1 füge hinzu: s. hierzu AB. D 1 und F 1.

S. 31 Ziff. 14: Siehe hierzu AB. D 3, F 5 und Erläuterungen im Anhang.

S. 35 ist als Fußnote zu Ziff. 3 aufzunehmen „Bezüglich der Staatseisenbahnbeamten s. S. 178/9 Ziff. 18 und 18 a d. W.

S. 37 zu Art. IV füge hinzu: 3, Als Ausführungsvorschriften im Sinne des Art. IV des Ges. v. 21. Juni 1897 gelten auch die Beschlüsse des Staatsministeriums, die vor diesem Gesetz zu den die Reisekosten und Tagegelder der Staatsbeamten betreffenden älteren Gesetzen gefaßt worden sind;[1]) einer auf ihre Beibehaltung gerichteten erneuten Beschlußfassung bedarf es nicht (Erk. d. Reichsger. IV. Ziv.Sen. v. 28. Jan. 1901; Entscheid. Bd. 48 S. 286).

S. 40 Ziff. 3: Siehe hierzu AB. J nebst zugehörigem Muster.

S. 46 bei § 28 Abs. 3 füge hinzu als Anm.: Hat der Katasterkontrolleur die zur Erledigung einer Messung notwendigen Feststellungen im Felde versäumt oder unvollständig bewirkt und lediglich aus diesem Grunde eine nochmalige Vermessung oder Verhandlung an Ort und Stelle vornehmen müssen, so ist ihm für die wiederholte Reise der Reisekostenzuschuß und die Tagelohnvergütung auf Grund der Bestimmungen im § 28,3 und § 32 der Katasteranweisung V zu versagen (Erl. d. FM. v. 24. Febr. 1899, II. 1708 Ziff. 5 Schlußsatz; Mittl. Heft 39 Nr. 10).

S. 48 bei § 29 Ziff. 2 A füge hinzu als Anm.: Die Sätze unter 2 A sind von dem auf die Vereidigung folgenden Tage ab zu gewähren (Erl. d. FM. v. 17. Septbr. 1901 II. 8766).

S. 51 bei § 37 füge hinzu als zweite Anm.: Wegen Vereinbarung von Vergütungen für besondere Aufträge vgl. FMErl. v. 1. Aug. 1898 II. 8536; Mittl. Heft 39 Nr. 21).

S. 51 bei § 38 füge hinzu als Anm.: Hinsichtlich Bezahlung der Schlußvermessungen und der damit verbundenen Kataster-Ergänzungsarbeiten s. FMErl. v. 8. Juni 1896 II. 6798; Mittl. Heft 39 Nr. 17.

---

[1]) soweit sie nicht durch später erlassene Vorschriften abgeändert sind.

S. 78 Ziff. 3 ist zu streichen und dafür zu setzen:

Die Verfügung vom 24. Dezember 1890 III. 12638/I. 17918 über die Reisegeldzuschüsse wird durch nachstehende Bestimmungen ersetzt:

1, Die Beamten der Lokalverwaltung der Zölle und indirekten Steuern erhalten vom 1. Juli 1903 ab für Dienstreisen innerhalb des eigenen und des ihnen zur Mitbeaufsichtigung überwiesenen benachbarten Dienstbezirks Reisegeldzuschüsse nach folgenden Sätzen:

	I.	II.	III.	IV.
	Wenn die Dienstreise, einschließlich der Rückkehr			Zusätzlich für jedes außerhalb des Wohnorts genommene Nachtquartier
	mindestens 8, aber nicht über 12 Stunden dauert	länger als 12, aber nicht über 24 Stunden dauert	länger als 24 Stunden dauert, für jeden auch nur angefangenen Zeitraum von 12 Stunden	
	Mk.	Mk.	Mk.	Mk.
a, Oberzoll- und Obersteuerinspektoren .	4	6	3	5
b, Packhofsvorsteher, Oberrevisoren, Hauptzoll- und Hauptsteueramts-Rendanten	4	5	2,50	4
c, Revisionsinspektoren, Hauptzoll- und Hauptsteueramts-Kontrolleure, Obergrenz- und Obersteuerkontrolleure . .	3	4,50	2,25	4
d, Oberkontrolle-Assistenten, Hauptzoll- und Hauptsteueramts-Assistenten, der Obermaschinist in der Provinz Schleswig-Holstein, Maschinisten auf Zollkreuzern und Wachtschiffen, Assistenten auf Zollkreuzern und Wachtschiffen, Zoll- und Steuereinnehmer, sowie Zoll- und Steueramts-Assistenten	2,50	3	1,50	3
e, Grenz- und Steueraufseher	1,50	2	1	2,50
f, Schiffer auf Wacht- und Kreuzerschiffen, sowie auf Booten, Amtsdiener, Bootsführer und andere Unterbeamte . . .	1	1,50	0,75	1,50

Bei Vertretungen und Aushilfen sind die Reisegeldzuschüsse nach dem Dienstrange des Vertreters oder Verwalters und nicht nach dem Range der vorübergehend wahrgenommenen Stelle zu bemessen. Ausnahmen von dieser Regel finden insofern statt, als Assessoren, wenn sie auftragweise in Stellen von Oberinspektoren beschäftigt werden, die Sätze zu a, desgleichen in Stellen von Oberkontrolleuren die Sätze zu c, Zollpraktikanten und Steuersupernumerare, wenn sie Dienstgeschäfte der zu d genannten oder von höheren Beamten wahrnehmen, die Sätze zu d, sonst diejenigen zu e zu beanspruchen haben.

2, Die Reisegeldzuschüsse sind bis zur Höhe der gesetzlichen Tagegelder (§ 1 des Gesetzes vom 21. Juni 1897) zu kürzen, sofern sie diese überschreiten.

3, Bei Berechnung der Dauer der Dienstreisen sind die für die Feststellung der gesetzlichen Tagegelder und Reisekosten geltenden Vorschriften anzuwenden. Bei den nicht mit der Eisenbahn, der Post oder mit Dampfschiff ausgeführten Dienstreisen hat jedoch für den Fall, daß zu Anfang oder zu Ende der Reise nach dem Verlassen oder vor dem Betreten der Wohnung noch Dienstgeschäfte am Wohnorte selbst verrichtet worden sind, nicht das Verlassen oder Wiederbetreten der Wohnung, sondern die Beendigung oder der Beginn dieser Dienstgeschäfte am Wohnorte als Zeitpunkt für den Beginn oder die Beendigung der Reise zu gelten.

4, Reisegeldzuschüsse werden nicht gewährt:

a, für Geschäfte, welche in geringerer Entfernung als 2 km von dem amtlichen Wohnorte der Beamten ausgeführt werden; bei Feststellung dieser Entfernung finden die für die Berechtigung auf Tagegelder und Reisekosten maßgebenden Vorschriften Anwendung;

b, für Dienstwege zwischen dem Wohnort und der regelmäßigen Dienststätte der Beamten im Sinne des StMB. vom 17. Mai 1889;

c, an Grenzaufsichtsbeamte, wenn sie ausschließlich oder vorwiegend den ihnen im Interesse des Grenzschutzes obliegenden Patrouillen- und Postierungsdienst ausgeführt haben und aus Anlaß dieses Dienstes nicht genötigt gewesen sind, ein Nachtquartier außerhalb ihres Wohnorts zu nehmen;

d, an Beamte auf Zoll-, Wacht- und Kreuzerschiffen, wenn sie den ihnen regelmäßig obliegenden Dienst an Bord der Schiffe verrichten;

e, für die Tage der Beschäftigung von Beamten gegen Tagegelder in der gesetzlichen Höhe.

5, Auf Dienstreisen, welche ausschließlich zur Vornahme außergewöhnlicher Dienstleistungen im Zollverkehr erfolgen, oder bei denen der nebenher verrichtete gewöhnliche Dienst (Bezirksdienst) nur von untergeordneter Bedeutung ist, und für welche den Beamten Vergütungen nach den besonderen Bestimmungen des Bundesrats gewährt werden, finden die gegenwärtigen Vorschriften keine Anwendung. In allen anderen Fällen, in denen Beamte in einer Entfernung von 2 km und mehr vom Stationsorte außergewöhnliche Dienstleistungen im Zollverkehr und den gewöhnlichen Bezirksdienst auf derselben Reise nacheinander verrichten, sind lediglich Reisegeldzuschüsse zu gewähren, insbesondere also auch dann, wenn gelegentlich des den Hauptzweck der Reise bildenden gewöhnlichen Bezirksdienstes nebenher noch außergewöhnlicher Dienst im Zollverkehr verrichtet wird.

6, Die Reisegeldzuschüsse werden monatlich gezahlt. Die Zahlungsanweisungen erlassen bei Aufstellungen der Oberinspektoren die Provinzialsteuerdirektoren, für die übrigen Beamten die Oberinspektoren, nachdem die Aufstellungen rechnerisch festgestellt und mit der Richtigkeitsbescheinigung des dafür zuständigen Beamten versehen sind.

7, Mit der Zuweisung von Dienstbezirken ist überall da vorzugehen, wo Beamte regelmäßig oder doch häufiger außerhalb des amtlichen Wohnorts dienstlich tätig sein müssen.

8, Für Dienstreisen, welche vor dem 1. Juli 1903 begonnen und an diesem Tage oder später beendigt werden, sind die Reisegeldzuschüsse nach den bisherigen Sätzen zu gewähren.

9, Alle diesen Bestimmungen entgegenstehenden bisherigen Verwaltungsvorschriften werden vom 1. Juli 1903 ab aufgehoben (Erl. d. FM. vom 13. Juni 1903, CBl. d. UV. S. 226).

S. 91 Ziff. 1: Nach denselben Sätzen sind auch Erzpriester, Dechanten und andere Geistliche bei Reisen der bezeichneten Art zu entschädigen (ME. vom 26. Febr. 1903, MBl. f. d. i. V. S. 33).

S. 92 Ziff. 5: Auch die ordentlichen Lehrer der Provinzial-Taubstummen-Anstalten erhalten bei Staatsdienstreisen Tagegelder und Reisekosten wie die Beamten der Klasse V (wie vor.).

S. 93 füge hinzu: 7 a. Hinsichtlich der Gewährung von Tagegeldern und Reisekosten aus Staatsfonds sind nach dem ME. v. 26. Febr. 1903 (MBl. f. d. i. V. S. 33) gleichzustellen den im Art. I §§ 1 und 4 des Ges. v. 21. Juni 1897 genannten Beamten

der Klasse IV: die Leiter und die wissenschaftlichen Lehrer — einschließlich der wissenschaftlichen Hilfslehrer — der nicht staatlichen höheren Lehranstalten, die Direktoren und die Oberlehrer an den höheren Mädchenschulen;

der Klasse VI: die Zeichenlehrer, die sonstigen technischen Lehrer, die Elementarlehrer und die Vorschullehrer an den nicht staatlichen höheren Lehranstalten, die Rektoren an den öffentlichen Volksschulen;

der Klasse VII: die Hauptlehrer und die anderen Lehrer und die Lehrerinnen an den öffentlichen Volksschulen.

S. 93 füge hinzu: 8 a. Auch den an Landwirtschaftsschulen beschäftigten anstellungsfähigen Kandidaten des höheren Schulamts sind bei ihrer Berufung an eine auswärtige staatliche höhere Unterrichtsanstalt zu dauernder oder vorübergehender Dienstleistung Tagegelder und Reisekosten nach den den Beamten der 5. Rangklasse zustehenden Sätzen und zwar erforderlichenfalls aus dem Fonds Kap. 120 Tit. 7 b zu gewähren (Erl. d. Min. d. geistl. rc. A. v. 16. Juli 1900, CBl. d. UV. S. 690).

S. 93 füge hinzu: 8 b. Die Bestimmung des FMErl. v. 15. Mai 1898, CBl. d. UV. S. 244 — S. 9 Ziff. 11 d. W. — ist auch bei denjenigen Kandidaten des höheren Schulamts, welche an einer auswärtigen Anstalt zur Vertretung eines Lehrers usw. verwendet werden und nach Beendigung dieser Tätigkeit an ihren früheren Wohnort zurückkehren, in Anwendung zu bringen (Erl. d. Min. d. geistl. rc. A. v. 9. Oktober 1902).

S. 100 füge hinzu: 8. Wegen der behufs Beaufsichtigung der Vernichtung eingezogener vorschriftswidriger Eichgeräte auszuführenden Dienstreisen der Eichbeamten s. den MinErl. v. 12. März 1903 (MBl. d. H. u. GV. S. 88).

S. **100** ist hinter Ziff. 8 (s. vorstehend) als neuer Abschnitt einzuschalten:

aa, Gewerbeaufsichtsdienst.

1, Gewerbeinspektionsaspiranten, die Assistentenstellen auftragsweise versehen, erhalten anläßlich der Teilnahme an Konferenzen der Gewerbeaufsichtsbeamten Reisekosten und Tagegelder nach den Sätzen für Referendare aus der Staatskasse. Anderen Aspiranten sind nur ausnahmsweise, wenn ihre Teilnahme einem bestimmten dienstlichen Interesse dient und ausdrücklich von der Provinzialbehörde angeordnet wird, die etwaigen Kosten nach den vorgesehenen Sätzen aus der Staatskasse zu erstatten (MinErl. v. 13. Sept. 1902, MBl. d. H. u. GV. S. 361).

S. **101** füge hinzu: 7a. ꝛc. Nachdem inzwischen staatliche Fachschulen für Seedampfschiffsmaschinisten errichtet worden sind, werden fortan bei den Prüfungskommissionen für Seedampfschiffsmaschinisten solche am Prüfungsorte wohnende Mitglieder von den Prüfungsgebühren auszuschließen sein, die im Schuldienste dieser Anstalten beschäftigt werden, da die Prüfungsangelegenheiten in den Bereich ihrer amtlichen Tätigkeit fallen. Andere im Staatsdienste stehende Kommissionsmitglieder sind dagegen nach wie vor zum Bezuge von Prüfungsgebühren berechtigt (ME. v. 4. März 1903, MBl. d. H. u. GV. S. 79).

S. **106** füge hinzu: 20a. Den in den Prüfungsausschuß für die Tiefbauabteilung der Baugewerkschulen zu entsendenden bau- oder betriebstechnischen höheren Beamten der Staatseisenbahnverwaltung sind Gebühren oder sonstige Vergütungen für ihre Mühewaltung nicht zu gewähren, dagegen haben sie, falls die Prüfungen außerhalb ihres Dienstortes abgehalten werden, Anspruch auf die gesetzlichen, aus Kap. 69 Tit. 4 der betreffenden Anstaltsetats zu zahlenden Reisekosten und Tagegelder (Erl. d. Min. d. ö. Arb. v. 2. Mai 1903, EVBl. S. 120).

S. **106** Ziff. 22 am Schluß: S. auch MinErl. v. 26. Febr. 1903 Abschn. b (MBl. f. d. i. V. S. 33).

S. **108** Ziff. 7 am Schluß: S. auch MinErl. v. 26. Febr. 1903 Abschn. b (MBl. f. d. i. V. S. 33).

S. **108** füge hinzu: 7a. Die Bürgermeister in Städten von 10 000 und weniger Einwohnern sowie die Landbürgermeister erhalten bei Staatsdienstreisen die Sätze der im § 1 des Ges. v. 21. Juni 1897 unter VI aufgeführten Beamten. In einzelnen, durch besondere Umstände begründeten Fällen können mit Zustimmung der Minister der Finanzen und des Innern die Sätze für die unter V genannten Beamten gewährt werden (MinErl. v. 26. Febr. 1903, MBl. f. d. i. V. S. 33).

S. **111** Ziff. 16 am Schluß: S. auch MinErl. v. 26. Febr. 1903 Abschn. b (MBl. f. d. i. V. S. 33).

S. **117** Ziff. 29 am Schluß: Nach dem MinErl. v. 26. Febr. 1903 (MBl. f.

d. i. V. S. 33) erhalten die bürgerlichen Mitglieder der Ober-Ersatzkommissionen Tagegelder und Reisekosten nach den Sätzen der im § 1 des Ges. v. 21. Juni 1897 unter IV genannten Beamten.

S. **133**: Siehe AB. Abschn. J.

S. **147** Ziff. 8 Abs. 3 ist in der zweiten Zeile das Wort „sie" zu streichen und dafür zu setzen „die letzteren". Am Schluß ist hinzuzufügen: S. auch MinErl. v. 26. Febr. 1903 Abschn. b, MBl. f. d. i. V. S. 33.

S. **152/3** Ziff. 9 Abschn. II: Nach dem MinErl. v. 26. Febr. 1903 (MBl. f. d. i. V. S. 33) erhalten die Schiedsmänner für Reisen aus Anlaß der Abwehr und Unterdrückung von Viehseuchen Tagegelder und Reisekosten wie die Beamten der Klasse V.

S. **157** Ziff. 6 2 ist bei „Forstmeister" hinzuzufügen „[4])" und sodann als Fußnote aufzunehmen:

[4]) Die früheren Forstmeister führen jetzt die Bezeichnung „Regierungs- und Forsträte", während die heutigen Forstmeister unter die Bestimmungen für die Oberförster fallen.

S. **160** Ziff. 7: S. hierzu AB. Abschn. B und F 2.

S. **167** Ziff. 17 e: S. hierzu AB. A 3.

S. **170** Ziff. 9: S. hierzu AB. Abschn. D und F.

S. **172/4** Ziff. 9 i—q: S. Erläuterungen im Anhange zu den AB. v. 11. Nov. 1903.

S. **175** Ziff. 14: S. AB. Abschn. G.

S. **176** Ziff. 15 c: S. AB. Abschn. G 4.

S. **176** Fußnote 1 ist hinter 6949 zu setzen: auch solche, die zum Zwecke der Überwachung des Stations- und Zugdienstes unternommen werden. Dagegen gehören nicht hierzu Reisen zur Wahrnehmung von Stellvertretungen, zur Verstärkung des Stations- und Bahnsteigschaffnerpersonals, zur Leitung von Aufräumungsarbeiten, zum Aufgleisen von Lokomotiven, zur Beaufsichtigung von Gleisumbauten u. dergl.

S. **177** Ziff. 16 a am Schluß: Wegen Erstattung der Auslagen für Benutzung regelmäßiger Beförderungsgelegenheiten s. AB. A 2 Abs. 2.

S. **178** letzte Zeile und S. 179 erste Zeile sind die Worte „den Regierungsbaumeistern des Hochbaufachs" zu streichen.

S. **179** füge hinzu: 18 a. Die vorstehend unter Ziff. 18 a—d wiedergegebenen Bestimmungen finden unter den gleichen Verhältnissen auch auf die etatsmäßigen Beamten der genannten drei Fachrichtungen (Eisenbahn-Bau- und Betriebsinspektoren, Eisenbahn-Bauinspektoren, Bauinspektoren) Anwendung. Zur Gewährung von Bauschvergütungen über die in den bezeichneten Bestimmungen festgesetzten Höchstsätze hinaus ist ministerielle Genehmigung erforderlich (Erl. d. Min. d. ö. Arb. v. 3. Juni 1903, EVBl. S. 182).

S. **183** Ziff. 12 ist am Schlusse des ersten Satzes hinter „Tagegelder" zu setzen [1]) und sodann als Note aufzunehmen:

[1]) Also auch nicht die in den §§ 4, 5 und 7 der Allerh. Verordn. v. 12. Oktober 1897 festgesetzten Entschädigungen (Erl. d. Min. d. ö. Arb. v. 16. Sept. 1902, EVBl. S. 483).

S. **185** Ziff. 10 ist in der 4. Zeile hinter „Arbeitszug ꝛc." zu setzen [1]) und als Note aufzunehmen:

[1]) Hierzu gehören auch die den Beamten zur Ausführung von Dienstgeschäften gestellten Bahnmeister-Fahrräder (Erl. d. Min. d. ö. Arb. v. 6. Aug. 1903 V. K. 15. 156).

S. **188** füge hinzu: 6a. Den Bezirksbeamten ist bei einer zweitägigen, nach einem Orte außerhalb ihres Amtsbezirks auszuführenden Dienstreise, die innerhalb 24 Stunden beendet, am ersten Tage im Amtsbezirk unterbrochen und erst am nächsten Tage fortgesetzt wird, für den ersten Tag das Bezirkstagegeld, und für den zweiten Tag nicht das volle, sondern nur das ermäßigte gesetzliche Tagegeld (§ 1 letzter Satz des Ges. vom 21. Juni 1897) zu gewähren (Erl. d. Min. d. ö. Arb. vom 16. Juni 1903, EVBl. S. 193).

S. **192** füge hinzu: 7a. Bahnmeister, deren Bezirke nur durch einen dazwischen liegenden Bahnhof getrennt sind, erhalten an Stelle der Tagegelder und Reisekosten bei gegenseitigen Vertretungen die Funktionszulage stets dann, wenn sie durch diese Vertretung nicht genötigt sind, außerhalb ihres Wohnorts zu übernachten. Daß die Beamten an demselben Orte ihren amtlichen Wohnsitz haben müssen, darf aus dem Erlasse vom 19. Sept. 1902 nicht gefolgert werden (Erl. d. Min. d. ö. Arb. v. 13. Jan. 1903, EVBl. S. 29).

S. **204/5** am Rande zu vermerken: S. AB. Abschn. J.

S. **210** Ziff. 2: Im zweiten Absatze ist hinter den Worten „technischen Büreauhilfsarbeitern" zu setzen [5]) und demnächst als Fußnote hinzuzufügen:

[5]) Vom 1. April 1903 ab führen die außeretatsmäßigen technischen Büreaubeamten der allgemeinen Bauverwaltung — und zwar sowohl während als auch nach der Beendigung des Vorbereitungsdienstes — die Dienstbezeichnung „Bausupernumerar"; den zurzeit vorhandenen Büreauhilfsarbeitern ist es jedoch gestattet, diesen Titel fortzuführen. (Bestimmungen, betr. die technischen Büreaubeamten der allgem. Bauverwaltung, mitgeteilt durch Erl. d. Min. d. ö. Arb. v. 10. März 1903 III. 23327/02.)

S. **214** Zeile 2 von oben ist hinter dem Worte „kommt" zuzusetzen: (Siehe auch die Bestimmungen, betr. die techn. Büreaubeamten der allgem. Bauverw. v. 10. März 1903, Ziff. 52).

S. **214** Ziff. 15 Abs. 3 am Rande zu vermerken: Bei auswärtiger Verwendung der Bausekretäre oder Bausupernumerare sind dieselben durch die Lokalbaubeamten aus ihrer Dienstaufwandsentschädigung schadlos zu halten. Die Provinzialbehörde kann für derartige Fälle ein für allemal bestimmte Entschädigungsgrundsätze und Beträge im Einverständnis mit den Beteiligten festsetzen.

Ist eine solche Festsetzung nicht erfolgt, so hat der Bausekretär oder ausgebildete Bausupernumerar Anspruch darauf, von dem Bauinspektor durch Gewährung des unter Artikel I § 1 Nr. VI des Gesetzes vom 21. Juni 1897 angeführten Tagegeldes (von 8 Mk., in den Fällen des § 1 Abs. 2 und 3 von 12 Mk. und 6 Mk.) und der entsprechenden Reisekosten entschädigt zu werden (Bestimmungen, betr. die techn. Büreaubeamten der allgem. Bauverw. v. 10. März 1903, Ziff. 53 und 54; Dreger-Heinemann, die preuß. Baufonds Teil II S. 302). Die gleichen Sätze stehen den ausgebildeten Bausupernumeraren und den Bausekretären bei Versetzungen zu; den Bausekretären auch Umzugskosten nach § 1 Nr. VI des Ges. v. 24. Febr. 1877 (wie vor., Fußnote 3 zu Ziff. 54; Dreger-Heinemann, Teil II S. 303).

S. 214 füge hinzu: 15a. Für die lediglich im Interesse seiner Ausbildung erforderlichen Reisen, einschl. der Rückreise nach Beendigung des Vorbereitungsdienstes zu seiner Bauinspektion hat der Bausupernumerar keinen Anspruch auf Entschädigung. Ist die Reise nicht lediglich im Interesse seiner Ausbildung erfolgt und handelt es sich nicht um eine Reise, die zur selbständigen Wahrnehmung von Dienstgeschäften im Auftrage des Lokalbaubeamten erfolgt (Ziff. 52 der Bestimmungen), so stehen dem Bausupernumerar nach Art. I § 1 Nr. VII des Gesetzes vom 21. Juni 1897 Tagegelder (von 6 Mk., in den Fällen des § 1 Abs. 2 und 3 von 9 Mk. und 4,50 Mk.) und die entsprechenden Reisekosten zu (wie vor., Ziff. 16; Dreger-Heinemann, die preußischen Baufonds Teil II S. 299).

S. 215 füge hinzu: 22. Die nicht in Berlin wohnhaften außerordentlichen Mitglieder der Akademie des Bauwesens erhalten, sofern sie nicht als preußische Beamte einer höheren oder niederen Rangklasse angehören, für die Teilnahme an denjenigen Sitzungen der Akademie, zu welchen sie besonders eingeladen werden, Tagegelder und Reisekosten nach den Sätzen für die unter III im Art. I § 1 des Gesetzes vom 21. Juni 1897 genannten Beamten (MinErl. v. 26. Febr. 1903, MBl. f. d. i. V. S. 33).

S. 235 füge hinzu: 12a. Wird einem Beamten eine Dienstwohnung überwiesen, die in einem anderen Gemeindebezirke liegt, als demjenigen, in welchem sich sein amtlicher Wohnsitz befindet, so hat er für den Umzug aus diesem Gemeindebezirk in die Dienstwohnung, weil in diesem Falle deren Überweisung eine Änderung des amtlichen Wohnsitzes in sich schließt, Anspruch auf die bestimmungsmäßige Umzugsentschädigung (Erl. d. Min. d. ö. Arb. v. 31. Dezbr. 1902, EVBl. 1903 S. 1).

S. 269 ist als Fußnote hinzuzufügen: „Ein Teil der vortragenden Räte trägt den Charakter als Wirkliche Geheime Oberregierungs-, Finanz- 2c. Räte mit dem Range der Räte I. Klasse; dies hat indes auf die Höhe der Tagegelder keinen Einfluß, da der Stellenrang der der II. Klasse ist."

S. 273 Abschn. d Ziff. 1 sind die Worte „Geheimer Ober-Finanzrat" zu streichen.

S. 274 Abschn. δ ist als Anm. 2 aufzunehmen: „Die Vorsitzenden der Einkommensteuerveranlagungskommissionen und Gewerbesteuerausschüsse sind nicht stets Regierungsräte, sondern auch Regierungsassessoren. Letztere erhalten die Umzugskosten nach Klasse IV des Gesetzes v. 24. Febr. 1877.

S. 286 Ziff. 6 sind die letzten 9 Zeilen der Anmerkung zu streichen und dafür zu setzen: „Die in gleichen Funktionen wie die Regierungsbaumeister im Gewerbeaufsichtsdienste gegen fixierte diätarische Remuneration beschäftigten Beamten, welche die 2. (Haupt-) Prüfung für Gewerbeaufsichtsbeamte nach § 17 der Vorbildungs- und Prüf.Ordn. vom 7. Sept. 1897 abgelegt haben, erhalten bei Versetzungen ohne Rücksicht auf ihr Lebensalter Umzugskostenentschädigungen nach den gleichen Grundsätzen wie die Reg.-Baumeister. Die Anweisung dieser Entschädigungen behält sich der Minister vor (Erl. d. Min. f. H. u. G. vom 16. Jan. 1903 IIIa. 195).

S. 295 Abschn. VIII Ziff. 7 ist das Wort „Kanzleidirektor" durch „Kanzleidiener" zu ersetzen.

S. 301 Zeile 3 von unten ist statt „Beleuchtungsanlagen" zu setzen „Anlagen".

S. 302 Zeile 1 von oben ist statt „Maschinenheizer" zu setzen „Maschinenwärter".

Lippert & Co. (G. Pätz'sche Buchdr.), Naumburg a. S.

FSC
www.fsc.org
MIX
Papier | Fördert gute Waldnutzung
FSC® C083411

Kolibri 360 GmbH
Ferdinand-Jühlke-Straße 7
99095 Erfurt, Deutschland
produktsicherheit@kolibri360.de